Mike ha hecho un
Escrituras y dándole
Es plenamente bíblic
que tú también los c

- Brian Broderson, Pastor Titular, Calvary Chapel Costa Mesa

El Espíritu de Dios te permitirá tener una nueva perspectiva cada día conforme tomas el tiempo para disfrutar de las riquezas de estos devocionales. Mike realmente lo ha hecho de manera correcta - llevándonos por la Biblia en nuestro tiempo devocional cada día del año y así meditar en un precepto de escritura a diario conforme decidimos incluir al Dios que obra milagros en nuestras vidas.

- Gerry Brown, Pastor y fundador de U-Turn for Christ (Tu Vuelta a Cristo)

Con perspectiva fresca y un corazón para la Palabra de Dios, Mike toma el típico devocional de todo el año y te sorprende en tu tiempo de devoción. Su devocional te reta los 365 días con lectura desafiante para llevarte por la Biblia en un año. Para aquellos que luchan con tener un momento tranquilo y a solas, cada día te dará ideas conmovedoras e imágenes de palabras vividas que ayudan a llevar la Biblia a un nivel de comprensión fácil y cotidiano. De Génesis a Apocalipsis, algunos días eran de risotadas, mientras otros me llevaron a la introspección silenciosa, mas cada día me dejo contemplando lo escrito todo el día. Una lectura altamente recomendada para cualquiera que busque un devocional diario.

- Lenya Heitzig, Autor y orador de ministerio de mujeres

Me encanta como las paginas no solo están llenas de ideas inspiradoras y meditaciones motivacional … aunque en si, abundan! Más bien, en el centro de este libro está el deseo de llevarnos más profundamente a las Escrituras y la verdad.

- Crystal Lewis, artista de grabación cristiana y nominada para Grammy

Al despertar por la mañana, me encanta empezar mi día leyendo mi Biblia. Además de leer las Escrituras, disfruto leer un devocional diario. Mike Lutz ha hecho un gran trabajo con su devocional de un-año, encaminándonos por la Palabra de Dios. Destaca grandes pasajes con conocimientos prácticos que se quedan con uno durante todo el día.

- John Randall, Pastor Titular, Calvary Chapel San Juan Capistrano

Mike Lutz es un hombre que profundamente ama la Biblia y la gente. Su nuevo libro devocional lo lleva a la gente por toda la Biblia durante un año – enfatizando y aplicando pasajes claves de las Escrituras. Es una buena manera de recorrer toda la Biblia en solo unos minutos al día. No se parece a ningún otro libro devocional que haya visto.

- Dave Rolph, Pastor Titular, Calvary Chapel Pacific Hills

Dile adiós a aquellas escrituras estilo 'arréglalo-facil' y anécdotas artificiales con tu cafecito. Las lecciones reflexivas y sustanciales de Mike en el texto diario proporcionan cafeína para el alma para todo el día.

- Tim West, Pastor de Ingles, Chinese Baptist Church of Greater Hartford

# DIOS A DIARIO

## 365 DEVOCIONES
### DE APLICACIÓN PARA LA VIDA

POR MIKE LUTZ
PRÓLOGO POR CRYSTAL LEWIS

*Dios a Diario: 365 Devociones de aplicación para la vida*
por Mike Lutz

Editado en Ingles: Karla Pedrow
Traducción en Español: Leticia Acosta
Editado en Español: Juana Anaco Ramirez Alba

Derechos de Autor © 2014 por Michael Lutz. Todos los derechos reservados.

Impreso en Estados Unidos.

A menos que se indique otra cosa, todas las citas Bíblicas han sido tomadas de la Versión Reina-Valera (1995).

Citas Bíblicas marcadas con NTV son tomados de la Santa Biblia, Nueva Traducción Viviente.

Citas Bíblicas marcadas con NVI son tomados de la Santa Biblia, Nueva Version Internacional.

Mi mayor deseo
es que el triunfo principal de este libro
es la exaltación suprema de Dios.

Que Cristo sea magnificado,
y el pueblo de Dios edificado
al leer y aplicar los principios de este libro a sus vidas.

¡A Dios sea la gloria!

# RECONOCIMIENTOS

Primero y ante todo, quiero dar un agradecimiento a mi esposa Colette por estar a mi lado al escribir este libro. Has sido una inspiracion para mi y me has motivado a luchar por la excelencia en todo lo que hago.

Gracias a Tracilee por su animo y su disposición para leer mi borrador y darme comentarios y sugerencias siempre tan valiosos y reflectivos.

Gracias a Karla por entender mi vision para este libro y trabajar incansablemente para editar de manera de brindarle estilo y gracia a la obra terminada.

Gracias a Crystal por su apoyo entusiasta y la bendicion abundante de sus palabras inspiradoras y sinceras que se agregaron a este proyecto.

# PRÓLOGO

Cuando era niña, era común encontrar a mi padre en 'su silla' cada mañana. Cuando despertaba para ir a la escuela, podría casi garantizar que estaría plantado allí en el mismo lugar cada día, con la Biblia en sus manos. Su disciplina y diligencia en buscar al Señor por medio de su Palabra y oración, era constante e inspirador. Como niña, no era consiente de las luchas y el estrés que acompañan la vida en el ministerio. Sin embargo, hoy entiendo y me doy cuenta de que su perseverancia tenia mucho sentido.

La Biblia es una espada, una arma contra el enemigo de nuestras almas, y al menos que seamos íntimamente familiarizado con el, habiendo perfeccionado nuestra habilidad y estar plenamente equipado, nos arriesgamos a ser inefectivos e improductivos (2 Pedro 1:4-8). Mi padre conocía el valor y la eterna significancia de pasar tiempo escudriñando la Palabra de Dios.

Siempre estaré agradecida por el ejemplo que él estableció y continúa estableciendo para mí. Como podríamos saber que mi llamado también me llevaría a una vida de ministerio. He aprendido personalmente, tanto de los errores como de los éxitos, cuán invaluable es la Biblia no solo para mi vida y mi trabajo, sino también para mi corazón todos los días.

La música, al igual, ha sido incalculable en mi vida. Obviamente como crecí no solo en la industria musical, sino también en la iglesia, la música cristiana ha formado mi vida. Mi madre fue una fiel maestra de las Escrituras por medio de la música. Varias canciones que vienen a mi mente durante tiempos a solas buscando del Señor, son versículos sencillos puestos a música que me enseño cuando era niña. Continuando esa tradición en mi hogar, con mis hijos me trae gran gozo.

Si mis padres no hubieran tenido el habito diario de buscar de Dios diligentemente a través de la Palabra, muchas de las lecciones que aprendí serían obsoletas. El fundamento sobre el cual se ha construido mi vida espiritual se mantiene firme debido a su fidelidad y la gracia de Dios, todo lo cual surgió de un profundo amor y confianza en la Palabra.

—Crystal Lewis

## 1 DE ENERO
*Este género con nada puede salir, sino con oración y ayuno.*
*Marco 9:29*

# NUEVOS COMIENZOS

El año nuevo, a menudo significa el hecho de considerar lo bueno y lo malo del año previo y ver hacia adelante con la expectativa y la esperanza del año venidero. Desde el principio del tiempo, nadie en toda la existencia pudo haber tenido un futuro más brillante que los primeros representantes de Dios, creados en Su imagen divina – Adán y Eva. ¡Que inicio!

A fin de cuentas, este seria el primer día del primer año del ser humano. El día debía ser brillante y soleado en aquel huerto de perfección. A medida que el sol reflejaba una hermosa gama de colores alrededor del jardín y la fresca fragancia de una nueva creación, como el aroma fresco después de la lluvia, lleno el aire. Toda la creación debe haber cantado en perfecta armonía con la humanidad y con Dios. En aquel día, existió una perfecta unidad en lo que los placeres de un paraíso puro y la llenura de tal esplendor majestuoso que les esperaba a los representantes de Dios. En ese momento. la humanidad estaba llena de potencial celeste y posibilidades ilimitadas.

En el principio de un Año Nuevo, al igual que en el principio de la creación, cada hijo de Dios se encuentra lleno de potencial celeste y posibilidades ilimitadas.

Toma en cuenta que antes de que Dios le diera Su misión al ser humano, primero le dio una bendición especial ¡Imagina, cuán hermoso debe haber sido aquella primera bendición sobre la humanidad! La bendición fue personal, llena de amor sublime, cuidado, y compasión. Dios bendijo su logro supremo antes de que el ser humano embarcara en el viaje más grande en todo el universo: la vida. Dios fue el iniciador de esa bendición sobre el ser humano y por lo tanto nos muestra que la naturaleza de Dios y Su deseo es bendecir a la humanidad. Dios es el mismo ayer, hoy y para siempre y su naturaleza y deseo de bendecir a la humanidad también es igual hoy, como lo fue aquel primer día increíble en el huerto de Edén.

Dios desea bendecirte en este año, y debes ver el regalo de un nuevo año como un regalo de un nuevo comienzo departe de Él. Al entrar a un nuevo año es como pararte en el jardín, admirando la nueva creación que esta por delante. Hoy es un hermoso día y una nueva oportunidad de adorar a Dios como nunca; una oportunidad de verle en una nueva y brillante luz; una oportunidad de ver la maravilla y majestad de nuestro Creador por medio de ojos nuevos; una oportunidad de servirle como nunca; y una oportunidad de adorarle con la sencillez del jardín en este próximo año. ¡Que mejor manera de empezar tu año nuevo que empezar como empezó la creación, con una bendición de nuestro Creador! Él nos conoce porque Él nos creó - así que Él es únicamente calificado para impartir una bendición de incalculable profundidad sobre Su pueblo.

Antes de tomar otro paso hacia el futuro de este año, detente y pídele a Dios que bendiga tus días venideros con toda la esperanza y promesa y potencial que les esperaba a Adán y Eva, y ora que puedas andar de manera que refleje la imagen de nuestro Creador.

---

**2 DE ENERO**
*El libro de la genealogía de Jesucristo*
*Mateo 1:1*

## RAÍCES PROFUNDAS

¿Cuándo fue la última vez que abriste tu Biblia y que al leerla, descubres que tu lectura empieza semejante a: «Esrom engendró a Aram, Aram engendró a Aminadab, Aminadab engendró a Naasón...» etcétera, etcétera? Y después de unos minutos de luchar con la pronunciación de Abiud (es ah-BI-ud, por si te lo preguntabas), te empiezas a preguntar, «¿Cuál es el punto? ¿Qué importan quien engendro a quien?»

La genealogías Biblicas son mucho más que un ejercicio de traba-lenguas en pronunciación. Tienen su propósito y aquí en el Evangelio de Mateo tenemos registrada la genealogía más bella, más importante, y más significante de todo los tiempos.

Si fueras judío en los tiempos de Cristo, no solo era importante el poder comprobar tu linaje, sino que bajo ciertas circunstancias era lo esencial. Si desearas transferir tus terrenos, ocuparías saber las raíces del árbol genealógico de tu familia. Si desearas servir en el templo, tendrías que poder comprobar que eres de linaje sacerdocio. Y si desearas ser rey, habría que comprobar tu derecho real de nacimiento, y tu evidencia tendría que ser indiscutible.

La genealogía de Jesucristo es imperativa, y, además, todo el Nuevo Testamento depende de la validez de este linaje. Si Jesús es el Mesías y Rey, entonces Su herencia real debe ser confirmada.

La genealogía de Jesús es significativa por algunas razones más. Una, al mencionar a Abraham, se nos presenta el hecho de que Jesús será el cumplimiento de la promesa dada a Abraham en Génesis 12: ¡por medio de ti serán bendecidas todas las familias de la tierra! (verso 3 de NVI). Dos, la genealogía de Jesús muestra que Dios estaba preparando el camino desde el comienzo de la historia humana para la entrada de Cristo en el mundo. Tres, a través de la genealogía de Jesucristo, vemos la gracia de Dios siendo mostrada.

Algunos incluso le han llamado a esto la Genealogía de la Gracia porque a través de Cristo vemos un relato histórico de la gracia de Dios a lo largo de la historia. Esta es una Genealogía de Gracia porque vemos, injertados en el árbol genealógico de Dios, cuatro ramas silvestres, cuatro mujeres marginadas en un registro mayormente masculino: una ramera, una prostituta, una gentil y una adúltera, cuatro cosas débiles usadas por Dios para mostrar su asombrosa gracia. 1 de Corintios 1:27 nos recuerda: sino que lo necio del mundo escogió Dios para avergonzar a los sabios; y lo débil del mundo escogió Dios para avergonzar a lo fuerte. Al incluir a estas cuatro mujeres, débiles y necias en los ojos del mundo, al linaje real de Cristo, Dios nos muestra que Él siempre deseó buscar y salvar lo que se había perdido.

Esta genealogía real da esperanza a todos los pecadores. Debido a Su gran gracia, Él ha construido a su familia de manera que cualquiera pueda ser injertado en la línea real de nuestro Dios y Rey más santo y precioso. Mi deseo es que nunca vuelvas a ver esta genealogía como otra lista de nombres, sino que puedas ver la soberanía y la gracia de Dios a través de esta lista, y que eso te haga glorificar al Rey de reyes.

---

**3 DE ENERO**

*Pero Jehová Dios llamó al hombre,*
*y le preguntó: ¿Dónde estás?*
*Génesis 3:9*

## BUSCAR, NO ESCONDER

Las Escondiditas. Solo de pensar en este juego popular de niños me inunda de recuerdos de mi niñez. Recuerdo mis lugares favoritos para esconderme: detrás del arbusto, arriba del árbol, debajo de la terraza, o debajo de un bulto de hojas. Recuerdo pensar, «¡Aquí, nadie me encontrará!» También recuerdo el temor que sentí al no encontrar ese lugar perfecto para esconderme y escuchar las palabras, «¡Listo o no, ahí voy!»

Imagina tratar de esconderte de Dios. ¿Suena ridículo? Debería. Salmo 33:13 nos dice, «Desde los cielos miró Jehová; vio a todos los hijos de los hombres.» ¿en qué estaría pensando Adán al tratar de esconderse de Dios? ¿Acaso pensó que era posible esconderse? Y ya que Dios lo ve todo, ¿para que se molestó en preguntarle «¿Dónde estás?»

La respuesta de Adán hacia su pecado era esconderse.

¿Alguna vez has hecho algo tan vergonzoso que hubieras deseado arrastrarte debajo de una roca y esconderte? ¿Alguna vez pecaste y sentiste que el último lugar que quisieras estar era cerca de Dios, porque estabas avergonzado? Bueno, como el pecado entró al mundo por primera vez en el Huerto de Edén, esconderse fue la reacción de Adán. La desobediencia lo llevó al miedo, el miedo a la vergüenza y la vergüenza lo llevó a esconderse de Dios. Eso es lo que hace el pecado; el pecado lleva a la separación. El pecado causa una ruptura en nuestra comunión con nuestro Creador, por eso es que el pecado es tan peligroso y dañino. El pecado nos aleja del que debemos acercarnos cada vez más.

La respuesta de Dios al pecado de Adán fue de buscar. De ahí surgió la simple pregunta: ¿dónde estás? Dios no pregunta porque no sabe la respuesta. Dios lo sabe todo (1 Juan 3:20). La pregunta que Dios le hizo a Adán fue diseñada para exponer el pecado de Adán. Me parecen muy interesantes las preguntas que hace Dios, no solo porque Dios siempre sabe las respuestas. Las preguntas son interesantes porque Dios las usa para nuestro beneficio. A menudo las preguntas de Dios son para hacernos reconocer el pecado que nos lleva al arrepentimiento, y finalmente restaura la relación de la humanidad con Dios.

El pecado de Adán trajo consecuencias y cuando pecamos, enfrentamos consecuencias, mas Dios siempre quiere traer restauración a través de la confesión y el arrepentimiento. Dios le preguntó a Adán dónde estaba para sacarlo de su escondite y traerlo nuevamente a la comunión. El corazón de Dios en la pregunta no era traer la condenación, sino traer la restauración.

Esconderse de Dios no es un juego. Cuando cometemos errores, cuando nos alejamos de Dios, cuando pecamos, o cuando sentimos culpa y vergüenza, sentimos el deseo de irnos y escondernos de Dios. Sin embargo, ese sentimiento debería servirnos como un recordatorio de que algo está mal en nuestra relación con él. En lugar de escondernos de Dios, debemos correr hacia él y, en esos momentos, Buscarlo.

No permitas que tus sentimientos te alejen de Dios. Lucha contra ese impulso e inmediatamente regresa a su presencia, confesándole tu pecado. Entonces, podrás una vez más andar en intima comunión con tu creador que te ama.

## 4 DE ENERO
*Entonces Jesús fue llevado por el Espíritu al desierto para ser tentado por el diablo.*
*Mateo 4:1*

# PROBADO Y CIERTO

Justo después de subir de las aguas del bautismo, Jesús fue llevado al desierto de la tentación. Momentos antes, Jesús había escuchado la voz de su Padre hablando bendiciones sobre Él. Entonces Jesús escuchó el siseo de la serpiente, susurrando palabras de seducción. Después de ayunar durante cuarenta días en preparación para el comienzo de su ministerio público, Jesús se enfrentaría al Padre de las mentiras. La reunión tenía que suceder; este fue un enfrentamiento que fue planeado y predestinado en algún lugar de la historia del tiempo. Jesús necesitaba ser tentado.

¿Por qué? ¿Por qué necesitaría ser tentado Cristo, nuestro Señor, nuestro Salvador? La razón es que si Jesús es nuestro Rey, primero debía demostrarnos su poder sobre el gobernante de este mundo. Si Jesús sería nuestro Salvador, debe en todo momento probar su pureza por medio de la impecabilidad.

El Espíritu llevó a Jesús al lugar de la tentación, mas no fue la fuente de la tentación. Dios no estaba sorprendido. Dios no fue emboscado. Esta reunión fue esperada, necesaria y permitida. La naturaleza de la palabra *tentado* nos ayuda a obtener una mayor comprensión de la necesidad de este encuentro. *Tentado* es a menudo usado tanto en el hebreo como en el griego para significar «probar o comprobar». Se podría decir que estas pruebas fueron permitidos para probar la pureza de aquel que se probado. A través de este proceso, Jesús podría ser probado como un sacrificio aceptable por los pecados de la humanidad: 'Por lo cual debía ser en todo semejante a sus hermanos, para venir a ser misericordioso y fiel sumo sacerdote en lo que a Dios se refiere, para expiar los pecados del pueblo'. (Hebreos 2:17).

Puedes estar seguro de que Satanás no retuvo nada, porque una victoria aquí para Satanás revertiría los planes redentores de Dios y mantendría a Satanás lejos del Gran Abismo. Entonces solo las mejores armas de Satanás serían suficientes. Tres estrategias comprobadas, persuasivas y altamente efectivas que se habían usado en el pasado también se usarían aquí: la lujuria de la carne, la lujuria de los ojos y el orgullo de la vida. Con una sucesión de fuego rápido, el Enemigo de Dios atacaría, tentando a Jesús a servir a sí mismo, a probar a Dios, y a adorar a los creados en lugar de al Creador.

Algunos han dicho que antes de que un rey pueda gobernar a otros, primero debe probar que puede gobernarse a sí mismo. Antes de que Jesús pudiera pedirle a sus discípulos, pasados y presentes, que obedecieran, primero tenía que ser obediente a la voluntad del Padre. Jesús respondió a cada tentación con un uso decisivo y preciso de la Palabra de Dios, que es la clave de nuestra propia victoria cuando somos tentados.

Si queremos ser victoriosos frente a la tentación, si queremos tener la misma victoria sobre el Enemigo que Jesús tuvo, entonces también debemos conocer la Palabra, debemos usar la Palabra, y debemos obedecer la Palabra. Y debemos recordar que Jesús también permitió que el Enemigo lo probara, porque a través de su victoria puede ayudarnos en tiempos de pruebas. Como Hebreos 2:18 nos recuerda: «Debido a que él mismo ha pasado por sufrimientos y pruebas, puede ayudarnos cuando pasamos por pruebas». (NTV)

¿Te encuentras luchando con la tentación hoy? ¡Hay esperanza! La victoria de Jesús puede ser nuestra victoria porque Jesús nos ha dado todos los recursos que necesitamos para resistir cualquier tentación. Tome posesión de la Palabra de Dios, confía en el poder del Espíritu Santo de Dios y sigue el ejemplo de Jesús.

---

**5 DE ENERO**

*Y Enoc anduvo con Dios,*
*Génesis 5:24*

## UN CAMINATA PARA RECORDAR

En ciertos momentos en la vida, uno puede sentirse como que eres un cartel publicitario ambulante de la ley de Murphy que dice: «Todo lo que puede salir mal - saldrá mal». Tal vez haya tenido uno de esos días, semanas o incluso años en que todo simplemente parece estar yendo mal. Incluso tus relaciones más cercanas parecen ser difíciles. Independientemente de lo que digas, tus palabras son malentendidas, sentimientos son lastimados, se desarrolla una tensión incómoda y, cuando menos piensas, te sientes atrapado como en una película muda porque nadie quiere hablar.

¿Cómo rompes este ciclo? ¿Podrás ver paz de nuevo? La respuesta quizá suene demasiado simplista, pero los resultados pueden ser sorprendentemente positivos. ¡Sal a caminar! (Te dije que la respuesta era simplista) Tomar el primer paso siempre es lo más difícil. Comienza determinando hacer el tiempo, y luego salgan a caminar juntos. Ya sea esto lo apliques a una de tus relaciones terrenales que se beneficiarían de un tiempo de calidad juntos o si la relación aún más importante con tu Padre celestial podría usar un impulso. Propone hacer tiempo y sal a caminar. Caminar a menudo despierta pensamientos de paz y tranquilidad. Es un tiempo para relajar y reflexionar. Y cuando alguien se une contigo a caminar, se aumenta un aspecto de hermandad a la caminata. Algo sorprendente sucede en caminatas. Durante este tiempo de distracciones limitadas y pocas interrupciones, podemos enfocar toda nuestra atención en la relación y simplemente verter lo que está en nuestros corazones y mentes al que está escuchando.

La Biblia menciona a un hombre que caminó con Dios. Su nombre fue Enoc y es uno de esos enigmas de la Biblia donde no se habla mucho de él o del misterio que rodea su rapto celestial. Lo que si sabemos es que Enoc camino con Dios. Aunque parezca difícil de imaginar, esas caminatas debieron haber sido tiempos inolvidables de comunión apreciada para Enoc. Tiempos que hubieran fortalecido su fe. Momentos en los que hubiera aprendido acerca de la naturaleza y el carácter de Dios, y los tiempos en que hubiera obtenido consejo, instrucción y guía de momentos íntimos de compañerismo. ¿Podemos caminar con Dios como Enoc?

Algunas cosas deben estar presentes primero. Por ejemplo, no podemos caminar con Dios sin fe. 2 de Corintios 5: 7 nos dice que 'andamos por la fe'. Y leemos en Hebreos 11:6 que 'sin fe es imposible agradar a Dios'. Además, para caminar con Dios debe haber mutuo acuerdo, como el profeta Amós nos recuerda: ¿Acaso dos pueden caminar juntos, a menos que estén de acuerdo? (3:3). Debemos aceptar permitir que Dios nos guíe. Lo primero que Jesús les pidió a Sus discípulos que hicieran fue seguirlo. Por la fe creemos. Por la fe estamos de acuerdo. Por la fe lo seguimos, y por la fe caminamos.

Los tiempos pueden ser difíciles, las relaciones pueden ser tensas y las circunstancias pueden ser difíciles. Puede que no comprendas el por qué estás donde estás en la vida, pero por fe eliges caminar con Dios. Mientras estás en el camino, él te mostrará tanto conforme le derramas tu corazón en fe, creyendo que él puede dirigir tus pasos. Sin duda tendrás una caminata para recordar.

## 6 DE ENERO
*Bienaventurados seréis cuando por mi causa os insulten, os persigan y digan toda clase de mal contra vosotros, mintiendo.*
*Mateo 5:11*

# REGOCIJO EN DESPRECIO

A.W. Tozer dijo una vez que el estar bien con Dios a menudo ha significado tener problemas con los hombres. Ser cristiano en el mundo de hoy no es fácil. De hecho, vivir la vida cristiana en este mundo que no es amigable hacia Cristo o hacia los que siguen a Cristo nunca ha sido fácil. La persecución resultante contra los cristianos no debería ser una sorpresa, especialmente a la luz del hecho de que Jesús dijo que así sería la vida.

Jesús incluyó una enseñanza sobre la persecución en una porción de la Bibliacomúnmente llamado Las Bienaventuranzas, que se puede encontrar al comienzo de Su gran sermón, el Sermón del Monte. Jesús comenzó dando varias declaraciones simples de profunda significación que contiene las llaves de la abundante bendición de Dios en la vida de cada cristiano. En estas declaraciones 'bienaventuranzas', Jesús presentó las características que se encuentran en la vida de cada cristiano, lo que trae bendiciones.

Bienaventurado, que comúnmente se traduce como 'feliz', ciertamente incluye la felicidad, pero incluye mucho más que solo felicidad. La felicidad es situacional y a menudo limitada a las circunstancias, haciendo que la felicidad sea corta y temporal. La bendición, por otro lado, va más allá de la felicidad y trasciende las circunstancias de una persona en el sentido más puro. La bendición proviene de una unión más cercana con Dios, una satisfacción con Dios que supera cualquier circunstancia de vida actual. Las Bienaventuranzas nos enseñan que las bendiciones de Dios no se encuentran en este mundo y, por lo tanto, son permanentes.

De todas las bienaventuranzas, esta última parece ser la más en desacuerdo con la lógica humana. ¿Cómo puede la bendición venir de la persecución? ¿Cómo puede venir el bien del odio? Para entender la dinámica de esta ironía, primero debemos considerar por qué la crítica viene sobre el cristiano. Vivir con rectitud conducirá a maldecir;

vivir como Cristo resultará en un trato cristiano. Cuando vivimos una vida correcta, que, en términos sencillos, es vivir de acuerdo con la Palabra de Dios, nuestras acciones entrarán en conflicto con aquellos que han decidido no vivir de acuerdo con la Palabra de Dios. Esta disparidad en los estilos de vida hace que aquellos que caminan en la oscuridad resienten a los que caminan en la luz. La bendición llega porque hemos sido dignos de compartir los sufrimientos de Cristo. Pedro y los apóstoles respondieron con esto cuando fueron maltratados en Jerusalén: «Y se apartaron de la presencia del concilio, regocijándose de que fuesen considerados dignos de sufrir vergüenza por Su nombre». (Hechos 5:41)

¿Puede la gente ver a Cristo en ti? Si lo pueden ver, debes de anticipar la persecución, porque cuanto más caminas con Cristo y cuanto más te ves y actúas como él, así mismo sufrirás por el nombre de Cristo. No todos los cristianos están experimentando persecución actualmente, y no todos los cristianos experimentan el mismo tipo de persecución. Mas ningún cristiano será exento de algunas persecuciones si viven como Cristo les ha llamado a vivir.

Cuando eres perseguido, regocíjate en tu deprecio y encontraras la bendición al vivir por Cristo, aun cuando otros te rechazan por ello.

---

**7 DE ENERO**

*Después dijeron: Vamos, edifiquémonos una ciudad*
*y una torre cuya cúspide llegue al cielo; y hagámonos un nombre,*
*por si fuéramos esparcidos sobre la faz de toda la tierra.*
*Génesis 11:4*

## FAMA Y FRACASO

En cada comunidad y cada cultura, desde la política hasta las artes escénicas, en el escenario de Broadway o en la sala de juntas, desde Londres hasta Los Ángeles, hay gente común que quiere ser famosa. Algunos buscan su momento de éxito o sus dos segundos de fama, o tal vez algunos quieren toda una vida entera de notoriedad.

Como escribió Alan Richardson, «El odio al anonimato lleva a los hombres a heroicas hazañas de valor o largas horas de trabajo pesado; o los mueve a actos espectaculares de vergüenza o de autoestima sin escrúpulos. En sus peores formas, tienta a los hombres a darles el honor y la gloria que pertenecen propiamente al nombre de Dios».[1]

La locura de la fama se ha vuelto global, y en ningún lugar es más evidente que en los programas «reality» que saturan el horario de la televisión. Programas como *America's Got Talent, America's Next Top Model, The Next Food Network, Survivor, Project Runway.* Y por supuesto, el campeón reinante, American Idol. Pero antes de que pienses que la búsqueda de la fama de la humanidad es un fenómeno nuevo, debes saber que esto ha existido por miles de años. Un ejemplo trágico se remonta a una de las primeras civilizaciones ubicadas en la región de Babilonia en una ciudad llamada Babel.

Después del gran diluvio, la gente comenzó a establecerse en la llanura de Sinar o Babilonia bajo el liderazgo del poderoso Nimrod. Una vez allí, comenzaron a construir una ciudad y una torre con la esperanza de que esto los hiciera famosos. La gente de Babel quería hacerse un nombre, y querían que el mundo se sentara y tomara nota de quiénes eran y qué podían lograr. Si bien ser famoso no es un pecado, la búsqueda de la fama a toda costa es, y lo que sucede a continuación en su historia explica por qué.

La implacable búsqueda de la fama llevó al pueblo de Babel a desobedecer y rebelarse contra Dios. Dios le había dicho a la gente que se dispersaran después del diluvio, pero decidieron unirse y establecerse en su lugar. Dios debía ser exaltado, pero ellos eligieron exaltarse a sí mismos. Se les dijo que estuvieran centrados en Dios, pero prefirieron ser egocéntricos. La consecuencia más triste es que la gente de Babel obtuvo su deseo; se hicieron famosos, pero por todas las razones equivocadas. Ahora están inmortalizados para siempre en las páginas de las Escrituras por su rebelión contra Dios. ¡Ahora son infames, sirviendo como un ejemplo también de que no toda la fama es buena fama!

Debemos buscar hacer famoso a Dios, usar nuestros talentos y dones para exaltar al Único Dios verdadero que es el único digno de toda alabanza, honor, gloria y el único que merece ser famoso. Al tratar de hacer famoso a Dios, obtendrás a cambio algo mucho más grande que cualquier cosa que este mundo pueda ofrecer a través de la búsqueda de la fama. Una mejor opción es seguir el consejo de Santiago: «Humíllense a la vista del Señor, y él los levantará» (4:10). En lugar de tratar de exaltarte a ti mismo, solo para ser humillado por la mano de Dios, ¿por qué no buscas vivir en humildad y dejar que Dios haga mucho de tí?

**8 DE ENERO**
*Pero yo os digo que cualquiera que mira a una mujer para codiciarla, ya adulteró con ella en su corazón.*
Mateo 5:28

## EL OJO DEL ESPECTADOR

JESÚS, en lo que se conoce como el Sermón del Monte, pasa gran parte de su tiempo hablando sobre los asuntos de la conducta cristiana. En este gran y amplio sermón, Jesús dio más que solo una lista de que hacer y que no hacer. Les dio a todos, jóvenes y adultos, hombres y mujeres, una percepción del corazón de Dios en cuanto a los asuntos cotidianos de la vida.

Uno de esos temas es la pureza sexual. En la sociedad actual, la pureza sexual suena como un oxímoron porque en todos los lugares, los medios y publicistas usan el sexo para vender todo. Una actitud casual y despreocupada sobre el sexo impregna los valores de nuestra cultura, en un enfoque de «todo vale» (y, francamente, hoy en día, a menudo todo si vale en nuestra sociedad). Más gente que cede a un estilo de vida que busca placer y auto indulgencia, no es nada nuevo; las luchas humanas con los deseos sexuales a lo largo de la historia es lo que llevo a Jesús a tomar una posición radical contra el pecado sexual al redefinir cuando la actividad sexual se convierte en un pecado.

Lo que Jesús explica en Mateo 5:28 va más allá del simple acto de adulterio; él llama nuestra atención hacia el origen del pecado. Sabemos que pecamos, cuando cometemos una acción pecaminosa. Lo que Jesús aclara es que el pecado se comete antes de que la acción, en este caso, el adulterio, se cometa. Aquí, Jesús enseña que la lujuria, y en su ejemplo anterior, la ira, ambos son considerados pecado porque el pecado comienza en el corazón y está comprometido en nuestros pensamientos mucho antes de convertirse en una acción. En otras palabras, desde el punto de vista de Dios, el pensamiento de pecado equivale a la acción del pecado.

La importancia de esta explicación es esencial para que comprendamos, como por supuesto, lo sabía Jesús, porque esta percepción nos da la capacidad de tratar apropiadamente el pecado identificando su origen. Jesús continúa dándonos el remedio: el pecado debe ser tratado en su etapa más temprana, y debe ser tratado de manera absoluta y agresiva. La impactante ilustración utilizada por Jesús revela el objetivo del asunto. Jesús nos dice que debemos arrancarnos el ojo o cortarnos la mano si éstas cosas nos hacen pecar. Jesús está hablando metafóricamente aquí, y mirando esta metáfora, vemos la respuesta a la lucha contra el pecado. Jesús elige el ojo y la mano como ejemplos de cómo somos llevados al pecado.

El ojo y la mano también nos proporcionan el camino para evitar el pecado. Si miramos aquellas cosas que honran y agradan a Dios (Filipenses 4: 7-8), promovemos el pensamiento correcto. Porque tal como pensamos, tal hacemos. O, como dijo Ralph Waldo Emerson, «siembra un pensamiento, y cosechas una acción». Esto nos lleva a la mano. Si nuestro objetivo es poner nuestra mano en las obras de rectitud, entonces nuestra mano promoverá vivir una vida correcta. Los pensamientos correctos nos llevan a las acciones correctas, y todo pensamiento comienza con lo que el espectador elige que sus ojos vean.

**9 DE ENERO**

*Jehová había dicho a Abram: Vete de tu tierra, de tu parentela y de la casa de tu padre, a la tierra que te mostraré.*
*Génesis 12:1*

## NO VER, SIN EMBARGO, CREER

Todos los días ejercemos fe de algún tipo. Cuando me siento en una silla, tengo fe en que la silla sostendrá mi peso y no se colapsará. Cuando cómo en un restaurante, tengo fe en que mi comida es confiable para consumir. Cuando pongo mi alarma por la noche, confío en que la alarma me despertará por la mañana.

No es sorprendente que la Biblia tenga mucho que decir sobre la fe. Por ejemplo, somos salvos por fe (Efesios 2: 8-9), somos firmes por fe (2 Corintios 1:24), edificamos por fe (1 Timoteo 1:4), recibimos justicia por fe (Romanos 4:13), y somos justificados por la fe (Romanos 5:1). Debido a que la fe es tan importante en nuestra relación con Dios, es imperativo buscar comprender mejor la fe.

La Biblia dice en Hebreos 11:1: «Ahora bien, la fe es la sustancia de lo que se espera, la evidencia de lo que no se ve». Me gusta explicar esta escritura de esta manera: La fe es no ver, sin embargo, creer. A menudo, la autenticidad de la fe de alguien se revela más claramente cuando esa persona no teme seguir adelante conforme le guie Dios, a pesar de que los detalles de cómo Dios va a proporcionar los medios para llegar al destino deseado aún no se han visto.

Este fue el caso con Abram, quien fue llamado a dejar todo atrás y salir, sin saber a dónde lo llevaría Dios. Dios le dijo a Abram que dejara todo lo que conocía: su familia, sus amigos y su comunidad. Dios le estaba pidiendo a Abram que dejara todo lo que era confortable, todo lo que era familiar, y todo eso le traía seguridad.

Por encima, el hecho que Dios le pida a Abram que se aleje de todo, puede parecer extraño, tal vez incluso un poco cruel. Más Dios buscaba guiar a Abram a una nueva tierra física, así como a una nueva tierra en el sentido espiritual; su destino espiritual era un lugar donde Abram encontraría su seguridad en Dios y no en las personas, lugares o cosas de este mundo.

Quizás Dios no te llame a dejarlo todo y a todos de la misma manera que llamó a Abram para que saliera, pero Dios quiere lo mismo de ti como lo quiso de Abram: la fe. Él quiere que tengas una fe que diga: "Señor, a donde sea que vayas, iré". Desea que tengas una fe que diga: "Esto parece imposible, pero confío en un Dios de lo imposible". Dios desea que tu fe tenga una confianza que se puede expresar así: «Aunque no pueda ver cómo llegaré a donde Dios me está llamando, aún creeré en Aquel que me está llamando».

Permite que Dios te lleve a lugares y te muestre cosas que nunca hubieras creído posibles, y, al hacerlo, experimentaras la bendición de vivir por fe.

---

**10 DE ENERO**

*Por tanto os digo: No os angustiéis por vuestra vida, qué habéis de comer o qué habéis de beber; ni por vuestro cuerpo, qué habéis de vestir. ¿No es la vida más que el alimento y el cuerpo más que el vestido?*
*Mateo 6:25*

## 'NO WORRIES' (NO PREOCUPACIONES)

Entre las muchas expresiones que la gente usa en la conversación cotidiana, ninguna ha llegado al apogeo del dicho australiano: «No Worries» (no preocupaciones). Esta expresión se ha vuelto tan popular en Australia que la gente lo ha considerado el lema nacional de la nación. El sentimiento se usa a menudo para comunicar «no te preocupes por eso» y se ha convertido en un intercambio social positivo e inspirador que denota una actitud despreocupada. Sin embargo, «No Worries» es mucho más que una expresión optimista de Australia; el dicho es en realidad una de las enseñanzas de Jesús.

Jesús enseña que la preocupación es pecaminosa y que la preocupación y la fe no pueden coexistir en la vida cristiana. Por lo tanto, si te estás preocupando, no estás caminando por fe, y si estás caminando por fe, entonces no estás atrapado en la trampa de la preocupación. La preocupación cambia el potencial de hoy por la posibilidad de problemas mañana. La preocupación no puede confiar en las promesas de Dios y se enfoca en sí mismo más que en el Salvador. La preocupación elige ver las imposibilidades de la humanidad y olvida creer en el Dios de lo imposible.

Jesús enseña que la preocupación es pecaminosa y que la preocupación y la fe no pueden coexistir en la vida cristiana. Por lo tanto, si te estás preocupando, no estás caminando por fe, y si estás caminando por fe, entonces no estás atrapado en la trampa de la preocupación. La preocupación cambia el potencial de hoy por la posibilidad de problemas mañana. La preocupación no puede confiar en las promesas de Dios y se enfoca en sí mismo más que en el Salvador. La preocupación elige ver las imposibilidades de la humanidad y olvida creer en el Dios de lo imposible.

La palabra preocupación literalmente significa «estrangular». Esta definición pinta una imagen vívida de lo que hace la preocupación en la vida de cualquier creyente que permite que la preocupación se ponga las manos alrededor del cuello de su fe y la apriete. La preocupación es un asesino. Jesús ilustra esto en Mateo 13:22: «Las semillas que cayeron entre los espinos representan a los que oyen la palabra de Dios, pero muy pronto el mensaje queda desplazado por las preocupaciones de esta vida y el atractivo de la riqueza, así que no se produce ningún fruto». (NTV) La preocupación ahoga la Palabra de Dios y la lleva a la falta de frutos en la vida de un cristiano. Entonces, ¿qué deben hacer los cristianos? ¿Cómo nos librarnos de preocuparnos por nuestro próximo pago, la próxima comida o la ropa que necesitamos? Jesús nos da algunas recomendaciones que seguramente alejarán la preocupación, si nos adherimos firmemente a ellas.

Primero, nos dirige hacia su fidelidad pasada y presente. Al mirar hacia la Creación, ciertamente podemos ver todas las formas maravillosas que él ha provisto para las criaturas de la tierra. Dios ha sido fiel en proporcionar alimentos y refugio incluso al gorrión más pequeño, y hará lo mismo por ti y por mí.

Luego, debemos buscar la justicia de Jesús sobre todo lo demás. Hacemos esto en parte al intentar mantener nuestros ojos fijos en él, al observar el carácter y la naturaleza de Jesús, y al observar lo que hizo y cómo vivió.

Finalmente, tomamos a Jesús como el ejemplo y la Biblia como nuestra guía, y los usamos a ambos como un filtro para nuestras vidas al derramar nuestras decisiones y preocupaciones a través de este filtro celestial, permitiéndoles atrapar y purificar nuestras vidas.

Conforme buscamos a Jesús y buscamos imitar su vida a medida que el Espíritu obra en nosotros y a través de nosotros, nos prepararemos para vivir una vida en la cual podamos decir honestamente: «¡No Worries!»

---

## 11 DE ENERO

*Entonces llamó el nombre de Jehová*
*que con ella hablaba: Tú eres Dios que ve.*
*Génesis 16:13*

## EL-ROI

Agar era una esclava egipcia, una sirvienta, de Sarai, la esposa de Abram que no podía tener hijos propios. Como sirviente, Agar no tenía ninguna posición de autoridad; ella no era una persona de influencia. Ella era pobre y a punto de estar embarazada. Por lo tanto, Sarai decidió usar a Agar como sustituta para poder darle a Abram un hijo. Como si la vida no fuera lo suficientemente dura para esta esclava, el éxito resultante de la maternidad subrogada agregó celos y cruel maltratos de parte de Sarai. Sintiéndose usada y abusada, Agar se escapó. Pero lo que sucedió a continuación es maravilloso y sorprendente.

El ángel del Señor, que comúnmente se identifica como el Señor Jesucristo, se le aparece a Agar. Dios encuentra a Agar en lo que podría considerarse el punto más bajo de su vida. Aquí Dios se revela a ella y le hace saber que ha escuchado sus llantos de tristeza y comprende sus dificultades. Él le dice que le ponga por nombre Ishmael a su hijo, lo que significa «Dios escucha». ¡Qué imagen tan maravillosa del amor y la gracia de Dios para esta esclava fugitiva! él no solo se aparece a Agar, sino que también bendice a esta pobre muchacha gentil.

Dios escucha el clamor de los afligidos, ve sus necesidades, y como es bondadoso, ofrece ayuda a los afligidos cuando claman a él.

Agar respondió llamando a Dios, El-Roi, El-Dios-Quién-Ve. Le llama así porque se dio cuenta de que incluso cuando se sentía abandonada y sola, Dios estaba allí. Él la vio, conocía sus problemas, y no la abandonaría ni a ella ni a su hijo por nacer.

Así como Dios vio a Agar y a su hijo y tenía un plan para su futuro, Dios nos ve de manera personal, constante y completa, y puede satisfacer nuestras necesidades de la misma manera. Dios nos ve personalmente en que él sabe quiénes somos y con lo que estamos luchando, y él no está distante ni desconectado de nuestras vidas. Él nos ve constantemente. No pasa ni un momento en que Dios no sepa dónde estamos, qué estamos haciendo y con lo que estamos luchando. Por último, nos ve por completo, no solo en dónde estamos y qué estamos haciendo, sino también quiénes somos. Él conoce cada uno de nuestros pensamientos y cada uno de nuestros deseos, nos conoce en lo más profundo de nuestro ser, y conoce el principio y el fin de todas las cosas. En esencia, él nos conoce por dentro y por fuera, más completamente de lo que nos conocemos a nosotros mismos.

¿Alguna vez has sido injustamente maltratado? ¿Has sufrido de una enfermedad o lesión, corazón roto o frustración? Tal vez estés deprimido o desanimado. Tal vez estés sufriendo de soledad o desilusión, o la vida simplemente no ha salido como te lo esperabas. O quizás te has preguntado: ¡Nadie sabe lo que estoy pasando! ¡No hay nadie que se preocupe por mí! Pues, te diré que estás muy equivocado. El Dios del universo que todo lo sabe, el todopoderoso y omnipresente sabe todo sobre ti. Él se preocupa por ti, y está trabajando por medio de y a través de las circunstancias de tu vida para lograr su perfecta voluntad.

Nunca olvides que El-Roi, el Dios que lo ve, te está cuidando y esta al tanto de ti. Si lo dudas, simplemente clama al Dios-Que-Ve. No te sorprenda si te permite verlo de una manera muy práctica.

---

**12 DE ENERO**

*No juzguen a nadie, para que nadie los juzgue a ustedes.*
*Mateo 7:1 (NVI)*

## JUICIOS PRECIPITADOS

Podemos ser prontos para señalar a los demás, pero tardes en considerar nuestras propias debilidades. Mas si somos honestos, todos somos un poco (o tal vez incluso muy) culpables de llevar una lupa a la vida de otras personas mientras hacemos la vista gorda ante la nuestra. Quizás, porque todos somos pecadores, somos muy buenos olfateando el pecado en la vida de otras personas. Juzgamos a los demás por un estándar y a nosotros mismos por otro. Hablamos mal de las acciones o actitudes en otros mientras hacemos de menos las mismas acciones o actitudes cuando surgen en nuestras propias vidas. ¿Qué es lo que Jesús quería dar a entender cuando dijo: No juzgues? ¿Quería que cerráramos los ojos al error y al mal? ¿Acaso no debemos llamar la atención al mal comportamiento en otros ya que, pues, nadie es perfecto?

Claro que no, Jesús no estaba prohibiendo que el cristiano juzgara a los demás por completo, pero estaba dando los límites por los cuales podemos juzgar a los demás apropiadamente. Jesús estaba denunciando el tipo de juicio que pretende evaluar los motivos de otros cuando, simplemente, nadie sabe o realmente entiende el porque la gente hace lo que hace. Somos limitados en nuestra comprensión porque lo único que vemos son las acciones externas, mas Dios puede discernir las intenciones internas del corazón de la persona. Por lo tanto, solo él puede juzgar correctamente las intenciones de la persona.

Jesús también hablo en contra los juicios que buscan condenar a las personas. Tal como lo expreso Chuck Swindoll:

Muy a menudo llegamos rápidamente a conclusiones equivocadas, y hacemos declaraciones de opinión, solo para descubrir después que estábamos muy lejos de la verdad. ¿Qué detalles nos falta para ser realmente calificados para juzgar? No conocemos todos los hechos. No podemos saber los motivos. Nos resulta imposible ser totalmente objetivo. Nos falta «el panorama general». Vivimos con puntos ciegos. Somos prejuiciosos y tenemos una perspectiva borrosa.[2]

Dios no prohíbe que juzguemos las malas y maléficas acciones, sino que, en cambio, en vez de mirar a los demás con condenación, debemos mirar a los demás de manera restaurativa. Jesús no nos está llamando a aceptar ciegamente el mal o lo maléfico, pero, cuando corresponda, enfrentar con benevolencia esos errores con la gracia, dejando el juicio final en las manos de Dios.

Nuestra prioridad principal siempre debe ser «¿Cómo estoy viviendo?» Y no «¿Cómo estas viviendo?». No podemos ayudar a los demás con su pecado de manera adecuada si no hemos tratado adecuadamente con el pecado en nuestras vidas. El pecado que juzgamos rápidamente en otras personas puede ser el mismo pecado con el que luchamos nosotros mismos. Por eso es que tan fácilmente podemos identificar el pecado, porque conocemos muy bien esa misma lucha. Antes de juzgar a los demás, debemos juzgarnos a nosotros mismos.

Jesús dijo: Primero quita la tabla de tu propio ojo, y luego verás claramente para quitar la mancha del ojo de tu hermano (Mateo 7:5). Después de habernos juzgado a nosotros mismos y haber eliminado aquellas cosas que nublan nuestra visión, entonces podemos ver claramente para juzgar adecuadamente, o hacer una evaluación precisa, de otra persona, con el propósito de restaurarlos (Gálatas 6:1).

Evita los juicios precipitados sobre los demás al mirar primero tu propia vida y haciendo los cambios que necesitas hacer. Entonces estarás en mejor posición para echarle la mano a alguien más que está luchando con una situación.

## 13 DE ENERO
*Pero la esposa de Lot miró hacia atrás, y quedó convertida en estatua de sal.*
*Génesis 19:26 (NVI)*

## NO MIRES HACIA ATRÁS

Si alguien te dice: «No mires ahora», ¿qué es lo primero que quieres hacer? ¡Por supuesto que quieres mirar! Pues, esta fue la advertencia que se le dio a Lot y a su familia al ser rescatados del juicio del Señor que estaba por derramarse sobre Sodoma y Gomorra. Como era de esperar, alguien no pudo resistir el impulso de mirar hacia atrás, y esa persona fue la misma esposa de Lot. ¿Cuál sería el castigo por dar un vistazo? Bueno, Dios instantáneamente convirtió a la esposa de Lot en un pilar de sal. ¡Vaya! ¿Por qué un castigo tan severo por lo que puede parecer una infracción menor? ¿Y por qué debemos prestar atención especial a este castigo?

En Génesis 19, aprendemos de Sodoma y Gomorra, un par de ciudades inmorales que estaban programados a ser destruidos debido a su maldad desenfrenada. Un hombre llamado Lot, sus dos hijas, y su esposa fueron los únicos en la lista corta de Dios de salir a salvo. Dos ángeles fueron asignados para escoltar a la familia a un lugar seguro, y los ángeles dieron instrucciones claras a Lot y a su familia de que tendrían que apresurarse si querían escapar vivos. Después de algunas vacilaciones y un poco de contundencia persuasiva, Lot y su familia llegaron hasta los límites de la ciudad, donde los ángeles les ordenaron: ¡Escápate! No mires hacia atrás, ni te detengas … no sea que perezcas. (Génesis 19:17 NVI)  Aquí, la historia toma un giro inesperado. Ya sea en un momento de debilidad, lamento o melancolía, la esposa de Lot echó una última y fugaz mirada hacia su casa. No sabemos si estaba considerando volver a su pasado pecaminoso o perder lo que estaba dejando atrás, pero lo que sí sabemos es que miró cuando se le dijo explícitamente que no lo hiciera. ¿Por qué fue un pecado tan horrible – el hecho de mirar hacia atrás al punto de causando que callera sobre ella el juicio de Dios? Primero, su acción fue una desobediencia directa a Dios, y bueno, esa nunca es una buena opción. Dios advirtió sobre las graves consecuencias de la desobediencia y, sin embargo, la esposa de Lot aún decidió desobedecerlo. Segundo, su acción fue un abuso de la gracia de Dios que le acababa de dar gratuitamente; Dios gentilmente la salvó a ella y a su familia de la destrucción. Sin embargo, en lugar de estar agradecida, estaba llena de ingratitud.

Si has confiado en Cristo, ¡Dios te ha librado de la destrucción! Él te ha llamado huir de tu vida anterior, que mires hacia adelante en lugar de hacia atrás, que sigas avanzando y no te detengas. Si no, te esperaran consecuencias. No debemos amar nada más que a Dios, porque cuando lo hacemos, nos vemos tentados a mirar hacia atrás en busca de esas cosas para llenarnos en vez de buscar de Dios para que él nos llene. Cualquiera que sea la dirección en que ponemos los ojos, es la dirección en que vamos a caminar. Como resultado, o estás caminando hacia Dios, o estás caminando hacia algo que no sea Dios. Es por eso que Jesús dijo: Nadie, que haya puesto su mano en el arado mirando hacia atrás, es para el reino de Dios (Lucas 9:62).

¿Te costaría trabajo alejarte de algo en tu vida si Dios te llamara a algo nuevo? ¿Acaso crees que lo que sea o donde sea que Dios te esta llamando es mejor que lo que te pide que dejes atrás? ¿Estas dispuesto a seguir adelante con Dios, sin mirar hacia atrás?

---

### 14 DE ENERO

*No temáis a los que matan el cuerpo pero el alma no pueden matar; temed más bien a aquel que puede destruir el alma y el cuerpo en el infierno.*
*Mateo 10:28*

## FE VALIENTE

John Hus, un cristiano y filósofo del siglo XIV, creía que la Biblia era la autoridad perfecta y definitiva en todos los asuntos. Fue quemado en la hoguera por esta creencia a la temprana edad de unos treinta y cinco años. Antes de ser quemado, se le dio la oportunidad final de renunciar a su fe y ser salvado de las llamas, pero se negó. Cuando el fuego comenzó a arder y el calor comenzó a arder, en lugar de renunciar a su fe, Hus audazmente lanzó un grito desde las llamas: Lo que enseñé con mis labios ahora lo sellaré con mi sangre[3].

Las páginas de la historia cristiana están llenas de muchos hombres y mujeres que poseían una fe tan valiente en Cristo que, cuando la tortura o la muerte se acercaban, permanecieron firmes y demostraron ser fieles hasta el final. Desafortunadamente este tipo de destino no es solo una verdad histórica, sino también una realidad presente para muchos en el mundo, y es una certeza futura durante la Tribulación. El martirio de hoy en día es mundial y está muy extendido, y tristemente, decirlo no va a cambiar pronto.

Más cristianos, según las estimaciones, han sido martirizados por su fe en el siglo veinte que en todos los siglos anteriores combinados. Desde el primer mártir de la iglesia, Stephen, hasta hoy, innumerables hombres y mujeres han sido torturados y brutalmente asesinados simplemente por creer en Jesucristo. ¿Qué debemos hacer nosotros, la humanidad, ante tal posibilidad?

Jesús nos advierte tres veces en los versículos de Mateo 10:28, «No temas». Bueno, esto ciertamente suena más fácil decirlo que hacerlo, especialmente cuando nos enfrentamos con la posibilidad de rechazo, persecución o incluso ejecución. Pero Jesús no nos está dejando solo tres mandatos de no temer; Él rápidamente contrarresta nuestros temores con tres razones para no temer. Ya sea que enfrentemos la posibilidad de la muerte o simplemente el rechazo de amigos o familiares debido a nuestra fe, debemos recordar lo que Jesús nos dice a la luz de lo que nos espera en el futuro.

Uno, no debemos temer a la humanidad, «porque no hay nada cubierto que no sea revelado» (versículo 26). En otras palabras, Jesús estaba diciendo que la verdad finalmente triunfará, la iniquidad se descubrirá, el mal que se hizo en las tinieblas saldrá a la luz, y Dios juzgará el mal.

Dos, no debemos temer a la humanidad, sino «temed a Aquel que puede destruir el alma y el cuerpo en el infierno» (v. 28). Este cuerpo es una morada temporal, lo que significa que cualquier cosa que un ser humano pueda hacer al cuerpo también es solo temporal. El alma, sin embargo, dura para siempre, de manera que lo que Dios le puede hacer a tu alma es eterno. Nuestro temor, que incluye la reverencia, debe ser hacia Dios.

Tercero, no debemos temerle a la humanidad, porque no hay nada que nos pueda suceder que Dios no lo sepa y ordene primero (versículo 29). Él es soberano sobre todo, y todo sucede por una razón: su razón.

Cuando nuestros ojos están firmemente puestos en Dios, tendremos una fe valiente que brillará como el sol porque tenemos al Hijo. Cualquier oposición que se nos presente es solo por un momento a la luz de la bendita eternidad que nos espera.

---

**15 DE ENERO**

*El Señor cumplió su palabra*
*e hizo con Sara exactamente lo que había prometido.*
Génesis 21:1 (NTV)

## PROMESAS

¡Lo prometo! Todos hemos hecho promesas a alguien, y todos hemos hecho promesas a nosotros mismos. Al igual, todos hemos sufrido la desilusión que viene cuando nos rompen una promesa. Mantener una promesa es un reflejo de nuestro carácter. Es por eso que les enseñamos a nuestros hijos: No hagas una promesa que no puedas cumplir. Una promesa rota puede sembrar dudas en el corazón de uno, dañando las relaciones y llevando con si una falta de fe, dudando que una persona cumplirá sus promesas y hará lo que dicen que harán.

Sara era la esposa hermosa, leal y fuerte del patriarca Abraham, pero tuvo un problema: era estéril. En esa culture, en ese momento, no solo era devastador personalmente para una mujer, sino que a menudo también provocaba criticas culturales. A medida que pasaba el tiempo, la esperanza de un embarazo desvanecía para Sara, y la edad de tener hijos se convirtió en nada mas que un recuerdo lejano. Dios eligió este momento para hacerle una promesa tan extraordinaria habría sido ridícula viniendo de cualquier otra persona. De hecho, Dios sorprendió tanto a Sara que inicialmente permitió que la duda disminuyera su fe en Su Palabra. La promesa fue que Sara tendría un hijo. Cuando Sara escuchó la promesa de Dios, su corazón no saltó de alegría; más bien, ella se rió. De hecho, si su propia risa hubiera sido traducida, la traducción podría haber sido escuchada como '¡Debes estar bromeando! Tengo ochenta y nueve años, ¡y mi marido tiene noventa y nueve años! ¡No hay forma de que tengamos un hijo tan tarde en nuestras vidas!

¿Cómo respondió Dios a esta risa de incredulidad? Lo hizo con una reprimenda amorosa y una reafirmación de su promesa. Él dijo: ¿Hay algo demasiado difícil para el Señor? En el tiempo señalado, volveré a ti, según el tiempo de la vida, y Sara tendrá un hijo (Génesis 18:14). Dios tuvo que recordarle a Sara que sus promesas se logran por medio de Su poder.

La promesa que Dios le hizo a Sara no dependía de ella, ni su duda momentánea revocó la promesa de Dios para ella. Una promesa es tan buena conforme la persona haciendo la promesa, y las promesas de Dios se basan en su fidelidad y están enraizadas en su naturaleza y carácter. Esta es la razón por la cual el capítulo 21 comienza con la proclamación de que Dios lo hizo por Sara tal como lo dijo porque prometió que lo haría.

Cuando lees acerca de las promesas de Dios, ¿crees que él puede y hará todo lo que eél ha dicho? No permita que la duda se infiltre en tu corazón, disminuya tu fe y te robe de las bendiciones que Dios tiene reservadas para ti. Si estás tentado a dudar de las promesas de Dios, recuerda, nada es demasiado difícil para Dios. Cuando Dios hace una promesa, él cumplirá esa promesa. Para él, hacer cualquier otra cosa sería contrario a su naturaleza y carácter. Dios nunca hace una promesa que no cumpla. El nacimiento de Abraham y el hijo de Sara, Isaac, es una prueba perfecta de que Dios es el Guardián de la Promesa.

Encuentre consuelo en las innumerables promesas que Dios nos ha dado en Su Palabra.

---

**16 DE ENERO**

*Muchos falsos profetas se levantarán y engañarán a muchos*
*Mateo 24:11*

## CUIDADO: FALSOS PROFETAS POR DELANTE

Un profeta es alguien que es elegido por Dios para hablar por Dios. En el Antiguo Testamento, el papel del profeta se tomaba muy en serio y tenía consecuencias muy estrictas para cualquiera que demostrara ser un fraude. El castigo por ser un falso profeta era la muerte, lo que sin duda haría que alguien pensara dos veces antes de enseñar mentiras o hacer predicciones falsas.

El problema con los falsos profetas no es nada nuevo, pero la Biblia enseña que, a medida que el tiempo se acerque a la segunda venida de Cristo, su número aumentará en proporciones épicas. Este aumento drástico es, sin duda, el intento final y desesperado del Diablo de engañar al mundo, que finalmente culmina con el Falso Profeta atrayendo a las personas a adorar al Anticristo (Apocalipsis 16, 19, 20).

Entonces, ¿cómo te proteges contra el engaño de los falsos profetas, las falsas religiones y cualquier cosa que pueda llevarte a descarriar del único Dios verdadero? Nuestra primera advertencia se nos da en 1 Juan 4, donde se nos anima a probar los espíritus. No debemos creerle a alguien solo porque abre la boca y hace un reclamo, posee algún título o posición, o pueda realizar señas, porque incluso Satanás puede realizar señales falsas y falsas maravillas. La verdadera prueba se centra en lo que ellos creen acerca de Jesucristo; de primera importancia aquí es cómo una persona ve la Encarnación por la cual Jesús, como Dios, vino a la humanidad en la carne de hombre. Jesús era completamente Dios, y también era completamente hombre. Una prueba segura para determinar la naturaleza de un profeta es cómo maneja la divinidad de Cristo. Cualquier compromiso que disminuya a Jesús como completamente Dios debe ser rechazado por completo.

Luego, en el Evangelio de Juan, capítulo 1, tenemos otro punto no-negociable en cuanto al discernimiento apropiado de la verdad. Juan nos enseña que Jesucristo y la Palabra de Dios son uno y el mismo. De hecho, Jesús es el Verbo hecho carne. Entonces, al considerar la encarnación de Jesús, no solo no debemos separar la deidad de Jesús de la Encarnación, sino que tampoco podemos permitir la separación de la Palabra de Dios del Hijo de Dios. Esto significa que cuando buscamos discernir qué es verdad y qué es enseñanza falsa, debemos considerar lo que se dice acerca de la Palabra de Dios, así como la relación de las Escrituras con Jesús.

En las Escrituras se nos advierte muchas veces de estar atentos al enemigo y de estar en guardia. Debemos estar alertas y preparados. Debemos mantenernos firmes y nunca comprometernos sobre quién es Jesús, porque si le damos un punto de apoyo al Enemigo contra la verdad de quién es Jesús, seguramente nos desviaremos de las enseñanzas falsas.

No esperes hasta enfrentar a una enseñanza falsa para volverte hacia la Palabra de Dios, porque puedes perder tu capacidad de detectar la mentira. Permanece en la verdad todos los días, y los falsos maestros no podrán engañarte o confundirte.

**17 DE ENERO**
*Así se quedó Jacob solo; y luchó con él un varón hasta que rayaba el alba.*
*Génesis 32:24*

# LUCHANDO CON DIOS

El nombre de Jacob significa «receptor de talón», que resultó ser un nombre muy apropiado para este patriarca judío. La mayor parte de la vida de Jacob se gastó tratando de obtener lo que quería usando su propia fuerza, siempre agarrando e intrigando para salir adelante. Él creyó en Dios pero no se rindió completamente a él. Él engañó a su hermano, engañó a su padre y estafó a su suegro, y todo esto fue hecho en un intento de traer bendiciones a su propia vida. Jacob, como muchos de nosotros, necesitaba aprender que las bendiciones vienen de la mano de Dios y no de la mano de la humanidad.

Jacob aprendería esto una noche mientras estaba solo en el desierto y de repente se encontró con Dios de la manera más inusual. Los brazos se entrelazaron, las cabezas inclinadas hacia abajo y el hombro presionado contra el hombro, ya que cada uno usó su peso y su influencia para intentar dominar al otro. Dios estaba luchando con la humanidad! Debemos darnos cuenta de que Dios fue el iniciador de este encuentro inusual. Él vino a Jacob, y fue él quien extendió la mano y lo envolvió en una llave de cabeza celestial.

Jacob no estaba luchando tanto con Dios como simplemente se estaba negando a ceder a Dios. Toma en cuenta que el objetivo de cualquier lucha libre es llevar a tu oponente al lugar de sumisión total. Esto era algo que Jacob aún necesitaba aprender. Hora tras hora, los dos permanecían entrelazados hasta que Dios decidió que ya era suficiente, y había llegado el momento de terminar esta lección. Entonces, Dios tocó la cadera de Jacob y dislocó permanentemente la articulación. ¡Eso tuvo que doler! Marcador final: Dios uno, Jacob cero.

El resultado fue que Jacob ya no podía luchar. Lo único que podía hacer en ese momento era aferrarse a su vida. En ese momento, Jacob se aferró a Dios, y buscó la gracia y la bendición de Dios. Dios, en Su gracia, vio un cambio en el corazón de Jacob y le dio un nuevo nombre: Israel. Su nuevo nombre significa «gobernado por Dios». Con un nuevo nombre surgió una nueva forma de vida para este antiguo receptor del talón. Ya no buscaba vivir la vida a su manera, agarrando e intrigando por bendiciones. Él vio que la única forma de recibir la verdadera bendición se recibía sometiéndose y aferrándose a Dios.

Jacob estaba físicamente debilitado por su encuentro con Dios, pero espiritualmente se hizo más fuerte.

¿Alguna vez has luchado con Dios? ¿Alguna vez ha luchado para tener las cosas a tu manera, solo para que Dios quebrantara tus planes? Mientras luchamos contra la mano de Dios, siempre estaremos en el lado perdedor de esa lucha. Solo cuando nos damos cuenta de lo débiles que somos podemos realmente ganar. Solo cuando nos sometemos a Dios y nos rendimos a eél podemos experimentar la verdadera bendición de una nueva intimidad con él.

¡Sálvate de andar cojeando porque luchaste contra Dios por querer hacer las cosas a tu manera! Entrega tu voluntad a la suya hoy.

## 18 DE ENERO
*Cerca de la hora novena, Jesús clamó a gran voz, diciendo: 'Elí, Elí, ¿lama sabactani?' Que significa: 'Dios mío, Dios mío, ¿por qué me has desamparado?'*
*Mateo 27:46*

## EL DÍA MÁS OSCURO

De repente, una oscuridad divina se movió y rodeó la tierra. Cuando Jesús vino al mundo, una luz brilló en el cielo para marcar su nacimiento. Pero en este día, las tinieblas cubrieron la tierra mientras el mundo se preparaba para Su muerte. En lo que Jesús colgaba en la cruz, el sol estaba alcanzando la posición más alta en el cielo mientras el Hijo de Dios estaba experimentando Su punto más bajo en la tierra.

Nada como esto había sucedido antes, y nada comparable volvería a ocurrir. Este día era el día señalado, y esta hora era la hora señalada para que el Hijo de Dios tomara los pecados del mundo sobre Sus hombros. Durante la oscuridad divina, que duró tres horas, Jesús, que nunca pecó, se convertiría en pecado por nosotros. Jesús, que era perfecto en justicia, cambiaría esa justicia por el pecado para que todos los que creyeran pudieran cambiar su maldad por su justicia. El gran y glorioso plan de Dios para redimir a la humanidad y proporcionar el camino a la vida eterna se reveló en este acto horrible.

Pero este plan de gracia, preparado desde antes de los cimientos de la tierra, vino con un precio doloroso; más doloroso que el sufrimiento físico infligido en la carne de Jesús sería el momento de supremo dolor espiritual. La paliza, el dolor de espalda y la frente ensangrentada no se compararían con el dolor que experimentó Jesús cuando se alejó temporalmente de Dios el Padre. Nunca hubo un tiempo en toda la eternidad pasada que Jesús no haya disfrutado la unidad con el Padre. La relación más estrecha e íntima estaba a punto de experimentar el dolor de la separación.

Desde la agonía más grande que jamás se haya experimentado, Jesús clamó: «Dios mío, Dios mío, ¿por qué me has desamparado?». Esta fue la única vez que Jesús le llamó Dios y no Padre porque esta fue la única vez que el Padre le dio la espalda al Hijo. Jesús nunca perdió su divinidad y nunca dejó de ser parte de la Trinidad, pero por un corto tiempo, perdió intimidad con el Padre.

Grande es el misterio de nuestra salvación, pero nunca olvidemos o minimicemos su costo o trivialicemos la severidad del pecado. Jesús fue abandonado para que pudiéramos ser aceptados; Él fue abandonado para que pudiéramos ser perdonados. Lo que fue el día más oscuro para el Hijo de Dios también fue la puerta de entrada a la luz maravillosa para todos los que confían en Cristo. Ahora somos llamados a dar testimonio del hecho de que Jesús es la Luz del Mundo, ya que pagó por la oscuridad de los pecados de la humanidad en la cruz y murió ese día oscuro en la historia para que pudiéramos vivir. Ya no necesitamos andar en la oscuridad si aceptamos Su sacrificio por nosotros. Podemos andar a la luz de su gloria y gracia.

Jesús nos invita a confiar en Él y recibir Su sacrificio. ¿Ya aceptaste Su regalo de gracia? Si ya lo hiciste, ¿acaso tu vida es testimonio de lo que Jesús hizo por ti?

---

**19 DE ENERO**

*Tuvo José un sueño y lo contó a sus hermanos,*
*y ellos llegaron a aborrecerlo más todavía.*
*Génesis 37:5*

## ODIO FRATERNAL

La historia de José es una hermosa representación de la providencia de Dios. La suya era en gran parte una historia del conocimiento previo de Dios que se desarrolla a través de la coreografía divina de Dios y detrás del escenario a través de la vida de José. Gran parte de las poderosas maniobras de Dios se lograron a través de los eventos ordinarios y cotidianos de la vida de José, a pesar de que el plan de Dios era cualquier cosa menos ordinario.

La familia de José sufrió una gran cantidad de disfunciones, y José fue el que sufrió la mayor parte del maltrato de su familia. José, el segundo hijo menor de doce años, era el hijo predilecto de su padre y se le dio el lugar de preferencia que normalmente estaba reservado para el mayor. Rubén, siendo el hijo primogénito de Jacob y heredero legítimo y benefactor de la benevolencia de su padre, no recibiría este derecho de nacimiento. Rubén tuvo una relación incestuosa con la concubina de su padre y perdió el favor de su padre y perdió su rango familiar. Esta acción ahora liberó a Jacob para elegir a alguien para reemplazar a Rubén. Para Jacob, la elección fue obvia. Indiscutiblemente, su elección sería José. Esta decisión se hizo oficial cuando Jacob adornó a José con una túnica real, lo que hablaba de su nueva posición en la jerarquía familiar.

Un hilo de odio fraternal ya corría en contra de José entre sus hermanos, pero este reposicionamiento de la familia le agregó combustible a su ya ardiente desagrado. La culminación de la tensión familiar sería los sueños que Dios le había dado a José.

Ahora, José estaba lejos de ser perfecto, pero los sueños que Dios le dio fueron un vistazo a los propósitos perfectos de Dios para él. Los sueños de José fueron un claro presagio de la futura posición de prominencia de José sobre su familia. Nadie conocía los detalles del plan de Dios, pero el resultado fue inconfundible para todos, como lo demuestra el comentario de su hermano: ¿Acaso reinarás sobre nosotros? (Génesis 37:8). Esto era más de lo que los hermanos estaban dispuestos a soportar. José vivía de tiempo prestado ya que el ambiente estaba lleno de odio. Los hermanos hicieron planes para deshacerse de su hermano menor.

Los sueños de José pusieron en marcha una serie de eventos divinos que, cuando se ven desde el exterior, se ven difíciles, duros e inútiles para lograr algo bueno y piadoso. Pero cuando tienes un Dios soberano que tiene el control de todo, incluso cuando otros intentan hacer el mal, Dios puede convertir el mal en bendición y usarlos para cumplir sus planes perfectos.

A pesar de que nos odien, a pesar del dolor por las acciones de otros, y a pesar de las situaciones desesperantes, si nos mantenemos fieles a Dios de la misma manera que José se mantuvo fiel a Dios a pesar de los años de dificultades, podemos estar seguros de que Él seguirá siendo fiel para lograr Sus propósitos perfectos y providenciales en nuestras vidas también. Como Dios lo hizo por José, también lo puede hacer por todos los que permanecen fieles a él.

**20 DE ENERO**
*Por tanto, id y haced discípulos a todas las naciones,
bautizándolos en el nombre del Padre, del Hijo y del Espíritu Santo,
y enseñándoles que guarden todas las cosas que os he mandado.
Y yo estoy con vosotros todos los días, hasta el fin del mundo.
Mateo 28:19-20*

## PONTE EN MARCHA

Pocos mandatos han atormentado a la iglesia más que las últimas palabras de Jesús a sus discípulos. Estas palabras han sido llamadas la Carta Magna Cristiana y se consideran las órdenes de marcha de la iglesia. Jesús, de manera clara y concisa, comunicó su encargo a la iglesia en estos versículos finales.

El mandato es sencillo: hacer discípulos. El proceso comienza yendo, lo que significa que salimos y llevamos las buenas nuevas del Evangelio de Cristo a las personas donde viven, trabajan y juegan. El objetivo nunca ha sido para nosotros decir: «Acérquense a nosotros y escuchen las buenas nuevas», pero, en cambio, debemos decir: «Levantémonos y salgamos a la gente con las buenas nuevas». Algunos se irán a tierras extranjeras y otros permanecerán cerca de casa, pero de cualquier manera, el mandato de hacer discípulos implica que, como cristianos, ya estamos yendo. Ya sea que te hayas propuesto conscientemente o «salir», o no, reconoce esto: ya lo hiciste. Siempre andas caminando, hablando, trabajando y viviendo como un ejemplo de un discípulo de Jesucristo, estés donde estés. La pregunta no es tanto si vas, sino lo que estás haciendo mientras estás fuera.

El bautismo es la siguiente parte del proceso de hacer discípulos y es una marca que significa la nueva vida que un creyente ha encontrado en Cristo. El bautismo es nuestra identificación con Cristo, su muerte, su sepultura y su resurrección, y representa una decisión consciente que solo puede realizar un individuo para sí mismo. Ningún acto exterior que involucre agua tiene ningún significado a menos que el que se bautice tome la decisión. El mero acto no indica una decisión genuina de seguir a Cristo, y no es un medio para alcanzar la salvación; en cambio, el bautismo debe seguir la salvación. El bautismo es una representación de nuestra comunión y compromiso con Cristo y todos aquellos que siguen a Cristo. Hacer discípulos implica invitar a otros a proclamar públicamente su identificación con Cristo a través del bautismo.

Todo esto es esencial, pero la falta de enseñar todo lo que Jesús ordenó dejará a los discípulos débiles e inmaduros en su fe. Con demasiada frecuencia hoy en día, los predicadores se centran únicamente en los mensajes de sentirse bien, la predicación de la prosperidad y el entretenimiento en lugar de la enseñanza. Este tipo de mensaje resulta en un fracaso para comunicar la pecaminosidad de la humanidad y la santidad de Dios, por lo tanto, no logra convencer a las personas de su necesidad de ser salvos y santificados. Todos debemos ser maestros de todo el consejo de Dios, desde Génesis hasta Apocalipsis y todo lo demás. Debemos ser estudiantes dedicados de la Biblia para que podamos enseñar a otros de manera efectiva y completa.

Este mandato ha atormentado a la iglesia a lo largo de los siglos porque cada generación, cada iglesia y cada creyente tienen la responsabilidad del discipulado. El mandato no es exclusivamente para misioneros, pastores o evangelistas; todos los que creen están así ordenados.

Millones de personas viajan por el ancho camino que los lleva a la destrucción. Como la iglesia de Jesucristo, debemos tomar accion y hacer discípulos de cada tribu, lengua y nación.

No permitamos que la Gran Comisión, dada a nosotros por Dios, se convierta en la Gran Omisión de la iglesia de hoy.

## 21 DE ENERO
*Entonces miró a todas partes, y viendo que no había nadie, mató al egipcio y lo escondió en la arena.*
Éxodo 2:12

## EL CAMINO EQUIVOCADO

Una vez, mientras conducía en un país extranjero, me encontré con una serie de señales que, aunque no estaban escritas en Español, dejaban muy claro lo que decían con sus letras rojas brillantes. ¡Las señales advertían a los conductores que esta era la manera incorrecta! Justo adelante, podía ver la calle a la que tenía que tomar a solo una cuadra de distancia. Si me pasaba esa calle, sabía que estaría en problemas porque no tendría idea de cómo regresar a donde tenía que ir.

Me enfrenté con la decisión: ¿O me voy por el camino equivocado, o doy la vuelta y voy por el camino correcto y me retraso indefinidamente? Con información limitada, elegí tomar el camino equivocado. Aparte de algunos ojos malvados y algunos gritos de claxon, hice el viaje con éxito, sin contratiempos. Estaba dispuesto a tomar un camino corto para llegar a donde tenía que llegar. Pero una cosa es segura: no existen caminos cortos para cumplir la voluntad de Dios.

Moisés aún no había recibido la Ley de Dios, por lo que podría decirse que estaba operando con información limitada. Pero, honestamente, no necesitaba la Ley para saber que todas las señales por delante le decían, '¡camino equivocado!'. Moisés escogió ir por el camino equivocado cuando tomó el asunto en sus propias manos y mató al capataz egipcio. Moisés pensó que podía cumplir la voluntad de Dios en su tiempo y a su propia manera. Toda la educación de Egipto y los privilegios de vivir en el palacio del Faraón no prepararía apropiadamente a Moisés para hacer las cosas a la manera de Dios. Esto se ve más claramente cuando Moisés miró hacia la derecha y miró hacia la izquierda para ver si alguien estaba mirando. Pero no pudo mirar en la dirección en la que necesitaba buscar más: arriba. Moisés miró hacia aquí y hacia allá, mas no miro en la dirección de Dios.

Antes de que seamos demasiado duros con Moisés, tengamos en cuenta que sí tenía intenciones nobles. Vio la injusticia y no podía quedarse allí en silencio y permitir que la justicia fallara. Sabía que los hebreos estaban bajo un tratamiento duro, y quería ayudarlos a salir de su opresión. Pero sus buenas intenciones no niegan su dirección equivocada y la acción incorrecta. Entonces, Dios envió a Moisés al desierto para que aprendiera a esperar y aprender a hacer las cosas a la manera de Dios. Moisés necesitó tiempo para desaprender los métodos mundanos que se le enseñó bajo el rey de Egipto para poder estar listo para aprender de Dios el camino correcto para cumplir Su voluntad.

La próxima vez que pienses estar listo para hacer algo por Dios, tomate el tiempo de mirar hacia arriba. Espera en la dirección de Dios para asegurar que no te desvíes al camino equivocado al hacer Su voluntad. Mira hacia Dios y hacia Su Palabra para asegurar que el camino que estas por tomar es el correcto y que vas bien en la dirección correcta.

**22 DE ENERO**

*Pero había en la sinagoga de ellos un hombre con espíritu impuro, que gritó: ¡Ah! ¿Qué tienes con nosotros, Jesús nazareno? ¿Has venido a destruirnos? Sé quién eres: el Santo de Dios.*
*Marcos 1:23-24*

## CONFESIONES DE UN DEMONIACO

Increíble, misterioso, milagroso e incluso extraño. . . Estas son solo algunas palabras que describen lo que sucedió mientras Jesús enseñaba en la sinagoga un sábado por la mañana. La Biblia de vez en cuando nos da una idea del funcionamiento de los ángeles y los demonios, e indudablemente esos encuentros a menudo nos dejan desconcertados y perplejos. Pero podemos aprender mucho de las confesiones del hombre poseído por el demonio.

¿Qué es exactamente un demonio? Los demonios son ángeles caídos que alguna vez disfrutaron de la belleza del cielo, solo para ser expulsados porque eligieron seguir a Satanás y rebelarse contra Dios (Apocalipsis 12: 7-9). Los demonios también tienen el poder de ocupar los cuerpos de los que no son salvos y usarlos para el mal. Aunque los demonios pueden molestar y causar problemas a un creyente, nunca pueden habitar a la persona que ha hecho de Jesús el Señor de su vida. Como escribió un autor: «Los demonios no pueden vivir en corazones cristianos, pero se posan sobre los hombros cristianos y susurran en oídos cristianos».

Además, los demonios saben que su tiempo es corto, y llegará un día en que serán atados y arrojados al gran abismo (Lucas 8:31). Con ese entendimiento, los demonios también son plenamente conscientes de quién es Jesús. Note los dos aspectos principales de la confesión de este demonio con respecto a quién es Jesús: «¿Qué tenemos que ver contigo, Jesús de Nazaret?» Esta es una confesión que reconoce la humanidad de Cristo, y demuestra una creencia en la Encarnación, cuando Dios se hizo hombre.

'¡Yo sé quién eres, el Santo de Dios!' Esta es una confesión que reconoce la deidad de Cristo y expresa la creencia de que Jesús es Dios. Pero un mero reconocimiento de estos hechos acerca de quién es Jesús no conduce a una eternidad en el cielo. Se requiere la aceptación de Jesús como Señor sobre nuestras vidas, y esto es algo que los demonios se negaron a hacer.

Jesús no era ajeno a los demonios; Los enfrentó muchas veces a lo largo de su ministerio terrenal, y en cada caso, su autoridad sobre ellos fue completa y absoluta. La supremacía de Jesús sobre todos los poderes terrenales y demoníacos demuestra que una persona nunca puede llegar demasiado tarde a un conocimiento salvador de Jesucristo. Aunque los demonios han hecho su elección y están condenados a pasar la eternidad en el infierno, tal destino no necesita ser el final de cualquiera que todavía tenga aliento en sus pulmones.

No existe ningún mal del cual Dios no pueda rescatar a alguien, incluso si ese mal está en la forma de una persona vencida por un demonio. Jesús es más grande y más poderoso que cualquier fuerza maligna, incluyendo los demonios, y su deseo es liberar a los cautivos.

Entonces, si te encuentras esclavizado al mal, acude al único que tiene el poder para liberarte: Jesús de Nazaret, el Santo de Dios.

### 23 DE ENERO

*Entonces Moisés respondió a Dios: —¿Quién soy yo para que vaya al Faraón y saque de Egipto a los hijos de Israel?*
*Éxodo 3:11*

## ¿CUÁL ES TU EXCUSA?

El poeta Alemán Christian Hebbel dijo una vez: «Quien quiera ser un juez de la naturaleza humana debe estudiar las excusas de las personas». «Ya sea 'se me olvido», «estoy demasiado ocupado», «tuve problemas con el automóvil», «hubo tráfico», o la excusa favorita de los estudiantes, «El perro me comió la tarea», todos los hemos escuchado y tal vez incluso los hemos usado en un momento u otro. La gente usa fundamentalmente las excusas para justificar sus propias acciones o evitar involucrarse en algo que preferiría evitar.

¿Alguna vez le has hecho una excusa a Dios? ¿Alguna vez has tratado de justificar tus acciones ante Dios o has intentado ofrecer una excusa para evitar involucrarte en alguna oportunidad que Él estaba poniendo a tu disposición?

Para Moisés, habían pasado cuarenta años desde que intentó la voluntad de Dios. En ese momento, Moisés era presuntuoso, impulsivo y orgulloso, pero ahora, después de cuarenta años en la parte trasera del desierto, se había vuelto renuente, cauteloso y humilde. Solo entonces tuvo Moisés un encuentro con Dios en la zarza ardiente, y quedó abrumado por lo que Dios le pidió que hiciera.

La reacción de Moisés ante esta oportunidad fenomenal que Dios le presentó fue para hacer una excusa: «¿Quién soy?» Tal vez Moisés estaba pensando que era demasiado viejo, o tal vez sus fracasos pasados lo perseguían, o tal vez tenía miedo de ser rechazado. Sospecho que todo lo anterior, y más, llevó a Moisés a ofrecerle a Dios una serie de excusas.

Dios se tomó el tiempo para asegurar a Moisés que estaría con Él, que lo guiaría, y que le daría las palabras para hablar y los milagros que realizar. En resumen, Dios le estaba diciendo a Moisés: «Yo me ocuparé de todo». Todo lo que Moisés tenía que hacer era confiar en Dios.

Necesitamos tener en cuenta aquí que la renuencia de Moisés a hacer la voluntad de Dios no fue un rechazo de la voluntad de Dios, sino el punto de partida para Moisés. Tenía que aprender y entender que si iba a hacer la voluntad de Dios, entonces tendría que hacer las cosas a la manera de Dios. A través de la renuencia de Moisés, reconoció sus debilidades, pudo admitir sus fallas, pudo ver sus insuficiencias y pudo comprender su necesidad de la ayuda de Dios. Dios usó la excusa de Moisés para revelarle que quien era Moisés no importaba; ¡lo que importaba era quién era Dios! Finalmente, Moisés dejó ir sus miedos y debilidades y permitió que Dios lo usara.

Dios reconoce tus debilidades, porque la realidad es que todos tenemos debilidades y limitaciones. Pero no podemos permitir que nos mantengan apartados de lo que Dios quiere hacer en nuestras vidas y a través de ellas. Si permitimos que nuestras excusas se interpongan en el camino de seguir a Dios, estamos demostrando una falta de fe en la capacidad de Dios para cumplir sus planes y propósitos a través de nosotros. Todos tienen defectos; nadie puede hacer todo. Y cuanto antes reconozcamos nuestras debilidades, podrá Dios obrar mediante Su fuerza a través de nosotros.

No permitas que la renuencia se convierta en rechazo. No permita que la insuficiencia te lleve a la inactividad. Dios nos da lo que necesitamos, en Su tiempo perfecto, para lograr lo que Él quiere. ¿Qué excusa te está impidiendo obedecer a Dios y servirle con todo tu corazón? No permitas que las excusas te impidan experimentar las bendiciones que Dios quiere darte.

---

**24 DE ENERO**

*Vuelve a tu casa y cuéntales a tu familia y a tus amigos*
*todo lo que Dios ha hecho por ti, y lo bueno que ha sido contigo.*
*Marcos 5:19 (NTV)*

## ¿CUÁL ES TU HISTORIA?

Dios nos ha dado a todos una historia que habla de cómo Dios entró en nuestras vidas, cómo cambió nuestras vidas y cómo está trabajando actualmente en nuestras vidas. Tu historia es un puente poderoso que te permite acceder fácilmente a las vidas de las personas que Dios ha colocado en tu mundo. Aunque compartir el evangelio puede ser una tarea intimidante a veces, compartir su historia es una manera natural y sin estrés de hablar sobre Dios con cualquier persona, en cualquier momento.

En el evangelio de Marcos, capítulo 5, aprendemos de la sorprendente historia de un hombre. Un día, Jesús y sus discípulos navegaban por una región llamada Los Gadarenos, donde se encontrarían con un tipo salvaje y loco, un tipo cuya historia estaba a punto de cambiar para siempre porque Dios transformaría radicalmente su vida. Hasta este punto, la historia de este hombre era oscura y triste. Se vio obligado a vivir en un cementerio a las afueras de la ciudad porque era indomable, incontrolable y aterrorizado por un espíritu inmundo. Su vida estaba llena de tanta vergüenza y desesperación que a menudo recurría a cortarse en un esfuerzo enloquecido para sentir algo. En su dolor, a menudo se escuchaba en las ciudades cercanas, ya que su alma atormentada lo hacía gritar como un coyote, noche tras noche.

Pero todo cambió en el momento en que conoció a Jesús. Sus demonios fueron expulsados, su cordura volvió, y su alma, que había sido sobrenaturalmente secuestrada, finalmente fue libre. Lleno de asombro y aprecio por todo lo que Jesús acaba de hacer, este hombre quería dejar su hogar y viajar con Jesús, pero Jesús le dijo que se quedara y contara su historia a cualquiera que quisiera escucharla.

Dios quiere usar tu historia, también. Él quiere usar tus experiencias, lo que tu has visto que Dios ha hecho, cómo Dios a hablado a tu vida, y las formas en que Él ha cambiado tu vida para que otras personas comiencen a ver que Dios es real, que los milagros suceden, que la oración funciona, y que sus vidas también pueden transformarse. Compartir tu historia puede inspirar a otros a buscar a Dios, a alejarse de sus pecados y a entregar sus vidas a Dios.

Tu historia es única y poderosa tal como es, así que no trates de embellecer o exagerar su historia en un intento de sonar más dramático. Dios quiere usarte tal como eres y tu historia tal como es, porque de todos modos la historia no se trata de ti; la historia se trata de Dios y de lo que Dios ha hecho y está haciendo en tu vida. Tómate el tiempo para pensar en su historia y estar listo cuando Jesús te da la oportunidad de compartir tu historia con alguien.

## 25 DE ENERO

*Sin embargo, Moisés protestó de nuevo: ¿Qué hago si no me creen o no me hacen caso? ¿Qué hago si me dicen: "El Señor nunca se te apareció"?*
*Éxodo 4:1 (NTV)*

## LA FE, NO EL TEMOR

¿Alguna vez has tenido miedo de lo que la gente pueda pensar de ti? Tal vez te sentiste así durante ese período incómodo y excesivamente autoconsciente en la escuela secundaria, donde la popularidad y la aceptación de los compañeros lo significaban todo. O tal vez tenías que dar un discurso frente a un grupo de personas y podías sentir que todos los ojos en la sala estaban puestos en ti. Posiblemente, te sentiste así en la primera entrevista de trabajo, o tal vez cuando estabas tratando de causar una buena impresión sobre su futuro cónyuge. Ya sea que compartas una de estas experiencias o tenga una propia, todos hemos estado preocupados en algún momento por lo que otros puedan pensar de nosotros.

Como cristianos, nosotros también podemos ser atacados con el temor de cómo otros nos percibirán, pero estos temores no están justificados en la economía social de Dios. Si somos presa del dios de la percepción, la imagen y la aceptación, solo nos perjudicaremos a nosotros mismos cuando buscamos servir a Dios.

Moisés ciertamente tenía miedo de cómo sería percibido por sus compañeros, y se preguntó si incluso lo recibirían a él y al mensaje de liberación de Dios. El temor de Moisés casi le impidió entrar en el gozo del servicio del Señor y todas las bendiciones que vienen con ser usado por Dios. Dios tenía una Tierra Prometida fluyendo con leche y miel esperando a Moisés y a los hijos de Israel, pero Moisés parecía contento de quedarse en el desierto.

Podemos hacer lo mismo. Podemos limitar la plenitud de la bendición de Dios en nuestras vidas cuando nos permitimos ser influidos por el miedo. Muchas personas están paralizadas por el miedo. Desafortunadamente, permitir que el miedo te mantenga congelado solo te lleva a hacerte daño. Sin embargo, 2 Timoteo 1:7 nos dice:

«Porque Dios no nos ha dado un espíritu de temor, sino de poder y de amor y de una mente sana».

No te pierdas lo mejor de Dios, y no pierdas lo que Dios tiene para ti simplemente por miedo al fracaso. Nos podemos ponernos tan cómodos y estar tan en nuestro propio plan, que rehusamos cambiar.

Podemos ser tan inflexibles para cambiar, incluso cuando sabemos que el cambio es lo mejor. Lo que necesitamos es más fe y menos miedo. Como 1 Juan 5:4 nos dice: «Porque todo lo que es nacido de Dios vence al mundo. Y esta es la victoria que ha vencido al mundo: nuestra fe». Por fe, podemos vencer cualquier temor.

No te pierdas de una vida abundante que Dios ha planeado para ti al permitir que el temor te impida servir y seguir el plan de Dios para tu vida.

## 26 DE ENERO
*En seguida hizo a sus discípulos entrar en la barca e ir delante de él a Betsaida.*
*Marcos 6:45*

## LA TORMENTA PERFECTA

Después de que Jesús alimentó a los cinco mil, la multitud creció ansiosa por hacer a Jesús rey (Juan 6:15). ¿Por qué no? Después de todo, acababa de eliminar el problema del hambre por más de cinco mil personas ese día. Este acto por sí tuvo que ser lo suficiente como para hacer de Él la elección del pueblo para rey. Pero este no era el plan de Dios. Jesús, sintiendo que se estaba gestando una tormenta social, decidió retirarse y enviar a los doce discípulos al otro lado del mar en un bote mientras iba a pasar la noche orando.

Cuando Jesús estaba en el monte viendo hacia el mar, sabía que los discípulos se dirigían a una tormenta. Esta fue una tormenta que no solo probaría físicamente a los discípulos, sino que también los desafiaría espiritualmente. Los discípulos pasaron de una agradable cena junto al lago al peligro en el mar tempestuoso; pasaron de bendición a prueba. Sin embargo, cuando llegó la tormenta, Jesús nunca les perdió la vista a Sus amigos. Mientras los miraba, vio a estos pescadores experimentados trabajando y esforzándose para no perder el control. ¿Cuántas veces nos somos semejantes a esos discípulos ese día en el mar, luchando por no perder el control?

Las tormentas de la vida nos llegarán a todos. Para algunos, tal vez la angustia y el dolor de las relaciones rotas será nuestra tormenta. Otros experimentarán el estrés y la preocupación de una crisis financiera y, sin embargo, para otros, el dolor y el sufrimiento de los problemas de salud o el dolor que rodea la muerte de un ser querido.

Los discípulos nunca estuvieron fuera de la vista de su Maestro, y nunca estamos fuera de la vista de nuestro amoroso Salvador. Jesús no solo ve las tormentas de la vida acercarse, sino que puede ser el mismo que nos pone en el bote y nos envía al viento y a la lluvia para poner a prueba nuestra fe. Entonces, naturalmente, podemos preguntarnos, ¿cómo manejaremos la tormenta? ¿Seguiremos confiando y mantendremos a flote mientras las olas chocan contra el bote, o permitiremos que el miedo nos hunda?

Como dice el refrán familiar, la noche siempre es más oscura justo antes del amanecer. En esta hora oscura, Jesús decidió venir a Sus discípulos azotados por el clima. Los discípulos que acababan de atestiguar a Jesús como el Gran Proveedor ahora carecían de la fe para creer que él también podría ser su Gran Protector.

Jesús confrontó sus miedos de frente mientras caminó sobre el agua en medio de la tormenta, demostrando su control completo sobre todo lo que les estaba haciendo temer en ese momento. Cuando los alcanzó, dijo: «¡Tened ánimo! Soy yo, no temáis» (Marcos 6:50). Jesús se refirió a su miedo al enfrentar su falta de fe (que es la causa del temor en primer lugar) y los dirigió a centrarse en él.

Nos haría bien recordar que 'la fe la certeza de lo que se espera, la convicción de lo que no se ve' (Hebreo 11:1). El hecho de que los discípulos no podían ver a Jesús no significaba que él no estaba allí, o que los había olvidó, o que no podía rescatarlos. El temor de los discípulos les había cegado cuando su fe debería haberles dado los ojos espirituales para ver que Dios estaba allí con ellos, incluso en la tormenta.

No permitas que los temores de las tormentas de la vida te cieguen de ver la realidad de que Jesús está contigo, aun en medio de las tormentas.

---

**27 DE ENERO**

*En el desierto, toda la congregación de los hijos de Israel murmuró contra Moisés y Aarón.*
*Éxodo 16:2*

## OFICINA DE QUEJAS

Después de que los israelitas fueron liberados de Egipto por la poderosa mano de Dios, entraron en un tiempo de vagar en el desierto; aquí fueron probados, y Dios proveyó para su pueblo y trató de purificar a su pueblo. Este también fue un tiempo lleno de quejas de personas descontentas.

Solo había pasado un mes de que Dios había separado el Mar Rojo y milagrosamente condujo a los israelitas a través de la tierra seca hacia la libertad, pero todos estos gran actos se convirtieron en un recuerdo lejano para ellos. A medida que sus estómagos comenzaron a reclamar, sus bocas comenzaron a murmurar. Los israelitas fueron testigos de como Dios plagó a los egipcios y protegió a su pueblo. Vieron cómo Dios ahogaba al ejército egipcio mientras los entregaban en tierra seca, y saboreaban su bondad mientras hacía que las aguas amargas de Mara fueran dulces para beber. Pero incluso a pesar de todo lo que Dios había hecho por ellos, aun se quejaban. ¿Cómo pudieron hacer eso? Espera ... antes de responder la pregunta; recuerda que somos tan culpables cuando nos quejamos.

Quejarse es ser olvidadizo. Los israelitas se quejaban en parte porque tenían recuerdos selectivos. Eligieron olvidar todas las grandes y poderosas cosas que el Señor había hecho por ellos, y en su lugar se enfocaron en su problema actual mientras olvidaban al Gran Solucionador de Problemas.

Quejarse es cegador. Los israelitas habían permitido que sus quejas los cegaran a las promesas de Dios. En otras palabras, no lograron ver el panorama general. Dios prometió llevarlos a una tierra que fluye leche y miel (Éxodo 3:8), y no los había sacado de Egipto para que murieran de hambre.

Quejarse muestra una falta de fe. Alguien con falta de fe se impacienta con el tiempo de Dios, duda de la providencia de su provisión, cuestiona el poder de su protección y carece de una proximidad personal a su presencia. Todo esto conduce al temor, que ahoga el flujo de fe en nuestras vidas.

Dios es misericordioso a través de todo lo que enfrentamos, incluso cuando nos quejamos. Dios, en su gracia, eligió no tratar duramente a los israelitas y su pecado de quejarse. Más bien, Dios vio la oportunidad de enseñar a su pueblo una lección de confianza, y también mostrar su gloria a su pueblo para que su fe se fortaleciera (Éxodo 16:7, 12).

Siempre podemos encontrar algo de que quejarnos. Pero recuerda, quejarse muestra descontento con los planes y propósitos de Dios.

Entonces, en lugar de decir: «¡Ay de mí!», Busquen adorar al Rey. En lugar de encontrar fallas, concéntrate en las promesas que Dios nos ha dado en Su Palabra. Cuanto antes aprendamos a no quejarnos, mejor estaremos ya que el no quejarnos muestra que nuestra fe es más fuerte que nuestras circunstancias.

En el cielo no hay una oficina de quejas. No permita que las quejas te ciegue a las bendiciones que tienes en Cristo.

## 28 DE ENERO
*¿quién decís que soy?*
*Marcos 8:29*

## ¿ESA ES TU ÚLTIMA RESPUESTA?

*Si les hicieras la pregunta a la gente, ¿quién crees que era Jesús? Obtendrías una variedad de respuestas. Algunos dirían que Jesús fue un profeta, mientras que otros lo considerarían un buen maestro moral, y mientras que otros lo clasifican como un rabino, un sabio o un líder carismático.*

Cuando Jesús caminó hacia el norte de Galilea camino a Cesarea de Filipo, una tarde con sus discípulos, les preguntó: «¿Quién dicen los hombres que soy yo?»

Las opiniones de las personas sobre Jesús en ese día fueron tan variadas como las opiniones de las personas en la actualidad. Por las calles de Israel algunos decían que Jesús era Juan el Bautista, otros pensaban que era Elías, mientras que otros creían que era un profeta. La gente estaba ciertamente impresionada con Jesús, pero la mayoría de la gente no lo veía por lo que realmente era. No mucho ha cambiado en dos mil años. La pregunta de Jesús no fue diseñada para aumentar su ego o para verificar su índice de aprobación. Más bien, se estaba preparando para ver si sus discípulos iban a compartir la opinión popular del día o si podían verlo por lo que realmente era.

Después de escuchar lo que se decía por la calle, Jesús se los voltio a sus discípulos y les hizo la misma pregunta penetrante: «*¿Pero quién dices que soy?*» *(Énfasis agregado). La pregunta no es subjetiva por naturaleza, sino más bien, objetiva. La pregunta no es relativa, sino de naturaleza absoluta porque solo una respuesta es correcta. Pedro nos dio esa respuesta cuando respondió:* «Tú eres el Cristo» (Marcos 8:29).

Esta fue una confesión divinamente inspirada de los labios humanos de Pedro que también incluía el reconocimiento de que Jesús era el Hijo de Dios (Mateo 16: 16-17). La confesión de Pedro fue un reconocimiento de la divinidad de Jesús como el Hijo de Dios y el reconocimiento de su posición y título como el Mesías Prometido (Daniel 9:25).

La opinión popular del día no importa con respecto a la persona de Jesús. Lo que importa es, ¿Quién dices tu que es Jesús? Un día todos nos presentaremos ante Dios, y la forma en que respondimos esta pregunta estando aquí en la tierra determinará si heredamos la vida eterna o no. Para ver a Jesús como algo menos que el Cristo, el Hijo de Dios es no ver a Jesús por lo que realmente es. Esta no es una pregunta de opción múltiple; esta es una pregunta verdadera o falsa O él es el Hijo de Dios o no lo es. O él es el Cristo o no lo es. Como nos dice la Biblia, 'El que cree que Jesús es el Cristo, es nacido de Dios' (1 Juan 5:1).

Asegúrate de tomar el tiempo para buscar la verdad sobre Jesús. ¡Te debes a ti mismo una investigación exhaustiva de su vida, su ministerio y sus enseñanzas antes de dar tu respuesta final sobre quién dices que es!

---

**29 DE ENERO**
*¿quién decís que soy?*
*Éxodo 20:3*

## LA PRIORIDAD ES LO PRIMERO

Los Diez Mandamientos. Tal vez las palabras evocan la imagen del personaje de Moisés por el actor Charlton Heston, con cabello blanco y una cara quemada por el sol, vestido con una túnica roja y sosteniendo dos tabletas de piedra mientras estaba parado en la cima del Monte Sinaí. O tal vez, todo lo que viene a la mente es un conjunto de reglas y reglamentaciones que consideras antiguas y obsoletas.

¿Cómo deberían las personas en la cultura actual ver los Diez Mandamientos que se dieron hace casi 3.500 años? Primero, los Mandamientos son absolutamente indispensables y totalmente aplicables. Segundo, están lejos de ser irrelevantes para nosotros hoy. Los Mandamientos son la suma más concisa de cómo debemos relacionarnos con Dios y cómo debemos relacionarnos los unos con los otros. Nada podría ser más importante para que lo entendamos.

En los primeros cuatro mandamientos, Dios se refiere a cómo debemos relacionarnos con Dios. En otras palabras, Dios aborda el tema de nuestra adoración, lo que es aceptable e inaceptable para nuestra adoración a Dios, y cómo debería ser nuestra relación con Dios.

Los mandamientos se alejan de nuestra relación vertical (o ascendente) que involucra al hombre y a Dios con el plano horizontal (o paralelo), explicando cuáles son las expectativas de Dios con respecto a nuestra relación una con la otra: la relación de la humanidad con la humanidad.

Todos los Diez Mandamientos son importantes y dignos de estudio, pero si no adoramos a Dios adecuadamente, entonces el resto de los Diez Mandamientos son esencialmente inútiles. Dios comienza estas importantes instrucciones con nuestra relación con él, ante todo. Toma, por ejemplo, oxígeno. Si no podemos respirar, nada más importa hasta que nos ocupemos de lo que está afectando nuestra capacidad de respirar oxígeno. ¿Es importante comer? Sí. ¿Necesitamos beber agua? Por supuesto. Sin embargo, la respiración es nuestra primera prioridad. ¿Por qué? Bueno, podemos pasar semanas sin comer y podemos pasar días sin agua, pero solo podemos pasar minutos sin oxígeno. Lo mismo es cierto espiritualmente. ¿El mandamiento de no matar o robar es importante? Ciertamente. Pero si algo más viene antes de nuestra adoración a Dios, entonces debemos hacer las correcciones como nuestra primera prioridad.

Los israelitas estaban rodeados de naciones que adoraban a otros dioses. Dios necesitaba aclarar inequívocamente que él no fue el primero entre muchos dioses. Más bien, Él era el único Dios, y aparte de eél, no existía otro Dios. Como solo existe un Dios, adorar a cualquier cosa que no sea Él es adorar a las cosas creadas en lugar de adorar al Creador.

La misma tentación existe hoy. Las personas pueden colocar su adoración a otras cosas antes de su adoración a Dios, y al hacerlo, crean otros dioses. Quizás estos dioses sean hechos de madera y piedra como en los días antiguos. Sin embargo, aquello que le dedicas tu tiempo, ya sea dinero o apariencias, apetitos o cosas, has convertido esos objetos de tus búsquedas en dioses porque has puesto tu búsqueda de objetos antes de tu búsqueda de Dios

Solo hay un Dios verdadero. Todo lo demás es falso. Haz que tu adoración hacia el único y verdadero Dios sea tu prioridad número uno.

**30 DE ENERO**
*Este género con nada puede salir, sino con oración y ayuno.*
Marcos 9:29

# APAGÓN

Tal vez has experimentado un apagón de electricidad que dura varios días debido a líneas eléctricas caídas o debido a algún desastre natural que golpeó. No hay electricidad significa que no hay refrigerador o congelador, ni luces, ni calefacción, y peor que eso (para algunas personas), ¡no hay televisión! Tan inconveniente como puede ser un corte de energía, con un poco de planificación y preparación, puedes estar preparado para uno, siempre y cuando ocurra una interrupción.

¿Alguna vez has sufrido un apagón espiritual? Nadie quiere fallar, quedarse corto o frustrar la obra de Dios en nuestras vidas. Desafortunadamente, a la mayoría de nosotros nos a pasado en algún momento de nuestras vidas. Si miramos de cercas la razón por la cual sucede, descubriríamos que la falta de energía era la culpa. En Marcos, capítulo 9, leemos que los discípulos también se quedaron cortos y frustraron al Señor debido a sus propios cortes de energía espiritual.

En el capítulo 3, Jesús les había dado a los discípulos la autoridad para sanar a los enfermos y expulsar demonios, pero cuando se enfrentaron a un muchacho poseído por un demonio en particular, algo les salió terriblemente mal a los discípulos. Se quedaron sin poder. Tal vez lo milagroso se había vuelto mundano para ellos, o tal vez el orgullo se infiltró, y confiaban en su propio poder para hacer el trabajo de Dios. Tal vez sentían lástima de sí mismos porque les quedaba hacer el trabajo mientras Peter, James y John tenían un atisbo especial de la gloria de Cristo en una montaña cercana.

Jesús les dio a los discípulos la autoridad para lograr grandes cosas para Dios, pero para poder ejercer esa autoridad, necesitaban estar conectados con el suministro interminable de poder que solo proviene de Dios.

Jesús pasó a explicar a los discípulos por qué no podían expulsar a este demonio. Su fracaso no se debió a que el poder de Dios era insuficiente o el demonio era demasiado fuerte; más bien, se volvieron complacientes en su relación con Dios. La pereza llevó a la impotencia en sus vidas. Somos impotentes, así como lo fueron los discípulos ese día, para cumplir el trabajo de Dios si nos desconectamos de la única fuente de poder espiritual.

El poder de ejercitar nuestra fe proviene de aprovechar el generador de poder, que es Dios. La oración y el ayuno juegan un papel importante en mantener el poder que fluye de Dios en nuestras vidas. La comunión constante con Dios es esencial para lograr el trabajo de Dios, y la oración es una parte crucial de esa relación compartida con Dios. El ayuno representa una vida totalmente entregada y sometida a Dios. Estos dos últimos aspectos de nuestra relación con él pueden actuar como los cargos positivos y negativos necesarios para producir el poder necesario en nuestras vidas y prepararnos para cualquier cosa que se nos presente.

Si siente que tus baterías espirituales se están agotando, o si estás experimentando un corte de energía espiritual total, entonces arroja cualquier cosa que se haya interpuesto entre ti y Dios y vuelva a conectar con la única fuente de poder espiritual: Dios. Vivir una vida llena de poder que trae gloria y honor a Dios significa que debes vivir una vida disciplinada que incluye tanto la oración como el ayuno.

---

**31 DE ENERO**
*No codicies*
*Éxodo 20:17*

## QUIERO LO QUE TU TIENES

¿Alguna vez has visto tu situación en la vida y pensado: «Si tuviera lo que ellos tienen, mi vida sería grandiosa»? Mirando la vida de otra persona, su trabajo, su éxito, su ministerio, su automóvil, su hogar, su familia, sus hijos o incluso su cónyuge y pensar que la clave de su felicidad se encuentra en lo que otra persona tiene es una verdadera tentación. Dios le llama a esto codicia, y el problema es lo suficientemente grande como para haber estado en la lista de los Diez Mejores de Dios. Pero, ¿por qué es la codicia tan peligrosa?

Cuando Dios le estaba dando los Diez Mandamientos a Moisés, el último en la lista, pero ciertamente no menos importante, fue «No codiciarás». La avaricia como pecado a menudo no se reconoce, pero con frecuencia se comete. Entonces, ¿qué quiere decir Dios con «codiciar»? Codiciar es simplemente querer lo que le pertenece a otra persona. Codiciamos cuando ponemos nuestros corazones en algo que no es nuestro y nunca debería ser nuestro. Como han dicho Philip Ryken y R. Kent Hughes, «a menudo deseamos lo incorrecto, de la manera incorrecta, en el momento equivocado, y por la razón equivocada, y esto es lo que el décimo mandamiento descarta».[4]

La codicia es lo que hace que ese sentimiento de desilusión se apodere cada vez que otra persona obtiene lo que queremos. Codiciamos cuando un amigo se va de vacaciones de nuestros sueños, cuando un compañero de trabajo obtiene la promoción que hemos estado persiguiendo, o cuando un vecino obtiene el automóvil que hemos estado deseando poseer. El apóstol Santiago dijo que la razón por la que peleamos y nos quejamos es porque queremos lo que no tenemos y estamos celosos de lo que otros tienen, entonces planificamos tratar de obtener lo que le pertenece a otra persona (Santiago 4: 1-2 NTV).

Querer cosas más grandes y mejores no está mal. Querer tener éxito no está mal. Admirar a alguien o algo no está mal. Pero sentir descontento con nuestra situación de vida actual y, por lo tanto, volvernos hacia lo que tienen nuestros vecinos y querer lo que es suyo, está mal. ¿Estás mirando a alguien o algo y estás pensando que harías cualquier cosa para tener lo que tienen? Deténgase antes de que la codicia cause caos en su corazón y angustia en su vida.

La naturaleza humana no ha cambiado mucho desde el momento en que se le dio la Ley a Moisés. La codicia todavía es un gran problema porque codiciarlo deja a Dios fuera. Buscar cosas para satisfacer cuando Dios es la única fuente de satisfacción genuina es un problema. Cosas nunca satisface; solo Dios puede satisfacer. Para evitar la codicia, comienza agradeciéndole a Dios por lo que tienes. A medida que te das cuenta y cuentas las numerosas bendiciones que Dios ya te ha dado, no tendrás la tentación de querer lo que otra persona tiene.

## 1 DE FEBRERO

*Jesús entró en el templo y comenzó a echar de allí a los que compraban y vendían. Volcó las mesas de los que cambiaban dinero y los puestos de los que vendían palomas*
Marcos 11:15 (NVI)

# VOLTEANDO LAS MESAS

¿Madre Teresa sosteniendo una ametralladora? ¿Billy Graham en uniforme de combate y blandiendo un machete? ¿Estas imágenes te parecen un poco extrañas? Eso es porque lo que sabemos sobre estos individuos es yuxtapuesto a la imagen.

Muchos solo ven a Jesús como «Jesús el gentil, manso y benigno» y no en el Jesús enojado, agresivo y firme. Por eso, cuando el gentil Jesús entró al templo con un látigo y pateó mesas, la escena se yuxtapone a cómo nos imaginamos al Cordero de Dios. ¿Qué hizo reaccionar a Jesús tan fuertemente?

Imagina por un momento que vas en camino hacia a la iglesia para el servicio dominical. Una sensación de anticipación te conmueve ya que anhelas adorar a Dios, compartir la santa cena y dar tus diezmos y ofrendas a Dios. Pero cuando llegas a la iglesia, ya no hay estacionamiento. Bueno, no importa, finalmente encuentras un estacionamiento por la calle y caminas los cinco minutos extra. Mientras tanto, te preguntas: ¿habrá algún evento este domingo que se me olvidó?

Al llegar al frente de la iglesia, notas que hay una larga fila para entrar, y una serie de mesas puestas, casi como puntos de control, donde las personas deben detenerse. A medida que te vas acercando mas, te das cuenta que se ha establecido una nueva moneda de la iglesia, obligatoria para todos los diezmos y ofrendas. En la primera mesa, descubres que necesitas cambiar tu dinero en esta nueva moneda de la iglesia, y la tasa de cambio es de veinte dólares por diez dólares en nuevos dólares de la iglesia. Sintiéndote un poco engañado, pasas a la siguiente mesa, donde ves que las letras de adoración ya no se mostrarán en la pantalla grande en frente del santuario, y la iglesia está requiriendo que todos compren su propio himnario personal a costo de $19.95 cada uno. Finalmente, justo al frente, notas que un letrero en la última mesa en el caos de hoy dice: Copas de comunión, $7; jugo de uva, $4; obleas, $ 3. Para esto, te vuelves tan frustrado y desanimado que ya no deseas ir a la iglesia porque sientes que se están aprovechando.

Este escenario es una versión moderna de lo que Jesús vio en el patio del templo. Jesús vio que el templo, el lugar de adoración, se había desviado. El templo debía ser una "casa de oración" donde los fieles pudieran tener un encuentro con su Dios y Padre. Pero la iglesia ya no se trataba de Dios; la iglesia se había convertido en nada más que un negocio.

Dios se enoja cuando permitimos que algo interfiera con nuestra adoración a Él. Como creyentes, somos templos del Espíritu Santo. ¿Cuánto tiempo le dedica tu templo a la oración y a la adoración genuina, y cuánto tiempo le dedicas a las cosas mundanas y no espirituales? La explosión de Jesús en el templo demuestra su celo apasionado. Dios anhela ansiosamente nuestra sincera devoción y genuina adoración.

### 2 DE FEBRERO
*Todo aquel a quien su corazón impulsó,*
*y todo aquel a quien su espíritu le dio voluntad,*
*trajo una ofrenda a Jehová para la obra del Tabernáculo de reunión.*
*Éxodo 35:21*

## DAR O NO DAR

Hoy en día en muchas iglesias, El dar se ha convertido en un tema delicado. Algunas iglesias se han excedido, enseñando que el dar a Dios hará realizar todos sus sueños financieros, mientras que otros se han equivocado al nunca tocar el tema. Ambos enfoques son extremos, y ambos enfoques son incorrectos. Existe un equilibrio bíblico sobre el tema de dar a Dios, y podemos observar este equilibrio en el libro de Éxodo.

En Éxodo 25:1-2, Dios le dijo a Moisés que le hablara a los israelitas, preguntándoles a todos los que estaban dispuestos a ofrecer algo para el proyecto de construcción del tabernáculo. Dios sabía que las personas necesitaban tomar conciencia de la oportunidad para participar en la obra de Dios. Moisés le comunicó esto fielmente al pueblo de Dios, y su respuesta fue tan abrumadora que Moisés tuvo que detener al pueblo de hacer más contribuciones (Éxodo 36: 6-7).

Dios no le dijo a Moisés que ordenara al pueblo que les diera o que los manipulara o que jugara con sus emociones para obtener algo de ellos. Más bien, Dios estaba buscando a aquellos cuyos corazones estaban conmovidos y cuyos espíritus estaban dispuestos.

Dios no necesita nuestras dadivas para cumplir sus propósitos; Él es todo-suficiente y todopoderoso. Pero él amablemente nos da el privilegio de asociarnos con él. Una forma en que podemos hacer esto es dando a la obra del ministerio.

Cuando le damos a Dios, reflejamos el amor de Dios. La Biblia nos dice: Porque tanto amó Dios al mundo, que dio a su Hijo unigénito (Juan 3:16). Su amor por nosotros fue su motivación para darnos a Su Hijo unigénito. Nuestra única motivación para regresarle a Dios debe ser nuestro amor por él.

Los hijos de Israel dieron diversamente a Dios; algunos dieron oro mientras otros dieron pelo de cabra, y algunos, que no pudieron dar, dieron sus habilidades. De obreros de madera a cortadores de joyas, todos dieron de buena gana y voluntariamente a Dios. Quizás solo puedes darle dos centavos a Dios. La cantidad no está en el estándar por el cual Dios determina el valor del regalo. Más bien, mira la disposición y la motivación con la que le das el regalo.

El tema de dar no debe evitarse, ni tampoco debe exagerarlo. Parte de el dar implica que seamos conscientes de las oportunidades a medida que surgen, y luego consideramos en oración el cómo, el cuándo y el dónde de nuestra ofrenda que más lo glorificará. Dios entonces nos invita a una colaboración y nos da el privilegio de participar en su misión celestial.

Nunca debemos dar a Dios por compulsión. No debemos dar a Dios porque nos sentimos culpables y solo dar para ser visto por otros. Damos voluntaria y libremente debido a nuestro amor por él y nuestro deseo de ver hecho su voluntad en la tierra como en el cielo.

---

### 3 DE FEBRERO

*Pero estando él en Betania, sentado a la mesa en casa de Simón el leproso, vino una mujer con un vaso de alabastro de perfume de nardo puro de mucho valor; y quebrando el vaso de alabastro, se lo derramó sobre su cabeza.*
Mark 14:3

## DAR O NO DAR

El tiempo era corto. Su crucifixión se acercaba rápidamente. La carga de llevar los pecados de la humanidad pesó profundamente en la mente de Jesús. Solo faltaban días para Su muerte. Esta carga pesada llevó al Salvador a buscar consuelo en uno de Sus refugios favoritos, Betania. Esta pequeña y tranquila ciudad estaba a menos de treinta minutos a pie del ajetreo de Jerusalén y, a menudo, le proporcionaba a Jesús un muy necesario descanso que buscaba durante su ministerio público.

En una de esas ocasiones, mientras el Salvador disfrutaba de una cena con amigos cercanos, el aroma más dulce pronto llenaría el aire. El encantador aroma no era el aroma del pan recién horneado, ni el aroma de verduras asadas con hierbas o incluso el olor a guiso a fuego lento. No, la fragancia que llenaría esta fiesta sería la fragancia de la adoración.

Ansioso por expresar la inexpresable gratitud que tuvo por la curación que recibió a manos de Jesús, Simón le hizo una fiesta a Jesús, sus discípulos y algunos amigos íntimos. Aquí, durante esta reunión íntima ocurrirían las cosas más inesperadas y extraordinarias. Una mujer sería inmortalizada para siempre en la Biblia por su ofrenda extravagante hacia el Señor, mientras derramaba una botella de perfume caro sobre la cabeza de Jesús. En el Evangelio de Juan, capítulo 11, descubrimos quién era esta mujer misteriosa. Ella era la misma María, hermana de Marta y Lázaro.

María solo se menciona unas cuantas veces en la Biblia, pero cada vez que la encontramos, la vemos a los pies de Jesús, escuchando atentamente cada una de sus palabras. En esta ocasión, en el hogar de Simón, María expresó su más profunda devoción a Jesús al ungirlo para su inminente sepultura. Su ofrenda no fue un pequeño regalo; el valor monetario del perfume habría sido el equivalente a los salarios de un año. Pero para ella, el regalo representaba solo una pequeña parte de su afecto y dedicación a su Señor.

Mientras esta adoración fragante continuaba, María cayó de rodillas y tomó su cabello, que era considerado la gloria de una mujer (1 Corintios 11:15), y limpió los pies de su Señor y Maestro. De la manera más dulce y sencilla, expresó su humildad, sumisión y devoción al único digno de gloria, el Rey de la gloria (Salmo 24:8).

Las acciones de María trajeron reproche por aquellos que no pudieron ver el significado de su adoración. Esta no era la primera vez que experimentaba el desaire de los demás. Tanto aquí como en Lucas 10:38-41, ella es criticada por adorar a Jesús, y en ambos casos, Jesús salió en su defensa y llamó su servicio 'bueno'.

La ofrenda de perfume de María fue buena, no solo porque dio lo mejor de sí al Señor sino porque ella le dio todo al Señor. Motivada por su amor por el Señor, fue obediente para responder a la inspiración del Espíritu Santo y le dio sacrificios a Dios. Su ofrenda, originada por las misericordias de Dios que ella había experimentado

(Romanos 12:1-2), la llevó a sacrificarse y entregar su vida al Salvador. Por estas razones, su regalo será siempre recordado como la dulce fragancia de la adoración.

¿Qué puedes hacer hoy que demuestre tu amor por Dios?

## 4 DE FEBRERO

*'Si su ofrenda es un holocausto vacuno, ofrecerá un macho sin defecto; lo ofrecerá a la puerta del Tabernáculo de reunión, para que sea aceptado por Jehová'.*
*Levíticos 1:3*

## EN HUMO

La ofrenda quemada fue un evento sangriento, brutal, pero hermoso a través del cual el hombre pecador se relacionaría con un Dios santo. El holocausto significaba una relación marcada por un compromiso total y una consagración completa a Dios. El animal entero fue sacrificado y colocado en el altar para ser quemado, lo que representa cómo un verdadero adorador de Dios debe vivir una vida de sacrificio, totalmente entregado y totalmente apartado para Dios.

En los primeros capítulos del libro de Levítico, nos presentan cinco ofrendas: el holocausto, la ofrenda de cereal, la ofrenda de paz, la ofrenda por el pecado y la ofrenda por la culpa. Estas ofrendas hablan del compromiso, la limpieza y la comunión que fueron necesarias para que exista una relación correcta entre la humanidad creada y el Dios Creador.

La ofrenda quemada puede parecer muy extraña a la persona moderna en una cultura contemporánea donde muchos se desmayan al ver sangre. Para el antiguo judío, sin embargo, la ofrenda era una parte importante y central de la vida, que involucraba al adorador de Dios llevando su animal sacrificial a la entrada de la morada sagrada de Dios, el tabernáculo, donde no iría más allá porque él no era un sacerdote. Presentaría su sacrificio al sacerdote y, de pie cerca del altar, pondría su mano sobre la cabeza del sacrificio. Luego, con una rebanada rápida en la garganta, degollaría al animal. A medida que la sangre del animal se derramaba, el sacerdote atrapaba el flujo de sangre en un recipiente para arrojarlo contra el altar. El adorador después cortaría el sacrificio y los sacerdotes organizarían las piezas en el altar ardiente. Pronto, un humo espeso se elevaría hasta los cielos, y el sangriento sacrificio seria completo.

El holocausto permitió a los fieles expresar su fe y devoción a Dios a través del sacrificio. Esta ofrenda permitió el compromiso, la limpieza y la comunión entre la humanidad y Dios.

La belleza de este sacrificio superó con creces su brutalidad. La belleza se puede encontrar en el hecho de que Dios ha provisto a todos los que están dispuestos a venir y ofrecerse a él. Aunque somos pecadores y Dios odia el pecado, Él ha provisto un camino, a través del sistema de sacrificios, para volver a unir a sí mismo y a la humanidad.

Una belleza mucho más superada se encuentra en la provisión para todos los que están dispuestos a venir a Cristo, el último sacrificio de ofrenda quemada. Jesús bellamente encarnó el holocausto mientras voluntariamente se ponía sobre el altar de la cruz, puro e inmaculado. Él aceptó y expió el pecado mediante el derramamiento brutal de Su sangre, y mediante Su ofrenda y sacrificio, Él ha hecho que todos los que creen en Él sean un aroma de olor dulce para Dios. Cristo se convirtió en nuestro holocausto para que podamos ser sus sacrificios vivientes.

Dios requiere la entrega voluntaria, voluntaria y total de nuestras vidas a Él, ya que no guardamos nada y ponemos todo en el altar, tratando de ser un aroma de olor dulce para él.

---

### 5 DE FEBRERO

*Respondió Juan, diciendo a todos: Yo a la verdad os bautizo en agua, pero viene uno más poderoso que yo, de quien no soy digno de desatar la correa de su calzado; él os bautizará en Espíritu Santo y fuego.*
*Lucas 3:16*

## UN TESTIGO EN EL DESIERTO

Juan el Bautista era un hombre de Dios misterioso y a menudo malentendido. Cuando tu dieta consiste en chapulines y miel, cuando tu ropa está hecha de pelo de camello, y cuando, durante tu predicación, llamas a tus oyentes un grupo de víboras, las probabilidades son muy buenas de que con frecuencia será malentendido y etiquetado como un poco excéntrico por decir lo menos Jesús agregaría aún más a la intriga que rodeó a este profeta al declararlo como el hombre más grande nacido de una mujer (Mateo 11:11).

Único y excepcionalmente privilegiado, Juan fue el primer profeta en romper el silencio de cuatrocientos años entre Dios y su pueblo, poniendo fin a la brecha temporal entre el Antiguo y el Nuevo

Testamento. La misión de Juan era preparar el camino para el Mesías, y su mensaje era de arrepentimiento.

Las personas en los días de Juan eran desinteresadas y poco entusiastas hacia las cosas de Dios. Los sacerdotes eran corruptos y poco éticos, y una hipocresía espiritual general prevalecía entre los escribas y fariseos. Esto llevó a Juan el Bautista a hablar sobre el juicio venidero de Dios sobre aquellos que se negaron a arrepentirse, es decir, a alejarse de su pecado e ir en la dirección opuesta. Por el contrario, para aquellos que elegirían el arrepentimiento, Dios ofrecería su gracia y salvación a todos los que estuvieran dispuestos a recibirlos.

Como su nombre lo indica, a Juan el Bautista le preocupaba el bautismo. El bautismo no era nada nuevo en el judaísmo porque los conversos gentiles eran comúnmente bautizados en su nueva fe judía. Lo que era diferente acerca de lo que Juan estaba haciendo era que estaba bautizando a los que ya eran judíos. El bautismo de Juan fue un bautismo de preparación, un bautismo que esperaba la venida del Mesías, un bautismo que significó, al igual que hoy, la identificación con Jesús. El bautismo cristiano hoy mira hacia atrás al trabajo terminado del Mesías; para los judíos que escuchaban a Juan, su bautismo esperaba la obra del Mesías.

Parte de la preparación de Juan incluía también anunciar que el Mesías bautizaría con el Espíritu Santo y con fuego. El Espíritu Santo bautizó a los creyentes en Pentecostés (Hechos 2:4), y hoy, cuando una persona confía en Jesucristo como su Señor y Salvador, el Espíritu Santo lo bautiza en la familia de Dios como el Espíritu Santo mora en un creyente. Para la persona que no confía en Cristo, el bautismo de fuego habla del juicio venidero.

Juan, aunque un poco misterioso y poco convencional, es un ejemplo de fidelidad al trabajo de Dios. Estaba comprometido a elevar la conciencia del pueblo acerca de Jesucristo, mientras que, al mismo tiempo, desviar la atención y su propia autopromoción. Por todas las incógnitas que aún rodean a este profeta, una cosa está muy clara: este hombre, su misión y su mensaje se pueden resumir mejor con sus propias palabras sobre su relación con Jesús: «Él debe aumentar, pero yo debo disminuir.» (Juan 3:30)

Cualquier individuo, ministerio o iglesia que tenga como objetivo magnificar a Jesús y desviar la autopromoción y la vanagloria, mientras que está más preocupado por proclamar con valentía el mensaje de Jesucristo, ha aprendido bien de este testigo misterioso del desierto.

**6 DE FEBRERO**
*Yo soy Jehová, vuestro Dios. Vosotros por tanto*
*os santificaréis y seréis santos, porque yo soy santo.*
*Levítico 11:44*

## PEGÁNDOLE A LA SANTIDAD DE FRENTE

¿Cómo responderías a estas preguntas? Si te describieras en una palabra, ¿qué palabra elegirías?

En 1989, un libro llegó a los estantes de las tiendas, destinado a convertirse en un éxito de ventas. Con el objetivo de brindar a las personas las herramientas que necesitan para disfrutar de una vida eficaz y poderosa, el libro estaba saturado de consejos sobre liderazgo, gestión de la vida y relaciones. Toda la premisa del libro se centraba en el concepto de adentro hacia afuera de que el comportamiento anterior es aprendido, no instintivo. Por lo tanto, los viejos hábitos pueden ser descartados y reemplazados por hábitos nuevos y efectivos.

Ese libro, escrito por Stephen R. Covey, se llamaba «Los Siete Hábitos de la Gente Altamente Efectivas». Según Covey, si exhibes en tu vida cotidiana los siete hábitos descritos en su libro, podrías describirte correctamente en una palabra: eficaz.

Hay varias palabras en las Escrituras que nos gustaría decir que nos describe. Pero aquí hay solo siete palabras que deberían describir al pueblo de Dios: honesto, paciente, amable, generoso, amoroso, desinteresado y humilde. Pero ¿qué hay de santo? Tal vez nuestra renuncia a describirnos con una palabra como santa se basa en algunos conceptos erróneos comunes de su significado. La palabra santo no significa súper religioso, o perfecto, y tampoco significa ser mejor que alguien más. Santo simplemente significa estar separado o apartado.

Cuando la Biblia dice que Dios es santo, esto significa principalmente que Dios está trascendentalmente separado. Él está tan por encima y más allá de quiénes somos que nos sería totalmente desconocido si no fuera por el hecho de que se nos ha revelado a través de su Palabra y por medio de Jesucristo. Ser santo es ser «otro» o ser diferente de una manera especial.

Desde el principio, en el Huerto del Edén, la humanidad fue creada para reflejar la imagen de Dios (Génesis 1:26). La manera en que reflejamos su imagen es a través de la santidad. Somos llamados a vivir vidas apartadas, separadas, consagradas y dedicadas a Dios, vidas que magnifican y glorifican a Dios, y vidas que son obedientes a Su Palabra. Vivir una vida de santidad, una vida dedicada a obedecer la Palabra de

Dios, definitivamente significa que estás viviendo separado del mundo que te rodea. Vivirás una vida en el mundo, pero una vida que también es muy diferente a la de los demás en el mundo.

En el libro de Levítico, Dios hace todo lo posible para describir muchos aspectos diferentes de la vida santa y cómo su pueblo debe permanecer puro, limpio y justo en un mundo sucio e impío. A lo largo de su Palabra, Dios continúa alentando a su pueblo a buscar la pureza, a buscar vivir separados para Dios y a comprometerse con la consagración, todo lo cual conducirá a una persona a una vida santa.

Si estas pensando, *¡no puedo vivir una vida santa!* recuerda que Dios no llama a su pueblo a algo que no les haya dado lo necesario para cumplirlo. Dios nos ha dado Su Palabra sobre la santidad. Cuando demuestras evidencia de una vida apartada para Él, donde se pueda ver Su carácter y Su naturaleza en ti y en tu vida cotidiana, entonces podrías describirte correctamente con una palabra: santo.

---

### 7 DE FEBRERO

*Amad a vuestros enemigos, haced bien a los que os odian; bendecid a los que os maldicen y orad por los que os calumnian.*
Lucas 6:27-28

## AMOR-ODIO

Cuando no le agradamos a alguien, dicen cosas malas de uno, es cruel con uno o se aprovecha de uno, el odio puede colarse y consumir nuestras emociones. El odio ha sido la causa de muchos de los problemas en nuestro mundo, tanto en el pasado como en el presente, pero el odio nunca ha hecho nada para resolver estos problemas. En cambio, el odio solo sirve para alimentar las llamas de la animosidad.

Por otro lado, el amor es diferente. Creemos que amar es muy fácil para con aquellos que son amables o solidarios con nosotros, o aquellos que demuestran preocupación por nuestro bienestar. Esta es la razón por la cual, cuando leemos el mandamiento de Jesús de «amar a tus enemigos, hacer el bien a los que te odian», nuestra reacción instintiva es resistir, endurecer y pensar: ¡Que fácil decirlo! Es mas fácil que Jesús odie aquellos que nos odian y aman a los que nos aman, pero Jesús nos llama a elevarnos a los estándares del celestiales, no a vivir según los principios dominantes de este mundo. Responder ojo por ojo contra los que nos odian y nos hacen daño no hace más que dejarnos en un mundo ciego, aferrándose al odio, que es un gran obstáculo para la obra de Dios.

Todo cristiano debe aprender a hacer el intercambio piadoso del odio con amor. Este reemplazo de proporciones divinas comienza con la comprensión de que no podemos lograr este intercambio aparte del poder de Dios. También debemos reconocer que este amor no se origina de nuestras emociones o de cualquier cosa dentro de nosotros mismos; más bien, este amor es un acto consciente de rendir nuestra voluntad a Dios. En otras palabras, amar de esta manera es una elección que hacemos para responder a los mandamientos de Dios.

Jesús pasó a explicar cómo son estas «elecciones de amor» en la vida cotidiana. Una elección de amor se refleja en un estilo de vida de bondad, una vida que elige hacer el bien, incluso hacia aquellos que nos odian. Elegir buscar alentar y hablar bien de aquellos que maldicen y hablan mal de nosotros es otra opción de amor. Otro ejemplo es elegir levantar a nuestros enemigos ante Dios en oración, o elegir dar la otra mejilla en una ofensa personal. Elecciones de amor dan lo que es necesitado para aquellos que necesitan una ayuda fraternal, mientras que al mismo tiempo no buscan ser pagados, incluso si son engañados. Jesús equivale estas acciones de amor con la Regla Principal: trata a los demás cómo quieres que te traten.

Cristo demostró las mismas elecciones de amor que él nos llama a vivir. Jesús hizo bien a aquellos que lo odiaban, como en el caso de Malco, el sirviente del Sumo Sacerdote que vino al Jardín de Getsemaní para arrestar y encarcelar a Jesús. Sin embargo, Jesús eligió sanar la oreja cortada de ese hombre. Jesús les dio la otra mejilla cuando los sacerdotes le golpearon en la cara, oró en la cruz por aquellos que lo estaban clavando, y le ofreció la salvación al ladrón que estaba crucificado junto a él, aunque inicialmente le insultó a Jesús. Últimamente, Jesús demostró todas estas acciones de amor a través de su voluntad de ir a la cruz y pagar la pena por el pecado en nombre de un mundo que ha mostrado repetidamente odio hacia él.

Cuan rápido somos para discutir. Cuan rápido somos para pelea. Cuan listos estamos para reprochar a otro. En cambio, vivamos de acuerdo con el estándar que Jesús nos llama a vivir. Escojamos no solo demostrar amor, sino vivir una vida de amor, y no vivir a la base del odio.

## 8 DE FEBRERO
*Amad a vuestros enemigos, haced bien a los que os odian; bendecid a los que os maldicen y orad por los que os calumnian.*
Levítico 23:5

## MATERIA DE REFLEXIÓN

Uno de los mejores días en la historia de Israel fue el día en que Dios los liberó de la esclavitud de Egipto. Parte de este evento milagroso incluyó una asombrosa muestra de destrucción y protección conocida como la Pascua. Durante la Pascua, Dios mató a todos los hombres primogénitos en la tierra de Egipto que no estaban protegidos por la sangre del cordero pascual. Las instrucciones de Dios a los israelitas fueron sencillos: sacrifica un cordero y coloca su sangre en los postes de tu casa el día catorce del primer mes, y todos los primogénitos se salvarían.

La fiesta de la Pascua fue instituida para conmemorar y celebrar los poderosos poderes de Dios, mostrados en Su liberación de Su pueblo de Egipto. La fiesta y la comida están llenas de significado y simbolismo, con la intención de recordar al pueblo de Dios lo que Dios ha hecho por ellos. El pan sin levadura muestra la rapidez con que la gente dejó la tierra de Egipto. Las hierbas amargas reflejan la amargura de su esclavitud. El agua salada representa las lágrimas que se derramaron durante los años de esclavitud. La salsa de fruta, que tiene una textura similar al mortero, es una reminiscencia de la fabricación de ladrillos y el trabajo duro en Egipto. El vino tinto encarna la alegría y, lo más importante, el cordero asado, sacrificado antes de la comida, ilustra la redención.

El apóstol Pablo dijo en 1 Corintios 5:7 que Jesucristo es nuestro Cordero pascual. En la noche en que Jesús iba a ser traicionado, llevó a sus discípulos a un lado para celebrar juntos la fiesta de la Pascua. Durante la celebración de la Pascua con sus discípulos, Jesús se convirtió en el cumplimiento de la fiesta de la Pascua e inauguró una nueva fiesta, la Cena del Señor. Él dijo: Porque esto es mi sangre del nuevo pacto, que por muchos es derramada para remisión de los pecados (Mateo 26:28).

Así como la sangre de un cordero fue colocada en los postes de la puerta para salvar al pueblo de Dios, Jesús como el Cordero de Dios, derramó su sangre sobre una cruz de madera para salvar a todos los que creyeran en él. La ira de Dios se derramó sobre Jesús, librándonos del juicio y liberándonos mientras nos guía a través de esta vida a la Tierra Prometida de nuestra herencia que nos espera en el cielo. La sangre de Cristo, por lo tanto, nos ha protegido, y somos pasados por alto por el juicio de Dios, siendo protegidos, librados y liberados a causa de la sangre del Cordero.

La fiesta de la Pascua de los cristianos se representa mediante la santa cena. Le dedicamos un tiempo para celebrar, conmemorar y recordar la obra de la liberación de Dios en nuestras vidas. Él nos ha liberado de la esclavitud del pecado y se convirtió en el Cordero sacrificado para salvarnos del juicio de Dios. El pan de la Comunión de la santa cena representa el cuerpo de Cristo, que se rompió para nosotros. El vino (o jugo de uva) representa su sangre, que fue derramada por el perdón de nuestros pecados. Dios ha usado la comida como parte del proceso para hacernos meditar y recordar la bondad de Dios.

Que jamás se nos olvide.

## 9 DE FEBRERO
*A vosotros os es dado conocer los misterios
del reino de Dios, pero a los otros por parábolas.
Lucas 8:10*

# DESBLOQUEAR EL MISTERIO DE PARÁBOLAS

Su popularidad estaba creciendo, se corría la voz y la gente salía en grandes cantidades para ver al Gran Obrador de los Milagros, Jesús de Nazaret. Con estas grandes multitudes, comenzaron a surgir preguntas: ¿Quién vino a ver a Jesús porque realmente quería escuchar lo que tenía que decir? ¿Quién salió a ver un espectáculo? ¿Quién salió porque querían probar y obtener algo gratis? Jesús tenía una solución, una forma de alimentar a aquellos que estaban hambrientos de la verdad y al mismo tiempo ahuyentar a todos los curiosos que estaban allí por razones egoístas. Su solución fue hablar en parábolas.

Una parábola es una historia en la que se usa algo familiar para explicar algo desconocido. Las parábolas usan ejemplos comunes y cotidianos para comunicar una verdad celestial o espiritual. En el Nuevo Testamento, un «misterio» es una verdad espiritual entendida solo por revelación divina. Muchos han dicho que un misterio bíblico podría llamarse un «secreto sagrado», conocido solo por algunos, aquellos que buscaban aprender del Señor y obedecerlo.

La parábola del sembrador en Lucas 8 sirve como una advertencia para algunos y como un estímulo para otros. Jesús se basa en la imagen agrícola común de un agricultor que siembra semillas en el suelo para comunicar su verdad espiritual. Jesús explica que la semilla es la Palabra de Dios y que cada vez que se predica la Palabra de Dios, esa palabra sale del mismo modo que la semilla sale en el campo. El suelo representa cómo el corazón de la humanidad recibe la semilla, o la Palabra de Dios. Algunos oyen la Palabra y, debido a un corazón duro, la semilla es rápidamente robada por los pájaros. Un segundo tipo escucha la Palabra y, debido a un corazón superficial, la Palabra surge rápidamente pero no tiene raíces para sostener la vida. Luego está la semilla que cae entre las malas hierbas, que es un corazón que ha permitido que los cuidados y los placeres eliminen cualquier posibilidad de producir fruto. Finalmente, la última semilla aterriza en el suelo bueno, que es un corazón que recibe la Palabra y produce frutos de diferentes cantidades.

Jesús explicó que esta parábola es un patrón para todas las parábolas, y que al desbloquear el misterio secreto aquí, podemos ver el significado detrás de cada parábola, la cual es, *revelar* la verdad a aquellos que buscan la verdad y *ocultar* la verdad a aquellos que son egoístas.

La Palabra de Dios nunca cambia. La parábola y el significado que la acompaña no cambian. Lo único diferente es la actitud del oyente y la condición de su corazón, porque la condición del corazón es la clave para desbloquear las parábolas.

¿Qué tipo de oyente eres? ¿Te acercas a escuchar la Palabra de Dios casualmente? ¿A caso las preocupaciones del mundo y otras actividades te distraen de hacer una aplicación personal de la Palabra en tu vida? O bien, ¿eres el tipo de oyente que busca recibir y producir una buena cosecha?

Cultive un corazón de receptividad y permite que la Palabra de Dios crezca, generando vida fresca, lo que producirá una abundante cosecha de bendiciones en tu vida.

---

**10 DE FEBRERO**
*'Jehová te bendiga y te guarde'*
*Números 6:24*

## DIOS TE BENDIGA

¿Habrá alguien que no desee recibir una bendición de Dios en su vida? ¡Lo dudo mucho! Pero, ¿ser bendecido significa tener una casa grande, un automóvil nuevo en la cochera, bajo nivel de colesterol, un trabajo de alto salario, una familia feliz que incluye un esposo, una esposa, hijos con solo buenas calificaciones y un perro obediente?

Las bendiciones en la Biblia vienen en diferentes formas y tamaños y, sin duda, todo lo que se encuentra en la lista anterior se puede considerar una bendición. Pero la bendición bíblica es más que obtener lo que quieres; este tipo de bendición significa obtener lo que Dios quiere. Entonces, ¿cómo se ve la bendición de Dios?

Para empezar, la palabra bendecido a menudo se traduce como «felicidad» y, en realidad, un elemento de felicidad se asocia con la bendición. Sin embargo, la felicidad es temporal y está sujeta a cambios. Por lo tanto, la felicidad puede ir y venir como el viento, donde la bendición lleva una sensación de permanencia y una alegría que no cambia. Cuando Jesús dijo en Mateo 5: Bienaventurados los que lloran... (Versículo 4), la felicidad simplemente no parece capturar por completo todo lo que Jesús estaba comunicando. Pues, puedes estar pasando por circunstancias difíciles en tu vida que hacen que no puedas ser feliz. Sin embargo, puedes seguir siendo bendecido en el medio de ellos.

Esto puede hacer que preguntes: «¿Cómo es posible? ¿Cómo puedo llorar si no soy bendecido, o cómo puedo experimentar cualquiera de las muchas circunstancias difíciles en la vida y aún así ser bendecido?» La respuesta a todas estas preguntas se encuentra en la fuente de bendición.

En Números 6:23-27, encontramos la Bendición Aarónica (no la Bendición Irónica). Aquí, Dios dio instrucciones para los sacerdotes, que en ese momento eran Aarón y sus hijos, sobre cómo bendecir a la gente. Un sacerdote tenía dos responsabilidades principales: una, presentarse ante Dios como representante de la humanidad; y dos, presentarse ante el pueblo como el representante de Dios. Como representante de Dios para el pueblo, al sacerdote se le daba la responsabilidad y el privilegio de pronunciar una bendición sobre la gente. A pesar de que los sacerdotes eran instrumentos utilizados por Dios para proclamar la bendición de Dios, la fuente principal de esas bendiciones indudablemente era Dios.

El Señor es quien bendice (versículo 24), quien guarda (versículo 24), quien hace que su rostro brille sobre nosotros (versículo 25), quien es misericordioso (versículo 25), el Señor alza sobre ti su semblante (versículo 26) y da paz (versículo 26). Y para evitar cualquier confusión, el pasaje termina con «y los bendeciré». Dios es la fuente de toda bendición.

De la misma manera en las Bienaventuranzas (Mateo 5), donde Jesús enumera una serie de bendiciones, se puede encontrar una bendición en cada ejemplo que proviene de Dios. La bendición puede ser consuelo, misericordia, adopción en la familia de Dios, etc., pero el punto es que todas las bendiciones provienen de Dios.

Las verdaderas bendiciones solo pueden venir de Dios; alguien no puede darte uno, y no puedes bendecirte a ti mismo. Las bendiciones son un regalo de Dios. Y aquí está la clave: las bendiciones son dones de Dios. Toda bendición genuina de Dios es el regalo de Dios. Dios nos da algún aspecto de sí mismo, su misericordia, su gracia, su provisión, su paz, etc.

Busca más que felicidad en la vida. Mira a Dios por más de él, y serás bendecido.

## 11 DE FEBRERO
*Y decía a todos: Si alguno quiere venir en pos de mí, niéguese a sí mismo, tome su cruz cada día y sígame.*
*Lucas 9:23*

## CARGANDO Y CRUZANDO

Cuando confiesas a Jesucristo, no solo estás aceptando su muerte sacrificial en la cruz, sino que también aceptas tu propia cruz para cargar. Jesús exige la abnegación diaria de sus discípulos; Él exige el compromiso constante de cada cristiano. Él no permite excepciones, exenciones ni excusas. ¿Suena difícil? Bueno, ¡es porque lo es! El camino que Jesús recorrió fue difícil, y les dice a todos los que desean seguirlo que el camino delante de ellos también será un camino difícil para caminar.

El camino a la cruz de Jesús fue más de dos mil pies. Caminó desde el Pretorio hasta la ladera de Gólgota el día en que fue crucificado. Todos los días de su vida terrenal, Jesús caminó a la sombra de su cruz. Vivió todos los días en fiel obediencia a todo lo que su Padre celestial le ordenó, lo que significaba conocer el hambre, la sed y la tentación. Su carga significaba ser despreciado, rechazado, incomprendido y maltratado. Por cada verdadero discípulo que vive a la sombra de la cruz de Cristo, la vida también incluirá tiempos de hambre, sed y tentación, tiempos de desprecio, rechazo, malentendido y maltrato.

La vida cristiana es más que un código de conducta; ser cristiano es ser identificado con Cristo. Hacer eso incluye cargar tu propia cruz y compartir los sufrimientos de Cristo conforme vives una vida de sacrificio, sumisión y sufrimiento, tal como lo hizo el Salvador. Cargar tu cruz comienza diciéndole sí a Jesús y no al yo. Cargar tu cruz significa decirle sí a Su señorío sobre tu vida y no al autodominio. Cargar tu cruz es una disciplina diaria que debe ser una prioridad diaria.

Decirle no al yo y al autodominio no significa que estés condenado a vivir una vida aburrida, vacía de placer y que carece de lujos ocasionales, pero si significa decirle no a todo lo que se interpone entre ti y tu relación con Jesucristo.

Toma en cuenta, sin embargo, que cargar tu cruz es más que lidiar con los desafíos y dificultades regulares que suceden en la vida. Por ejemplo, tener que lidiar con el tráfico pesado todos los días no es una ocasión de cargar tu cruz. Además, cargar tu cruz no se encuentra al tratar con las enfermedades y enfermedades que pueden ocurrir en la vida. El cargar tu cruz solo puede venir como resultado de seguir a Jesús. El cargar tu cruz cuando eres despreciado por vivir como Jesús, por tener una vida semejante a la vida de Jesús y por amar a los demás de la misma forma en que Jesús amo a los demás. Cuando te enfrentas a dificultades por andar cruzando, *entonces* estás cargando tu cruz.

Busque encontrar su identidad en Cristo y no en sí mismo. Mire glorificar a Dios y no buscar su propio interés personal. Trabaja para avanzar Su reino y no expandas el tuyo. Entonces comenzarás a saber cómo te sientes cuando recoges tu cruz y caminas como lo hizo Jesús.

---

**12 DE FEBRERO**

*Hizo Moisés una serpiente de bronce, y la puso sobre una asta.*
*Y cuando alguna serpiente mordía a alguien,*
*este miraba a la serpiente de bronce y vivía.*
*Números 21:9*

## JUSTO LO QUE ORDENÓ EL DOCTOR

El pueblo de Dios no nace en perfección; nadie nace así. Todos somos «obra en proceso», lo que significa que tanto los fracasos como el éxito será parte de nuestra formación.

Durante los cuarenta años que los hijos de Israel vagaron por el desierto, vimos a dos generaciones del pueblo de Dios y cómo la vida en el desierto afectó su relación con Dios. La primera generación consistía de aquellos que experimentaron el éxodo de Egipto, mientras que la segunda generación eran aquellos que habían nacido durante los años en el desierto. Todos en la primera generación fueron sentenciados a morir en el desierto y se les impidió entrar a la Tierra

Prometida como castigo por su repetida incredulidad y desobediencia a los mandamientos de Dios. Pronto llegaría el momento en que la próxima generación mostraría lo que habían aprendido del éxito y los fracasos de sus padres.

Números 21 abre con gran éxito. La segunda generación se enfrenta a un ataque del enemigo, lo que los lleva a acudir a Dios para ayuda. Dios escuchó sus oraciones y les dio la victoria sobre sus enemigos. Sin embargo, tan pronto como se volvieron hacia Dios en oración, se volvieron contra Dios, sospechosos de su soberanía, dudando de su provisión y cuestionando su amor. ¿Por qué de repente se descontentan casi de inmediato después de la bendición de Dios? La respuesta corta es el pecado. La respuesta un poco más larga es que se desanimaron porque estaban al borde de la Tierra Prometida cuando se vieron obligados a tomar un desvío inesperado, lo que significaba que tendrían que hacer un poco de retroceso antes de poder seguir adelante. Esto los llevó a quejarse contra Dios.

¿Cuál fue la respuesta de Dios a su deliberado pecado? Juicio y gracia. En juicio, Dios envió una plaga de serpientes venenosas al campamento de los israelitas para morderles con veneno mortal, «porque la paga del pecado es muerte» (Romanos 6:23). Debido al pecado, el juicio de la muerte entró al mundo y permanece hoy; debido al pecado, todos han sido mordidos por el veneno mortal de la serpiente.

Dios tenía todo el derecho de permitir que su juicio se levantara contra esa generación rebelde y dejarlos a todos morir en el desierto, tal como la generación anterior fue sentenciada. De la misma manera, cada persona que ha vivido merece la pena de muerte porque todos hemos pecado y merecemos su juicio. Entra la gracia de Dios - en la cual Dios proveyó un remedio para todos aquellos que estaban condenados a morir. Dios le ordenó a Moisés que hiciera una serpiente de bronce y la colgara de un poste, y todos los que la miraran serían sanados. Ninguna magia existió en la serpiente de bronce; y la curación no provino del poder del pueblo para mirar. La salvación del pueblo de la muerte vino a través de su fe en Dios para sanarlos. La salvación del pueblo estaba en el poder de Dios para quitar el castigo por su pecado, y el mirar a la serpiente colgante era solo la expresión de su fe.

Fe sencilla era todo lo que la humanidad tenía que tener, sin embargo, algunos miraban el remedio de Dios y dudaban y se reían con incredulidad, pensando: ¡No puede ser así de simple! ¡Lo que realmente necesito es una medicina anti-toxina! Aquellos que vieron su pecaminosidad y respondieron a la gracia de Dios por fe fueron salvos.

De la misma manera, Dios ha provisto gentilmente el remedio para la mordedura de serpiente mortal del pecado del cual todos los hombres sufren. Para ser sanado, ¿podrás, por fe, mirar la cruz donde Jesús colgó?

---

### 13 DE FEBRERO
*El hijo menor se fue lejos a una provincia apartada,*
*y allí desperdició sus bienes viviendo perdidamente.*
*Lucas 15:13*

## BUSCANDO EL CAMINO HACIA CASA

Perder el rumbo en este mundo es fácil. Un paso en la dirección incorrecta puede llevarte a un camino sin salida. Donde quiera que vayas, los letreros de neón y las luces intermitentes te invitan a comprar lo que se vende. La filosofía personal adoptada por muchos se ha convertido en, «La vida sería genial si pudiera hacer lo que quiera, cuando quiera, con quien yo quiera». Y con eso, se lanzan.

Jesús contó la historia de un hijo que decidió tomar su herencia temprano y salir a la carretera abierta de la vida, donde podría ser su propio jefe, no responderle a nadie más que a sí mismo, y vivir libre y sin preocupaciones. Así se lanzo.

Al principio, todo parecía ir bien. El dinero fluía, así que eso significaba lo mejor de todo, comenzando con ropa nueva, un lindo apartamento y fiestas todas las noches con comida gourmet y bebidas gratis para todos sus amigos. Su vida era lujosa, pero la vida parecía oscurecerse cada día. Lo que se suponía que era satisfactorio y liberador solo traía vacío y esclavitud. Los tiempos difíciles llegaron, como a menudo lo hacen, y este joven no estaba listo porque había desperdiciado su riqueza. Sin dinero, descubrió que sus «amigos» no estaban por ninguna parte, y el que fue rey de la colina se convirtió en siervo de desperdicios, donde sus únicos amigos estaban comiendo mejor que él. ¿Cómo le pasó esto a él? ¿Cómo termina alguien viviendo en un chiquero de la vida?

Este proceso comienza por enfocarse en uno mismo. Perseguir deseos egoístas en lugar de comprometerse con Dios inicia la espiral descendente que lleva a servir cerdos en lugar de servir al Rey soberano. Todos debemos llegar al punto en que vemos nuestra propia pobreza de espíritu. Debemos experimentar nuestro propio hambre personal por las cosas de Dios antes de que podamos esperar salir de los chiqueros de la vida.

Esta realización llevó al hijo pródigo a recobrar el sentido o, como dijo Jesús, «volvió en sí» (Lucas 15:17). No estamos viviendo como le agrada a Dios cuando nuestro único propósito no es vivir para el propósito de nuestra alma. Cuando vivimos para nosotros mismos mientras debemos vivir para Dios, nuestra única esperanza de encontrar nuestro camino a casa es volver a nuestros sentidos. Esta comprensión provocó en el hijo pródigo un profundo deseo de volver con su padre porque llegó a ver que solo en la casa de su padre podía experimentar la verdadera libertad. Cuando su hijo regresó a casa, el padre, que había estado observando y esperando todo este tiempo el regreso de su hijo, se llenó de gran alegría y celebró con una fiesta.

El camino a casa hacia nuestro Padre celestial empieza con la realización de que la vida no se trata de hacer lo que queramos, cuando lo queramos, y con quien lo queramos. Debemos ver que vamos de frente hacia algo peor que un chiquero a menos que recuperemos nuestros sentidos y veamos nuestra propia pecaminosidad y rebelión contra nuestro Padre celestial. Cuando nos arrepentimos y volvemos a nuestro Padre, encontramos que él nos ha estado mirando y esperando, y su corazón se llena de gran alegría cuando regresamos a casa: «De la misma manera, les digo, hay alegría en la presencia del los ángeles de Dios sobre un pecador que se arrepiente». (versículo 10)

Nunca es demasiado tarde para dejar el chiquero y regresar a casa.

---

### 14 DE FEBRERO

*Conoce, pues, que Jehová, tu Dios, es Dios, Dios fiel, que guarda el pacto y la misericordia a los que le aman y guardan sus mandamientos, hasta por mil generaciones,*
*Deuteronomio 7:9*

## LA JOYA DE LA FIDELIDAD

La fidelidad de Dios es como un diamante, donde las páginas de las Escrituras son facetas que de manera brillante y brillante capturan y reflejan la belleza de esta verdad. Pero un diamante es más que solo una hermosa joya; esta piedra es también uno de los materiales más fuertes del mundo. Su propio nombre significa «irrompible». Así también, la fidelidad de Dios no es solo una hermosa verdad, sino que también es una de las verdades más fuertes en todo el universo, y verdaderamente irrompible.

La fidelidad de Dios es más que una característica que describe la personalidad de Dios; la fidelidad es un elemento esencial que se encuentra en el núcleo de su ser. La fidelidad significa que Dios nunca falla, nunca flaquea, nunca olvida, nunca pierde, y nunca habla falsedad. Cada declaración que hace es verdadera, cada promesa se cumplirá, y cada pacto se guardara.

Dios es fiel para perdonar (1 Juan 1:9), ya que sin este aspecto de su fidelidad, estaríamos eternamente perdidos. él es fiel para ayudar en tiempos de tentación (1 Corintios 10:13), porque sin este aspecto estaríamos totalmente indefensos. él es fiel para protegernos del mal (2 Tesalonicenses 3:3), porque sin este aspecto estaríamos completamente indefensos. Incluso si somos infieles, Dios siempre permanece fiel porque no puede ir en contra de su propia naturaleza (2 Timoteo 2:13). Sin este aspecto, todo sería totalmente inútil. La fidelidad de Dios es tan importante para él que ha elegido definirse a sí mismo en términos de su fidelidad: «Reconoce que el Señor tu Dios es Dios, el Dios fiel» (Deuteronomio 7:9).

La fidelidad de Dios es la base de nuestra seguridad y una fuente inagotable de nuestro aliento. Su fidelidad es una roca en nuestros cimientos y un ancla para nuestras almas. Así como la fidelidad de Dios proviene del centro de Su ser, así también, el núcleo de la fe de cada creyente en Dios debe incluir la comprensión y la confianza en la fidelidad de Dios. Dios es quien dice ser, y Dios hace lo que dice hacer. Este es un absoluto que no se puede negar, refutar o disputar. Para todos los que creen y guardan los mandamientos de Dios, la bendición de su fidelidad se extiende a la misericordia y la bendición del pacto.

La fidelidad de Dios no tiene mancha ni defecto, sino que es perfecta y pura. Como un diamante formado en entornos de alta presión y alta temperatura, también lo es la vida para el creyente, a menudo llena de situaciones de alta presión y alta temperatura, utilizada para hacernos lo que somos: joyas preciosas en las que alumbran la fidelidad de Dios más brillantemente.

## 15 DE FEBRERO
*Padre Abraham, ten misericordia de mí y envía a Lázaro*
*para que moje la punta de su dedo en agua y refresque mi lengua,*
*porque estoy atormentado en esta llama."*
*Lucas 16:24*

## HOMBRE MUERTO HABLANDO

La muerte no es el fin. Esta vida no es todo lo que hay. Hemos sido creados como seres eternos, y este mundo físico en el que residimos es solo el comienzo de nuestra existencia sin fin. Después de la muerte, en esta existencia, no tendremos una segunda oportunidad para hacer las cosas bien. No estaremos condenados a caminar sobre esta tierra como un tipo de seres fantasmas, y no regresaremos como formas de vida reencarnadas. La muerte tiene lugar cuando el alma abandona el cuerpo físico, en cuyo momento el alma se dirige hacia el cielo o hacia el infierno.

CS Lewis dijo una vez: «De hecho, el camino más seguro hacia el infierno es el gradual: la bajada suave, sin vueltas repentinas, sin puntos de referencia, sin señalamientos».[5] El infierno no es un tema que a menudo surge en conversaciones casuales, incluso entre los cristianos. El infierno tampoco es un tema que se encuentra en muchos púlpitos de hoy. Sin embargo, a pesar de su falta de popularidad pública, el infierno es un lugar muy real y Jesús lo ha mencionado en repetidas ocasiones. Por esta razón, el tema del infierno es digno de nuestra atención. Una de esas ocasiones en que Jesús habló sobre el infierno fue en la ilustración de Lázaro y el hombre rico.

Dos personas componen esta historia. El primero era un hombre rico que vivía bien, pero se preocupaba poco por su prójimo, y aún menos por las cosas de Dios. El segundo era un mendigo sin hogar que era pobre materialmente, pero rico espiritualmente hacia Dios.

La muerte vino por los dos, como la muerte lo hace por todos, y una vez más, estos hombres se encontraron en extremos opuestos del espectro. El hombre rico se encontró en el infierno, mientras que Lázaro experimentó el paraíso. El hombre rico fue atormentado, mientras que Lázaro fue consolado. El tormento experimentado por el hombre rico no solo estaba relacionado con las llamas ardientes a su alrededor, sino también con un tormento mayor que parecía experimentar, un tormento de conciencia. La conciencia era doble: primero, era consciente de las consecuencias eternas resultantes de su rechazo a

Dios durante su vida, y segundo, era consciente de que otros a quienes amaba estaban destinados a su destino.

El final es triste para el hombre rico, pero el suyo no necesita ser el final de nadie más. Este destino puede corregirse, pero solo mientras una persona está viva en esta tierra, no después de que él o ella abandone esta vida. En la muerte, no hay segunda oportunidad, y una gran división que no se puede cruzar separa eternamente a los que rechazaron a Dios. Solo en el ámbito de los vivos existe el puente por medio de la cruz de Jesucristo, y solo puede ser cruzada por la fe. La fe sirve como los pies del alma e impulsa a alguien al paraíso.

Las riquezas de este hombre no lo enviaron al infierno más de lo que la pobreza del mendigo lo envió al paraíso. Las verdaderas riquezas no se encuentran ni en plata y ni en oro, sino en una relación correcta con Dios, y la verdadera pobreza es un alma que considera a Dios, pero no hasta que sea demasiado tarde.

La dirección de tu destino eterno está determinada en el aquí y ahora; escucha la advertencia de este hombre muerto hablando.

---

**16 DE FEBRERO**

*El ángel de Jehová le dijo: ¿Por qué has azotado a tu asna estas tres veces? Yo soy el que ha salido a resistirte, porque tu camino es perverso delante de mí.*
*Números 22:32*

## MÁS TONTO QUE UN BURRO

Burros que hablan y ángeles, reyes y clarividentes, sobornos y avaricia, bendiciones y maldiciones, ¡ahora tienen una buena historia! Pero esto no es un cuento de hadas, y no es simple folclore. La siguiente historia, aunque inusual, viene directamente de la Palabra de Dios.

Esta historia bíblica comienza con Balac, el rey de Moab, observando a los Israelitas, sus nuevos vecinos. Balac se llenó de miedo ya que la comunidad Israelita era grande y había tenido muchas conquistas en la región alrededor. Esto hizo que Balac contratara a alguien para maldecir a Israel, el equivalente de hoy a llamar al 1-800-Renta-un-Profeta. Un profeta llamado Balaam tenía la reputación que buscaba Balac. Balaam era sin duda una figura desconcertante, una especie de cruce entre un adivino sospechoso y un profeta genuino de Dios. Lo más intrigante es que Dios lo usó a pesar de sus credenciales menos que estelares.

Luego, Balac envió a algunos de sus superiores a ir y hacerle una oferta a Balaam por sus servicio especial. Balaam los escuchó y decidió llevar el asunto ante Dios. La respuesta de Dios a Balaam fue clara y simple: no. No se podía maldecir a aquellos a quienes Dios había elegido bendecir. Así que Balaam, con un poco de renuencia, envió a los mensajeros y el dinero de vuelta al rey. Pero Balac se negó a aceptar un no de respuesta. Esta vez endulzó la olla enviando mensajeros más prestigiosos, un cheque en blanco para que Balaam llenara cualquier cantidad y, para colmo, la promesa de reputación.

Esta es a menudo la estrategia de Satanás. Si al principio no tiene éxito, lo intenta de nuevo, y lo vuelve a intentar. En la secuencia de esta segunda oferta, vemos más el verdadero corazón de este profeta mediocre. Balaam quería ir. Quería aceptar todo lo que se le ofrecía, así que volvió a Dios, con la esperanza de que Dios cambiara de opinión, aunque ya Dios le había dado a Balaam un inconfundible no.

¡Cuán culpable podemos ser de cometer esta misma ofensa con Dios! Cuando su Palabra ha sido claramente negativa, a menudo regresamos a él en oración, con la esperanza de que tal vez nos equivocamos o que tal vez no lo escuchamos bien o tal vez había una posibilidad de que cambiara de opinión.

Dios le concedió a Balaam permiso para ir, pero solo con un sí diseñado para poner a prueba su obediencia, lo cual claramente carecía. Balaam partió, pero en el camino, fue detenido por su burro, que vio a un ángel del Señor bloqueando el camino y se negó a moverse. Entonces, Balaam golpeó al burro, y el burro, a su vez, empezó una conversación con Balaam. Dios abrió los ojos de Balaam para ver al ángel delante de él, y el ángel declaró: Tu camino es perverso (Números 22:32).

El corazón de Balaam no estaba sometido a Dios. Quizá en lo exterior solo hacia lo que se esperaba de el, pero Dios mira el corazón, y aquí vio el corazón corrupto de Balaam. Debemos hacer lo correcto porque es correcto ante Dios, y debemos hacerlo por las razones correctas: glorificar a Dios. De lo contrario, lo que hacemos será rechazado por él.

No seas tentando en llevar el camino de Balaam (aun cuando la idea de escuchar hablar a un asno suene genial). Si Dios quisiera abrirle la boca al burro para que tu escuches algo, dudo que el resultado sea buenas noticias.

**17 DE FEBRERO**
*el principio era el Verbo,*
*el Verbo estaba con Dios y el Verbo era Dios.*
*Juan 1:1*

# PRIMERA IMPRESIÓN

Tal vez hayas escuchado decir: Jamás tendrás una segunda oportunidad para hacer una buena primera impresión. Una opinión solo toma un momento para formularse, al igual que una evaluación inmediata cuando conoces a alguien por primera vez. Por lo tanto, la forma en que te presentes contribuirá mucho en la formación de la primera impresión que dejes. El apóstol Juan reconoció que tenía el gran privilegio, así como la gran responsabilidad, de presentar a las personas a Jesucristo. La forma en que presentaría a Jesús daría gran paso a la formación y tipo de impresión que Jesús le dejaría al pueblo. Junto con este privilegio y responsabilidad vino el desafío abrumador de capturar la complejidad de Cristo, la altura de su santidad y la profundidad de su divinidad.

Al igual que un relámpago que al instante ilumina el cielo oscuro, o un temblor repentino que sacude la tierra hasta su núcleo, Juan ilumina un mundo oscuro y sacude la mente de la humanidad con la profunda verdad de que Jesús es la Palabra de Dios.

Palabras revelan mucho sobre quiénes somos. Incluso se nos dice en la Biblia que las palabras que hablamos provienen de nuestro ser más íntimo (Lucas 6:45). Por lo tanto, nuestras palabras son un reflejo de quiénes somos en realidad. Jesús, como la Palabra de Dios, nos revela mucho de quién es Dios, porque Jesús es un reflejo del ser más íntimo de Dios. Nadie sabría quién es Dios, su naturaleza, su carácter, ni siquiera cómo los humanos se relacionarían con Dios a menos que Dios nos lo dijera, y la forma en que Dios eligió comunicar sus verdades a la humanidad fue a través de su Palabra.

Esta relación extraordinaria que une a Jesús y la Palabra de Dios se describe con más detalle por el apóstol cuando nos explica que Jesús como la Palabra de Dios significa que Jesús es Dios y que Jesús siempre ha estado con Dios, mostrando tanto su deidad como su distinción como parte de la Santísima Trinidad de Dios. Juan continúa en el versículo 3 describiendo a Jesús como la Palabra encarnada de Dios, lo que significa que Jesús no es un ser creado, sino que Jesús creó todas las cosas. Una dimensión final de esta verdad gloriosa que Juan nos da aquí es que Jesús es la Palabra de Dios encarnada (Juan 1:14). Si estás confundido, quizás esto te ayude: Jesús es Dios en forma humana, y la Biblia es Dios en forma escrita.

Mientras que los otros tres Evangelios nos presentan principalmente con los eventos de la vida de Jesús, Juan nos presenta con el significado de su vida y esos eventos, pero también con como debemos responder a Su vida con la fe que nos lleva a la vida eterna. Sin duda, esta es la razón por la cual al nuevos creyente y aquellos que jamás han abierto una Biblia, empiezan por el libro de Juan. El la lectura de Juan, muchos Cristianos tuvieron su primera impresión de Dios, su primera lectura de Su Palabra, y su primer experiencia con Jesús.

No hay mejor introducción a Dios que por medio del Evangelio de Juan.

---

**18 DE FEBRERO**
*el principio era el Verbo,
el Verbo estaba con Dios y el Verbo era Dios.
Números 32:23*

## PUEDES CORRER PERO NO PUEDES ESCONDER

El pecado a menudo tiene el efecto «boomerang» en que eventualmente regresa a quien lo tiró. La Biblia está llena de muchos ejemplos de personas que pensaban poder echar a un lado el pecado con la esperanza de que nunca volvería a perseguirlos. Adán y Eva pensaron que podían esconderse en el Huerto del Edén (Génesis 3: 8), Caín pensó que podía enterrar su pecado en el suelo (Génesis 4:10), Acán pensó que podía esconder su pecado debajo de su tienda (Josué 7:21), y Ananías y Safira pensaron que podían ocultar su pecado con una mentira (Hechos 5: 1-10). Sin embargo, en todos los casos, Dios expuso el pecado.

Moisés dijo: «Tenlo por seguro, tu pecado te alcanzará», e hizo esa declaración a las tribus de Rubén, Gad y la mitad de la tribu de Manasés. Moisés habló por experiencia; él también se había ganado un lugar legítimo en la lista de hombres y mujeres de la Biblia que pensaban poder ocultar su pecado. Recuerda, Moisés mató a un capataz egipcio y luego, en un intento de ocultar lo que había hecho, enterró al egipcio en la arena, solo para descubrir la mañana siguiente que su pecado había sido descubierto.

De manera que Moisés sabía de lo que hablaba sobre la verdad de este principio con respecto al pecado, y les advirtió a estas tribus israelitas que cumplieran su promesa de apoyar a Israel cuando fueran a la batalla. Recuerda que Rubén, Gad y la mitad de la tribu de Manasés deseaban vivir en las afueras de la Tierra Prometida de Dios. Querían vivir en la tierra al este del río Jordán, mientras que el resto de los israelitas vivirían en la tierra al oeste del río Jordán. Dios les permitió tomar esta decisión, pero Moisés advirtió que deberían cumplir su promesa cuando llegara el momento de apoyar a las otras tribus. Si no lo hicieran, su pecado tendría consecuencias.

Que no te engañen. Los pecados tienden a salir de una manera u otra. El pecado puede afectar tu salud. El pecado de la gula puede causar obesidad y muchas otras condiciones de salud adversas. Una vida de alcoholismo, que implica el pecado de la embriaguez, puede causar daño hepático. Déjame ser claro, no todos los problemas de salud están directamente relacionados con el pecado; pero no podemos ignorar el hecho de que algunos pecados pueden afectar nuestra salud.

El pecado también puede afectar nuestra conciencia, que es la capacidad de comprender nuestra responsabilidad moral. Vivir una mentira o reprimir la verdad, que es el pecado tanto de la hipocresía como de la mentira, puede dañar gravemente nuestra capacidad de juzgar lo correcto y lo incorrecto. Como 1 Timoteo 4:2 señala, aquellos que se apartan de la fe en los últimos días '«con hipocresía hablarán mentira, teniendo cauterizada la conciencia».

Además de las consecuencias mundanas de nuestro pecado, ultimadamente, nuestro pecado nos encontrará ante Dios. Un día, todos estaremos ante Dios en su tribunal y daremos cuentas (Romanos 14:10; 2 Corintios 5:10). Puedes huir de tus pecados, pero no puedes esconder tus pecados de Dios. La buena noticia es que puedes correr hacia Jesucristo, quien voluntariamente tomó nuestros pecados y cargó con las consecuencias de ellos en la cruz.

Dios ya no contará tu pecado contra ti si has puesto tu fe en Cristo. Aunque las consecuencias terrenales de tu pecado aún pueden ocurrir, los efectos del 'boomerang' del pecado no te seguirán al cielo.

## 19 DE FEBRERO
*Natanael le dijo: ¿De Nazaret puede salir algo bueno? Respondió Felipe: Ven y ve.*
*Juan 1:46*

# LLEVÁNDOLOS A CRISTO

Muchas personas complican en exceso lo que se requiere para encaminar a alguien a Cristo. A menudo sentimos que antes de que podamos siquiera plantear el tema de creer en Jesucristo con alguien, primero debemos ser súper teólogos que están listos para dar grandes argumentos de un solo salto, más rápido que un ateo veloz y más poderoso que una religión falsa. Tristemente, debido a que la mayoría de nosotros creemos que no tenemos lo necesario para abordar las preguntas difíciles de nuestros desafiantes, podemos evitar compartir a Cristo por completo.

Primeramente, no te confundas; el trabajo de la salvación no es obra de la humanidad. Más bien, la salvación es una obra de Dios. Dios no necesita que la humanidad logre su plan de salvación, sin embargo, ha elegido permitir que la humanidad participe en esta gran y gloriosa obra. La salvación es siempre una obra divina de Dios. La gracia, la misericordia y el perdón de los pecados son todas acciones divinas realizadas por Dios y conectadas con la salvación, pero la salvación requiere la respuesta de fe de la humanidad. Los dos lados están entrelazados de tal manera que la mente de los humanos no puede distinguir dónde termina el trabajo soberano de Dios y donde comienza la fe de la humanidad.

Pero la verdad de que la salvación es obra de Dios no cambia el hecho de que la humanidad juega un papel en traer a otros a Cristo. Debemos reconocer que no somos responsables de la conversión del alma de una persona hacia Dios, pero sí tenemos la responsabilidad de presentar a las personas a Cristo y dejar que Dios tome las riendas de allí.

La historia de Cristo comenzó con los apóstoles, y al observar cómo varios de ellos vinieron a seguir a Cristo, podemos ver que estos hombres acudieron a él de diferentes maneras. Andrés y Juan respondieron a la predicación de Juan el Bautista, Simón Pedro fue llevado a Jesús por el testimonio de su hermano Andrés, Felipe recibió una invitación personal del mismo Jesús, y Natanael fue animado por un amigo para que fuera a ver quién era este Jesús. En esto, podemos ver que Dios usó varios métodos para presentar a las personas a Jesucristo, y todavía usa esa misma diversidad. Igualmente importante y obvia como la diversidad de Dios en atraer a las personas a Cristo, es la maravillosa sencillez involucrada en el compartir a Cristo con los demás.

Felipe nos pinta una hermosa imagen de lo sencillo que puede ser el evangelizar personalmente, eso si uno esta dispuesto a ser usado. Felipe comenzó su viaje con un encuentro personal con Jesucristo, un encuentro enraizado en la Palabra de Dios. Felipe le explicó a Natanael que había encontrado a Cristo (Juan 1:45), que significa el Ungido de Dios, el mismo que Moisés y los profetas dijeron que llegaría algún día. La fe de Felipe en Jesús vino 'por el oír y el oír por la palabra de Dios' (Romanos 10:17). Luego, Felipe estaba dispuesto a compartir de Cristo con otra persona. Él no tenía todas las respuestas, pero estaba dispuesto a invitar a un amigo a conocer de Jesús, quien si tenia todas las respuestas.

Debes conocer tu Biblia y poder defenderla. Todo creyente debería ser capaz de explicar claramente el Evangelio a otra persona. El comprender sobre la cristología, la soteriología, la escatología y otras doctrinas bíblicas es grandioso, pero no es necesario que tengas todas las respuestas cuando estás guiando a alguien a Cristo.

A veces lo único que Dios desea es alguien que dispuesto a decir: «Ven y ve». Ven y mira a este Jesús que he encontrado. Él cambió mi vida, y puede cambiar la tuya.

---

**20 DE FEBRERO**

*Estas palabras que yo te mando hoy, estarán sobre tu corazón.*
*Se las repetirás a tus hijos, y les hablarás de ellas estando en tu casa*
*y andando por el camino, al acostarte y cuando te levantes.*
*Deuteronomio 6:6-7*

## CÓMO CRIAR HIJOS PIADOSOS

Todo padre quiere lo mejor para sus hijos, pero la crianza es un desafío. Los recién nacidos no vienen con manuales de instrucciones, y los adolescentes no vienen con dispositivos de localización. Pero a pesar de los numerosos desafíos que enfrentan los padres en el mundo de hoy, la crianza de hijos piadosos aun es posible hoy en día.

¿Sabías que la sabiduría de Dios es eterna? Esto significa que los consejos que encontramos en la Biblia también son eternos. Hace casi 3.500 años atrás, Dios le dio a Moisés consejos para los padres y ese consejo fue una instrucción sólida que es tan relevante y verdadera hoy como el día en que se impartió la instrucción.

Lo primero que debes saber es que para criar a tus hijos de manera que tomen el camino correcto, tu como padre debes haber ido primero. Dios comienza recordándole a los padres que primero deben tener la Palabra de Dios firmemente plantada en sus propios corazones antes de poder plantar la Palabra en los corazones de sus hijos. Nada podría ser más básico y más cierto. No puedes enseñarle algo a alguien si no has aprendido primero lo que estás enseñando. Dios quiere que los padres puedan decirles a sus hijos: «Sigue mi ejemplo». Por lo tanto, Dios les recuerda a los padres que la fe en el hogar comienza con su fe en Dios.

No puedes forzar tu creencia en tus hijos, pero puedes si puedes ser fiel en enseñarles lo que crees. Dios les recuerda a los padres que la Palabra de Dios, que debe plantarse en sus propios corazones, debe enseñarse diligentemente a sus hijos. La diligencia es un factor clave en la enseñanza de la fe a los hijos, según Dios, y por lo tanto debe entenderse claramente. Enseñar diligentemente significa enseñar con mucho cuidado, con persistencia y perseverancia. Al igual, la enseñanza debe ser en amor, amable, tierno y sin egoísmo.

Dios incluso va un paso más allá al darnos una imagen práctica de cómo se ve esto en la vida cotidiana de los padres. Dios declara que tu, como padre, debes hablar sobre su Palabra y enseñar su Palabra a tus hijos mientras están en casa. Esto significa hacerlo mientras miran la televisión juntos, juegan juegos, comen juntos y trabajan en la casa. A continuación, debes llevar a cabo esa enseñanza cuando salen como familia, yendo a la escuela, a la práctica de fútbol, yendo de compras a la tienda, cuando y donde sea que vayan. Finalmente, al acostarse para dormir y cuando despiertan por la mañana para el desayuno, debes enseñarles la Palabra de Dios. Más importante aún, vivir la Palabra de Dios, y tu vida reforzará lo que le estás enseñando a tus hijos.

Es el deseo de Dios que los padres vean la vida como una oportunidad eterna de compartir de las verdades de su Palabra y ser ejemplos vivientes de cómo se relaciona su Palabra con sus vidas. Ser una demostración en vida de la Palabra de Dios para tus hijos. Debes hacerlo cuando sientes el deseo de hacerlo y aun cuando no. Vive tu vida de esta manera aun cuando se te cruce alguien de mala humor y cuando alguien te bendice con un regalo. Habla y enseña esta verdad a todo momento y en cada situación.

Si eres fiel al seguir el consejo de Dios sobre la crianza de tus hijos, caerá sobre tus hijos la promesa de Proverbios 22:6: «Instruye al niño en su camino, y ni aun de viejo se apartará de él».

**21 DE FEBRERO**
*Este principio de señales hizo Jesús en Caná de Galilea, y manifestó su gloria; y sus discípulos creyeron en él.*
*Juan 2:11*

## UNA GRAN BODA JUDÍA

Las bodas son eventos especiales que capturan la imaginación de muchas niñas desde una edad muy temprana. Sueñan con su gran día y todo lo relacionado, mucho antes de que llegue el día de la boda. Innumerables fotos de vestidos de novia pueden haber sido cortados de revistas, quizás se hayan pasado largas horas buscando la combinación perfecta para los colores de la boda y los vestidos de la dama de honor, la comida y las flores han sido cuidadosamente considerados, y el padre de la novia ha pasado muchos años contando el costo del gran día de su hija. Ahora imagina por un momento cuál sería tu reacción si, durante el evento meticulosamente planeado, te quedas sin comida para tus invitados más especiales. ¿Cómo te sentirías?

Jesús y sus discípulos fueron invitados a una gran boda judía en Caná de Galilea, donde, casi a la mitad de la celebración, sucedió lo impensable: el vino se acabó. En la superficie esto puede parecer nada más que una molestia, pero este fue un error social y cultural que no solo habría implicado vergüenza pública, sino que también podría haber llevado a la familia a ser excluida y, en algunos casos, incluso a ser multada.

Jesús realizó su primer milagro durante la celebración de esta boda: convirtió el agua en vino. Sin duda, esta fue una opción interesante para que Jesús realizara su primer milagro, pero debemos ver este milagro como algo más que una solución práctica a una vergüenza social. El acto de convertir el agua en vino está lleno tanto de significado espiritual como de imágenes proféticas.

Juan le llama a esto un 'principio de señales' (Juan 2:11). Usualmente, la intención de las señas es para llamar la atención y señalarnos a algo más. La intención de Jesús no era llamarle la atención a las personas hacía el vino o incluso al milagro, sino llamar la atención hacia él. Debemos recordar que a medida que Jesús continuó a lo largo de su ministerio público, él realizaría muchas señales y maravillas, buscando usarlos como una oportunidad para revelar quién era realmente para que la gente pudiera creer en él.

Además del significado espiritual de la creencia en Jesús a través de la manifestación de su gloria por medio de señas, la falta de creencia se representa en las tinajas de agua vacías. Estas tinajas de piedra se usaban comúnmente para la purificación religiosa, y cuando Jesús usó estas tinajas para realizar su milagro, estaba dando testimonio del hecho de que los viejos rituales religiosos habían terminado, y el pueblo de Dios ahora estaba entrando en una nueva forma de relacionarse con ellos. Ya no acercándose a Dios a través del ritual, sino a través de una relación íntima.

El vino es frecuentemente símbolo de gozo en la Biblia. Arthur W. Pink, un expositor bíblico, escribió: «El judaísmo todavía existía como un sistema religioso [había purificaciones], pero no servía de consuelo para el corazón. Se había degenerado en una rutina fría y mecánica, completamente desprovista de gozo en Dios. Israel había perdido el gozo de su esponsales.»[6] Jesús vino a cambiar eso ofreciendo un nuevo tipo de relación con Dios, ilustrado por el vino nuevo. Jesús vino a reemplazar el vacío del ritual con la plenitud de la relación, y vino a reemplazar la religión vacía con la plenitud de sí mismo.

Ahora cada cristiano puede soñar con el 'gran día' cuando celebraremos la maravillosa fiesta de bodas con nuestro desposado, Jesús.[7]

---

### 22 DE FEBRERO

*No sea hallado en ti quien haga pasar a su hijo o a su hija por el fuego, ni quien practique adivinación, ni agorero, ni sortílego, ni hechicero, ni encantador, ni adivino, ni mago, ni quien consulte a los muertos.*
*Deuteronomio 18:10-11*

## DOBLE, DOBLE, TRAMPA Y ENREDO

En la historia reciente, se ha renovado la fascinación por todo lo que tiene que ver con lo oculto, incluidas todas las formas de brujería, hechicería, magia, la religión Wicca, satanismo, adivinación y nigromancia. La gente está buscando médiums, adivinos y psíquicos. Están jugando con tablas de Ouija, celebrando sesiones de espiritismo y recurriendo a las estrellas en busca de guía. Esta fascinación incluso ha llegado al mundo del entretenimiento, creando un atractivo masivo entre los jóvenes al retratar lo oculto como inofensivo y divertido.

En la historia antigua, la fascinación por las prácticas misteriosas del mundo místico y trascendental obligó a Dios a hablar. Los israelitas eran el pueblo elegido de Dios, y Él siempre había estado con ellos, guiándoles, proveyéndoles y protegiéndoles. Dios habló a su pueblo a través de sus profetas y le dio a su pueblo todas las instrucciones que necesitaban para vivir una vida que honraría a Dios y los bendecirá personalmente. Pero no importa dónde vivía geográficamente el pueblo de Dios, los vecinos siempre estaban cerca, practicando sus artes oscuras. Los egipcios adoraron al sol, practicaron magia y lanzaron hechizos. Los cananeos adoraban a Moloc y participaron en sacrificios demoníacos de niños. Incluso la iglesia en el Nuevo Testamento tuvo que lidiar con magia y hechicería (Hechos 8: 9-25; 13: 4-12; 19: 13-20), todos los cuales buscaban oponerse al trabajo de Dios y su pueblo.

La Biblia advierte fuertemente al pueblo de Dios que no tenga nada que ver con ninguna de estas actividades. Dios llama a estas prácticas y a todos los que participan de ellas una abominación (Deuteronomio 18:12).

Si te estás preguntando por qué Dios es tan intransigente e inquebrantable sobre las cosas del ocultismo, lo hace porque todo lo que está en el ocultismo proviene de Satanás. Las artes mágicas son rebeldes e impenitentes, como Satanás; los edictos son impíos y falsos, como Satanás; las prácticas son confusas y engañosas, como Satanás; y practicar este tipo de actividad dejará a las personas perdidas y permanentemente separadas de Dios, como Satanás. Satanás se ha colocado en oposición directa a Dios y a todo lo que es verdadero. Como resultado, lo oculto y sus prácticas elevan lo demoníaco y minimizan lo celestial. Lo oculto siempre toma y, sin embargo, nunca da, sirve como un sustituto de la verdad, ofreciendo solo una mentira a cambio, y dice que coma fruta del mismo Árbol del Conocimiento del Bien y del Mal del cual Dios ha dicho que se abstenga.

Dios quiere bendecir a su pueblo. Así que sé sabio sobre lo oculto y simplemente aléjate. No te metas en sus prácticas, no juegues con sus hechizos y trucos, y ciertamente no te dejes engañar pensando que cualquier cosa sobre el ocultismo es una diversión inofensiva. No tienes necesidad de buscar conocimiento oculto cuando Dios nos ha dado Su revelación de la verdad a través de Su Palabra y en la persona de Jesucristo. Jesucristo es la revelación más completa de la verdad de Dios. Todo el conocimiento y el poder que necesitamos se encuentra en Él y en Su Palabra, y en ningún otro lugar.

### 23 DE FEBRERO

*De tal manera amó Dios al mundo, que ha dado a su Hijo unigénito,
para que todo aquel que en él cree no se pierda,
sino que tenga vida eterna.*
*Juan 3:16*

## LA DIFERENCIA QUE PUEDE HACER UN VERSO

Un cliché es una expresión tan usada que el intento original se pierde. Algunos ejemplos son «toca madera», «tal palo, tal astilla», e «ir al grano».

Uno de los versos más conocidos y queridos en la Biblia está en peligro de ser tan usado que se convierte en nada más, que un simple cliché cristiano. Juan 3:16 se puede ver en carteles de cartón en los partidos de béisbol, pintados en los estómagos de fanáticos del fútbol, y con frecuencia tatuado en los cuerpos de las personas como un mero accesorio de moda. Muchas personas consideran que este verso es la oración más poderosa en la historia, pero lamentablemente, el significado detrás del versículo a menudo pasa por alto, e incluso se considera obsoleto.

Aunque algunos pueden tratar este verso casualmente, nunca se debe pasar por alto su importancia. La forma en que las personas vean este versículo no solo determinará la forma en que ven la vida, sino que también determinará dónde pasan la eternidad.

Ningún otro versículo en todas las Escrituras nos presenta tan abrumadoramente el amor de Dios. En un versículo, se nos permite ver la magnitud del amor de Dios, el alcance del amor de Dios, la expresión del amor de Dios, la calidad del amor de Dios y el propósito del amor de Dios.

Contempla por un momento este amor asombroso.

Considera que de tal manera, amó Dios. ¿Podría existir una subestimación mayor? ¿Caracterizando la magnitud del amor de Dios, y a la vez, resumiendo por completo la altura ilimitada y la profundidad inconmensurable del amor sublime expresada hacia la humanidad?

De tal manera amó Dios al mundo. Cada lengua, cada país, cada comunidad y cada individuo es bienvenido a una relación con Dios debido al alcance de su amor.

De tal manera, amó Dios al mundo *que dio*. Desinteresadamente, provisto por Dios y sacrificialmente, hizo disponible la máxima expresión de su amor al dar libremente y sin compulsión.

De tal manera amó Dios al mundo que dio a su Hijo unigénito. Dentro de los depósitos celestiales no se podía encontrar un solo artículo más querido y más valorado que el del único Hijo de Dios, porque en tal regalo, Dios dio lo mejor de sí mismo porque dio a sí mismo.

De tal manera amó Dios al mundo que dio a su hijo unigénito, para que todo el que cree en él no se pierda, sino que tenga vida eterna. Motivado por amor, Dios se propuso proporcionar un camino para que la humanidad se salve de la pena del pecado y tenga la garantía de una vida eterna.

Dentro de treinta palabras, un verso, que ha sido llamado el Evangelio en Miniatura, y lejos de ser insignificante - es una verdad tan grande que divide los destinos eternos de los hombres.

¿En qué lado de este versículo te encuentras? ¿Tratas este verso importante como nada más que un cliché? O cuando consideras el versículo, ¿ves una expresión inspiradora, que altera la vida y divide el destino del gran amor y la gracia de Dios? Confía en este versículo y observa la diferencia que hace la confianza en su vida.

---

**24 DE FEBRERO**

*Como el águila que excita su nidada, revolotea sobre sus pollos,*
*Extiende sus alas, los toma, los lleva sobre sus plumas,*
*Deuteronomio 32:11*

## APRENDIENDO A VOLAR

Para un aguilucho, nada podría ser más aterrador que aprender a volar. ¿Por qué dejar la comodidad de un nido cálido con amplia provisión y protección? Sin embargo, eventualmente llega el día cuando los padres revuelven el nido. Lo primero que hacen los padres es quitar el pelaje suave y las plumas que se colocaron cuidadosamente entre los palos que forman el pelaje y las plumas que, hasta este momento, ha sido como cobija de seguridad personal para el aguilucho. Luego viene un codazo amoroso o el batir de alas para alentar al joven a levantarse y salir del nido. De pie a cientos de metros de altura, mirando hacia abajo, hacia el intimidante suelo del valle, el aguilucho se prepara para desplegar sus alas y volar.

Moisés había guiado a los hijos de Israel durante cuarenta años, y llegó el momento en que partiría. A Moisés no se le permitiría entrar a la tierra que Dios le había prometido a los israelitas porque había mal representado a Dios para con el pueblo (Números 20:1-13). Cuando Moisés y los israelitas se pararon en el borde de la Tierra Prometida, mirando hacia abajo al piso aterrador del valle y todo lo que estaba a punto de ser suyo, necesitaban un empujón. Así que Moisés comenzó a contarles su historia, una historia llena de la provisión y protección de Dios, una historia que a veces incluía a Dios como águila hacia sus crías cuando revuelve el nido.

Una de las mejores formas de prepararse para el futuro es considerar el pasado. Moisés sabía que los hijos de Israel temían entrar a la Tierra Prometida, y aunque las bendiciones estaban por venir, también se esperaban tiempos en que los israelitas sintieran como si Dios estuviera revolviendo el nido.

La agitación de la vida puede parecer una gran perturbación o interrupción. A veces, una agitación puede parecer destructiva y peligrosa. Pero debemos reconocer que Dios no está tratando de lastimar a Sus hijos. Más bien, Él los está preparando para volar.

Podemos volvernos complacientes, perezosos y perder el tiempo mientras nos sentamos envueltos en el calor de nuestros nidos, sin aventurarnos nunca. Por lo tanto, Dios viene a agitar nuestras vidas y nos empuja hacia arriba y fuera de nuestras zonas de confort en la que debemos extender nuestras alas y volar. Si no estamos acostumbrados a volar, entonces debemos comenzar con vuelos cortos, incrementando nuestra fuerza y capacidad para volar más lejos y elevarnos más.

Para un cristiano, nada puede ser más aterrador que salir de una zona de confort y volar por fe. Pero si nos quedamos demasiado tiempo sentados en la seguridad de nuestros nidos, llegará el día en que Dios tendrá que agitar las cosas, no porque quiera hacer nuestras vidas miserables, sino porque nos ha dado alas. ¿Por qué sentarse cuando puedes volar?

Un águila nunca es más bella que cuando se ve volar por encima de este mundo, y los cristianos nunca son tan hermosos como cuando permiten que el viento del Espíritu de Dios les eleve cada vez más y más. Cuando Dios agita las cosas en tu vida, cuando comienza a empujarlo hacia nuevas áreas, busca cómo permitir que el viento de su Espíritu te eleve y te lleve más lejos que nunca.

**25 DE FEBRERO**
*Pero la hora viene, y ahora es, cuando los verdaderos adoradores adorarán al Padre en espíritu y en verdad, porque también el Padre tales adoradores busca que lo adoren.*
*Juan 4:23*

## ADORACIÓN AUTÉNTICA

Algunos creen que 'la adoración cristiana es la acción más trascendental, más urgente, más gloriosa que puede tener lugar en la vida humana'[8]. Sin embargo, muchos cristianos consideran la adoración hoy como un estilo, un sonido, un ambiente o una atmósfera. La adoración se ha convertido en una experiencia, no en una forma de vida, como debía ser la adoración. Quizás esa es la razón por la cual A.W. Tozer dijo: «La adoración es la joya que falta en el evangelicalismo moderno».

Dios nos ha creado para ser auténticos adoradores, no adoradores irregulares o indiscriminados, y no adoradores descuidados o despreocupados. Hemos sido creados para adorar a Dios por completo, de todo corazón y sin fin, y nuestra adoración es involucrar tanto al espíritu como a la verdad.

Debido a que la intención de la adoración es ser una parte tan esencial de la vida de los cristianos, Jesús, naturalmente, nos dio lo necesario para asegurar que nuestra adoración sea auténtica. Jesús enfrentó el tema en una conversación que se llevo acabo en el lugar más improbable. No habló sobre la autenticidad de la adoración en una sinagoga, donde se espera tener este tipo de conversación sobre la adoración. No, esta conversación se llevo a cabo en la ciudad detestada de Samaria. Esta conversación se dio entre Jesús y una de las personas más improbables. No fue con un rabino o sacerdote que se podría esperar de Jesús para hablar con respecto a este tema. Esta conversación fue con una mujer aislada de carácter moral cuestionable. Por último, esta conversación resultó en la más improbable de las conclusiones. La conversación los llevo a una nueva comprensión intelectual y mejorada con respecto al tema de la adoración; en cambio, las palabras habladas explicaron la experiencia completa y total que cambió la vida de cómo convertirse en un auténtico adorador.

Al tratar con el tema de la adoración auténtica, Jesús tuvo que corregir un error común del día, que era el énfasis en los aspectos externos de la adoración. Este enfoque en los aspectos de la adoración aun existe entre nosotros hoy en día. Esta 'adoración' cree que el lugar donde adoras es más importante que la forma en que adoras, pone a la luz lo superficial en lugar de permitir que la sustancia ilumine el camino, y se enfoca en la forma sobre la función. Jesús dice, en esencia, que Dios no está buscando adoradores externos. Dios busca a aquellos cuya adoración fluye de corazones adoradores.

La característica definitoria de la adoración auténtica, según Jesús, es adorar en espíritu y en verdad. Adorar en espíritu es adorar a Dios desde el núcleo espiritual del ser, mientras buscamos la comunión más íntima y la comunión con Dios. Dios es espíritu, y para que tenga lugar la adoración auténtica, debemos adorar a Dios desde nuestro espíritu. La parte invisible e inmortal de la humanidad debe encontrarse con el Dios invisible e inmortal. La adoración auténtica también debe enraizarse en la verdad de la Palabra de Dios. Al leer la Biblia, mientras meditamos en sus verdades, mientras oramos por las Escrituras, a medida que vivimos de acuerdo con la Palabra, estamos adorando en verdad. En otras palabras, adorar en verdad es nuestra respuesta a la verdad.

La adoración no se trata de buscar lo que podamos obtener de la adoración. No se trata de métodos ni de estilos. Y tampoco se trata de una experiencia. La adoración auténtica se trata más de un estilo de vida y más acerca de lo que le damos a Dios. Adoración auténtica debe estar perfectamente equilibrada en espíritu y verdad, porque este es el tipo de adoración que Dios busca de nosotros.

---

**26 DE FEBRERO**

*Nunca se apartará de tu boca este libro de la ley, sino que de día y de noche meditarás en él, para que guardes y hagas conforme a todo lo que en él está escrito; porque entonces harás prosperar tu camino, y todo te saldrá bien.*
*Josué 1:8*

## EL SECRETO DEL ÉXITO

Como mides el éxito? Con demasiada frecuencia, el éxito está envuelto en la acumulación de cosas. Muchas personas piensan que el éxito es lograr prominencia, hacerse rico, tener un gran matrimonio, criar buenos hijos, escalar la escalera corporativa o tener muchas amistades. Aunque no tiene nada de malo tener estas cosas, Dios mide el éxito de manera muy diferente.

Josué asumió el liderazgo de los israelitas después de la muerte de Moisés, y tenía unas sandalias bastante grandes para llenar. Moisés era la imagen del liderazgo piadoso, un siervo humilde, lleno de compasión, obediente y no sin sus defectos, pero si fiel. Moisés era el hombre que Dios había escogido para liberar a los israelitas de la esclavitud, para comunicar la Ley de Dios al pueblo de Dios, para realizar milagros y para guiar a la gente durante los años del desierto. Era comprensible que Joshua estuviera un poco nervioso sobre su nuevo puesto y le preocupaba cómo reaccionaría la gente ante el nuevo liderazgo. Dios entendió la vacilación de Josué, y no solo le dio el aliento necesario para elevarse por encima de sus temores, sino que también le dio lo que necesitaba saber para tener éxito en todo lo que se esforzó por hacer por Dios.

En Josué 1: 8, Dios le dio al nuevo líder tres secretos para vivir una vida exitosa, y cada uno está enraizado en una relación correcta con la Palabra de Dios.

Primero, Dios instruyó a Josué que Su Palabra «no se apartará de su boca». La Palabra de Dios iba a ser una parte tan importante en la vida de Josué que las palabras de las Escrituras se derramarían naturalmente y perpetuamente en su discurso cotidiano habitual. Todo seguidor de Dios debe hablar constantemente y continuamente de la Palabra de Dios, no por obligación, sino porque ya que una parte vital de la vida que hablar la Palabra en voz alta se ha convertido en el hablar normal por tener la Palabra de Dios escrita en su corazón.

En segundo lugar, la meditación en la Palabra de Dios es esencial para el éxito. La práctica bíblica de la meditación no es una experiencia mística o trascendental que involucra el canto repetitivo. Por lo contrario, la meditación es la consideración deliberada y reflexiva de los principios que se encuentran en la Palabra de Dios y la aplicación práctica de los principios a nuestras propias vidas. Para los cristianos, la meditación significa buscar personalmente la Palabra de Dios y aplicar el significado de manera práctica.

El secreto final para el éxito piadoso es el más importante: la obediencia a la Palabra de Dios. El éxito de Joshua estaba directamente relacionado con su obediencia a la Palabra de Dios, y nuestro éxito también lo será. No podemos escoger y elegir de las Escrituras aquellos mandamientos que obedeceremos y no obedeceremos, y no podemos darle obediencia parcial a Dios. Debemos ser total y completamente obedientes a todo lo que Él ordena.

Quien eres o lo que estás pasando en la vida no importa; puedes ser verdaderamente exitoso en lo que sea que hagas si prestas atención, retoma y pon en práctica lo que Dios le proclamó a Josué. Asciende por encima de lo que la sociedad considera como un éxito y date cuenta de que el secreto del éxito proviene de una vida dedicada a la Palabra de Dios.

**27 DE FEBRERO**
*Yo soy el pan de vida*
*Juan 6:48*

## LA DIETA DE JESÚS

Jesús acababa de alimentar a cinco mil personas con cinco hogazas de pan y dos peces pequeños. Este día fue el día después del buffet milagroso y toda la región vibró de emoción. La palabra se estaba extendiendo, la multitud estaba creciendo y Jesús se estaba preparando para hablar. Cuando todos se reunieron en la pequeña ciudad marítima de Capernaum, Jesús aprovechó la oportunidad para hablar sobre lo que realmente importaba en la vida. Daría un sermón ese día que no solo estaba hecho a medida para su audiencia, sino que también sería lo bastante eterno como para hablarle a cada generación posterior. Y el punto de inflexión de su mensaje sería la afirmación: «Yo soy el pan de la vida. El que a mí viene nunca pasará hambre, y el que en mí cree nunca más volverá a tener sed» (Juan 6:35 NVI). Jesús sabía que esto llamaría la atención de todos. Después de todo, acababa de llenar sus estómagos, y ahora quería llenar sus almas.

La humanidad nace con un hambre natural por Dios, y nada más satisfará ese hambre. Solo Jesucristo puede proporcionar el pan de vida que satisface el hambre más profunda y los más profundos anhelos en el corazón y el alma de la humanidad. Jesús desafió a la multitud ese día al mirar más allá de lo carnal y pensar por un momento acerca de lo eterno. Jesús sabía que la multitud realmente solo estaba allí porque estaban buscando otra comida gratis. La mayoría de las personas que estaban allí ese día solo estaban preocupadas por lo que Jesús podría hacer por ellos. Entonces, Jesús cambió el menú y dijo que esta vida es más que comida, más que pasiones físicas, y más que la búsqueda de los placeres a corto plazo de este mundo. En otras palabras, «Deja de perder tanto tiempo pensando en todas las cosas que no durarán, que no te harán feliz, y que nunca satisfarán tu alma, y comenzarás a pensar en lo que realmente importa y lo que realmente satisface: el Pan de vida» (que es Jesús).

Después de que Jesús terminó este sermón, la mayoría de las personas se volvieron y se alejaron de él, para nunca volver a seguirle. Estos seguidores caprichosos dejaron a Jesús después de que obtuvieron lo que querían de él. El Evangelio de Juan proporciona este detalle: Entonces Jesús les dio la oportunidad a los Doce: «¿También ustedes quieren irse?» (Juan 6:67 NTV). Esto nos empuja a preguntarnos lo mismo. ¿Estamos buscando a Dios para que Él llene nuestros estómagos, pague nuestras cuentas y nos dé ropa nueva? La Biblia es clara en que Jesús es el pan de vida. Él es la provisión de Dios para nuestras necesidades espirituales más profundas. Él solo satisface. Él solo satisface nuestras necesidades. Él solo da vida.

Jesús es esencial para nuestra dieta espiritual. Por fe, nos alimentamos de Cristo cuando él nos salva y nos da la vida eterna, convirtiéndose para nosotros en una fiesta inagotable para nuestras almas que nos satisfará en esta vida y durará para siempre.

**28 DE FEBRERO**
*Yo soy el pan de vida*
*Josué 3:17*

## MOJÁNDOSE LOS PIES

Cada obstáculo en la vida es una oportunidad para obedecer a Dios, cada complicación es una oportunidad para adaptarnos a la imagen de Cristo, y cada prueba nos da la opción de confiar o no confiar en el tiempo de Dios.

Después de vagar por el desierto por lo que pareció una eternidad, Josué y los hijos de Israel estaban a punto de entrar en la bendición de la Tierra Prometida de Dios. Dios le hizo una promesa a Abraham casi seiscientos años antes acerca de la tierra que ahora estaba antes de sus descendientes (Génesis 15). Como Josué y los hijos de Israel estaban al borde de recibir la promesa de Dios, tenían una barrera más para cruzar: el río Jordán.

Durante la mayor parte del año, el Jordán no era una gran barrera para cruzar, pero durante la primavera, cuando los israelitas estaban allí, el río se había hinchado a una milla de ancho. No solo eso, fluía una fuerte corriente, por lo que cruzar el río era casi imposible.

Dios había guiado a los israelitas a este lugar, hasta este punto en el tiempo, sabiendo que enfrentarían este obstáculo. Este encuentro es muy similar a la forma en que Dios condujo a los israelitas al borde del Mar Rojo antes de partir las aguas de su liberación. Pero esta vez, Dios elegiría hacer las cosas de manera diferente. Esta vez, Dios requeriría que su pueblo se mojara los pies antes de cruzar el Jordán.

Antes de seguir adelante, las personas tendrían que santificarse para preparar sus corazones para recibir la bendición de Dios. La santificación simplemente puede verse como una limpieza de nosotros mismos; La santificación comienza examinando nuestros corazones y guardando aquellas cosas que son contrarias a la Palabra de Dios.

Luego, el Arca del Pacto, que representaba la presencia de Dios, debía ir ante la gente. Para seguir a Dios, debemos permitirle que vaya primero. Él debe preceder a su pueblo en todo lo que hacen y donde quiera que vayan.

Finalmente, el pueblo tuvo que tomar un paso de fe y entrar al agua. A los sacerdotes se les dijo que tenían que salir al Jordán antes de que Dios eliminara el obstáculo del agua restante. Este proceso requeriría un paso a la vez, un pie delante del otro, hasta que Dios hiciera desaparecer el agua y permitiera a los hijos de Israel caminar sobre terreno seco.

¿Cuál es tu rio Jordán? ¿Acaso Dios te ha estado preparando para cruzar y recibir la bendición de sus promesas, sin embargo, hay un obstáculo más de obediencia delante de ti? Sea cual sea el río Jordán en su vida, mira ese río como una oportunidad para obedecer a Dios. El obstáculo es la oportunidad de conformarse a la imagen de Cristo, y tener el obstáculo allí te da la opción de confiar o no confiar en el tiempo de Dios.

Deja el desierto, desciende a las orillas del río y santifícate. Permita que Dios vaya delante de ti al tomar los pasos, dispuesto a mojarte los pies mientras confías y ves a Dios secar las aguas de tu río Jordán y llevarte a la tierra de la promesa.

## 1 DE MARZO
*Marta dijo a Jesús: Señor, si hubieras estado aquí,*
*mi hermano no habría muerto.*
*Juan 11:21*

## ¿EN DONDE ESTÁ DIOS CUANDO LO NECESITAS?

Tu dolor tiene un propósito con Dios. Tus problemas son posibilidades para que Dios sea glorificado. Nadie vive una vida sin dolor, y la vida de nadie está libre del problema ocasional, ya sea grande o pequeño. Cuando nos damos cuenta de cuán grande es nuestro Dios, entonces veremos cuán pequeños son realmente nuestros problemas.

María y Marta, dos amigas íntimas de Jesús, tenían lo que llamaríamos un gran problema. Su hermano, Lázaro, estaba enfermo con una enfermedad crítica, y las hermanas enviaron un mensaje a Jesús para que viniera rápidamente. Debieron haber supuesto que Jesús dejaría todo y se apresuraría a llegar al lugar donde vivían en Betania. Pues, Jesús amó a Lázaro (Juan 11:3, 5).

Pero Jesús no llegó de inmediato. De hecho, esperó dos días más antes de llegar a Betania. ¿Por qué se demoraría? Y en ese caso, si Jesús amaba tanto a Lázaro, ¿por qué permitió que se enfermara en primer lugar? Además, ¿por qué no sanó a Lázaro desde la distancia, como lo hizo con el hijo del noble (Juan 4:43-54)?

Mientras tanto, en Betania, María y Marta sin duda estaban esperando la llegada inminente de Jesús. Los minutos se convirtieron en horas, y las horas se convirtieron en días al esperar ansiosamente, expectativamente mirando por la ventana y preguntándose por fin cuando llegaría Jesús. Para consternación de las hermanas, Lázaro murió y fue sepultado antes de que Jesús llegara. Con su muerte, la esperanza de las hermanas también murió. Pasó un día más, luego un segundo, luego un tercero, y finalmente pasó un cuarto día antes de que Jesús se presentara. Pero, para las mujeres, su llegada había sido demasiado tarde. ¿Qué podría hacer ahora? María y Marta, en su desilusión y desesperación, le dijeron a Jesús, con un toque de reproche en sus voces: «Si hubieras estado aquí, mi hermano no habría muerto».

¿No somos culpables del mismo escepticismo sarcástico cuando le preguntamos a Dios, con un toque de reproche, dónde estabas? ¿Por qué permitiste que esto sucediera? Si hubieras estado aquí, nada de esto habría sucedido.

Lo que María y Marta echaron de menos es que, si bien querían que Jesús sanara a su hermano, Jesús quería hacer algo mucho más grande de lo que esperaban; Jesús quería levantar a Lázaro de entre los muertos.

A veces, cuando oramos y pensamos que Dios no llegó, al menos no de la manera que esperamos. Y cuando las respuestas no llegan, a menudo nos preguntamos: ¿Dónde está Dios en mi dolor? ¿Por qué no me ayuda con este problema? Podemos estar tan enfocados en una solución particular que damos por alto el mayor bien de Dios. El día en que Lázaro resucitó de entre los muertos, muchos creyeron en Jesús y la fe de María, Marta, y los discípulos fue fortalecida.

Independientemente de lo que estés pasando, recuerda que tu dolor tiene un propósito con Dios. Tus problemas son posibilidades para que Dios sea glorificado. ¿Y quien sabe? Tal vez, como Lázaro, Jesús quiera hacer algo mucho más grande de lo que puedas imaginar.

---

**2 DE MARZO**

*Solo se salvarán la prostituta Rahab y los que se encuentren en su casa, porque ella escondió a nuestros mensajeros.*
*Josué 6:17 NVI*

## DE RAMERA A HEROÍNA

En las sombras oscuras de una ciudad antigua vivía una heroica prostituta...

¡Qué! Espere... ¿Qué dijiste?

Leíste bien - una heroica prostituta en la Biblia. Rahab se ganaba la vida vendiéndose a los extraños, sin embargo, la Biblia la elogia como una mujer de fe. Ella no dejaría que su mala reputación la detuviera del bien que Dios quería hacer en su vida. Rahab se elevaría por encima de su reputación y confiaría en Dios, y eventualmente sería colocada en el linaje del Mesías. Entonces, ¿cómo es que una mujer como esta pase de ser una ramera a ser una heroína de la fe?

Rahab vivía en la ciudad de Jericó, en una casa que estaba construida en la parte exterior del muro fortificado que rodeaba y protegía a las personas que vivían dentro de las fronteras de la ciudad. Se corrió la voz sobre el pueblo nómada de Dios. El pueblo de Israel, nuevo en el área y en el proceso de conquistar sus tierras. Cuando llegó a Jericó la noticia de que los israelitas vendrían a Jericó, la gente se preparó para la batalla. Mientras la ciudad se preparaba para luchar, Rahab se estaba preparando para adorar. Ella fue la única en Jericó que decidió temer y obedecer al Dios de Israel.

Nadie sospechó cuando Josué envió a dos agentes secretos a explorar Jericó para determinar cómo capturar la ciudad. Rahab, sin embargo, convirtió su techo en un escondite para estos fugitivos. Cuando el rey de Jericó oyó que los espías de Israel habían entrado en su ciudad, inmediatamente envió soldados a buscar la casa de Rahab. Pero Rahab confió en Dios, actuó con fe y arriesgó su propia seguridad para esconder a los hombres buscados del rey. Como resultado, su vida se salvó.

Rahab era una mujer notable por varias razones. Primero, ella es la única mujer aparte de Sara mencionada en el los Gran Ejemplos de la Fe de la Biblia, que se encuentra en Hebreos 11 (versículo 31). En segundo lugar, ella es una de las dos mujeres mencionadas en el linaje de Jesús (Mateo 1:5). Tercero, ella es la madre de Booz, el pariente redentor cuya vida era como una imagen de Cristo. Y finalmente, el Apóstol Santiago la usó como un ejemplo de cómo la fe y las obras deben ir juntas en la vida de un creyente (Santiago 2:25).

Rahab vivió por fe y no por vista. Ella creyó y se salvó, y eso cambió su vida para siempre. Ella no continuó viviendo como una ramera, sino que prefirió vivir entre el pueblo de Dios. La fe de Rahab transformó a una ramera en una heroína.

Si tienes un pasado del que no estás orgulloso, o si has hecho cosas que deseas olvidar, ¡no todo está perdido! No hay pecado que exista, no importa cuán impactante o escandaloso, que Dios no pueda perdonar. Nadie está fuera del alcance de Dios o más allá de la gracia de Dios. Si Dios puede convertir a una ramera en una heroína, entonces él puede transformar tu vida también. Pero debes comenzar con fe. Comienza poniendo tu fe en Dios, y luego vive una vida por fe para Dios.

Al dejar que Dios trabaje en tu vida, no te sorprendas si también use tu vida como ejemplo de fe para que otros la sigan.

---

**3 DE MARZO**

*Pues si yo, el Señor y el Maestro, he lavado vuestros pies, vosotros también debéis lavaros los pies los unos a los otros.*
*Juan 13:14*

## OBSERVA Y APRENDE

A veces la forma más efectiva de comunicar un concepto o enseñar una teoría es a través de la demostración. Un enfoque de observar-y-aprender muchas veces comunica más al público previsto de lo que la palabra hablada por sí sola es capaz de expresar. Si una imagen vale más que mil palabras, entonces este retrato de Jesús llenaría toda una biblioteca.

Llegó el día cuando Jesús iba a ser traicionado. Un torrente de emociones se precipitó sobre él como un ola violenta y una multitud de pensamientos asaltó su mente en cada dirección a medida que la crucifixión se acercaba rápidamente. En estas últimas horas previas al mayor sacrificio en la historia, Jesús no eligió distanciarse de sus discípulos. Por lo contrario, vio la oportunidad de enseñar a sus discípulos una lección inolvidable.

Cuando los discípulos se reunieron esa noche en lo que podría considerarse un antiguo departamento conocido como el aposento alto, Jesús se agachó, tomó una cubeta con agua y una toalla y asumió el papel de un siervo doméstico lavando los pies de sus discípulos. Jesús incluso lavó los pies del hombre que Jesús sabía que pronto lo traicionaría. Sin duda, podría haber oído caer un alfiler en esa habitación cuando el maestro se humilló a sí mismo como un siervo en presencia de estos hombres.

Después de que Jesús les lavó los pies, les preguntó si entendían lo que les acababa de hacer. Continuó explicando que lo que habían visto y experimentado era un ejemplo de cómo se veía un siervo humilde; Jesús demostró que ninguna persona debe considerarse a sí misma tan alta que no pueda rebajarse en el servicio a los demás. Su ejemplo enseñó que si Dios estaba dispuesto a humillarse y servir a los demás, entonces todos los que lo siguen deben estar dispuestos a humillarse de la misma manera.

Saber cómo ser un servidor humilde es una cosa; en realidad ser un servidor humilde es completamente diferente. Es por eso que Jesús les dijo a sus discípulos que fueran y hicieran lo mismo, y aquí, la bendición que Jesús prometió entra. Jesús no estaba haciendo que el lavado de pies fuera otra práctica sagrada como la Comunión; al contrario, Jesús estaba enseñando el principio del servicio humilde, que puede tomar la forma de lavar los pies de alguien o recoger basura que no nos pertenece. La servidumbre se puede encontrar en el voluntariado para limpiar baños o visitar a los enfermos. Cualquiera que sea la acción, Jesús terminó su lección diciendo que si practicamos la vida de un siervo humilde, entonces seremos bendecidos.

Al lavar los pies de sus discípulos, Jesús no solo pintó una bella imagen de servicio humilde, sino que también demostró que nadie está por encima de este tipo de servicio. De hecho, toda su vida nos enseña, por ejemplo, lo que parece ser la humildad envuelta en la servidumbre. Su vida fue la clase sublime, y sus acciones comunicaron tanto, si no más, que todos sus sermones.

Mira hacia Jesús, y observa y aprende del maestro. Y luego, ve y haz lo mismo.

### 4 DE MARZO
*No seguiré más con ustedes a menos que destruyan esas cosas que guardaron y que estaban destinadas para ser destruidas.*
*Josué 7:12 NTV*

## PECADOS SECRETOS

La diferencia entre el éxito y el fracaso espiritual es a menudo una delgada línea llamada pecado. El éxito puede convertirse rápidamente en una derrota cuando permitimos que el pecado se establezca en nuestras vidas. Nadie puede dar testimonio de este hecho más que Josué. Los israelitas acababan de tener una de sus mayores victorias en la nueva tierra cuando derrotaron a la ciudad amurallada de Jericó. Esta victoria fue el resultado de la estricta obediencia a su plan de batalla dado por Dios. La celebración, sin embargo, sería corta, ya que los israelitas pronto sufrirían una vergonzosa derrota en Ai, una ciudad mucho más pequeña con un ejército mucho más inferior. Lo que debería haber sido una victoria fácil se convirtió en un fracaso humillante. ¿Qué hizo la diferencia?

Josué fue ante Dios en oración y le preguntó por qué habían sufrido una derrota aplastante. La respuesta de Dios fue, «Israel pecó» (Josué 7:11). Durante la batalla de Jericó, Dios ordenó que la ciudad entera fuera destruida; todos los objetos de oro, plata, bronce y hierro iban a entrar en el tesoro del templo, mientras que todo lo demás debía ser quemado. No se permitió el saqueo personal. Inicialmente, todas las señales parecían mostrar que todos habían escuchado y obedecido, hasta que llegó el momento de luchar de nuevo. Entonces, los israelitas llegaron a ser dolorosamente conscientes de que algo estaba terriblemente mal. El pecado estaba en el campamento. Alguien había violado el mandamiento de Dios, y todos estaban sufriendo las consecuencias. Eventualmente el culpable, un hombre llamado Acán, confesó y admitió que había robado artículos que legítimamente pertenecían a Dios. Acán pensó que podía salirse con la suya ocultando el pecado a los demás, pero la verdad es que ningún pecado es un pecado secreto porque Dios lo ve y lo sabe todo.

El problema de Acán comenzó antes de que realmente robara lo que no le pertenecía. Su problema comenzó con su insatisfacción con la provisión de Dios, que a su vez sentó las bases para su desobediencia. En 1 Timoteo 6:6 se nos dice, 'gran ganancia es la piedad acompañada de contentamiento' (NTV). En el descontento de Acán, él quería aquello que no le pertenecía. Pronto su deseo se hizo cargo, y actuó por impulso. Para empeorar las cosas, en un vano intento por ocultar su pecado, Acán enterró lo que había robado, pensando que nadie lo descubriría. La Biblia nos dice que vendrá un día en que todos nuestros pecados serán expuestos, y todo será puesto al descubierto delante de Dios. En el caso de Acán, el día en que se descubrió su pecado llegó rápidamente, y su castigo fue severo.

Nunca subestimes el dolor y el daño que puede llegar a ti y a los demás al tratar de ocultar tu pecado. Dios quiere que caminemos en victoria y no derrota, pero la victoria solo puede venir a través de una firme obediencia a su Palabra. Si queremos caminar en la tierra de la bendición prometida y ver a Dios derribar los muros del enemigo como lo hizo en Jericó, debemos lidiar con nuestro pecado cuando nos quedamos cortos en lugar de escondernos. Mejor confiesa tu pecado, porque incluso si llegaras a ocultar tu pecado a otros con éxito, no podrás esconderlo de Dios.

Mientras permitas que el pecado tenga la victoria en tu vida, vivirás en una derrota espiritual. Toma la victoria para ti y confiésalo.

---

## 5 DE MARZO

*Ninguna rama puede dar fruto por sí misma, sino que tiene que permanecer en la vid, así tampoco ustedes pueden dar fruto si no permanecen en mí.*
*Juan 15:4 (NVI)*

## LA VIDA EN LA VID

La productividad de tu vida cristiana no depende de tus puntos fuertes o tus habilidades; la productividad depende totalmente de cuán conectado esté tu vida con Dios. Al igual que la rama de una vid debe producir uvas, un cristiano debe producir el fruto de la semejanza a Cristo. Sin embargo, solo una rama que está conectada a la vid puede dar fruto. Dios quiere que tengas una vida fructífera y productiva, pero si te es difícil ver el fruto espiritual en tu vida, quizás una lección de la vid te ayudará.

Jesús y sus discípulos caminaban por la ciudad, haciendo su camino hacia el Jardín de Getsemaní después de comer su última comida juntos, cuando Jesús dio una imagen vívida de cómo vivir una vida cristiana fructífera. Quizás cuando Jesús y sus discípulos pasaron por el templo, la vid dorada que formaba parte de la decoración de la puerta del templo brilló a la luz de la luna y llamó la atención del Maestro. O tal vez, cuando Jesús pasó caminando por las puertas de la ciudad, observó una rama muerta que aún se aferraba a una vid estéril, por lo que quizás corto la parte muerta y retorció la ramita en sus manos al caminar y platicar. Cualquiera que fue lo que inspiró a Jesús a usar esta imagen, la lección que debemos tomar es inconfundible: Jesús es la vid y nosotros somos las ramas. Como tal, él es la fuente de nuestras vidas, él es el alimento de nuestra productividad, y él es el dador de nuestro crecimiento. Mientras permanecemos en Jesús, le permitimos desarrollar en nosotros todo lo que necesitamos para vivir una vida fructífera.

La vida en la vid significa que debemos permanecer conectados con Jesús para recibir la nutrición que nos da vida y que nos permite crecer y ser fructíferos. Así como una rama no puede producir nada aparte de la vid, un cristiano no puede producir nada aparte de Cristo.

La mejor manera de permanecer en la vid, o permanecer en Cristo, es permanecer conectado con su Palabra. Debemos permitir que la Biblia llene nuestras mentes, dirija nuestros pasos y transforme nuestros corazones. Debemos obedecer lo que la Biblia declara para que nada restrinja el flujo de la productividad. La Palabra de Dios y el Espíritu de Dios producen el fruto de Dios.

Al vivir en la vid, produciremos fruto de forma natural porque el fruto se produce permaneciendo, no esforzándose. La productividad no se basa en el éxito externo. Cuanto mayor sea la enredadera no significa necesariamente que mejor sea su fruto. Mientras permanecemos en la vid, el fruto que Dios está trabajando para producir es el fruto del Espíritu, que es 'amor, gozo, paz, paciencia, bondad, amabilidad, fidelidad, mansedumbre, dominio propio' (Gálatas 5:22-23). Como parte de nuestras vidas en la vid, Dios el Padre, cuidador y cultivador de la vid, de vez en cuando cortará y podará nuestras ramas espirituales para que la productividad aumente en la vida de los creyentes. El proceso de Dios de podar nunca tiene la intención de dañar o destruir; el propósito es siempre la productividad.

Si quieres vivir una vida más fructífera y productiva, entonces mantente conectado a la Vid. Cuando un cristiano permanece en Cristo, Dios es glorificado, se produce fruto y se experimenta una vida abundante. La fructificación llega a tu vida como el resultado de tu conexión a la vid.

## 6 DE MARZO

*Los hombres de Israel tomaron de las provisiones de ellos, pero no consultaron a Jehová.*
*Josué 9:14*

## EVITANDO EL PUNTO CIEGO ESPIRITUAL

Lo que ves no siempre lo que crees. ¿Alguna vez has comprado algo por capricho, y después te das cuenta que lo que recibiste no era todo lo que te imaginabas? Lo peor es invertir en algo o alguien, y después descubrir que fuiste engañado. Josué y los israelitas fueron engañados y pensaron que lo que vieron era exactamente lo que recibirían. Confiaron en su intelecto, dependieron en su sentir y actuaron sin buscar de Dios. El resultado fue una mala decisión, como de costumbre.

Los gabaonitas oyeron que los israelitas habían destruido Jericó y Ai, y tenían miedo de ser los siguientes en la lista conquistada. Entonces los gabaonitas idearon un plan tortuoso para engañar a los israelitas a fin de garantizar la supervivencia. Los gabaonitas llegaron al campamento de los israelitas que pretendían haber viajado desde un país lejano, cuando en realidad eran vecinos de al lado. Para agregar credibilidad a su historia, los gabaonitas se vestían con ropas desgastadas, traían pan mohoso y llevaban equipaje viejo. Los gabaonitas deben haber sido buenos actores porque Joshua y sus líderes fueron cautivados por su historia y acordaron entrar en un tratado de paz con ellos.

Imagínese la sorpresa de los israelitas cuando descubrieron que acababan de ser engañados. Por alguna razón, Joshua y el equipo de liderazgo no sintieron la necesidad de consultar a Dios, o el pensamiento simplemente nunca entró en sus mentes. De cualquier manera, esta omisión fue una mala idea. La sabiduría de Dios estaba disponible para ellos, pero nunca buscaron esa sabiduría. No lo hicieron porque no preguntaron.

La Biblia nos dice que si nos falta sabiduría, lo único que tenemos que hacer es preguntarle a Dios, y él nos dará esta sabiduría (Santiago

1:5). Algunas decisiones en la vida se pueden hacer con nuestros propios sentidos e intelecto. Por ejemplo, si el clima es húmedo y lluvioso, no es necesario orar para decidir si tomar un paraguas cuando salgamos de casa. Si la carne que tienes en el refrigerador ha cambiado de color y ahora huele raro, tus sentidos te dicen que no debes comer la carne mimada. En estos casos, tus sentidos están en lo correcto. Pero el peligro está en pensar que las decisiones espirituales se pueden hacer de esta misma manera.

Hemos sido creados como seres espirituales, y una dimensión espiritual es esencial para la forma en que vivimos. En la dimensión espiritual, el hijo de Dios nunca debe buscar tomar una decisión aparte de pedirle a Dios en oración. Para seguir fielmente a Dios, servirlo y honrarlo a través de nuestras vidas, los hijos de Dios no deben confiar en sus sentidos, su entendimiento o su intelecto. Más bien, debemos buscar la sabiduría divina de Dios, esperar pacientemente su dirección y no actuar apresuradamente.

Para vivir una vida llena de fe, no podemos andar confiando solo en la vista o por ninguno de nuestros otros sentidos. La única forma de evitar los puntos ciegos espirituales en nuestras vidas es buscar la sabiduría de Dios y esperar que su Espíritu Santo y la Palabra de Dios nos den dirección para nuestras decisiones.

## 7 DE MARZO

*Pero no ruego solamente por estos, sino también por los que han de creer en mí por la palabra de ellos, para que todos sean uno; como tú, Padre, en mí y yo en ti, que también ellos sean uno en nosotros, para que el mundo crea que tú me enviaste.*
*Juan 17:20-21*

## CUANDO DIOS ORA POR TI

El Pastor Escocés del siglo XIX, Robert Murray M'Cheyne, escribió: Si pudiera oír a Cristo orando por mí en la habitación anexo, no temería a un millón de enemigos. Sin embargo, la distancia no hace diferencia. Él está orando por mí.[9] ¿Sabías que Jesús ora por ti y por mí? ¡Qué asombroso y maravilloso saber que Dios ora por nosotros! Hebreos 7:25 nos dice que Jesús está orando constantemente a Dios el Padre en nombre de todos los que creen en él. Si pudieras escuchar lo que Cristo ora por ti, ¿cómo cambiaría la forma en que vives hoy?

La Biblia nos da la posibilidad de escuchar una de las oraciones de Jesús para todos los creyentes del futuro. ¿Sabes lo que Jesús le pide al Padre? Él le pide a Dios el Padre una unidad divina entre todos los que creen en él. Mientras Cristo se preparaba para ir a la Cruz, tenía una carga tremenda en su corazón para que su pueblo estuviera marcado por la unidad. Unidad no significa uniformidad; Jesús no estaba pidiendo que todos fuéramos iguales. No estaba diciendo que todos tuviéramos el mismo aspecto, que escucháramos la misma música, que comiéramos las mismas cosas, o incluso 'hacer iglesia' de la misma manera. La unidad y la diversidad no son mutuamente exclusivos.

La unidad que Jesús pedía es tanto increíble como incomprensible ya que esta unidad se ve en la unidad entre Dios, el Padre y Dios, el Hijo. Jesús oró: Tú, Padre, estás en mí y yo en ti; para que también ellos sean uno en nosotros (Juan 17:21).

La unidad se trata de relación: la relación de Jesús con el Padre y la relación del Padre con Jesús. La unidad de la iglesia también gira alrededor de la relación; nuestra relación con Jesús afecta nuestras relaciones con los demás. Cuanto más cerca estemos a Cristo, más fuerte es la unidad que podemos tener el uno con el otro.

Además, nuestra relación con la verdad es esencialmente importante en términos de unidad. En pocas palabras, no puede existir la unidad sin la verdad. La verdad de la Palabra de Dios debe estar en el centro de todos nuestros esfuerzos unificadores. No podemos abandonar la verdad en nombre de la unidad.

Finalmente, la unidad de los creyentes en Cristo tiene un impacto directo en la relación que tenemos con el mundo que nos rodea, y tal vez esta fue la razón principal de la petición de oración de Jesús. Cuando la sociedad mira a la iglesia y ve la desunión, la división, la murmuración y la amargura, estas fallas de relación solo sirven para ahuyentarlas. ¿Quién quiere ser parte de semejante grupo? Si la desunión aleja a las personas de Cristo, entonces la unidad debe acercar a las personas a Cristo. La unidad genuina es sobrenatural y debe llevar a la gente a la única explicación de un fenómeno tan sobrenatural, que es Cristo Jesús en nosotros.

¿Cómo reaccionaras si escucharas a Jesús orando por ti? La unidad no es automática o fácil. Supongo que por esa razón Jesús oró por los creyentes para que desarrollaran la unidad. La verdadera unidad comienza con una persona a la vez, que se compromete a ser una respuesta a esta oración de Jesús. Deja que la unidad comience contigo mientras buscas ser un instrumento de unidad entre los creyentes.

**8 DE MARZO**
*Josué era ya viejo, entrado en años, cuando Jehová le dijo: Tú eres ya viejo, de edad avanzada, y queda aún mucha tierra por poseer.*
*Josué 13:1*

## ¡NO ERES DEMASIADO VIEJO PARA SERVIR A DIOS!

¿Cuáles son tus pensamientos sobre envejecer? Si todavía no estás allí, cuando menos lo pienses, tú también conducirás con menos velocidad que los demás, cenarás a las 4:30 PM y les dirás a los niños que no ensucien tu banqueta. Envejecer también incluye la jubilación del trabajo y aquellos años dorados tan esperados después de una vida de trabajar. Pero antes de planear tu jubilación en una isla desértica sentado en la playa tomar bebidas con sombrillitas, debes saber que los planes de Dios nunca incluyeron que nos retiráramos de la actividad espiritual. Dios tiene un propósito para su pueblo en cada etapa de sus vidas.

Josué era un anciano que fielmente sirvió a Dios durante toda su vida, y cuando se acercaba a los cien años de edad, Dios tenía otro trabajo que hacer porque aun había obra del reino que hacer. Cuando los hijos de Israel tomaron posesión de la Tierra Prometida, la propiedad necesitaba ser dividida y distribuida entre las tribus de Israel. Lejos eran los días del Comandante Josué conduciendo a las tropas a la batalla; Dios tenía un trabajo más apropiado para este sirviente envejecido.

Joshua no fue el único ciudadano de la tercera edad que sirvió a Dios fiel y heroicamente. Moisés comenzó su ministerio a la edad de ochenta años, Caleb todavía escalaba montañas para el Señor a los ochenta y cinco años, a Abraham se le prometió un hijo cuando tenía noventa y nueve años, y por supuesto estaban Daniel, Zacarías, Simeón y otros a quienes Dios utilizo poderosamente en sus años dorados.

¿Sientes que tu edad ha afectado tu capacidad de servir a Dios? ¿Te preocupas por tu utilidad a medida que pasan los años? Tienes que saber esto: nunca eres demasiado viejo para servir a Dios. Si ya se aproximan los años de la tercer edad y crees que no tienes nada más para contribuir al trabajo de Dios, estás muy equivocado. Puede que no puedas hacer todas las cosas que solías hacer, pero para el pueblo de Dios que permanece en contacto con Dios, sus vidas seguirán involucradas en el trabajo de Dios. La edad no importa tanto como tener la voluntad de servir. Dios aun tiene plan para tu vida a esa edad, y el Salmo 92:14 nos recuerda: 'Todavía darán fruto en la vejez'.

Las personas de la tercera edad tienen diversas maneras para seguir sirviendo a Dios en su vejez. Por ejemplo, la mentaría siempre es una gran necesidad en la iglesia hoy en día, donde los varones ancianos animan, alimentan, y exhortan a los varones jóvenes, y las ancianas instruyen e inspiran a las jovencitas (Tito 2). La Biblia también da tributo a una 'viuda de ochenta y cuatro años que no se apartaba del Templo, sirviendo de noche y de día con ayunos y oraciones' (Lucas 2:37). Siempre hay llamadas que hacer, cartas que escribir, y las visitas siempre son mas especiales cuando son de santos maduros que ya han experimentado los altos y los bajos de la vida.

Mientras Dios te tenga en este mundo, aun existe ministerio que vale la pena que sigas allí cumpliendo con el. Así que, ¡sigue allí, sirviendo al Señor! Los años de jubilación pueden ser los años más fructífero de tu vida si buscas como servir a Dios.

**9 DE MARZO**
*¿Que es Verdad?*
*Juan 18:38*

## VERDAD O CONSECUENCIAS

La verdad se ha convertido en una de las especies más amenazadas del mundo. La verdad ha sido manipulada y maltratada, despreciada y distorsionada. Sin embargo, una cosa es cierta: no importa cómo las personas puedan tratar la verdad, nunca tendrán éxito en su destrucción. La Biblia nos dice que llegará un día en que la gente se alejará por completo de la verdad y elegirá creer en los mitos. Cuando las personas se encuentran cara a cara con la verdad, solo tienen tres formas de responder: pueden optar por rechazar la verdad por completo, ser indiferentes a la verdad o aceptar la verdad.

«¿Qué es la verdad?» Poncio Pilato le hizo a Jesús esta famosa pregunta cuando los líderes religiosos lo trajeron para que fuera juzgado. La pregunta de Pilato no fue única; él no fue la primera persona en plantear la pregunta, y él no seria el último. Durante siglos, la humanidad ha estado buscando la respuesta a esta pregunta. La única diferencia es cuando Pilato formuló la pregunta, se encontraba cara a cara con la misma respuesta que buscaba. Jesús fue enviado en una misión por Dios para responder esta pregunta. Él declaró: Por esta causa yo nací, y por esta causa he venido al mundo para dar testimonio de la verdad' (Juan 18:37). Jesús pasó su vida dando testimonio de la verdad acerca de Dios, el pecado, el cielo y el infierno, el amor, la vida y la muerte. Toda su vida fue un testamento de la verdad sobre todo lo que la humanidad necesita saber.

Al tratar de encontrar la definición de la verdad, solo tenemos que mirar dos de las mejores declaraciones sobre la verdad.

En la primera declaración, Jesús estaba hablando con Sus discípulos cuando declaró: Yo soy el camino, y la verdad, y la vida (Juan 14:6). Jesús nació para dar testimonio de la verdad, lo cual hizo por las palabras que habló, por los milagros que realizó y por la vida perfecta que vivió. Por lo tanto, cuando trates de edificarte en la verdad, solo mira a Jesús, lee los Evangelios y obtén una nueva perspectiva de la verdad al reflexionar sobre su vida y ministerio.

En la segunda declaración, Jesús estaba orando a Dios el Padre por sus discípulos cuando proclamó: Tu palabra es verdad (Juan 17:17). No hay mayor fuente de verdad absoluta que la Palabra de Dios. La Palabra de Dios da testimonio de la verdad a través de la inherencia, la precisión profética, la importancia moral y a través de las vidas cambiadas por y a través de la Palabra.

Cuando te encuentras cara a cara con la verdad de Jesucristo y la Biblia, ¿cómo respondes? ¿Te burlas sarcásticamente de la verdad como Poncio Pilato? ¿O recibes el testimonio de Cristo acerca de la verdad? Un día todos estaremos cara a cara con Jesús. Cómo respondes a sus declaraciones de lo que realmente es la verdad determinará tu destino eterno.

No elijas ser indiferente como Poncio Pilato. Acepte y obedece la verdad que nos ha dado Dios en Cristo, o prepárate para aceptar las consecuencias de rechazar esa verdad.

---

**10 DE MARZO**

*Escogeos hoy a quién sirváis ... pero yo y mi casa serviremos a Jehová.*
*Josué 24:15*

## MEJORAS EN EL HOGAR

¿Qué hace un casa Piadoso? En estos días puede sintonizar y ver una multitud de programas de televisión enfocados en mejoras para el hogar. Canales enteros dedicados a ayudarte a cultivar un mejor hogar y jardín. Puedes ver programas que te motiven a hacer las mejoras del hogar o programas que muestren el trabajo de los diseñadores de interiores. No podemos olvidar el popular espectáculo de transformación extrema que transforma por completo una casa ordinaria en un castillo personal. Dada nuestra obvia obsesión con las mejoras para el hogar, la pregunta sigue siendo: ¿alguna de estas 'mejoras' realmente mejoran tu hogar?

Había llegado el momento en que Josué daría su discurso de despedida al pueblo, pero antes, les dio un desafío personal para mejorar sus hogares, él contó las bendiciones de Dios. Josué comenzó recordándole al pueblo la gran promesa de Dios a Abraham de darle a sus descendientes una tierra propia. Josué describió cómo Dios había provisto a su pueblo, protegió a su pueblo y luchó en nombre de su pueblo cuando los trajo a la tierra prometida. Como para agregar un signo de exclamación a su discurso, Josué entregó su mensaje a la gente de Siquem, el mismo lugar donde Dios le habló a Abraham acerca de la Tierra Prometida (Génesis 12: 6-7).

Josué sabía que Dios había sido bueno con su pueblo, y temía que comenzaran a tomar a Dios por sentado, alejarse de él y comenzar a adorar a otros dioses. Josué buscó comunicarse de tal manera que la gente consideraría la grandeza de Dios y voluntariamente elegiría servirlo. Como su líder, Josué no estaba pidiendo que la gente hiciera algo que no estuviera dispuesto a hacer él mismo. La audaz proclamación de Josué de que él y su casa estarían dedicados a seguir y servir a Dios todavía resuena hoy con el mismo poder y convicción que el día en que Josué declaró esas palabras.

Josué le habló a la gente sobre una elección que no iba a ser un evento de una sola vez. En cambio, habló de un compromiso de por vida, vivido en las decisiones cotidianas que se toman al seguir y servir a Dios, tal como Josué ejemplificó a la gente.

Hoy, cada hogar se enfrenta con la misma opción de seguir o no a Dios y servirle en la vida cotidiana. Josué entendió que la única manera de tener una nación piadosa sería comenzar teniendo hogares piadosos. Aunque no hay nada malo en gastar tiempo y dinero en la renovación de la casa (es bueno tener una casa finamente decorada), al final, ninguna de estas mejoras en el hogar puede compararse con tener un hogar piadoso.

El tipo de mejoras para el hogar que Josué nos desafiaría a realizar no tomaría el enfoque de una renovación hecho por si mismo; Josué nos instaría a acercarnos más al estilo de cambio radical en el que permitimos que Dios cambie completa y radicalmente nuestra casa de adentro hacia afuera, hacia un hogar piadoso. Después de todo, un hogar piadoso no está determinado por la decoración, sino por la devoción a Dios.

## 11 DE MARZO
*Él, cargando su cruz, salió al lugar llamado de la Calavera, en hebreo, Gólgota. Allí lo crucificaron.*
Juan 19:17-18

## LA BELLEZA DEL MONTE CALAVERA

La crucifixión de Jesucristo es a la vez horrible y llena de gracia. En la cruz, vemos a la humanidad en su crueldad sublime y a Dios en su mayor compasión. Antes de que Jesús colgara en la cruz, la multitud gritaba: «¡Crucifícale!» Sin embargo, mientras Jesús estaba colgado allí, golpeado y ensangrentado, oraba: Padre, perdónalos.

«Mientras los clavos eran empujados a las manos del Salvador, Satanás pensó que había tenido éxito en detener el plan de salvación de Dios. Sin embargo, cuando se quitó la piedra de la tumba de Jesús, la victoria se encontró en la tumba vacía de un Redentor resucitado. El contraste más sorprendente que se encuentra en la cruz es su muerte en realidad se convirtió en una nueva vida en él.

Cuando vemos la serie de eventos que culmino con la muerte de Jesús sobre la cruz, puede que sea difícil ver la belleza en lo que Dios lograba a través de algo tan grotesco. Quizás el primer paso en la dirección correcta para entender este método de redención es comprender que el pecado es, de hecho, grotesco; el pecado también es horrible, angustiante y detestable para Dios. Dios es santo y puro, y por lo tanto no puede tener nada que ver con el pecado, ni puede estar cerca del pecado. Naturalmente, por lo tanto, el cristiano no debe tener nada que ver con el pecado ni estar cerca del pecado. El pecado representa todo lo que va en contra de la voluntad de Dios, su naturaleza y su Palabra.

Cuando Adán pecó en el huerto del Edén, toda la humanidad se volvió permanentemente y fatalmente defectuosa debido a las consecuencias insidiosas del pecado. El pecado es ahora una enfermedad que corre por las venas de cada ser humano y es incurable, inoperable e imposible de tratar, aparte de Dios. Como parte del juicio de Dios contra el pecado, la muerte fue la pena prescrita. Como parte de la misericordia de Dios hacia la humanidad, se permitiría un sacrificio de sustitución. El odio de Dios por el pecado y su amor por la humanidad lo obligaron a ofrecer el único sacrificio aceptable: su hijo, Jesucristo. Ahora, en lugar de tener que morir por nuestros pecados, debemos morir al pecado.

La cura compasiva para nuestra enfermedad vino a través de la crucifixión de Cristo en una cruz en un lugar llamado el Monte Calavera. El dolor físico involucrado en el evento, tan grande y agonizante como uno podría imaginar, sería solo una fracción del dolor sufrido por Cristo; el mayor dolor vendría de soportar todo el peso del pecado de la humanidad sobre él mismo. Pero aquí, en el lugar de un evento tan feo, también se encuentra la belleza; el Monte Calavera es también el lugar donde vemos el voluntario auto-sacrificio de un Salvador amoroso.

Todo cristiano debe mirar el Monte y ver el pecado de la misma manera que Dios lo hace, como grotesco, horrible, angustiante y detestable. Nuestro pecado puso a Jesús en esa cruz. Él se volvió repulsivo, asumió nuestro pecado para que pudiéramos ser redimidos, asumiendo Su justicia.

Al mirar hacia la cruz y ver el sacrificio de nuestro Salvador, debemos ser motivados para seguirlo con la misma dedicación que lo llevó al lugar de una Calavera. «Nadie tiene mayor amor que éste, que uno ponga su vida por sus amigos» (Juan 15:13). Solo un amor tan hermoso podría hacer que alguien acepte voluntariamente una muerte tan fea.

---

### 12 DE MARZO

*Pero acontecía que, al morir el juez, ellos volvían a corromperse, más aún que sus padres, siguiendo a dioses ajenos para servirlos e inclinándose delante de ellos.*
*Jueces 2:19*

## QUEBRANDO EL CICLO DEL PECADO

Los malos hábitos son difíciles de romper. Ya sea que tu hábito sea morderte las uñas, tronarte los dedos, inquietarte o hacer pretextos para no hacer las cosas, poner fin a este tipo de hábitos puede ser difícil. Los hábitos pecaminosos son aún más difíciles de romper. Pregúntale a los israelitas.

Después de la muerte de Josué, los israelitas entraron en un ciclo de pecado que duró por más de cuatrocientos años. El libro de Jueces nos lleva a través de un período de desobediencia y juicio para la nación de Israel que podría haberse evitado si solo hubieran estado dispuestos a liberarse de su ciclo de pecado. El ciclo del pecado comienza con un pequeño paso en la dirección equivocada y conduce al pecado habitual donde la devoción personal a Dios se erosiona lentamente, dejándonos finalmente tolerantes al pecado, cómodos con la desobediencia y amigables con el egoísmo.

El ciclo de pecado de los israelitas llego en cuatro etapas: pecado, esclavitud, la súplica, y salvación.

**Etapa 1: Entrando al pecado.** Los israelitas se alejaron de Dios para adorar ídolos. Esta adoración empezó porque abandonaron la Palabra de Dios, y luego los llevo a abandonar a Dios por completo. Nadie es inmune. Si no tenemos cuidado y si no velamos, también podemos encontrarnos en ese mismo camino por haber permitido que algo en vez de Dios capturara nuestra atención y cuando menos pensamos, estamos viviendo por algo en lugar de Dios.

**Etapa 2: El cautiverio de la esclavitud.** Por su pecado, Dios permitió que los israelitas llegaran a ser esclavizado por las naciones que les rodeaban. Dios les negó la victoria sobre sus enemigos ya que al adorar a otros dioses, se hicieron enemigos de Dios. Al escoger la desobediencia, cosecharon la derrota. Irónicamente, la obediencia al único Dios les hubiera asegurado la victoria.

**Etapa 3: El clamor de súplica.** Debido al castigo del Señor, la gente clamó a Dios. Tristemente, para algunos hoy en día, muchos no piden la ayuda de Dios hasta que experimentan la oscuridad de sus malas elecciones y comienzan a clamar por la luz de Dios para mostrarles el camino.

**Etapa 4: La salvación de gracia de Dios.** Dios escuchó sus oraciones y, en su misericordia y gracia, liberó al pueblo al poner un juez para derrotar a sus enemigos y liberar a su pueblo. Tristemente, después de su liberación, los israelitas no aprendieron de su aflicción. Se volvieron cómodos y complacientes y finalmente comenzaron el ciclo del pecado una vez más.

Si fallamos en vencer el pecado, el pecado nos vencerá. Entonces, ¿cómo podemos revertir el ciclo del pecado?

- **Etapa 1: Regresa a Dios.** Vuelve a poner a Dios en el centro de tu vida, buscando complacerle y no a ti mismo.
- **Etapa 2: Obedece Su Palabra.** La obediencia continua y fiel a la Palabra de Dios es lo que evitará que abandones a Dios y busques el pecado.
- **Etapa 3: Ora.** Ora, ora, y si, ¡ora más! Pídele a Dios a diario por su ayuda y su fortaleza para resistir el pecado y Seguirle.

- **Etapa 4: Escucha y permanece bajo la guía del Espíritu Santo.** Dios le ha dado a cada cristiano un Ayudante, el Espíritu Santo. Camina en la libertad que Él provee.

Si repetimos este ciclo de vivir una vida piadosa, no tendrá poder sobre nosotros el ciclo de pecado.

---

**13 DE MARZO**

*Si no veo en sus manos la señal de los clavos*
*y meto mi dedo en el lugar de los clavos,*
*y meto mi mano en su costado, no creeré.*
*Juan 20:25*

## LA GUÍA PARA EL ESCÉPTICO SOBRE DIOS

Los autores Norman Geisler y Ronald M. Brooks señalan que «antes de que podamos compartir el Evangelio, a veces tenemos que allanar el camino, eliminar los obstáculos y responder a las preguntas que impiden que esa persona acepte al Señor».[10] La duda es a menudo visto como una mala palabra en el cristianismo, pero la duda no es lo opuesto a la fe; la duda en realidad puede ser un trampolín esencial para desarrollar la fe de una persona en Jesucristo.

No existe una personificación mayor de dudas en la Biblia que la del apóstol Tomás. Obtuvo su reputación de dudar por perderse una reunión importante con los otros apóstoles después de la resurrección de Jesús. Este es un buen lugar para interponer que no debemos perder la oportunidad de reunirnos con el pueblo de Dios (Hebreos 10:25). ¿Quién sabe qué bendiciones echaremos de menos? No sabemos por qué Thomas no se reunió con los demás ese día. Tal vez él tenía una razón legítima. Pero lo que sí sabemos es que se perdió la tremenda bendición de tener una experiencia con el Señor resucitado.

Cuando los otros apóstoles se acercaron a Tomás y le dieron la asombrosa noticia de lo que había sucedido, se negó a creer y dijo: «A menos que yo vea . . . No lo creeré». Pero antes de criticar a Tomás, debemos recordar que, al principio, ninguno de los otros apóstoles creía que Jesús había resucitado de entre los muertos. No fue hasta que el Señor se les reveló a puertas cerradas que ellos creyeron. Thomas, a pesar de ser duramente criticado por su duda, en realidad estaba buscando una manera de solidificar su fe, no rechazar su creencia.

Cuando Jesús se apareció a los apóstoles la semana siguiente, Thomas estaba con ellos esta vez. En este encuentro, Jesús amorosamente le ayudó a Tomás a ver claramente, atrayendo la atención de Tomás hacia sus manos con cicatrices de los clavos y su costado perforado por la lanza. Esto hizo que Tomás hiciera la más profunda confesión de fe que una persona pueda hacer acerca de Jesús: ¡Señor mío y Dios mío! (Juan 20:28).

Lo otros apóstoles no lograron cambiarle la opinión de Tomás, por más que hablaron con el sobre ese encuentro con Jesús. Nosotros, también, no podemos cambiar la opinión de alguien acerca de Dios; solo la obra de Dios y su Espíritu Santo puede producir completa y totalmente la visión espiritual que quita la duda. Dios puede elegir usarnos en el proceso, pero los resultados están en sus manos, no en las nuestras. Nuestro trabajo es muy similar al de Juan el Bautista: preparar el camino para Jesús. La forma en que hacemos esto es, una vez más, «allanar el camino, eliminar los obstáculos y responder las preguntas que impiden que esa persona acepte al Señor».[11] Podemos ayudar a preparar el camino para que Jesús trate con personas que inicialmente dudan.

La duda que lleva a una persona a profundizar en el descubrimiento de la verdad acerca de Jesús es una duda genuina que puede producir una fe fuerte. La duda genuina no debe evitarse ni condenarse, sino que debe considerarse como una oportunidad para dar a conocer a Jesús.

Recuerda, cuando estés lidiando con las dudas de la persona, trátala con amor como lo hizo Jesús con Tomás. Permanece completamente consciente de que el resultado final no esta en tu capacidad para persuadir, sino en si verán a Jesús y creerán.

---

### 14 DE MARZO

*he aquí que yo pondré un vellón de lana en la era; si el rocío está sobre el vellón solamente, y queda seca toda la otra tierra, entonces entenderé que salvarás a Israel por mi mano, como lo has dicho.*
*Jueces 6:37*

## UNA NUEVA LANA EN LA VIDA

Conocer la voluntad de Dios a veces puede parecer semejante al intento de armar un rompecabezas de mil piezas con los ojos vendados. ¿Cómo puedes saber cuál es la voluntad de Dios para ti en tu vida cotidiana? Cuando enfrentas decisiones difíciles, ¿cómo puedes saber qué decisión honra mejor a Dios? O, cuando llegas a una desvió en el camino, ¿cómo puedes saber qué dirección te garantiza que estás caminando en obediencia a su voluntad? Un hombre llamado Gedeón luchó con estas mismas preguntas al querer conocer la voluntad de Dios.

Su historia comienza en un momento en que un enemigo cercano, conocido como los madianitas, aterrorizaba a los israelitas. El método de intimidación de los madianitas implicaba permitirles a los israelitas pasar el año atendiendo sus cultivos y criando ganado. Luego, justo cuando se acercaba la época de la cosecha, los madianitas llegaban y les arrebataban su cosecha y les saqueaban su ganado dejando a los israelitas empobrecidos y desilusionados. Después de unos años de este tipo de tratamiento, los israelitas clamaron a Dios, y él respondió. Dios vino a un hombre ordinario llamado Gedeón y le declaró que estaba siendo escogido para librar al pueblo de la cruel mano de los madianitas.

Ahora, en lugar de responder con confianza al llamado de Dios, a su comisión y a la promesa de su presencia, Gedeón demostró una falta de fe. Una vez que Dios nos revela su voluntad, nuestra responsabilidad es simplemente obedecer. Esto puede sonar como una simplificación excesiva de la verdad acerca de su voluntad, pero sigue siendo verdad. Gedeón, sin embargo, como muchos de nosotros, escuchó la Palabra de Dios y decidió que necesitaba más, por lo que pidió una señal de Dios como confirmación. Lo hizo sacando un vellón de lana delante del Señor. Un vellón implica pedirle a Dios que haga algo fuera de lo común o pedirle que cumpla con alguna condición arbitraria que hemos establecido para recibir instrucciones de él. Aunque Gedeón ya había recibido una revelación directa de Dios -la voluntad de Dios se entendía por la palabra de Dios a Gedeón - Dios, sin embargo, acogió amablemente la petición de Gedeón, no solo una, sino dos veces.

¿Esto quiere decir que debemos usar el método de vellón para determinar la voluntad de Dios en situaciones específicas? La respuesta es simple: ¡no! Usar un forro polar como una especie de brújula espiritual no es un enfoque bíblico para descubrir la voluntad de Dios. Dios ya le había hablado a Gedeón, y Dios ya nos ha hablado. El lugar al que acudir cuando buscas orientación y cuando necesitas ayuda para tomar la decisión correcta no es otra cosa que la Biblia.

No tiene nada de malo pedirle a Dios que dirija tus pasos, y tampoco no tiene nada de malo con querer estar seguro de la voluntad de Dios para tu vida. Pero las respuestas que buscas no vendrán de probar a Dios; ellos vendrán de confiar en Dios. Las respuestas no se encontrarán desplumando a Dios sino buscando a Dios a través de Su Palabra.

Si estás intentando conocer la voluntad de Dios, entonces busca a Dios, no lo despojes. Abre su Palabra y permita que él dirija tus pasos.

---

**15 DE MARZO**

*Después de comer, Jesús dijo a Simón Pedro: Simón, hijo de Jonás, ¿me amas más que estos? Le respondió: Sí, Señor; tú sabes que te quiero. Él le dijo: Apacienta mis corderos.*
*Juan 21:15*

## EL FRACASO NO ES EL FIN

Cuando escuche el nombre de Thomas Edison, probablemente piense en un gran inventor que revolucionó el mundo con sus innovaciones. Sin embargo, lo que la mayoría de las personas no se dan cuenta es que durante su trabajo en el foco o bombilla, Thomas Edison probó más de seis mil fibras diferentes, solo tres de las cuales funcionaron. Darse por vencido le habría resultado fácil después de 5.999 intentos, pero cada fracaso lo acercó mucho más al cumplimiento de su sueño. El fabricante de automóviles pionero Henry Ford dijo una vez: «El fracaso es solo la oportunidad de comenzar de nuevo de manera más inteligente».

¿Alguna vez has sentido como que le has fallado a Dios y, por lo tanto, no seria capaz de volverte a usar? Si has fracasado, tengo buenas noticias: el fracaso es un punto de partida para que Dios remodele tu corazón. La Biblia está llena de grandes hombres y mujeres de Dios que, en algún momento de sus vidas, le fallaron a Dios de gran manera. Sin embargo, Dios los restauró, y eventualmente, fueron utilizados por él de manera poderosa para su gloria. Una de esas personas fue el Apóstol Pedro, un gigante espiritual, líder de la iglesia primitiva y poderoso predicador. Pero también le falló al Señor en más de una ocasión. A pesar de sus fracasos, la restauración vino a Pedro un día durante el desayuno.

Pedro había negado al Señor tres veces la noche anterior a la crucifixión de Jesús, y se sentía horrible por su fracaso. A pesar de que se regocijaría en unos pocos días por la resurrección de Jesús, todavía estaba completamente desanimado por su fracaso. Basado en lo que hizo a continuación, pareció cuestionar su utilidad futura para Dios. Pedro le dijo a Jesús que esperara, pero Pedro decidió ir a pescar. Como ha dicho H. A. Ironside:

«¡Es mucho más fácil ir a pescar a que te pongas a orar! Sabes muy bien de lo que hablo. Cuando el Espíritu de Dios te llamara a una temporada de espera en el Señor, es mucho más fácil levantarte y hacer algo. Preferiríamos hacer casi cualquier cosa que esperar calladamente a Dios. Esa es la carne».[12]

Jesús se encontró con Pedro y los otros discípulos que se unieron a él ese día y les preparó el desayuno junto al mar. Durante este tiempo íntimo de comunión, Jesús restauró a Pedro. El camino hacia la restauración personal con Dios solo puede ser encontrado a través de una comunión íntima con Dios. Jesús restauró a Pedro al tratar el tema principal: el amor de Pedro por Jesús. Tres veces Jesús le llamó a Pedro para afirmar su amor por él (uno por cada negación de Pedro, sin duda), y tres veces, Pedro proclamó públicamente su amor por Jesús. Después de que Jesús reafirmó los afectos de Pedro, le dio a Pedro su misión: Ve y sé un pastor para *mi pueblo.*

Si le has fallado al Señor y sientes que ya no puedes ser eficaz para él, debes saber esto: puedes ser restaurado al ministerio, pero esta restauración comienza reafirmando tu amor por Jesús. Jesús es amor y si debes servirle fielmente, debes ser firme en tu amor por él, reavivando las llamas de una relación íntima con el Salvador.

Una de las más grandes expresiones de amor para el Salvador es a través de nuestro servicio a él. Cuando trates de ser restaurado, debes estar dispuesto a esperar, porque la restauración y el nuevo comisionado solo pueden venir de la mano del Señor, y sucederán solo de acuerdo con su horario divino. Luego, a medida que su amor se renueve, prepárate para volver a ser comisionado para servicio.

---

**16 DE MARZO**

*Gritó de nuevo: «¡Sansón, los filisteos sobre ti!»*
*Sansón despertó de su sueño y pensó:*
*«Esta vez me escaparé como las otras.»*
*Pero no sabía que Jehová ya se había apartado de él.*
*Jueces 16:20*

## ¡COMO HAN CAÍDO LOS FUERTES!

Hola. Mi nombre es Sansón Mi nombre significa «pequeño sol». Por el aspecto de algunas de tus caras, puedo ver que reconoces mi nombre. No me sorprende. Después de todo, cuando vivía aquí en la tierra yo era cualquier cosa menos 'pequeño'. Era una leyenda más grande que la vida. No fui un 'pequeño sol', fui un sol enorme. Tuve un futuro brillante y glorioso. Era el hombre más famoso del mundo. Todos conocían el nombre de Sansón. Y lo hablaban con respeto. Tuvieron que. Era el hombre más fuerte que jamás había existido. Si hoy estuviera en la tierra, no solo me admitirías en sus Olimpiadas, sino que tendrían que establecer una categoría especial para mí. Porque soy el hombre más fuerte de todos los tiempos.[13]

La vida de Sansón se ha convertido en una historia dramática, que representa el potencial desperdiciado y una tragedia que retrata el costo del compromiso. La historia es una herramienta valiosa que nos ofrece varias lecciones para aprender. La vida de Sansón comenzó como una sola persona en el Antiguo Testamento, en el sentido de que su nacimiento fue predicho por un ángel. Comenzó su vida consagrado a Dios como nazareo, lo que significaba que estaba completamente apartado para Dios. Simbólico de su consagración, no bebió vino y permitió que su cabello creciera, sin ser tocado por el filo de cuchillo. A la edad de veinte años, era el líder de los israelitas. Y como ya se mencionó, fue bendecido con una fuerza sobrehumana, arrancando un león en dos con sus propias manos y tirando de enormes puertas de madera o sus bisagras de hierro que estaban ancladas a la pared de una ciudad. Sin cuestionar que Sansón fuera un hombre extraordinario.

Tristemente, a pesar de que Sansón tenía tal promesa y potencial, esta potencia de un hombre tenía una debilidad poderosa que eventualmente sería su perdición. Fácilmente vencida por la tentación, la lujuria desenfrenada de Sansón continuó descarriado. Optando repetidamente por permitir que el mismo pecado dominara las elecciones de su vida, eventualmente anestesió sus sentidos espirituales.

¿Qué causó la disminución de este hombre consagrado? El lento descenso del compromiso fue el culpable. El compromiso repetido lo llevó directamente a una trampa, donde los enemigos de Dios explotaron la debilidad de Sansón y pudieron derrotarlo. Sansón se había vuelto tan insensible a la verdad espiritual que ignoraba por completo que el Espíritu de Dios lo había abandonado. El costo del compromiso de Sansón fue su vista, su libertad y su vida. Los muchos compromisos de Sansón dañaron su relación con su familia, y su compromiso hizo que otros blasfemaran el nombre de Dios. La gran final de Sansón fue tan desgarradora como su vida. Su demostración final de fortaleza al destruir a los filisteos pudo haber significado una renovación espiritual porque su fortaleza siempre había sido un símbolo de la presencia de Dios en su vida, pero también le costó la vida.

Los cristianos deben consagrarse a Dios, apartados para servir a Dios con los dones espirituales que Dios nos ha dado. Nuestra capacidad de ser eficientes para Dios está relacionada con nuestra consagración a Dios. Nuestra fuerza viene solo como resultado de la presencia de Dios en nuestras vidas. El compromiso es una forma segura de permitir que la debilidad supere la fuerza y nos haga vulnerables a la tentación. En pocas palabras, el compromiso mata la consagración y tiene graves consecuencias en nuestras vidas.

No permita que el compromiso se establezca. Busca la gracia de Dios para darte la fuerza de Dios para permanecer consagrado a Dios.

---

**17 DE MARZO**
*Pero recibiréis poder cuando haya venido sobre vosotros el Espíritu Santo.*
*Hechos 1:8*

## ¡LLÉNATE DE PODER!

¿Qué tienen en común cien bombas de megatones, la gravedad, el río Colorado, los tornados y los escarabajos rinoceronte? Son todas fuerzas extremadamente poderosas. Quizá te preguntas, ¿un escarabajo rinoceronte? ¿Qué es un escarabajo de rinoceronte? Bueno, este pequeño bicho, con cabeza de rinoceronte, es proporcionalmente el animal más fuerte del planeta, con la capacidad de levantar objetos hasta 850 veces su peso corporal. Y para darte una perspectiva: si pesas 150 libras, tendrías que levantar más de 127,000 libras para ser tan fuerte como este pequeño insecto. (¡no intentes esto en casa!) Incluso con la variedad de poder que vemos en la tierra, nada se compara con el poder del Espíritu Santo.

Había llegado el momento en que Jesús abandonaría esta tierra y regresara al cielo. Habían pasado cuarenta días desde su resurrección, y había pasado este tiempo enseñando y preparando a sus discípulos para su misión evangélica. Puedes imaginar su ansiedad, su miedo y su sentimiento general de impotencia al considerar la vida sin él.

Quizás tu también te has sentido impotente para vivir la vida que Dios quiere que vivas y hacer el trabajo que Dios te ha llamado a hacer. Puedes tener sentimientos de ineptitud, ansiedad y una impotencia general para lograr lo que Dios ha puesto ante ti.

Los discípulos habían estado con Jesús durante tres años y medio, y ahora estarían solos, o eso creían. Jesús les dijo a los discípulos que debían esperar en Jerusalén unos días más para poder recibir la Promesa del Padre, el Espíritu Santo. Esta promesa entregaría a los discípulos todo el poder que necesitaban para hacer todo el ministerio que Dios les daría. Antes de que el Espíritu Santo viniera y diera poder a los discípulos, simplemente no tenían el poder que necesitaban para hacer el trabajo. En el trabajo espiritual del ministerio, el trabajo no se lleva a cabo por la fuerza o habilidad del hombre. Más bien, es el trabajo hecho solo por el Espíritu de Dios.

Si eres cristiano y sientes que te falta poder, la buena noticia es que todos los creyentes en Jesucristo ya tienen dentro de sí mismos el recurso más poderoso en todo el universo: el Espíritu Santo de Dios. Todo lo que tenemos que hacer es aprovechar esa fuente de energía. El poder que resucitó a Jesús de entre los muertos es el mismo poder disponible para ti y para mí hoy: «Pero si el Espíritu de aquel que levantó de los muertos a Jesús de entre los muertos, el que levantó a Cristo de los muertos también dará vida a su mortal cuerpos por medio de su Espíritu que mora en ti» (Romanos 8:11).

Para experimentar el poder del Espíritu de Dios trabajando en y por medio de tu vida, debes ser entregado al Espíritu Santo. Cada creyente tiene acceso al Espíritu de Dios y al poder de su Espíritu, pero la vida entregada al Espíritu es una necesidad si quieres experimentar la liberación de ese poder en tu vida.

La Biblia nos exhorta a ser llenos del Espíritu, caminar en el Espíritu, no sofocar o apagar el Espíritu, y asegurarnos de no entristecer al Espíritu. Todos estos aspectos están involucrados en ser entregados al Espíritu. Sigue estos principios, y estarás capacitado para cumplir los gloriosos planes que Dios ha preparado para ti.

## 18 DE MARZO
*Jue En aquellos días no había rey en Israel*
*y cada cual hacía lo que bien le parecía.*
*Jueces 21:25*

## NO TODO ES RELATIVO
Muchas personas hoy en día hacen decisiones y viven sus vidas conforme filosofías personales que con frecuencia se pueden reducir a una

de las siguientes maneras: si te hace feliz, entonces no puede ser tan malo; Si se siente bien, hazlo; o La vida es corta, así que aprovecha todo el placer que puedas. Al mirar alrededor del mundo hoy, todos aparentemente quieren lo que quieren de inmediato, ¡ya! ¡ahora mismo! La sinceridad ha reemplazado al absolutismo moral y no queda ninguna responsabilidad ante una autoridad superior porque la mayoría de la gente se ve a sí misma como la autoridad final. El resultado final de este tipo de autoimagen de la vida será muy similar al destino de los hijos de Israel al final del Libro de Jueces.

El Libro de Jueces concluye con la triste declaración: "Todos hicieron lo que le parecía correcto". La parte más triste de esta declaración fue que 'todos' era una descripción de aquellos que debían haber sabido mejor: el pueblo de Dios. Si cualquier grupo de personas debería haber sabido la devastación que puede derivarse de aferrarse a un enfoque de la vida egocéntrico y que rechaza a Dios, los israelitas deberían haberlo sabido. Como una nación sin un rey, también rechazaron al único Rey de reyes y decidieron vivir de acuerdo a sus propios estándares individuales, declarándose sabios ante sus propios ojos. Permiten que sus propios corazones gobiernen sus vidas en lugar de permitir que Dios los gobierne.

Que fácil es hacer decisiones en la vida basadas solamente en las preferencias y emociones personales, sin considerar lo que Dios tiene que decir sobre las situaciones que enfrentamos. En una sociedad con ausencia de una autoridad gobernante, el mal prevalecerá. Lo mismo es verdad individualmente En ausencia de una autoridad gobernante en nuestras vidas, el mal también prevalecerá. Sobre todo, espiritualmente, si no defendemos a Dios y dejamos que Él gobierne nuestras vidas, caeremos por cada mentira cuyo núcleo sea la noción de que podemos hacer lo que queramos. Esta elección rechaza el gobierno de Dios como Rey sobre nuestras vidas. Vivir como si no existieran absolutos, ni límites ni consecuencias, cuando, de hecho, los absolutos, los límites y las consecuencias eternas son una certeza de las decisiones que tomamos hoy.

La Biblia se encuentra en oposición directa al camino del relativismo; las verdades se oponen abiertamente al subjetivismo y afirman audazmente la existencia de la verdad absoluta. La Biblia defiende la idea de que los principios morales universales han sido establecidos por Dios para gobernar el comportamiento individual, así como el comportamiento de la sociedad como un todo.

La Biblia continuamente nos revela, una y otra vez, que si elegimos abandonar la gobernanza moral de Dios, ya sea individualmente o como sociedad, entonces nos dirigimos hacia la ruina. Al final, lo que está bien en nuestros propios ojos no importa; todo lo que importa es lo que es correcto según la Palabra de Dios.

## 19 DE MARZO
*Y perseveraban en la doctrina de los apóstoles,*
*en la comunión unos con otros, en el partimiento*
*del pan y en las oraciones.*
*Hechos 2:42*

## LA LISTA DE LA IGLESIA

Para muchas personas, la palabra iglesia evoca imágenes de bancos de madera, vidrieras, edificios grandes y elaborados, música de órgano y convivios. A esto agrégale la opinión individual de cada uno de lo que debe ser «la iglesia» y lo que no debería ser.

Dada la diversidad de denominaciones, innumerables congregaciones y una gran variedad de estilos de adoración para elegir, escoger la iglesia correcta puede parecer tan abrumador como ver el pasillo de variedades de cereal en el supermercado. Sin embargo, encontrar la iglesia correcta no tiene que parecer ir de compras sin propósito en un supermercado espiritual si tienes una buena lista. Se nos dio una lista cuando nació la iglesia hace dos milenios.

Hace casi dos mil años, se produjo una explosión demográfica repentina y considerable cuando tres mil personas nacieron en la familia de la fe. En un solo día, cuando Dios creó la iglesia, la cantidad de creyentes aumentó de 120 a 3,120. Los apóstoles se enfrentaron con una iglesia instantánea, y para asegurar que la primera iglesia fuera un lugar donde se fomentara la madurez espiritual y el crecimiento, se dedicaron a cuatro aspectos fundamentales que todavía se necesitan en la iglesia de hoy.

Se debe dar prioridad a la enseñanza de la Palabra de Dios. Hechos 2:42 nos dice: perseveraban continuamente en la doctrina de los apóstoles (énfasis añadido). Los Apóstoles eran una iglesia de enseñanza con personas que aprendían. Una iglesia llena del Espíritu debe promover una enseñanza bíblica sólida, porque solo a través de la Palabra de Dios podemos acercarnos más al corazón y la mente de Dios.

Luego, la iglesia debe tener compañerismo. La comunión, por supuesto, comienza con nuestra comunión con Dios y luego se extiende para incluir al pueblo de Dios. La comunión, en esencia, es una asociación. Es compartir juntos en la vida de la iglesia local. La fraternidad es elegir la comunidad sobre el aislamiento, la conexión sobre la separación y la participación sobre el desapego.

Otro elemento fundamental de la iglesia es la dedicación en continuar el partimiento del pan. Nuestro compromiso con la santa cena no es opcional, ya que Jesús nos instruyó a 'hacer esto en memoria de él' (Lucas 22:19). El compromiso con la santa cena es un medio para mantener la obra de Cristo en la cruz siempre ante nosotros, y el acto nos ayuda a permanecer centrados en Cristo.

Por último, pero ciertamente no menos importante entre los fundamentos, continuar en oración. La oración persistente es uno de los aspectos más descuidados, aunque más esenciales, de la vida de la iglesia. La oración muestra la supremacía de Dios y es un signo de nuestra dependencia de Dios. Una iglesia persistente en la oración indudablemente será una iglesia que ve el poder de Dios trabajando.

G. K. Chesterton dijo una vez: «No queremos una iglesia que se mueva con el mundo. Queremos una iglesia que moverá el mundo. La iglesia primitiva fue una iglesia que conmovió al mundo y fue descrita en Hechos 17 como 'aquellos que han trastornado el mundo"».

Las preferencias personales en la búsqueda de una buena iglesia deberían influir en su decisión de dónde asistir a la iglesia, siempre que los elementos anteriores también estén presentes. Entonces, ya sea que te gusten los servicios tradicionales o contemporáneos, iglesias grandes o iglesias pequeñas, asegúrate de que donde sea que vayas, puede marcar los elementos fundamentales de tu lista y estar listo para que tu iglesia mueva el mundo.

---

## 20 DE MARZO

*¡No me llaméis Noemí, sino llamadme Mara;*
*porque el Todopoderoso me ha llenado de amargura!*
*Rut 1:20*

## ENOJADO CON DIOS

Cuando alguien nos lastima o nos ofende, esos sentimientos pueden echar raíz rápidamente en nuestros corazones y convertirse en resentimiento y amargura si no tenemos cuidado. La amargura convierte lo dulce en algo agrio; la amargura convierte lo fragante en algo sucio, y lo saludable en algo dañino. La amargura es un ladrón que busca colarse bajo el manto de la oscuridad y robar la alegría, robar las relaciones y saquear la fe. La amargura aleja nuestra mirada de la bondad de Dios y pone su mirada en el aguijón de la desilusión.

Noemí y su familia, que incluían a su esposo y sus dos hijos en ese momento, salieron de Belén porque una hambruna se apoderó de la tierra. Decidieron vivir en la región de Moab, justo al otro lado del río Jordán. Durante ese tiempo, los hijos de Noemí se casaron con dos muchachas nativas, una llamada Orfa, y la otra, Rut. La vida en Moab pronto tomó un giro desagradable para Noemí cuando su esposo y sus dos hijos murieron. Al ser liberada de sus lazos familiares, Orfa dejó a Noemí y regresó con su familia, mientras que Rut decidió quedarse con su suegra. Las dos mujeres regresaron a Belén diez años después de que Noemí y su familia se marcharan inicialmente.

Pero las experiencias de Noemí en Moab la habían cambiado. Ya no era la misma mujer dulce que había sido cuando se fue. Ella ya no quería ser conocida como Noemí, que significa 'agradable' o 'dulce'. Más bien, quería que la llamaran Mara, lo que significa 'amarga'.

No podemos controlar lo que nos sucede en la vida, pero podemos controlar cómo respondemos a lo que nos sucede. En una serie similar de tragedias, Job pudo decir en medio de su sufrimiento y pérdida: «Jehová dio, y Jehová quitó; Bendito sea el nombre del Señor» (Job 1:21). José también pudo ver que a pesar de que había sido un esclavo y un prisionero, Dios lo intento para el bien (Génesis 50:20). Por otro lado, Noemí, aunque no abandonó a Dios, permitió que la amargura se infiltrara en su corazón. Se enojó con Dios por sus experiencias. Acusó a Dios de lidiar amargamente con ella, y al hacerlo, desvió su mirada de la bondad de Dios y se concentró en el aguijón de la desilusión.

Noemí no se olvidó de Dios, pero olvidó que Dios aun tiene un buen plan y propósito para sus hijos, incluso en las dificultades y pérdidas que encontramos en esta vida. ¿Su dolor era real? ¡Claro que sí! ¿Estaba equivocada al sentir ese dolor? ¡Claro que no! Pero su amargura la cegaba a la bondad de Dios que aun estaba obrando alrededor de ella. Su amargura le hizo decir que había regresado vacía cuando, de hecho, no tenía las manos vacías; Rut había venido con ella. La amargura de Noemí solo podía permitirle ver las cosas negativas en la vida.

A través de las dificultades, debemos acercarnos a Dios, no alejarnos más. Las pruebas no tienen la intención de ser una maldición espiritual, sino una puerta de entrada a la bendición. Cuando dejamos de creer en la bondad de Dios, cuando ya no creemos que tiene nuestros mejores intereses en mente, o cuando nos permitimos pensar y vivir de esta manera, la vida se volverá amarga y uno también.

Si te sientes atrapado por la amargura o estás enojado con Dios por las dificultades que estás atravesando, recuerda que Dios no te ha abandonado; él tiene un buen plan y propósito para todo lo que enfrentas. Sigue buscándolo y pon en reversa el sabor ácido de la amargura. En cambio, comienza a saborear las dulces bendiciones que tienes en Cristo.

---

**21 DE MARZO**

*Entonces viendo la valentía de Pedro y de Juan, y sabiendo que eran hombres sin letras y del vulgo, se admiraban; y les reconocían que habían estado con Jesús.*
*Hechos 4:13*

## UNA MAESTRÍA

Benjamín Franklin dijo una vez: Una inversión en conocimiento paga el mejor interés. En una clasificación reciente de la revista, *Noticias de Estados Unidos y Reporte Mundial* incluyó a universidades como Princeton, Harvard y Stanford entre los 'mejores en valor' en los Estados Unidos. Innegablemente, la educación es una de las mejores inversiones que uno puede hacer, pero una buena educación es más que asistir a una escuela prestigiosa o graduarse en la parte superior de su clase. Existe una educación superior que tiene más valor y es una inversión mucho mejor.

Dos pescadores no entrenados se presentaron ante los líderes religiosos más estimados de su época. Dos tipos regulares se enfrentaron a los rabinos que habían recibido una amplia educación y habían dedicado sus vidas al estudio y la observancia de su ley religiosa. Estos fueron los mismos líderes a quienes el mismo Jesús se presentó unas semanas antes cuando lo condenaron a muerte. Estos dos pescadores, Pedro y Juan, eran ignorantes en el camino de la sabiduría rabínica, pero con valentía declararon a estos hombres el camino de la salvación. Ellos proclamaron al sumo sacerdote y otros que estaban allí ese día que la salvación no se encuentra en ningún otro nombre, excepto el nombre de Jesús (Hechos 4:12). Pedro y Juan declararon la verdad ante estos hombres con confianza y sin avergonzarse, y al hacerlo, asombraron a estos piadosos líderes y los llevaron a darse cuenta de que estos hombres habían pasado tiempo con Jesús.

Diez minutos con Jesús valen más que un océano de teología. El tiempo con Jesús le da a la persona más que conocimiento; el tiempo con Jesús ofrece un conocimiento viviente, una educación transformadora y una visión del mundo verdadera y completa. Los apóstoles habían pasado tres años con Jesús. Observaron todos sus movimientos, se aferraron a cada una de sus palabras, se maravillaron de cada uno de sus milagros, escudriñaron su conducta social y compartieron en su vida privada. ¡Esto si que es una educación! Como una ventaja adicional, esta educación no cuesta $ 35,000 por año, y no requiere que tome un examen de ingreso. El único requisito: tiempo con Jesús.

A cada persona se le brinda la misma oportunidad de pasar tiempo con Jesús y aprender a través del estudio de su Palabra. En la Palabra, podemos observar cada uno de sus movimientos, aferrarnos a cada una de sus palabras, maravillarnos de cada uno de sus milagros, examinar su conducta social y compartir su vida privada. ¡Esto si que es una educación! no podemos recibir educación superior a la que se obtiene al permitir que el Espíritu Santo de Dios nos enseñe todas las cosas acerca de Jesús, que encontramos en la Palabra de Dios.

Haz una inversión en algo que pague dividendos eternos, y obtengas una Maestría pasando tiempo con Jesús.

---

**22 DE MARZO**

*Entonces ella, bajando su rostro, se postró en tierra y le dijo: ¿Por qué he hallado gracia a tus ojos para que me favorezcas siendo yo extranjera?*
*Rut 2:10*

## ESPIGAR EN CAMPOS DE GRACIA

La naturaleza y el carácter de Dios es mostrar bondad inmerecida hacia la humanidad. Dios nos da espléndidamente y generosamente bienes que no merecemos y que no hemos ganado. Ésta es la esencia de la gracia, algo que repercute en las páginas de las Escrituras.

Algunos creen erróneamente que Dios en el Antiguo Testamento es un Dios de ira y que hasta no llegar al Nuevo Testamento vemos a Dios como un Dios de gracia. Pero la gracia de Dios no está escondida en el Antiguo Testamento. Todo lo contrario, innumerables imágenes de su gracia espectacular e increíble se encuentran en este libro. En el Libro de Rut, nos encontramos cara a cara con una demostración de la gracia de Dios, y el significado intemporal de esta historia aun nos impacta hoy.

Como mujer empobrecida, viuda y forastera en una tierra nueva, Ruth estaba atrapada en la parte inferior de la escala social. Sin embargo, con la elección humana y la divina providencia de Dios, Rut tropezaría con la gracia de Dios. Ruth salió a buscar un campo para espigar el grano dejado por los cosechadores, que era un programa de bienestar básico establecido por Dios, que permitía a los necesitados trabajar para su alimento. Rut, sin embargo, no era de Belén, y como recién llegada a la ciudad, se sorprendió por la amabilidad que recibió de la mano de Booz, el dueño del campo donde estaba espigando. No solo se le permitió recolectar grano, sino que también fue invitada a almorzar con Booz y los cosechadores. Después del almuerzo, Booz dio instrucciones a los obreros para vigilarla y ayudarla con su cosecha. Booz fue más allá de lo que se requería para proveer para esta pobre viuda Rut. En su asombro, ella preguntó: ¿Por qué he hallado gracia a tus ojos para que me favorezcas siendo yo extranjera?

La respuesta es fácil: por gracia. La gracia de Dios la llevó a ese campo en ese día. Fue la gracia de Dios que hizo que Booz «pasara» a verla. La gracia de Dios le dio favor de Booz, y la gracia de Dios se mostró a través del corazón de Booz, permitiendo a Rut regresar casa ese día habiendo recibido un desbordamiento de grano y gracia.

La gracia que recibió Ruth no solo la impactó, sino que también afectó a Noemí. La asombrosa gracia de Dios comenzó a quitar la amargura que se había arraigado en el corazón de Noemí, y su amargura se estaba transformando en un abrumador sentido de la bendición de Dios. ¡Qué diferencia puede hacer la gracia! Incluso en la rutina ordinaria de nuestras circunstancias cotidianas, la gracia de Dios puede abrir pasos y cambiarlo todo.

Cuando buscamos estar en los campos de la gracia de Dios, podemos ver en Rut un ejemplo para todos nosotros al recibir su gracia. Ella reconoció su indignidad, lo que la impulsó a recibir con agradecimiento y humildad la gracia que se le mostró. Al contemplar todo lo que Dios ha hecho por nosotros debería obligarnos a mirar su gracia hacia nosotros con agradecimiento y humildad y decir, como Ruth: ¿Por qué he hallado gracia a tus ojos para que me favorezcas siendo yo extranjera?

La gracia de Dios debe producir agradecimiento en nuestros corazones que se expresa en nuestras vidas cuando buscamos vivir de una manera que imparta gracia a quienes nos rodean. Que demostremos la gracia como Booz mostró a los demás, y que podamos recibir la gracia como Ruth.

## 23 DE MARZO
*Nosotros persistiremos en la oración*
*y en el ministerio de la Palabra.*
*Hechos 6:4*

# EL PELIGRO DE LOS PASTORES

Si hoy hubiera una descripción de trabajo para pastor seria semejante al trabajo de Superman. Se espera que un pastor haga visitas a domicilio tal como un doctor de campo del pasado. Que salude de mano como todo un político. Debe entretener como un comediante en el escenario, que enseñe las Escrituras como un profesor de teología y que aconseje como un psicólogo con la sabiduría de Salomón. Debe dirigir la iglesia como un ejecutivo de negocios de alto nivel, manejar finanzas como un contador de profesión, y tratar con el público como un experto diplomático en las Naciones Unidas. No es de extrañar que tantos pastores estén confundidos acerca de lo que se espera de ellos y de cómo lograrán cumplir con todas esas expectativas.[14]

Los apóstoles fueron bendecidos con un maravilloso crecimiento de la iglesia. Dios estaba agregando a los que se estaban salvando a la iglesia diariamente, pero con este crecimiento veloz de la iglesia surgieron algunos problemas. La iglesia primitiva tenía un programa de alimentos para ayudar a las viudas de la congregación, pero a medida que crecía la iglesia, el programa de alimentos también crecía. El resultado fue que los apóstoles estaban en peligro de pasar demasiado tiempo sirviendo mesas ellos mismos y no tener suficiente tiempo para orar y ministrar la Palabra de Dios. La delegación fue necesario. Los apóstoles no podían hacer todo por sí mismos, ni se suponía que debían tratar de hacer todo por sí mismos. La solución fue designar a hombres calificados que pudieran intensificar y servir a esta creciente necesidad en la iglesia.

No se trataba de que no sirvieran mesas a los necesitados, sino que era más importante que sirvieran la Palabra de Dios. Si los apóstoles hubiesen tratado de hacer todo ellos mismos, habrían desalentado a otros que quisieran servir, y habrían descuidado su responsabilidad de orar, preparar y predicar la Palabra.

Algunos pastores hoy están demasiado ocupados para su propio bien y el bien de sus congregaciones. Están tratando de hacer demasiado, y el resultado es que no están pasando suficiente tiempo orando y preparándose para que puedan predicar la Palabra de manera efectiva y con la unción completa del Espíritu Santo. Nada de esto significa que el pastor debe descuidar a su congregación, pero debe encontrar un equilibrio, siempre manteniendo la mayor parte de su tiempo en su principal responsabilidad, que es orar, enseñar, predicar y estudiar la Palabra de Dios.

Muchas iglesias fueran más sanas si este fuera el enfoque de su pastor, y muchos pastores serían más felices si funcionaran como fueron llamados a funcionar. A todos se nos ha dado un don espiritual de parte de Dios, un trabajo, por decir, y la mayoría del tiempo que pasamos sirviendo en la iglesia debería reflejar aquello a lo que fuimos llamados y dotados para servir en la iglesia.

Se una bendición para el liderazgo de tu iglesia al cumplir tu llamado y acompañarlos para que puedan cumplir con sus responsabilidades. Tu pastor no es Superman, y no debería tener que hacer el ministerio solo.

---

## 24 DE MARZO

*Ahora, pues, no temas, hija mía; haré contigo como tú digas, pues toda la gente de mi pueblo sabe que eres mujer virtuosa.*
Rut 3:11

## MUJER VIRTUOSA EN UN MUNDO MODERNO

La imagen de la sociedad de la mujer moderna ha cambiado significativamente desde la ama de casa de la década de 1950 a la mujer emprendedora de hoy. Todavía se espera que la mujer de hoy cocine, limpie y mantenga un hogar ordenado, críe niños respetuosos y apoye a su esposo. Pero ahora se suman a esas expectativas para la mujer de hoy la capacidad de equilibrar una carrera exitosa y ser asertiva y enfocada en sus metas, sin dejar de ser femenina. Con todas las exigencias puestas en la mujer de hoy, la pregunta es, ¿puede ser tanto una mujer moderna como una mujer virtuosa?

En un día y época en que todos hacían lo que era correcto a sus propios ojos, una mujer resalto al poner su enfoque en hacer lo correcto ante los ojos de Dios. Cuando la sociedad se entregó a las actividades egoístas, a la vida salvaje y al compromiso moral, aún se podía encontrar a una mujer dedicada a la excelencia moral y la búsqueda de Dios. La vida piadosa de Ruth era lo que se hablaba en la ciudad, y cuando su nombre era mencionado en los mercados, cuando las mujeres locales se reunieron en el pozo, cuando la vieron venir, todos dijeron lo mismo: Ruth es una mujer virtuosa.

¿Qué la distinguía como una mujer virtuosa? Era devota y leal a su familia, se deleitaba en su trabajo, era diligente en todo lo que hacía, se dedicaba al discurso piadoso, mostraba una dependencia de Dios, se vestía con modestia, mantenía amistades apropiadas con hombres, y fue una bendición para otros. Ruth no era una mujer perfecta, pero era una mujer con propósito. Ruth se elevó por encima de la norma social de su edad, y no permitió que la mentalidad de 'todos lo hacen' la cambiara de vivir a la manera de Dios. Ella no se alejó de su cultura, mas optó por ser un ejemplo de una mujer de virtud dentro de la cultura.

Entonces, ¿qué debe hacer la chica moderna? El día de hoy, las mujeres son doctoras, licenciadas o presidentes ejecutivos, algunas sirven en el ejército, otras se son amas de casa, trabajan en oficinas, otras son casadas, solteras, otras tienen hijos y otras no. A pesar de las muchas diferencias, todas tienen una cosa en común: no importa quiénes sean o qué hagan, todas ellas pueden ser mujeres virtuosas. El progreso de una sociedad no debe determinar las prioridades de su gente.

Quizás hayas escuchado la expresión, *«no se trata de lo que dices sino cómo lo dices»*. Bueno, podríamos decir que no se trata tanto de lo que haces, sino de por quién lo haces. ¿Eres devota y leal a tu familia? ¿Te deleitas en tu trabajo (sea cual sea tu trabajo)? ¿Eres diligente en todos tus esfuerzos? ¿Te dedicas a hablar con piedad? ¿Muestra una dependencia de Dios? ¿Te vistes con modestia? ¿Estás por encima del reproche con los hombres? Y finalmente, ¿buscas ser una bendición para otros?

Si buscas poner a Dios ante todo en tu vida y luchar por su propósito en cualquier cosa, consecuentemente serás una mujer de virtud de gran valor.

## 25 DE MARZO
*Saulo, Saulo, ¿por qué me persigues?*
*Hechos 9:4*

## ¿PODRÁ DIOS USARME?

A lo largo de la historia, el mundo ha visto personas malvadas que han sido responsables de crímenes horribles contra la humanidad como la opresión, la persecución, el asesinato y la esclavitud. Nombres como Adolph Hitler, Joseph Stalin y Mao Tse-Tung trajeron miedo a millones de personas durante su tiempo en el poder, y estos nombres todavía causan escalofríos a quienes leen sobre las atrocidades de los notorios líderes. En los primeros años de la iglesia, un nombre similar infundía temor en los corazones de los cristianos. Su nombre era Saulo de Tarso.

Alguna vez te has preguntado, ¿podrá Dios realmente usarme? Tal vez has hecho cosas de las que te avergüenzas o actúas de una manera que ha perjudicado tu reputación. Es posible que te sientas inadecuado e incapaz de superar tus errores y tu pasado, y te haya convencido de que no hay forma de que puedas servir a Dios. Si es así, ¡buenas noticias! te sentirás animado al ver cómo Dios convirtió a un perseguidor de cristianos en un cristiano audaz.

Saulo de Tarso hizo como su misión de vida buscar y perseguir a la iglesia primitiva de Jesucristo. Estuvo presente durante el asesinato del primer mártir de la iglesia, Esteban (Hechos 7:58). Un sabueso incansable con una extraña habilidad para cazar a los cristianos, Saúl era peligroso, rebelde, cruel y de corazón frío. Pero un día, todo cambió para este ex mandamás profesional de aprehensión religiosa. Eventualmente, se convertiría en un valiente y audaz testigo de Jesucristo y uno de los más grandes predicadores de la Palabra de Dios.

Saúl se dirigía de Jerusalén a Damasco, donde esperaba arrestar y regresar encadenados a todos los cristianos posible para ser juzgados por predicar que Jesús era Dios. Cuando Saúl se acercó a la ciudad de Damasco, Jesús lo tiró de su caballo y le preguntó: «Saulo, Saulo, ¿por qué me persigues?» (Hechos 9: 4). La conversación posterior con Jesús eventualmente conduciría a la conversión de Saulo, el perseguidor de la iglesia, convirtiéndolo en Pablo, un apóstol de la iglesia. La conversión de Pablo fue definitivamente asombrosa y dramática, pero cada conversión es un milagro de Dios, y nadie se convierte en cristiano aparte de un encuentro muy real y personal con Jesucristo.

Cualquier servicio a Dios debe comenzar con la entrega total de la vida a Dios. Nuestro servicio comienza con nuestra salvación, y nuestro encuentro personal con Jesús debe incluir, pero no se limita a, un reconocimiento de que Jesús murió por nuestros pecados, que Dios lo resucitó de entre los muertos, y que si creemos en Jesús como Señor, puedes ser salvado. Este encuentro de salvación actúa como un goma de borrar celestial que borra nuestros pecados y nos da un nuevo comienzo, una nueva vida en Cristo. Debido a esta nueva vida, tenemos una nueva oportunidad de vida que nos permite salir de nuestros errores, pecados y fallas pasadas y servir al Señor, libres de condenación y llenos de alegría.

Nunca te rindas ni a ti mismo ni a otra persona. No descartes a alguien como una causa perdida ni te consideres demasiado alejado para ser salvo y usado por Dios. Dios puede usarte, quiere usarte, y tiene el trabajo preparado para que lo hagas, si permites que Él tome control de tu vida.

Si un ex cazarrecompensas de cristianos puede convertirse en uno de los líderes más grandes en la iglesia, entonces Dios puede usarte si le permites tomar las riendas.

## 26 DE MARZO
*Habla, que tu siervo escucha.*
*1 Samuel 3:10*

## ¡ALTO, MIRA, Y ESCUCHA!

Franklin Roosevelt, Presidente de los Estados Unidos en la década de 1930, a menudo soportaba largas filas de recepción en la Casa Blanca. Se quejó de que nadie realmente prestaba atención a lo que decía al saludar de mano. Un día, decidió probar un experimento durante una recepción. A medida que cada persona descendía por la línea de recepción y le estrechaba la mano, murmuraba: «Asesiné a mi abuela esta mañana».

Los invitados respondieron con frases como «¡Maravilloso! Sigan con el buen trabajo. Estamos orgullosos de ti. Dios te bendiga, su señoría».

Hasta que no recibió al embajador de Bolivia al final de la línea, que las palabras de Roosevelt fueron escuchadas. Sin saber muy bien qué decir, el embajador se inclinó y susurró: «Seguramente se lo tenía ganado».

¿Eres bueno para escuchar? Mejor aún, ¿eres un buen oyente, escuchando a Dios hablar contigo?

Samuel creció en el tabernáculo, la morada de Dios entre su pueblo. Él había estado sirviendo en el tabernáculo desde muy joven, pero aún no tenía una relación personal con Dios, hasta que una noche, cuando tenía solo doce años, Dios lo llamó. Inicialmente confundiendo la voz de Dios con la del sacerdote Elí, quien también era el guardián de Samuel, Samuel eventualmente respondió a la voz de Dios con un oído dispuesto y un corazón atento. Durante este encuentro con Dios, Samuel comenzó su viaje de toda la vida como seguidor, siervo y profeta de Dios al responder al llamado de Dios.

Dios quiere una relación con cada persona, y posteriormente, como lo hizo con Samuel, Dios llama a cada persona de una manera distinta y personal. Sin embargo, a pesar de la metodología por la cual Dios atrae nuestra atención, escuchar a Dios hablar comienza con responder a su llamado a la salvación. Si aún no has establecido una relación personal con Dios, lo primero que debes hacer es detenerte, consultar la Biblia, que es la forma en que Dios nos habla hoy, y escuchar lo que la Biblia dice acerca de Jesús.

La Palabra de Dios puede ser diferente para cada uno de nosotros. Por ejemplo, algunos pueden escuchar un sermón y responder al llamado de Dios. Otros pueden responder a la voz de Dios a través de una conversación con un amigo o leyendo un libro. No importa cómo lo escuchemos hablarnos por primera vez, si Dios realmente está hablando, entonces él siempre nos dirigirá a creer en Jesús, «porque de tal manera amó Dios al mundo que dio a su Hijo unigénito, para que todo aquel que cree en él no se pierda, mas tenga vida eterna» (Juan 3:16).

Una vez que respondas al llamado de Dios en una relación personal con él, puedes estar seguro de que tu comunicación con Dios acaba de comenzar. Dios desea hablar contigo, y desea que hablemos con él. Desarrollar un oído dispuesto y un corazón atento para asegurar que escuches de Dios significa que continúas yendo a su Palabra, escuchas Su Espíritu mientras él habla a tu corazón ('una pequeña voz apacible' como dice 1 Reyes 19:12), recibes consejos piadosos como lo hizo Samuel de parte de Elí, y esperas el tiempo de Dios para que él haga que su Palabra se cumpla.

Si estás listo para que Dios te hable, comienza diciendo: «Habla, tu siervo te escucha».

## 27 DE MARZO
*Al momento, un ángel del Señor lo hirió,*
*por cuanto no dio la gloria a Dios; y expiró comido de gusanos.*
*Hechos 12:23*

# LA DIETA DE GUSANOS

Antes de la caída viene el orgullo, o, en al menos un caso, antes de ser comido por gusanos. Esto incluso puede sonar como el producto de una mala película de ciencia ficción con títulos como *Ataque de los Gusanos Asesinos* o *Guerra de Gusanos*, donde los gusanos de quince metros aterrorizan a las ciudades y obligan a las personas a unirse a movimientos de resistencia de gusanos renegados para preservar la raza humana. Pero te aseguro que lo que tenemos en Hechos 12 no es ciencia ficción, sino una advertencia muy real y muy gráfica sobre cómo manejamos la gloria que le pertenece a Dios.

El rey Herodes Agripa 1ro es el rey mencionado en este capítulo, y él es el cuarto Herodes en una cadena de cinco familias de Herodes que gobernaron en Israel desde el 34 A.C. al 100 D.C. Mientras estaba en la región costera de Cesarea, el rey Agripa decidió hacer un discurso al pueblo, y con gran pompa y solemnidad, se vistió con sus vestiduras reales y pronunció lo que debió haber sido un discurso enardecedor porque todos gritaron: «¡La voz de un dios y no de hombre!» Al escuchar la gran adoración del pueblo, Herodes cometió un error fatal y no le dio la gloria a Dios. El resultado fue una advertencia espantosa para todos los que considerarían cometer el mismo error.

No todos los que rehúsan darle la gloria a Dios serán comidos por gusanos, pero ocasionalmente Dios usará acciones drásticas para concretar un punto drástico, así nunca olvidaremos lo que nos está enseñando. En Isaías 48:11, Dios deja en claro que no compartirá su gloria ni permitirá que otra persona reclame lo que le pertenece. Además, en Apocalipsis 4:11, vemos estas palabras ejemplares de adoración: «Señor, digno eres de recibir la gloria, la honra y el poder, porque tú creaste todas las cosas, y por tu voluntad existen y fueron creadas». Esta no es una exigencia egocéntrica de un Creador egocéntrico; más bien, es la respuesta apropiada de un pueblo que reconocen la mano todopoderosa y la naturaleza amorosa de Dios de quien fluyen todas las cosas.

Considera por un momento la reacción que tenemos cuando contemplamos la belleza. A menudo, surge un aumento de alabanza y admiración dentro de nuestro ser que no puede contenerse. Toma los brillantes colores de una puesta de sol o presencia el milagro de un niño que nace. El asombro, la maravilla y la alegría causan una respuesta involuntaria de adoración por la belleza que tenemos ante nuestros ojos. De la misma manera, cuando comenzamos a reconocer que todo viene de Dios, que él es el dador de toda la vida, la belleza y la capacidad, entonces debemos sentir una respuesta involuntaria similar para darle a Dios la adoración, el honor y la gloria. Hacerlo es simplemente la respuesta natural de adorar a quien es digno de elogio.

Cuando otros busquen alabarte por algo que has hecho, recuerda que Dios merece la gloria por las grandes cosas que ha hecho a través de ti. Trata de hacer mucho de Dios y poco de ti mismo, y estarás en buen camino de vivir una vida que glorifique a Dios y no una que pueda convertirse en la dieta de los gusanos.

### 28 DE MARZO
*No mires a su parecer, ni a lo grande de su estatura, porque yo lo desecho; porque Jehová no mira lo que mira el hombre, pues el hombre mira lo que está delante de sus ojos, pero Jehová mira el corazón.*
*1 Samuel 16:7*

## LO QUE BUSCA DIOS

Un hombre solo necesita ser alto, moreno y atractivo para ganar a menudo el afecto y la confianza de los demás. Las percepciones de la gente muchas veces no van más allá de la apariencia. La opinión comúnmente formada es que un hermoso exterior de alguna manera representa un interior igualmente hermoso. Dios, sin embargo, está buscando algo más profundo, y necesitamos su ayuda para hacer lo mismo.

Israel quería un rey que los gobernara para que se parecieran a las otras naciones. Dios les dio a Saúl, quien es descrito de la siguiente manera: «No había una persona más hermosa que él entre los hijos de Israel. Desde sus hombros hacia arriba era más alto que cualquiera de las personas» (1 Samuel 9: 2). La gente inmediatamente se sintió atraída por él y se regocijaron enormemente por su nuevo rey, pero este sentimiento no duraría. Tal vez por su buena apariencia y estatura, Saúl pensaba ser lo mejor que había llegado a la tierra, mejor que todos los demás. Pero lo que sí sabemos es que Saúl comenzó bien pero no terminó bien, y debido a su corazón rebelde, Dios finalmente lo rechazó, arrancó el reino de sus manos, y le dio esta recompensa a un hombre conforme el corazón de Dios.

¿Quién sería el reemplazo elegido por Dios? ¿Y cómo haría Dios su selección? El profeta Samuel recibió instrucciones de ir a la casa de Isaí para encontrar al próximo rey. El padre de ocho hijos, Isaí hizo desfilar a siete de sus hijos ante Samuel para elegir, pero sorprendentemente todos fueron pasados por alto por el profeta. Solo quedaba uno más por considerar. Aunque no se le consideraba digno de formar parte de este concurso del Sr. Israel, él sería el elegido para llevar la corona. En David, el más joven y el más pequeño de los hermanos, Dios vio algo que faltaba en los demás, a pesar de sus cualidades externas. Dios vio en David un corazón dedicado a él, «Porque los ojos de Jehová contemplan toda la tierra, para mostrar su poder a favor de los que tienen un corazón perfecto para con él» (2 Crónicas 16:9).

El peligro radica en tomar decisiones basadas en las apariencias. La Biblia nos dice que Engañosa es la gracia y vana la hermosura (Proverbios 31:30). Pero, ¿cuántas veces se toman decisiones únicamente sobre ese tipo de cualidades? El atractivo no es despreciable, pero tampoco es algo muy exaltado. Las elecciones superficiales van más allá de elegir a la persona más atractiva para el trabajo. También podemos hacer una elección basada en otros talentos obvios. Tal vez alguien sea un gran orador, pero no todos los grandes presentadores son llamados a ser pastores. O alguien puede tener altamente intelectual, pero no todos los genios deben ser ancianos en una iglesia. Varios talentos pueden ser obvios en las personas, pero a Dios le interesa más el carácter de la persona, y no sus capacidades. Muchos de los que tienen mucho talento confían en sus talentos para tener éxito, cuando Dios busca a aquellos que confiarán en él.

Debemos esforzarnos por ser personas que cultivan un corazón hermoso por Dios, personas que basamos nuestras opiniones de otros por el carácter. Y cuando nos encontramos en una situación de buscamos contratar a alguien, ubicarlos en el ministerio, hacerlos líderes, casarnos con ellos o confiar en ellos, debemos mirar a los demás como Dios los miraría. Debemos ir más allá del carisma o lo exageradamente atractivo y tomar decisiones basadas en carácter piadoso, demostrado por la obra interna y permanente de Dios en sus vidas.

## 29 DE MARZO
*Recibieron la palabra con toda solicitud,*
*escudriñando cada día las Escrituras*
*para ver si estas cosas eran así.*
*Hechos 17:11*

## LA PRUEBA DE LA VERDAD

¿Crees todo lo que oyes o lees? Muchas doctrinas 'cristianas' por ahí son todo menos cristianas. Algunos pastores predican principios no bíblicos y libros que propagan filosofías para sentirse bien en lugar de la verdad, y muchas personas son víctimas de estas falsas enseñanzas. ¿Cómo puedes estar seguro de si lo que estás oyendo o leyendo es genuinamente verdad cristiana o nada más que una filosofía falsa?

Mientras el apóstol Pablo recorría el continente europeo en su segundo viaje misionero, una parada digna de mención fue en la ciudad de Berea, que se encuentra en el norte de Grecia. Aquí, Pablo se encontró con un grupo de personas hambrientas de verdad y ansiosas por investigar lo que escucharon. El gran apóstol Pablo, que escribió casi dos tercios del Nuevo Testamento, no se ofendió por el deseo de los bereanos de verificar su predicación. No le preocupaba que pudieran concluir que era falso, y no le importaba si comparaban sus palabras con la Palabra de Dios. De hecho, Pablo dijo que esta era una característica muy noble para el pueblo de Dios. Este deseo de corroborar la predicación con la Palabra de Dios no es solo una característica noble, sino también una característica necesaria, necesaria para asegurar una buena salud espiritual y bienestar.

Pablo creía que un cristiano no debería creer algo solo porque alguien lo haya dicho, lo haya enseñado o haya escrito sobre él, sino que todos cristianos tienen la responsabilidad de abrir las Escrituras y verificar las cosas por sí mismos. Debemos aprender a ser probadores de la verdad y no solo oyentes. Los hacedores de la Palabra deben ser conocedores de la Palabra. Los creyentes deben saber lo que creen y no simplemente adoptar la ideología de otra persona. Sobre todo, debemos estar dispuestos a investigar lo que escuchamos y leemos, o de lo contrario podemos ser desviados.

Entonces, ¿cómo podemos ser como un Bereano en nuestro enfoque de las cosas que escuchamos y leemos? Aquí hay algunos consejos.

Cuando escuches a alguien citar las Escrituras, asegúrate de comparar las Escrituras con las Escrituras. La Biblia es el mejor comentario sobre la Biblia, así que asegúrate de que pueda encontrar el principio en otra parte de la Biblia. No se permita ni a ti mismo ni a los demás aislar un versículo y construir una doctrina o creencia completa alrededor de una idea. Eliminar un texto de su contexto puede conducir a una interpretación distorsionada e inexacta del significado bíblico.

Luego, se dispuesto a permitir que la Biblia moldee tus ideas, teología y creencias. Cuando lo que uno cree es diferente de lo que la Biblia enseña, se dispuesto a dejar lo que has llegado a creer y retomar lo que Dios ha dicho sobre el asunto. Una prueba final para ayudar a protegerse y proteger a otros de la herejía, la enseñanza falsa y la sobre espiritualización cristiana es mantener lo que escucha hasta una triple prueba: uno, ¿lo enseñó Jesús? Dos, ¿lo abordaron los apóstoles? Y tres, ¿lo practicó la iglesia primitiva?

No tengas miedo de aplicar la prueba de la verdad a todo lo que escuches y leas, y si lo que aprendes se pone de pie a la prueba de la verdad, entonces recibe esa información con alegría.

---

**30 DE MARZO**

*Entonces dijo David al filisteo: Tú vienes contra mí con espada, lanza y jabalina; pero yo voy contra ti en el nombre de Jehová de los ejércitos, el Dios de los escuadrones de Israel, a quien tú has provocado.*
*1 Samuel 17:45*

## VENCIENDO LOS VOLDEMORTS

Muchos villanos que provocan miedo se encuentran en las películas y en la literatura, ya sea en Darth Vader, el hercúleo Terminator, el simple y escalofriante Hannibal Lecter o el malvado Voldemort. Estos personajes a menudo representan nuestros peores miedos. Pero donde acechan los villanos, a menudo se encuentran héroes, desamparados e individuos poco probables que, contra viento y marea, son capaces de superar sus miedos y obtener la victoria. Algo dentro de uno quiere apoyar al inferior, disfrutar de velo vencer al enemigo y ganar. Nos encanta ver a la gente común superar probabilidades extraordinarias.

A pesar de recibir el sentir bonito al leer estas historias y verlas en las pantallas del cine, no nos ofrecen ninguna ayuda real. Sin embargo, una historia más grande que la vida tiene todas las características de una superproducción de Hollywood, pero se basa en la verdad, y por lo tanto, ofrece ayuda real y esperanza verdadera para cuando nos enfrentamos a gigantes reales en la vida.

¿Cuándo fue la última vez que te enfrentaste cara a cara con un guerrero de 3 metros de altura? ¡Probablemente nunca! ¿Cuántos de nosotros nos hemos encontrado cara a cara con un problema gigante? Probablemente todos. Si alguna vez te has dicho a ti mismo, ¿cómo voy a salir de esto? o ¿Qué voy a hacer? entonces te has encontrado cara a cara con un gigante de un problema.

La mayoría de la gente ha escuchado la historia de David y Goliat y cómo este «hombre pequeño» derrotó a un gigante real, un soldado casi el doble de su tamaño, y lo hizo con una piedra y una honda. Lo que a menudo podemos pasar por alto es que la victoria de David no se debió a que fue un buen tirador o porque fue muy valiente, sino por su confianza. Su confianza no estaba en sí mismo, sino en Dios. David conocía a Dios, y sabía que Dios podría vencer al gigante que estaba frente a él. Todos los demás solo veían al gigante, y definitivamente era un gigante intimidante, pero David veía las cosas de manera diferente. David vio a un Dios que era más grande que cualquier gigante. La fe de David le permitió ver el problema desde la perspectiva de Dios.

La mayoría de la gente ha escuchado la historia de David y Goliat y cómo éste pequeño derrotó a un gigante real, un soldado casi el doble de su tamaño, y lo hizo con una piedra y una honda. Lo que a menudo podemos pasar por alto es que la victoria de David no se debió a que fue un buen tirador o porque fue muy valiente, sino por su confianza. Su confianza no estaba en sí mismo, sino en Dios. David conocía a Dios, y sabía que Dios podría vencer al gigante que estaba frente a él. Todos los demás solo veían al gigante, y definitivamente era un gigante intimidante, pero David veía las cosas de manera diferente. David vio a un Dios que era más grande que cualquier gigante. La fe de David le permitió ver el problema desde la perspectiva de Dios.

La batalla no se terminó simplemente porque David creía que Dios le daría la victoria. ¡David también necesitaba actuar! La fe genuina requiere acción, y David recogió algunas rocas y se dirigió hacia el gigante. Una honda en la mano de un hombre fiel es más poderosa que una espada en la mano de un gigante. Trabajar junto con la fe de David fue un motivo puro. El deseo de David era que Dios recibiera toda la gloria. De principio a fin, David quería que el nombre de Dios fuera exaltado y no el suyo.

Puedes vencer a cualquier villano y vencer a cualquier enemigo que se oponga a Dios confiando en que Dios es más grande que cualquier gigante que enfrentes. ¿A qué gigante te estás enfrentando? Pecado, desilusión, o el egoísmo? ¿Temor, finanzas o fracaso?

¿Desaliento, depresión o decepciones? La fe ve que Dios es más grande que cualquier gigante. La fe ve lo que Dios puede hacer. La fe busca darle a Dios la gloria y se mantiene firme en las promesas de Dios, luego sale, sabiendo que la victoria es de Dios.

Con una fe como la de David, puedes matar a cualquier gigante a medida que ves tu situación desde la perspectiva de Dios. Nada es demasiado grande para que Dios lo maneje.

**31 DE MARZO**
*Entonces Pablo, puesto en pie en medio del Areópago, dijo:*
*Atenienses, en todo observo que sois muy religiosos*
*Hechos 17:22*

## ALCANZANDO A GENTE CON EL EVANGELIO

Las personas ordinarias como tu y yo podemos cambiar el mundo una persona a la vez, pero debemos estar dispuestos a invertir el tiempo y el esfuerzo para edificar un puente a las vidas de aquellos a quienes buscamos alcanzar con el evangelio.

Como cristianos, tenemos las mejores noticias en todo el mundo, no, en todo el universo. Sabemos que el perdón de los pecados viene por medio de Jesucristo y, a través de ese perdón, podemos tener una relación con Dios y pasar la eternidad en su presencia. La verdad es que no hay mejores noticias que eso. Pero si no logramos establecer una conexión con las personas con las que estamos hablando, es posible que nunca reciban lo que tenemos que compartir. Voy a prologar todo esto con el hecho de que, a fin de cuentas, si una persona responderá a la invitación a confiar en Jesucristo para su salvación eterna es todo el trabajo del Espíritu Santo. Sin embargo, tenemos la responsabilidad de hacer todo lo posible para presentar la verdad con claridad, de una manera en la que puedan relacionarse, y de una manera en la que vean la necesidad de responder. El apóstol Pablo nos da un ejemplo sobre cómo relacionarnos con aquellos con quienes estamos hablando.

El apóstol Pablo llegó a Atenas unos cuatrocientos años después de su Era Dorada, un período clásico que tuvo un gran crecimiento económico y cultural. Atenas aun era un centro cultural en el mundo durante los días de Pablo, y muchos todavía se reunían allí para hablar de filosofía. Un día, Pablo fue al centro de la ciudad y decidió unirse a sus discusiones filosóficas y compartir acerca de Jesús. Pablo dio un sermón increíble mientras usaba la lógica, la filosofía y la religión para llamar su atención y construir un puente para sus oyentes ese día. Usó esa conexión para entrar en una discusión sobre el único Dios verdadero.

A veces, cuando compartimos, muchos responderán, a veces solo responderán unos pocos y, en otros, nadie responderá. Pero sin importar el resultado, nuestra responsabilidad es presentarnos y hacer el esfuerzo de llegar a las personas con el evangelio. Ya sea que esté hablando con un grupo grande de personas o compartiendo uno a uno con alguien, es esencial que te conectes con tu oyente(s). Busca puntos comunes. Tal vez la ubicación del entorno es común, la vocación de una persona es similar, o tal vez comparten la motivación por estar donde ambos están ese día. Si estás hablando con un grupo, conoce tu público. Cómo hablas con un grupo de personas de la tercera edad será muy diferente a cómo hablas con un grupo de estudiantes en un auditorio. Hablar con un compañero de trabajo será diferente a hablar con tu vecino. Pero en cada uno de los casos, comienza con lo que tienen en común, preparando así el camino para que sean más receptivos a lo que tienes que compartir acerca de Dios.

Ore por oportunidades, prepárese para compartir cuando surjan esas oportunidades, sea un ejemplo y construya puentes. Este fue a menudo el método de Jesús cuando compartió la verdad de maneras prácticas, construyendo puentes con aquellos que encontró en el camino.

Se flexible, se disponible y se valiente.

**1 DE ABRIL**
*Jonatán dijo entonces a David: Vete en paz, porque ambos hemos jurado en nombre de Jehová, diciendo: «Que Jehová esté entre tú y yo, entre tu descendencia y mi descendencia, para siempre.»*
*1 Samuel 20:42*

## MEJORES AMIGOS PARA SIEMPRE

Un amigo ha sido definido como alguien que entra cuando el resto del mundo sale. Esto es especialmente cierto cuando buscas amigos que te ayuden a mover (en realidad, ¡lo único divertido en la mudanza es jugar con la envoltura de burbujas!). Pero si tienes un amigo especial, un mejor amigo, un amigo que permanece cerca toda tu vida, entonces considérate bendecido.

David tenía un amigo así en Jonatán, el hijo del Rey Saúl, un amigo que estaba a su lado cuando los demás lo abandonaban. En esta amistad entre Jonatán y David podemos aprender algunas lecciones sobre cómo tener amistades duraderas.

David era el hombre elegido de Dios para reemplazar a Saúl como Rey, y Saúl se estaba volviendo más y más consciente de que el tiempo de su reinado estaba por terminar. Sus celos lo consumían, y en lugar de arrepentirse ante Dios por su pecaminosidad y regocijarse en una relación correcta con Él, Saúl intento matar a David varias veces. Aquí, entre el odio y la furia de Saúl, vemos una hermosa imagen de amor incondicional en la amistad entre Jonatán y David. Si alguna vez David necesitaba un amigo, lo necesitaba durante este momento problemático de su vida.

Jonatán era el hijo del rey y el heredero legítimo del trono, pero Jonatán sabía que Dios había elegido a David para convertirse en el próximo rey de Israel. Vemos que, en lugar de celos por parte de Jonathan, estaba comprometido con el plan de Dios para David y buscaba lo mejor de David, incluso si eso significaba que ocuparía el segundo lugar. Una de las cosas más difíciles de hacer es gozarnos en los éxitos de otras personas, especialmente si no estás teniendo un éxito similar. Pero un verdadero amigo puede compartir genuinamente las alegrías de sus amigos, asegurándose de que la amistad esté libre de envidia, celos, competencia y codicia. Jonatán también se propuso proteger a David cuando estaba siendo injustamente perseguido, incluso cuando tal posición lo puso en la línea de fuego, literalmente. Saúl arrojó una lanza a su propio hijo porque Jonatán defendía a su amigo David. La amistad de Jonatán con David fue sincera, desinteresada y sacrificada. Una de las mayores demostraciones de la amistad de Jonatán fue cuando fue a ver a David y 'fortaleció su mano en Dios' (1 Samuel 23:16). El estímulo divino es uno de los mejores regalos que le puedes dar a un amigo.

Tener un amigo cercano que fielmente te acompañe en las buenos y los malos momentos es un regalo verdadero. Ser un amigo verdadero significa que estás allí cuando te necesita, sin preguntas y sin juicios, solo allí. Quizás tengas un amigo como Jonatán. Si es así, eres bendecido.

Pero tal vez no tienes un amigo así. Tal vez el lugar para comenzar no es buscar un mejor amigo, sino ver cómo puedes ser un amigo como Jonatán para los demás. Se amable, estas allí, se honesto, se genuino, se un estímulo, se leal, perdonar, se desinteresado y disponible, y te encontrará siendo el Jonatán de alguien. Y no te sorprenda si se convierte en el mejor amigo para siempre.

## 2 DE ABRIL

*Un joven llamado Eutico estaba sentado en la ventana,*
*y rendido de un sueño profundo por cuanto Pablo disertaba largamente,*
*vencido del sueño cayó del tercer piso abajo, y fue levantado muerto.*
Hechos 20:9

## COMO SER UN BUEN OYENTE

Muchos sostienen la creencia de que 'la mente solo puede absorber lo que el asiento puede soportar'. Todos hemos visto a esas personas en la iglesia (o quizás hemos sido uno de ellos) cuyos ojos se vuelven cada vez más pesados, cuyos cuerpos comienzan a desplomarse hacia adelante, y dentro de poco, completamente y profundamente dormidos en la iglesia. Una vez que se duermen, tal vez sigas mirándolos, como lo hago yo, para ver si hacen el movimiento de cabeza o tal vez incluso se despiertan ellos mismos con un ronquido. Luego viene mi favorito: el sacudón de cuerpo entero.

Si fuéramos honestos, todos admitiríamos que en algún momento hemos luchado contra el sueño en la iglesia, a veces sin culpa de uno. Tal vez estábamos enfermos, bajo medicamento, con exceso de trabajo, pasamos la noche despiertos con un recién nacido o simplemente no pudimos dormir bien por la noche. Pero, ¿cómo te gustaría tener tu nombre en la Biblia por quedarte dormido en la iglesia? Eutico será inmortalizado para siempre como el hombre que se durmió mientras escuchaba al apóstol Pablo en la iglesia.

A medida que los creyentes del primer siglo comenzaron a reunirse los domingos, el primer día de la semana, tenemos una idea de cómo era la iglesia para estos cristianos. Uno de los aspectos más importantes de sus reuniones fue la enseñanza de la Palabra de Dios. En esta noche en particular, Pablo había estado enseñando durante varias horas y no mostraba seña de terminar, lo que me lleva a un paréntesis. El hambre de enseñanza de los primeros cristianos ciertamente debería hacernos reevaluar nuestra capacidad y voluntad de sentarnos y escuchar un sermón de cuarenta y cinco minutos sin mirar nuestros relojes. Sin embargo, para Eutico, cuando la hora se acercaba a la medianoche, la habitación estaba sofocante y llena de gente, y la luz parpadeante de las velas era la perfecta receta para quedarse dormido. Desafortunadamente para él, esta pequeña siesta lo mataría cuando cayera de la ventana de un tercer piso. Afortunadamente, allí no termina su historia. El grupo se apresuró a encontrar su cuerpo sin vida, pero Pablo se acercó y, con el poder de Dios, resucitó a Eutico. ¡Me imagino que Eutico jamás se volvió a quedar dormido en la iglesia!

Ahora, es posible que nunca hayas cerrado los ojos y caer en los brazos de Morfeo durante un servicio religioso, ¿pero realmente estás escuchando en la iglesia? La falta de atención ciertamente te puede llevar a cerrar los ojos, incluso si no te quedes dormido. Puede que estés sentado físicamente, pero ¿estás allí espiritualmente? Cuando vas a la iglesia, asegúrate de que estés escuchando con la intención de crecer espiritualmente y no estar pensando en que almorzaras o pensar en todo lo que tienes que hacer al salir de la iglesia. La manera en que escuchas la Palabra de Dios es un reflejo de tu perspectiva de Dios.

Ayúdate a ser un buen oyente al traer tu Biblia y seguirla durante el sermón. Toma apuntes, ya que esto es bueno para referencia futura y ayudará a mantener el enfoque. Bríndale estímulo visual al orador por medio del contacto visual y asintiendo con la cabeza. Elimina distracciones como tu teléfono celular o tablet, y sobre todo, recuerda que Dios quiere hablar contigo.

No importa quien esté exponiendo el sermón, en última instancia, Dios está tratando de hablar contigo a través de la enseñanza de su Palabra. Y definitivamente merece toda tu atención.

## 3 DE ABRIL
*David se angustió mucho… pero David halló fortaleza en Jehová, su Dios*
1 Samuel 30:6

# DE MAL EN PEOR

Cuando la vida te da limones, ¿eres de las personas que intentas hacer limonada? La desventaja de esto es que a veces, mientras tratas de hacer limonada, las cosas no siempre salen según lo planeado, como cuando el limón salpica en tus ojos y luego gotea en el único dedo que tiene una cortada. ¿Qué pasa cuando las nubes de tormenta amenazan? ¿Buscas el lado bueno, solo para ser golpeado por un rayo? A veces mirar el lado positivo no es tan fácil. A veces las cosas van de mal en peor, y encontrar el lado positivo es como encontrar una aguja en un pajar al pisar el extremo afilado. ¿Qué deberías hacer cuando las cosas vayan de mal en peor en tu vida?

David se encontró en un gran lío. Mientras que él y sus hombres estaban lejos de casa, sus enemigos, los Amalecitas, atacaron Siclag, la ciudad donde David y sus hombres vivían. Los amalecitas quemaron la ciudad hasta el suelo y tomaron a las mujeres y niños cautivos. Cuando los hombres regresaron, estaban desconsolados por haber perdido todo. Lloraron hasta que quedaron completamente vacíos de lágrimas. David, que compartió su pérdida y dolor, tuvo que lidiar con un daño adicional cuando sus hombres se volvieron contra él, culpándolo por esta tragedia. En su dolor, hablaron de apedrear a David. Abrumado por problemas, emocionalmente en bancarrota, agotado físicamente, deprimido, estresado y temiendo por su vida, David vio que las cosas iban de mal en peor.

Cuando las cosas van de mal en peor en nuestras vidas, podemos permitir que la desesperación nos venza, o podemos determinar superar los obstáculos a la manera de Dios. Fíjate en lo que hizo David: «se fortaleció en el Señor» (1 Samuel 30:6). Prácticamente, esto significa comenzar quitando los ojos de tus problemas y ponerlos en Dios. Ahora, quizá pensaras, «no puedo ver a Dios, ¿cómo puedo poner mis ojos en Dios?» Poner los ojos en Dios significa mirar hacia el único lugar donde puedes ver a Dios, que es la Biblia. Como escribió el salmista: «Mi alma se deshace de la pesadez; Fortaléceme según tu palabra» (Salmo 119:28).

David continuó fortaleciéndose en el Señor al hablar con él. Nuestra relación con el Señor es una calle de dos vías. Él nos habla a través de la Biblia, y le hablamos a través de la oración. La oración es esencial si queremos salir de esos períodos de desesperación. La oración consiste en alabar a Dios por lo que es, dar gracias a Dios por todo lo que ha hecho, por lo que esta por hacer y confesarle nuestros pecados. La oración también implica aceptar su perdón y pedirle a Dios las cosas que están de acuerdo con su voluntad, y descansar en su voluntad de hacerse y no en nuestra voluntad. La oración implica esperar también. Dios rara vez responde las oraciones de inmediato, así que se paciente y aprende a esperar. «Espera en el Señor; Esfuérzate, y él fortalecerá tu corazón» (Salmo 27:14).

---

### 4 DE ABRIL
*La ira de Dios se revela desde el cielo contra toda impiedad e injusticia de los hombres que detienen con injusticia la verdad*
*Romanos 1:18*

## ADVERTENCIA: LA IRA DE DIOS ADELANTE

Algunas cosas nos dan mariposas en el estómago, como sentarse junto al fuego en pleno invierno con una taza de chocolate caliente, jugar con cachorros o escuchar a un niño decir «mamá» o «papá» por primera vez.

La ira de Dios por lo general no cae en la categoría de cosas que nos dan la tibieza. El tema de la ira de Dios generalmente es evitado por la mayoría y ciertamente no es un tema que te ayudará a ganar amigos e influenciar a las personas. Pero para comprender completamente la gracia de Dios, debemos esforzarnos por comprender la ira de Dios. Para saber qué tan buena es la salvación, debemos saber cuán grave es nuestro pecado a los ojos de Dios.

Primero, debemos entender que la ira de Dios no es como la ira humana. La ira de la humanidad suele ser pecaminosa, aunque el no pecar en la ira si es posible (ésta suele ser la excepción, no la regla). Nuestra ira es a menudo irrazonable y enraizada en el egoísmo. La ira de Dios no es así. Dios no tiene arrebatos incontrolables, su ira no está basada emocionalmente y no es vengativa. Más bien, la ira de Dios es una ejecución de juicio contra la impiedad y una intolerancia total a la iniquidad. Dios es santo, y por lo tanto, debe rechazar todo lo que no es santo. Debido a que Dios es bueno, debe rechazar lo que es malo.

Luego, Dios hizo evidente su ira a la humanidad desde el principio, comenzando cuando su ira trajo la muerte al mundo como un castigo por el pecado de Adán en el jardín del Edén. Además, la ira de Dios se ve a través del gran diluvio que vino sobre la tierra, y podemos ver su ira en la destrucción de Sodoma y Gomorra. Además, en muchos otros lugares de la Biblia, Dios ha mostrado su ira contra la impiedad.

Dios ha mostrado continuamente a la humanidad la seriedad del pecado llevando a cabo su ira, y la respuesta de la humanidad en general ha sido rechazar las advertencias de Dios. En ninguna parte esto es más evidente que a través del mayor derramamiento de ira, que también fue la mayor demostración de amor: Jesús murió en la Cruz por nuestros pecados. Él tomó toda la fuerza del castigo de Dios, un castigo que todos merecíamos. La respuesta predecible de la humanidad ha sido principalmente la negación, supresión y rechazo de la verdad. Una razón por la cual la humanidad elige negar y reprimir la verdad de la ira de Dios es evitar el hecho de que Dios juzga la impiedad y el pecado. Rechazamos la verdad de que la humanidad es responsable de sus acciones, y que las acciones pecaminosas tienen consecuencias.

Aunque normalmente no vas a sentir mariposas en el estomago al comprender la ira de Dios, quizá los resultados de su ira lo lograrán, si lo vez de esta manera: Por medio de la ira derramada en Jesús, todo aquel que cree en él será librados la ira de Dios. Nuestro entendimiento sobre la naturaleza de la ira de Dios también nos da la carga y el deseo de compartir con otros como pueden experimental la gracia de Dios y ser para siempre libre de enfrentar su ira. No abandones el entender las cuestiones de la ira de Dios, porque una vista de Dios por encima te llevara a un Cristianismo superficial.

Cuanto más profundo somos dispuestos a sumergirnos en las verdades que se encuentran en su Palabra, más cerca caminaremos con él.

---

**5 DE ABRIL**

*Uza y Ahío, hijos de Abinadab, guiaban el carro nuevo.*
*2 Samuel 6:3*

## ¿LOS FINES JUSTIFICAN EL MEDIO?

Si pudieras salvar al mundo matando a una persona, ¿lo harías? ¿Mentirías para evitar los sentimientos de alguien? ¿Qué tal una mentira piadosa para conseguir un trabajo o retener información importante para cerrar un trato? En otras palabras, ¿Acaso nunca es aceptable hacer algo no ético, ilegal, o inmoral, aun cuando es para obtener un «buen» resultado? Si respondes afirmativamente a estas preguntas, debes considerar hasta donde llegarías. Si tomas tu decisión desde una postura ética, podrías medir el «bien» contra el «mal», y si el final bueno es mayor que la acción mala, entonces podrías decir que sí, los fines justifican los medios.

¿Qué pasa cuando estás llevando a cabo la voluntad de Dios? ¿Le importa a Dios cómo llevas a cabo el trabajo o simplemente le interesa que hallas terminado el trabajo? El rey David descubrió de primera mano la opinión de Dios sobre el tema de cómo hacemos y qué hacemos para Dios.

David ahora era el rey de todo Israel, y conforme comenzó a gobernar desde Jerusalén, tuvo el deseo de llevar el Arca sagrada del Pacto a la Ciudad Santa. David decidió sacar las herramientas mas grandes y poderosa para este proyecto tan especial. De hecho no escatimaría gastos. Reunió a treinta mil de los mejores hombres de Israel para un desfile inolvidable, colocó el Arca en un carro nuevo, hizo que Uzzah (cuyo nombre significa fuerza) condujera el carro, y tuvo a Ahio (cuyo nombre significa fraternal) frente al carro para preparar el camino.

Qué escena se desarrolló: un mar de gente siguiendo a este carro nuevo y brillante conducido por un hombre musculoso, y otro hombre dando la bienvenida al frente, estrechando la mano y trabajando entre la multitud. Mientras tanto, la banda de marcha real tocaba música. ¡Eso si que es un desfile! Pero en este gran espectáculo hubo un gran problema. Dios había dado instrucciones específicas en el Libro de los Números sobre cómo transportar el Arca (Números 7:1-10), y esta procesión no era semejante a las instrucciones. Pero, ¿eso realmente le importaba a Dios? Quiero decir, David incluso estaba haciendo una «buena» acción al regresar el Arca a Jerusalén. ¿Realmente importaban los detalles de la transferencia del Arca? Continuemos.

De repente, todo cambió. Cuando la caravana estaba moviendo el Arca, el carro golpeó un bache y Uza se estiró para agarrar el Arca para evitar que se cayera. Pero el Don Músculos fue golpeado instantáneamente por Dios por violar la Ley concerniente al Arca (Números 4:15). David inmediatamente detuvo el desfile, regresó a Jerusalén y buscó la Palabra de Dios para descubrir qué fue lo que salió mal y para ver qué decía Dios acerca de cómo mover el Arca, algo que debería haber hecho desde el principio. Aparentemente, si era de importancia para Dios la logística sobre cómo David lograría la voluntad de Dios.

El primer paso para lograr la voluntad de Dios es descubrir si Dios ha dicho algo en la Biblia sobre lo que planeamos hacer. Si Dios nos ha dado instrucciones claras, nuestra respuesta es sencilla. Sigue lo que dice la Biblia, y si hay una ausencia de dirección de la Biblia, realice la tarea de la manera que mejor honre a Dios y no viole otras verdades bíblicas.

Al tomar una decisión sobre si los fines justifican o no los medios, primero debemos darnos cuenta de que no se trata de una cuestión ética; esta es una pregunta bíblica Por lo tanto, busca en la Biblia para descubrir cómo hacer la voluntad de Dios a la manera de Dios, porque a Dios le importa cómo hacemos lo que hacemos.

## 6 DE ABRIL

*No es judío el que lo es exteriormente,*
*ni es la circuncisión la que se hace exteriormente en la carne;*
*sino que es judío el que lo es en lo interior,*
*y la circuncisión es la del corazón, en espíritu y no según la letra.*
*La alabanza del tal no viene de los hombres, sino de Dios.*
*Romanos 2:28-29*

## PERDIENDO TU RELIGIÓN

El teólogo danés del siglo XIX Soren Kierkegaard dijo que había dos tipos de religión: Religión A y Religión B. Religión A, dijo, es fe en el nombre de la religión solamente. Los de este grupo actuarán como si fueran religiosos, pero rechazarán el poder que los haría piadosos. Participarán en asistir a la iglesia sin una fe genuina en el Dios viviente. La religión B, por otro lado, es una experiencia que transforma la vida y cambia el destino. Los seguidores de la religión B tienen un compromiso definitivo con el Salvador crucificado y resucitado, que establece una relación personal permanente entre un pecador perdonado y un Dios misericordioso.[15]

Entonces, ¿qué tiene que decir Dios sobre la religión? ¿Está Dios buscando más gente «religiosa»? ¿Acaso ser «religioso» hace la entrada al cielo posible?

En los días de Pablo, la gente más religiosa eran los judíos. Ellos habían sido bendecidos por Dios de muchas maneras. Eran las personas elegidas a través de las cuales el Mesías vendría, y se les había dado la Palabra de Dios. El nombre «Judío» significaba «Dios sea alabado». Los judíos habían sido protegidos por Dios, provisto por Dios, entregado por Dios y dirigido por Dios. Los judíos estaban dedicados a vivir una vida muy religiosa y, por lo tanto, creían que todo estaba bien en su relación con Dios. Pero el apóstol Pablo desafió su punto de vista sobre la religión y les mostró que la actividad religiosa no significa una relación correcta con Dios.

Pablo confrontó a la persona religiosa que pensaba que el ritual traía la redención. Reto al que se dedicaba a obras mas carecía de adoración, y reprendió a los que realizaban sacramentos sin rendirse a la Palabra de Dios. Pablo, como Jesús, decía: «Tu herencia no te salva, los sacramentos no te salvan, el servicio no te salva, el conocimiento no te salva, y para el judío, ni siquiera la circuncisión te salva». Todos estos son actos externos, y aunque no son malos, no son lo que trae la salvación. En otras palabras, ser religioso no significa que irás al cielo.

El principio es el mismo hoy. Independientemente de lo que te consideres, ya sea Bautista, Metodista, Presbiteriano, Católico o sin denominación, esto no importa. Si creciste en un hogar cristiano, fuiste bautizado, participaste en la comunión, o fuiste bautizado como bebé, nada de eso importa. La actividad religiosa, e incluso la profesión religiosa sin transformación, es religión vacía. Debemos tener cuidado de no caer en la trampa de pensar, porque voy a la iglesia, estoy bien, o porque he hecho este servicio religioso o ese ritual, voy al cielo. La salvación es solo por fe en solo Cristo Jesús y no porque actuemos como religiosos. No debemos pensar que los rituales divinos sin una relación personal con Dios en Cristo nos harán algún bien.

No solo sigas movimientos religioso porque sí. Pierde tu religión y gana una relación con Jesús que te cambia de adentro hacia afuera, porque nunca serás cambiado desde afuera hacia adentro.

---

**7 DE ABRIL**
*He pecado contra el Señor.*
*2 Samuel 12:13 (NTV)*

## RECOBRANDO EL BUEN SENTIDO

Aun no he escuchador una canción llamada «Arrepentimiento» en la parte superior de las listas de *Billboard*. De hecho, ni siquiera escucharás muchas canciones sobre el arrepentimiento cantadas en la iglesia, y desafortunadamente tampoco escucharás muchos sermones predicados sobre el tema del arrepentimiento. Todo el tema del arrepentimiento simplemente hace que la gente se inquiete y rehúsen hacer contacto visual con el pastor compartiendo sobre el tema. Y tampoco han ayudado las películas, con personajes de predicadores gritando desde el púlpito: «¡Arrepiéntete o perece!» Este tipo de comportamiento no engendra a alguien al tema del arrepentimiento. Agrégale a esto nuestra tendencia natural a resistir el arrepentimiento; tratando de esquivar el tema y seguir con la vida con la esperanza de que nunca tengamos que lidiar con ese tema de nuevo.

Aun el Rey David, el hombre conforme el corazón de Dios trato de esquivar el tema del arrepentimiento en un momento de su vida. Si te pidiera que terminaras esta frase, «David y ...» quizás lo terminarías con *Goliat* o quizás elegirías *Betsabé*. Si la gran victoria de David fue cuando mató a Goliat, entonces el gran fracaso de David fue su pecado con Betsabé que casi lo mata. Por supuesto, el adulterio de David con Betsabé no fue el final de su ciclo de pecado; David recurrió al engaño e incluso al asesinato en un intento de encubrir sus acciones pecaminosas. David luego pasó un año en negación mientras su corazón se volvía insensible y su conciencia se quemaba mientras que su pecado no arrepentido comenzaba a arruinar su vida.

El curso inevitable del pecado no arrepentido es endurecer el corazón y adormecer la mente de todos los que se niegan a arrepentirse de manera rápida y completa. Tarde que temprano Dios trabajará para perturbar a su niño complaciente. Dios utilizará una variedad de circunstancias para desestabilizar la complacencia que se está arraigando en el corazón y usará esas circunstancias para traer convicción de pecado; lo que llevará al hijo de Dios al arrepentimiento.

Para David, Dios envió a Natán el profeta para interrumpir su corazón complaciente, confrontarlo y permitir que el Espíritu de Dios lo convenza de su culpa. Cuando David finalmente vio la oscuridad que había crecido en su propio corazón, se apartó rápidamente de la oscuridad el cual es la esencia genuina del arrepentimiento: girar en seco y seguir en la dirección opuesta, alejándote del pecado. Del corazón arrepentido de David salió una de las mejores canciones del arrepentimiento, el Salmo 51. En este Salmo escuchamos el clamor de un corazón arrepentido que dice: «He pecado», «He hecho lo malo ante tus ojos», «límpiame», «crea en mí un corazón limpio» y «devuélveme el gozo de mi salvación».

Aunque se han escrito pocas canciones sobre el tema del arrepentimiento, la canción de David nos da una buena imagen del arrepentimiento genuino. El arrepentimiento no es solo un mero cambio de opinión sobre el pecado; es un cambio en tu corazón sobre el pecado.

Ese cambio se demostrará a sí mismo en un comportamiento cambiado, ya que la convicción acerca del pecado lleva a la confesión del pecado ante Dios y resulta en alejarse del pecado.

La próxima vez que peques y no cumplas con los estándares de Dios, se rápido en recobrar el sentido y arrepiéntete.

## 8 DE ABRIL
*Por cuanto todos pecaron y están destituidos de la gloria de Dios.*
*Romanos 3:23*

## ¡HOUSTON, TENEMOS UN PROBLEMA!

¡Tienes un problema! ¡Un gran problema! Sin embargo, no estás solo. Tengo el mismo problema y de hecho, todo ser humano comparte este problema. El problema es el pecado. Pecar significa fallarle al blanco, tropezar, alejarse del camino de la justicia de Dios; hacer el mal o violar la ley de Dios. El pecado es cualquier pensamiento, palabra o acción que no llega al estándar de vida de Dios. Conforme entro el pecado al mundo a través de Adán, así mismo entramos al mundo como pecadores por naturaleza debido a nuestra identificación con el pecado original de Adán. Pero también somos pecadores por elección debido a nuestras propias acciones.

Debido al pecado, existe una gran división entre Dios y la humanidad. Nuestro problema empeora por el hecho de que Dios solo aceptará justicia total de la humanidad. Sin embargo, debido al pecado la humanidad es totalmente injusta. Dios también es justo; y debido a su naturaleza justa, no puede excusar el pecado. Él no puede voltear la vista o simplemente pretender que todo está bien. Sin la solución correcta, no tenemos posibilidad de llegar al cielo. (Te lo dije... ¡tenemos un gran problema!)

Entonces, ¿cómo solucionamos un problema tan grande? No podemos. Dios es quien lo hace. En el libro de Romanos, el Apóstol Pablo demuestra que nadie puede estar a la altura del estándar de Dios. Nadie es lo suficientemente bueno. Nadie es lo suficientemente religioso. Nadie busca a Dios. Por lo tanto, nadie puede tener una relación correcta con Dios por sí mismo. Esa es la mala noticia. Ahora, las buenas noticias.

El problema de la humanidad es el pecado, y la solución de Dios es la gracia. No hay palabra más magnífica que la palabra <u>gracia</u>, y la gracia brilla más brillante en el contexto de la pecaminosidad de la humanidad. La gracia significa el favor inmerecido o la bondad mostrada a alguien que no merece nada de esa bondad. La demostración más grande de la gracia de Dios llega a la humanidad en la forma del perdón del pecado a través de la fe en Jesucristo.

Pablo declara que por la gracia de Dios a través de la fe en Jesús, podemos ser justificados. La manera más simple de meditar sobre el proceso de la justificación es mirar la palabra de esta manera: cuando una persona es justificada por la fe en Jesús, él o ella puede decir: «Es como si nunca hubiera pecado». Justificado! La razón por la cual Dios nos ve justificados es porque Jesús nunca pecó. Él fue santo y divino, y cuando ponemos nuestra confianza en él para nuestra salvación, Dios hace una transferencia divina y ahora nos ve a través de la impecabilidad de Cristo. Así como el pecado nos identifica con Adán, la fe nos identifica con la justicia de Jesús.

El pecado es un <u>gran problema</u>, y no hay nada que puedas hacer por tu cuenta para arreglarlo, punto. Ninguna cantidad de buenas obras revertirá el juicio contra el pecado, y ninguna cantidad de religión lo liberará de la pena del pecado. Pero Dios, que está lleno de gracia, ha resuelto el mayor problema de la humanidad:

«Dios sacrifico a Jesús en el altar del mundo para limpiar a ese mundo del pecado. Teniendo fe en él nos limpia del pecado. Dios decidió este curso de acción en plena vista del publico – para redimir al mundo hacia él mismo por medio del sacrificio de Jesús; y así finalmente tratar con el pecado el cual había pacientemente soportado.» (Romanos 3:25 *The Message Bible*)

¡Problema resuelto!

---

## 9 DE ABRIL
*«El Señor es mi roca, mi amparo, mi libertador»*
*2 Samuel 22:2 (NVI)*

## UNA CANCIÓN DE ROCA

¡Somos más débiles de lo que deseamos admitir, y Dios es más fuerte de lo que somos capaces de comprender! Somos fácilmente conmovidos, mas Dios es constante. Somos inestables, mas Dios es inquebrantable. ¿Sientes que actualmente tu vida está en tierra inestable? ¿Siente que tu fuerza ha desaparecido y está a punto de darte por vencido?

Entonces hoy es un día perfecto para recordar que Dios es tu roca, tu refugio y tu fortaleza.

La música a menudo llama nuestra atención, captura nuestras emociones e inspira nuestra imaginación; y en la Biblia nadie disfrutó de la música más que el Rey David. La música era el instrumento de expresión de este hombre conforme el corazón de Dios. Escribió innumerables canciones que proclamaban las alturas de su amor por Dios, y también cantó salmos que sonaron en las profundidades de la desesperación de su alma. Sus palabras resuenan profundamente con nosotros hoy porque compartimos una armonía emocional y espiritual a través de nuestras luchas, temores y alegrías mutuas.

Aquí en 2 Samuel 22 (y en el Salmo 18), David escribió una canción de agradecimiento que resumía su vida y relación con Dios. David elogió a Dios por lo que es. David reconoció y levantó su voz a Dios su roca, su fortaleza y su libertador. David estaba familiarizado con la ansiedad y con frecuencia se encontraba en un terreno inestable, pero Dios había sido una fortaleza para David, y cuando David clamó a Dios en sus momentos de angustia, Dios lo liberó. Después de que David fue liberado de la mano de Saúl y de todos los enemigos de Israel, cantó esta canción de adoración a Dios por su liberación.

Dios fue un refugio para David, y hoy es un refugio para su pueblo. Él es un refugio, una fortaleza y un lugar seguro para todos los que confían en él. Él es una base firme sobre la cual podemos pararnos y sobre quien podemos construir nuestras vidas. Por mucho que necesitemos reconocer estas verdades, también debemos ir más allá de la mera comprensión de que Dios es todas estas cosas y más para con su pueblo. También debemos personalizar estas verdades. Pregúntate esto: ¿Es Dios _mi_ roca? ¿Es Dios _mi_ fortaleza? ¿Dios es _mi_ libertador?

La mejor manera de pasar del entendimiento de que estas cosas son verdad a que la personalización del hecho que son verdad para _ti_, es que consideres las palabras de Jesús: «Todo el que escucha mi enseñanza y la sigue es sabio, como la persona que construye su casa sobre una roca sólida» (Mateo 7:24NTV). Cuando tu vida se basa en Jesús, puedes confiar en que él será una roca en tiempos difíciles, una fortaleza en tiempos difíciles y un libertador en tiempos difíciles. Edifica tu vida en la roca sólida de Jesús, porque no hay roca como nuestra roca, ¡y no hay Dios como nuestro Dios!

## 10 DE ABRIL
*Tenemos paz para con Dios
por medio de nuestro Señor Jesucristo,
Romanos 5:1*

# GUERRA Y PAZ

El 10 de marzo de 1974, el segundo teniente Hiroo Onoda finalmente se rindió — no de la Guerra de Vietnam, sino de la Segunda Guerra Mundial. Lo habían dejado en una isla filipina en diciembre de 1944, con el mandato de «continuar con la misión, incluso si Japón se rinde». Y eso es exactamente lo que hizo. Todos los esfuerzos para convencerlo de que se rindiera fallaron. Ignoró los folletos que le fueron enviados suplicando que se rindiera, pero se negó a creer que la guerra había terminado. Vivía de la tierra y recogía de los campos y jardines de ciudadanos locales, y fue responsable de matar a unos treinta individuos durante su guerra personal de casi treinta años. Trece mil hombres y casi $500,000 fueron utilizados para tratar de localizar al oficial del ejército y convencerlo de que se rindiera. Finalmente, en 1974, Onoda entregó su espada; su guerra había terminado.

Qué tragedia haber pasado tantos años peleando una guerra que hace tiempo que terminó. El apóstol Pablo escribe mucho sobre el tema de la paz en todo el Nuevo Testamento, pero aquí descubrimos que la guerra con Dios terminó y que la paz con Dios comienza. Nuestras almas fueron creadas por Dios y existen para Dios, y por lo tanto, nuestras almas nunca están en paz hasta que descansen en Dios. La única manera de descansar en Dios es a través de la paz que Dios ofrece, y eso viene por fe en Jesucristo. Jesucristo es el tratado de paz entre Dios y la humanidad, y los términos son fe completa y entrega total al señorío de Jesucristo.

¡Qué tragedia elegir luchar con Dios cuando ha abierto camino hacia la paz! Aún así, algunos se niegan a creer que se haya hecho la paz entre Dios y la humanidad. Santiago nos recuerda: «El que quiere ser amigo del mundo se hace enemigo de Dios» (Santiago 4: 4). Hemos estado en guerra con Dios debido a nuestro pecado, pero día y noche Dios busca convencernos de que la guerra ha terminado para todos los que creerán en Jesús por la fe. Debido a la gracia de Dios, ahora podemos experimentar la paz con Dios. Este no es un asunto pequeño al que Pablo se está dirigiendo porque sin paz con Dios, no hay forma de agradar a Dios. Sin paz con Dios, no hay gozo de la paz de Dios. Consideraremos la paz de Dios en el futuro, pero por ahora, la paz de Dios es la capacidad de pasar por los cuidados y preocupaciones que enfrentamos en esta vida con la tranquila seguridad de su presencia y poder.

A través de la paz con Dios, obtenemos acceso a Dios. Antes de esto, su presencia era limitada y temporal, pero ahora, a través de la paz con Dios, su presencia es perpetua y permanente entre su pueblo por su Espíritu. A través de la paz con Dios, tenemos la gloriosa esperanza del cielo y una herencia prometida que nos espera. A través de la paz con Dios, permitimos que Dios obre en nosotros para conformar nuestro carácter en el carácter santo de Cristo.

Además de la paz con Dios, no podemos disfrutar de estas y muchas otras bendiciones espirituales que Dios nos ofrece. Dios está pidiendo desesperadamente a todos que bajen sus armas, que entreguen sus espadas y que disfruten de la paz que él ofrece. Aparte de Cristo, no está a la vista el fin de la guerra entre Dios y la humanidad. Pero por la gracia de Dios, podemos pasar del combate a la comodidad, de la batalla a la bendición y de la guerra a la paz. Si cedemos nuestra voluntad a la suya y creemos, entonces nuestra guerra habrá terminado.

## 11 DE ABRIL
*Y le dijo Dios: «Pide lo que quieras que yo te dé.»*
*1 Reyes 3:5*

## ¿TIENES SABIDURÍA?

Si Dios te dijera que te concedería un deseo, ¿qué pedirías? ¿Pedirías todas las riquezas del mundo? ¿Te gustaría ser la persona más poderosa o más famosa del mundo? Tal vez pedirías una vida larga, o tal vez tratarías de vencer al sistema pidiendo más deseos. Pero en serio, si pudieras tener algo en el mundo, ¿qué querrías? Con una oferta abierta como esa, muchos de nosotros seríamos prontos en considerar deseos como la salud, la felicidad, el dinero o la influencia. ¿Pero qué hay de pedir sabiduría? Ahora se honesto ¿Ese pensamiento incluso cruzó por tu mente? Bueno, el deseo de sabiduría ciertamente vino a la mente del Rey Salomón.

Salomón era nuevo en el trono, un joven de alrededor de diecinueve años. El niño rey asumió como rey de Israel después de su padre, David. Como se puede imaginar, las expectativas eran altas para el nuevo rey, y Salomón se sentía un poco abrumado, descalificado e inexperto para la obra de Dios. Tal sentimiento es ciertamente comprensible! Tal vez Dios te ha dado un trabajo, una posición o una responsabilidad que te sientas abrumado, poco calificado e inexperto para llevar a cabo. Observe lo que sucedió después. Después de que Salomón adoró al Señor, Dios se acercó a él y básicamente le dijo: «Pide un deseo». Salomón, reconociendo la maravilla de servir a Dios y la inmensa responsabilidad de guiar al pueblo de Dios, pidió lo único que podría ofrecerle una ayuda real en su situación y lo único que tiene valor: la sabiduría de Dios.

Ahora, «la sabiduría es el poder de ver y la inclinación a elegir la mejor y más alta meta, junto con los medios más seguros para alcanzarla».[16] Existe una diferencia entre el conocimiento y la sabiduría. El conocimiento es información; la sabiduría es aplicación. El conocimiento es teórico; la sabiduría es práctica. La sabiduría es usar el conocimiento para hacer lo correcto en el momento correcto y aplicar la verdad a la vida cotidiana. Salomón pidió sabiduría, y Dios le dio sabiduría.

Antes de que pienses: «¡Vaya, que suerte la de Salomón! Pero eso nunca me pasará a mí.» Considera esto. Dios no es un genio en una botella que solo está esperando concederle deseos a la gente. Es probable que Dios no se te aparezca y diga: «Pide un deseo». Pero Dios ofrece sabiduría a quienes lo desean.

¿Cómo podemos obtener sabiduría piadosa? Primero, si queremos obtener sabiduría, debemos preguntarle a Dios. En otras palabras, debemos pasar tiempo orando por la sabiduría: «Si alguno de vosotros tiene falta de sabiduría, pídala a Dios, el cual da a todos abundantemente y sin reproche, y le será dada a él» (Santiago 1:5). Charles Spurgeon dijo:

No hay un «si» en el asunto, porque estoy seguro de que lo carezco [sabiduría]. ¿Que sé yo? ¿Cómo puedo guiarme a mi manera? ¿Cómo puedo dirigir a otros? Señor, soy una masa de locura, y la sabiduría no tengo ninguna.

Tú dices: «Que le pregunte a Dios.» Señor, ahora pregunto. Aquí, en el estrado de tus pies, pido que se me dé sabiduría celestial para las perplejidades de este día, ay, y para las simplicidades de este día; porque sé que puedo hacer cosas muy estúpidas, incluso en asuntos simples. . . .

Te agradezco que todo lo que tengo que hacer es pedirlo.[17]

Segundo, debemos tener el deseo de adquirir sabiduría piadosa para la gloria de Dios. Dios se preocupa por nuestros motivos, y si acudimos a él con motivos impuros o egoístas, entonces no deberíamos esperar obtener lo que pedimos.

Finalmente, debemos pasar tiempo leyendo la Biblia. La Biblia es la mayor fuente de sabiduría piadosa disponible. Mientras más tiempo pases leyendo la Biblia, más sabio será.

**12 DE ABRIL**
*Nosotros hemos muerto al pecado,*
*entonces, ¿cómo es posible que sigamos viviendo en pecado?*
*Romanos 6:2 (NTV)*

## DECISIONES, DECISIONES

En promedio, tomamos 35,000 decisiones al día, decisiones que pueden incluir si despertar o presionar el botón de la alarma, si hoy será un día de café normal o descafeinado, si debes hacer ejercicio o no, y si debes actualizar tu estado de Facebook o de hecho desconectarte de todas las redes sociales durante cinco minutos. Luego se avecinan las decisiones más importantes, como con quién casarse, a qué universidad asistir y qué trabajo aceptar. A veces, tu propia vida puede depender de tu decisión, y la elección que hagas podría ser la diferencia entre la vida y la muerte.

Por supuesto, no existe una decisión importante que si eliges confiar en Jesucristo para tu salvación eterna. Pero antes de que pienses que aquí se terminan sus decisiones espirituales, aquí hay una cosa más a considerar. El apóstol Pablo deja en claro que las decisiones diarias que tomemos determinarán el tipo de cristianos que seremos.

Algunos de los cristianos en la Roma del siglo primero pisoteaban la gracia de Dios. Asumieron que cuanto más pecaba una persona, más gracia podía disfrutar esa persona porque Dios era tan misericordioso para perdonar todos sus pecados. Esta es una forma errónea de pensar y podría ser expresada hoy de esta manera: «Bueno, soy salvo, entonces puedo hacer lo que me de la gana porque Dios me perdonará», «Voy al cielo, así que no importa cómo vivo en la tierra» e incluso «Vívelo hoy y permita que Dios me perdone mañana».

La respuesta a tal pensamiento cristiano manipulador es que aunque Dios es abundante en gracia y está dispuesto a perdonar cualquier y todos los pecados, esto no es un permiso para elegir pecar continuamente. El perdón de Dios no es un cheque en blanco que nos da permiso para abusar de la gracia de Dios. Una vez que nos volvemos cristianos, no nos volvemos sin pecado, pero deberíamos elegir pecar menos. Como cristianos, ya no debemos ser controlados por el pecado, y ya no practicaremos el pecado habitualmente. La gracia de Dios no libera a una persona <u>al</u> pecado, pero la gracia de Dios debe liberar a una persona <u>del</u> pecado.

Si decides seguir a Cristo, debes tener una vida que consistentemente elige no pecar. ¿Qué hay de los cristianos que continúan practicando el pecado de forma rutinaria? No son difíciles de encontrar. Todo lo que tenemos que hacer es mirar, y veremos personas que dicen que creen en Cristo, sin embargo, no hacen cambios en sus vidas, y no muestran ninguna señal de que el pecado se esté reduciendo en sus vidas. La respuesta es que no son cristianos. No puedes elegir a Cristo y continuar eligiendo el pecado. El pecado debe estar disminuyendo en tu vida, y la semejanza a Cristo debe estar aumentando.

Si queda alguna duda en cuanto a cuál es la decisión correcta, permíteme apelar a tu razonamiento por un momento. Usualmente, cuando se necesita tomar una decisión, consideramos los pros y los contras, y esto es exactamente lo que Pablo hace en Romanos capítulo 6. Él dice que elegir el pecado conducirá a la esclavitud (versículos 16-17), conducirá a la anarquía (versículo 19), causa vergüenza (versículo 21) y termina en la muerte (versículo 23). Por otro lado, elegir no vivir en pecado conduce a la rectitud (versículo 16), la libertad (versículo 18), la santidad (versículo 19) y la vida eterna (versículo 22). Dada esta información, la decisión no parece ser una buena opción.

Deja de optar por vivir una vida de pecado habitual. Libérate y has decisiones inteligentes hoy y deja de pecar y camina en la libertad y llenura de la gracia de Dios.

---

**13 DE ABRIL**

*Cuando Salomón ya era anciano, ellas le desviaron el corazón*
*para que rindiera culto a otros dioses*
*en lugar de ser totalmente fiel al Señor su Dios.*
*1 Reyes 11:4*

# EL PODER DESTRUCTIBLE DE INFLUENCIAS IMPÍAS

¿Con quién pasas el tiempo? ¿Qué te gusta hacer en tu tiempo libre? ¿Quién ha tenido el mayor impacto en tu vida? ¿A quién recurres cuando necesitas un consejo? ¿Qué tienen todas estas preguntas en común? La respuesta es influencia. Una definición simple de influencia es el poder de afectar. Tanto si eres consciente de esto como si no, las personas con las que te rodeas, las actividades que te interesan y lo que ves y escuchas influyen en ti. La influencia puede ser positiva o negativa. Desafortunadamente para el Rey Salomón, descubrió de la peor manera el daño que puede causar al permitir que las cosas incorrectas tengan una influencia en tu vida.

Ver a un atleta caer en los Juegos Olímpicos, lesionarse en el primer cuarto del *Super Bowl* o tener que sentarse en el banquillo durante la Serie Mundial es tan desgarrador; pensamos en tal ocurrencia como un desperdicio de capacidad y potencial. Cuando miramos a Solomon, sentimos el mismo tipo de desamor. Salomón tenía todos los ingredientes necesarios para un largo y exitoso reinado como rey, pero al final, cambió la sabiduría de Dios por la necedad del mundo. ¡Qué desperdicio de habilidad y potencial! El fracaso y la caída de Salomón pueden atribuirse a la influencia negativa que permitió que sus esposas tuvieran sobre él. Antes que nada, Dios le advirtió a Salomón que no debía multiplicar a sus esposas, sin embargo Salomón lo hizo de todos modos. El resultado fue que Salomón fue envenenado por sus pasiones. Su lujuria por las mujeres abrió la puerta para que su adoración idólatra echase raíces en su corazón. Sin duda, el alejamiento del corazón de Salomón de Dios fue un cambio lento y constante, que hizo la transición aún más peligrosa. Este tipo de cambio puede pasar desapercibido en nuestras vidas si no tomamos precauciones para evitar un final tan desastroso.

1 de Corintios 15:33 dice: «No se engañen: "La compañía del mal corrompe los buenos hábitos"». Podríamos simplificar de esta manera: "El mal corrompe lo bueno" o "Los impíos corrompen a los piadosos"».

Vamos a ver las cosas de manera personal y práctico. Si pasas más tiempo con mundanos que con cristianos, si dedicas más tiempo a ciertas actividades, intereses, pasatiempos, películas o música que a actividades piadosas, entonces ten cuidado: corres el riesgo de que tu corazón se aleje de Dios. No confundas este principio. Esto no significa que no puedas tener amigos no cristianos. ¡Debieras! Estamos llamados a ser sal y luz en este mundo, y eso solo puede suceder a medida que pasamos tiempo en el mundo con personas que básicamente viven para este mundo.

Por supuesto, todavía podemos disfrutar de deportes u otros intereses espiritualmente neutros de vez en cuando, pero estas cosas no deben ser nuestra prioridad. Esto significa que si estás pasando más tiempo con esas actividades que con Dios, entonces algo tiene que cambiar.

Además, una breve palabra sobre el matrimonio: Aprende de Salomón y cásate con alguien que adora a Dios. Te pones en una posición comprometedora cuando permites que la persona más cercana a ti, la persona que tiene la mayor influencia sobre ti, sea alguien que no comparte tus creencias fundamentales.

Con quién pasamos nuestro tiempo y con qué gastamos nuestro tiempo determinará la dirección en que irán nuestras vidas. Mantente enfocado en Dios y permita que Él tenga la mayor influencia en tu vida.

## 14 DE ABRIL
*Por lo tanto, ya no hay ninguna condenación*
*para los que están unidos a Cristo Jesús*
*Romanos 8:1 (NVI)*

## LA VISTA DESDE LA CIMA DE LA MONTANA

Caminar por una montaña requiere determinación mientras luchas contra las empinadas pendientes, luchas para mantenerte firme y luchas contra las diversas condiciones climáticas, pero llega el momento en que todo el esfuerzo difícil da su fruto y estás parado en la cima. ¡Lo primero que llama la atención es la vista increíble! Desde tu nuevo vista panorámica, puede ver millas y millas en cualquier dirección mientras exploras el horizonte.

¿Qué pasaría si tuviéramos un punto de vista espiritual que nos permitiera ver los planes y propósitos de Dios por millas y millas en cualquier dirección? Romanos 8 nos da una idea de la vista de la cima de la montaña.

Sería difícil encontrar otro capítulo en toda la Biblia que te lleve desde las profundidades de la carne hasta la cima del Espíritu, desde la cuenca de la esclavitud hasta las alturas de la libertad, desde el valle de la muerte hasta la cumbre de la eternidad. vida. Como dijo Charles G. Trumbull:

Comenzando con «ninguna condena», terminando con «sin separación», y en el medio, «sin derrota». Este capítulo maravilloso establece el evangelio y el plan de salvación; . . la desesperanza del hombre natural y la justicia del nacido de nuevo; la morada de Cristo y el Espíritu Santo; la resurrección del cuerpo y la bendita esperanza del regreso de Cristo; el trabajo conjunto de todas las cosas para nuestro bien; cada tiempo de la vida cristiana, pasado, presente y futuro; y la gloriosa canción culminante del triunfo, ninguna separación en el tiempo o en la eternidad, «del amor de Dios que es en Jesucristo nuestro Señor».[18]

De pie en la cima de la montaña, se puede ver a lo lejos el camino romano que te trajo a la cima, un camino que te trajo a través de la ira de Dios (Romanos 1:18), la depravación del hombre (Romanos 1:24-32), la debilidad de las obras (Romanos 2), la justicia de Dios (Romanos 4), la justificación por la fe (Romanos 5:1), el don de la gracia (Romanos 5:15), el proceso de santificación (Romanos 6), la lucha con el pecado (Romanos 7) y la libertad en Cristo (Romanos 8).

Con una afirmación declarativa y audaz, el capítulo 8 comienza, «Ya no hay . . . ahora, ninguna condenación para los que están en Cristo Jesús.» Hemos sido liberados de la pena del pecado, de la esclavitud del pecado y de la opresión de la carne. Y por lo que Jesucristo ha hecho por nosotros, podemos pararnos en la cima de la montaña. Debemos recordar que el versículo 1 no dice que «no hay errores», «no hay fallas» o que «no hay pecados» para los que están en Cristo; más bien, ¡el versículo dice que no hay condenación! No confundas ninguna condenación por ninguna disciplina, ninguna corrección, ningún reproche, o incluso ningún sufrimiento. Ninguna condena significa posicionalmente, ante Dios, hemos sido liberados en Cristo, libres para convertirnos en todo lo que Dios quiere que seamos, libres para lograr todo lo que Dios quiere que logremos, y libres para disfrutar de todo lo que Dios quiere que disfrutemos.

La vista desde la cima de la montaña nos muestra que el cristiano es completamente victorioso. Somos libres de juicio porque Cristo murió por nosotros, estamos libres de la derrota porque Cristo vive en nosotros, y estamos libres de desaliento porque Cristo viene por nosotros. Entonces, la próxima vez que estés caminando por el valle, recuerda tu vista desde la cima de la montaña.

## 15 DE ABRIL

*En ese momento pasaba Jehová, y un viento grande y poderoso rompía los montes y quebraba las peñas delante de Jehová; pero Jehová no estaba en el viento. Tras el viento hubo un terremoto; pero Jehová no estaba en el terremoto. Tras el terremoto hubo un fuego; pero Jehová no estaba en el fuego. Y tras el fuego se escuchó un silbo apacible y delicado.*
1 Reyes 19:11-12

# O A LA MANERA DE DIOS O NADA

¡Qué tremendo punto culminante para el profeta Elías! Acababa de ver una demostración maravillosa y gloriosa del poder de Dios en el Monte Carmelo cuando los falsos dioses de Baal fueron completamente derrotados y los sacerdotes paganos que promovieron la adoración idólatra fueron asesinados. Sin duda, Elías debe haber estado pensando que esto era solo el comienzo de algunos cambios grandes y que el malvado Rey y la Reina de Israel, Acab y Jezabel, se arrepentirían de su maldad, lo que llevaría a un gran avivamiento en toda la tierra. Pero ese final feliz no estaba reservado para Elías, y cuando se hizo evidente lo contrario para él y la reina lo puso en la parte superior de la lista de los más buscados de Israel, Elías decidió que lo mejor que podía hacer era huir.

Cuando Elías vio que Dios no iba a hacer las cosas de la manera que él quería, Elías se desanimó y temió. Elías pensó que Dios debería hacer las cosas a su manera. Después de todo, él creía que esta era una gran oportunidad para Dios después de una muestra tan dinámica de autoridad absoluta. Dios debería haber aprovechado al máximo esto, pensó Elías, manteniendo el impulso y continuar a hacer las cosas de gran manera. ¿Alguna vez pensaste que Dios debería hacer las cosas de cierta manera, solo para verlo obrar de una manera diferente? Cuando Dios no funcionó de la manera en que creías que lo haría, ¿respondiste como Elías y te desanimaste y temiste?

El lugar de Elías no es dictarle a Dios los medios y los métodos por los cuales debe hacer las cosas; ni ese dictado es nuestro lugar. Mientras Elías se desanimaba, Dios se acercó al profeta y trajo un fuerte viento, un terremoto y un fuego antes de Elías, pero Dios no se estaba en ellos. En cambio, Dios eligió hablarle a Elías por medio de una voz apacible y delicada. Dios le demostró a Elías a través del viento, el terremoto y un fuego que no carecía de poder o recursos y que usará armas poderosas de vez en cuando para cumplir sus planes, tal como Elías lo vio en el monte Carmel. Mas este no era uno de esos momentos. Este era el momento en que Dios usaría quietud y lo callado para hablar su palabra en el corazón de su profeta elegido.

Elías necesitaba darse cuenta de que los caminos de Dios no eran suyos. En la raíz del desaliento y el temor de Elías estaban sus conceptos erróneos sobre las formas en que Dios trabaja. Dios puede usar las armas grandes, el uso dramático de milagros, señales o maravillas, para llamar la atención de las personas. Pero el cambio duradero que Dios busca realmente ocurre cuando la Palabra de Dios se recibe en la quietud y la tranquilidad del corazón.

Dios cumplirá todo lo que ha planeado. No tenemos que preocuparnos por eso. Y no tenemos la responsabilidad de aconsejar a Dios sobre cómo debe cumplir sus planes. Nuestra responsabilidad es confiar y obedecer. Mantente en el lugar donde puedes escuchar la voz suave y apacible de Dios hablando a tu corazón a través de Su Palabra, y permanece entregado a Dios de tal manera que tu deseo principal sea ver a Dios cumplir su voluntad, a su manera.

## 16 DE ABRIL
*Sabemos, además, que a los que aman a Dios,
todas las cosas los ayudan a bien, esto es,
a los que conforme a su propósito son llamados.*
Romanos 8:28

## EL MAYOR BIEN

Las promesas de Dios son una ilusión o una verdad maravillosa. Si son ilusiones, entonces no son más que dichos optimistas como «Mira el lado positivo», «Las cosas podrían ser peores», «Mantén la barbilla en alta» y «Todas las nubes tienen un lado positivo». Todos estos dichos ofrecen poca esperanza, incluso menos confianza en tiempos de problemas. Por otro lado, las maravillosas promesas de Dios, que son ciertas, no solo ofrecen estas ayudas, sino también seguridad y estabilidad, incluso en nuestros peores momentos. ¿Qué tan bien recibes las promesas de Dios?

Pablo nos da una promesa de Dios audaz, radical y que cambia la vida, que es definitivamente más que un simple dicho optimista. ¡Nos dice que todo obra para bien! Quizás pensarás: ¿TODO? En serio, Paul, ¿hablas en serio? Tal vez reconozcas que, ciertamente algunas cosas funcionan para bien, incluso quizás hasta estés de acuerdo de que algunas situaciones difíciles pueden resultar en lecciones valiosas y por lo tanto, lograr algo bueno, pero ¿todas las cosas?

¿Acaso todas las cosas obran para bien cuando muere un bebé? ¿Qué pasa cuando un ser querido es diagnosticado con una enfermedad terminal? ¿Todas las cosas siguen obrando para bien? ¿Qué pasa cuando perdemos nuestro trabajo, o cuando un matrimonio se derrumba, o perdemos nuestra casa? ¿Cómo están funcionando todas las cosas para bien entonces?

Para Paul, no había ni un poco de duda sobre esta verdad porque dijo: «*Sabemos* que todas las cosas ayudan a bien...» (énfasis añadido). La razón de la certeza de Pablo estaba enraizada en la Resurrección de Jesucristo. Dios cumplió algunas de las más grandes promesas a través de la Resurrección, incluida la prueba de que Dios puede y cumplirá sus promesas, y la prueba de que Dios honra Su palabra. La resurrección es prueba de que Dios es todopoderoso, y una prueba que nos da la certeza de saber que cuando Dios hace una promesa, Él guardará esa promesa, y esa promesa se cumplirá.

Esto no significa que todo en la vida funcionará de la manera que esperábamos, o que solo nos pasarán cosas buenas, o que todas las cosas están bien. Pablo no está diciendo que la muerte, el sufrimiento, la enfermedad y la tragedia son cosas buenas. La muerte de un niño no es algo bueno. El final de un matrimonio no es algo bueno. Dios nunca mira mal y dice que lo malo es bueno, pero cuando Dios lo ve mal, ve cómo puede usar eso para bien en nuestras vidas. Él ve cómo puede lograr un propósito mayor de lo que esperábamos que pudiera surgir de tal dificultad.

Una condición para la promesa de Dios de hacer el bien del mal existe: esta promesa está reservada solo para el cristiano. Como Pablo nos dice, esto es para aquellos que aman a Dios... aquellos que son llamados de acuerdo a su propósito. Por lo tanto, debemos tener cuidado de cómo aplicamos y compartimos este versículo con otros, porque su aplicación se limita a aquellos que han puesto su fe en Cristo, aquellos a quienes Dios les promete que cualquier cosa que enfrenten en esta vida, la usará para bien.

Dios puede hacer mucho bien en nuestras vidas a través de las circunstancias que enfrentamos, pero un bien continuo que Dios esta haciendo es conformarnos a la imagen de Jesús (Romanos 8:29). No sé qué estas enfrentando hoy o qué problema te esta pesando en el corazón. Pero quiero que sepas esto: Dios está obrando, y no hay nada que no pueda usar para conformarte a la imagen de Cristo, que es el mayor bien de Dios para su vida.

## 17 DE ABRIL
*Construyamos un pequeño cuarto en el techo para él*
*y pongámosle una cama, una mesa, una silla y una lámpara.*
*Así tendrá un lugar dónde quedarse cada vez que pase por aquí.*
2 King 4:10 (NTV)

## HOSPITALIDAD GENUINA

Algo cálido y acogedor viene con ser invitado a la casa de alguien para compartir una comida. Todos hemos estado en una casa donde, tan pronto como pasas por encima del tapete de la puerta y caminas por la puerta de entrada, inmediatamente te sientes como en casa. Tienes la libertad de quitarte los zapatos y levantar los pies. Se te muestra y se te invita a disfrutar todo como si fuera tuyo. No se siente culpable, no se menciona el costo, y con confianza bebes el último refresco o tomas el último pan de la cena porque las segundas raciones no solo son bienvenidas, sino que también son alentadas. Una simple y sincera preocupación por tu comodidad es evidente, ya que se le indica que se relaje y disfrute de la bendición de la hospitalidad genuina. Por más maravilloso que sea es, la Biblia desafía al cristiano a llevar la hospitalidad un paso más allá.

El ministerio del profeta Elías había llegado a su fin, y su sucesor, Eliseo, estaba en la escena. Eliseo era lo que podrías llamar un profeta para el pueblo, ya que su ministerio se hizo modestamente y principalmente entre la gente común de Israel. Una de esas personas que fue bendecida por Eliseo y una bendición para Eliseo fue la sunamita. Ella era una mujer de gran carácter que fue entregada a la hospitalidad. Mientras observaba al profeta que viajaba por su pueblo, amablemente comenzó a abrir su casa a este siervo de Dios y lo recibió en su casa para descansar, relajarse y disfrutar de una comida refrescante cada vez que estaba en la ciudad o simplemente estaba de paso.

Si eso fuera todo lo que ella hizo, eso hubiera sido una gran demostración de la hospitalidad, pero esta mujer y su esposo llevaron la hospitalidad a un paso más allá mientras construían una cama y desayuno en su casa donde el profeta podía quedarse cada vez que viajaba. En aquellos días, no había hotel, pero se hizo un llamado para que los judíos fueran hospitalarios no solo con su propia gente, sino también con los extraños que puedan estar necesitados de alguna bondad ambulante (Levítico 19:34).

Esta es la esencia de la verdadera hospitalidad que el cristiano debe extender a los demás. Esta hospitalidad va más allá, se extiende no solo a aquellos a los que estamos cerca, porque eso es lo que la gente ya hace normalmente. No, el cristiano debe ir más allá de la norma y extender la hospitalidad en una escala mucho más amplia. Al igual que la mujer sunamita, podemos buscar bendecir a aquellos que ministran el evangelio o misioneros que están en casa desde el frente de servicio. Quizás esto signifique abrir tu hogar para empezar un estudio bíblico o un grupo pequeño. Para algunos, tal vez esto signifique la consideración piadosa de hacer una provisión para que alguien en necesidad se quede contigo mientras te recuperas, o incluso como un padre de crianza temporal. La hospitalidad, sin embargo, no necesita ser tan grande como lo que hizo la mujer sunamita. No todos tenemos la capacidad o los recursos para convertir una parte de nuestro hogar en una habitación de hotel para ministros, pero todos podemos encontrar maneras de bendecir a otros con el don de la hospitalidad.

La hospitalidad es un signo de madurez en el creyente (1 Timoteo 3: 2), pero la práctica de ser hospitalario es responsabilidad de cada creyente. Si bien algunos pueden tener una habilidad especial o el don de la hospitalidad, todos estamos llamados a practicar la hospitalidad, así que empiece por mirar a tu alrededor en busca de maneras de bendecir a alguien con una buena hospitalidad pasada de moda.

---

### 18 DE ABRIL

*¿Acaso Dios ha rechazado a su propio pueblo, la nación de Israel?*
*Romanos 11:1 (NTV)*

## HAY ISRAEL....

¿Te has preguntado alguna vez qué pasó con la relación especial entre Dios y la nación de Israel? ¿Los judíos todavía son el «pueblo escogido» de Dios? ¿Las promesas que Dios hizo a Abraham, Moisés, David y otros hebreos del Antiguo Testamento todavía están en efecto? ¿O Dios rechazó a Israel cuando la nación rechazó a su Hijo, Jesús?[19]

El lugar especial de Israel en la Biblia es inconfundible. La relación de Dios con Israel se remonta a unos miles de años, comenzando con un hombre llamado Abraham, también conocido como el padre de la nación (Génesis 12: 1). Dios entró en una relación de pacto con Abraham (ver Génesis 15:18), prometiendo bendecir a sus descendientes y hacerlos una gran nación (Génesis 12: 1-3). Aquí es donde Israel se convirtió formalmente en el «pueblo escogido» de Dios. La relación de pacto de Dios fue confirmada por la gente en el Monte Sinaí cuando prometieron hacer todo lo que el Señor ordenó (Éxodo 24: 3). Desafortunadamente, el pueblo de Dios eventualmente rompería su promesa con Dios e incluso llegaría a rechazar al Hijo de Dios. Pero Dios nunca rompió su promesa a Israel; Él siempre hace lo que dice que hará. Por lo tanto, nunca ha roto su promesa a Israel ni a nosotros.

El apóstol Pablo confirma el hecho de que «Dios no ha desechado a su pueblo» (Romanos 11: 2) y aun tiene un gran propósito para ellos en sus planes futuros. A veces puede ser difícil ver lo que Dios está haciendo o podemos entender que su manera de ser difícil; pero podemos estar seguros de que «el que comenzó en nosotros la buena obra la perfeccionará.» (Filipenses 1:6) Esa es su promesa para nosotros, y Dios es y siempre será fiel a su Palabra.

¿Te has preguntado cómo es tu futuro con Dios? ¿Alguna vez te has preocupado de que la situación por la que estás atravesando, las luchas con las que estás luchando o las presiones que estás experimentando sean una indicación de que Dios no está obrando para un buen propósito en tu vida? Si es así, esta sección de Romanos está diseñada especialmente para ti, ya que Pablo usó el pasado, el presente y el futuro de Israel como una ilustración de que Dios es fiel, incluso cuando su pueblo no lo es. No importa su situación, no importa su lucha, Dios es fiel, incluso cuando no lo somos.

Podemos tomar a Dios en su palabra, podemos confiar en sus promesas. Él será fiel para hacer todo lo que ha dicho que hará, y si te preguntas cómo puedes saberlo con certeza, entonces mira la relación de Dios con la nación de Israel.

**19 DE ABRIL**
*Si el profeta te mandara hacer algo difícil,*
*¿no lo harías? ¿Cuánto más si sólo te ha dicho:*
*«Lávate y serás limpio»?*
*2 Kings 5:13*

## RECIBIR EL REMEDIO DE DIO

Ya lo has escuchado: «Nada en la vida es gratis»; «Nada que valga la pena es fácil»; y «Lo que pagas es lo que recibirás». Estas expresiones nos recuerdan que el trabajo arduo y la persistencia son esenciales para hacer una diferencia, para tener éxito o para llegar adonde vamos en la vida. Las declaraciones expresan que a menudo somos escépticos de recibir cualquier cosa que no tengamos que pagar o que no ganemos. Cuando algo es gratis, estamos tentados a pensar: ¿Qué tiene de malo? Desafortunadamente, podemos ser culpables de llevar estas ideas a nuestro entendimiento de la salvación, lo que significa que podemos estar tratando desesperadamente de comprar o trabajar arduamente para lo que Dios nos ha dado gratuitamente.

Naamán fue un hombre que transmitió su fuerte ética de trabajo y su escepticismo de las cosas gratis en su comprensión de cómo funciona Dios. Era un hombre de gran poder e influencia, y era popular y muy respetado. Como comandante del ejército Sirio, habría tenido que trabajar duro para ascender entre los rangos y llegar a su posición muy respetada y poderosa. Naamán también fue considerado un hombre valiente de valor, y el Señor lo usó para traer una gran victoria a Siria. Pero Naamán tenía un defecto fatal: tenía lepra, que era una enfermedad temible e incurable que se extendería rápidamente por el cuerpo de una persona. Y debido a los devastadores efectos de la lepra y su naturaleza incurable, a menudo se considera que la enfermedad es una imagen en la Biblia de los devastadores efectos del pecado.

A pesar de todo el poder y la influencia que tenía Naamán, no tenía poder para curarse a sí mismo. Cuando el pecado está involucrado, todos somos como Naamán: incapaces de curarnos de esta enfermedad mortal. Después de haber intentado todo lo que se le ocurrió para recuperarse, ni Naamán ni nadie pudo hacer nada para revertir los efectos de su lepra.

Aquí, la gracia de Dios se extendió a Naamán a través del profeta Eliseo, cuando Eliseo llamó a Naamán para que fuera a verlo. Naamán llegó con orgullo con un gran séquito y estaba completamente preparado para pagar un gran precio por un milagro personal a manos de este hombre de Dios. Pero para sorpresa y consternación de Naamán, Eliseo simplemente transmitió un mensaje para que Naamán fuera al río Jordán y se lavara en las aguas siete veces. Con su orgullo herido, Naamán se negó. Su propia importancia esperaba que se realizara un trabajo complejo para lograr su curación. Su orgullo pensó que esto era demasiado fácil, como si dijera: «Si esto va a funcionar, seguramente no puede ser gratis».

Naamán finalmente fue sanado mientras soltaba su orgullo, se humillaba a sí mismo y por fe confiaba en el remedio de Dios. De la misma manera, nosotros también podemos ser salvados de la enfermedad del pecado que asola nuestros cuerpos espirituales. Si dejamos ir nuestro orgullo, nos humillamos, confesamos nuestros pecados a Dios y ponemos nuestra confianza en el sacrificio de Jesús en la cruz, entonces seremos sanados. Cuando venimos a Dios, debemos estar dispuestos a abandonar nuestra importancia personal y darnos cuenta de que no podemos trabajar más arduamente para obtener la gracia de Dios. Debemos reconocer que el perdón de los pecados no está a la venta, sino el regalo gratuito de Dios. Todo lo que debemos hacer es estar dispuestos a recibir el remedio de Dios.

### 20 DE ABRIL
*No os adaptéis a las formas de este mundo, sino transformaos por medio de la renovación de vuestra mente, para que comprobéis cual es la voluntad de Dios: lo bueno, lo que agrada, y lo perfecto.*
*Romanos 12:2*

## CUESTIONES DE LA MENTE

Cada vez más personas se toman el tiempo de leer las etiquetas de los alimentos. Mientras compramos, recogemos cajas de cereal, bocadillos y productos enlatados, mirando las etiquetas en busca de respuestas. ¿Cuales son los ingredientes? ¿Cuántas calorías? ¿Cuántos gramos de grasa? ¿Cuánto azúcar? ¿Cuántos carbohidratos y cuánta proteína? Nos preocupamos al observar lo que ponemos en nuestros cuerpos, pero ¿estamos teniendo el mismo tipo de cuidado para ver lo que ponemos en nuestras mentes? ¿Nos preguntamos, qué hay en esta película que estamos a punto de pasar dos horas viendo?; ¿Este programa de televisión es apropiado? o ¿Las ideas en este libro que estoy a punto de leer son inmorales o destructivas?

Pablo entendió que la creencia determina el comportamiento, las convicciones determinan la conducta y la actitud determina la acción, lo que significa que la forma en que pensamos no solo es importante, sino también indispensable. Pablo desafió a todos los cristianos a tomar el control de sus mentes y dejar de permitir que el mundo influya la forma en que piensan y la forma en que actúan. Vale la pena insertar aquí la traducción de JB Phillips de este pasaje: «No permitas que el mundo que te rodea te meta en su propio molde, sino que permite que Dios vuelva a moldear tu mente, para que puedas comprobar en la práctica que el plan de Dios es bueno, cumple con todas sus demandas y se mueve hacia la meta de la verdadera madurez».

¿Cómo deberían pensar los cristianos? Para empezar, como cristianos, no debemos permitir que la cultura determine nuestra conducta, ni dejar que el mundo configure nuestra visión del mundo. Los valores, principios, creencias y moral que los cristianos deben tener no se encuentran en los periódicos, la política o los medios de comunicación del momento; se encuentran en Dios y solo en Dios.

La Biblia nos dice que debemos tener la mente de Cristo, que es lo mismo que decir que debemos tener una mente piadosa. Una mente piadosa le permite a Dios moldear opiniones, perspectivas, filosofías y moralidad. En lugar de tener una cosmovisión mundana, debemos acercarnos a la vida desde una perspectiva de Dios, lo que significa que consideramos la vida desde la perspectiva de Dios, que se encuentra en la Biblia. Cuando estamos confundidos sobre un tema, o buscamos claridad sobre un tema, cuando necesitamos una guía, cuando buscamos entender el significado y el propósito de lo que estamos experimentando en la vida, debemos mirar lo que Dios tiene que decir sobre nuestra situación.

Sin embargo, renovar nuestras mentes es más que solo leer la Biblia. La verdadera renovación implica meditar en lo que has leído, lo que simplemente significa que debemos pasar tiempo revisando lo que leemos, pensando en el significado y considerando cómo ésta escritura se aplica a nuestras vidas en forma personal. Además, la memorización de pasajes de la Biblia ayudará a que lo que leemos se convierta en parte de lo que somos. Así como los alimentos que comemos moldean nuestro cuerpo físico, lo que alimentamos nuestras mentes formará nuestro cuerpo espiritual.

Un tipo de cambio radical que transforma la vida debe ser evidente en la vida de un cristiano, comenzando en la mente de cada creyente, cuando el Espíritu Santo y la Palabra de Dios alimenta regularmente el corazón, moldeando nuestros pensamientos, convirtiendo totalmente la mundanalidad innata de nuestras mentes en una mente gloriosa, celestial y consagrada como Cristo. Los creyentes experimentan una metamorfosis de proporciones divinas evidente en la vida cotidiana cuando asumimos una visión bíblica de Dios. De este proceso, seremos transformados en nuevas creaciones que entienden y viven la voluntad de Dios.

### 21 DE ABRIL
*Josías también se deshizo de los médiums y los videntes, de los dioses familiares, de los ídolos, y de todas las demás prácticas detestables, tanto en Jerusalén como por toda la tierra de Judá.*
*2 Reyes 23:24 (NTV)*

## LIMPIEZA DE PRIMAVERA

Cuando miras hacia afuera y ves el sol brillando, los pájaros cantando y las flores floreciendo, y luego ver hacia tu hogar con la cochera llena de basura, los armarios amontonados con una multitud de cosas misceláneas y un refrigerador que ya no contiene comida pero se ha transformado en un experimento científico, ya sabes que ha llegado la hora de la limpieza primaveral. Al inicio de la primavera se habla mucho de hacer limpieza a fondo. Es la época del año en que le das a tu casa una limpieza completa de arriba abajo y te deshaces de todo el montón de cosas no deseadas, desactualizadas e inútiles.

Pero lo que puede ser fácil de ver en tu casa puede no ser tan fácil de ver en tu vida espiritual. ¿Ha llegado el momento de limpieza de primavera en tu vida?

La nación de Israel debía haber hecho una limpieza espiritual de primavera. Habían permitido que la basura de la idolatría se acumulara, acumularon los extraños practicantes de hechicería y brujería, desarrollaron un olor ofensivo en la tierra debido al incienso se quemaban a los dioses paganos, y los sacerdotes habían pervertido la casa de Dios al guardar imágenes impías. El rey Josías tuvo el denuedo de hacer lo que debía hacerse y comenzó por sacar y quemar la basura irreligiosa. Pero él no se detuvo allí. También arrojó a las calles a cualquiera que no compartiera su carga por el Señor, y desarraigó cualquier práctica que hubiera surgido como hierba en el pueblo de Dios.

¿Qué ves cuando miras dentro de ti mismo y tu condición espiritual? ¿Has permitido que las telarañas espirituales se acumulen? ¿Se ha acumulado la idolatría de adorar otros dioses? ¿Están los armarios de tu mente llenos de información innecesaria, que por lo tanto han empujado las cosas de Dios en una pequeña caja de zapatos en la esquina que nunca abres porque has olvidado que la caja existe? Cuando la devoción a otras cosas ha alejado tu atención de Dios, cuando el trabajo es más importante que adorar a Dios, y cuando has perdido de vista lo sagrado debido a lo que has aprendido en tu vida, entonces ha llegado el momento de limpiar la casa.

Josías nos da un gran ejemplo de lo que es necesario si queremos poner nuestra casa en orden. Primero, fue condenado por la Palabra de Dios. Nunca querrás hacer los cambios necesarios en tu vida si no pasas tiempo leyendo la Biblia. Fuera del tiempo que pases leyendo la Biblia, Dios revelará la basura y el desorden que has permitido acumular. De esta conciencia renovada de la Palabra de Dios vendrá una convicción provocada por el Espíritu de Dios, que conducirá a un compromiso de obedecer a Dios, tal como lo experimentó Josías cuando se comprometió a seguir a Dios y adherirse a Su Palabra (2 Reyes 23: 3).

Luego, Josías actuó. Toda la convicción, el compromiso y la planificación equivaldrán a nada si no llevas a cabo sus acciones.

No permita que la basura sin valor tome el lugar de la adoración. No dejes que las telarañas se formen sobre tus dones espirituales. Si encuentras cosas que comienzan a acumularse que te impiden servir y adorar a Dios, entonces tómate el tiempo para hacer una limpieza espiritual de primavera y mantenerte ordenado en tu caminar con el Señor.

## 22 DE ABRIL

*Sométase toda persona a las autoridades superiores, porque no hay autoridad que no provenga de Dios, y las que hay, por Dios han sido establecidas.*
Romanos 13:1

### EN DIOS CONFIAMOS

La Política y la religión. Si dices estas dos palabras juntas, es probable que recibas reacciones diferentes y a menudo apasionadas de las personas. Algunos creen que los dos temas nunca deberían unirse, y la etiqueta social dice que nunca hablen de la religión y la política en compañía educada. A pesar de la oposición a la idea, los dos están relacionados. Un filósofo dijo: «Aquellos que dicen que la religión no tiene nada que ver con la política, realmente no saben lo qué es la religión». Entonces, ¿qué dice Dios acerca de la política y la religión? ¿Cómo puede el cristiano interactuar con el gobierno y la autoridad? ¿Y qué debemos hacer si el gobierno bajo el cual vivimos es malo?

Dios ha establecido tres instituciones: la familia, que comenzó con Adán y Eva; el estado, ya que Dios le dio a Noé algunas regulaciones post-operativas para la autoridad civil; y la iglesia en Pentecostés. Ahora, durante el tiempo que Pablo estaba escribiendo su epístola a los Romanos, el clima político era tenso, lleno de persecución, corrupción, injusticia e inestabilidad. Sin embargo, a pesar de los gobernantes opresivos y abusivos en el gobierno que estaban comenzando a construir políticas anticristianas, Pablo aun escribió, «Dejemos que cada alma esté sujeta a las autoridades gobernantes». La razón de tal sumisión amplia es porque Dios ha ordenado y aprobado el gobierno. Piensa en esto: si Dios está detrás de toda la autoridad en la tierra, cuando desobedecemos la autoridad, deshonramos a Dios. Dios ha creado el gobierno principalmente para prevenir el caos y contener el mal.

Aceptar el hecho de que Dios está detrás del gobierno cuando el gobierno es bueno es fácil, porque Dios es bueno. Pero, ¿está Él detrás de los gobiernos que también son malvados? La respuesta es sí. Esto de ninguna manera significa que Dios es malvado o aprueba gobernantes malvados, pero la Biblia deja en claro que Dios puede convertir al mal, incluso a los gobiernos malvados, en buenos. Dios trabajó a través de gobernantes malvados como el Faraón, Nabucodonosor, Pilato y otros para lograr buenos propósitos. El hecho de que los hombres malos puedan estar en el gobierno no significa que todo el gobierno sea malo.

Ahora, Pablo omite un problema difícil con el gobierno que deberíamos mencionar brevemente, y es, ¿qué sucede cuando el gobierno ordena que hagas algo que va en contra de tus responsabilidades bíblicas como cristiano? Por ejemplo, ¿qué pasaría si el gobierno aprobara una ley que prohíbe predicar o compartir el evangelio? Entonces, Hechos 5:29 nos recuerda: «Nosotros tenemos que obedecer a Dios antes que a cualquier autoridad humana.» (NTV). Dios es la máxima autoridad, y su ley anula cualquier ley que provenga de la humanidad. Si tengo que desobedecer la palabra de la humanidad para poder obedecer la Palabra de Dios, entonces tengo que estar dispuesto a aceptar el castigo como resultado de mi desobediencia, y todavía se me exige que actúe con integridad. Daniel, Pablo, Silas, Pedro y Juan tuvieron que desobedecer la autoridad de la humanidad para obedecer la autoridad superior de Dios. Ellos sufrieron las consecuencias por desobedecer al gobierno, pero aún desobedecieron de una manera que honró a Dios.

Nos sometemos a la autoridad sabiendo que Dios le ha permitido a esa persona estar en esa posición para un propósito y que la voluntad de Dios se está logrando a través de esa persona, incluso si no vemos cómo o por qué. Dios dice: «Por mis reyes reinarán» (Proverbios 8:15). Asume la responsabilidad de levantar una regla y derribar otra.

Respetar a la autoridad porque en Dios confiamos, no en la humanidad.

---

### 23 DE ABRIL

*Invocó Jabes al Dios de Israel diciendo: «Te ruego que me des tu bendición, que ensanches mi territorio, que tu mano esté conmigo y que me libres del mal, para que no me dañe.» Y le otorgó Dios lo que pidió.*
*1 Crónicas 4:10*

## LA ORACIÓN DE JABES

A veces podemos ser culpables de abrir nuestras Biblias en busca de algún tipo de fórmula de Dios, como $x$ más $y$ es igual al éxito, o $a$ x $b$ = felicidad, o $c - d$ = santidad. La Biblia está sin dudas llena de mandatos, convenios, promesas y principios que traen bendición en nuestras vidas, pero se debe tener precaución al presentar las promesas de Dios como nada más que una mera fórmula en la que todo lo que se requiere es que insertemos el acción apropiada en una fórmula de Dios y luego esperar a que él proporcione los resultados esperados.

Al considerar esta oración simple pero perspicaz de Jabes, no debemos ver una mera fórmula en la que insertemos nuestros nombres y esperemos a que Dios nos brinde los mismos resultados que le dio a Jabes. Sabemos muy poco acerca de este hombre que Dios destacó entre la larga lista de nombres en 1 Crónicas, pero lo poco que sabemos es ciertamente notable y útil.

Una breve mirada a la oración de Jabes nos da una idea del tipo de hombre que era. Jabes oró por cuatro cosas: (1) la bendición de Dios, (2) la provisión de Dios, (3) la presencia de Dios y (4) la protección de Dios.

Jabes comenzó su súplica apasionada buscando humildemente la bendición de Dios, que incluía el favor de Dios, pero fue mucho más profundo que cualquier bondad general buscada por Dios hacia Jabes. Su bendición pasó a incluir una profundización de su relación con Dios. Jabes buscó una bendición que lo acercaría más a Dios y aumentaría su conocimiento de Dios de una manera más personal.

Mientras Jabes buscaba la provisión de Dios ampliando su territorio, se pudo haber incluido algún grado de provisión física en lo que él estaba buscando, pero el mayor énfasis sería sin duda el deseo de una mayor oportunidad espiritual. Podríamos preguntar esto hoy de la siguiente manera: «Señor, abre las puertas» o «Dame más oportunidades para glorificarte».

Al darse cuenta de que no podía hacer nada aparte de Dios, Jabes pidió que la presencia de Dios estuviera con él, guiándole y dirigiéndole a cada paso. Finalmente, Jabes entendió el pecado y el daño causado por el pecado, por lo que pidió la protección de Dios, así como Jesús enseñó a los discípulos a orar: «No nos metas en tentación, mas líbranos del mal» (Mateo 6:13). Jabes sabía que solo Dios tenía el poder de mantenerlo alejado del pecado y ayudarlo a vivir una vida que honre a Dios.

El versículo 9 de 1 Crónicas 4 nos dice que «Jabes era más honorable que sus hermanos». Jabes era recto, de carácter moral, honrado por Dios y temeroso de Dios en su perspectiva personal. Esta resultó ser la fuente y el suministro de su oración y donde se encuentra el verdadero «secreto» de su éxito, y arroja luz sobre por qué Dios eligió responder a su oración.

Aunque no hay nada malo en orar de todo corazón esta oración de Jabes; la clave para desbloquear una bendición como la de Jabes en tu vida no es a través de copiar o imitar su oración. Más bien, tal bendición se encuentra viviendo una vida centrada en Dios que incluye oración apasionada, humilde y sincera, enfocada en honrar y temer a Dios. Dios respondió la oración de Jabes no porque la oración fuera lo que Dios estaba buscando, sino porque Jabes era el tipo de hombre que Dios estaba buscando.

---

**24 DE ABRIL**

*Reciban bien a los cristianos débiles, es decir, a los que todavía no entienden bien qué es lo que Dios ordena. Si en algo no están de acuerdo con ellos, no discutan.*
*Romanos 14:1 (TLA)*

## DE PIE UNIDOS O CAER DIVIDIDOS

¿Verdad que da gusto saber que los cristianos nunca estén en desacuerdo? ¿Qué tenemos la misma postura en cada problema? ¿Y que no dejamos que las pequeñas diferencias nos dividan? ¡Como noooooo! (¡Insertar el sarcasmo aquí!) La verdad es que la iglesia siempre ha luchado por mantener la unidad. En Corinto había grupitos, en Galacia había malas palabras, y en Filipos se discutía. Incluso Pablo y Bernabé tuvieron sus diferencias. Hoy nos enfrentamos a muchos problemas en los que los cristianos tienen opiniones diferentes, como: ¿debe el bautismo ser una volcada de cuerpo entero o está rociando con agua, ¿está bien? ¿Deberían salir solos cristianos? Está bebiendo vino o cerveza, ¿de acuerdo? ¿Con qué frecuencia debe una iglesia tomar la comunión? ¿Es incorrecto el uso de anticonceptivos? ¿Fumar es un pecado? ¿Puedes salir de una iglesia solo porque no te gusta la música? ¿Come en exceso, juega a las cartas, baila, se maquilla o va a la playa a todos los pecados? Esto puede parecerle trivial, pero a lo largo de la historia de la iglesia, algunos de estos problemas han dividido a las iglesias. Entonces, ¿qué deberíamos hacer cuando no estamos de acuerdo?

La Biblia es muy blanco y negro en muchos temas, como no robar, no mentir, no cometer adulterio, ayudar a los pobres y amarse unos a otros. La Biblia también es igual de blanco y negro sobre cuestiones doctrinales como la naturaleza divina de Jesús, su pago por el pecado en la cruz, la salvación por gracia y la autoridad e inherencia de la Biblia. Estos son asuntos no negociables o absolutos de nuestra fe. En Romanos 14, Pablo nos ayuda a entender qué hacer cuando no vemos cara a cara los problemas que caen en la zona gris. Los problemas de la zona gris no son blanco o negro y es donde no se nos ha dado ninguna instrucción o mandato claro en la Biblia.

Para los cristianos en Roma, sus problemas eran: ¿Debería una persona comer carne sacrificada a un ídolo? ¿Un día es más santo que otro día? A pesar de sus diferencias, Pablo dijo que deberían luchar por la unidad. No todos los problemas son esenciales para que podamos estar de acuerdo. Pablo dijo que algunas cosas son discutibles, así que cuando consideremos algo sobre lo que la Biblia no tiene mucha importancia, ¿por qué deberíamos discutir? Mejor busca la unidad y deja que Jesús sea el juez, porque Él es el único con quien nos mantendremos para dar cuenta de lo que decimos, hacemos y creemos. En el momento en que te paras delante de Dios, ya sea que hayas visto «*Bailando con las Estrellas*» o comido carne o solo vegetales no hará ninguna diferencia. Lo que importará es por qué tomó las decisiones que tomó.

Ahora, ¿cuál es la mejor manera de dar sentido a los problemas de la zona gris? Miremos a Romanos 14. Primero, determina cuáles son tus opiniones (versículo 5). Luego, pregúntate: «¿Esto honra al Señor?» (Versículo 8). Luego, determina si hay valores duraderos o eternos en esas acciones o creencias (versículo 10). Además, asegúrate de que esto no cause que otro cristiano tropiece en su andar con Cristo (v. 13). Y, por último, decide si esta es una expresión precisa de tu fe (v. 23).

Dios no está tratando de crear uniformidad, sino que busca una comunidad comprometida con la unidad. El teólogo Rupertus Meldenius escribió: «En lo esencial, la unidad; en lo no esencial, libertad; en todas las cosas, amor». Deja que tu amor por Cristo y tu amor unos por otros sea mayor que tus opiniones sobre asuntos discutibles.

---

**25 DE ABRIL**

*Éstos son los que David puso a cargo del servicio del canto en la casa de Jehová, después que el Arca tuvo reposo, los cuales servían delante de la tienda del Tabernáculo de reunión en el canto.*
*1 Crónicas 6:31-32*

# EL MINISTERIO DE LA MÚSICA

Ya sea que prefiera «Gracia Sublime» o «Cuan Grande es Dios», ya sea que te gusten el cajón o la batería, con guitarra o sin guitarra, un gran coro o una pequeña banda, himnos tradicionales o canciones de alabanza contemporáneas, todos tenemos gustos y disgustos particulares cuando se trata de la música de adoración en la iglesia.

La música es poderosa y tiene la capacidad de expresar nuestros pensamientos, sentimientos y emociones más profundos de una manera que despierta nuestros corazones y nos acerca a Dios. Cuando unes la música con verdades espirituales, la combinación puede llevarnos a un lugar de quebranto completo y rendición total a Dios. Esto es debido a la manera única en que la canción puede comprometer nuestros pensamientos, emociones y espíritu, todo a la vez.

David sabía mejor que nadie cómo la música de adoración puede afectar el espíritu. Escribió innumerables canciones de alabanza y adoración; algunas de las cuales aun tenemos registrados en el libro de Salmos. Con un medio tan poderoso como la música, la pregunta que debemos preguntar es, ¿cómo se debería usarse la música en la iglesia?

David vio la necesidad de incluir música y canciones de adoración en el tabernáculo, entonces él nombró hombres cuya única responsabilidad era ministrar en el tabernáculo con música. Hoy llamaríamos a tales personas líderes de adoración. Las iglesias de hoy tienen ministerios completos, equipos, coros y músicos dedicados a ministrar a través de la música cuando la congregación se reúne.

La música en los servicios de la iglesia de hoy lleva con si un papel importante y debe ser vista como algo más que el acto de calentamiento del mensaje o como un colchón extra que permite a los que llegan tarde a encontrar un asiento. Igualmente importante es el hecho de que la música de la iglesia no está diseñada para ser entretenida, y las personas en el escenario no están allí para dar un espectáculo o llamar la atención sobre ellos mismos. En cambio, la música y el canto en la iglesia deberían usarse para glorificar a Dios y atraer a su pueblo a su presencia.

Imagínate la respuesta de David si los hombres a los que había designado para dirigir la adoración en el tabernáculo estuvieran presumiendo, organizando un concierto o usando la adoración para llevar a la gente a un frenesí espiritual. David no nombró ministros de adoración para llenar el tabernáculo con personas. Al contrario, él quería llenar el tabernáculo con la alabanza del pueblo de Dios.

Al enfocarnos en la música y las canciones en la iglesia, debemos dejar nuestras actitudes en la puerta. No entres al santuario con un espíritu crítico hacia la música. Más bien, encuentre una manera de enfocar tu mente en el objeto de tu canto, que es Dios. Él es por quien cantamos y para quien cantando. David se enfocó en adorar a través de la música y la canción como una parte integral de su relación con Dios, y cuando le damos adoración a través de la canción un lugar adecuado, la música también puede ser un aspecto maravilloso de nuestra vida de adoración.

Aprovecha el tiempo que tu iglesia pasa adorando a Dios a través de la música, y permita que las palabras de las canciones se conviertan en oraciones de tu corazón y expresiones de tu amor al canta alabanza a Dios.

## 26 DE ABRIL

*Estoy seguro de vosotros, hermanos míos, de que vosotros mismos estáis llenos de bondad y rebosantes de todo conocimiento, de tal manera que podéis aconsejaros unos a otros.*
*Romanos 15:14*

## UNA BUENA IGLESIA

No se supone que la iglesia sea simplemente un local, sino un estilo de vida. Cada iglesia es diferente y tiene su propia vibra, personalidad y cultura. Algunas iglesias tienen ese ambiente de vanguardia que afecta la forma en que se acercan al ministerio, cómo usan los medios y los estilos de adoración que disfrutan. Otras iglesias tienen una personalidad más casual que define la forma en que operan, y aún otras iglesias tienen una cultura más tradicional que ha moldeado su estilo.

No importa donde se encuentre tu iglesia la escala del ethos, e independientemente del estilo de ministerio colectivo, ¿cómo se vería tu iglesia si quitaras aquellas cosas que a menudo definen su carácter? ¿No más edificio impresionante? ¿Eliminar la música asombrosa? ¿Quitar por completo el ministerio de niños? No me mal interpretes; estas son todas cosas maravillosas que son valiosas y necesarias en la iglesia moderna. Pero no son lo que hace una iglesia saludable.

Cuando quitas las sutilezas externas de lo que comúnmente consideramos «iglesia», lo que viene quedando es la composición verdadera de una iglesia. Pablo estaba complacido con la iglesia en Roma, y Pablo no era el tipo de persona a la que le gustaban los elogios. Si algo andaba mal, no dudaba en hablar. Lo hizo con la iglesia en Corinto, cuando los reprendió por tener divisiones (1 Corintios 1:10), o cuando reprendió a la iglesia en Galacia, diciéndoles que habían sido embrujados (Gálatas 3: 1). En la carta a los Hebreos, los feligreses fueron llamados por ser inmaduros (Hebreos 5:12-13). Pero a la iglesia en Roma, Pablo le dio un cumplido extraordinario al enumerar tres cualidades que los hacían merecedores de elogio, tres cualidades por las que toda iglesia, independientemente de la vibra, la personalidad y la cultura, debería ser conocida.

Primero en la lista: bondad. La bondad habla de excelencia moral e implica generosidad, consideración y caridad. La bondad es un carácter moral cristiano vivido en la vida cotidiana, un carácter que se preocupa por el bienestar de los demás y tiene motivaciones intachables. La bondad es uno de los frutos del Espíritu (Gálatas 5:22) y, por lo tanto, está en la lista de atributos distintivos de Dios que se evidenciarán en la vida de cada creyente.

Segundo en la lista: conocimiento. El conocimiento es la capacidad de discernir qué está bien y qué está mal y actuar en consecuencia. El conocimiento está enraizado en nuestro conocimiento de Jesucristo, «como su divino poder nos ha dado todas las cosas que pertenecen a la vida y a la piedad, por el conocimiento de aquel que nos llamó por la gloria» (2 Pedro 1: 3).

Tercero en la lista: amonestándonos unos a otros. Esta es la capacidad de alentar bíblicamente, aconsejar y enseñar a los demás en los asuntos de la fe. La amonestación no es responsabilidad exclusiva de los ancianos y pastores; cada creyente tiene esta responsabilidad.

Como señaló un comentarista, la iglesia en Roma «moralmente, estaba "llena de bondad", intelectualmente estaban "completos en conocimiento", y funcionalmente eran "competentes para instruirse unos a otros"».[20] Ir a una iglesia que tiene el la vibra, la personalidad y la cultura correctas para ti es importante, pero aún más importante es que la bondad, el conocimiento y la amonestación mutua también forme parte de esa vibra, personalidad y cultura.

---

**27 DE ABRIL**

*hablad de todas sus maravillas!*
*1 Crónicas 16:9*

## PLÁTICA DE DIOS

En nuestro mundo moderno, abundan innumerables dispositivos a través de los cuales podemos comunicarnos entre nosotros. Tenemos una variedad de teléfonos inteligentes, computadoras y tabletas que nos permiten bloguear, twittear, enviar correos electrónicos, enviar mensajes de texto, enviar mensajes instantáneos, actualizar las redes sociales y pasar el tiempo mirando. Si todo esto falla, podemos recurrir a la buena forma de comunicación a la antigua. Podemos escribir una carta, enviar una tarjeta o recoger un teléfono público (y sí, todavía existen). Con más fuentes hoy en día para llegar a más personas con nuestros pensamientos y puntos de vista sobre la vida, ¿cuánto tiempo te dedicas a hablar de las obras maravillosas de Dios?

El rey David habló a menudo acerca de Dios y buscó alabar a Dios por todas Sus maravillosas obras. Cantó canciones, escribió poemas, y públicamente declaró la grandeza de Dios y usó todos los medios disponibles para hablar del Dios de las maravillas. Cuando hayamos experimentado la bondad y la grandeza de Dios en nuestras vidas, querremos encontrar tantas formas de hablar de Dios con la mayor cantidad de gente posible, siempre que sea posible.

F. B. Meyer dijo que, como cristianos, «hablamos de sermones, detalles de la adoración y organización de la iglesia, o la última fase de la crítica de las Escrituras; discutimos sobre hombres, métodos e iglesias; pero nuestra conversación en el hogar y en las reuniones de los cristianos con fines sociales rara vez se trata de las maravillosas obras de Dios. Es mejor hablar menos y hablar más sobre él».

Puede que resulte difícil incorporar platicas de las maravillas de Dios en la conversación cotidiana, pero eso es solo porque hemos creado dificultades para Dios en la obra de Sus maravillas en nuestros corazones. Hemos permitido que nuestras vidas y nuestros corazones sean llenos de tanto que no es Dios, que no hablar mucho de Dios es solo natural. Nos hemos salido de la práctica de alabarlo porque hemos caído de la práctica de ser cautivados por él.

La simple verdad es que no importa cuánto hablemos de Dios, todos podemos hablar más de él. Si Dios es la parte más importante de nuestra vida, como debería ser, entonces no deberíamos tener que «luchar» en incorporar a Dios en nuestras conversaciones. Nuestro discurso debe estar saturado y desbordado por las maravillas de Dios porque él es un Dios de innumerables maravillas. Cualquiera puede recuperar el sentido de la majestad de Dios en su vida, lo que naturalmente dará como resultado la transformación de tantas palabras vacías en palabras que honran y exaltan a Dios.

Debemos comenzar recordando las maravillosas obras de Dios. Recordamos Sus obras mientras miramos a lo largo de la Biblia y vemos al Creador y Sustentador de la vida, el Proveedor y Protector de su pueblo, el Salvador y Santificador de los fieles. Al recordar quién es Dios, qué ha hecho, qué está haciendo hoy y qué debe hacer en el futuro, nos conmovemos a dar gracias y a glorificar su nombre. Nuestros corazones estarán llenos de alegría, expectación y anticipación, y de nuestros corazones hablarán nuestras bocas.

Tenemos la tendencia de solo hablar sobre lo que está en nuestros corazones. Por lo tanto, si estamos teniendo dificultades para hablar de Dios, necesitamos obtener más de Dios en nuestros corazones. Tómate el tiempo para concentrarte en todo lo que Dios ha hecho en tu vida y todo lo que ha hecho por su pueblo, y no podrás detener toda la plática de Dios que brote de tus labios.

### 28 DE ABRIL
*La palabra de la cruz es locura a los que se pierden; pero a los que se salvan, esto es, a nosotros, el poder de Dios,*
*1 Corintios 1:18*

## PENSAMIENTOS DE LA CRUZ

Solamente hay dos maneras de apropiadamente mirar la cruz de Cristo: o ves la acción sobre la cruz como el mayor milagro jamás exhibido por Dios hacia la humanidad, o consideras que la afirmación del acto es la más absurda hecha por la humanidad acerca de Dios. La cruz de Cristo es repelente y atractiva, espantosa y santa, ridícula y razonable, escandalosa y sobresaliente, y es a la vez necedad y sabiduría. Como dijo Oswald Chambers: «Todo el cielo está interesado en la cruz de Cristo, todo el infierno le teme terriblemente, mientras que los hombres son los únicos seres que más o menos ignoran su significado».[21] ¿Por qué será que la cruz de Cristo causa que algunos caigan de rodilla en adoración y a otros causa que se alejen por completo, sacudiendo sus cabezas en desafiante incredulidad?

La respuesta se encuentra dentro del mensaje de la cruz. Para poder entender este mensaje, primero debemos entender de qué se trató la cruz. La crucifixión era una forma horrible de pena de muerte utilizada por varias naciones antiguas, incluyendo a los Romanos, donde el criminal convicto sería clavado en una cruz para morir una muerte lenta y agonizante por asfixia. La crucifixión fue increíblemente dolorosa, tremendamente humillante y en consecuencia, estaba reservada solo para los peores criminales. La idea de que Dios usara la cruz como el instrumento de la gloria a través de la cual él llevaría a cabo su obra más grandiosa parecía contra intuitiva para la muchos y así lo es incluso hoy en día.

El mensaje de la cruz es esencialmente el remedio de Dios para la enfermedad terminal del pecado de la humanidad. La cruz fue el plan de Dios desde antes de la creación del mundo. La cruz sería la herramienta divina a través de la cual Jesús, su Hijo santo, sacrificaría su vida en una demostración gloriosa y victoriosa del amor y poder de Dios. Dios sabía que haría una invitación audaz para que a quien cree en Jesucristo y lo que logró mediante su muerte en la cruz se le dé vida eterna. A pesar del claro mensaje de amor y misericordia de Dios, algunos piensan que la historia es demasiadamente simple, demasiadamente tonta o demasiadamente humilde para aceptarla.

Los judíos se sintieron ofendidos por el mensaje de la cruz porque querían un rey conquistador, no un Salvador sufriente. Los griegos se ofendieron ante el mensaje de la cruz porque «el plan» no fue construido con una sofisticación filosófica racional. Otros, sin embargo, vieron en el mensaje de la cruz de Cristo el despliegue perfecto del amor y poder de Dios, un ejemplo impecable de su perdón y una demostración genuina del genio de Dios.

La razón por la cual el mensaje de la cruz de Cristo ha ofendido la sensibilidad de las personas a lo largo de la historia es sencillo; detrás de cada objeción al mensaje y el significado de la cruz está el pecado del orgullo. Siempre y para siempre, el orgullo llama el mensaje de la cruz una necedad. El orgullo cree que el camino de la humanidad debe ser el correcto, que el razonamiento humano debe ser más elevado que las razones de Dios, que el intelecto humano debe ser mayor que la mente infinita de un Dios omnisciente. Pero el mensaje de la cruz es central para el cristianismo, y una línea divisoria entre la necedad y la fe.

En este mensaje, nunca debemos comprometer, disminuir o eliminar lo que creemos, lo que representamos y lo que proclamamos. Es mejor ser un necio a los ojos de la humanidad y ser considerado sabio a los ojos de Dios que ser considerado sabio por la humanidad y necio ante Dios.

## 29 DE ABRIL
*Si se humilla mi pueblo, sobre el cual mi nombre es invocado,*
*y oran, y buscan mi rostro, y se convierten de sus malos caminos;*
*entonces yo oiré desde los cielos, perdonaré sus pecados y sanaré su tierra.*
*2 Crónicas 7:14*

## LA DIFICULTAD DE LA HUMILDAD

Quizás las tres mayores virtudes del cristianismo son la humildad, la humildad y la humildad. La humildad es una gran cualidad cristiana, pero a menudo es muy malentendida, es difícil definirlo y aún más difícil cultivarlo. La humildad es contracultural, en el centro de una vida centrada en la cruz, y no es algo por lo que a menudo oramos con urgencia, sino algo que todos necesitamos desesperadamente.

Salomón acababa de completar la construcción del templo en Jerusalén. Como parte de la dedicación del templo, la gente se reunió allí cuando Salomón alabó a Dios por su fidelidad y declaró a la gente que la gente podía venir allí y reunirse con Dios por medio de la oración. Después de un sacrificio enorme y una demostración espectacular del poder y la gloria de Dios, el Señor se apareció a Salomón y le dio una promesa en 2 Crónicas 7:14. En el centro de la promesa está la humildad.

La humildad simplemente significa tener una postura humilde o tener una sensación de humildad, no pensar demasiado en ti mismo, pero no humillarte. Donde el orgullo exalta el yo, la humildad exalta a Cristo; donde el orgullo está lleno de uno mismo, la humildad se vacía de uno mismo. Entonces, ¿cómo podemos humillarnos mientras vivimos en un mundo tan orgulloso?

La humildad comienza por pertenecerle a él. Dios dijo: «Si <u>mi</u> pueblo que es invocado por mi nombre se humillare a sí mismo...» (énfasis añadido). La humildad reconoce: «No tengo todas las respuestas», «No puedo hacerlo todo por mi mismo» y más de lo que queremos admitir, la humildad también dice: «Necesito ayuda». Apartado de Dios, tú no puede lograr la verdadera humildad porque la humildad está directamente ligada a una relación correcta con Dios. Al someterte voluntariamente bajo la autoridad de Jesucristo, puedes comenzar a soltar el orgullo y abrazar la humildad genuina.

Dios también dijo que su pueblo debería «orar». La oración es el reconocimiento de que necesitamos la ayuda de Dios para vivir como él nos llama a vivir. La oración muestra una dependencia total de Dios y es por lo tanto, una expresión de humildad.

Si quieres tomar en serio la humildad, toma en serio la búsqueda de Dios. Note que él dijo, debería orar y «buscar Mi rostro» (énfasis agregado). La búsqueda seria implica un segundo aspecto de la oración, que es el deseo de conocer a Dios más profundamente. Esta profundidad llega cuando nos sumergimos en la Biblia con expectativa, sabiendo que cada momento que pasamos mirando su Palabra, estamos mirando directamente al rostro de Dios.

Demos ver también otro aspecto más de este versículo: el pueblo de Dios debe «apartarse de sus malos caminos» (énfasis añadido). La humildad no tiene miedo decir «me equivoqué» o «cometí un error», «he pecado». Cuando te niegas a reconocer tu pecado y buscas el perdón de Dios, muestras orgullo, todo lo contrario de lo que es la humildad.

Una vez dijo F. B. Meyer: «Solía pensar que los dones de Dios estaban en plataformas una encima de la otra; y que conforme más creciéramos en carácter cristiano, más fácil sería llegar a ellos. Ahora veo que los dones de Dios están en plataformas una <u>debajo</u> de la otra; y que no se trata de crecer más alto sino de inclinarse más bajo; y que tenemos que bajar, siempre hacia abajo, para obtener sus mejores regalos». [22]

---

**30 DE ABRIL**

*La obra de cada uno, sea la que sea, el fuego la probará.*
*1 Corintios 3:13*

## CUANDO EL HUMO SE DISIPA

¿Por qué hacemos lo que hacemos? Como cristianos, nos presentamos a servicios religiosos semana tras semana, asistimos a clases bíblicas, nos apuntamos para ser ujier, ayudamos a preparar comidas para otros, participamos en obras, aconsejamos a parejas, enseñamos en la escuela dominical, cantamos en el coro, ofrendamos y hacemos muchas otras cosas en la iglesia. ¿Pero por qué? ¿Acaso realizamos nuestras actividades cristianas por el sentir de deber o devoción? ¿Servimos para que podamos obtener algo a cambio, o el propósito de nuestro servicio es dar algo? Y al fin de cuentas, ¿qué significado tiene hacer lo que estamos hacemos si incluso lo que estamos haciendo es bueno?

Una línea delgada separa el hacer actos de servicio y ser un siervo. Como cristianos, somos llamados a ser siervos, lo que naturalmente dará como resultado actos de servicio, pero los actos de servicio no siempre son el resultado de que alguien sea un siervo. A menudo, la diferencia se encuentra en la razón por la que hacemos lo que hacemos. Un día, todos los cristianos estarán de pie delante de Dios, donde sus vidas serán examinadas y sus obras serán probadas. ¿Qué buscará Dios al examinar nuestras vidas y poner a prueba nuestras obras? Dios está más interesado en la calidad de nuestro trabajo. Mira, Dios no solo le interesa lo que hacemos, sino también el por qué hacemos lo que hacemos. Ya sea servir en la iglesia o al asistir al culto y eventos de la iglesia, lo que Dios busca son personas con la motivación correcta para hacer lo que hacen y la aplicación correcta para hacer lo que hacen. En otras palabras, Dios quiere que su pueblo haga las cosas correctas, por las razones correctas, y de la manera correcta.

¡Consideremos el por qué no debemos hacer lo que hacemos! No debemos considerar nuestro servicio a Dios como un medio para ganar el favor de Dios o ganar el favor de otras personas. No deberíamos servir para aumentar nuestra calificación de aprobación general con Dios u otros. Si consideramos nuestro servicio o nuestra asistencia a la iglesia con una perspectiva que dice: «¿Qué puedo obtener de esto?» Entonces debemos prestar mucha atención a la advertencia que se encuentra en 1 Corintios 3:13, donde se nos advierte que si hacemos lo que hacemos por los motivos equivocados y de la manera incorrecta, entonces nuestras obras no tendrán valor. Así como la madera, la paja y la hierba seca no se salvaran del fuego, tampoco nuestro servicio o nuestras acciones pasarán la prueba por fuego. ¿Está segura nuestra salvación a la prueba de fuego? Sí, pero nuestras recompensas no lo son.

¿Por qué debemos hacer lo que hacemos? Debemos servir a Dios y asistir a la iglesia por dos simples razones. Primero, nuestra motivación debe estar arraigada en nuestro amor por Dios. Queremos servir a los demás porque amamos a Dios. En segundo lugar, debemos servir a los demás y asistir a la iglesia como un acto de adoración. Amamos a Dios, por lo tanto, queremos adorar a Dios, y al adorar a Dios, estamos atribuyendo valor a Dios conforme le brindamos nuestra adoración y atención, nuestro tiempo y nuestro servicio, todo para su gloria.

Queremos asegurarnos de que estamos haciendo las cosas correctas por las razones correctas, porque solo entonces podemos estar seguros de que cuando nuestra vida y nuestras obras se prueban con fuego y el humo se haya disipado, lo que queda se haya purificado y no se haya destruido.

**1 DE MAYO**

*Porque los ojos de Jehová contemplan toda la tierra, para mostrar su poder a favor de los que tienen un corazón perfecto para con él.*
*2 Crónicas 16:9*

## EL FACTOR DE LEALTAD

El gran evangelista D.L. Moody dijo una vez: «El mundo aún no ha visto lo que Dios puede hacer con un hombre totalmente consagrado a él. Con la ayuda de Dios, mi objetivo es ser ese hombre». Muchas personas quieren ser usadas por Dios, para servirlo con entusiasmo y para ver a Dios hacer grandes cosas en sus vidas, y así tener un impacto duradero para el reino de Dios. . Pero Dios quiere ver algo aún más importante en nosotros antes de mostrarse fuerte en nuestras vidas, y ese algo es lealtad.

El rey Asa de Judá fue un buen rey que tomó una mala decisión. Su decisión provocó una serie de compromisos en su vida que eventualmente probarían su lealtad hacia Dios. Durante una guerra civil entre Judá e Israel, el rey Asa decidió ir en contra de los sabios consejos, lo que lo llevó a robar el tesoro del templo para comprar un tratado de paz con el enemigo vecino de Siria. El Rey Asa, en este tiempo de prueba, se apartó de confiar en las promesas de Dios y eligió olvidar la protección y provisión pasada que Dios siempre había provisto. Para ayudarse a sí mismo a obtener una ventaja militar sobre Israel, cambió su lealtad a Dios por una tregua temporal.

Cuando Asa fue reprendido por el profeta Hanani, el rey no se arrepintió de su deslealtad y desconfianza hacia Dios. Posteriormente, fue afligido por una enfermedad, pero aun así se negó obstinadamente a volver a confiar en Dios. De el Rey Asa, aprendemos que un buen comienzo no garantiza un buen final. La lealtad resiste la prueba del tiempo, permanece fiel en la dificultad y continúa confiando, incluso en las horas más oscuras.

El error del Rey Asa comenzó cuando dejo de confiar en que Dios lo cuidaría cuando las cosas se pusieran difíciles. Dios está buscando a hombres y mujeres que le sean leales, fieles, recordando que Dios siempre es fiel y paciente en los tiempos difíciles de las pruebas. Dios no está en la espera a que cumplamos Sus planes y propósitos. Los planes de Dios no dependen de la humanidad, pero Dios nos ha dado el privilegio de ser usados para propósitos celestiales. Y a medida que permanezcamos leales a Dios, veremos su poder y fortaleza desplegados.

¿Qué sucede si, como el Rey Asa, no logramos cumplir, no somos fieles y no somos fieles a la Palabra de Dios ni a las promesas que Dios nos hace? ¿Nosotros frustramos los planes de Dios? ¿Es Dios incapaz de llevar a cabo una acción particular? ¡Claro que no! Dios es y siempre será Dios. Dios es y siempre podrá cumplir Sus propósitos. La única pregunta real es si seremos parte de los planes de Dios o no.

Perdemos más cuando elegimos desconfiar de Dios. Perdemos las bendiciones de la comunión con Dios, perdemos la oportunidad de ser parte de los propósitos de Dios y no vemos el poder de Dios en nuestras vidas. El Rey Asa intercambió las promesas de Dios por una solución temporal que eventualmente abrió la puerta a más problemas en su vida y para la nación de Israel.

Busca permanecer consagrado a Dios y leal a sus propósitos, incluso cuando los tiempos se pongan difíciles y tengas la tentación de cambiar tu confianza por la paz provisional. Confiar en Dios y permanecer fiel a él siempre te garantizará el mejor resultado, tanto hoy como mañana.

---

**2 DE MAYO**

*Entonces deben expulsar a ese hombre*
*y entregárselo a Satanás, para que su naturaleza pecaminosa*
*sea destruida y él mismo sea salvo el día que el Señor vuelva.*
*1 Corintios 5:5 (NTV)*

## LA INMORTALIDAD DE LA IGLESIA

¿Quién soy yo para señalar con el dedo? ¿Quien soy yo para juzgar? ¿Quién soy yo para arrojar la primera piedra? Al involucrarse uno en confrontar los pecados de otras personas, estas preguntas son a menudo las razones por las cuales evitamos involucrarnos. Se ha observado repetidamente un fenómeno social en personas llamado efecto espectador. La idea básica es que cuanto mas número de personas sean presentes, es menos probable que alguien intervenga a ayudar a una persona en aflicción. La gente piensa que alguien más responderá, y por lo tanto no necesitan hacer nada. Pero lo que generalmente ocurre es que no se hace nada y nadie responde. Desafortunadamente, la iglesia también tiende a sufrir del efecto espectador similar cuando ven a otro creyente atrapado en la angustia del pecado. Esto tienden a afectar a muchos en evitar involucrarse, pensando que no están obligados a involucrarse o creer que alguien más intervendrá.

La iglesia de Corinto tenia un gran problema. Un miembro de la congregación estaba involucrado en la inmoralidad sexual, tenía una relación sexual con su madrastra y todos en la iglesia (y fuera de la iglesia) sabían del asunto, pero nadie estaba dispuesto a involucrarse. En aquel entonces, Corinto era conocido mundialmente como la capital de la fiesta, y la gente hacia lo que les daba la gana. Esto obligó a la iglesia de Corinto a ayudar a la gente a escapar de este estilo de vida y emprender el camino hacia una vida santa. Con este hombre, sin embargo, nadie estaba dispuesto a hacer el arduo trabajo de confrontarlo.

El pecado nunca se puede curar al ignorar su existencia o pretender que todo está bien. Cuando una iglesia no actúa contra el pecado no arrepentido, ya sea por el liderazgo de la iglesia o un miembro de la congregación, los resultados pueden ser devastadores para todo el cuerpo. Pablo desafió a la iglesia en Corinto a que dejara de hacerse de la vista gorda ante este terrible pecado, y que intensificara el trabajo difícil, pero amoroso, de confrontar a este hermano en Cristo.

Al confrontar a otro cristiano, debemos seguir los pasos descritos en Mateo 18 y primero acercarnos a la persona en privado. Con cariño, llévenlo a un lado y hablen la verdad, enfatizando la necesidad de la persona de arrepentirse. Nuestro siguiente enfoque es regresar con dos o tres personas y emplear el mismo enfoque amoroso. Si el pecador aun se rehúsa a arrepentirse, el paso final es remover a esa persona de la iglesia. La iglesia de Corinto estaba en la etapa final con este hombre pero no había estado dispuesta a ir más allá. Pablo les dijo que entregaran al hombre a Satanás.

Eso suena duro, ¿verdad? ¿Qué significa "entregar a alguien a Satanás"? En este caso, la persona infractora es expulsada de la iglesia, lo que le quita todo tipo de apoyo, compañerismo y protección proporcionados por la iglesia. La esperanza es que el malhechor se canse de vivir en pecado y quiere volver a la vida en el cuerpo de Cristo. ¿Esto realmente funciona? Para este hombre, si. En la segunda carta de Pablo, le dijo a la iglesia de Corinto que recibiera a la persona genuinamente arrepentida para que volviera a la comunión.

La disciplina de la iglesia nunca es fácil ni cómoda, pero, no obstante, es importante. Dios puede usar la disciplina para traer convicción y restauración a un creyente descarriado. El meta de cualquier disciplina de la iglesia es la restauración, no la condena, al tener el denuedo de ser más que un espectador y ayudar a aquellos atrapados en la angustia del pecado.

## 3 DE MAYO
*Entonces la gente del país intimidó al pueblo de Judá y lo atemorizó para que no siguiera edificando.*
Esdras 4:4

# EL MOMENTO CRUCIAL

Seamos realistas, todos hemos sido golpeados con desánimo en un momento u otro en nuestras vidas. Tal vez has estado desempleado durante un período prolongado de tiempo, o los problemas de salud crónicos te han mantenido inactivo, o tal vez has sufrido rechazos repetidos o fallas. Muchas situaciones pueden hacer que te sientas desanimado y que cuestiones si acaso cambiarán las cosas pronto. Aunque las situaciones pueden variar de persona a persona, las causas y la cura a menudo comparten similitudes.

En el año 538 aC, miles de judíos habían regresado a Jerusalén; habiendo pasado un tiempo en lo que se conoce como el cautiverio de Babilonia. Su misión era reconstruir el templo de Dios bajo la guía de Zorobabel, pero justo cuando el cimiento del templo estaba puesto y pareciera que el trabajo avanzara, el enemigo atacó al pueblo y el trabajo se detuvo en breve. Durante los siguientes dieciséis años, no se realizaría ningún trabajo en el templo. ¿Qué tipo de arma podría detener a tanta gente por tanto tiempo? ¿Alguna arma nuclear antigua o quizás la primera arma biológica o química alguna vez utilizada? ¡De lo contrario! El arma de elección es una de las armas más efectivas que todavía utiliza el enemigo de Dios contra el pueblo de Dios: el arma del desaliento.

¿Qué hace que la gente ceda ante los efectos paralizadores del desaliento? Una de las primeras cosas que permitirá el desaliento es la fatiga. Cuando te sobrecargas físicamente o emocionalmente y trabajas demasiado, tus defensas se debilitan y el desaliento tiene la oportunidad de ganar momento. La fatiga a menudo te lleva a la frustración, lo que alimenta aún más el desaliento. La frustración se aumenta cuando proyectos no terminados, comenzados con optimismo, ahora parecen insuperables, y uno se siente abrumado. La frustración a menudo se convierte en temor, permitiendo que el desaliento se desborde. Las preguntas temerarias asaltan tu mente como, ¿Qué pasa si fallo? o ¿Qué pensarán los demás de mí? Tus miedos, ya sean reales o imaginarios, pueden desanimarte hasta un estado total de parálisis.

El enemigo de Dios usó una progresión como esta para desalentar los corazones y las mentes de los judíos que intentaban servir a

Dios mediante la reconstrucción del templo. Los llevó de la fatiga a la frustración y del temor al fracaso. Si no tenemos cuidado, el arma del desaliento puede aplastar nuestra confianza y retrasar nuestro servicio también.

Entonces, ¿cómo podemos cambiar el desanimo por la recuperación? Descansar y repostar es importante; no podemos descuidar nuestros cuerpos físicamente y esperar estar en nuestro mejor momento. Sin embargo, también debemos refrescarnos espiritualmente. Esdras 5:1 cuenta cómo los judíos superaron el desaliento volviendo a dedicarse a la Palabra de Dios. Si te desconectas de la Palabra de Dios, tenlo por seguro que el descontento se establecerá. Su Palabra es una fuente inagotable de sabiduría y aliento, disponible para cualquiera que invierta el tiempo. Al refrescarte en la Palabra te ayudará a recordar quién es Dios y que es más grande que cualquier temor o frustración.

Ahora, regrese a la obra a la que Dios te llamo lo más pronto posible. Las manos cruzadas son las herramientas del diablo y solo generan más holgazanería, así que solo comienza donde sea que estés y permite que el Señor te guíe hacia adelante y hacia arriba en tu servicio a él. Mira más allá de tu situación actual y mira hacia Dios, búscalo en Su Palabra, y sírvele fielmente y sin temor. Has de esto tu momento crucial del cambio y lejos del desaliento.

---

**4 DE MAYO**

*Digo, pues, a los solteros y a las viudas,*
*que bueno les sería quedarse como yo;*
*1 Corintios 7:8*

## SER SOLTERO EN UN MUNDO CASADO

Estar soltero no significa que pases tu tiempo sentado en un departamento vacío, viendo televisión mientras comes cenas congeladas en una habitación llena de gatos. Sin embargo, si eres soltero, puedes sentir la presión de la familia cuando te preguntan implacablemente: «¿Cuándo se va a establecer y casarse?» O tus amigos tratando de conectarte con el Sr. Perfecto o la Srta. Perfecta, pero no te sientas menos «anormal» porque eres soltero. De hecho, tu soltería puede ser incluso un regalo que Dios te ha dado y algo para ser apreciado y no avergonzado (1 Corintios 7:7).

El matrimonio puede ser el plan de Dios para la mayoría de las personas, pero no para todos. Si eres soltero, la voluntad de Dios para tu vida puede ser que permanezcas soltero. No debes sentirte incómodo o inseguro por elegir permanecer soltero si ese es el llamado de Dios para tu vida. Ser soltero en Cristo no está dejando de lado lo mejor de Dios y, de hecho, puede ser lo mejor de Dios para ti.

Si has sido llamado a una vida soltera en Cristo, Dios te ha dado una oportunidad única para servirlo de una manera que la mayoría no puede. No está agobiado con los mismos cuidados y cargas de las personas casadas, y tiene menos responsabilidades financieras, emocionales y físicas. Las personas solteras tienen la libertad de pasar más tiempo desarrollando una relación íntima con Dios porque menos presiones y demandas los agreden. Además, los cristianos solteros tienen la libertad de servir al Señor sin distracción, lo que les permite brindar a Cristo toda su atención y devoción mientras lo sirven.

Sin embargo, si eres cristiano soltero y no se te ha otorgado el don de la soltería, y si anhela el día en que encuentre a esa persona especial, aquí hay algunas sugerencias sobre cómo esperar a Dios mientras esperas que él te brinda tu cónyuge.

Primero, aprende a estar contento con tu soltería. Dios te tiene en tu situación actual por una temporada y una razón, así que utiliza este tiempo para descubrir quién Dios quiere que seas antes de que te preocupes por con quién te vas a casar. Tanto la persona soltera como la persona casada primero deben encontrar su contentamiento y satisfacción en Cristo.

Segundo, busca la pureza. La tentación sexual existe, pero puede ser resistida. Huya de situaciones que puedan ponerte en una posición comprometedora, y no te sientas presionado por la intimidad física antes de casarte.

Tercero, no busques una relación con un incrédulo. La Biblia es clara en cuanto a que los cristianos no deben casarse con personas que no son cristianas, y eso significa que tampoco salgan en citas con ellos. Simplemente te estás poniendo en una situación que terminara en dolor de corazón si lo haces.

Finalmente, ora. Siempre y para siempre, pon en las manos de Dios tu búsqueda de matrimonio. El orar para casarse ciertamente está bien, pero permite que Dios te guíe en el proceso. No te le adelantes.

El apóstol Pablo dice que ser soltero es bueno, pero tu soltería no te hace ni más ni menos espiritual que aquellos que se casan. Sin embargo, tener algunos beneficios de ser soltero te permite servir al

Señor de una manera especial. Ya sea que Dios te haya llamado a la vida conyugal o a una vida de soltería cristiana, estás llamado a poner a Jesucristo primero en tu vida y a servirle con gozo y fidelidad.

## 5 DE MAYO
*Por cuanto Jehová los había alegrado…*
*Esdras 6:22*

# DEDICADO AL GOZA
Los cristianos deberían ser de las personas más gozosas del planeta. Esto no significa que las veinticuatro horas del día, los siete días de la semana, estamos caminando con una canción en el corazón y con una sonrisa de oreja a oreja. Tampoco ser gozoso significa que no experimentemos dolor, no sepamos dolor ni suframos retrocesos. Ser gozoso significa que no permitimos que las circunstancias en la vida nos robe el gozo. El conductor que casi te pega en la carretera no necesita ponerte de punta emocional. La persona difícil en el trabajo no necesita agotarte la vida. Y ese retraso inesperado no es razón para renegar.

Llenos de resistencia, frustrados por los contratiempos y casi abrumados por la oposición, el pueblo de Dios finalmente terminó de reconstruir el templo. El camino hacia la finalización fue largo y difícil, pero con Dios liderando la carga en nombre de su pueblo y para su gloria, el templo se completó. Entonces llegó el tiempo de dedicar el templo a Dios y celebrar la Pascua con gozo. La dedicación fue una fuente de gozo porque las personas terminaron el trabajo que Dios les dio para hacer. Más que eso, sin embargo, la dedicación llenó a la gente de alegría porque el templo era un símbolo de la fidelidad actual de Dios.

Además de la celebración de la dedicación, la gente también celebró la fiesta de la Pascua, recordando así todo lo que Dios había hecho por su pueblo en el pasado. La Pascua era un símbolo de la fidelidad pasada de Dios a su pueblo. Al reflexionar sobre la fidelidad pasada de Dios y enfocarse en su fidelidad actual, el pueblo de Dios no pudo evitar sentirse lleno de gozo.

¿Qué significa estar lleno de gozo abundante? El gozo es un reflejo de la presencia de Dios en tu vida. El gozo no se encuentra en las circunstancias, sino en Dios, porque el gozo no es circunstancial; el gozo es relacional. La cantidad de gozo en tu vida está directamente relacionada con tu acercamiento a Dios. Mientras más tiempo pases con Dios en su Palabra y en la oración, y cuanto más seguido esté Dios en tu mente y hables de él, cuanto más gozo que experimentarás en la vida. El gozo no se encuentra en lo que haces por Dios, sino en el por qué haces lo que haces por Dios. El gozo significa que encuentro satisfacción total en Dios. Estoy feliz porque lo disfruto. Él es el Creador y Sustentador de la vida, y Él es la fuente de todo gozo.

Si encuentras que es difícil ser lleno de gozo, o si has estado dejando que las circunstancias de esta vida roben tu gozo, entonces comienza por analizar tu relación con Dios. Si te has enfocado más en tus circunstancias que en acercarte más a Dios, entonces tu gozo seguramente se desvanecerá. Reenfócate en Dios. Comience por considerar la fidelidad actual de Dios en tu vida. Reflexiona en cómo estás proveyendo y cuidando de ti y cómo su Palabra en la actualidad ministra a tu Espíritu. Luego, reflexione sobre lo que Dios ha hecho por ti en el pasado y cómo su fidelidad del pasado es un estímulo. Al dedicarte a mantener la fidelidad de Dios siempre presente en tu mente, el gozo del Señor será una fuente constante de fortaleza.

---

**6 DE MAYO**

*¿No sabéis que los que corren en el estadio,*
*todos a la verdad corren, pero uno solo se lleva el premio?*
*Corred de tal manera que lo obtengáis.*
*1 Corintios 9:24*

## YENDO POR EL ORO

El mundo está lleno de fanáticos entusiastas de los deportes, enraizando y animando, abucheando y silbando, mientras se pasean en una montaña rusa emocional, elevándose con la emoción de la victoria y cayendo en breve con la agonía de la derrota. El rey del mundo en la arena deportiva actual es el fútbol, con el cricket, el tenis, el voleibol, el béisbol, el golf y el baloncesto, entre otros deportes más populares del mundo. Una competencia que a menudo convierte al mundo entero en un enorme estadio de fanáticos durante varias semanas a la vez son los Juegos Olímpicos. El orgullo nacional mezclado con la intensidad emocional proporciona a los fanáticos la combinación perfecta de deportes. En cada evento, solo uno gana y recibe la medalla de oro.

¿Cómo podemos vivir una vida piadosa como un atleta que compite para ganar? En la antigua Grecia, los Juegos Olímpicos, celebrados en Atenas, y los Juegos Ístmicos, celebrados en Corinto, eran las atracciones deportivas populares de la época. Los griegos trataron a sus atletas con la misma fanfarria que los atletas reciben hoy. En una cultura llena de fanáticos de los deportes, Pablo tenía una manera fácil de ilustrar cómo un cristiano debería «correr» o vivir la vida. La diferencia entre las carreras atléticas y la «raza» cristiana es que cada cristiano puede ganar. Aunque no compitamos contra otros cristianos, y no competimos por nuestra salvación, estamos compitiendo contra los obstáculos físicos y espirituales que pueden obstaculizar las recompensas que Dios tiene para nosotros. De Pablo, podemos aprender algunas lecciones del amplio mundo de los deportes.

Pablo, como cualquier buen entrenador, se concentró en dos cosas que todos debemos practicar para asegurarnos de ganar el premio: disciplina y dominio propio. La disciplina es el hacer, donde el dominio propio es el negar. Pablo había aprendido que la disciplina era tan necesaria para la construcción de la propia fe como necesaria para la construcción de la capacidad física de un atleta. Como cristianos, debemos ser disciplinados para pasar el tiempo leyendo la Biblia, orando, pasando tiempo en compañerismo con otros creyentes, sirviendo y compartiendo nuestra fe con aquellos que no conocen a Dios (colectivamente, el hacer). Debemos disciplinar, o construir, nuestros cuerpos espirituales al conformar nuestras mentes, nuestras actitudes y nuestros deseos con los de Jesucristo (más haciendo). También debemos mostrar dominio propio, como un atleta de entrenamiento, al decir no a los deseos egocéntricos que pueden sacar nuestro enfoque de la línea de meta (la negación). Debemos dejar a un lado la búsqueda de los placeres mundanos y los hábitos pecaminosos, o nos costará la carrera (más negación).

El dominio propio no es un acto de la voluntad. No intentamos más para exhibir más dominio propio; el dominio propio es el ceder del espíritu de uno hacia el Espíritu Santo. El verdadero dominio propio está directamente relacionado con la medida en que dejamos de controlar y nos sometemos al control de Dios sobre nuestras vidas.

Si no ha competido para ganar, entonces comience tu entrenamiento hoy. Disciplínate como un buen atleta, haciendo esas cosas que te ayudan a crecer espiritualmente y te equipan para correr con resistencia. Deseche cualquier pecado que lo agobie, te detenga o te desgaste y comience a competir como un atleta olímpico por la eterna corona de oro que le espera a cada competidor en la meta celestial.

**7 DE MAYO**

*Allí, junto al río Ahava, proclamé un ayuno
para humillarnos delante de nuestro Dios
y solicitar de él un buen viaje para nosotros,
para nuestros niños y para todos nuestros bienes.*
*Esdras 8:21*

## ¿AYUNAR O NO AYUNAR?

No tienes que conducir muy lejos estos días para encontrar comida rápida. Los Arcos Dorados de McDonalds llenan los horizontes, las Pizza Huts llenan las calles, los Burger Kings y Dairy Queens tienen a bebés reales nacidos con cucharas de oro en la boca. Puedes encontrar pollos fritos y Subways, y Taco Bell's por todo el paisaje. Con acceso fácil a una gran cantidad de opciones de alimentos, el ayuno pareciera obsoleto y fuera de sintonía con los tiempos. Así que muchos cristianos se quedan preguntando: ¿ayunar o no ayunar? Esa es la pregunta que tenemos entre manos.

Esdras era un sacerdote que dirigió a unos miles de sus amigos más cercanos a Jerusalén desde su tiempo en cautiverio en Babilonia. Pero durante el viaje, Esdras se detuvo en breve y llamó a todos a participar en un ayuno de tres días. El ayuno improvisado debía ser un tiempo de oración y espera en el Señor durante su viaje. Durante los tres días, el pueblo le pedía al Señor dirección, no desde una posición de orgullo o arrogancia, no exigiendo, sino con humildad, entregando su voluntad a la de él.

Algunos dicen que el tiempo de espera nunca es tiempo perdido; y muchas veces en nuestras vidas, no podemos escuchar al Señor hablando fuerte a nuestros hasta que nos detenemos, nos sentamos en silencio, apagamos las distracciones de la vida y simplemente esperamos.

El ayuno no está ordenado en las Escrituras, pero está claramente implicado como algo que los cristianos deberían practicar. Cuando los discípulos del Señor fueron criticados por no ayunar, Jesús respondió sugiriendo que el ayuno no era apropiado para ellos mientras Él todavía estaba aquí con ellos, pero llegaría el momento en que Él se iría y sería apropiado (Lucas 5:35). Además, al hablar sobre el ayuno, Jesús dijo: «Cuando ayunes, unge tu cabeza y lávate la cara. . . » (Mateo 6:17). Aquí Jesús claramente sugería que esperaba que el ayuno fuera practicado regularmente y también nos dio una guía.

¿Qué es el ayuno? El ayuno es una disciplina espiritual en la que uno se abstiene de comer durante un período de tiempo para buscar a Dios. El ayuno puede ser tan simple como el no comer una comida o dos para pasar tiempo en oración, o puede ser algo que se hace durante varios días o más. Durante el tiempo que normalmente se gastaría en satisfacer las necesidades físicas de alimentación del cuerpo, se dedicará tiempo a satisfacer las necesidades espirituales. Hay varias razones por la cual uno se somete al ayuno. Puede ser para enfocar tu atención hacia el Señor; especialmente si estás enfrentando un desafío o una decisión difícil. Puede ser para buscar la sabiduría necesaria de Dios. Podría ser para someterte al Señor, o para luchar contra la tentación o para arrepentirte.

Dios nos ha dado el alimento para disfrutarlo, para nutrir, para compañerismo y adoración; pero cuando el hambre espiritual es mas fuerte que el hambre físico, definitivamente debemos dejar a un lado lo física cuando lo espiritual nos lleva a acercarnos más a Dios. No debemos ver el ayuno como algo que solo hacen los súper-cristianos comprometidos, sino como algo que todo cristiano comprometido debería hacer. Nunca permitas que algunos dolores de hambre calmen tu apetito por una intimidad más profunda con Dios.

---

**8 DE MAYO**

*No os ha sobrevenido ninguna prueba que no sea humana;*
*pero fiel es Dios, que no os dejará ser probados*
*más de lo que podéis resistir, sino que dará también juntamente*
*con la prueba la salida, para que podáis soportarla.*
*1 Corintios 10:13*

## ESCAPE DE LA ISLA DE TENTACIÓN

La tentación se precipita de forma inesperada y asalta la mente, desviando rápidamente toda la atención de lo que uno sabe que está mal y redirigiendo cada pensamiento hacia el cumplimiento de un deseo egoísta. Enmascarado como una gratificación inofensiva o un derecho personal, la tentación distorsiona tus emociones y antojos, engañándote en creer que tienes la libertad y derecho de llevar a cabo y disfrutar una acción o pensamiento determinado. La tentación produce una visión de túnel, restringiendo lo que el ojo de la mente puede ver, y confunde la concentración al suspender todo pensamiento racional.

Para el cristiano, la tentación permite que lo sensual sea sustitución a lo espiritual.

La tentación nos ataca a todos; nadie es exento. La tentación llega a diario, como un cazador implacable. La tentación hace promesas que no puede cumplir: prometiendo cosas dulces, para solo dar amarguras; prometiendo cumplimiento, para solo dejarte vacío; prometiendo satisfacción, y solo brindando sed para más. Aunque todo esto es cierto, ser tentado no es un pecado. A pesar de su atracción gravitacional extremadamente poderosa, la tentación puede ser resistida.

Pablo reconoció que la tentación no era un juego, y por lo tanto no debería ser tomado a la ligera, especialmente por aquellos que presumen tener la fuerza en sí mismos para oponerse. Animó a los corintios a prestar atención y aprender de los ejemplos de otros en la Biblia, al darse cuenta de que las tentaciones a las que se enfrentaban los demás no eran diferentes de las tentaciones que enfrentaban los corintios.

La clave para escapar la tentación radica en la fidelidad de Dios. La suya es una fidelidad que no te abandonará sin forma de escapar. La fidelidad de Dios no permitirá que la tentación caiga sobre ti como un edificio que se derrumba, dejándote atrapado bajo la devastación. A través de su fidelidad, Dios promete preservar a su pueblo, protegerlo de ser abrumado y siempre proporcionar un escape, sin importar la tentación. La tentación no te lleva inevitablemente al pecado. Si la tentación nos lleva al pecado, el resultado no es la culpa de nadie, sino la nuestra. No podemos jugar el juego de la culpa con el pecado y decir: «El diablo me obligó a hacerlo». Ni Satanás ni el mundo pueden hacernos pecar, y nuestra propia carne no puede obligarnos a pecar. Pecamos porque elegimos pecar.

Resistir la tentación no es fácil, y todos hemos fallado en un punto u otro. Pero ni nuestros éxitos o fracasos importan; tarde que temprano se nos presentarán más tentaciones y debemos estar preparados. No permitas que los errores del pasados impidan las victorias del presente y las del futuro. Ponte en posición defensiva al orar antes de que lleguen las tentaciones. Jesús dijo: «Velad y orad, no sea que entren en tentación.» (Mateo 26:41) Toma en cuenta que caemos en el pecado porque cedemos a nuestros propios deseos egoístas. Reemplaza tus deseos egoístas con el deseo de agradar y honrar a Cristo con tu vida; así como Cristo hizo su propósito de hacer todas las cosas que agradaban al Padre. Se consistente al leer tu Biblia, porque al igual que Cristo soportó la tentación al conocer y confiar en la

Palabra de Dios; podemos hacer las decisiones correctas al resistir la tentación al conocer la verdad que encontramos en la Biblia.

Finalmente, cuando llegue la tentación, lo mejor que puedes hacer es simplemente ¡huir! Salte de la situación y del entorno que está causando la tentación. La próxima vez que la tentación asalte sus sentidos, busque la ruta de escape espiritual que Dios provee, y luego huye en victoria.

## 9 DE MAYO

*Cuando oí estas palabras me senté y lloré,
hice duelo por algunos días, ayuné y oré
delante del Dios de los cielos.
Nehemías 1:4*

## LIDERAZGO EFECTIVO

Cada generación ha tenido grandes líderes; esas personas que nos inspiran y sacan lo mejor de nosotros. Nos encanta leer libros y ver películas donde un individuo fuerte y decidido toma el control de una situación difícil; hace lo correcto, lleva a la gente a la victoria y salva el día. Históricamente, hombres como George Washington se han adaptado a ese perfil, motivando y moviendo a muchos a superar sus desafíos y ser parte de establecer una nueva nación. En el cine, hombres como John Wayne defendían el individualismo rudo e invariablemente cabalgarían y salvarían el día. Bíblicamente, hombres como Nehemías se sostienen con influencia e integridad similar, dirigiendo y reuniendo al pueblo de Jerusalén en un tiempo de reavivamiento y reconstrucción.

Nehemías fue el copero del rey Artajerjes cuando le llegaron noticias de que el templo había sido reconstruido en Jerusalén, pero las murallas que antes rodeaban la ciudad aun se encontraban en ruinas. El pueblo de Jerusalén estaba desanimada, deshonrada e indefensa. Las noticias le afecto a Nehemías hasta al corazón y se convirtieron en una carga que pesaba sobre su alma y lo conmovió por sus compatriotas.

Muy a menudo, cualquier gran obra de Dios comienza aquí. Dios nos mueve a la acción a medida que nos permite ser conmovidos de corazón y cargados de alma por las personas y nos conmueve a la compasión. La compasión y la carga de Nehemías lo movieron a tomar la única acción que alguien debería tomar antes de salir a servir a Dios:

esperó, ayunó y oró. Antes de hacer un plan, oró. Antes de seguir adelante, ayunó. Antes de caminar, esperó.

Toda obra *para* Dios debe incluir la consagración *a* Dios. Se debe pasar tiempo buscando a Dios y esperándolo. Simplemente, a través de esos momentos, Dios obra en nosotros para que pueda obrar a través de nosotros. Mientras oramos y esperamos, aprendemos que la persistencia en la oración nos enseña la perseverancia, y la perseverancia es continuamente necesaria en cualquier obra que llevemos a cabo para Dios. Necesitamos estar preparados para ser productivos.

Las lecciones de liderazgo que vemos en el Libro de Nehemías son ejemplos para todos. Puede que no seas llamado a reconstruir una ciudad o dirigir un avivamiento espiritual, pero como cristianos, todos somos líderes. Puedes ser esposo que lidere su hogar, un padre que dirige sus hijos, un empresario que lidera en el lugar de trabajo o un maestro de escuela dominical que lidera un aula de estudiantes. O bien, puede ser el único cristiano en tu vecindario o en tu familia, y por lo tanto, tu liderazgo es ser ejemplo ante los demás.

Donde sea y a quien sea que seas líder, recuerda que un buen líder también es un buen seguidor. Sigue el ejemplo de personas como Nehemías, quien se preparó adecuadamente para el papel de liderazgo que Dios estaba preparando para él.

---

**10 DE MAYO**

*De manera que cualquiera que coma este pan*
*o beba esta copa del Señor indignamente,*
*será culpado del cuerpo y de la sangre del Señor.*
1 Corintios 11:27

## MODALES EN LA MESA

Hablar con la boca llena, extender la mano en frente de otra persona para agarrar un plato, eructar, sorber, poner los codos sobre la mesa y limpiarse la boca con la manga son todos malos modales en la mesa. En el acelerado mundo de hoy, todo se está volviendo cada vez más a la conveniencia, con actitudes casuales y atuendos casuales que reemplazan los días anteriores de la formalidad. A pesar de las tendencias culturales o las preferencias sociales, los buenos modales siempre están de moda, y los buenos modales nunca son más obvios que cuando no se observan. Cuando venimos a la Mesa del Señor para compartir la Cena del Señor, mientras recordamos su sacrificio por nosotros, debemos asegurarnos de observar este sacramento con buenos modales y los motivos correctos.

Pablo vio en la iglesia de Corinto algo mucho peor que la mala etiqueta. Lo que vio fue una exhibición extremadamente ofensiva de egoísmo cuando la iglesia se reunía para participar en la Comunión. Lo que originalmente se estableció como una celebración, centrada en el acto más desinteresado de la historia humana, ahora se había convertido en un circo de egocentrismo completo. Lo que se pretendía para promover la unidad y profundizar el compañerismo solo traía división y deshonra. La gente se emborrachaba, se atracaban y rehusaban compartir su comida con aquellos que realmente lo necesitaban. Esta no era la mejor manera de prepararse para participar en una de las ordenanzas más sagradas que nos dio Jesús.

Aunque el día de hoy quizás no veamos a la gente emborrachándose en la iglesia antes de tomar la Comunión, todavía existe una forma correcta y una manera incorrecta de acercarse a la mesa de la Comunión. ¿Cómo te preparas para recibir la Comunión?

La comunión es un acto importante de adoración en el que el pueblo de Dios se reúne para recordar la muerte sacrificial de Jesucristo en la cruz. Para poder tomar la Comunión de la manera correcta, primero debemos preparar nuestros corazones adecuadamente. Esto significa que no simplemente hacemos los movimientos sagrados de la Comunión. No debemos tratar el acto de Comunión como una tradición vacía o un ritual de rutina; este es un acto sagrado de compañerismo y adoración. No importa la frecuencia con la que decidamos participar de la Comunión, Pablo nos dice que debemos examinarnos antes de recibir y pedirle al Señor que escudriñe nuestros corazones por cualquier cosa que le desagrade.

Debemos comenzar por examinar nuestra relación personal con Jesús. La comunión se trata de Jesús, así que primero debes conocer a Jesús personalmente; Él debe ser tu Señor y Salvador. Si lo conoces, entonces debes asegurarte de que tu relación con él esté en regla. No debe tomar la Comunión si cualquier pecado en tu vida permanece sin confesar, si estás amargado o enojado, o si luchas con el pecado recurrente. Confiesa y entrega estos pecados a Jesús antes de tomar la Comunión. La comunión es para el pecador, y somos pecadores salvados por la gracia; pero debemos presentar nuestros pecados abiertamente ante Dios primero a través del acto de confesión para que no lo desagrademos ni lo deshonremos.

La comunión debe enfocarse seriamente, con reverencia y con auto examinación; pero también debe ser vista como un momento de gozo, que debía ser lleno de acción de gracias al recordar la gracia de Dios, que se nos muestra a través del sacrificio de Jesús. La próxima vez que te acerques a la Mesa del Señor, hazlo con buenos modales en la mesa.

## 11 DE MAYO

*¿Qué cosa pides? —preguntó el rey.*
*Entonces oré al Dios de los cielos,*
*Nehemías 2:4*

## ESPERANDO CON PROPÓSITO

Después de terminar un internado de aprendizaje, un joven recién convertido llamado William no pudo encontrar trabajo durante todo un año. Esta fue la prueba más difícil de toda su vida. Estaba desconcertado porque Dios no estaba respondiendo su oración persistente por un trabajo. Incluso tenia una madre viuda que necesitaba desesperadamente su ayuda financiera. Pero Dios sabía que esos doce meses de pobreza le darían después la capacidad única de identificarse con los pobres. *William Booth* crearía «*The Salvation Army*» que ahora ayuda a personas necesitadas en 124 países. A veces, por más que quieras que pase algo, o qué puedes intentar para que todo suceda, lo único que puedes hacer es esperar. Para la mayoría de nosotros, esperar es la parte más difícil. ¿Estás esperando en Dios en este momento? ¿Sabes cómo esperar con un propósito?

Cuando Nehemías recibió la noticia de que el muro que rodeaba a Jerusalén estaba en ruinas, el Señor le dio a Nehemías una carga para actuar. Nehemías quería ir a Jerusalén para honrar a Dios al ser parte de la reconstrucción del muro de la ciudad santa. ¿Qué pasó después para Nehemías? ¡Nada! ¿Después de una semana? ¡Aún nada! Pasó un mes sin que Dios le diera ninguna palabra o dirección. Luego dos meses, luego tres, y así sucesivamente. A estas alturas, quizás te vienen algunas preguntas a la mente, como: Dios, ¿sigues ahí? ¿Te escuché bien? ¿Ese mensaje era para otra persona?

¿Alguna vez te has preguntado que quizás no escuchaste bien a Dios? ¿Estás esperando en Dios para que te conteste? ¿para que te de oportunidad? ¿o dirección? Dios a menudo nos hace esperar antes de movernos a la acción, pero:

«Esperar en Dios no es pereza. Esperar en Dios no significa quedarte dormido. Esperar en Dios no es el abandono del esfuerzo. Esperar en Dios significa, primero, actividad bajo orden; segundo, preparación para cualquier orden nueva que pueda venir; y tercero, la capacidad de no hacer nada hasta que se dé la orden».[23]

Nehemías debía esperar en el tiempo de Dios; sin embargo el sabia esperar con propósito. Realmente no sabia cuando o si efectivamente Dios le diera la oportunidad de regresar a Jerusalén para ayuda en la reconstrucción, mas Nehemías sabía que debía estar preparado para partir si así lo ordenara Dios. Esperar con propósito significa hacer justo lo que Nehemías empezó hacer – orar y esperar. Nehemías oró, confiando y creyendo que Dios abriría camino (Nehemías 1:5-11).

Nehemías también continuó haciendo bien su trabajo. Su trabajo no sufrió, no estaba trabajando con un pie en la puerta o con la cabeza en las nubes, ni estaba anhelando que llegara ese día en que estaría allá. No estaba distraído, y ni se quejó mientras esperaba la oportunidad de ir a Jerusalén.

Nehemías también había estado planeando durante su espera, considerando de antemano lo que necesitaría para hacer el trabajo de Dios, y contó lo que le costaría. Quería estar listo siempre y cuando llegara la oportunidad. Un dicho de la Guerra Civil Estadunidense aconseja: «¡Confíe en el Señor, pero mantén en seco tu pólvora!» En otras palabras, Dios tiene el control, pero aún así deberíamos estar preparados. Orar, planificar y esperar en Dios siempre precede al servir a Dios. Cuanto antes aprendamos a esperar la manera de Dios, más pronto podremos ser usados para construir a la manera de Dios.

**12 DE MAYO**
*No quiero, hermanos, que ignoréis*
*acerca de los dones espirituales.*
*1 Corintios 12:1*

# TU DON DADO POR DIOS

¿Cómo podemos vivir una vida que importa, que se mueve más allá de lo monótono, que marca una diferencia duradera y que es fructífera, llena de alegría y que honra a Dios? ¿Suena como una imposibilidad? Bueno, ¡no tengas miedo! La manera de encontrar propósito, de encaminarte rápidamente hacia una vida abundante y activa que honra a Dios es mediante la comprensión de tu lugar en el cuerpo de Cristo.

Algunos cristianos piensan que una librería cristiana es el único lugar para encontrar dones espirituales. Decir que la mayoría de los cristianos no tienen idea de cuáles son sus dones espirituales es una subestimación. Esto significa que la mayoría no está haciendo honor a lo mejor y lo mejor de Dios para sus vidas. Sumando a esta confusión está la incomprensión entre los talentos físicos y los dones espirituales.

Podrías decir: «Ah, bueno, me encanta cantar, entonces el canto es mi don» o «Me gusta trabajar con las manos, así que construir es mi don».

En pocas palabras, estas habilidades son talentos, no obsequios. Aunque Dios nos da tanto talentos como dones, la mejor manera de distinguirlos es la siguiente: los talentos son para beneficio o disfrute físico o terrenal, mientras que los dones se otorgan para beneficio celestial o espiritual para dar gloria a Dios. Los dones espirituales son dados con el propósito de edificar el reino de Dios, para beneficiar al cuerpo de Cristo y para brindarle gloria a Dios. Aunque el canto es un talento y no un don espiritual, la capacidad de cantar se puede utilizar para complementar un don espiritual, como el de consolación.

Si quieres que Dios te use para hacer una diferencia duradera en las vidas de los demás, entonces el lugar para comenzar es conocer tus dones espirituales. Pablo enumera los dones espirituales en tres lugares: en 1 Corintios 12, en Romanos 12 y en Efesios 4. Juntos, estas Escrituras enumeran un total de veinte dones espirituales diferentes. Una vez que comprendas lo que son estos dones y cómo funcionan, entonces será el momento de encontrar el tuyo. Descubrir tu don no es una cuestión de escoger y elegir, y no es como un restaurante de bufé espiritual donde dices: «Oh, me gusta ese don; Creo que tomaré un poco de "enseñanza" con un lado de "ayuda" y una pizca de "profecía"». En cambio, los dones espirituales son dados a cada cristiano por el Espíritu Santo y se dan según la voluntad de Dios, no de acuerdo con tu deseo de un don particular . La mayoría de las personas tiene más de un don, nadie tiene todos los dones, y ningún cristiano se queda sin al menos un don.

Entonces, ¿cómo descubres tus dones? Comienza orando y pidiéndole a Dios que te revele tus dones espirituales. Él no está jugando a las escondidas con tus dones; Dios quiere que sepas cuales son y que los uses, así que pídele que te lo muestre. Dios te dará una pasión por los dones que te ha dado, para que cuando los conozcas, prestes atención a aquellos a los que más te atrae y comienza a servir. Lo más probable es que encuentres un poco de prueba y error durante el proceso de descubrimiento, pero no te desanimes. Sal y vea lo que Dios bendice. Tome en cuenta los comentarios de algunos mentores de confianza en lo que te observen en acción. Una perspectiva externa de un creyente maduro y confiable puede valer mucho y ayudarte a enfocarte mas.

No hay nada más emocionante y más gratificante que el hecho de usar los dones que Dios nos ha dado. Dios nos ha dado todo lo necesario para llevar a cabo todo lo que Él ha preparado. Descubre tu don dado por Dios, y eleva por encima de la monotonía y disfruta de una vida plena, fructífera y glorificadora de Dios.

### 13 DE MAYO

*Pero aconteció que oyeron Sanbalat, Tobías, los árabes, los amonitas y los de Asdod que los muros de Jerusalén eran reparados, pues ya las brechas comenzaban a ser cerradas, y se encolerizaron mucho. Conspiraron luego todos a una para venir a atacar a Jerusalén y hacerle daño.*
*Nehemías 4:7-8*

## LA LEY DE LA OPOSICIÓN

Estamos familiarizados con ciertas leyes de la naturaleza. Por ejemplo, la ley de la gravedad, que a menudo se expresa en la declaración, «Lo que sube debe bajar». Además, tenemos la tercera ley de movimiento de Newton, que dice que para cada acción hay una reacción igual y opuesta.

Así como las leyes físicas gobiernan el mundo natural, las leyes espirituales también gobiernan el mundo espiritual. Una de esas leyes espirituales, demostrada a lo largo de las páginas de las Escrituras, es lo que llamaremos la Ley de Oposición.

La Ley de Oposición dice que cuando el pueblo de Dios comience a hacer el trabajo de Dios, el enemigo de Dios tratará de detenerlos. Por ejemplo, Moisés se opuso a Faraón, David se opuso a Saúl y Jesús se encontró cara a cara con el mismo satanás. Nehemías no fue la excepción; tuvo la oportunidad de servir a Dios, y oró y esperó en Dios antes de salir con fe. Pero tan pronto como estuvo listo para comenzar la obra, el enemigo estaba allí, tratando de detener el trabajo desde el principio.

Cuando Dios abrió la puerta de la oportunidad, Nehemías caminó atrevidamente y fue a Jerusalén. A su llegada, logró obtener el apoyo de las personas que necesitaba para ayudar a reconstruir las murallas de la ciudad, y la obra comenzó rápidamente. Lo que Nehemías enfrento a continuación es lo que cada creyente enfrentará cuando salga a hacer la obra de Dios: la oposición. La oposición de Nehemías provino de amenazas externas e internas, todas intentando detener la obra de Dios.

Nehemías respondió con sentido espiritual y sentido común; usó su Biblia y su cerebro. En vez de devolver el fuego cuando era atacado, que es la forma en que a menudo reaccionamos - Nehemías habló primero con Dios. Siempre debemos recordar que estamos en una batalla espiritual, y que no ganaremos la guerra si luchamos con nuestra carne. La oración, el primer paso, es un arma muy poderosa que el enemigo no quiere que usemos. Y simplemente, nunca deberíamos responder a la oposición hasta que hayamos pasado un tiempo en oración.

Después de buscar al Señor en oración, esperar en Dios por su tiempo divino y buscar las Escrituras, Nehemías usó su sentido común. La oposición a la obra de Dios pasó de la burla y los insultos a la intimidación y las amenazas, por lo que Nehemías respondió con decisión. La mitad del pueblo trabajaba en la pared, y la otra mitad se postraban en guardia en la pared con espadas. Esta solución es a la vez práctica y espiritual, ya que la Biblia nos dice varias veces que «velemos y oremos». El pueblo ahora estaba listo para que Dios obrara a través de ellos.

Nehemías tanto oró y se preparó. Él confió en Dios y permaneció listo para el enemigo. Oró por lo mejor y se preparó para lo peor. Algunas veces la respuesta a la oración se da a través de la habilidad que Dios te ha dado para realizar la tarea. Nehemías mantuvo sus ojos en Dios y su mano en el arado.

Cuando salgas a servir a Dios, ora y prepárate, y sigue siendo práctico cuando trates con la oposición.

**14 DE MAYO**

*Si yo hablara lenguas humanas y angélicas, y no tengo amor, vengo a ser como metal que resuena o címbalo que retiñe.*
*1 Corintios 13:1*

## ¿QUÉ TIENE QUE VER EL AMOR CON ESTO?

¿Qué es ese sonido molesto? ¿Sera el sonido de uñas corriendo sobre un pizarrón? ¿O el sonido del taladro de un dentista? ¿será el chillido irritante de un micrófono mal ajustado? O ¿quizá será un tren que al parar se escucha el rechinar de metal contra metal. No, en realidad el sonido es mucho peor que cualquiera de esos: el sonido de un cristiano que no tiene amor. El hablar no es nada, y el «haz lo que digo, no lo que hago» es una mediocre manera de vivir una vida cristiana. Si queremos hacer la voluntad de Dios de una manera que le brinde la mayor gloria, debemos hacer todo con amor.

A menudo llamado el capítulo del amor, 1 Corintios 13 nos da una impresionante e imponente descripción del amor, una descripción que resulta mucho más fácil decirlo que hacerlo. A pesar de las dificultad en la aplicación del amor, el verdadero amor cristiano no debe contarse con nuestra mera admiración por su naturaleza impresionante o limitarse a conversaciones vacías que producen poco o ningún cambio. El amor que somos llamados a exhibir debe ser una expresión comprensiva y completa, abarcadora y absorbente que se encuentra en nuestra vida cotidiana.

Pablo colocó estratégicamente el tema del amor cristiano justo en el medio de su discusión acerca de los dones espirituales, en un intento de darnos la perspectiva adecuada de cómo debemos servir a Dios y ejercer nuestros dones espirituales. Pablo dice, en esencia, «Lo que importa no es *que* don espiritual tengas sino *cómo* usas tu don espiritual». ¡Y el *cómo* debe ser con amor!

El amor del que se habla aquí no es un amor sensual, ni un amor fraternal, ni un amor familiar, y este amor no se basa en un sentimiento o emoción. Más bien, este amor es la forma más elevada de amor que una persona puede tener. Este amor dadivoso, generoso y lleno de gracia es sacrificial, desinteresado e incondicional. El amor del que se habla aquí es reflexivo, bondadoso e integral. Este amor es una elección y una decisión; aquí, el amor es un verbo de acción, lleno de vida y un fruto del Espíritu. Este amor es práctico, pragmático, relevante en el mundo real, aplicable todos los días y, sobre todo, la obligación diaria de un cristiano. Este es un amor que encuentra su plenitud a través de la vida. Este amor funciona, sirve y ayuda, sin resentimiento, enojo, arrogancia u orgullo, y se expresa por ser paciente y gentil, comprensivo y compasivo, generoso, confiado, esperanzador y duradero. Este amor no es opcional ni tiene sentido, pero es innegociable y debe ser el principio rector de todo lo que decimos y hacemos como cristianos.

¿Qué tiene que ver el amor con la vida cristiana? La respuesta es todo! ¿Qué valor tienen tus obras si se realizan sin amor? ¡Nada! No dejes que tu vida sea un sonido irritante que aleje a las personas. En cambio, deja que tu vida sea una dulce sinfonía que encuentra su expresión a través de una vida que se vive perfectamente en sintonía con el amor de Dios.

## 15 DE MAYO
*Y leían claramente en el libro de la ley de Dios, y explicaban su sentido, de modo que entendieran la lectura.*
*Nehemías 8:8*

## EL VIENTO DEL CAMBIO

El avivamiento verdadero no puede suceder aparte del Espíritu de Dios, obrando a través de la Palabra de Dios. Cuando a la Palabra de Dios se le da el lugar apropiado en la vida de una iglesia, la vida de una nación, o la vida de una persona, la convicción viene del Espíritu Santo, y el viento del avivamiento espiritual comienza a soplar. El avivamiento puede describirse como un interés renovado en o pasión por las cosas de Dios. Charles Spurgeon dijo una vez durante uno de sus sermones:

¡Oh hombres y hermanos! ¿qué sentiría este corazón si pudiera creer que hay algunos entre ustedes que se irán a su casa a orar por un avivamiento?.. hombres cuya fe es lo suficientemente grande, y su amor lo suficientemente ardiente como para guiarlos desde este momento a ejercer incesantes intercesiones para que Dios aparezca entre nosotros y haga cosas maravillosas aquí, como en los tiempos de generaciones anteriores.[24]

En los capítulos del 8 al 10 de Nehemías, vemos al pueblo de Dios regresar a la Palabra de Dios y ser refrescado por el Espíritu de Dios a medida que se desata un avivamiento en toda la ciudad. La

Palabra de Dios fue leída y enseñada y fue recibida voluntariamente por la gente, revitalizando su fe en Dios. Al examinar el avivamiento que arrasó en Jerusalén en ese día, notamos algunos elementos esenciales que provocarán un avivamiento personal en nuestros corazones y un avivamiento corporativo para arrasar nuestras iglesias.

El primero es *convicción*. La lectura y la enseñanza de la Palabra llevaron a la gente a un sentir donde la tristeza piadosa había apoderado sus corazones al reconocer su desobediencia a Dios y tuvieron la convicción de su pecado contra Dios (Nehemías 8: 9).

Segundo, esa convicción trajo *confesión*. El avivamiento que recorrió la ciudad había despertado los corazones de las personas hacia las cosas de Dios, y con este nuevo amor por la Palabra vino un nuevo odio por el pecado, que llevó al pueblo a humillarse y confesar sus pecados a Dios (Nehemías 9:2). Ningún crecimiento espiritual o avivamiento puede ocurrir hasta no tratar con el pecado primero. No es que debemos enfocarnos en nuestro pecado, sino que debemos declarar nuestro pecado a Dios para que Dios nos perdone y trate con el pecado en nuestras vidas.

Por último, para que el avivamiento eche raíces, debe haber *compromiso*. La gente experimentó una renovada convicción de pecado y arrepentimiento, que trajo con si un intenso deseo de continuar viviendo en obediencia a Dios (Nehemías 10:29). La gente reconoció que sus vidas necesitaban igualar con lo que creían. El compromiso significa todo o nada. No existe un compromiso parcial con Dios. Algunos han dicho acertadamente que la vida cristiana es como escalar un palo engrasado; o estás trepando o te estas deslizando hacia abajo, sin intermediarios. Si la gente de Jerusalén no hubiera hecho un compromiso aquí, todo hasta este punto habría sido solo una respuesta emocional y nada más que palabrería. El compromiso es donde la llanta se une con la carretera. El compromiso real significa rendición absoluta y sumisión total a Dios.

¿Te sientes seco y desconectado de Dios? ¿Te sientes desapasionado y sin sentido? Adéntrate en la Palabra de Dios y permite que el viento del avivamiento te lleve al lugar de la convicción, la confesión y el compromiso ante Dios.

**16 DE MAYO**
*Y si Cristo no resucitó, vana es entonces
nuestra predicación y vana es también vuestra fe.*
1 Corintios 15:14

## UN DÍA EN LA HISTORIA

¿Qué día de toda la historia de la humanidad piensas que sea la más importante? A lo largo de la historia, el mundo ha visto muchos días importantes, de manera que limitarlo a un solo día más importante sería una tarea no pequeña. Algunos de los días que ciertamente son dignos de consideración serian como el día en que se inventó la rueda; el día en que la humanidad entró al espacio, el día en que la cadena de montaje produjo su primer producto; el día en que fue asesinado el Archiduque Fernando (comenzando la Primera Guerra Mundial); o el día en que se firmó la Declaración de Independencia. Estos fueron acontecimientos importantes y que cambiaron el mundo, que tuvieron un impacto en millones de personas y cambiaron la historia, pero ¿qué pasó con el día en que Jesucristo resucitó de entre los muertos?

Pablo creía que el evento más importante en toda la historia fue el día en que Jesús resucitó de entre los muertos. Tanto así que dijo que si Jesús no había resucitado de entre los muertos, entonces nada en la vida realmente importaría o tendría significado verdadero. Si la vida no tiene sentido, haz lo que quieras hacer, vive cómo quieras vivir, disfruta, come, bebe y sé feliz, porque mañana morirás. Si Jesús no resucitó de entre los muertos, Pablo concluyó que la vida no tendría sentido, que la fe sería inútil y que no existiría ninguna esperanza más allá de la tumba.

Por otro lado, si Jesús *sí* resucitó de entre los muertos, entonces no existe nada más importante, y la vida *sí* tiene significado; lo que tú haces *sí* es importante, y hay esperanza más allá de la tumba. Pablo declaró que el fundamento de nuestra fe se basa en el hecho de la resurrección de Jesucristo, y de este hecho podemos audazmente mantenernos firmes e inquebrantables en nuestra fe, seguros en nuestra salvación y capaces de llevar a cabo la obra de Dios. Como Henry Morris escribió:

«La resurrección corporal de Jesucristo de entre los muertos es la prueba culminante del cristianismo. Todo lo demás que fue dicho o hecho por Cristo y los apóstoles es secundario en importancia a la resurrección. Si la resurrección no tuvo lugar, entonces el cristianismo es una religión falsa. Si sucedió, entonces Cristo es Dios y la fe cristiana es la verdad absoluta.»[25]

La Biblia le da gran importancia a la resurrección de Jesús, mencionando el evento más de trescientas veces. Este evento es muy estimado y lleno de significado y poder, y es una señal para los incrédulos (Mateo 12:38-40). La Resurrección es la respuesta a la duda del creyente (Lucas 24:38-43); sirve como garantía de que las enseñanzas de Jesús son verdaderas (Hechos 2:22-24); y es el centro del mismo Evangelio (Romanos 4:24-25; 10:9). La Resurrección es la motivación para el evangelismo (Mateo 28:18-20); la fuente del poder diario del creyente (Filipenses 3:10) y la razón del compromiso total con Cristo (Romanos 7:4). La Resurrección elimina el temor a la muerte (Juan 11:25) y proporciona un anticipo del cielo para el creyente (Filipenses 3:20-21, 1 Pedro 1:3-5).

Con todas estas razones y muchas más, el día en que Jesús resucitó de entre los muertos debe ser el día más importante de toda la historia de la humanidad. La Resurrección debería ser un día que siempre recordemos, y un día que impacte la forma en que vivimos todos los días.

---

**17 DE MAYO**
*Yo los purifiqué de todo lo extranjero*
*Nehemías 13:30 (NVI)*

## CUIDADO DE NO RETROCEDER

No es sorprendente que a la mayoría de las personas les gusta ver el final feliz de cuentos de hada. ¿A quién no le agradaría que su vida terminara con un «y vivieron felices para siempre»? Si el libro de Nehemías, hubiera terminado al final del capitulo 12, habría terminado con uno de esos finales felices que todos aman. Las paredes habían sido reconstruidas, los conflictos habían sido resueltos, la gente estaba cantando «Kumbaya» (o algo similar). Antes del Capítulo 13, los residentes de Jerusalén parecían tener una final feliz como en la película «Que Bello es Vivir».

Desafortunadamente, el capítulo 12 no es el final de la historia, y lo que sigue es un duro aviso del costo del compromiso y el peligro del retroceso. El acto de recaer es rehusar el escuchar a Dios y, a menudo, incluye regresar a la desobediencia del pasado. El compromiso, si no se trata de forma rápida y corregida, puede provocar una recaída.

Nehemías había regresado a Babilonia, reasumiendo sus deberes como el copero del rey. Mientras tanto, en Jerusalén, la gente retrocedía. El sumo sacerdote toleraba el pecado; la gente elegía buscar ganancias económicas en lugar de perseguir a Dios, y la pureza se intercambiaba por placer. La gente se volvió complaciente. Como dijo un escritor:

La complacencia es una plaga que te roba de energía, desamina y causa un desgaste en el cerebro. La primer síntoma es la satisfacción con las cosas tal como son. El segundo es el rechazo de cómo podrían ser las cosas. Una aptitud de «Así esta bien» se convierte en el lema de hoy y en el estándar de mañana. La complacencia hace que la gente tema lo desconocido, desconfíe de lo que no ha sido probado y aborrezca lo nuevo. Al igual que el agua, las personas complacientes siguen el curso más fácil: dejarse llevar cuesta abajo.[26]

Cuando Nehemías regresó a Jerusalén, determinó arreglar las cosas. Primero trató con el traidor en el templo. En ausencia de Nehemías, el sumo sacerdote había permitido que un enemigo de Dios viviera en el templo, por lo que Nehemías lo echó (lo que el sumo sacerdote debería haber hecho anteriormente). Nehemías hizo lo que dice Efesios 4:27, negándose a «dar lugar al diablo». Debemos estar en guardia todo el tiempo, o el enemigo se mudará y establecerá su residencia en nuestros corazones.

Luego, Nehemías puso fin a la generación de dinero en el día de reposo. La gente buscaba primero la riqueza y perdieron de vista a Dios y Sus promesas. Un sábado de descanso se hizo obligatorio para que la gente siempre mantuviera una perspectiva piadosa. En pocas palabras, la práctica continua de la adoración hacia Dios ayuda en mantener el enfoque en Dios, lo que te ayudará a evitar que retrocedes.

Finalmente, nuestras relaciones deben ser puras. La gente de Jerusalén se unió de manera desigual con incrédulos. Una de la maneras mas rápidas de dañar o comprometer tu relación con Dios es casarte con alguien que no crea lo mismo que tu. Esto no significa que no podamos tener amigos que no compartan nuestra fe en Dios, pero debemos mantener un equilibrio saludable y permanecer fieles a nuestra fe. Pero para mantenerte puro, recuerda que la mala compañía corrompe al buen carácter, y estar en un yugo desigual siempre te jalará a lo opuesto del bien.

Ten cuidado con no retroceder. Es un proceso lento de debilitar que puede ser muy sutil. Protégete permaneciendo inquebrantable en tu compromiso con Dios, firme en tu perseverancia y determinado en tu obediencia a la Palabra de Dios.

## 18 DE MAYO
*Bendito sea el Dios y Padre de nuestro Señor Jesucristo,*
*Padre de misericordias y Dios de toda consolación,*
*el cual nos consuela en todas nuestras tribulaciones,*
*para que podamos también nosotros consolar a los que*
*están en cualquier tribulación, por medio de la consolación*
*con que nosotros somos consolados por Dios.*
*2 Corintios 1:3-4*

## CONSUELO DE LO ALTO

De paz inundada mi senda ya esté
O cúbrala un mar de aflicción,
cualquiera que sea mi suerte, diré:
Estoy bien, tengo paz, gloria a Dios!

Escrito por el abogado de Chicago Horatio Spafford en 1873, estas palabras muchas veces cantadas y muy queridas no fluyeron de las fuentes de bendición. Más bien, se levantaron como olas implacables que golpeaban la orilla del mar mientras llevaban la más devastadora de las angustias. La fiebre escarlata había robado la vida de su hijo de cuatro años, y el gran incendio de Chicago había quemado todas sus inversiones inmobiliarias. En la desesperada necesidad de pasar un tiempo alejado de su familia, planeó un viaje a Inglaterra. En los muelles de Nueva York, llamaron a Spafford a Chicago por negocios, pero él envió a su esposa y cuatro hijas y prometió reunirse con ellos lo antes posible.

Nueve días después, Spafford recibió un telegrama informándole que sus cuatro hijas habían muerto cuando se hundió su barco a Inglaterra; solo su esposa sobrevivió. Spafford inmediatamente zarpó para reunirse con su esposa y, cuando el barco en el que viajaba pasó por el lugar donde se ahogaron sus hijas, escribió el gran himno: «Está bien con mi Dios», un himno que ha traído consuelo a innumerables personas a lo largo de los años.

El apóstol Pablo no era ajeno a los problemas, las pruebas, la tribulación y la angustia. Él declaró: «Tres veces fui golpeado con varillas; una vez que fui apedreado; tres veces naufragué; una noche y un día he estado en las profundidades... en peligros de ladrones... en el cansancio y la fatiga, en el insomnio a menudo, en el hambre y la sed ... en frío y en desnudez» (2 Corintios 11:25-27). Desde las profundidades de su sufrimiento personal hasta las alturas de experimentar la misericordia de Dios, Pablo pudo declarar que aún en tiempos de sufrimiento, sigue allí la posibilidad de bendición, el consuelo abundante se encuentra en Dios, y los propósitos divinos siguen obrando.

¿Cómo nos consuela Dios en tiempos de angustia? El consuelo de Dios comienza cuando alabamos a Dios por lo que él es. Al estimar a Dios por su naturaleza y carácter, nuestra perspectiva sobre nuestros problemas se disminuyan a la luz de nuestro gran Dios. Igualmente importante, al recordar la obra redentora realizado por medio de Jesucristo, quien nos dio la vida eterna, vemos el poder y el amor en todo. Dios, rico en misericordia, ha prometido nunca dejarnos o abandonarnos, y nos dio el Espíritu Santo, a veces llamado el Consolador. Dios nos consuela a través de su presencia y su paz.

Si enfocamos nuestra atención en nuestros problemas, nos pueden ahogar. Al mirar hacia Dios y considerar quién es él y lo qué ha hecho por nosotros, nos damos cuenta de que puede consolarnos y también usarnos para consolar a los demás. Dios nos da una oportunidad única de usar nuestras experiencias para ayudar a otros a superar sus tiempos difíciles. Los problemas, por difíciles y dolorosos que sean, nunca se desperdician en el cristiano. Si tienes problemas, mira hacia él para el consuelo. Si has experimentado su consuelo, busca en él la oportunidad de compartir lo que te ha mostrado con otros que necesitan aliento.

## 19 DE MAYO
*«¿Y quién sabe si para esta hora has llegado al reino?»*
*Ester 4:14*

## HABÍA UNA VEZ

Desde la Bella Durmiente hasta Blanca Nieves, desde Cenicienta hasta Bella, los cuentos de hadas con personajes encantados (completos con reinos y castillos y personas que viven felices para siempre) han capturado durante mucho tiempo la imaginación de más que solo niños. Las historias que comienzan con «Hace mucho tiempo en una tierra lejana» o «Había una vez» preparan al lector para los cuentos de misterio y magia, y aventura y exploración.

Escondida entre las paginas del Antiguo Testamento, es una joya que a menudo se pasa por alto, una historia real que se parece mucho a un cuento de hadas. Una niña huérfana se convirtió en reina y vivió en un hermoso palacio, donde finalmente salvaría a su pueblo de las traicioneras manos de un malvado noble. Su historia mezcla el conocimiento previo de Dios con las elecciones de la humanidad (o en este caso, una mujer) e ilustra cómo se le ha dado a la humanidad el privilegio de participar en los planes de Dios. La aplicación infinita de la historia es relevante para creyentes de todas las edades.

Hace mucho tiempo en la tierra de Susa, una joven mujer llamada Esther perdió a sus padres a una edad muy temprana. Ella fue tomada como huérfana y cuidada por su tío Mardoqueo, que la amaba como si fuera su propia hija y le enseñó sobre su herencia como judía. Un día fue seleccionada para participar en un concurso de belleza muy especial para el rey del imperio, y cuando se presentó ante el rey, él se enamoró de ella y la hizo reina. Pero acechando en las sombras estaba el malvado Amán, un noble y consejero de confianza del rey. El odio de Amán por Mardoqueo le llevó a influir en el rey para exigir el exterminio de todos los judíos, una decisión con la que el rey acordó, completamente inconsciente de que esto llevaría a la muerte de su reina.

¿Qué debía hacer la reina Esther? ¿Qué harías tú? Ella podría ir al rey y defender su caso, pero presentarse ante el rey sin invitación significaba la muerte segura, con una sola excepción: si el rey aceptaba perdonar al intruso no invitado en su corte y concederle la gracia. Tal plan era arriesgado, sin garantía de éxito. Pero, ¿podía Esther cruzarse los brazos y no hacer nada cuando había tanto en juego? Mardoqueo alentó a Ester, diciéndole que Dios cumpliría sus planes y sus propósitos con o sin su ayuda, pero al no optar por cooperar con la voluntad de Dios para su vida, se estaría perdiendo una gran oportunidad. Después de todo, Dios la colocó en esta situación, para que pudiera ser utilizada para librar al pueblo de Dios de las manos del enemigo.

Dios tiene el control, y nos ha puesto a todos en diferentes tierras bajo diferentes gobernantes para un tiempo como este. Hay personas aquí que necesitan que les ministremos, vidas que necesitan nuestro impacto, y muchos necesitan ser liberados de las manos del enemigo, y llegar a confiar en el único Rey de Reyes, Jesucristo. Nada es coincidencia en la vida de un creyente, incluso cuando los tiempos son difíciles.

Dios te tiene justo donde te quiere. Seguir a Dios significa tomar decisiones difíciles, incluida la opción de participar o no con los planes de Dios. Si eliges no participar, entonces Dios usará a alguien más en tu lugar. Pero Dios quiere usarte a ti. Él tiene un plan y un propósito para tu vida, si estás dispuesto a dar un paso adelante y salir con fe.

Luego, un día nuestro Rey vendrá y viviremos felices para siempre en su reino celestial.

## 20 DE MAYO

*Así que, todos nosotros, a quienes nos ha sido quitado el velo, podemos ver y reflejar la gloria del Señor. El Señor, quien es el Espíritu, nos hace más y más parecidos a él a medida que somos transformados a su gloriosa imagen.*

2 Corintios 3:18 (NTV)

## ESPEJITO, ESPEJITO

La felicidad ha sido descrita por algunos como la capacidad de mirarse uno en el espejo y apreciar lo que uno ves. La mayoría de las veces, nos levantamos por la mañana, nos miramos en el espejo y, después de soltar un suspiro, comenzamos a trabajar con la imagen que nos devuelve la mirada. Los hombres se peinan, se cepillan los dientes, se afeitan y se visten. Las mujeres pueden agregar maquillaje, rizado, hidratación y maquillaje en la lista de la mañana. Pero ya sea que pasemos diez minutos o sesenta minutos delante el espejo, todos pasamos tiempo todos los días trabajando en nuestra apariencia, porque la forma en que nos presentamos es una reflexión de quiénes somos. Cuando los demás te miran, ¿qué ven? ¿Qué tipo de imagen estás proyectando a tus amigos, familiares, compañeros de trabajo y vecinos?

El apóstol Pablo pensó que la forma en que se percibía a un cristiano era importante. Y aunque hubiera aceptado que deberíamos cuidarnos físicamente, era menos importante el hecho que si el peinado esta perfecto, o si los zapatos le quedan al vestido; era mas importante el hecho de que si estamos reflejando la imagen de Jesucristo al mundo que nos rodea. Para ayudar a ilustrar este punto, Pablo nos dio el ejemplo en la vida de Moisés.

Durante el tiempo en que los hijos de Israel vagaban por el desierto, Moisés tenía el privilegio exclusivo de hablar con Dios cara a cara (Éxodo 33:11). Estas reuniones personales y poderosas con el Dios viviente tuvo tal efecto en Moisés que después de dejar la presencia de Dios, su cara brillaría con un resplandor. La gente estaba asombrada y asustada, así que Moisés se cubrió la cara con un velo para ocultar la gloria que resultó de su cercanía a Dios. Sin embargo, Moisés se dio cuenta de que cuanto más se alejaba de la presencia de Dios, más se desvanecía el resplandor.

Ahora, bajo el Nuevo Pacto, todos los creyentes reciben el extraordinario privilegio de estar cerca del Dios vivo. Gracias a Jesucristo, todos podemos mirar a Cristo y contemplar la gloria de Dios. A medida que nos acercamos a Dios, él obra en nosotros para transformarnos a su imagen para que podamos reflejar su gloria a los que nos rodean. Gracias al Espíritu Santo, ahora podemos tener una relación aún más estrecha con Dios de la que Moisés pudo tener porque el Espíritu Santo vive dentro de cada creyente.

El resultado de esta bendita proximidad a Dios debe ser una reflexión del Dios viviente y un resplandor permanente. Hablando de ver a Jesús, ¿qué ven los demás cuando te miran? Llegamos a ser lo que contemplamos; es decir, si pasamos tiempo buscando de Jesús, entonces deberíamos parecernos a Jesús. Para parecer más a Jesús, necesitamos pasar menos tiempo mirándonos a nosotros mismos y más tiempo mirándolo a él. Mientras miramos al autor y al consumador de nuestra fe, seremos una mejor reflexión de nuestro glorioso Dios. Cuanto más cerca estés de Dios, más reflejarás su imagen. Pero si te alejas de Dios, su imagen en ti comenzará a desvanecerse.

---

**21 DE MAYO**

*«El Señor ha dado; el Señor ha quitado.*
*¡Bendito sea el nombre del Señor!»*
*Job 1:21 (NVI)*

## LA DECISIÓN ES TUYA

La vida está llena de momentos maravillosos: enamorarse, reír hasta que te duelen los lados, presenciar el nacimiento de un niño, pasar tiempo con amigos cercanos o mirar el atardecer, solo por nombrar algunos. Pero la vida también tiene tragedias, como la muerte de un niño, la pérdida de la casa y el hogar, y el fracaso económico, y eso son solo unos ejemplos. El carácter de uno es más evidente cuando llegan los momentos más difíciles de la vida. Cuando la tragedia golpea, la decisión es tuya ya sea para responder con fe y adorar a Dios a través del dolor, o descartar y denunciar a Dios a causa del dolor.

Job sufrió. Perdió a familiares y amigos, y perdió salud y riqueza. Pero nunca perdió su fe. Job tomó la decisión, en su hora de mayor dolor, de decir: «Jehová dio, y Jehová quitó; que el nombre del Señor sea alabado» (Job 1:21 NVI). Satanás pensó con certeza que Job podría volverse contra Dios y que se desmoronaría bajo el peso de la tragedia y desecharía su fe en Dios. Satanás pensó que nadie podría elegir adorar a Dios después de experimentar una tragedia tan terrible. Pero a través de todo, Job rehusó culpar a Dios. Él no se quejaría, y no condenaría la soberanía de Dios. Y al hacerlo, como Chuck Swindoll describe:

> Los espíritus malvados se sentaron con la boca abierta, por así decirlo, mientras miraban a un hombre que respondía a todas sus adversidades con adoración; quien concluyó todos sus problemas con adoración. Sin culpa. Sin amargura Sin maldiciones. Sin un puño cerrado levantado al cielo gritando: «¿Cómo te atreves a hacerme esto, después de caminar contigo todos estos años?» Nada de eso.[27]

Dios permitió que Job se redujera a un pedacito de pan, e incluso en su punto más bajo, Job rehusó maldecir a Dios, y en cambio eligió alabarle. La tentación de patear y gritar contra el desamor que Dios permite siempre está presente, junto con el deseo de aferrarse a lo que Dios está quitando. La verdadera adoración, sin embargo, se origina en el simple hecho de que Dios es digno de adoración, independientemente de nuestras circunstancias.

Que fácil aceptar las cosas buenas que Dios nos da. El desafío es recibir fácilmente lo que la tragedia quita. El desafío es elegir la bendición y no la amargura, la adoración en lugar de la ira y la adoración sin quejarse. Debemos tener una actitud dispuesta y un espíritu enseñable, recordando siempre que nada entra en nuestras vidas, excepto lo que Dios permite.

La vida está llena de momentos maravillosos y tragedias terribles. La verdadera prueba de nuestra adoración no esta en cantar alabanzas a gritos en tiempos de bendición, sino cuán dispuestos estamos a seguir cantando sus alabanzas en nuestro dolor. ¿Qué tan dispuesto estás? La decisión es tuya.

---

**22 DE MAYO**

*Sabemos que si nuestra morada terrestre,*
*este tabernáculo, se deshace, tenemos de Dios un edificio,*
*una casa no hecha por manos, eterna, en los cielos.*
*2 Corintios 5:1*

## ENFRENTANDO LA MUERTE

Una familia entera se sentó en el consultorio del médico a la espera de escuchar las noticias. Se podía cortar la tensión con un cuchillo. Se hicieron algunos chistes nerviosos para tratar de aligerar el estado de ánimo antes de que el médico entrara, y la risa resultó útil, pero solo fue temporal. Varios años largos de guerra total con el malvado enemigo del cáncer los llevaría hasta este día. El combate incluyó innumerables visitas al médico, una variedad de tratamientos intensos, exploraciones repetidas y medicamentos interminables que llevaron a lo físico en extremas altas y bajas. Sentados en la pequeña y estéril sala de exámenes, todos conocían el resultado de esta visita. El hecho de que la enfermedad estaba ganando la guerra contra ese cuerpo frágil sentado en el centro se había vuelto dolorosamente obvio para todos.

Cuando el médico finalmente dijo: «No hay nada más que podamos hacer, solo hacerte sentir lo más cómodo posible en el tiempo que te queda». El momento fue casi surrealista. A pesar del aguijón de esa noticia, el que debía haber sido el más desilusionado siguió siendo un pilar de confianza valiente. ¿Cómo podía alguien que había estado caminando a la sombra de la muerte durante años, alguien que estaba cara a cara con su propia mortalidad, permanecer tranquilamente con respecto a la cantidad de días insuficientes e impredecibles que le esperaban? ¿Y cómo podemos enfrentar la muerte con esa misma confianza valiente?

El apóstol Pablo no era ajeno a la persecución; enfrentaba la muerte a diario. Sabiendo que cualquier día podía ser el último, Pablo aún tenía confianza que trascendía sus circunstancias; su confianza estaba en Dios y no en las circunstancias. Paul cambió lo que no sabía sobre su futuro por lo que sabía sobre Dios. Esto le dio la fuerza para vivir valientemente para Cristo, incluso frente a la muerte.

Pablo nos dice que nuestro cuerpo actual no es más que una morada terrestre, una morada temporal que los creyentes cambiarán por un hogar celestial permanente que Dios está preparando para nosotros: un cuerpo glorificado, insensible al pecado, la enfermedad y la muerte. Hasta ese día, Dios ha dado a todos los que confían en Cristo todo lo que necesitamos para una vida piadosa a través de su Espíritu Santo. Él es nuestra prueba de compra, nuestra garantía de un nuevo hogar en el Cielo. Pablo declaró que a cada creyente se le garantiza la esperanza y la confianza de que la muerte conducirá a un pasaje inmediato a la presencia de Cristo. La confianza en nuestro futuro en el cielo con Dios debe ser una fuente de fortaleza y una motivación para vivir una vida que agrade a Dios.

Para el creyente, la muerte no debe temerse, porque solo a través de la muerte estamos completamente liberados de las restricciones de estos cuerpos en las riquezas de nuestras habitaciones celestiales. Para los creyentes en Cristo, el cómo y el cuándo de nuestra muerte física no limitan nuestra capacidad de vivir con una fe valiente todos los días, incluso en las pruebas más difíciles, porque la luz de la gracia de Dios siempre eclipsará las circunstancias más oscuras.

Así es como alguien puede caminar luchando contra el cáncer con dignidad, gracia y confianza. Así es como Pablo pudo enfrentar la persecución y eventualmente la ejecución con valentía. La fe confía en las promesas de Dios, la fe espera pacientemente por la eternidad que se avecina, y la fe sabe que todo el dolor es temporal. La fe frente a la muerte te autoriza a vivir con valentía a causa de tu confianza celestial.

## 23 DE MAYO

*Así permanecieron sentados con él*
*en tierra durante siete días y siete noches,*
*y ninguno le decía una palabra, porque veían*
*que su dolor era muy grande.*
*Job 2:13*

## AYUDANDO AL HERIDO

Personas por todos el mundo están sufriendo. En un momento dado, las personas están experimentando o recuperándose de desastres naturales como inundaciones, tornados, huracanes, terremotos, incendios o tsunamis. Otras tragedias como tiroteos, accidentes automovilísticos, accidentes aéreos, bombas, secuestros y muchos otros desoladores están sucediendo en todo el mundo. Las tragedias inesperadas que ocasionan la pérdida de propiedad y la pérdida de vidas suceden todos los días, dejando a las personas en un estado de crisis emocional y espiritual. ¿Cómo podemos ayudarnos a nosotros mismos y a otros que están en medio de una crisis?

Job fue un hombre que fue bendecido por Dios. Era uno de los hombres más ricos del mundo, bendecido con abundantes posesiones, una gran casa y una gran familia que incluía una esposa, siete hijos y tres hijas. Pero la mayor posesión de Job no era la abundancia de sus bienes o el tamaño de su cartera, sino su carácter. Job era «perfecto y recto, temeroso de Dios y apartado del mal» (Job 1:1). Dios incluso dijo: «No hay otro como él en la tierra» (Job 1:8).

Sin embargo, en una serie repentina y severa de eventos devastadores, Job sufriría una pérdida inimaginable. Los atracadores cercanos se abalanzaron y mataron a los sirvientes y robaron las pertenencias, volvieron a encenderse y rápidamente consumieron aún más sirvientes y mataron a miles de ovejas. Al ver esto como una oportunidad, otros ladrones entraron y saquearon la propiedad de Job. En un golpe absolutamente aplastante, un viento tormentoso se levantó y causó el colapso de su casa, matando a todos sus hijos en un instante. Si tal calamidad no era lo suficientemente mala, a Job le golpearía una dolorosa condición física que cubría todo su cuerpo y le causó una agonía tan grande que deseó no haber nacido nunca. El carácter de Job fue resistente, y espiritualmente, demostró una fe notablemente fuerte que le permitió alabar a Dios en medio de tanta tristeza y dolor. Sin embargo, esta fortaleza no eliminó el hecho de que Job aún sufría y estaba experimentando un momento de crisis.

Job tuvo varios «amigos» que vinieron a consolarlo y aconsejarlo durante su tiempo de gran angustia, pero en general fueron todo menos consoladores y compasivos. Eran acusadores, condenatorios e insensibles. Sus amigos fueron desconsiderados, desenfrenados e imprudentes con sus palabras y, como dicen a menudo, «con esos amigos para que enemigos». Sin embargo, los consejeros de Job hicieron una cosa bien. Cuando llegaron a ver a Job por primera vez, estaban tan conmocionados por todas las calamidades que le habían sucedido a Job que todo lo que pudieron hacer fue sentarse en silencio con Job durante siete días. La simplicidad de su presencia y la humildad de su silencio demostrarían ser la porción más sensible y poderosa de su ministerio a Job.

La mayoría de nosotros naturalmente nos cohibimos ante personas dolidas. A menudo lo hacemos porque no sabemos qué decir, no sabemos cómo actuar y no sabemos cuál es la mejor manera de ayudar. De esta incomodidad, podemos llegar a decir algo imprudente a la persona dolida porque nos sentimos con la necesidad de decir algo, como si nuestras palabras lo curara todo. Una de las mejores lecciones que podemos aprender de los consejeros de Job es que, a menudo, el primer paso para aconsejar a las personas en crisis es simplemente estar allí con ellas, sentarte con ellas, llorar con ellas, tomarles la mano, escucharlas, poner tu brazo en su hombro, y permite que el poder de tu presencia les ministre. Después, en el momento adecuado, los puedes dirigir hacia la fortaleza que se encuentra en la presencia de Dios.

## 24 DE MAYO
*Ahora me gozo, no porque hayáis sido entristecidos,
sino porque fuisteis entristecidos para arrepentimiento,
porque habéis sido entristecidos según Dios.*
2 Corintios 7:9

# EL CUENTO DE DOS DUELOS/PENAS

¡Lo siento! Estas palabras pueden ser difíciles de decir. Para la mayoría de las personas, las disculpas no son fáciles. Pero disculparse con sinceridad con alguien puede ayudar mucho a reparar lo quebrado por causa de palabras mal dichas o acciones dañinas. Sin embargo, por mas bueno que sea pedir perdón (si realmente lo sientes), si tus acciones no concuerdan con tus disculpas, quedan dos preguntas: ¿Fue genuina tu disculpa y realmente lo sientes?

La Biblia enseña dos tipos de dolor; uno es superficial, y el otro, sustancial. Uno está preocupado por las consecuencias, y el otro, motivado por la convicción. Uno es mundano, y el otro, piadoso.

El apóstol Pablo, en su primera carta a los corintios, es severo pero cariñoso, intransigente pero a la vez bondadoso, sincero y tierno. Él amonestó a esta iglesia en dificultades para que se corrigiera con Dios y tratara con sus pecados. Pablo reprendió a los corintios por su inmoralidad, carnalidad y egocentrismo, y les dijo que dejaran de «jugar a la iglesia» y comenzar a *ser* una iglesia. Le era difícil a Pablo escribir esta carta, pero tenía que hacerlo porque la iglesia en Corinto necesitaba ser corregida. El amor verdadero buscará corregir el pecado, no condonar el pecado. Paul admitió que no estaba tratando de hacer que se sintieran mal por su pecado, pero sí quería que abandonaran su pecado.

En cuanto a la tristeza mundana, uno puede simplemente sentirse mal por su pecado, sintiendo arrepentimiento, culpa y remordimiento por lo que dijo o hizo. Motivado por el miedo a las consecuencias, intenta rectificar el error, que generalmente implica ofrecer una bandera blanca con las palabras «lo siento». Aquí es donde la tristeza del mundo por lo general se detiene, sin ningún cambio en el comportamiento. La aflicción mundana está principalmente relacionada con el efecto que el mal tendrá en la relación con el individuo. *La tristeza divina*, por otro lado, se preocupa por el efecto que tendrá su error con su relación con Dios.

La tristeza conforme el mundo cree que la solución se encuentra al decir: «A la próxima, seré mejor» o «No volverá a suceder», que no es más que un enfoque de autoayuda para cambiar. Mas la tristeza piadosa reconoce que no puede existir esperanza de ningún cambio duradero aparte de la ayuda de Dios. La tristeza mundana es solo hablar y no actuar, mientras que la tristeza divina es a la vez el hablar y la acción.

¿Cómo podemos asegurarnos de exhibir la tristeza divina después de haber pecado? La respuesta está en el arrepentimiento. Pablo dijo que la tristeza piadosa trae arrepentimiento que te lleva a la salvación. A medida que recibamos una condena por el pecado en nuestras vidas, nos conmoverán los cambios necesarios para romper con nuestro pecado. La tristeza divina producirá una búsqueda de purificación, una preocupación por la justicia y una determinación de exoneración, y responderá con separación de la pecaminosidad.

El decir «lo siento» a Dios es bueno; esto es parte de confesar nuestros pecados a él. Pero a menos que nuestras acciones coincidan con nuestra disculpa, nuestra sinceridad es cuestionable. Si hay algo en tu vida que necesitas confesárselo a Dios, toma en serio el pecado, confiese de inmediato y abandone el pecado hoy. No solo lamentes tu pecado; arrepiéntete del pecado y permita que la tristeza divina de Dios obre en ti.

---

**25 DE MAYO**

*El hombre que muere, ¿volverá a vivir?*
*Job 14:14*

## EL RELOJ DE LA MUERTE

La vida es corta y luego mueres. Esto suena muy pesimista, pero la declaración es cierta, sin embargo, y como Santiago 4:14 nos dice: «¿Cómo sabes cómo será tu vida mañana? Tu vida es como la neblina del amanecer: aparece un rato y luego se esfuma» (NLT). A la mayoría de las personas no les gusta pensar en su mortalidad, y con frecuencia harán todo lo posible para evitar hablar sobre el tema con los demás. Pero en dos casos, la realidad de nuestra mortalidad sale a la superficie y nos obliga a enfrentar el tema temido: cuando asistimos a los funerales de seres queridos y cuando sufrimos personalmente de una enfermedad grave. En estos tiempos, las personas que anteriormente evitaban reflexionar sobre el tema a menudo se preguntan: ¿Qué me sucederá cuando muera?

Job estaba experimentando las dos condiciones anteriores en su vida. Primero, Job tuvo que enterrar a sus diez hijos mientras lloraba sus muertes repentinas e inesperadas. Segundo, Job tenía que lidiar con su propia enfermedad, ya que su sufrimiento físico lo acercaba al borde de la muerte. De su dolor y agonía, Job clamó a Dios, preguntando si existía vida después de la muerte. Debemos recordar que Job no tuvo la misma revelación que tenemos hoy. Aunque era un hombre de fe, no tenía todas las respuestas. Job no tenía una Biblia que él pudiera abrir para guiarle, y él no sabía nada de Jesús y su resurrección de entre los muertos. Aunque Job luego mostraría una fuerte fe en el Dios viviente y demostraría confianza en que algún día vería a Dios cara a cara (Job 19: 25-26), en este momento, Job estaba luchando con el tema de vida después de la muerte.

Durante los momentos de dolor y pena, la desesperanza puede nublar tu visión y hacer que pienses que Dios se ha olvidado de ti. Independientemente de las incertidumbres con las que Job haya luchado con respecto a la vida después de la muerte, es innecesario luchar con esa clase de incertidumbre porque Jesús contestó la pregunta de una vez por todas al declarar: «Yo soy la resurrección y la vida. El que cree en mí, aunque muera, vivirá» (Juan 11:25). Estas palabras no están muertas, habladas por un Dios muerto. Dios no está muerto. Jesús resucitó de entre los muertos y conquistó la tumba, trayendo esperanza y vida eterna a todos los que creen en él.

La vida es corta, y no importa cuánto corras, camines, andes en bicicleta, nades o te ejercites. Puedes hacer dieta, comer bien, renunciar a los alimentos grasos, reducir el colesterol, comer más fibra, dejar de beber refrescos, reducir el sodio y tomar una amplia variedad de vitaminas. Todos estos son buenos hábitos para vivir una vida sana. Pero al final, nadie puede engañar a la muerte. Nadie sabe el día o la hora de su propia muerte, pero hay una cosa que podemos saber con certeza. Todos los que tienen fe en Jesucristo, todos los que pueden decir, como dijo Job: «Sé que mi Redentor vive» (Job 19:25), pueden saber que cuando mueran, estarán con Dios en el cielo.

---

**26 DE MAYO**

*Cada uno dé como propuso en su corazón: no con tristeza
ni por obligación, porque Dios ama al dador alegre.
2 Corintios 9:7*

## EL REGALO QUE DA Y DA

Jesucristo dijo más acerca el dinero que acerca cualquier otra cosa porque, cuando se trata de la naturaleza real del hombre,

el dinero es de primera importancia. El dinero es un índice exacto del verdadero carácter del hombre. A lo largo de toda la Escritura, existe una íntima correlación entre el desarrollo del carácter de un hombre y cómo maneja su dinero.
-Richard Halverson

Cómo la gente elige manejar su dinero es una indicación de cómo sus corazones tratan a Dios. El lugar en que ponemos nuestros recursos es una reflexión de nuestras prioridades y revela dónde creemos que se encuentra la satisfacción. La manera en que le damos a Dios es más importante que lo que le damos a Dios. ¿Qué revela tu donación acerca de tu relación con Dios?

Pablo fue sorprendido por los creyentes en Macedonia porque, aunque ellos mismos eran pobres, dieron generosamente y en abundancia a los santos necesitados en Jerusalén (2 Corintios 8). Estaban tan ansiosos de dar que en realidad le suplicaron a Pablo que les diera la oportunidad de brindar apoyo a sus hermanos y hermanas en Cristo. Pablo vio esto como una oportunidad para exhortar a los corintios sobre el enfoque modelo y la actitud hacia el dar, utilizando a los macedonios como ejemplo. Pablo les dijo a los corintios que cuando los cristianos daban como los macedonios daban, la bendición resultaba. Los donantes serían bendecidos porque tenían el privilegio de ser utilizados por Dios, y las personas que reciben el regalo serían bendecidas porque Dios satisfaría sus necesidades.

Paul pasó a dar algunos principios que deberían ayudar a dar forma a la forma en que vemos el dar a Dios. En primer lugar, Pablo voltio de cabeza la forma mundana de pensar acerca el dar, porque el mundo dice: «Tendremos más si damos menos». Pero Dios dice fundamentalmente: «Tendrás más si das más» (2 Corintios 9:6). La ley de aumento de Dios nos dice que cuanto más le demos a la obra del Señor, más «fruto» se transferirá a nuestra cuenta.

A continuación, la ley de *intención* de Dios es crítica para nuestra ofrenda. El motivo da valor a nuestras ofrendas. No importa cuánto le demos a Dios, el valor de ese regalo está determinado por la motivación del dar. Si no estamos dando para glorificar a Dios, estamos dando incorrectamente. Si damos a regañadientes o con un puño apretado, Dios preferiría que guardemos nuestro regalo. Después de todo, Él no necesita nuestro dinero o regalos para cumplir Sus planes y propósitos porque la tierra y toda su riqueza son suyas.

Dios ha dicho que cuando le demos a Él voluntariamente, con generosidad, con gratitud y con alegría, Él nos devolverá la gracia en abundancia (2 Corintios 9:8). Pablo nos anima a dar a los pobres, a dar a la obra del ministerio en nuestra iglesia, y dar a aquellos en el campo misionero. Dijo que no deberíamos ser motivados por culpa en nuestro dar, sino que la gracia sea nuestra guía.

Conforme hemos experimentado la gracia de Dios en nuestras vidas, debemos tener el deseo de dar con gracia a la obra de Dios para que otros puedan llegar a conocer y experimentar la gracia como nosotros. Deja que Dios escudriñe tu corazón para que puedas proponer adecuadamente en tu corazón qué dar y cómo dar, para que puedas dar alegremente. No importa lo que le des a Dios, seguramente recibirás mucho más de lo que puedas dar.

## 27 DE MAYO
*¿Por qué siguen vivos los malvados, envejecen mientras aumenta su poder?*
*Job 21:7 (BLP)*

# LARGA VIDA Y PROSPERA

La vida puede ser tan injusta a veces. Puede que trabajes duro pero aún así apenas ganas lo suficiente para sobrevivir. Puedes comer bien y hacer ejercicio regularmente, solo para morir joven. Puedes ser la mejor persona para el trabajo, sin embargo ver impotentemente como le dan el trabajo a uno menos calificado. Algunas personas mienten, hacen trampa y roban para salir adelante, mientras que otras siguen las reglas, solo para no llegar a ningún lugar rápidamente. La vida puede ser injusta. Cuando vemos que Dios permite que las personas malvadas tengan una vida tan buena cuando las personas piadosas luchan y llevan lo que parece ser una mala vida, podemos como Job, preguntar la pregunta inquietante: ¿por qué?

Job vivió cerca del tiempo de Abraham, convirtiéndolo en una de las primeras personas en la Biblia en preguntar, ¿por qué los malvados tienen larga vida y prosperan? Job no sería la última persona en hacer esta pregunta. Otros, como el rey David, el rey Salomón y el profeta Jeremías, también lucharon con el éxito de los malvados mientras presenciaban el sufrimiento de los justos.

Hoy en día, la gente aún está desconcertada al darse cuenta de cómo las personas malvadas a menudo tienen éxito en el mundo, mientras que las personas buenas y piadosas se encuentran con la desgracia. La prosperidad de los malvados incluso ha llevado a algunas personas a considerar el enfoque apático de por qué molestarse en hacer lo correcto cuando los que hacen lo incorrecto siguen adelante. A lo largo de la historia, muchos han «tenido éxito» al ser sin escrúpulos, irreligiosos y francamente malvados. Pero este tipo de éxito es temporal en el mejor de los casos, e incluso una vida larga es aún fugaz a la luz de la eternidad.

Fuera de las profundidades de la gran desesperación, el dolor, la miseria y la pérdida, Job comparó su vida con la de otras personas más perversas, que no experimentaban el mismo tipo de pérdida y sufrimiento intenso. Aunque Job cuestionó la riqueza y el éxito de los malvados, no creía que la vida larga y la prosperidad material fueran las puertas de la verdadera bendición. Job miró más allá de la buena fortuna del aquí y el ahora de los malvados y recordó que esta vida está ocurriendo. Él sabía que la verdadera riqueza se medía en la recompensa de la eternidad, que viene a través de una relación adecuada con Dios. Un día, los impíos se presentarán ante Dios y darán cuenta de su maldad. Es posible que Dios no castigue a los malvados aquí y ahora, pero eso no significa que no los castigue allí y en el futuro.

La vida puede parecernos tan injusta porque somos propensos a centrarnos en nuestra posición y posesiones terrenales en lugar de nuestra posición espiritual y posesiones celestiales. Comparamos nuestras circunstancias con las circunstancias de los demás, en lugar de mirar todo lo que tenemos en él. La mejor manera de mantener tu enfoque del éxito de los malvados, o evitar preocuparte por otras desigualdades de la vida, es recordando que la visión de Dios sobre el éxito y la prosperidad es fundamentalmente diferente de la del mundo. El éxito se basa en quién te posee, no en lo que tienes. O eres gobernado por Dios, o estás gobernado por la mundanalidad. A fin de cuentas, el verdadero éxito no se trata de cuánto tiempo viviste, cuánto dinero hiciste, o qué tipo de auto conducías; haber vivido la vida en Jesucristo es todo lo que realmente importa. El éxito no se mide por el tesoro, sino por la confianza en Dios. La verdadera prosperidad no se encuentra en la abundancia de posesiones sino en una relación personal abundante con Dios y su Palabra. Una vida larga no significa nada si pasarás la eternidad desterrado de la presencia de Dios.

## 28 DE MAYO
*«Bástate mi gracia, porque mi poder se perfecciona en la debilidad.»*
*2 Corintios 12:9*

## CUANDO DIOS DICE NO

La simple verdad es que a veces cosas malas le suceden a la pueblo de Dios. Las personas de Dios se enferman, están involucradas en accidentes automovilísticos, pierden sus trabajos, se enfrentan a discapacidades y sufren dolor. El pueblo de Dios experimenta aflicción, persecución, incomodidad, miseria, angustia y enfermedad, y son hostigados, oprimidos y suceden tragedias. En la Biblia no se garantiza que los que siguen a Jesucristo sean inmunes al dolor y al sufrimiento. A menudo, lo contrario es el caso para todos los que siguen a Cristo. Debemos entender que a veces, el sufrimiento viene porque tomamos malas decisiones. En otras ocasiones, Dios simplemente lo permite para enseñarnos y transformarnos a través de las lecciones dolorosas de la vida para vivir vidas que son más santas.

¿Alguna vez le has orado a Dios que te sane a ti o a un ser querido de alguna enfermedad, o que te libere de alguna aflicción, o que te libre de alguna persecución, solo para recibir un «no» como respuesta? ¿Qué vas a hacer cuando Dios te da un no como respuesta a tu petición? El apóstol Pablo, autor de trece de los libros del Nuevo Testamento, fue poderosamente usado por Dios no solo a través de las cartas que escribió, sino que también difundió el evangelio y estableció nuevas iglesias. Tenía una fe audaz y valiente, ¡pero incluso este gigante de la fe recibió un «no» de parte de Dios!

Pablo disfrutó de maravillosas revelaciones de Dios en más de una ocasión; a menudo viendo cosas que el ojo humano no ha visto, escuchando cosas que el oído no ha escuchado y dejándolo sin palabras ya que no habían palabras para describir lo que estaba experimentado. Uno de esos sucesos fue cuando el Señor permitió que Pablo tuviera una visión gloriosa del cielo. Después de ver una visión tan espectacular, Dios permitió que Pablo se sintiera impactado para que no se elevara de mente ni se exaltara sin medida. Dios quería asegurarse de que la experiencia celestial de Pablo no se le subiera a la cabeza.

El resultado fue que a Pablo le dieron un «aguijón en la carne». Aunque muchos especulan sobre cuál era esta «espina» de Pablo, nadie lo sabe con certeza. A pesar de todo, Pablo fue severamente afectado para pedirle a Dios tres veces que lo quitara, y la respuesta de Dios fue:

«Mi gracia es suficiente para ti, porque mi poder se perfecciona en la debilidad» (No, no eliminaré tu aflicción, Pablo).

La suficiencia de la gracia de Dios fue suficiente para Pablo, y será suficiente para nosotros. No tiene nada de malo pedirle a Dios que te sane o que elimine el sufrimiento o borrar aflicción, pero a veces su respuesta puede ser no, y ese no es por una buena razón.

La respuesta a la oración de Pablo no se encontraba en la eliminación de la dificultad de su vida, sino en lo que la dificultad iba a producir en él. Dios usó las circunstancias de su intento para producir en Pablo un carácter más fuerte, que desarrollara una confianza más profunda en la soberanía de Dios, que crecería en humildad, y un carácter productivo que vería la fuerza de Dios manifestada a través de sus aflicciones. Pablo llegó a ver que su aflicción no solo lo acercaba más a Dios, sino que también lo usaba para evitar que pecara contra Dios.

La respuesta de Dios del *no* no era para guardar a Pablo del bien sino de agregarle algo aún mejor a su vida, y ese algo era la gracia. Muchas veces, un no de Dios es necesario para reconocer que debemos confiar mas y mas en él.

### 29 DE MAYO

*Bienaventurado el varón*
*que no anduvo en consejo de malos,*
*ni estuvo en camino de pecadores,*
*ni en silla de escarnecedores se ha sentado,*
*Salmo 1:1*

## LA GUÍA PARA TODOS SOBRE LA FELICIDAD

Aunque algunas verdades, como la búsqueda de la felicidad, pueden ser evidentes por sí mismas, no todos disfrutan de sus derechos inalienables, otorgados por Dios. Para algunos, la verdadera felicidad puede parecer tan distante como perseguir el arco iris o tan difícil como capturar el viento. Dios es quien hace disponible la verdadera felicidad para que todos lo disfruten, pero esta felicidad implica una elección. El bueno o el mal, lo correcto o lo incorrecto, lo sagrado o lo sacrilegio, el sano juicio o la perversidad; debes elegir uno o el otro. No hay término medio aquí. la elección debe hacerse. Un camino te lleva a una vida de felicidad, y el otro camino termina en la desesperación.

Nadie debe sorprenderse que Dios quiere bendecir a su pueblo, y el Salmo 1 comienza proclamando audazmente el camino a la bendición. Aunque la palabra bienaventurado puede sonar como algo sagrado, aquí, bienaventurado simplemente significa «feliz». Después de todo, ¿quién no quiere la felicidad en sus vidas? La buena noticia es que una persona puede tener una vida feliz o bendecida, y el Salmo 1 nos da los requisitos.

Antes de dar el primer paso en el camino hacia la felicidad, debes observar dónde caminas. Asegúrate de no elegir caminar con aquellos que no quieren tener nada que ver con Dios. No aceptes el consejo de aquellos que se resisten a la Palabra de Dios, y no recibas consejo de aquellos que eligen ignorar la sabiduría de Dios.

Luego, no te pares con aquellos que pecan contra Dios. Todos somos pecadores, pero una vez que hemos sido salvos por la gracia de Dios, ya no viviremos como antes. Debemos separarnos de nuestra antigua forma de vida y rechazar a aquellos que todavía eligen ese estilo de vida. Esto no significa que ya no nos asociamos con aquellos que rechazan a Dios. De hecho, se nos ordena ir a ellos, pero ya no hacemos lo que ellos hacen. En cambio, debemos ser un ejemplo de piedad.

Finalmente, el camino hacia la felicidad significa evitar sentarte con aquellos que se burlan o ridiculizan a Dios. Puede que las elecciones sean pequeñas y la progresión lenta, pero es difícil detener el momento y al final, recibirás todo lo opuesto a la infelicidad. El pensamiento mundano te llevará a tomar acciones mundanas, que te llevarán a hacer amistades mundanas. Santiago 4:4 nos recuerda que la amistad con el mundo es enemistad con Dios, y que no existe una vía expresa más rápida hacia la infelicidad que vivir una vida en oposición a Dios.

La verdadera felicidad proviene de una vida dedicada a la Palabra de Dios, una vida que da prioridad a la Palabra de Dios, una vida que camina en la plenitud del consejo de Dios, una vida firme con los fieles y una vida que mantiene amistad con los justos. La simple verdad es que la felicidad es tanto terrenal y eterna, y surge de vivir una vida de santidad.

Has la elección de andar en la plenitud de la gracia de Dios al saturarte en la Palabra de Dios las veinticuatro horas del día, los siete días de la semana, y tendrá una vida de felicidad y productividad.

**30 DE MAYO**
*Pero si aun nosotros, o un ángel del cielo,*
*os anuncia un evangelio diferente del que*
*os hemos anunciado, sea anatema.*
*Gálatas 1:8*

## DOCTRINAS DEMONÍACAS

«Creemos en Jesús, pero ...» Este es el clamor de las sectas, una fabricación de muchas religiones falsas, y el mensaje promovido por aquellos que están siendo engañados. Esta es una de las doctrinas heréticas más antiguas que la iglesia ha enfrentado y sigue siendo un obstáculo para millones de personas hoy en día. Cualquier religión o sistema de creencias que diga que necesitas a Jesús *más* otra cosa para poder ser salvo es predicar un evangelio falso. El evangelio de Jesucristo es un evangelio de gracia, lo que significa que somos salvos por gracia mediante la fe en Jesús ... *y* nada más. El evangelio de la gracia es un evangelio de *creer*, no de *hacer*, en la salvación mediante Jesucristo.

Los gálatas estaban en peligro de pervertir el evangelio de la gracia haciendo de este regalo un evangelio *hacedor*. Un grupo llamado Judaizantes esencialmente dijo, «Creemos en Jesús, pero. . . . » Creyeron necesario agregar algunas obras a la obra terminado que Jesús completó en la cruz. Al hacerlo, estaban convirtiendo el evangelio de la gracia en el evangelio de Jesús. . . *más* algo más. A medida que la doctrina de los judaizantes comenzó a extenderse, las iglesias de Galicia se confundieron y estaban a punto de dejar la verdad de Dios por esta mentira.

Pablo reaccionó rápidamente a esta doctrina demoníaca que cambió el evangelio de la gracia en un credo maldito. Llamó a los gálatas a rechazar absoluta y totalmente cualquier cambio o distorsión del evangelio, sin importar cuán pequeño sea el cambio o cuán grande fue el cambio. Pablo llego hasta decir que incluso si un ángel apareciera y proclamara la doctrina sacrílega de Jesús y algo más, esto debe descartarse inmediatamente y negarse como verdad. Varias religiones del mundo de hoy afirman que la revelación angelical personal es la fuente de su sistema de creencias, pero debemos recordar que Satanás se transformo en ángel de luz (2 Corintios 11:14). También debemos recordar lo que Pablo dice aquí en Gálatas: cualquier doctrina que agregue o quite del evangelio de la gracia que se encuentra en el sacrificio de Jesucristo en la cruz es una doctrina demoníaca.

La verdad sencilla del evangelio de la gracia es que nadie puede agregar nada a lo que Dios ya ha hecho en la cruz a través del sacrificio de Jesucristo. Dios ha abierto el camino para el perdón del pecado solo por la fe en Cristo, y nada ni nadie puede agregar a eso. Solo un Evangelio es verdadero. Solo un Salvador existe. Solo una forma de salvación es real. El enfoque del Evangelio siempre es sobre lo que Cristo hico por nosotros y no en lo que debemos *hacer*.

La salvación no se basa en el desempeño sino que en una persona y esa persona es Jesucristo. Todas las otras religiones y sistemas de creencias enfatizan lo que la humanidad debe hacer para agradar a Dios. Se deben seguir las reglas y se deben realizar rituales. Los sacramentos deben ser observados y los servicios deben llevarse a cabo. Jesús es siempre el camino. . . más obras.

Pero Jesús fue, es y siempre será suficiente para salvarnos porque Él era Dios. Jesús más nada es igual a la vida eterna.

---

### 31 DE MAYO

*Los cielos cuentan la gloria de Dios*
*y el firmamento anuncia la obra de sus manos.*
*Salmo 19:1*

## PARA Y DISFRUTA DE LAS ROSAS

En una hermosa tarde soleada del sur de California, tuvo lugar un evento muy inesperado. La temperatura era perfecta, el cielo era azul y sin nubes, y una ligera brisa del océano soplaba suavemente por el cañón cercano, haciendo que todas que todas las hojas de los árboles se movieran rítmicamente como si bailaran en una sinfonía silenciosa que solo ellos podían oír . Dos jóvenes universitarios vinieron caminando por la vereda del vecindario, hablando en voz alta cargando sus patinetas. Estaban cubiertos de tatuajes y perforaciones corporales, vestían ropa del look «grunge» y llevaban una actitud general de «no me importa» En sus rostros.

Conforme caminaban cerca un patio bordeado de docenas de rosales, sucedió lo más inesperado: uno de estos tipos de exterior rudo se detuvo en seco y comenzó a mirar una rosa roja increíblemente hermosa en plena floración. Hipnotizado por esta flor que se elevaba con todas sus fuerzas hacia la luz del sol, el tipo duro se tomó un momento para detenerse, inclinarse y respirar la dulce y delicada fragancia de esa suave floración. ¿Cómo es qué una pequeña flor pudo captar por completo su atención y redirigir sus acciones? Porque la rosa declaró la gloria de Dios.

La gloria de Dios se exhibe en todas partes. Lo único que debemos hacer es detenernos, mirar, escuchar e incluso ocasionalmente respirar su gloria. Puedes ver su gloria en una hermosa flor o en una abeja cercana, a punto de recuperar el néctar de la flor. Puedes ver el amor de Dios en la colocación de cada estrella en el cielo o sentirlo en los rayos del sol a medida que calientan el cuerpo. Puedes escuchar su amor en la serenata matutina de los pájaros cantando o puede observarlo en el poder de las olas rompiendo la orilla del mar.

El rey David estaba profundamente conmovido por la inmensidad de Dios que se encuentra en la naturaleza y por el modo en que toda la creación habla y, a menudo, grita de la grandeza de Dios. David se dio cuenta de que Dios usa su creación como un medio de revelación general para toda la humanidad. La belleza, la complejidad y la creatividad que se encuentran en los cielos de lo alto y en el mundo de abajo declaran la majestad y la gloria de Dios.

Dios, como gran conductor, ha orquestado a su creación cantar sus alabanzas y declarar definitivamente su supremacía. Toda la naturaleza revela implacablemente su conocimiento e inconfundiblemente brilla su sabiduría. Los cielos y la tierra demuestran de manera impresionante el poder de Dios para que todos lo vean.

Una mirada a todo lo que Dios ha creado debe llamar nuestra atención y obligarnos a detenernos y reconocer a Dios en ello. La naturaleza puede atraernos más profundamente a su presencia, llevarnos a alabanzas conmovedoras y arrojarnos de rodillas en agradecimiento, haciendo que glorifiquemos a Dios con nuestras vidas. Así que, la próxima vez que te enfrentes con algún aspecto de la majestuosa creación de Dios, detente y disfruta de las rosas. Permítete no solo llenarte con la dulce fragancia de su creación, sino llenarte con la fragancia aún más dulce de adorar al Dios de la creación.

## 1 DE JUNIO
*Entonces, ¿para qué sirve la Ley?*
*Gálatas 3:19*

# ANTES Y AHORA

Ninguna cantidad de esfuerzo humano puede salvarte de tu pecado. Ninguna cantidad de actividad religiosa te brindará redención. Ningún esfuerzo humanitario te hará ganar una pequeña cantidad de gracia con Dios. No importa cuánto te esfuerces, no podrás ganar el perdón de Dios. La asistencia a la iglesia no te da una carta tipo Monopolio «sal sin juicio gratis», y ninguna suma de dinero te dará la oportunidad de comprar una casa hecha en el cielo. La fe en Jesucristo es la única manera de salvarse del castigo del pecado y de heredar la vida eterna. Ya que la fe es el único camino a la salvación, entonces ¿para qué se le dio al hombre la Ley de Dios? La Ley no repara la relación rota causada por el pecado. Solo la fe puede hacer esto. Y mientras consideramos la Ley, formulemos la pregunta: ¿Acaso la ley de Dios sigue teniendo alguna relevancia hoy en día?, o ¿es un conjunto de reglas y regulaciones viejas, anticuadas y obsoletas?

Pablo aborda el tema de la justificación con los gálatas, dejando muy en claro que la justificación es solo por gracia, solo por la fe, solo en Cristo. Al mismo tiempo, buscó preservar la importancia e integridad de la Ley, declarando que la justificación no viene por medio de la observación de la Ley, ni a través de obras de la carne, ni por la participación en ceremonias, sacramentos o tradiciones. Habiendo declarado abiertamente su objeción al legalismo, Pablo anticipó que la pregunta anterior surgiría en la mente de todos. Como si caminara en una cuerda floja espiritual entre el vasto barranco de la justificación por fe y la importancia de observar la Ley, Pablo explicó por qué se dio la Ley de Dios.

La Ley fue dada ante todo para exponer la pecaminosidad del hombre y revelar la santidad de Dios. La Ley descubre la imperfección de la humanidad y arroja luz sobre el carácter impecable de Dios, lo que demuestra que nadie es totalmente capaz de vivir de acuerdo con el estándar santo de Dios. El hombre no puede seguir a la Ley a la perfección, obteniendo así la salvación. Más bien, la intención de La Ley era revelar que la humanidad es totalmente incapaz de mantenerla y, por lo tanto, totalmente incapaz de salvarse a sí misma. La Ley, por lo tanto, prepara a la humanidad para recibir el don de la gracia de Dios a través de Jesucristo.

Estamos completamente indefensos y sin esperanza, aparte de la gracia de Dios que se nos ha dado a través de Jesucristo, y ninguna cantidad de esfuerzo humano puede cambiar nuestra posición con Dios. Nada de lo que podamos hacer nos hará más aceptados o más perdonados. La Ley, afirmó Pablo, nunca tuvo la intención de provocar la justificación del hombre, sino que se estableció para revelar la condición pecaminosa de la humanidad y revelarle a la humanidad su posición desesperadamente depravada ante Dios. La Ley de Dios es buena, pero la gracia de Dios es mucho mejor. Donde la Ley condena, la gracia perdona. Donde la Ley juzga, la gracia justifica. Donde la Ley condena, la gracia cumple.

La Ley nunca pasará de moda, nunca será obsoleta o para otros tiempos porque a través de la Ley, comenzamos a darnos cuenta de nuestra pecaminosidad y a comprender que hemos violado el estándar de Dios para vivir una vida santa. Después de darnos cuenta de que hemos violado la Ley de Dios, podemos apartarnos de nuestro pecado, rendirnos a Dios y confiar en Jesucristo como nuestro Señor y Salvador.

Decide no vivir bajo la culpa y la condena que proviene de tratar de vivir de acuerdo con la Ley; aferrarte a la gracia y libertad que viene al recibir la gracia de Dios por medio de la fe en Jesucristo.

## 2 DE JUNIO
*Jehová es mi pastor, nada me faltará.*
*Salmo 23:1*

## UNA VERDADERO OBRA MAESTRA

La obra de Leonardo Da Vinci, «La Última Cena», La obra de Miguel Ángel, «David», «Noche estrellada» de Van Gogh, «*Sinfonía no. 5*» de Beethoven, y la obra de Shakespeare «*Hamlet*» son algunas de las mejores obras maestras del mundo. Pero, ¿qué hace que algo sea una obra maestra? Ciertamente, una obra maestra debe superar la prueba del tiempo. Además, el trabajo debe ser capaz de comunicar un mensaje o dejar una impresión duradera en la audiencia. Finalmente, una obra maestra debe atraer la atención del observador lejos del artista y hacia el sujeto, cautivando por completo su atención, causando que él o ella desconecte temporalmente el mundo circundante y sintonice por completo con el trabajo inmediato.

El salmo 23 es una verdadera obra maestra. Este versículo es uno de los salmos más conocidos, amados y leídos en la Biblia. El Salmo 23 ha sido memorizado por muchos y ha sido una fuente de consuelo para millones de personas. Tal vez lo más importante, como con cualquier gran obra maestra, estamos completamente cautivados por el tema, el Gran Pastor.

Al contemplar esta obra maestra, nuestra atención se ve incuestionablemente atraída por el Pastor, que se destaca entre sus ovejas. Sus ovejas demuestran una actitud tranquila y segura debido a la fuerte presencia y el amor tierno de Aquel que las vigila. La presencia de las ovejas en esta obra maestra solo sirve para realzar la gloria y la grandeza del Pastor, ya que se encuentra centrado en su sano juicio, proporcionando las provisiones necesarias y asegurando su muy necesaria protección. Él es un pastor que diligentemente se asegura de que sus ovejas no tengan necesidad, no se preocupen y no vaguen, mientras él trabaja incansablemente para guiarlas, asegurarlas, salvarlas y sacrificar por ellas. Su llamado y su carga es entregarse a sí mismo al cuidado de aquellos quienes se le han encomendado.

Como cristianos, somos parte del rebaño de Cristo, somos las ovejas de sus pastos, y Él se dedica a proporcionarnos provisiones y protegernos - su tierno rebaño. Aunque las necesidades físicas son un aspecto de la provisión y protección de Dios para su pueblo, su preocupación predominante es con nuestro bienestar espiritual. Algunos dicen: «la típica persona es crucificada entre dos ladrones: los remordimientos del ayer y las preocupaciones del mañana». Como ovejas de Dios, podemos comenzar cada día en confianza y seguridad de que Dios no solo conoce todas nuestras necesidades, sino que es más que capaz de satisfacerlas todas también (Salmo 23:1).

Como buen pastor, él va delante de las ovejas, guiándolas desde el frente y no las conduce por detrás (versículos 2-3). Habiendo ido delante de sus ovejas, él conoce el camino porque Él mismo ha recorrido ese mismo camino, ha inspeccionado la tierra, ha visto los peligros, y sabe dónde se encuentran los verdes pastos de seguridad y descanso. Entonces, y solo entonces, llama a sus ovejas, que esperan el sonido de la voz de su maestro para que las guíe (Juan 10:27). Día tras día, caminamos a la sombra de su bondad y misericordia mientras viajamos por las colinas y valles de la vida, mientras él nos protege con su vara y nos corrige con su cayado.

El Salmo 23 es una verdadera obra maestra no solo porque es atemporal y cautivador, sino también porque nos ayuda a ver al Maestro más claramente.

---

### 3 DE JUNIO
*Digo, pues: Andad en el Espíritu,*
*y no satisfagáis los deseos de la carne,*
*Gálatas 5:16*

## LA VIDA LLENA DEL ESPÍRITU

¿Encuentras que estás luchando constantemente con el pecado? Vas a la iglesia, lees tu Biblia y oras, pero la tentación aún te gana. La ira hierve al rebosar, la codicia te nubla la visión, los celos arden como brasas, la lujuria persiste en tu mente, la amargura agita el corazón, y te quedas pensando: ¿acaso algún día tendré victoria sobre esto en mi vida? Cada cristiano se enfrenta constantemente a la tentación a lo largo de su vida, y una fuente de esa tentación proviene del enemigo que vive dentro de nosotros: nuestra propia carne. La carne (como se usa en Gálatas 5:16) es ese lugar dentro del corazón que busca encontrar satisfacción en cualquier cosa o en cualquier otra cosa que no sea de Dios. El Espíritu, por otro lado, es esa parte omnipresente del Espíritu Santo de Dios que mora dentro de cada creyente, empujándolo constantemente a buscar la plenitud solo en Dios. Estas dos fuerzas empujan y jalan una contra otra, causando un conflicto constante. Aunque muchas personas se encuentran atrapadas en medio de este conflicto, sintiéndose como víctimas indefensas de sus propios deseos, podemos liberarnos y experimentar una victoria consistente sobre la carne.

Pablo tuvo experiencia propia con la lucha entre la carne y el Espíritu, y sabía que este era un conflicto muy real y recurrente para los creyentes (Romanos 7). Pero también sabía una manera muy real y recurrente de vivir por encima de esa lucha. Existe una forma correcta y una incorrecta de abordar esta batalla dentro de nosotros.

Desafortunadamente, a menudo nos dejamos llevar y tomar el camino equivocado. El camino equivocado es tratar de luchar contra la carne, enfrentar esta lucha con una actitud de: Si solo me esfuerzo mas, o trabajarlo un poco más, con el tiempo podré vencer a mi carne. La simple verdad es que esta técnica nunca dará como resultado un éxito duradero. ¿Cuál es, entonces, la solución de Pablo para esta lucha contra la carne? Él dijo: «Andad en el Espíritu, y no satisfaréis los deseos de la carne» (Gálatas 5:16).

Andar en el Espíritu no es cuestión de luchar contra la carne; más bien, Andar en el espíritu es cuestión de *someterse* al Espíritu. Esto no significa que estás de pie contra la carne; simplemente te estás postrando ante el Espíritu. La diferencia es sutil, pero significativa. Cuando nos enfocamos en la carne, es más probable que perdamos la batalla contra la carne. Cuando nos enfocamos en las cosas del Espíritu, nos permitimos andar en el Espíritu. Este es un proceso de un paso a la vez. Es por eso que el *caminar* sirve como la mejor ilustración de la progresión. Al caminar, no recibes una victoria instantánea sobre el pecado. Esta no es una solución rápida. El compromiso a largo plazo es necesario para avanzar en una dirección piadosa. La caminata requiere más que leer tu Biblia, orar e ir a la iglesia, aunque ciertamente estas cosas son un hecho. Pero andar en el espíritu también significa centrarse diariamente en los atributos de una vida llena de vida espiritual, que incluye mostrar amor, alegría, paz, longevidad, amabilidad, bondad, fidelidad, mansedumbre y dominio propio (Gálatas 5:22-23). Mientras nos sometemos al Espíritu, cediendo nuestras voluntades al Espíritu, persiguiendo los atributos del Espíritu y tomando decisiones guiadas por el Espíritu, descubriremos que estamos caminando en el Espíritu y que no tendremos tiempo ni deseo para las cosas de la carne.

El grado en que andemos en el Espíritu determinará el grado en que nos elevaremos por encima de la carne. Nadie puede vivir la vida cristiana como Dios quiere que la vivamos, sin la ayuda del Espíritu Santo. Permita que el fruto del Espíritu llene tu vida, y no solo caminarás en el Espíritu, sino que tendrá la victoria a través del Espíritu.

---

### 4 DE JUNIO

*Deléitate asimismo en Jehová*
*y él te concederá las peticiones de tu corazón.*
*Salmo 37:4*

## NUESTRO DESEO PROFUNDO

¿A caso Dios promete darnos todo lo que deseamos? ¿A caso la Biblia dice que debemos deleitarnos en Dios para que obtengamos lo que queramos en la vida? Inevitablemente, alguien mirará el versículo anterior y dirá: «Si Dios nos da los deseos del corazón entonces ¿por qué sigo siendo soltero? » o «¿Por qué estoy sin trabajo?» o «¿Por qué no lo . . . ?» (Llena el espacio con cualquier cantidad de deseos no realizados). Tristemente, este versículo ha sido tan maltratado y mal aplicado que muchos ven el versículo con una mentalidad de listas de deseos, pensando erróneamente que mientras amen y busquen de Dios, eventualmente obtendrán todos los deseos de su corazón departe de Dios.

Pero debemos ser conscientes de que este versículo no es un cajón lleno de variedad espiritual que se puede unir al azar a todos nuestros deseos, con la expectativa de que Dios esta obligado a dárnoslos al seguirle. La buena noticia, sin embargo, es que cuando tenemos la visión correcta de lo que Dios nos está prometiendo aquí con respecto a los deseos de nuestros corazones, Dios gustosamente nos los dará; y dará generosamente!

Antes que nada, debemos reconocer que algunos de los deseos de nuestro corazón no son buenos, y por lo tanto, nunca debemos esperar que Dios nos provea con aquellas cosas que son contrarias a su palabra. La Biblia deja en claro que nuestros corazones son engañosos (Jeremías 17:9) y por lo tanto, debemos ser cuidadosos y reconocer que ya tenemos un problema de corazón que puede afectar negativamente nuestros deseos. A menudo, nuestros deseos son egoístas y auto servicial, y eso significa que nuestros deseos pueden llevarnos a la tentación (Santiago 4:1). Debemos ser cuidadosos y tomarnos el tiempo para examinar nuestros deseos, asegurándonos de que el pecado no los arruine.

Por más problemáticos que puedan ser algunos de nuestros deseos, no todos los deseos son malos. De hecho, algunos pueden ser decentes y rectos, pero Dios aún puede elegir no darnos esos deseos. La pregunta entonces es: «Si lo que quiero no es malo, ¿por qué Dios no me da lo que quiero? ¿No es eso lo que Él está prometiendo aquí?» Con respecto a este versículo, es muy importante saber lo siguiente: este versículo no promete que, incluso si lo que deseamos es bueno, Dios debe darnos automáticamente esos deseos. Solo cuando nuestros deseos coincidan con los deseos de Dios comenzaremos a ver a Dios cumplir esta promesa y darnos los deseos de nuestro corazón.

Para asegurarnos de que queremos las cosas correctas, Dios nos da los parámetros para su promesa al declarar que debemos primero deleitarnos en el Señor. Esta parte del versículo es la pieza necesaria para entender apropiadamente lo que Dios es y no nos está prometiendo. Dios quiere que encontremos alegría y disfrutemos de tener una relación con él. En otras palabras, Dios quiere que deseemos más de él. Él quiere que nuestros deseos sean sus deseos, quiere que nuestros pensamientos sean sus pensamientos, y quiere que nuestras vidas sean una reflexión de su naturaleza y carácter.

El Salmo 37 nos da el «cómo» para llevar nuestros corazones en alineación con el corazón de Dios: confiando en Dios, esperando pacientemente en él y encomendando todos tus caminos a él. Mientras más cedamos a la autoridad de la Palabra de Dios, más nuestros deseos se convertirán en sus deseos.

El gran desafío no está en la capacidad de Dios para cumplir nuestros deseos más profundos, sino en nuestra capacidad de transformar nuestros deseos más profundos en los deseos de Dios. Mientras nos deleitamos en Dios y rendimos nuestra voluntad a su voluntad, tendremos deseos piadosos que Dios disfrutará darnos.

---

**5 DE JUNIO**

*Hermanos, si alguno es sorprendido en alguna falta, vosotros que sois espirituales, restauradlo con espíritu de mansedumbre, considerándote a ti mismo, no sea que tú también seas tentado.*
*Gálatas 6:1*

## QUE NO QUEDE HOMBRE ATRÁS

A medida que el ejército de hombres avanzaba lentamente en el campo de batalla, los disparos aleatorios del enemigo acribillaron el aire, golpeando esporádicamente los árboles circundantes y causando que la metralla lloviera sobre las tropas. Mientras los hombres usaban los árboles para cubrirse, un soldado, apoyado en un espeso roble, miró hacia atrás en busca de su amigo y compañero de armas, solo para descubrir que su amigo se había quedado en el camino. A pesar de la distancia, aún podía ver la agonía en la cara de su amigo herido que no pudo ponerse a salvo. Después de detenerse por un breve momento, tal vez para orar por protección, el soldado respiró hondo y comenzó a correr hacia atrás, zigzagueando para evitar el fuego enemigo y arriesgando su vida en un intento de salvar a su amigo caído.

Las historias que suenan así provienen de todas las guerras, historias de gran heroísmo en las que hombres y mujeres arriesgan la vida y la integridad física para rescatar a alguien que necesita ayuda. Como cristianos, también estamos en una guerra, donde muchos caerán al borde del camino espiritual y necesitarán hombres y mujeres valientes para apresurarse a su lado. ¿Estás dispuesto a ayudar a un cristiano caído a recuperarse?

Cuando vemos que un compañero cristiano ha sido alcanzado o tropezado por el pecado, la Biblia nos dirige a ir a nuestro camarada caído y hacer todo lo posible para rescatarlo de esa condición pecaminosa. Jesús nos dio el mandato en Juan 13 de amarnos los unos a los otros como él nos amó, ambos sacrificialmente y enfocados en los demás. Pero antes de correr apresuradamente hacia nuestros camaradas caídos, debemos escuchar el consejo que Pablo da en Gálatas 6: «Hermanos, si un hombre es alcanzado en una transgresión, ustedes que son espirituales restaurarán a tal persona en un espíritu de dulzura, considerando para que no seas tentado» (versículo 1).

Primero, el mandato se le da a «ustedes que son espirituales». Dios no llama a los súper santos, sino que llama a los que están llenos del Espíritu Santo. Cuyas vidas son gobernadas por Dios y producen el fruto del Espíritu. En otras palabras, cualquier cristiano que viva como Dios lo llama a vivir es bueno ser enviado.

En segundo lugar, el propósito de ir es la restauración. Nuestro deber no es criticar, juzgar o condenar, lo que sería equivalente a patear a una persona que ya esta sobre el piso. El objetivo es buscar brindar curación y esperanza en las vidas de los caídos, ayudarlos a ponerse en el camino correcto y alentarlos a volver a perseguir a Dios de todo corazón.

La confrontación a veces es necesaria, lo que lleva a la tercera directriz importante. La restauración debe hacerse con gentileza. Esto significa restaurar a alguien de manera rápida, silenciosa y afectuosa. La gentileza es la gracia en acción, y aborda la situación con cuidado, y con cuidado siempre significa en oración. Necesitamos rodearnos a nosotros mismos y al proceso de restauración con una oración decidida y persistente para evitar la condición pecaminosa de la que tratamos de rescatar a otra persona. Todos son susceptibles al pecado, lo que significa que todos debemos ser cuidadosos, incluso acercándonos al pecado de otra persona, no sea que la intrigante serpiente llamada Satanás gire la cabeza y nos muerda también.

Todos somos soldados en el ejército de Dios, y como tales, todos tenemos la responsabilidad de ayudar a un hermano o hermana en Cristo a recuperarse cuando el pecado los haya hecho tropezar. Tenga en mente el consejo de Pablo, y estará en camino de asegurarse de que ningún hombre se quede atrás.

**6 DE JUNIO**
*Pero los mansos heredarán la tierra*
*y se recrearán con abundancia de paz.*
*Salmo 37:11*

## MANSEDUMBRE NO DEBILIDAD

En un mundo que cree que solo los fuertes sobreviven, donde la mentalidad es el éxito a toda costa, la mansedumbre nunca ha estado realmente de moda. En nuestra sociedad, vemos que el asertivo tiene éxito, los listos capitalizan de las oportunidades y los ricos se vuelven más ricos. ¿Pero los mansos? Bueno, parece que pasan desapercibidos y a menudo no tomados en cuenta. Esta es la razón por la cual algunos equivalen la mansedumbre con la debilidad. Pero la Biblia tiene algo muy diferente que decir acerca de la mansedumbre. De hecho, la Biblia declara que la mansedumbre es uno de los secretos de la felicidad y la utilidad.

La Biblia deja en claro que la mansedumbre no es debilidad, en base al hecho de que a las únicas dos personas que la Biblia describió como mansos son Moisés y Jesús (Números 12:3, Mateo 11:29). Cuando te imaginas a Moisés, débil sería la última palabra que se te viene a la mente para describir al hombre que se enfrentó a un faraón egipcio y sacó a una nación de la esclavitud, y que vagó en el duro desierto durante cuarenta años y habló con Dios en la cima de una montaña. Moisés era un hombre de oración que confiaba en Dios y estaba dispuesto a hacer lo que Dios le pedía que hiciera, sin importar el costo.

Luego esta Jesús, quien reprendió a los fariseos, persiguió a los cambistas, se resistió a satanás y soportó la cruz. Eso no suena como alguien que es débil.

Entonces, si la mansedumbre no es debilidad, ¿qué es? La mansedumbre es poder bajo control y fuerza bajo sumisión. Es autoridad bajo autoridad. La mansedumbre a menudo se usa como sinónimo de dulzura. La mansedumbre no es el resultado de los recursos humanos, sino un producto de la piedad.

La persona caracterizada por la mansedumbre es una persona que confía en la fuerza del Espíritu Santo para guiarlos hacia la mansedumbre. La persona que permite que el fruto de la mansedumbre se muestre en su vida es una persona que se controla a sí misma, que es moderada y que no se le da en exceso, sino que es alguien que vive en sumisión a la voluntad de Dios. La mansedumbre depende del poder de Dios, reconoce la autoridad de Dios y refleja la naturaleza de Dios. La mansedumbre recibe las bendiciones de Dios, rehúsa las alabanzas de los hombres y con justicia da gloria a Dios. Como dijo Henry Morris: «Un espíritu manso permite a un cristiano mantener la compostura frente a la oposición, aceptar la adversidad sin quejarse; promoción sin arrogancia; degradación sin resentimiento. Produce una paz que ningún problema puede perturbar y que ninguna prosperidad puede acumular».[28]

Cuando una persona camina en mansedumbre, esa persona camina por un camino que conduce a la felicidad y la bendición espiritual. En la economía de Dios, prevalecen los mansos, no los más fuertes. Dios no está buscando cristianos débiles, sino cristianos mansos. Y a aquellos que persiguen el fruto de la mansedumbre, Dios promete felicidad y bendición

### 7 DE JUNIO
*No os engañéis; Dios no puede ser burlado,*
*pues todo lo que el hombre siembre, eso también segará,*
*Gálatas 6:7*

## DE MANZANA A MANZANA

El lugar donde te encuentras hoy es el resultado directo de las decisiones que tomaste en el pasado, y el lugar en el que estarás en el futuro está determinado por las decisiones que tomarás hoy. En otras palabras, las acciones tienen consecuencias, y algunas veces esas acciones producen resultados positivos, mientras que en otras ocasiones pueden producir resultados negativos. Todo esto es parte de la ley universal de Dios conocida como la ley de la siembra y la cosecha. Todos estamos sembrando hoy lo que cosecharemos mañana. La pregunta entonces es: ¿estamos sembrando semillas que darán buen fruto espiritual? Todos los días estamos sembrando pensamientos que producirán intenciones, intenciones que producirán decisiones, decisiones que producirán acciones, acciones que producirán carácter y un carácter que producirá un estilo de vida. Y a medida que sembramos un estilo de vida, cosecharemos una cosecha eterna.

La ley de Dios de sembrar y cosechar se aplica por igual a cada individuo, ya sea que él o ella sea cristiano o no, y tiene implicaciones físicas y espirituales. Una persona descuidada e irreflexiva nunca toma en consideración cómo sus acciones de hoy impactarán la vida mañana. Como Tony Evans ha dicho:

> Es sorprendente cuánta gente quiere plantar injusticia, pero esperan la bendición de Dios. Quieren plantar mal, pero quieren cosechar bien. Quieren sembrar semillas de mal y recolectar cosecha de justicia.
>
> Pero así no funciona el sistema de Dios. Hay algo que debes saber sobre la siembra. Una vez que siembras lo que siembras, crecerá naturalmente. Las consecuencias de tu siembra están establecidas. No tienes que hacer nada extraordinario para que ocurra el crecimiento. Lo que has sembrado brotará del suelo algún día. Está integrado en el proceso. Espero que veas la seriedad de esto en relación con algo tan vital como nuestro amor por Cristo.[29]

Con la siembra y la cosecha, debemos tener en cuenta algunas otras relaciones. Primero, cosechamos el mismo tipo de elemento que sembramos, lo que significa que si plantamos semillas de manzana, eventualmente cosecharemos manzanas. Pensar que si plantas semillas de manzana, cosecharás naranjas es a la vez irreal y loco. De la misma manera, no puedes sembrar la desobediencia y cosechar bendiciones. En segundo lugar, a menudo cosechamos mucho más de lo que plantamos. Por ejemplo, una semilla de manzana plantada en el suelo puede producir un árbol que produce una medida de manzanas año tras año. En tercer lugar, la cosecha ocurre después de que las semillas han sido sembradas, lo que significa que nuestra cosecha no tiene un calendario. Los resultados pueden aparecer poco después de que se complete la siembra, o los resultados pueden retrasarse por años.

Dios no será burlado. Sus leyes siempre cederán como lo prometió, tanto en el mundo natural como en lo espiritual. No puedes plantar semillas de manzana y esperar cosechar naranjas: manzanas a manzanas y naranjas a naranjas. No podemos sembrar para pecar y esperar cosechar la justicia, pero si hoy nos proponemos plantar semillas de fidelidad y obediencia, un día cosecharemos las bendiciones de una plantación tan productiva.

**8 DE JUNIO**
*Echa sobre Jehová tu carga y él te sostendrá;*
*no dejará para siempre caído al justo.*
*Salmo 55:22*

## ¿QUÉ TE ESTÁ CARGANDO?

Todo el mundo sabe que la vida tiene altibajos. Pero a veces, los niveles bajos de la vida pueden ser tan devastadores, que te sientes como si estuvieras atada emocionalmente a una camisa de fuerza con un bloque de cemento atado alrededor de tu cuello, mientras te hundes más y más en las profundidades de la desesperación y la desesperanza. Abrumado, te vuelves loco, desilusionado y desanimado. Pero a pesar de lo oscuro que puede ser el océano más profundo de la desesperación, o por más desesperado que pueda parecer el resultado, Dios puede cargar con tu peso y evitar que te ahogues en la depresión.

El Rey David atravesó un punto extremadamente bajo en su vida. El hijo de David, Absalón, se rebelaba contra él e intentaba robar el reino de debajo de él. Los amigos de David estaban saliendo con él. Y uno de sus amigos más cercanos y confidentes, Ahitopel, traicionó su amistad. Todo esto hizo que David se sintiera desmoralizado y deprimido cuando pensó en huir y dejar todo atrás. ¿Quién podría culpar a David por querer alejarse de todo? Muchos de nosotros hemos tenido pensamientos similares de escapar de nuestros problemas, pero huir de un problema no lo hace desaparecer. David sabía que la única forma de liberarse del aplastante peso de la desesperación era depositar el peso de sus preocupaciones en el Señor.

David comenzó dirigiéndose a Dios en oración. Si tus problemas son tan grandes como la traición o tan pequeño como sufrir de un pequeño revés, ir a Dios en oración debe ser lo primero. Mientras pongamos nuestras cargas sobre los hombros del Señor, dedicamos nuestros cuidados a Su ojo vigilante, y entregamos a nuestros enemigos al Señor para que él trate con ello, Dios nos da algunas promesas para tranquilizarnos.

Dios promete que cuando entreguemos nuestras cargas, él los llevará y nos apoyará. Cuando estamos cargados de desesperación, nuestra tendencia es no salir del pozo, no hay luz al final del túnel y no nos recuperamos del daño. Este no es el caso. Al brindarle nuestros cuidados e inquietudes a Dios, confiamos en la capacidad de Dios para manejarlos. Nuestra fe se convierte en un canal a través del cual

Dios transfiere su poder a nuestras vidas, manteniéndonos a través de la dificultad.

Considera al apóstol Pedro cuando estaba en el agua con Jesús. Mientras su fe estaba activa, y él confiaba y creía en Dios, estaba siendo sostenido. Pero en el momento en que su fe titubeó, se hundió. Dios promete defendernos, pero debemos confiar en la habilidad de Dios para hacerlo, o podemos sentirnos sumergiéndonos más profundamente en las aguas de la desesperación. Dios también promete que los justos no serán movidos. Él es nuestra roca; al anclarnos a él cuando las olas perturbadoras se estrellan contra nosotros, permanecemos seguros e inmóviles debido a su poder. Puede que nos mojemos, o incluso que nos maten, pero Dios no permitirá que seamos conquistados o aplastados.

Finalmente, el Señor promete que al comprometernos con él aquellos que nos han lastimado, traicionado nuestra confianza, o se han vuelto contra nosotros, él los juzgará (Salmo 55:23). Siempre debemos dejar que Dios sea el juez, el jurado y el ejecutor de la justicia, sabiendo que nada escapa a su vista y a su juicio.

Si llevas una carga hoy, Dios puede manejarla. Nada es demasiado difícil para Dios, así que dáselo a él en oración, confiando en su capacidad para mantenerte y apoyarte, sin importar lo que te pesa.

---

### 9 DE JUNIO

*Por su amor, nos predestinó para ser adoptados hijos suyos por medio de Jesucristo, según el puro afecto de su voluntad,*
*Efesios 1:5*

## DANDO SENTIDO A LA PREDESTINACIÓN

¿Es Dios un fanático del control? ¿Es la salvación nada más que Dios jugando un juego divino de «Tin Marín, de Do Pingüe»? Como individuos, queremos ser los dueños de nuestro propio destino, por lo que la idea de que alguien decida por nosotros si vamos al cielo o al infierno no nos sienta bien. Pero, ¿así es como funciona la doctrina de la predestinación? Pocas doctrinas han causado más división y confusión que la doctrina de la predestinación. Algunas personas han adoptado su postura a extremos dogmáticos, sin mostrar tolerancia hacia nadie con un punto de vista diferente, mientras que otros han elegido el camino de menor resistencia y han decidido simplemente ignorar cuestiones teológicas difíciles como la predestinación. ¿Qué deberíamos saber sobre la predestinación? ¿Y hay una forma de que el libre albedrio y la predestinación coexistan pacíficamente?

Comencemos con el hecho de que la Biblia enseña la predestinación. Nadie puede negar este hecho. Como concepto bíblico, entonces, necesitamos saber qué quiere decir Dios cuando las Escrituras incluyen una palabra como predestinada. La predestinación, simplificada, significa que Dios ha tomado algunas decisiones o decisiones por adelantado. En particular, Dios ha elegido de antemano a los que serán salvos. ¡Ahora espera! Antes de que eso te moleste, la Biblia también enseña que tenemos la responsabilidad de creer en Jesús. La Biblia enseña que Dios nos elige, y nosotros también lo elegimos. La elección de Dios se cruza con nuestra elección, y es por eso que encontramos dificultades para entender cómo ambas son verdaderas. Pero la Biblia enseña que ambos son verdaderos. Dios nos predestina y debemos elegir seguirlo. Cree y serás salvo (Romanos 10:9). Dios te ha elegido antes de la fundación del mundo (Efesios 1:4). Ambos son verdaderos.

¿Aún luchas con esto? Tal vez un ejemplo ayudará. Considera la nación de Israel. Eran el pueblo elegido de Dios, pero la responsabilidad de seguir a Dios era suya. Fueron elegidos, pero se les dio una elección. El libre albedrío del hombre nunca se ve obstaculizada por la predestinación. Ambos son verdaderos Una verdad no cancela la otra verdad. Son amigos, no enemigos. Podemos entender completamente o establecer cómo y dónde se encuentran la elección de Dios y el libre albedrío del hombre. ¡Dios no nos dice cómo ambos son verdad, solo que ambos son verdad! Algunos dicen: «Intenta explicar las elecciones y puedes perder la mente. ¡Pero intenta pasarlo por alto y podrás perder tu alma!»

¿Dónde nos deja todo esto? Primero, debemos darnos cuenta de que la predestinación no significa que Dios haya trazado todos los detalles de nuestras vidas de antemano. No somos robots programados, obligados a obedecer. Si este fuera el caso, entonces no hubiera pecado en el mundo y no tendríamos necesidad de un Salvador. Luego, en Efesios, se supone que la doctrina de la predestinación nos lleva a un lugar de adoración a Dios por la gracia que nos muestra (Efesios 1:6).

Como sea que hagas sentido de la predestinación y el libre albedrío no cambia el hecho de que Dios quiere tener una relación con nosotros, y no desea que ninguno perezca. Por lo tanto, elige aceptar la opción que Dios ya ha hecho para tu vida y vive por él hoy.

## 10 DE JUNIO
*Dios, Dios mío eres tú! ¡De madrugada te buscaré!*
*Mi alma tiene sed de ti, mi carne te anhela*
*Salmo 63:1*

## DESPERTAR CON DIOS

Los tonos suaves de naranja y amarillo comienzan a advertir el horizonte que el rey del cielo está preparando para hacer su llegada a la mañana. Algunos pájaros madrugadores comienzan a practicar sus escalas antes de que el coro se reúna en los árboles. Un reloj automático hace clic, el agua comienza a gotear, y el fuerte y ahumado aroma del café recién hecho comienza a llenar la casa. La mañana ha llegado. Un nuevo día ha comenzado, lleno de nuevas posibilidades, desafíos únicos y una belleza propia de veinticuatro horas. ¿Cómo comienzas tu día? ¿Cuáles son tus prioridades para lo que viene?

Para el Rey David, nada era más importante para él que sus relaciones con Dios. David quería a Dios más de lo que deseaba algo más en su vida porque sabía que solo Dios podía satisfacer los anhelos más profundos de su alma. El versículo anterior es una reflexión de la búsqueda diaria y apasionada de Dios por parte de David. David comenzó su día buscando a Dios temprano en la mañana. Se despertó con un nuevo anhelo por su creador y pasaría las primeras horas de la mañana persiguiendo la presencia de Dios. Él oraba y esperaba a Dios: «Por la mañana, Señor, escuchas mi clamor; por la mañana te presento mis ruegos, y quedo a la espera de tu respuesta» (Salmo 5:3 NVI), elogiaba y daba gracias a Dios (Salmo 63:3-4), y cuando llegó la noche, aún pensando en su padre celestial mientras se acostaba en la cama (Salmo 63:6). Qué maravilloso es tener un día lleno de gozo y agradecimiento por Dios.

¿Cómo son tus días? ¿Son llenos de gozo y agradecimiento por Dios? Todos podemos tener este tipo de gozo, independientemente de nuestras circunstancias, cuando reservamos un tiempo para Dios al comenzar el día. Este debería ser una rutina cotidiana en que nos proponemos a pasar tiempo en la Palabra de Dios, caer voluntariamente de rodillas y orar a Dios, y esperar sumisamente a Dios.

Ahora, quizá pensaras, *simplemente no tengo el lujo de tiempo.* Honestamente, ¡sí lo tiene! Quizá ocupes hacer pequeños sacrificios, y quizá tengas que reorganizar tu horario o cambiar tus prioridades. Tendrás que evaluar y quitar algo en tu rutina matutina. Si sientes que tus días son demasiadamente llenos y que el buscar tiempo es algo completamente imposible, entonces quizá necesites poner un poco más de esfuerzo, un poco más de creatividad o simplemente un poco más de diligencia para incluir un tiempo con Dios en tu agenda llena. Pero una cosa es cierta: si tu agenda está demasiadamente llena para Dios, entonces tendrás que escoger una cosa de la agenda y quitarla.

Nunca debemos estar contentos con solo seguir a Dios a distancia. Más bien, deberíamos despertarnos todos los días con hambre y sed de Dios, un anhelo que solo se puede encontrar en su presencia. Si está luchando para que esto suceda, simplemente hazlo por un par de días y veras por ti mismo cómo el Señor comenzará a satisfacer tu alma y aumentar tu apetito por él.

## 11 DE JUNIO

*Porque por gracia sois salvos por medio de la fe;*
*y esto no de vosotros, pues es don de Dios.*
*No por obras, para que nadie se gloríe.*
*Efesios 2:8-9*

## AGRÉGALE AGUA

Cuando se creó el pastel instantáneo, al principio el producto fue un fracaso. Las instrucciones les decían a los consumidores que todo lo que tenían que hacer era simplemente agregar agua y hornear. ¡Ahora era así de fácil hornear un pastel! Sin embargo, la compañía no podía entender por qué la mezcla aún no se vendía bien. Luego, su investigación reveló al menos una de las razones por las cuales el consumidor no se sentía cómodo con el uso de una mezcla que solo requería agua: simplemente era demasiado fácil. Entonces, la compañía cambió la fórmula y pidió agregar un huevo a la mezcla además del agua. Esto resultó en un aumento drástico en las ventas.

¿Se te hace muy fácil el plan de salvación de Dios? ¿Te parece demasiado bueno creer en la gracia de Dios? La gracia es la «receta» de Dios, o el camino a la salvación. No existe ningún ingrediente secreto que podamos agregar para hacer que la gracia de Dios sea más completa. No podemos hacer nada para obtener la gracia de Dios. No podemos comprar la gracia, ni podemos trabajar para ganarla, y ninguna cantidad de buenas obras anulará nuestra naturaleza pecaminosa. Por lo tanto, pensar que el hombre puede, por sus propios esfuerzos, alcanzar el más alto estándar de santidad establecido por Dios, si solo trabaja lo suficiente, es completamente absurdo. *Porque por gracia has sido salvo,* siempre ha sido, y siempre será una obra de Dios completamente separada del esfuerzo del hombre. Agrega incluso un décimo del uno por ciento de la energía humana y la gracia deja de ser gracia.

La fe es el medio por el cual se recibe el don de la gracia de Dios, pero debemos tener cuidado de no pensar en nuestra fe como una contribución a nuestra salvación de ninguna manera. No podemos agregar nada a, ni podemos quitar nada de, la gracia de Dios. Si la fe fuera algo que agregamos a la gracia de Dios, entonces nuestra fe se convertiría en un ingrediente faltante necesario para completar la gracia de Dios. Esto sería hacer de la fe una obra. La fe no es una obra que logremos para la salvación; la fe es la aceptación del trabajo que Jesús realizó para nuestra salvación. La fe no funciona para la salvación; la fe recibe la salvación

George Müller dijo: «La fe no opera en el ámbito de lo posible. No hay gloria para Dios en lo que es humanamente posible. La fe comienza donde termina el poder del hombre». [30]

Si la fe fuera algo que hiciéramos, una obra que hacemos, entonces tendríamos razones para jactarnos, presumir y reclamar el derecho a nuestra participación en la salvación. La fe reconoce la naturaleza divina de Cristo, recibe la obra divina de Cristo en la cruz y renuncia a la voluntad del individuo para con Cristo. La fe de ninguna manera aumenta la gracia que Dios ofrece. La fe no es el ingrediente que falta en la receta de la gracia; la fe solo recibe la gracia que solo Dios ha hecho.

Puede parecer demasiado bueno creer en la gracia. Puedes sentir que debes hacer algo o agregar algo a la gracia, pero tu salvación no depende de ti. Tu salvación depende de Dios.

Como dijo Dwight L. Moody, «el ladrón tenía clavos en ambas manos, por lo que no podía obrar; y un clavo en cada pie, para que no pudiera hacer obras para el Señor; no podía levantar una mano o un pie hacia su salvación; y sin embargo, Cristo le ofreció el don de Dios, y él lo tomó. Le arrojó un pasaporte y lo llevó con Él al Paraíso». [31]

La gracia solo puede ser recibida, jamás ganada.

**12 DE JUNIO**
*Sólo obedeciendo tu palabra*
*pueden los jóvenes corregir su vida.*
*Salmo 119:9*

# DON LIMPIO Y DOÑA SIN MANCHA

¡La presión de los compañeros es poderosa! ¡Las imágenes de los anuncios son explícitas! ¡El acercamiento informal al sexo es un lugar común! El entretenimiento bombardea la mente y ataca los sentidos con sensualidad. Los jóvenes de hoy están llenos de tentaciones seductoras y caminan de cabeza en un curso de colisión con la tentación. Entonces, ¿cómo puede una persona joven (y cada adulto, en ese caso) mantenerse puro en una cultura loca por el sexo? ¿Cómo pueden los jóvenes de hoy evitar intercambiar las bendiciones de Dios por placeres pasajeros?

Como el capítulo más extenso de la Biblia, el Salmo 119 es una enciclopedia de la sabiduría que derrama conocimiento, enfatizando las diversas funciones que ofrece la Palabra de Dios. Una de esas funciones es el poder purificador de la Palabra de Dios. Crucial para vivir una vida limpia y esencial para permanecer alejado de las influencias mundanas que están atacando la base moral de cada joven, es una dedicación constante para aprender de la Palabra de Dios y vivir de acuerdo con la Palabra de Dios.

El mundo hace promesas que no puede cumplir y escribe cheques que no puede cobrar. Desafortunadamente para algunos, estas duras verdades se descubren solo después de que esas promesas rebotan como un cheque sin fondos, dejándolas con las manos vacías. La cultura de hoy en día, enloquecida por el sexo, proclama que la pureza es peculiar, los estándares éticos son subjetivos y los morales absolutos son arrogantes y arbitrarios. Dios quiere evitar que cada joven subestime lo mejor de Dios y de comprar los sucios engaños entregados día y noche. La solución que nos mantendrá libres de manchas es vivir de acuerdo con la Palabra de Dios.

Vivir una vida limpia comienza tomando tiempo para leer la Palabra de Dios. La devoción diaria a la Palabra de Dios es la mejor manera de permanecer sin mancha contra las influencias pecaminosas que han saturado el mundo en el que vivimos. Permanecer constante y persistente con una lectura diaria de la Palabra de Dios requiere tiempo, esfuerzo y disciplina, pero los beneficios superan con creces cualquier sacrificio con el fin de hacer de la Palabra de Dios una prioridad. Innumerables fuerzas compiten por tu tiempo que inevitablemente te tentará a escatimar, a holgura, e incluso a omitir la lectura preciosa de la Palabra de Dios, pero aquí es donde la perseverancia rinde grandes dividendos.

Luego, asegúrate de prestar atención a la Palabra de Dios. Tienes el propósito de poner en práctica lo que lees de la Palabra de Dios. La obediencia piadosa muestra que comprendes lo que dice la Palabra de Dios y se compromete a seguir lo que la Palabra de Dios ordena. Prestar atención a la Palabra de Dios es también una prueba de si su amor por Él es genuino. Jesús dijo: "Si me amáis, guardad mis mandamientos" (Juan 14:15). En otras palabras, la obediencia a la Palabra muestra que amas a Dios.

Seguir estos pasos naturalmente dará como resultado un deseo de difundir la Palabra de Dios, porque de la abundancia del corazón, la boca habla (Mateo 12:34). Si tienes la Palabra de Dios en tu corazón, entonces no podrás contenerla. La Palabra de Dios fluirá sin interrupción, limpiando todas tus conversaciones y haciendo que tus palabras brillen aún más en un mundo oscuro y sucio que necesita desesperadamente escuchar y prestar atención a la Palabra de Dios.

Tómate el tiempo para entrar en la Palabra de Dios y hacer de esto una parte regular de tu vida. Nada es más importante, y nada más tiene el poder de mantenerte impecable en este mundo manchado de pecado y enloquecido por el sexo.

---

### 13 DE JUNIO

*Y él mismo constituyó a unos, apóstoles; a otros, profetas; a otros, evangelistas; a otros, pastores y maestros, a fin de perfeccionar a los santos para la obra del ministerio, para la edificación del cuerpo de Cristo, Efesios 4:11-12*

## SIRVIENDO EN TU IGLESIA

Tal vez haya escuchado la preocupante estadística con respecto a la iglesia, que establece que solo el 20 por ciento de la gente realiza el 80 por ciento del trabajo. Aunque ese porcentaje puede variar un poco de iglesia en iglesia, esta estadística definitivamente se refleja la realidad de que la mayoría de los congregantes no tienen el hábito de servir en sus iglesias locales.

Ahora, quizá te estés tomando un descanso del servicio en la iglesia en momentos legítimos. Por ejemplo, puede que estés tomando un tiempo breve de descanso de tu carga normal de ministerio, puede que estés en un momento de transición, o por problemas de salud o quizás una tragedia ha suspendido temporalmente tu ministerio en la iglesia. Puede que sea una cantidad de razones legítimas por las cuales debes tomar un descanso de tu servicio regular en la iglesia. Sin embargo, con cualquier interrupción debe entenderse que esta es solo una condición temporal, y debe tener la intención y el deseo de regresar tan pronto como sea posible.

Ahora, que estableciendo eso, continuemos. ¿Dónde caes tu en la estadística anterior? ¿Estás comprometido a servir, o estás sentado al margen?

La idea errónea ha hecho un gran perjuicio a la obra de ministerio en la iglesia local. La idea errónea que prevaleció en la iglesia durante siglos es que el trabajo del ministerio es para los «profesionales» o el clero. Quizás pensaste: Bueno, ¿Para eso se les paga, no? En Efesios 4, el apóstol Pablo ayudó a romper con esta creencia equivocada cuando, en esencia, dijo que el equipo pastoral, o el clero, está allí para educar y equipar a la congregación para que la congregación pueda hacer la obra del ministerio en la iglesia. El papel del liderazgo no es hacer todo el trabajo para la iglesia, sino equipar a la iglesia para hacer el trabajo. Dios no solo ha dado dones espirituales a cada creyente en la iglesia (1 Pedro 4:10), sino que también ha preparado el trabajo para cada creyente en la iglesia (Efesios 2:10), y cada miembro debe compartir la carga de trabajo (Efesios 4:16). El servir en la iglesia es el privilegio y la responsabilidad de cada miembro de la iglesia y nunca fue diseñado para ser solo una opción de cada miembro. Algunos hasta han llegan a decir que cuando a un creyente se le bautiza, es inmediatamente ordenado al ministerio. Podrías decir que al ser bautizado recibes la Licenciatura de Bautizado Para Servir.

Un punto mas sobre el servir: una iglesia que sirve es una iglesia que crece, no necesariamente en números, pero si espiritualmente (Efesios 4:16). Parte de nuestro crecimiento como cristianos madures – tanto personal como corporativo está entrelazado con nuestro compromiso de servir en la iglesia. Nos necesitamos desesperadamente si vamos a avanzar, hacer una diferencia y crecer en Cristo. La responsabilidad cae sobre todos nosotros por igual, más distintamente. Al estar comprometido a servir en tu iglesia local, no solo estás contribuyendo a tu propio crecimiento personal como creyente, sino que también está contribuyendo al crecimiento de tu iglesia a nivel corporativo. Tú eres el regalo de Dios para tu iglesia.

**14 DE JUNIO**
*En mi corazón he guardado tus dichos.*
*Salmo 119:11*

## RECUERDO TOTAL

Las probabilidades son que la mayoría de los cristianos pueden completar fácilmente este versículo del evangelio de Juan: «Porque de tal manera amó Dios al mundo que dio. . . » Y, millones en todo el mundo pueden recitar sin esfuerzo todo el Padrenuestro: «Padre nuestro que estás en los cielos, santificado sea Tu nombre . . . » (Lucas 11: 2) Pero, ¿es la memoria de las Escrituras algo del pasado? Después de todo, ¿por qué dedicar tiempo a escribir versículos bíblicos en la memoria cuando puede abrir tu Biblia y encontrar el pasaje, o mejor aún, abrir una aplicación de la Biblia en un dispositivo móvil y hacer que lo que estás viendo aparezca instantáneamente a tu pantalla?

El salmista declaró que al interiorizar las Escrituras, estamos promoviendo el trabajo de purificación en nuestras vidas, estamos aumentando nuestra capacidad de vivir rectamente, estamos permitiendo que el Espíritu Santo nos empodere, estamos permitiendo que la luz de Dios ilumine nuestros pasos. , y estamos brindando a Dios la oportunidad de depositar su sabiduría en nuestras vidas. El salmista también correlaciona que cuanto más hemos procesado y personalizado las Escrituras, más probabilidades tendremos de vivir de la manera que Dios quiere que vivamos. Y una pequeña porción de eso es la capacidad de perseverar contra la tentación y oponerse al pecado. No existe una aplicación que pueda hacer eso.

Practicar la memorización de las Escrituras no es cosa del pasado porque memorizar las Escrituras estimula el trabajo de Dios en tu vida de hoy. Comprometer las Escrituras a la memoria nos ayuda a conformarnos a la imagen de Cristo, nos equipa para compartir mejor a Cristo con aquellos que no conocen a Dios, aumenta nuestra capacidad de consolar y aconsejar a los que están sufriendo, y nos ayuda a reconocer y defendernos contra doctrinas engañosas. Memorizar las Escrituras también nos mueve hacia adelante en la madurez en nuestra fe, e incluso nos ayudará en nuestro tiempo de oración.

Ahora, tal vez hayas intentado memorizar las Escrituras en el pasado y hayas encontrado que la práctica es tediosa y lleva mucho tiempo. Por lo tanto, decidiste posponerlo o dejarlo a un lado por completo. Todos hemos estado allí, pero esta práctica no debe ser temida, y en realidad puede ser emocionante, energizante y alentadora.

Al prepararte para memorizar las Escrituras, recuerda que al principio toma tiempo. Pero aquí está la garantía: si inviertes el tiempo, eventualmente lograras internalizar la verdad. Segundo, toma repetición. Para algunos, eso significa releer un verso repetidamente. Para otros, significa decir el versículo en voz alta varias veces. No puedes cortar el proceso de la repetición por la mitad; cuanto más practiques, más escrituras se mantendrán.

Puedes usar una variedad de métodos para asignar un verso a la memoria. Aquí hay solo algunos. Primero, comienza eligiendo un verso que te interese o que signifique algo para ti. Eso te ayudará a mantenerte motivado. Segundo, comienza repitiendo la ubicación, como el Salmo 119: 11. Tercero, divide el versículo en segmentos. Cuarto, vuelva a ensamblar el versículo en secciones, con la ubicación, y repita. Por ejemplo, Salmo 119: 11: «Tu palabra he escondido en mi corazón». No agregues las secciones siguientes hasta que tengas esa porción perfectamente. En quinto lugar, revisa y repite. Estos son los básicos. Aplícalos, se creativo y haz que el proceso sea personal agregando asociación o visualización, o usando un pintaron o tarjetas de notas. Se creativo.

Si no tienes el hábito de memorizar las Escrituras, ¿por qué no comenzar ahora mismo? No puedo pensar en un versículo más apropiado para comenzar que en el Salmo 119: 11: «Tu palabra escondí en mi corazón, para no pecar contra ti».

Espera ... no te vayas todavía. ¡Revisa y repite antes de continuar!

### 15 DE JUNIO
*Las casadas estén sujetas a sus propios maridos, como al Señor,*
*Efesios 5:22*

## LA PALABRA QUE EMPIEZA CON S

SSSSS. . . sssuuuu. . . ssuummm. . . sumisión. Para algunas mujeres, esta es una palabra difícil de decir. Para otros, la palabra ha sido borrada de sus vocabularios por completo. La palabra *sumisión* a menudo evoca imágenes de la Edad Media, donde las mujeres eran tratadas como ciudadanos de segunda clase y tenían derechos mínimos. En la actualidad, la idea de que una esposa se someta a su marido conlleva connotaciones culturales negativas de desigualdad e inferioridad. Pero la sumisión bíblica no es una mala palabra; la sumisión bíblica no promueve la desigualdad o la inferioridad, y no debe ser evitada o ignorada. De hecho, la sumisión bíblica trae libertad y bendición en la relación matrimonial.

La palabra sumisión sola, como mandato puede parecer injusto, confuso y unilateral. Pero ese es siempre el peligro cuando aislamos un versículo de la Biblia y tratamos de hacerlo independiente, aparte del apoyo del ambiente circundante. Divorciar un versículo de su contexto puede llevar a malentendidos y malas aplicaciones. El apóstol Pablo no promueve la injusticia, el machismo o la servidumbre de las mujeres en una relación. Lo que hace es explicar como se debe ver la dinámica en el matrimonio y como debe ser la orden dentro del matrimonio. Ambos son el patrón de la relación y orden que vemos en la Deidad.

La sumisión no tiene nada que ver con la *superioridad* y todo que ver con la *autoridad*. Por ejemplo veamos la Deidad, Pablo escribió: «Pero quiero que sepan que la cabeza de cada hombre es Cristo, la cabeza de la mujer es el hombre, y la cabeza de Cristo es Dios» (1 Corintios 11:3). La igualdad completa se encuentra en la Deidad; vemos que Jesucristo se pone bajo la autoridad del Padre (Filipenses 2:6-8). De la misma manera, la esposa es igual a su marido, pero debe colocarse voluntariamente bajo la autoridad de su marido. El esposo no es superior a la esposa, así como el Padre no es superior a Cristo. Pero dentro de la Deidad (Padre, Hijo y Espíritu Santo), hay un orden divino de autoridad, así como la función y responsabilidad únicas para cada miembro.

Dios ha establecido el mismo tipo de autoridad y responsabilidad dentro de la familia y la iglesia. Entendemos en la iglesia que Dios ha designado pastores y ancianos para supervisar la iglesia. No son superiores a otros miembros dentro del cuerpo de la iglesia, pero se les ha dado autoridad sobre la iglesia para realizar ciertas responsabilidades dentro de la iglesia. Pero incluso ellos mismos deben estar en sumisión total a Cristo, quien es la cabeza de la iglesia.

La sumisión comienza cuando confiamos en Jesucristo como nuestro Señor y Salvador. Cuando reconocemos a Jesucristo como Señor, aceptamos darle plena autoridad sobre nuestras vidas. Si una persona no está dispuesta a rendir su voluntad a la voluntad de Dios, ceder sus caminos a los caminos de Dios y renunciar al autocontrol para controlar a Dios, entender y aplicar correctamente la sumisión será imposible en cualquier otro contexto.

La sumisión es un reflejo de la confianza de una persona en Dios. La esposa cristiana se somete a su esposo por amor al Señor, confianza en el Señor y obediencia al Señor. Ella no es más inferior a su esposo como Cristo no es inferior al Padre. La sumisión de una esposa a su esposo no es su cruz, más es su gozo reflejar a Cristo en su matrimonio.

### 16 DE JUNIO
*Enséñame a hacer tu voluntad,*
*Salmo 143:10*

## EL SABER Y EL HACER SON DOS COSAS DISTINTAS

¿Alguna vez has hecho una pregunta como «Dios, ¿qué quieres que haga en esta situación?» O «Dios, muéstrame de la manera en que quieres que vaya». Sospecho que después de que le hiciste a Dios tu pregunta(s) sobre su voluntad para tu vida, las estrellas no se movieron para revelar la respuesta en el cielo. Probablemente no escuchaste una voz retumbante que resuena desde el cielo con instrucciones sobre qué hacer o adónde ir. Y es probable que no hayas sido visitado por uno de los ángeles fieles de Dios con una proclamación divina del plan de Dios para tu vida. No te desanimes. Dios no está tratando de ocultar su voluntad, ni está tratando de impedirte cumplir su voluntad. En realidad, todo lo contrario es verdad; Dios se ha salido de su camino para ayudarnos a conocer y hacer su voluntad.

En el Salmo 143, el rey David se dirigió a Dios en busca de guíanza. David estaba en una situación difícil ya que sentía la presión mientras sus enemigos se cerraban a su alrededor. David estaba ansioso y preocupado sobre qué hacer a continuación. No quería cometer un error, y no quería actuar impulsivamente o tomar una decisión apresurada, porque su vida pendía de un hilo. ¿Alguna vez sentiste la presión de una decisión que pesaba sobre ti tan fuertemente que sentiste que todo tu futuro dependía en lo que sucediera después? ¿Alguna vez has estado tan preocupado o ansioso por una decisión que te sentiste abrumado? Así es exactamente como se sintió David, entonces David le pidió ayuda a Dios. No hace falta decirlo, pero digámoslo de todos modos. Cuando uno no sabe que camino llevar, el primer lugar que siempre debemos ir es a Dios.

En la oración de David pidiendo ayuda, le pidió a Dios dos cosas: la revelación de la voluntad de Dios (v.8) y la determinación de hacer la voluntad de Dios (v.11). Ciertamente, el primer paso antes de tomar cualquier decisión es buscar lo que Dios tiene que decir llego el rapto de la iglesia y no les toco (1 Tesalonicenses 4:13-18) y que ahora estaban en el período conocido como el Día del Señor. El Día del Señor, que vemos en la primera porción de 1 Tesalonicenses 5, incluye eventos que se llevaran a acabo justo antes del regreso del Señor Jesús y el establecimiento de su glorioso reino. En este período, el juicio catastrófico de Dios se derramará sobre los malvados que habitan en la tierra (Apocalipsis 6:17). En Tesalónica, los falsos maestros corrían en desesperación gritando y declarando que el fin del mundo había llegado.

Pablo se propuso restaurar la esperanza y eliminar los conceptos erróneos que rodean el Día del Señor. Le aseguró a la iglesia que no estaban viviendo en el Día del Señor porque ese día no podría llegar hasta que otros eventos importantes sucedieran primero.

¿Cuáles son esos eventos? Primero, el rapto de la iglesia debe llevarse a cabo, el evento donde Cristo regrese (no físicamente a la tierra, esa es su segunda venida). El Rapto es cuando Cristo viene a eliminar a los que están vivos en la tierra y creen en él, y en ese momento los llevará al cielo para evitar la ira venidera. Luego, debe ocurrir una recaída o apostasía (2 Tesalonicenses 2:3), que es la gran rebelión y el alejamiento de las personas hacia Dios y de allí seguirá el establecimiento de una religión falsa en todo el mundo. Además, el Día del Señor no puede venir hasta que el Hombre del Pecado (versículo 3), o el Anticristo, se revele. El Anticristo se declarará a sí mismo como Dios (versículo 4), exhibirá signos falsos (versículo 9) y exigirá que lo adoren todos.

Como creyentes, debemos ser consolados por la realidad de que Dios sacará a su pueblo de este mundo antes del Día del Señor y antes de que comience toda la devastación. Además, esto debe motivarnos a alcanzar a los perdidos y compartir la esperanza y la salvación que se encuentran en Cristo, de modo que la mayor cantidad posible se salve del infierno y de ese período del infierno en la tierra. Debemos evitar conjeturas erróneas sobre eventos relacionados con el regreso del Señor y en cambio estar ocupados con nuestras responsabilidades actuales de ser adoradores de Dios, esperando pacientemente su regreso, trabajando en lo que nos ha llamado a hacer, y testificando ante el mundo que vivir en.

## 24 DE JULIO
*Se llamará su nombre Admirable.*
*Isaías 9:6*

# ALGO ADMIRABLE

Si alguien o algo ha merecido ser llamado *admirable*, ciertamente es Jesucristo. De los aproximadamente 250 nombres dados a Jesús, admirable es absolutamente apropiado y completamente hecho a medida para aquel cuyo nacimiento fue predicho por el profeta Isaías casi 750 años antes de su nacimiento. Usar la palabra admirable para describir a Jesús automáticamente eleva el esplendor de la palabra por encima del promedio, y lo catapulta al reino de lo extraordinario porque Jesús es todo menos ordinario y lejos del promedio. ¿Por qué debería Jesús ser llamado admirable?

Su nombre es llamado admirable porque su nacimiento fue admirable. Su nacimiento fue predicho de antemano y predeterminado antes del principio del tiempo. Su nacimiento fue diseñado para cumplir los propósitos y las promesas de Dios. El nacimiento fue diferente a cualquier otro porque en Jesús, la divinidad de Dios se unió con la humanidad del hombre en pureza y perfección. El suyo fue un nacimiento donde las estrellas del cielo fueron divinamente acomodadas para alumbrar el camino para que los hombres sabios encontraran al Rey recién nacido y donde los ángeles fueron empleados para anunciar la llegada del Hijo de Dios.

Su nombre se llamado admirable porque su vida fue admirable. La suya era una vida completamente libre de pecado y totalmente desinteresada, marcada por un poder milagroso y controlada por una asombrosa humildad. Su vida, comprometida a hablar la palabra de Dios y hablarle a las personas a creer en Dios. La suya era una vida llena de luz y carente de oscuridad, y él eligió perdonar a la gente del mal, pero se negó a regocijarse en el mal. Su vida fue una que eligió morir para que otros pudieran vivir.

Su nombre es llamado admirable porque su resurrección fue admirable. Su resurrección continúa trayendo esperanza y ayuda. Su resurrección promete una herencia eterna y liberación que salva del castigo eterno. Su resurrección disipa dudas y da la bienvenida a la confianza. Su resurrección vence al mal, rompe el poder del pecado y la muerte, y da vida. Su resurrección intercambia la esclavitud por la libertad y el amor por el odio.

Su nombre es llamado admirable porque es incomparable y sin precedentes, es preeminente y preexistente. Él es supremo y soberano, todopoderoso y omnisciente. Su nombre es llamado admirable porque él es desde siempre y para siempre, y él es el gran emancipador de la humanidad. Su nombre es llamado admirable porque es benévolo e ilimitado, misericordioso y poderoso, inmutable e imparcial. Él es autosuficiente y existe por sí mismo, es proveedor y protector, y es fiel y lleno de gracia. Su nombre es admirable porque él es grandioso y el gran yo soy.

Alguien dijo una vez que «en Cristo tenemos un amor que jamás entenderás, una vida que jamás puede morirá, una paz que jamás comprenderás, un descanso que jamás podrá ser perturbado, un gozo que jamás se disminuirá, una esperanza que jamás decepcionará, una gloria que jamás se nublará, una luz que jamás se oscurecerá, y un recurso espiritual que jamás se agotará».

¡Ahora, eso si es algo admirable!

---

**25 DE JULIO**
*No os canséis de hacer bien.*
*2 Tesalonicenses 3:13*

## SIGUE EN LA BUENA OBRA

¿Alguna vez has querido tirar la toalla, dejarlo, y pasar a otra cosa? Comenzar algo con entusiasmo es fácil, pero ver las cosas hasta el final no siempre es fácil. Por ejemplo, ¿Cuantos instrumentos musicales están acumulando polvo de músicos frustrados? ¿O cuántas personas han tratado de dominar un idioma extranjero, y de repente dejarlo, abandonándolo con desanimo completo y con la capacidad limitada de poder decir «buenos días», «buenas tardes» y «¿dónde está el baño?» Cuando el entusiasmo se encuentra con la realidad del trabajo difícil, el cansancio puede aparecer, y la tentación de renunciar generalmente no se esta muy lejos.

Esto también puede sucedernos espiritualmente. Después de comenzar a seguir y servir a Dios, nuestro entusiasmo puede ser desafiado cuando nos encontramos con la dura realidad de que vivir la vida que Dios nos ha llamado a vivir es un trabajo difícil. El resultado es que el cansancio al hacer el bien puede establecerse.

Si Pablo nos advierte que no debemos cansarnos de hacer el bien, la implicación es clara: cansarse en nuestros esfuerzos por hacer el bien es una posibilidad real. ¿Por qué? ¿Qué nos haría fatigar? El cansancio al hacer el bien a menudo ocurre cuando no vemos los resultados positivos de nuestro trabajo y, por lo tanto, podemos quedarnos preguntándonos: ¿qué diferencia hace esto? Además, si nuestro trabajo pasa desapercibido, podemos sentirnos no apreciados y que el trabajo es innecesario. Y, por supuesto, todos experimentamos esos momentos en que todo se convierte en una batalla, y nos encontramos constantemente con la oposición. Ese es la perfecta receta para el cansancio.

Hablando en términos prácticos, tal vez nuestro cansancio sea el resultado de oraciones que no han sido respondidas. O posiblemente, alguien se está aprovechando de nuestra generosidad. Tal vez estamos mostrando amor a alguien, pero ese amor queda sin respuesta. Algunas veces, podemos estar mostrando perdón repetidamente a alguien que solo manipula ese perdón. O quizás estamos sirviendo fielmente en un ministerio al que Dios nos ha llamado, pero no estamos viendo ningún fruto y no hemos recibido ningún apoyo de los demás. Cualquiera sea el bien específico que esté haciendo, ya sea una obra de ministerio o una obra de obediencia a la Palabra de Dios, no debemos rendirnos ni ceder a la presión de renunciar o dejar de hacer lo correcto.

¿Qué podemos hacer para que el cansancio no nos llegue? Recuerda a Dios Antes que nada, Dios ve nuestra obra, nuestra fidelidad para servir y nuestra disposición a obedecer. Incluso las buenas obras que nadie más ve, Dios ve y Dios se preocupa. Dios no solo ve nuestra obra, sino que un día Dios recompensará abiertamente todo lo que se hizo por él, incluso aquellas obras que no se hayan notado (Mateo 6:4). Por último, Dios es glorificado por nuestras buenas obras (Mateo 5:16), y darle gloria a Dios debe ser una de las cosas más importantes que debemos hacer mientras estamos aquí en la tierra.

Una cosa es fatigarnos *en* la obra del Señor. Otra cosa es cansarnos *de* la obra del Señor. Nunca te canses de dar a Dios, confiar en Dios, orar a Dios, obedecerle a Dios y compartir a Dios con los demás. Dios ve nuestro bien, Dios recompensará nuestro bien, Dios es glorificado por nuestro bien, y Dios nos llama a permanecer fieles en el bien. ¡Así que sigue en la buena obra!

## 26 DE JULIO

*El Señor detesta los labios mentirosos,*
*pero se deleita en los que dicen la verdad.*
Proverbios 12:22 (NTV)

# SE TRATA DE MI

¡Se trata de mi! Eso es aparentemente lo que Satanás pensó, y esa creencia le costó todo. Y quiero decir *todo*. Para la humanidad, la idea de que podrías ser rodeado por la gloria radiante de Dios, poseer una belleza inconmensurable y poder, mantener el ranking angelical más alto en el universo, disfrutar la preciada posición de dirigir a las huestes celestiales en alabanza y adoración al Dios Todopoderoso por los siglos de los siglos, solo para tirarlo todo porque pensaste, ¡todo se trata de mí! parece inimaginable. Satanás abandonó el cielo y todas las bendiciones de estar en la presencia de Dios a cambio del tormento eterno porque quería las cosas a su manera y no a las de Dios. ¡Qué advertencia debería ser para nosotros! ¡Si un ángel tan favorecido puede creer, *todo se trata de mí!* entonces nosotros también podemos.

El pecado comenzó con Satanás, pero desafortunadamente, no terminó con Satanás. Satanás fue el primer ser creado en rebelarse contra Dios porque quería la posición de Dios, el poder de Dios, la preeminencia de Dios y los privilegios de Dios para él mismo. Satanás quería que se hiciera su voluntad y no la voluntad de Dios. El deseo de su corazón era «*yo ascenderé*», «*yo exaltaré*», «*yo me sentaré*» y «*yo seré*» (Isaías 14:13-14, énfasis agregado). En otras palabras, Satanás cometió el error de creer que lo que él quería era más importante a lo que Dios quería.

El error de Satanás también se convirtió en el error de la humanidad cuando, en el Huerto del Edén, Satanás convenció a Eva de que lo que ella quería era más importante de lo que Dios quería, y *su* voluntad le gano a la voluntad de Dios. Eva creyó la mentira y comió la fruta, y en ese momento, se convirtió en la niña de su propio ojo al llegar a ser el centro de atención en lugar de Dios.

El problema de Satanás fue que todas sus necesidades y deseos comenzaron con el *yo*, una trampa simple y sutil que nos puede atrapar a todos si no tenemos cuidado. La mayoría de nosotros padecemos de cierto grado de miopía espiritual, por lo que nos permitimos dedicar demasiado tiempo enfocándonos y persiguiendo lo que queremos y no dedicamos suficiente tiempo a enfocarnos en lo que Dios quiere. A pesar de que la cultura popular no dice que somos el centro de nuestro universo, no lo somos. Dios lo es. Por lo tanto, nuestros deseos deben ser para cumplir los deseos de Dios para nuestras vidas. El problema es que así como Satanás propuso *en su corazón*, podemos sentirnos tentados de decir en nuestros corazones que *todo se trata de mí*. El pecado, en su forma más simple, es una expresión de que *se trata de mí* en lugar de *se trata de Dios*. El pecado es lo que *yo* quiero y no lo que *Dios* quiere para mi, y se trata de *nuestra* voluntad y no *su* voluntad. Debemos seguir el ejemplo de Jesucristo, quien le dijo a Dios el Padre: «No se haga mi voluntad, sino la tuya». (Lucas 22:42)

Aquel ángel hermoso que quería exaltarse a sí mismo por encima de Dios será separado para siempre de la presencia de Dios porque pensó: ¡*Se trata de mí!* Hasta que verdaderamente lleguemos al lugar en nuestros propios corazones donde podamos decir: «¡Se trata de Dios!» Y no «¡Se trata de mí!» Cierto grado de separación en nuestra relación con Dios es inevitable, porque el pecado separa, mas la rendición trae cercanía.

La vida no se trata de mí; La vida se trata del Padre, el Hijo y el Espíritu Santo.

## 27 DE JULIO

*En primer lugar, te ruego que ores por todos los seres humanos. Pídele a Dios que los ayude; intercede en su favor, y da gracias por ellos.*
*1 Timoteo 2:1 (NTV)*

## CONVERSACIONES CON DIOS

Martyn Lloyd Jones dijo: «nuestra posición definitiva como cristianos es puesta a prueba por el carácter de nuestra vida de oración».[47] Y el famoso evangelista D. L Moody, cuando se le preguntó al final de su vida que si hubiera querido hacer algo de manera diferente, respondió, «¡hubiera orado más!»

¿Alguna vez te has dicho a ti mismo: «Quisiera tener mejor vida de oración», «No oro con suficiente frecuencia», «No oro lo suficiente» o «No puedo mantenerme enfocado al orar». Oswald Chambers dijo: «La batalla de la oración es contra dos cosas. . . pensamientos errantes y falta de intimidad con el carácter de Dios tal como es revela en su palabra. Ninguno de los dos se puede curar de inmediato, pero se pueden curar mediante la disciplina».[48]

La oración es una disciplina que debe practicarse para crecer más profundamente en nuestra relación con Dios. Mientras que la oración es simplemente tener una conversación con Dios, una cosa es cierta: todos pueden orar más, orar más específicamente y orar más por los demás.

Una manera muy efectiva para ser más consistente, disciplinado, enfocado y preciso al orar es usar el acrónimo, ACAS, que te puede ayudar a ser especifico en tus oraciones. Simplemente comience su tiempo de oración con la letra A, que significa *adoración*. La adoración es donde expresas tu alabanza, exaltación y adoración a Dios. La adoración es expresar tu afecto por lo que Dios es y lo que hace, y con frecuencia se más fácil porque te estas enfocando en los atributos de Dios. La adoración no es el momento de comenzar a pedirle cosas a Dios. Simplemente permítete tiempo para expresar tu amor y respeto hacia Dios.

Luego viene la letra C para la *confesión*. La confesión es pedirle a Dios el perdón de los pecados que has cometido y buscar la fuerza para rechazarlos y resistirlos en el futuro. El pecado obstaculiza nuestra relación con Dios, y la confesión ayuda a traer sanidad y restauración.

Luego tenemos la letra A de nuevo. Pero esta vez es para *acción de gracias*. Exprésale agradecimiento por las muchas bendiciones que Dios te ha dado.

Finalmente, la letra S representa la palabra *súplica*. Aquí es donde le pides a Dios que satisfaga tus necesidades y las de los demás.

ACAS no es la única manera de traer enfoque y propósito a sus oraciones, pero puede ayudar.

Una cosa de la que debemos protegernos es pasar la mayor parte de nuestro tiempo orando siempre por nuestras necesidades mientras descuidamos las necesidades de los demás. ¿Cuántas veces le has dicho a alguien: «Orare por ti», pero después se te olvida? Debemos ser disciplinados para orar por los demás, porque una de las mejores cosas que podemos hacer por otra persona es orar por ellos.

Pablo conocía el poder de la oración y sabía que la oración realmente tenía un impacto y podía cambiar vidas, por lo que se propuso orar por los demás. Esta es la razón por la cual Pablo nos recuerda en el versículo de hoy que una vida saludable de oración debe incluir orar por los demás. Ya que somos llamados a «amar al prójimo como a nosotros mismos» (Marcos 12:31), deberíamos orar por los demás tanto como oramos por nosotros mismos. Solo imagínate lo que podríamos ver en el mundo hoy si gastáramos tanto tiempo orando por las necesidades de los demás como lo hicimos orando por nuestras propias necesidades.

Recuerda, la oración es un acto de comunión con Dios. Se trata de la comunicación y el desarrollo de la intimidad con Dios al participar en conversaciones con Dios. Se específico. Se consistente. Se comprometido. Sé decidido. Se bendecido. Y se una bendición para otros con tu vida de oración.

## 28 DE JULIO
*Mas los que esperan en Jehová tendrán nuevas fuerzas.*
Isaías 40:31

# APÚRATE Y ESPERA

Toda cosa buena viene al que espera, ¿no es así? Pero, a nadie le gusta esperar. Primero, empieza un pie a girarse incontrolablemente, luego, los ojos empiezan a bailar de frustración, y en seguida llega el suspiro audible. Estas son señales reveladores de que alguien ya llego a su limite de impaciencia. Todos hemos estado allí, ya sea porque estábamos haciendo fila en la oficina de vehículos y motores, con el número noventa y nueve mientras llamaban el número cuatro, o si estábamos sentados en el trafico y ya vamos tarde. Lo más probable es que todos hemos tenido momentos de impaciencia al esperar.

¿Y que tal con Dios? ¿Alguna vez te has impacientado esperándolo a él? Una razón por la que esperar es tan difícil para la mayoría de nosotros es porque equivalemos la espera con la inactividad. Pero la espera bíblica no es de estar jugando con los pulgares, y definitivamente no es un perdido de tiempo. De hecho, todo lo contrario es cierto. Dios usa el esperar para lograr una obra significativa en nuestras vidas.

Isaías le escribía a una generación futura de judíos que serían llevados cautivos a Babilonia, judíos que tendrían dudas sobre si Dios alguna vez los sacaría de este tiempo de cautiverio. Setenta años es mucho tiempo de espera, por lo que Isaías tuvo que recordarles a los cautivos que Dios aún se preocupaba por ellos y que aún tenían el control, a pesar de que tendrían que esperar a que su situación cambiara.

Esperar no es fácil, especialmente cuando estamos ansiosos por que pase algo y estamos a la expectativa de que nuestra situación va a cambiar. Incluso la persona más espiritual puede desanimarse, incluso el creyente más fuerte puede desanimarse, e incluso un fiel seguidor puede tambalearse durante largos períodos de espera. Es decir, a menos que recordemos que Dios aún está en control y obrando mientras esperamos. La obra que Dios a menudo busca lograr en nuestras vidas durante los tiempos de espera es la renovación de nuestra fortaleza y el refinamiento de nuestro carácter.

La renovación de nuestra fortaleza viene cuando diariamente esperamos a Dios y buscamos su presencia. Todo creyente debe detenerse y tomarse el tiempo para estar en la presencia de Dios, sentado en silencio y escuchando a Dios a través de su Palabra y por su Espíritu, permitiéndole hablar con palabras de aliento e incluso palabras de corrección. Al esperar a Dios diariamente, nuestra fuerza espiritual se renueva día a día.

Una manera en que Dios refina nuestro carácter es permitiéndonos pasar por una temporada de espera. Una temporada de espera a menudo significa que Dios cambia o detiene algunas o todas nuestras actividades normales para que se pueda realizar una obra más profundo de refinar nuestro carácter. Somos un trabajo en progreso y en constante necesidad del trabajo purificador de Dios. Refinar nunca es un proceso cómodo, pero debemos esperar pacientemente a Dios mientras él obra para hacernos más como Cristo.

Bíblicamente, esperar a Dios nunca es pasivo, pero siempre es un proceso. Dios puede hacernos esperar antes de que salgamos en el ministerio para que él pueda prepararnos mejor para el futuro. Dios puede hacernos esperar antes de movernos a otra cosa en la vida para que pueda usar ciertas personas o circunstancias para moldear nuestro carácter.

La próxima vez que Dios te tenga esperando en él, no bailes los ojos, no dejes escapar un fuerte suspiro y no te impacientes. En cambio, sigue confiando en Dios, esperando que obre y continúa persiguiendo la presencia de Dios a diario mientras permites que Dios renueva tus fuerzas, refina tu carácter y te prepare para lo que próximamente tiene para ti.

---

## 29 DE JULIO

*No permito a la mujer enseñar, ni ejercer dominio sobre el hombre, sino estar en silencio,*
*1 Timoteo 2:12*

## GUERRAS DE GENERO

La disputa sobre el papel de la mujer en el ministerio no es una cuestión de género, sino una cuestión de autoridad. Si estamos dispuestos a comprometer la verdad de Dios en cualquier punto en particular y por alguna razón en particular, entonces lo que estamos haciendo es cambiar la autoridad de la Palabra de Dios para adaptarnos a nuestras preferencias personales y predisposiciones, convirtiéndonos en la autoridad y no en Dios. Al elegir lo que aceptaremos de la Biblia y lo que desecharemos, nos hemos dicho a nosotros mismos que sabemos mejor que Dios y nos negamos a hacer lo que Dios nos dice que hagamos. Esto señala el comienzo de la erosión espiritual para cualquier individuo, iglesia u organización, y esa erosión continuará mientras la verdad de Dios sea comprometida o rechazada.

El papel de la mujer en el ministerio nunca ha estado exento de controversia y probablemente nunca lo será. Pero nuestra responsabilidad como cristianos no es poner fin a la controversia de la guerra de género sobre el papel de las mujeres en el ministerio. Más bien, nos esforzamos por asegurarnos de que tenemos muy en claro exactamente lo que Dios ha dicho sobre el papel de las mujeres en la iglesia y para asegurarnos de que nos sometemos a su autoridad.

¿Qué dice Dios con respecto al papel de las mujeres en la iglesia? «No permito que una mujer enseñe o tenga autoridad sobre un hombre» (1 Timoteo 2:12). En otras palabras, a las mujeres no se les permite ser maestras, pastoras o ancianas en la iglesia. Primero, las instrucciones de Pablo no tienen nada que ver con la igualdad de hombres y mujeres en Jesucristo. Gálatas 3:28 deja en claro que todos somos iguales en Cristo, final de la discusión. Pero esta instrucción en 1 Timoteo 2 tiene todo que ver con la forma en que los hombres y las mujeres ejercen autoridad en la iglesia de Cristo.

Lo que la Biblia está diciendo es que las mujeres no deben ser responsables del equipamiento primario de la iglesia mediante la enseñanza, y no son llamadas a ser líderes de la iglesia como pastores o ancianos. Lo que no dice la Biblia es que las mujeres nunca pueden enseñar en ninguna parte o en ninguna situación dentro de la iglesia. Dios ha dado a algunas mujeres dones en enseñanza y liderazgo, y deben usarlas para enseñar y guiar o discipular a otras mujeres (Tito 2:3-4) o para dar instrucción espiritual en privado como Priscila hizo por Apolos (Hechos 18:26).

El Nuevo Testamento abunda en ejemplos de mujeres piadosas que, de acuerdo con sus roles asignados, sirvieron con dignidad y dirigieron con honor, mujeres cuyos nombres serán siempre mencionados y recordados con admiración. La mayoría de nosotros hemos sido bendecidos por la influencia de mujeres piadosas en nuestras vidas, y eso debería hacernos estar agradecidos con Dios por las muchas cosas maravillosas que las mujeres hacen al ministrar en el cuerpo de Cristo. Nunca debemos subestimar el papel importante que toman las mujeres piadosas en el ministerio de la iglesia, y las iglesias tendrán su mayor impacto en el mundo a medida que los hombres y las mujeres operan dentro de sus dones, roles y responsabilidades dados por Dios.

---

### 30 DE JULIO
*«No temas, porque yo estoy contigo».*
*Isaías 41:10*

## NO TEMAS

¡No temáis! En serio, Dios? Que fácil que *Tu* lo digas. Después de todo, ¡eres Dios! Pero, para el resto de nosotros aquí en el Planeta Tierra, esto parece un poco irreal. Muchas cosas parecen naturales para tenerle miedo, como el fracaso, dolor, sufrimiento, pérdida, vergüenza, castigo y rechazo, por nombrar algunos, sin mencionar todos los cuidados e inquietudes diarias que pueden dejar a una persona un poco temerosa sobre el futuro. Qué vamos a hacer? ¿Cómo la gente como nosotros realmente no teme?

Isaías tenía mucho que decirle al futuro grupo de judíos que estaría cautivo en Babilonia, y sabía que, a medida que se acercaban al final de su tiempo en cautiverio, se sentirían un poco temerosos con respecto a su futuro. Aunque la gente había fallado a Dios miserablemente, y su pecado causó su cautiverio, Isaías quiso recordarles que todavía eran el pueblo elegido de Dios. No los había rechazado, y no tenían motivos para temer.

Dios no nos creó para vivir con temor. El temor vino al mundo como resultado del pecado (Génesis 3:10), y desde ese momento, el miedo ha sido el arma favorita de Satanás. El enemigo de Dios quiere que tengamos miedo, solos e indefensos, pero Dios quiere que tengamos confianza, esperanza y que nunca estemos solos. Tan poderoso como puede ser el miedo, Dios es más grande que cualquiera y todos nuestros miedos.

El miedo es una elección que hacemos que es el resultado de elegir enfocarnos en nuestra situación más que enfocarnos en Dios. Si «la fe es la sustancia de lo que se espera» (Hebreos 11:1), entonces el temor es la sustancia de las cosas en las que nos preocupamos. El temor y la fe no se mezclan. El temor cree lo negativo; la fe cree lo positivo. El temor puede ser expulsado de tu corazón si ser reemplazado con fe. La fe en las promesas de Dios alejará al temor. No puedes enfocarte simultáneamente en tu temor mientras confías en Dios.

Cuando el miedo te invita a alejarte de Dios, en ese momento debes acudir a las promesas de Dios. Y Dios nos da una promesa específica para enfrentar el temor de frente. Él promete su presencia: «No temas, porque yo estoy contigo». No estás solo. Dios está contigo, en todos los lugares, en todo momento. ¡El está aquí! Su presencia es poderosa, personal y permanente. Pero Dios no se detiene allí. Continúa añadiendo a la promesa de su presencia diciendo fundamentalmente: «*No temas*, porque yo soy tu Dios. *No temas*, porque yo te fortaleceré. *No temas*, porque yo te sostendré. *No temas*, porque yo te apoyaré».

El *No Temas* es una promesa de confianza, y un mandato para ser obedecido. Tal como Dios ordenó a su pueblo en el Antiguo Testamento que confiara en su promesa y obedeciera su mandamiento de no temer, Jesús hizo eco de la misma promesa y el mismo mandamiento a sus discípulos que estaban en medio del temor (Marcos 6:50).

Dios es más fuerte que cualquier lucha; él es todo-suficiente, todo-poderoso y siempre presente. Él tiene toda la autoridad y es omnisciente. ¿Qué tenemos que temer? Cuando estás solo, sintiéndote abandonado o sintiéndote tentado a temer, recuerda que la promesa de Dios de *No Temas* viene con el poder necesario para no temer.

---

**31 DE JULIO**

*Si alguien desea dirigir una iglesia, realmente desea un buen trabajo.*
*1 Timoteo 3:1*

## LIDERAZGO DE LA IGLESIA

La efectividad de cualquier iglesia es en gran medida un reflejo de su liderazgo. Si el liderazgo se define como influencia, entonces el liderazgo piadoso es influencia divina. Los líderes piadosos deben reflejar a Dios y señalar a los demás hacia Dios. Deben tratar de influir en los demás para imitar y seguir a Jesucristo, ya que ejemplifican el carácter y la naturaleza de Jesucristo a los demás. Los líderes piadosos deben guiar de una manera que honre al Señor y cumpla Sus propósitos. ¿Qué hace que alguien sea un líder piadoso?

Pablo escribió a un joven pastor llamado Timoteo, que estaba en Éfeso tratando de enderezar algunos asuntos de liderazgo en la iglesia local. Pablo sabía que si la iglesia iba a lograr los planes y propósitos de Dios, los líderes correctos deben estar en su lugar. El deseo de ser un líder en la iglesia es noble, declaró Pablo, pero el liderazgo no es para todos. A medida que Pablo pasó por una lista de requisitos que todos los líderes de la iglesia deben poseer, una cosa fue muy clara: el liderazgo se trata de carácter. Ya sea que dirija como anciano, pastor o diácono, debe ser un hombre que mantenga buenas relaciones con los demás y tenga una buena reputación dentro y fuera de la iglesia. Además, debes exhibir buen comportamiento y madurar espiritualmente.

La idoneidad para el liderazgo de la iglesia no se trata de educación, sino de integridad. Encontrar líderes no se trata de buscar hombres con visión para los negocios, sino de buscar hombres con sabiduría espiritual. El liderazgo no se trata de tener las calificaciones, sino tener las cualidades. Los hombres llamados a dirigir la iglesia deben vivir vidas honestas, honorables, auto controladas y de modelo. En pocas palabras, el carácter de Cristo debe ser claramente evidente en la vida de cada líder cristiano.

Todas las cualidades que Pablo enumera son virtudes espirituales y rasgos de carácter que deben marcar a todos los líderes. Pablo no describió los deberes de los líderes. Más bien, estaba más preocupado con la espiritualidad, la moralidad y las virtudes necesarias para que una persona sea considerada para el liderazgo de la iglesia. Como un comentarista observó:

Sin dudas, los estándares son altos, pero eso no significa un estándar más alto para los líderes de la iglesia que los cristianos «comunes». Todos los creyentes son llamados a estos mismos altos estándares de semejanza a Cristo. Pablo no está creando una clase de élite espiritual aquí. Simplemente está indicando que la iglesia debe seleccionar su liderazgo de entre personas que en general están a la altura de los ideales del evangelio.[49]

Cada cristiano, ya sea en el liderazgo o no, debe esforzarse por la madurez espiritual, y estas cualidades son grandes metas a tener en cuenta a medida que crece y todo lo hace por Cristo.

La iglesia no puede progresar más allá del nivel de su liderazgo, por lo que es esencial contar con los líderes adecuados. Esto puede significar la eliminación de líderes o la designación de nuevas personas para puestos de liderazgo o la reescritura de estatutos o constituciones de la iglesia, de modo que solo se utilicen los requisitos bíblicos al elegir líderes de la iglesia. Pero en resume es claro, el liderazgo piadoso en la iglesia comienza al poner líderes piadosos en su lugar.

**1 DE AGOSTO**
*así será mi palabra que sale de mi boca:*
*no volverá a mí vacía, sino que hará lo que yo quiero*
*y será prosperada en aquello para lo cual la envié.*
*Isaías 55:11*

## LA PALABRA CON PROPÓSITO

La palabra de Dios siempre cumplirá los propósitos de Dios. La Palabra de Dios es confiable. Sus promesas son verdaderas. Lo que Dios dice que hará, lo hace, ¡lo hará! No importa donde se hable la Palabra de Dios, ni cuando se hable la Palabra de Dios. Dios siempre verá que su Palabra haga exactamente lo que él quiere que Su Palabra haga. La Palabra de Dios es más grande que el instrumento utilizado para proclamarla, la Palabra de Dios es intemporal en su capacidad para tocar el corazón de una persona, y la Palabra de Dios es imparable en su poder para transformar vidas.

Es por eso que leemos la Biblia. Es por eso que pasamos tiempo yendo a la iglesia y escuchando sermones centrados en la exposición de la Biblia. Es por eso que pasamos tiempo memorizando versículos de la Biblia. Hacemos todo esto porque dentro de la Palabra de Dios está el poder de lograr los propósitos de Dios en y a través del pueblo de Dios.

¿Cuáles son algunos de los propósitos que Dios logrará a través de Su Palabra? La Palabra de Dios es el fundamento de la fe en Dios (Romanos 10:17), y la base para el crecimiento espiritual (1 Pedro 2:2). La Palabra limpia la vida de cada creyente (Juan 17:17), revive el alma de la humanidad (Salmo 19:7) y tiene el poder de traer nueva vida (1 Pedro 1:23). La Palabra guía al piadoso (Salmo 119:105), convence a una persona de pecado (Tito 1:9), alienta a los fieles (Romanos 15:4), le da sabiduría al adorador (Salmos 119:130) y prepara al pueblo de Dios para hacer la obra de Dios (2 Timoteo 3:16-17).

Por la palabra de Dios, el universo nació. Por la palabra de Dios, la humanidad fue creada. Por la palabra de Dios, los muertos han sido resucitados. La Palabra de Dios es soberana y suprema, está viva y en acción, y tiene el poder de Dios. Por lo tanto, la Palabra siempre cumplirá los propósitos de Dios. Debido al poder en la Palabra de Dios y la promesa de que no volverá vacía, la leemos, la recitamos, la enseñamos, la predicamos, la declaramos, la contemplamos, la compartimos, la estudiamos, la aprendemos, la recordamos, y la vivimos. Nunca debemos manipularla, distorsionarla, aislarla, mal representarla, cambiarla, agregarle, disminuirla, descuidarla o ignorarla. Y aunque llegará un momento en que el cielo y la tierra pasarán, la Palabra de Dios nunca lo hará (Lucas 21:33).

Pueda que la Palabra de Dios no haga lo que uno ha planeado, pero esto no es lo que Dios promete. La promesa es que Dios logrará lo que él ha planeado para su Palabra. Libera el poder de la Palabra de Dios comprometiéndote a estudiarla personalmente y compartirla abiertamente, porque todo el tiempo dado a la Palabra de Dios nunca es una pérdida de tiempo.

---

**2 DE AGOSTO**
*Ninguno tenga en poco tu juventud, sino sé ejemplo de los creyentes en palabra, conducta, amor, espíritu, fe y pureza.*
*1 Timoteo 4:12*

## MINISTERIO DE JÓVENES

La edad no equivale la sabiduría. Cuanto más años tenga una persona, más experiencia puede haber adquirido en la vida, pero la experiencia no se traduce en sabiduría espiritual. Una persona puede ser joven en años, pero tener más sabiduría y madurez espiritual que alguien que tenga el doble de su edad. Con demasiada frecuencia, la actitud hacia los jóvenes se puede resumir en declaraciones como: «¡Estos jóvenes de hoy, con su música a todo volumen, sus peinados locos y la falta de respeto a la autoridad!» o «¿Qué saben ellos? ¡Son adolescentes!» Pero la verdad es que la juventud no es una sala de espera para la edad adulta. Podemos alentar y alentarnos, desafiar y ser desafiados por las generaciones más jóvenes.

Timoteo era un hombre joven que amaba a Jesús. Creció en un hogar piadoso y tenía una buena reputación en la comunidad. Cuando el apóstol Pablo llegó a la ciudad natal de Timoteo, Listra (que es en la Turquía moderna), Pablo vio tal pasión y madurez para el Señor en este adolescente que se inspiró para traer a Timoteo como «interno» en sus viajes misioneros. (Hechos 16). Después de quince años de viajar y servir junto al apóstol Pablo, Timoteo fue enviado a pastorear la iglesia en Éfeso y poner un poco de estructura y estabilidad a esta confraternidad fracasada. Ahora en los primeros de sus treinta años, todavía se consideraba que Timothy era muy joven para ocupar tal posición de liderazgo y, por lo tanto, sufría de falta de confianza. Entonces, Pablo decidió alentar y aconsejar a su joven aprendiz a no molestarse por lo que otros podrían pensar de su juventud, sino a elevarse por encima de las opiniones de los demás al elegir ser un ejemplo bueno y piadoso.

Pablo instó a Timoteo a vivir una vida que fuera tan intachable en palabra, conducta, amor, espíritu, fe y pureza, que su vida sería un ejemplo para los demás en la iglesia. Timoteo debía elegir cuidadosamente sus palabras, al darse cuenta de que sus palabras ayudarían o perjudicarían su credibilidad. Debía prestar atención a su conducta. Debía asegurarse de no mostrar diferencias entre lo que decía y cómo vivía. Él debía exhibir el amor de Jesús en todo momento y en todas las situaciones. Él debía seguir la dirección del Espíritu, estar lleno de fe, no temer, y permanecer comprometido con la pureza, no con la perversidad.

Quizás Timoteo tuvo mucho que aprender en el ministerio, pero también tenía mucho que ofrecerle a la iglesia. Si eres una persona mayor, comprométete a unirte a los jóvenes de tu iglesia apoyándolos y animándolos mientras siguen a Jesús. Necesitamos fomentar una atmósfera en nuestras iglesias donde los jóvenes puedan ser discipulados y también se les permita ministrar. Si eres una persona joven, comprométete a ser un ejemplo bueno y piadoso para quienes te rodean. Busca representar a Jesús en cada aspecto de tu vida, y tal vez te sorprendas de cómo los demás admirarán su madurez a pesar de tu joven edad. Al modelar la piedad a los demás, honrarás a Dios y serás una verdadera inspiración para los demás, ya que tu ejemplo alienta a otros a honrar a Dios.

---

### 3 DE AGOSTO

*He aquí que no se ha acortado la mano de Jehová para salvar, ni se ha endurecido su oído para oír; pero vuestras iniquidades han hecho división entre vosotros y vuestro Dios y vuestros pecados han hecho que oculte de vosotros su rostro para no oíros.*
*Isaías 59:1-2*

## CUANDO DIOS ESTÁ EN SILENCIO

¿Alguna vez te has sentido como que tus oraciones no avanzan más allá del techo? Tal vez te has preguntado si acaso Dios realmente te escucha. La verdad es que es posible que Dios no te esté escuchando. Esto no significa que Dios es incapaz de oírte, puede ser que esta eligiendo no responder a tus oraciones. Ahora, quizás estas pensando,

¿Qué? ¿Por qué me daría Dios la espalda? ¿Acaso no va en contra de todo lo que es Dios, como el perdón, el amor, la misericordia, la gracia, etc.? Me parece bastante grosero departe de Dios que me ignore si le estoy hablando. A veces, la razón del silencio no se debe a un problema con Dios, o que sea grosero, o que no puede responder. Más bien, Dios está eligiendo no responder porque el problema está con nosotros, y el problema es el pecado.

El problema del pecado viene con malas noticias y buenas noticias. La mala noticia es que el pecado separa. La razón por la cual el pecado causa separación entre la humanidad y Dios es porque Dios es santo, y la santidad de Dios no le permite acercarse al pecado. De hecho, Él debe alejarse del pecado por completo. Cuando Jesús fue colgado en la cruz como sacrificio por los pecados de toda la humanidad, Jesús, que era perfecto, se convirtió en pecado. El punto es que incluso el propio Hijo de Dios experimentó la separación de Dios porque el pecado separa. Durante esa breve separación, Jesús clamó en oración: «Dios mío, Dios mío, ¿por qué me has desamparado?» (Mateo 27:46). Pero Dios estaba en silencio. Jesús debe haberse preguntado: ¿Qué pasó? ¿Qué cambió? ¿Por qué no me responde? Pero en ese momento, cuando Jesús tomó nuestros pecados sobre sí mismo, Dios no tuvo más remedio que darle la espalda a su Hijo, porque el pecado causa la separación de Dios.

Las personas experimentarán la separación causada por el pecado y el silencio posterior de Dios si eligen vivir una vida de pecado causada por el rechazo de Jesucristo como su Señor y Salvador. Este rechazo no solo causará separación mientras viven, sino que también los llevará a la separación eterna de Dios. Hemos sido creados como seres eternos, y pasaremos la eternidad en presencia de Dios o separados de la presencia de Dios. La buena noticia es que si una persona cree en Jesús y hace de Jesús el Señor de su vida, entonces Dios eliminará la separación causada por el pecado.

Las personas también pueden experimentar una separación temporal después de convertirse en seguidores de Jesús cuando rehúsan tratar con pecados específicos en sus vidas. Tal vez han permitido que el orgullo, la ira, la lujuria, la codicia o algún otro pecado domine sus vidas. Esto traerá separación y silencio de Dios. Pero la buena noticia es que a través de la confesión y el alejamiento del pecado, Dios puede traer restauración y eliminar la separación causada por la pecaminosidad.

Ciertamente, Dios responderá con un *no* a nuestras oraciones en ocasión. Ese *no* quizás no es por el pecado sino porque quizás tenga algo mejor de lo que pides. Por lo tanto, la próxima vez que sienta que Dios no te está escuchando o parece ser que te está dando el tratamiento del silencio, toma un momento para evaluar tu vida y asegúrate que has tratado con algún o todo pecado. Dios puede escuchar tus oraciones y Dios desea escucharte en oración. No permitas que el pecado impida el camino a tus oraciones.

## 4 DE AGOSTO
*Pero gran ganancia es la piedad acompañada de contentamiento.*
*1 Timoteo 6:6*

# EL PASTO MÁS VERDE

Hay un dicho americano que dice: El Pasto es más verde al otro lado. Pero, ¿realmente será más verde? El contentamiento es una virtud cristiana muy apreciada pero difícil de producir. Dios quiere que cultivemos ese contentamiento en lo que el mundo promueve la insatisfacción. Los comerciales nos alientan a comprar lo más nuevo, lo más grande, que queramos más, haciendo que el descontento se extienda a todas las áreas de la vida. Estamos creciendo cada vez más descontento en nuestros trabajos, nuestros matrimonios, nuestras iglesias y nuestros hogares. Pero, a pesar de que la satisfacción no es algo natural, la Biblia nos enseña que debemos ser contentos (Hebreos 13:5) y que *podemos* estar contentos.

El apóstol Pablo animó a su joven aprendiz Timoteo que hay gran valor cuando la piedad y el contentamiento van de la mano. Mientras que muchos pueden buscar dinero o posesiones para traerles contentamiento, descubrirán que esas actividades solo dejarán a una persona insatisfecha e incumplida. El problema es que una vez que finalmente alcanzas el nivel superior de la escalera del éxito, todavía careces de algo: satisfacción.

El contentamiento no viene fácilmente, y no es un regalo dado por el Espíritu Santo. El contentamiento debe ser aprendida. Incluso Pablo tuvo que aprender esta cualidad al declarar: «pues he aprendido a contentarme, cualquiera que sea mi situación.» (Filipenses 4:11). Pablo conocía el éxito, y también conocía el sufrimiento. Pero también aprendió a ser contento sin importar las circunstancias. El contentamiento puede describirse como una satisfacción interna que no depende de las circunstancias externas, mientras que la piedad puede describirse simplemente como vivir una vida que agrada a Dios. La piedad no es una santidad altiva o una trascendencia mística, sino una vida que vives únicamente para la gloria de Dios.

El contentamiento comienza por estar justamente relacionado con Dios y confiar en su providencia soberana, amorosa y decidida. El contentamiento es saber que pase lo que pase en la vida, Dios lo permitió, Dios lo usa para el bien y Dios tiene su gloria en mente. En otras palabras, el contentamiento significa que confías en la soberanía de Dios y su suficiencia en cada situación, ya sea buena o mala. Dios a menudo usa las malas situaciones, los problemas, las frustraciones y las preocupaciones que experimentamos en la vida para enseñarnos cómo contentarnos y llevarnos al lugar donde el no solo provee para todas nuestras necesidades, sino que se convierte en nuestra necesidad.

El contentamiento no es la complacencia, o la resignación derrotada de que esta es tu vida y debes aprender a aceptar las cosas tal como son. El contentamiento involucra una búsqueda incesante de una relación más profunda e íntima con Dios mientras confías en Dios por todo lo demás. Esto no significa conformarse con el segundo mejor; más bien, la satisfacción significa confiar en que Dios sabe mejor. La satisfacción no significa que pierdas la ambición, pero sí significa que tienes fe en la dirección de Dios. Conocer a Dios y desear nada más que Dios es el secreto de la satisfacción. Para el cristiano, El pasto siempre es más verde dondequiera que Dios te coloque.

---

### 5 DE AGOSTO

*«Antes que te formara en el vientre, te conocí,*
*y antes que nacieras, te santifiqué,*
*te di por profeta a las naciones.»*
*Jeremías 1:5*

## ¡DIOS TE LLAMA!

Dios tiene un plan para tu vida. Antes de que respiraras por primera vez en este mundo, Dios ya tenía una misión específica que él quería que cumplieras. Si eres joven, viejo o en algún punto intermedio, Dios tiene algo que él quiere que hagas. Él ha preparado una obra para ti, y él te ha dado los medios espirituales para lograr esa obra. No hay tiempo como el presente para descubrir el propósito dado por Dios. No hay mejor tiempo que hoy para estar activo en la obra que Dios tiene para ti. Sin embargo, hay un obstáculo gigante que superar antes de comenzar, y ese obstáculo es tu mismo.

Algunas veces en nuestras vidas, cuando nos encontramos cara a cara con los planes, propósitos y llamados de Dios sobre nuestras vidas, y casi de inmediato, nos topamos con dudas que pueden retrasarnos e incluso evitar que avancemos. Comenzamos a pensar: ¿Es esto realmente lo que Dios quiere que haga? ¿No hay *alguien más calificado para esa obra? ¿Y si fracaso? ¿Y si la gente me rechaza?* Por muy peligrosas que puedan ser las dudas, debes saber que son muy comunes y no serías la primera persona en hacer preguntas como estas. Muchas personas en la Biblia comenzaron a cuestionar a Dios cuando descubrieron lo que Dios quería que hicieran con sus vidas. Pero puedes seguir adelante dejando las preguntas atrás y estar ocupado sirviendo a Dios.

El profeta Jeremías tenía dudas y tenía temor cuando recibió el llamado de Dios sobre su vida. Jeremías era un hombre muy joven cuando Dios lo llamó a ser un profeta o portavoz para él. Es conocido como el «profeta llorón» por su naturaleza tierna y compasiva. Pero este mismo rasgo también lo convirtió en el candidato perfecto de Dios para la difícil tarea de entregar un mensaje duro de juicio venidero. Podemos ver fácilmente por qué Jeremías dudaba un poco al entrar al ministerio con los dos pies. El camino sería largo, difícil, lleno de personas que le decían cosas que no quería escuchar. Pero este era el mensaje de Dios, y Jeremías era el mensajero elegido de Dios. Dios le aseguró a Jeremías recordándole que su llamado y comisión provenían de Dios, y por lo tanto, no debería preocuparse, porque Dios estaría con él todo el tiempo.

Cuando servimos al Señor, siempre tendremos la comprensión de que no podemos, y no somos adecuados. Pero debemos aceptar el llamado a servir porque Dios es capaz, y Dios es adecuado. Todo el servicio para Dios comienza reconociendo nuestra propia insuficiencia, pero debemos alejarnos rápidamente de la ansiedad de nuestra insuficiencia y confiar en la suficiencia de Dios. Cuando Dios nos llama, debemos responder con obediencia. Cualquier cosa menos que la obediencia total es desobediencia. Entender nuestras debilidades es una cosa, pero usar nuestras debilidades como una excusa para no participar en el plan que Dios tiene para nuestras vidas es otra muy distinta.

Efesios 2:10 nos dice: «Porque somos hechura suya, creados en Cristo Jesús para buenas obras, las cuales Dios preparó de antemano para que anduviésemos en ellas». Así como Jeremías tuvo una obra dada por Dios por hacer, así también el pueblo de Dios. Si no estas seguro cual es esa «obra» de Dios para ti, empieza por hacer lo que nos dice la Biblia que hagamos (orar, compañerismo, alabar, obedecer, etc.), y ora que Dios te muestre la obra específica que tiene para ti.

**6 DE AGOSTO**
*Porque raíz de todos los males es el amor al dinero.*
*1 Timoteo 6:10*

# EN LA CODICIA CONFIAMOS

El dinero no es el enemigo. El dinero no es ni bueno ni malo, y es tanto neutral como necesario. En ninguna parte de la Biblia leemos donde Dios diga que el dinero es malo. La Biblia tampoco condena a los que tienen dinero. Pero sí tiene mucho que decir acerca de la forma en que manejamos el dinero, ya que casi uno de cada siete versos en el Nuevo Testamento tratan temas relacionados con el dinero. La razón por la cual el dinero es un tema tan discutido en la Biblia es porque la actitud de una persona con respecto al dinero y la condición de su vida espiritual están directamente relacionadas.

El tener dinero no es pecado; amar el dinero es pecado. Amar el dinero significa que el dinero se convierte en la fuerza motriz y el factor motivador en tu vida. El dinero es tu seguridad y tu santuario. Pablo nos advierte que el amor al dinero puede abrir la puerta para que uno se involucre en una variedad de pecados que incluso pueden, en el peor de los casos, hacer que una persona se aleje de la fe. El problema es que la búsqueda de dinero es una trampa, lo que lleva a una persona a una esclavitud más profunda. Muchas personas creen que si solo tuvieran un poco más de dinero, entonces tendrían la libertad que desean y el cumplimiento que desean. Pero la verdad es que nunca es suficiente tener más dinero y solo te deja con ganas de más.

Pablo también agregó una advertencia para aquellos en el ministerio, diciendo que un pastor no debe estar en el ministerio para ganar dinero. Aunque un pastor tiene derecho a ganarse la vida sirviendo profesionalmente (1 Corintios 9:14), el ministerio no debe ser visto como el lugar para ganar dinero fácil o para lucrar rápidamente.

Las personas son seducidas por todo lo que promete el dinero mas no cumple. Cuanto más quiera uno tener dinero, menos se inclina a querer más de Dios. El amor por las cosas supera al amor por el Salvador. Las cosas de este mundo eclipsan al Creador de todas las cosas. Esto no significa que una persona debe hacer un voto de pobreza para estar más cerca de Dios. Pero una persona debe intentar perseguir a Dios por encima de cualquier otra cosa y encontrar satisfacción en su amor por Dios y no por dinero. Jesús enseñó: «Nadie puede servir a dos amos. Pues odiará a uno y amará al otro; será leal a uno y despreciará al otro. No se puede servir a Dios y al dinero.» (Mateo 6:24 NTV)

Los creyentes deben evitar el amor al dinero a como de lugar. La verdadera libertad y la realización solo pueden provenir de una vida dedicada a la búsqueda de Dios, no a la búsqueda del dinero. Debemos estar más preocupados por nuestro carácter y no por nuestro dinero. Nuestro mayor tesoro debe encontrarse en la riqueza abundante que tenemos en una relación con Dios y no en el verdadero vacío que se encuentra en los corazones de aquellos que hacen del dinero su mayor tesoro.

W. Graham Scroggie dijo: «Hay dos maneras en que un cristiano puede ver su dinero: "¿Cuánto de mi dinero usaré para Dios?" o "¿Cuánto dinero de Dios usaré para mí?».

## 7 DE AGOSTO

*«Si te has de volver, Israel», dice Jehová,*
*«vuélvete a mí. Si quitas de delante de mí tus abominaciones*
*y no andas de acá para allá.»*
*Jeremías 4:1*

## REGRESA A MI

A veces en nuestro viaje espiritual, podemos estar un poco desconectados de Dios. Esto puede ser el resultado de centrarnos demasiado en nuestras propias circunstancias personales, tomar malas decisiones que nos pueden desviar, o permitir que «cosas» consuman nuestro tiempo y atención. La buena noticia es que incluso si nos hemos estado enfocando en las cosas equivocadas, o tomando decisiones imprudentes que nos han llevado en la dirección opuesta a la voluntad de Dios, Dios sigue con los brazos abiertos, listo para dar la bienvenida a cualquiera que esté dispuesto a regresar a él.

A Dios le complace bendecir a su pueblo. Los israelitas son los que mas deberían aplaudir y gritar AMEN a esa verdad ya que son los elegidos de Dios como su pueblo especial. Los protegió mientras estaban en Egipto, los libró de la esclavitud, les proveyó en el desierto y les dio su propia tierra. Pero aún se sentían desconectados de Dios. El problema era que el pueblo de Dios se estaba enfocando en las cosas equivocadas sin recordar las cosas correctas: las muchas bendiciones de Dios. Esto resultó en decisiones imprudentes que los llevo en la dirección opuesta a la voluntad de Dios. En vez de confiar en Dios, se alejaron de Dios. En vez de permanecer fieles a Dios, cometían adulterio espiritual. Abandonaron a Dios y decidieron que podían ellos mismos. Pero lo único que lograron fue ensuciar sus vidas y abrir una brecha entre ellos y Dios.

Pero Dios intervino. A través del profeta Jeremías, Dios llamó al pueblo a que regresaran a él. En vez de rechazar al pueblo por su rebelión, Dios en su gracia los invitó a volver a la intimidad con él. En vez de decir: «Esta vez se pasaron del limite», cubrió una multitud de pecados con su amor.

Dios ofrece perdón y restauración a cualquiera que esté dispuesto a recibirlos de él. Si una desconexión ha comprometido tu relación con Dios, o si te sientes alejado de Dios, la simple verdad es que te has alejado de Dios. Dios no se ha alejado de ti, no te ha abandonado, y no se ha movido ni ha cambiado su domicilio celestial. Él está esperando ansiosamente tu regreso a él.

Si quieres regresar a Dios, entonces necesitas hacer algunas cosas para que este deseo sea oficial. Primero, responde de inmediato. Cuanto más te tardes, más probabilidades hay de que no darás ese último paso a lo correcto. Luego, debes regresar a Dios por completo. Una conversión a medias en Dios no es suficiente; debes volver a Dios de todo corazón. Una devoción en absoluto no viene a medias. Por último, debes reconocer tu desobediencia, pedirle perdón a Dios, y luego apartarte de tu pecado y no mirar hacia atrás.

Si has dado un solo paso en la dirección equivocada o ha estado caminando en la dirección equivocada durante años, Dios te dice hoy: «¡Regrese a mí!»

---

**8 DE AGOSTO**

*Así que nunca te avergüences de*
*contarles a otros acerca de nuestro Señor.*
*2 Timoteo 1:8 (NTV)*

## FE VALIENTE

Cuando tenemos la oportunidad de hablar por Jesucristo, la triste realidad es que a menudo no lo hacemos. Sabemos que el evangelio puede intimidar al mundo, ya que expone el lado oscuro del hombre, su naturaleza pecaminosa, y declara que una persona debe abandonar su pecado y recibir a Jesucristo como Señor. Otros no siempre ven esto como una buena noticia, y algunos reaccionan con enojo hacia la persona que proclama el mensaje de solo Jesús. Muchos temen compartir el Evangelio, y ese temor ha hecho mucho para frenar el progreso del Evangelio.

Pablo escribió las palabras del versículo de hoy a su joven amigo y pastor, Timoteo, quien estaba un poco desanimado por lo que estaba sucediendo en el mundo que lo rodeaba. A pesar de que Pablo sabía que había una tentación muy real de ceder al miedo y no compartir a Jesús con los demás, Pablo nunca cedió a ese temor, incluso cuando su audacia por Jesús lo llevó repetidamente a la cárcel. Timoteo estaba sintiendo la presión de guardarse las buenas nuevas de Jesucristo. Estuvo tentado de guardar silencio por su naturaleza tímida y por la aflicción, la persecución y las pruebas que con frecuencia venían al compartir la verdad en un mundo que rechazaba la verdad. Pablo le aseguró a Timoteo que nunca debemos avergonzarnos de algunas cosas en la vida y lo más importante, jamás debemos avergonzarnos de Jesús, pase lo que pase.

Como creyente en Jesús, puede que tengas temores reales, tal como los tuvo Timoteo, al compartir tu fe en Jesús. Quizás trabajes en un ambiente donde no respaldan valores cristianos, o puede trabajar con personas que cuestionan tus creencias de manera regular. Es posible que tenga vecinos poco amistosos hacia ti porque saben que eres cristiano, y se esfuerzan por ignorarte, lo que hace que la vida cotidiana sea incómoda. Puedes tener familiares que sean hostiles con tus creencias cristianas y aprovechan cada oportunidades para cuestionarte y ponerte a la defensiva sobre lo que cree. Y claro, esto ni siquiera comienza a tomar en consideración a los millones de personas que viven bajo la amenaza de la persecución física si abren la boca y proclaman a Jesús. Todo esto puede hacer que una persona se sienta un poco renuente a compartir su fe en Jesús.

Todos se ponen un poco temerosos a veces cuando comparten su fe. Esto es común. Tememos que otros nos rechacen. Tememos que la gente se burle de nosotros. Tememos que no sepamos qué decir. Tememos que la conversación sea demasiado incómoda. El hecho es que algunas personas se ofenderán si comparten el evangelio. Algunas personas se enojarán si se lleva el nombre de Jesús a una conversación. Otros no querrán tener nada que ver contigo si mencionas que Jesús es el único camino. Hablar de deportes o del clima es definitivamente mucho más cómodo que Jesús, pero tenemos la responsabilidad de preocuparnos más por lo que Dios piensa de nosotros que preocuparnos por lo que otros puedan pensar de nosotros solo porque hablamos de Jesús.

Aquí esta la última motivación para tener una fe valiente y no dejar de compartir tu fe con los demás por vergüenza u otras reservas. Solo recuerda que Dios no nos ha dado un espíritu de temor, sino que nos ha dado el Espíritu de poder (2 Timoteo 1:7). Este poder puede vencer todo temor porque este es el mismo poder que conquistó la muerte (Romanos 8:11). Entonces, nunca te avergüences de contarles a otros acerca de nuestro Señor.

## 9 DE AGOSTO
*Engañoso es el corazón más que todas las cosas,*
*y perverso; ¿quién lo conocerá?*
*Jeremías 17:9*

# EL CORAZÓN DE LA OSCURIDAD

Cuán amable es nuestro Dios bondadoso de ocultar de los demás, lo que él mismo ve dentro de nosotros; y que si los demás lo conocen, ¡los alejaría de nosotros y los llenaría de asco! ¡Qué criaturas tan despreciables apareceríamos ante nuestros amigos, si supieran todo sobre nosotros! Podemos estudiar nuestros propios corazones, y si los estudiamos bajo la cruz, no nos perjudicará, sino que nos beneficiará. Pero ningún hombre puede estudiar el corazón de su hermano; no debe ser admitido en las cámaras de los ídolos. Podemos formarnos una idea del corazón de los demás, por nuestra cuenta.

—James Smith, 1862

En el centro de cada persona late un corazón depravado y engañoso. Esta no es la noticia más alentadora del mundo, pero es verdadera e importante para que todos la reconozcamos. Si no nos damos cuenta de nuestra propia naturaleza pecaminosa, nunca podremos comprender o experimentar plenamente la gracia de Dios.

El corazón representa el centro de la voluntad del hombre. El corazón encarna nuestro ser interior, lo que significa que en el corazón de cada individuo hay una voluntad corrupta, opuesto a Dios.

Cualquier corazón que permanezca inalterado llevará inevitablemente a una persona en la dirección equivocada, lejos de Dios. Aunque nadie más pueda ver la oscuridad que se encuentra en nuestros corazones, Dios puede. Él conoce cada secreto escondido y cada sentimiento maligno escondido en el corazón (Salmo 44:21). Pero esto no impide que Dios nos ame y nos proporcione una forma de cambiar nuestra terrible condición.

Ya que el corazón es tan importante en cuanto a nuestros pensamientos, nuestro hablar y nuestro hacer - el cambio necesario comienza cuando le pedimos al Señor, como lo hizo Jeremías: «Sáname, Señor, y seré sanado; sálvame, y seré salvo» (Jeremías 17:14). Debemos dejar de vivir vidas que buscan seguir nuestro propio corazón y vivir vidas que buscan seguir a Dios. Debemos apartarnos del pecado y del yo y entregar nuestras vidas al Salvador. Entonces, y solo entonces, podrá la justicia de Dios ser trasplantada en nosotros a través del conducto de nuestra fe en Jesucristo. Entonces, latiendo profundamente dentro de nosotros habrá nuevos corazones (Ezequiel 36:26) y corazones puros, convirtiéndonos en nuevas creaciones en Cristo (2 Corintios 5:17).

Con este nuevo corazón viene la responsabilidad de protegerlo (Proverbios 4:23) y mantenerlo limpio (Salmos 51:10). El corazón necesita protección porque, a pesar de que el Espíritu de Dios mediante la fe en Jesucristo lo ha renovado, los creyentes aún poseen la capacidad para el pecado y las actividades egoístas. Aún somos propensos a vagar. Entonces, guardamos nuestros corazones al permanecer alertas y atentos, mirando y orando, para poder resistir la tentación de ceder al pecado y al egoísmo (Marcos 14:38). Además, protegemos el corazón al confiar en Dios desde el fondo del corazón y ya no tratamos de resolver todo por nuestra propia cuenta (Proverbios 3:5-6). Por último, el corazón necesita una limpieza continua porque estamos caminando en un mundo sucio. Afortunadamente, cada palabra de Dios es pura (Proverbios 30:5), y como pasamos tiempo todos los días en la Palabra de Dios, somos lavados, limpiados y santificados por ella (Efesios 5:26).

Pídele a Dios que escudriñe tu corazón hoy y que te revele si hay algo deshonroso o desagradable, para que Dios te guíe en el camino de la vida eterna (Salmos 139: 23-24).

**10 DE AGOSTO**
*Tenga el Señor misericordia de la casa de Onesíforo, porque muchas veces me confortó y no se avergonzó de mis cadenas.*
*2 Timoteo 1:16*

## AMABILIDAD REFRESCANTE

De vez en cuando, todos necesitamos un poco de animo. Ya sea que estemos desanimados por el fracaso, desanimados por las circunstancias, decepcionados por los resultados o agotados por la sobrecarga, un poco de aliento puede ayudar mucho a revivir el alma y refrescar el Espíritu.

El aliento no debe ser trivializado o devaluado. Incluso Jesús sabía la importancia de alentar y tomar medidas para recibir su beneficio. Él llevó consigo a sus tres discípulos más cercanos y les pidió que velaran y oraran con él en su hora de agonía en Getsemaní. Además, el valiente y fiel apóstol Pablo necesitaba el amor refrescante y el apoyo edificante de otros creyentes.

Una de esas personas muy especiales que refrescaron y revivieron a Pablo se llamaba Onesíforo. Algunas de las personas menos conocidas en la Biblia, como Onesíforo, fueron algunos de los mejores siervos de Dios. Su importancia se reveló no en la predicación elocuente, sino en la devoción valiente a Cristo y el servicio desinteresado a los santos en algunas de las condiciones más peligrosas. Ser un cristiano fiel y fructífero es más fácil cuando tienes el amor y el apoyo de amigos cristianos que te animan en el camino.

Onesíforo fue tan entusiasta. Viajó desde Éfeso a Roma para refrescar a Pablo mientras estaba encadenado. Al llegar a Roma, no fue nada fácil encontrar donde estaba Pablo en la prisión, pero Onesíforo fue persistente e incluso arriesgó su propia vida para ayudar a su amigo y hermano en Cristo. Onesíforo podría haber enviado un mensaje a Pablo desde Éfeso para hacerle saber que estaba orando por él, pero Onesíforo hizo un esfuerzo adicional. De hecho, recorrió las cinco mil millas adicionales para poder animar personalmente a un hombre. Ese es el corazón de un alentador. ¡Qué motivación para Pablo! Solo imagínate esa primera reunión cara a cara, con Pablo exclamando algo así como, «¡Onesíforo! ¿Eres tú, mi buen amigo?» Cuando los dos hombres se abrazaron, derramaron lágrimas de alegría y compartieron cálidas sonrisas en una fría y húmeda celda de la prisión. Quizás Onesíforo abrió una bolsa, dándole a Pablo pan fresco y queso mientras compartían una dulce comunión.

Deberíamos buscar formas de alentar y motivar a otros, y aunque a veces tengamos que hacer un esfuerzo adicional, este esfuerzo bien valdrá la pena. Aquí hay algunas cosas prácticas que puedes hacer para ser un animador como Onesíforo. Primero, considera lo que significa para ti el ser animado, ya que esto te ayudará a mantenerte motivado para ser un alentador. A continuación, has un esfuerzo adicional y visita físicamente a la persona que necesita ser refrescados. El poder existe en tu presencia, y solo estar ahí siempre es alentador. Esto a menudo va mucho más allá de cualquier cosa que puedas decir o hacer por ellos. Otra forma de animar es compartir la Palabra de Dios leyendo una promesa de Dios o una bendición que se encuentre en su Palabra. Muy a menudo, un simple recordatorio de la Palabra de Dios es tan refrescante como un trago de agua fría en un caluroso día de verano. Por último, busca una manera práctica de servirle a esa persona, tal vez cocinando una comida y llevando esa comida a su casa como una bendición. O bien, podría hacer algo tan simple como sacarlos a tomar un café para orar con ellos.

Onesíforo nos sirve como un buen recordatorio del valor del aliento cristiano. Tómate el tiempo hoy para encontrar a alguien a quien puedas alentar.

## 11 DE AGOSTO

*Porque yo sé los pensamientos que tengo acerca de vosotros, dice Jehová, pensamientos de paz y no de mal, para daros el fin que esperáis.*
*Jeremías 29:11*

## REGRESAR AL FUTURO

¿Alguna vez te has preguntado, *Acaso a Dios le importa mi situación?* ¿Estará realmente interesado en los acontecimientos del día a día de mi vida? Quizás te sientas solo y pasado por alto por Dios. Quizás te sientas perplejo en lo que tratas de entender lo que Dios esta haciendo por medio de tus circunstancias actuales o quizá no te es claro los planes de Dios para tu futuro. Una cosa es cierta: todos enfrentaremos circunstancias difíciles y desafiantes en la vida; y muchas veces en nuestro caminar espiritual con Dios, quedamos confundidos en cuanto a lo que Dios nos quiere enseñar y lo que está obrando para lograr. Sin embargo, las respuestas a este tipo de cuestionamiento solo se pueden encontrar al damos cuenta desde un principio de que Dios no solo se preocupa por ti, sino que también piensa en ti constantemente, le interesa tu vida hoy y tiene plan para tu futuro.

Jeremías les había estado diciendo a los hijos de Israel durante años: «¡Vienen los babilonios! ¡Vienen los babilonios!», Pero la mayoría de las personas no le prestaron atención a sus advertencias y continuaron viviendo en desobediencia a Dios. Finalmente, los babilonios invadieron Israel y se llevaron a muchos de los mejores y más brillantes cautivos de Israel. Al estar en cautividad en Babilonia los hijos de Israel, la gente comenzó a preguntarse: ¿Se ha olvidado Dios de nosotros? *¿Acaso Dios no le importa nuestra situación?* Entonces, Dios envió un mensaje de esperanza a la gente a través del profeta Jeremías. Jeremías escribió para informar a los cautivos que aunque Dios les permitiría permanecer en cautiverio durante setenta años debido a su desobediencia, eventualmente regresaría con un remanente de personas a su tierra natal después de que terminara el cautiverio. Dios quería mantener viva la esperanza en la gente asegurándoles que, aunque el cautiverio era necesario, aún tenía buen plan para ellos, y sus pensamientos hacia su pueblo eran buenos, aunque los tiempos eran difíciles.

Si te sientes olvidado por Dios o te preocupa que no le importa tu situación, entonces debes saber que las palabras de aliento de Dios a los israelitas también se aplican a su pueblo hoy. Tus circunstancias en la vida sí importan. Dios no está desapegado o desinteresado en los acontecimientos de tu vida; eres atesorado ante su vista. El salmista David escribió: «¡Qué preciosos son tus pensamientos para mí, oh Dios! ¡Qué grande es la suma de ellos! Si los contara, serían más en número que en la arena» (Salmo 139:17-18). Dios está tan enamorado de nosotros que estamos constantemente en su mente. Sus pensamientos hacia nosotros son innumerables, preciosos, hermosos y buenos. Dios no solo piensa buenos pensamientos hacia nosotros, sino que también tiene buenos planes para nuestro futuro. Eso significa que lo que Dios permite en nuestras vidas trabaja para lograr esos buenos planes.

A veces en la vida, puede que cuestionemos lo qué Dios está haciendo, pero ten la seguridad de que nos está llevando a un final esperado. Aunque no veamos cómo, sus pensamientos hacia nosotros son de paz, sus planes para prosperarnos y no para hacernos daño, y él quiere darnos una esperanza y un futuro mientras confiamos y le entregamos todo a él.

## 12 DE AGOSTO
*Esfuérzate por presentarte a Dios aprobado, como obrero que no tiene de qué avergonzarse y que interpreta rectamente la palabra de verdad.*
2 Timoteo 2:15 (NIV)

# GUÍA DE ESTUDIO

¿Qué tan bien conoces la Biblia? Esta no es una pregunta para ver si eres bueno en las preguntas de la Biblia, ni es un desafío para ver si puedes nombrar los libros de los Profetas Menores, en orden, en menos de treinta segundos.

Esta es, sin embargo, una pregunta deliberada diseñada para causar un serio autoexamen de la manera, el método, la energía y el esfuerzo utilizado en su estudio personal de la Biblia. La Biblia no es su típico libro, y por lo tanto, no debe leerlo como cualquier libro. La Biblia es una guía para vivir una vida piadosa, y es esencial para construir una cosmovisión centrada en Dios. La Biblia es la única fuente de verdad espiritual, y conocer su contenido es crucial para formar la teología correcta, que llevar una vida correcta. Dado el significado de todo lo que la Biblia logra, saber cómo estudiar la Biblia es muy importante.

En el verso de hoy, Timoteo estaba siendo alentado como pastor y maestro a hacer un esfuerzo total para comunicar la verdad de Dios de la manera más completa y clara posible. Debía estar totalmente comprometido con el examen preciso, la interpretación, la explicación y la aplicación de la Palabra de Dios. Su motivación para tal diligencia fue la gloria de Dios y la aprobación de su obra por Dios. Pablo advirtió a todos los pastores y maestros que el púlpito no es el lugar para emitir opiniones personales, para promover la propia agenda o incluso para patrocinar programas sociales dignos. La responsabilidad principal del maestro es estudiar bien la verdad para que pueda interpretar rectamente la verdad a aquellos que la necesitan.

La responsabilidad de ser un estudiante dedicado y devoto a la Biblia no es la obligación limitada de pastores y maestros como Timoteo; esta es la responsabilidad de cada cristiano de estudiar diligentemente la Biblia e interpretar rectamente la verdad. Todo cristiano debe estar completamente comprometido en examinar, interpretar, explicar y aplicar la Biblia. Por lo tanto, aquí hay algunas sugerencias que te ayudarán no solo a sacar el provecho máximo de tu estudio personal de la Biblia, sino que también te ayudarán a evitar interpretar erróneamente la palabra de verdad.

Comience por reconocer el hecho de que todos venimos a la Biblia con nuestro propio conjunto de prejuicios y creencias; , todos traemos también opiniones, ideas y expectativas sobre Dios, la religión y la iglesia. Es por eso que debemos estar dispuestos a dejar a un lado nuestros prejuicios y creencias y permitir que la Biblia sea la única en formar nuestras almas de nuestra doctrina y nuestras vidas. No podemos manipular la Biblia para adaptarla a nuestras creencias y estilo de vida. Más bien, debemos permitir que la Biblia forme nuestros valores, creencias, opiniones y estilos de vida.

Luego, deja que la Biblia hable por sí misma. No creas lo que otros dicen acerca de la Biblia; compruébalo tu mismo y asegúrate de que lo que oyes o lees es, de hecho, lo que dice la Biblia (Hechos 17:11). Mientras lees, estudias y buscas en la Biblia, mantén todas las Escrituras en su contexto apropiado. Usa las Escrituras para interpretar otras Escrituras. No construyas una creencia alrededor de un solo verso. Y siempre confía en el Espíritu Santo porque él es nuestro maestro (1 Corintios 2:13).

El manejo correcto de la Biblia requiere diligencia, así que tómate tu tiempo para estudiar tu Biblia en oración, leerla cuidadosamente y obedecerla con alegría.

---

### 13 DE AGOSTO
*«Yo soy Jehová, Dios de todo ser viviente, ¿acaso hay algo que sea difícil para mí?»*
*Jeremías 32:27*

## EL DIOS DE POSIBILIDADES

¿Crees que Dios puede hacer cualquier cosa? Comprender intelectualmente que Dios puede hacer cualquier cosa es una cosa; para creer de manera práctica y personal que Dios puede hacer cualquier cosa es otra cosa distinta. Eventualmente todos estamos experimentaremos cosas en la vida que están fuera de nuestro control, y en esos momentos en que estamos atrapados en medio de las incertidumbres de la vida, veremos si la comprensión intelectual da paso a la creencia práctica y personal de que Dios efectivamente puede hacer cualquier cosa.

Jeremías resulto en la cárcel por profetizar sobre la destrucción inminente de Jerusalén. Y, durante este tiempo tumultuoso en la historia judía, Dios le dijo a Jeremías que comprara algunas propiedades inmobiliarias. Ahora, quizás la mayoría de nosotros cuestionaríamos a Dios diciendo: «¿Es en serio, Dios? Esto no parece ser el momento ideal para el mercado de casas. Después de todo, los babilonios están conquistando a la gente y tomando su tierra. No estoy seguro de que comprar una propiedad sea una buena inversión en este momento».

Dado que la propiedad ya estaba en manos del enemigo, este era definitivamente un mal momento para comprar, pero no obstante Jeremías fue obediente,. Hizo los arreglos necesarios para comprar la tierra y asegurar la escritura de propiedad como Dios lo ordenó. Pero Jeremías se preguntó cómo Dios podría cumplir sus promesas sobre la tierra que estaba comprando. (Jeremías 32:25) En esencia, Jeremías sabía intelectualmente que Dios podía hacer cualquier cosa, pero estaba permitiendo que entrara una semilla de mostaza de duda y lo llevo a cuestionar como podría hacer esto prácticamente. La respuesta de Dios a Jeremías fue breve y al punto: «¿Hay algo demasiado difícil para mí?»

¿El poder de Dios tiene un límite? La respuesta es ¡absolutamente no! Dios tiene poder infinito e ilimitado. Dios puede hacer cualquier cosa que él quiera hacer. Considera esto. ¿Qué es más fácil de hacer para Dios: sanar a una persona de una enfermedad mortal o sanar a alguien de un dolor de cabeza? Ambos son igualmente posibles de lograr para Dios; el cuándo, es simplemente una cuestión de que si él quiere hacerlo o no. Recuerda, Jesús dijo algo similar cuando declaró: «Para Dios todo es posible» (Mateo 19:26). Como dijo Max Lucado: «Olvidamos que lo imposible es una de las palabras favoritas de Dios».[50]

Como cristianos, todos estaríamos de acuerdo en que Dios puede hacer todas las cosas. Creemos en el poder absoluto de Dios, pero en cuanto a que Dios resuelva las cosas en nuestras propias situaciones, podemos ser propensos a dudar de la realidad de la omnipotencia de Dios. Dios puede hacer mucho más de lo que podemos concebir y comprender (Efesios 3:20), él es capaz de salvar al peor pecador (Hebreos 7:25). él puede ayudar a los que están siendo tentados (Hebreos 2:18), él puede resucitar a los muertos (Juan 12:1), él puede sanar a los enfermos (Mateo 12:15), él puede evitar que caigamos (Judas 1:24), él es capaz de liberarnos (Daniel 3:17), él puede establecernos (Romanos 16:25), y él puede hacer que todas las cosas sean nuevas (Apocalipsis 21:5). ¿Hay realmente algo demasiado difícil para Dios?

Al final del día, nuestra esperanza y confianza debe descansar en el hecho de que Dios puede hacer cualquier cosa, aunque algunas cosas nos parezcan imposibles. Nuestro Dios puede porque nuestro Dios es todopoderoso. Todas las cosas son posibles porque él es Dios de lo posible.

---

**14 DE AGOSTO**
*Toda la Escritura es inspirada por Dios*
*2 Timoteo 3:16*

## ¡DIOS HA HABLADO!

¿Se puede confiar realmente en la Biblia? Después de todo, la Biblia es solo una colección aleatoria de historias interesantes, ¿no es así? Ciertamente, la Biblia está llena de personas fascinantes y eventos emocionantes, pero está lejos de ser un folclore fantasioso. La Biblia es única y diferente a cualquier otro libro. La Biblia no solo es el libro más vendido de todos los tiempos, el libro más traducido de todos los tiempos y el libro más leído de todos los tiempos, sino que también es el único libro inspirado por Dios de todos los tiempos.

La doctrina de la inspiración divina es indispensable para la validez y la autoridad de la Biblia. Para degradar, desacreditar o descartar la Biblia es degradar, desacreditar o descartar el mismo cristianismo. El cristianismo se basa fundamental en la Biblia, porque la Biblia es la Palabra de Dios, transmitida a través del hombre y destinada al hombre: «Porque la profecía nunca vino por voluntad humana, sino que los santos hombres de Dios hablaron siendo inspirados por el Espíritu Santo» (2 Pedro 1:21). La Biblia proviene de Dios y, por lo tanto, está totalmente libre de errores. La Biblia es divinamente autorizada, completamente infalible y eternamente indestructible (Mateo 24:35).

Dios es el autor. Por lo tanto, la Biblia es innegablemente confiable y existe una prueba para respaldar esa afirmación.

La Biblia ha sido probada históricamente correcta. Ninguna evidencia histórica jamás descubierta ha sido capaz de refutar el relato bíblico de la historia humana. Los descubrimientos históricos continúan confirmando la exactitud del registro de la historia de la Biblia.

La Biblia ha demostrado ser arqueológicamente precisa. No se han descubierto evidencias arqueológicas que refutan el relato bíblico de civilizaciones y culturas, que se remonta a los comienzos del hombre en la tierra.

La Biblia también ha demostrado ser proféticamente precisa. Cientos de profecías registradas en la Biblia ya se han cumplido, palabra por palabra, con algunos cumplimientos que vienen siglos después de que fueron escritos. Muchas profecías más aún por cumplir que se refieren a la segunda venida de Jesucristo y los últimos tiempos también se predicen en la Biblia, y continuarán verificando y validando la autoría divina de la Biblia.

Jesús también confió en y dependió en la autoridad de la Palabra de Dios. Con frecuencia lo citó (Juan 4), lo enseñó repetidamente (Mateo 5), y audazmente declaró su origen divino, diciendo: «Tu palabra [de Dios] es verdad» (Juan 17:17)

Mientras más examines la evidencia, más te convencerás de que la Biblia es más que una colección aleatoria de historias interesantes. La Biblia es autoritaria, auténtica y precisa. Podemos confiar en la Biblia porque la fuente es creíble y ha sido confirmada tanto interna como externamente. Y la Biblia debe ser recibida, creída y obedecida como la autoridad final en todas las cosas relacionadas con la vida y la piedad.

La Biblia es la Palabra inspirada de Dios y, por lo tanto, es confiable. Deberíamos leerlo y aplicarlo a nuestras vidas. La Biblia es nuestro estándar para probar todo lo demás que dice ser verdad. La Biblia es nuestra protección contra la enseñanza falsa y nuestra fuente de orientación sobre cómo debemos vivir.

## 15 DE AGOSTO

*El Señor desechó su altar y menospreció su santuario;*
*entregó los muros de sus palacios en manos de los enemigos.*
*Lamentaciones 2:7*

## ¡REACCIONA!

Si alguna vez te multaron por exceso de velocidad o recibiste un informe de tu examen medico no deseable, o quizás un reproche leve en el trabajo; eventos como estos pueden servir como una llamada de atención, una advertencia que te hace reaccionar en hacer cambios en tu vida para que puedas seguir adelante.

Dios también le da a su pueblo *llamadas de atención* para alentar el cambio y para mantener a su pueblo en buen camino espiritual.

A veces ignoramos las llamadas de atención que Dios nos envía, diciendo: «Ahora no, Señor. Vete. ¡No quiero escuchar esto ahora!» Pero, Dios continuará usando personas, eventos y circunstancias para llamar nuestra atención y traernos de vuelta a una relación correcta con él.

Como dijo un comentarista: «La destrucción de Jerusalén reveló un hecho asombroso acerca de Dios: hará todo lo posible para atraer a su pueblo hacia él».[51] El pueblo de Judá se había apartado de Dios. Claro, seguían en sus métodos religiosos, pero carecían de sinceridad y carecían de un compromiso genuino con Dios. Entonces, después de años de repetidas advertencias de profetas como Isaías y Jeremías, Dios envió un devastador llamado de atención a su pueblo: permitió que Jerusalén fuera destruida. El templo y todos sus muebles fueron derribados, se eliminaron los rituales religiosos y se eliminó al rey y al sumo sacerdote. Dios permitió que la misma Ley escrita fuera destruida, y dejó de dar visiones a los profetas. Ahora, eso es un llamado a reaccionar. La eliminación de estas cosas debe haber sido devastadora para los israelitas, pero Dios las quitó para que reaccionara su pueblo. ¿Cuántas veces debe Dios hablarte para que reacciones? Dios no quiere que simplemente sigas ritos religiosos y te falte la motivación correcta. Él no está buscando más siervos; él busca adoradores genuinos. Dios desea todos de nuestro corazón, mente y almas; y cuando le demos algo menos del 100 por ciento de nuestra adoración, afecto y atención, Dios disciplinará a aquellos a quienes ama (Hebreos 12:6) para despertarnos y sacarnos de nuestro descarrío.

A veces, Dios usará medidas extraordinarias para llamar nuestra atención. Él puede usar una zarza ardiente, darte un paseo dentro de un pez gigante, hablarte a través de un burro, o, como lo hizo con los israelitas, permitir algo de devastación en tu vida con la esperanza de despertarte. Pero antes de que Dios llegue a los extremos, debes saber que él preferiría hablarte a través de la voz apacible y pequeña de su Espíritu Santo y la Palabra de Dios.

Dios puede y usará situaciones difíciles para dirigirnos, corregirnos, enseñarnos y protegernos. Él nos ama y siempre tiene en mente nuestro bien y su gloria. Dios usará pruebas y circunstancias para despertarnos, alejarnos de prácticas profanas y enseñarnos el camino de la piedad. Entonces, la próxima vez que Dios use algo como una llamada de atención para hacerte reaccionar, resiste la tentación de presionar el botón del despertador espiritual.

**16 DE AGOSTO**
*Toda la Escritura es inspirada por Dios y útil para enseñar, para redargüir, para corregir, para instruir en justicia.*
*2 Timoteo 3:16*

## SACARLE EL JUGO A LA BIBLIA

Vivir una vida piadosa solo puede ser posible al pasar tiempo en la Palabra de Dios. Si el crecimiento espiritual es lo que estás buscando en tu vida, entonces debes confiar en la única fuente de verdad espiritual para llevarte en el camino. Si quieres servir a Dios de manera más efectiva, entonces la Biblia es lo que te equipará para que lo hagas (2 Timoteo 3:17). Conocer a Dios y crecer en su relación con él significa conocer y crecer en la Palabra de Dios. Dios nos ha dado su Palabra, la Biblia, para capacitarnos para crecer espiritualmente, para permitirnos servirle fielmente y glorificarlo diariamente.

Sacar el máximo provecho de su Biblia no requiere un título de seminario, ni tampoco conocimiento de griego y hebreo. Pero sacarle el máximo provecho a tu Biblia requiere un compromiso de leer y estudiar la Biblia con la disposición de aplicar las instrucciones que se encuentran en ella. Dios no pasó por el sacrificio de salvar nuestras almas solo para decir: «Ya yo hice lo mío, ahora te toca a ti». ¡Todo lo opuesto! Dios continúa guiándonos y dirigiéndonos hacia una vida piadosa a medida que nos habla a través de la Biblia. Dios obra a través de la Biblia para producir santidad en nosotros al usar la doctrina, la represión, la corrección y la instrucción de su Palabra para producir crecimiento espiritual en nuestras vidas.

Toda la Biblia, desde Génesis hasta Apocalipsis, nos enseña los caminos de Dios, que es la doctrina. La doctrina explica exactamente qué significa ser cristiano, comunicar lo que Dios espera de nosotros y protegernos de creer en enseñanzas falsas. La Biblia también nos reprende, que es una buena manera de decir que Dios usa la Biblia para mostrarnos lo que estamos haciendo mal al iluminar nuestra conducta impía. La Biblia nos ayuda a vernos a nosotros mismos como realmente somos, nuestras imperfecciones y todo. De esta manera, podemos identificar con precisión el pecado en nuestras vidas y dar los pasos necesarios para una vida piadosa, que incluye la corrección. Simplemente ver nuestro pecado o ser conscientes de nuestro mal comportamiento no es suficiente. Debemos tomar medidas y hacer correcciones, y aquí, una vez más, la Biblia nos muestra la manera de hacer eso. Complacer a Dios implica cambiar nuestros pensamientos y acciones equivocados con pensamientos y acciones correctos. Agradar a Dios significa dejar a un lado la inmoralidad y la carnalidad y vestirse de justicia y piedad (Efesios 4:22-32). A medida que continuamos siguiendo a Dios, la Biblia también nos instruye, o nos mantiene yendo en la dirección correcta.

Dios se propuso que su Palabra lograra grandes cosas en nuestras vidas al usar la Biblia para mostrarnos la verdad, exponer nuestra rebelión, corregir nuestros errores y capacitarnos en cómo vivir el camino de Dios. La Biblia es nuestra guía (Salmo 119:133), es nuestra luz (Salmo 119:105), nos ayuda a resistir el pecado (Salmo 119:11), nos revive (Salmo 119:25), nos fortalece (Salmo 119:28), es la fuente de la fe (Romanos 10:17), nos santifica (Juan 17:17), nos ayuda a ser fuertes (1 Pedro 2: 2), y Es nuestra defensa contra el mal (Efesios 6:17).

En pocas palabras, la Biblia nos ayuda a saber qué es lo correcto y qué no lo es, y nos ayuda a saber cómo hacer las cosas bien y cómo mantenernos en forma. Cuando permitimos que la Biblia logre todo esto en nuestras vidas, estamos sacando el máximo provecho, el jugo a la Biblia.

---

**17 DE AGOSTO**

*Que por la misericordia de Jehová no hemos sido consumidos, porque nunca decayeron sus misericordias; nuevas son cada mañana.*
*Lamentaciones 3:22-23*

## MISERICORDIA POR EL MOMENTO

Todos hemos tenido días en los que nos hemos preguntado: *¿podría empeorar este día?* Conoces bien esos días ¿no? Días que te mastican, te escupen y te hacen sentir débil y cansado, decepcionado y desanimado, y quizás incluso un poco deprimido. Son días en que solo deseas que se terminen para meterte entre las cobijas de la cama y comenzar de nuevo por la mañana.

¿Qué pasaría si te dijera que Dios tiene algo que te ayudará a superar los días más difíciles con gozo, permitiéndote glorificarlo en el proceso? ¡Las misericordias de Dios son las que hacen la diferencia!

Jeremías, justo después de la caída de Jerusalén, compuso cinco canciones de tristeza, o lamentos, que se encuentran en el libro de Lamentaciones. Las profecías que Dios le dio a Jeremías se habían cumplido. La gran ciudad de Dios estaba en ruinas humeantes. El pueblo de Dios estaba disperso por todas partes, y la perspectiva era de desesperación y desolación. El profeta se consumió con tristeza por la condición de la ciudad y la captura de la gente. Sintiendo que las cosas no podían empeorar, Jeremías escribió cinco canciones, que fueron un derramamiento de su alma. Pero cuando recordó las misericordias de Dios, las cosas comenzaron a cambiar, y las nubes oscuras de la desesperación comenzaron a disolverse. Jeremías pudo ver que esto se debía a la misericordia de Dios que las personas no fueron completamente destruidas por los babilonios. Y debido a la misericordia de Dios, la relación de alianza entre Dios y su pueblo elegido se mantuvo a pesar de su indignidad e infidelidad. ¡Sus misericordias hicieron la diferencia!

La misericordia de Dios implica no solo el perdón para los culpables, sino también una compasión sincera por los que están en miseria. La misericordia de Dios es más que un castigo retenido, pero es compasión en acción. La misericordia de Dios nos motiva y nos capacita para vivir vidas que agradan a Dios (Romanos 12:1), y su misericordia es un ejemplo que debemos seguir (Lucas 6:36). Por la misericordia de Dios, estamos vivos, por la misericordia de Dios, no estamos condenados, y por la misericordia de Dios, Jesús tomó nuestro castigo en la cruz. ¡Su misericordia hace toda la diferencia!

Aunque todos los días están llenos de incertidumbres, una cosa es cierta: sea lo que sea lo que traiga el día, Dios estará allí para ayudarnos porque sus misericordias nunca fallan. Sus misericordias son nuevas cada mañana. Son como su maná en el desierto: no puedes usar las misericordias de ayer hoy, y no puedes almacenar misericordias para mañana. Las misericordias de hoy son buenas solo para hoy, y las de misericordia de mañana serán buenas solo para mañana. Dios nos da suficiente misericordia para cada día. ¡Su misericordia hace toda la diferencia!

Una nueva mañana realmente trae un nuevo comienzo, pero la razón por la que las mañanas están llenas de posibilidades no es debido a una buena noche de sueño. Más bien, las nuevas misericordias de Dios que nos esperan. La misericordia de Dios es fresca, actual y relevante para hoy.

No te preocupes por la misericordia que necesitas de Dios para mañana. Míralo a él hoy por la misericordia que necesitas en este momento, y confía en él por la misericordia que él promete entregarte mañana. Y recuerda, ¡Su misericordia hace toda la diferencia!

**18 DE AGOSTO**
*¡Predica la Palabra!*
*2 Timoteo 4:2*

## LA PRIORIDAD DE PREDICAR

Algunas personas creen que la predicación está muerta. Dicen que la predicación es una forma obsoleta e ineficaz de comunicarse en nuestro mundo enloquecido, multimedia y posmoderno. Los críticos de hoy están ansiosos por señalar que los sermones deben convertirse en eventos o experiencias que involucren todos los sentidos y mezclan videos, música, drama, participación de la audiencia y ayudas visuales para obtener y mantener la atención de los oyentes. Hoy, algunos creen que un servicio de iglesia debe convertirse en una producción de Hollywood para ser interesante e inspirador.

Sin embargo, la predicación, hecha como Dios lo desea, no solo es cautivadora, estimulante y atractiva, sino también transformadora. Por lo tanto, una prioridad para cada iglesia y la prioridad de cada pastor debe ser predicar la Palabra de Dios.

La predicación es tan importante para la estabilidad y el crecimiento espiritual de la iglesia que Pablo le ordenó a Timoteo que «¡Predique la palabra!» Para Timoteo y el predicador moderno, este mandato requiere un compromiso constante de predicar la palabra día tras día, en los buenos y malos momentos, cuando les parezca y cuando no, cuando las personas estén interesadas y cuando no estén interesadas. ¡No importa qué, los pastores deben predicar la Palabra!

¿Por qué el énfasis en la Palabra de Dios? La Palabra de Dios debe ser predicada desde los púlpitos porque la gente necesita escuchar de Dios. La Palabra de Dios debe ser predicada porque solo la Palabra de Dios puede cambiar a una persona desde adentro hacia afuera. La Palabra de Dios debe ser predicada porque la Biblia es la única autoridad y fuente de la verdad absoluta. La Palabra de Dios debe ser predicada porque la fe solo se obtiene al escuchar la Palabra de Dios (Romanos 10:17). Esto no significa que el predicador o la predicación sean aburridos. Martyn Lloyd-Jones dijo: «Yo diría que un predicador "aburrido" es una contradicción de términos; Si es aburrido, no es un predicador. Puede permanecer en un púlpito y hablar, pero ciertamente no es un predicador.»[52] Es cierto que los predicadores no están allí para entretener o presentar un espectáculo, pero su predicación debe captar la atención, cautivar las mentes y comunicar la verdad. Esto ciertamente debe incluir creatividad e imaginación y puede incorporar videos, música, teatro, participación de la audiencia, ayudas visuales y el uso de historias y humor siempre y cuando estos elementos no reemplacen o reduzcan la prioridad de la Palabra de Dios en el servicio de la iglesia.

Cada pastor tiene la responsabilidad de predicar la Palabra, de interpretarla, de aplicarla con precisión y de hacerlo con pasión y entusiasmo. Cada cristiano tiene la responsabilidad de adorar en una iglesia donde la Palabra de Dios se predica fiel y completamente. Pregúntate: «¿Me enseñaron la Palabra de Dios el domingo pasado?» Es posible que te hayan entretenido, quizá te hayas reído bastante y es posible que hasta te haya alentado, pero la pregunta es ¿se predicó la Palabra de Dios?

John Stott dijo: «Cuando un hombre de Dios se presenta ante el pueblo de Dios con la Palabra de Dios en sus manos y el Espíritu de Dios en su corazón, tiene una oportunidad única para la comunicación».

La predicación no está muerta. La predicación está muy viva porque la Palabra de Dios está viva y activa (Hebreos 4:12).

## 19 DE AGOSTO
*Escudriñemos nuestros caminos, busquemos y volvámonos a Jehová.*
*Lamentaciones 3:40*

## ESCUDRIÑANDO EL ALMA

Ver los errores en otras personas es fácil, pero es posible que no las notemos en nosotros mismos, por eso es importante tomarse el tiempo para hacer un pequeño autoexamen para que podamos estar en nuestro mejor nivel espiritual. La Biblia no nos dice que examinemos a los demás, pero si dice repetidamente que debemos examinarnos a nosotros mismos (2 Corintios 13:5; 1 Corintios 11:28). Los cristianos que viven vidas no examinadas no están llevando a cabo su máximo potencial y de hecho, impiden la obra de Dios en sus vidas.

El pueblo de Dios estaba en un tiempo de castigo espiritual debido a su flagrante indiferencia por aplicar la Palabra de Dios a sus vidas. Jeremías habló repetidamente en Lamentaciones 3 acerca de la actitud que el pueblo de Dios debería tener hacia su aflicción durante su cautiverio y cómo su perspectiva debía luchar para cambiar su actitud hacia Dios, lo que a su vez cambiaría su relación con Dios para el bien. Jeremías les dijo que su aflicción debía soportarse con esperanza en el plan de restauración final de Dios (versículo 26), que su aflicción era solo temporal debido a la compasión y amor de Dios por ellos (versículo 31), que Dios no se deleitaba en su aflicción (versículo 33) y, por último, que su aflicción fue diseñada para lograr el mayor bien de volver sus corazones a Dios (versículo 40). Eran el pueblo de Dios, pero ciertamente no habían estado actuando como tales, lo que significaba que les tocaba pasar un buen autoexamen para restablecer una relación correcta con Dios.

No nos movemos de manera natural hacia la piedad. De hecho, si no vigilamos de cerca nuestras vidas, podemos comenzar a alejarnos lentamente de la fidelidad y acercarnos a la desobediencia. Nadie se dispone a decepcionar a Dios, y nadie planea cómo convertirse en un creyente insípido. Pero si evitamos el autoexamen regular de nuestras vidas, entonces seremos los creyentes mas mediocres que pueda existir. Aquí es donde entra en juego el proceso de autoexamen, porque con el reflejo persistente y decidido de nuestra condición espiritual, permitimos que Dios nos mueva en la dirección del crecimiento y la madurez espirituales.

Examinar nuestras vidas no es un autoanálisis subjetivo; más bien, este es un análisis lleno del espíritu de nuestras vidas, centrado en la Palabra de Dios. Deberíamos comenzar por pedirle a Dios que escudriñe nuestros corazones y revele cualquier pecado en nuestras vidas para que podamos verlo, confesarlo y apartarnos de él. Además de mirar nuestro pecado, también queremos mirar nuestra estabilidad espiritual. Aquí hay algunas preguntas iniciales que pueden resultar útiles mientras haces un pequeño examen de conciencia: ¿Estoy viviendo en obediencia a la Biblia? ¿Me estoy sometiendo a la guía del Espíritu Santo? ¿Estoy pasando tiempo con Dios diariamente? ¿Es mi vida un buen reflejo de mi fe? ¿Puedo ver cambios espirituales positivos en mi vida de un año a otro? ¿Son saludables mis pensamientos? ¿Son edificantes mis palabras? ¿Mis acciones glorifican a Dios?

Como cristianos, debemos dedicar tiempo regularmente a hacer un examen de conciencia y un autoexamen para poder vivir mejor una vida que sea agradable a Dios y productiva para el reino de Dios.

**20 DE AGOSTO**

*Los esclavos siempre deben obedecer a sus amos y hacer todo lo posible por agradarlos. No deben ser respondones ni robar, sino demostrar que son buenos y absolutamente dignos de confianza. Entonces harán que la enseñanza acerca de Dios nuestro Salvador sea atractiva en todos los sentidos.*
*Tito 2:9-10 (NTV)*

## JESÚS EN EL TRABAJO

Ser cristiano no es fácil en el lugar de trabajo. La ideología irreligiosa es tan ineludible en la mayoría de los entornos de trabajo profesionales que a menudo se nos dificulta adaptarnos a la oficina. Muchos cristianos intentan no hacer olas en el lugar de trabajo para no arriesgarse a que no les agrade a los demás, se burlen de ellos o incluso a que los despidan por haber elegido hablar de Jesús. Pero como cristianos en el lugar de trabajo, somos llamados a representar a Jesús en el trabajo. Esta es una oportunidad tan bendecida y única que tenemos como cristianos porque para muchos compañeros de trabajo, somos el único ejemplo y expresión de Jesús que pueden experimentar. Con una oportunidad tan increíble y privilegiada, ¿qué tan bien está reflejando a Jesús en el trabajo?

Los esclavos en los días de Pablo tenían circunstancias horribles que enfrentar. A ellos les tocaban los trabajos sucios, los trabajos peligrosos y se verían obligados a hacer los trabajos que nadie más quería hacer. Sin embargo, a pesar del arduo y exigente trabajo que obligó a un esclavo, Pablo llamó a los esclavos cristianos a elevarse por encima de la monotonía de su trabajo y la hostilidad de su entorno y reconocer que no importa cuál sea su situación, aún eran representantes de Jesucristo. Llamados a glorificar a Dios en la forma en que hicieron su trabajo. Pablo les dio a los esclavos cristianos, así como al empleado cristiano moderno, varias formas de representar mejor a Jesús en el trabajo.

Primero, muestra respeto por la autoridad con tu obediencia. Haz lo que se te pide que hagas y hazlo voluntariamente, ya que tu obediencia es un reflejo de tu reverencia por Dios. Quizás no te guste la tarea que se te ha asignado, y puede que pienses que lo que se te ha da es injusto o incluso irrazonable. Pero mientras trabajes en ese empleo, tienes la responsabilidad de hacer lo que se te pide (siempre y cuando lo que se te pide no sea pecado).

Segundo, representar a Jesús en el trabajo siendo agradable en todo. En otras palabras, esfuérzate por la excelencia en todo lo que haces. Trabaja duro y se diligente cuando el patrón este mirando o cuando nadie te este mirando, incluso ir mas allá y esforzarte mas que los demás.

Tercero, representa a Jesús en el trabajo siendo respetuoso. No contestes ni hables a las espaldas de otra persona. No te quejes ni seas argumentativo. Muestra respeto por los demás y observa lo que dices y cómo lo dices.

Finalmente, se honesto. Robar en el trabajo puede tomar muchas formas diferentes, desde enviar una hoja de tiempo exagerada o llenar un informe de gastos hasta tomar artículos de la oficina o realizar negocios personales a tiempo de la empresa. Sencillamente, ya sea tiempo o recursos, no tomes lo que no te pertenece.

Las semanas de trabajo parecen ser más largas, mientras que los fines de semana parecen ser más cortos, ya que los días laborales de ocho horas se convierten en días de diez y doce horas. Con la tecnología, estamos constantemente conectados, siempre en línea y accesibles en cualquier momento. ¿Sabes lo que Pablo diría sobre nuestros horarios de trabajo de hoy? «¡Qué oportunidad!» ¡Qué oportunidad de representar a Dios, día tras día, para muchos que no conocen a Dios personalmente! Qué oportunidad de ser un ejemplo de Jesús en el trabajo y trabajar de tal manera que a través de tu ética de obra cristiana, otros se sientan atraídos por Dios y quieran saber más acerca de él.

---

**21 DE AGOSTO**

*"Les seré por un pequeño santuario en las tierras adonde lleguen."*
*Ezequiel 11:16*

## MI SANTUARIO

Vivimos en tiempos difíciles. El hecho de que cuanto más tiempo vivamos, más problemas podemos experimentar no es una sorpresa. La crisis, el desastre y la tragedia no respetan a las personas. Si eres joven o viejo, hombre o mujer, rico o pobre, la dificultad no discrimina. Cuando los problemas se nos presentan, podemos ser tentados a pensar que Dios está lejos en la distancia, desinteresado por nuestra situación y que nos está dejando a que nos las arreglemos nosotros mismos. ¿Crees eso?

Uno de los aspectos más difíciles del cautiverio babilónico para el pueblo de Dios fue no solo la extrañeza de su nuevo entorno, sino también la tristeza que venía de estar separados de su tierra y de su santuario. El pueblo de Dios se sentía solo, aislado y sin esperanza. Habían experimentado la crisis de la invasión extranjera, vieron el desastre de su santo templo siendo destruido, y estaban viviendo la tragedia del cautiverio. Escuchamos su tristeza en el Salmo 137, donde el salmista dijo: «¿Cómo podemos cantar las canciones del Señor mientras estamos en una tierra pagana?» (Salmo 137:4 NTV). Además, a pesar de que repetidamente le habían dado la espalda a Dios, él todavía se acercó a ellos en su tiempo de problemas y les mostró ayuda y esperanza.

Dios prometió ser su santuario, a pesar de que el santuario físico donde adoraban había desaparecido. Dios les estaba brindando la oportunidad de adorarle, sin importar su paradero, porque Dios sería para ellos un santuario permanente y un lugar de refugio. Dios prometió ser todo para su pueblo que se negaron a dejarlo ser cuando tenían un santuario físico hecho de piedra. Dios prometía ser un santuario que nunca dependería de una ubicación o atado a un edificio físico, pero un santuario, construido a partir del inagotable Espíritu de Dios, que permanecería con su pueblo dondequiera que fueran, Dios prometía sé un refugio para su pueblo, su fortaleza en cada debilidad, su ayuda en cada problema y su paz en cada tormenta. No importa cuándo lo necesiten y sin importar dónde se encuentren, Él estará allí por ellos. Tener a Dios como su refugio no significaba que Dios entraría y salvaría el día o que arreglaría todo. Más bien, tener a Dios como refugio significa que él obrará todo para el bien.

Dios, a través del Espíritu Santo, es un santuario para su pueblo hoy. Como 1 Corintios 3:16 nos recuerda: «¿No sabes que eres el templo de Dios y que el Espíritu de Dios mora en ti?». Por cada crisis, desastre o tragedia, por cada persona que se siente sola, aislada. y sin esperanza, Dios dice: «Yo seré tu santuario y tu lugar de refugio, sin importar dónde te encuentres y sin importar lo que estés enfrentando.» Dios ha puesto su morada en tu corazón, y puedes refugiarte en él por el Espíritu Santo y por medio de su Palabra porque él es un santuario para su pueblo.

Dios anhela ser tu refugio y fortaleza hoy. La adversidad es inevitable. La crisis es cierta. Pero para aquellos que hacen de Dios su santuario, él es su ayuda y su esperanza.

## 22 DE AGOSTO

*y nos enseña que, renunciando a la impiedad y a los deseos mundanos, vivamos en este siglo sobria, justa y piadosamente, mientras aguardamos la esperanza bienaventurada y la manifestación gloriosa de nuestro gran Dios y Salvador Jesucristo.*
*Tito 2:12-13*

## A LA ESPERA DE SU VENIDA

¡Jesús está volviendo! ¿Cómo te hace sentir eso? ¿El pensamiento de que Jesús regresa trae gozo a tu corazón, o te hace comenzar a sudar frío? O tal vez eres completamente indiferente a la realidad de su regreso. Su respuesta al hecho de que Jesús *si* vendrá de nuevo es un verdadero barómetro de su espiritualidad actual. Comprender que Jesús no solo regresará, sino que podría regresar en cualquier momento, debería impactar radicalmente su compromiso de vivir para Él hoy.

Pablo habló a Tito acerca de la gracia de nuestra salvación y cómo, debido a la gracia pasada de Dios que trae salvación, ahora vivimos en la gracia presente que trae santificación mientras esperamos una gracia futura que trae glorificación. En otras palabras, la gracia ofrece la salvación, que conduce a la piedad, que nos prepara para la gloria. La gracia de Dios es ser una fuerza poderosa en nuestras vidas, y como Pablo lo pone en la primera parte de Tito 2:12, su gracia nos enseña a decir no a la impiedad y las pasiones mundanas y a vivir de manera autónoma, recta. y vidas piadosas hoy. Una de las maravillosas verdades implicadas en esta promesa es que un día, cuando nuestra salvación sea perfecta, seremos glorificados o seremos completamente como nuestro Señor en pureza y justicia. Ese encuentro futuro, que será nuestra feliz esperanza, traerá la eliminación total y permanente del pecado de nuestras vidas. Pero hasta ese día, deberíamos estar esperando con anticipación y expectativa mientras vivamos correctamente y esperar pacientemente su regreso.

El latido del mensaje de Pablo es que debemos estar viviendo a la luz de Su glorioso regreso, viviendo sobrio o auto controlado hoy. Esto significa que debemos vivir con cuidado y responsabilidad, eligiendo no involucrarnos en aquellas cosas que son dañinas e improductivas en nuestros paseos espirituales. La idea aquí es que todas las cosas pueden ser permitidas para nosotros, pero no todas las cosas son productivas para nosotros (1 Corintios 6:12). Vivir a la luz de su regreso significa permitir que el Espíritu de Dios mantenga nuestros deseos bajo control porque el verdadero autocontrol es permitir que el Espíritu de Dios se controle a sí mismo.

Vivir a la luz de Su glorioso regreso también significa que debemos vivir rectamente, o que debemos hacer lo correcto. El estándar perfecto para lo que es correcto es la Biblia. Por lo tanto, debemos ser completamente fieles y estar totalmente sometidos a la instrucción bíblica, lo que nos llevará a una vida justa.

Vivir a la luz de Su glorioso regreso significa que debemos vivir vidas piadosas o mantener una relación correcta con Dios. Mantenerse en comunión con Dios significa hablar diariamente con Dios en oración y escuchar a Dios diariamente leyendo la Biblia. Estos dos son esenciales para mantener una relación saludable con Dios.

La gran culminación de nuestra salvación es la gloriosa aparición de Jesucristo. Jesús está regresando, así que debemos «vivir sobria, justa y piadosamente», ya que cada una de estas tres características se enfoca en una relación diferente. Habla con sobriedad de nuestra relación con nosotros mismos, habla con rectitud de nuestra relación con los demás y habla con Dios de nuestra relación con Dios. Estas tres características piadosas nos ayudan a vivir vidas espiritualmente equilibradas mientras esperamos su aparición.

---

**23 DE AGOSTO**
*Hijo de hombre, estos hombres han puesto sus ídolos en su corazón y han establecido el tropiezo de su maldad delante de su rostro.*
*Ezequiel 14:3*

## ENTENDIENDO LA IDOLATRÍA

Cuando piensas en la idolatría, ¿qué es lo que te viene a la mente? Quizás la escena de la película Los Diez Mandamientos te viene a la mente, donde Moisés, interpretado por Charlton Heston, desciende del Monte Sinaí solo para encontrar a los israelitas adorando un becerro de oro. En su justa ira, Moisés destruye el becerro de oro. O tal vez imaginas templos en tierras remotas, llenas de imágenes talladas donde la gente viene y se inclina ante estas estatuas en adoración vacía. Ambos son ejemplos de idolatría. Pero la idolatría va mucho más allá del acto de postrarte ante una estatua y adorando imágenes. La idolatría también incluye a cualquier persona o cosa que haya tomado el lugar de Dios en el corazón de una persona.

Dios definió lo que quería decir con ídolo cuando le dijo a Ezequiel que un ídolo era cualquier cosa que uno pone delante de él, cualquier cosa que separa a una persona de Dios y la hace tropezar con la iniquidad (Ezequiel 14:7). Los ídolos no son solo los objetos tallados que se sientan en los santuarios paganos; son los antojos, los anhelos y las lealtades que gobiernan nuestros corazones. La gente de la época de Ezequiel era culpable de instalar santuarios para ídolos en sus corazones, incluso mientras seguían practicando sus rituales religiosos. Empapados en la idolatría y en el culto impío, las personas acudieron al profeta Ezequiel esperando preguntar a Dios y escuchar lo que Dios tenía que decirles. Dios definitivamente habló, pero no dijo lo que esperaban oír. Dios condenó a la gente por sus hipocresías idólatras y le dijo a la gente que sus ídolos vacíos fallarían y que el juicio les llegaría.

Aunque quizás no nos estemos postrando ante imágenes talladas y por lo tanto, pensar que estamos libres de la adoración idolátrica en nuestras vidas, la verdad es que aún podemos estar construyendo santuarios en nuestros corazones para algo más que Dios. Quizás algunas preguntas podrían ayudar a revelar si algún objeto de su afecto está en peligro de reemplazar la prioridad y la preeminencia de Dios en tu vida. ¿Qué te emociona? ¿Sobre qué eres mas apasionado? Si tuvieras un deseo, ¿qué es lo que más quieres? El mayor afecto del corazón de una persona se ha convertido en su dios. A lo que una persona sea más fiel, ya sea otra persona, una posesión o una búsqueda, se ha convertido en un dios para ella. Cualquier cosa que amemos más que a Dios mismo debe considerarse un ídolo en nuestras vidas. Dios exige lealtad absoluta. Él debe ser nuestra búsqueda principal, nuestra posesión más preciada, nuestra pasión principal y nuestro mayor interés. Somos creados para adorar a Dios, así que si sacamos a Dios de nuestras vidas, lo reemplazaremos y adoraremos a otra cosa.

La Biblia nos advierte acerca de reemplazar a Dios por otra cosa: Queridos hijos, aléjense de todo lo que pueda tomar el lugar de Dios en sus corazones" (1 Juan 5:21 NTV). No permita que ninguna persona, búsqueda, posesión o pasión se convierta en el foco principal de su atención. No permita que su corazón se interese más en algo o en alguien que no sea Dios. Mantenga a Dios como su prioridad número uno.

**24 DE AGOSTO**
*Que no hablen mal de nadie*
*Tito 3:2*

## PIENSA ANTES DE HABLAR

*Psst! ¡Ven aquí por un segundo! Nunca vas a creer lo que acabo de escuchar.*
. . . Nuestras conversaciones pueden ser llenas de gracia o demasiado críticas. Pueden ser una fuente de aliento para alguien, o pueden ser terriblemente desalentadores. Pueden ser edificantes para el corazón o tremendamente perturbadoras para el alma. Desde que éramos niños, se nos ha enseñado: «Si no puedes decir algo agradable de alguien, no digas nada». Sin embargo, a pesar de todo el entrenamiento de la infancia, las palabras dañinas aún se susurran, los chismes todavía se dicen, y la difamación continua. ¿Cómo podemos superar los chismes? ¿Cómo podemos dejar atrás la difamación para que no hablar mal de nadie?

El apóstol Pablo sabía que las personas a menudo hacen juicios sobre Dios basándose en lo que dicen y hacen los cristianos. Vidas transformadas son una de las pruebas más persuasivas del poder de Dios en acción hoy en día, pero un cristiano que habla mal de alguien es una mala reflexión de nuestro gran Dios. Debemos comportarnos de una manera digna de Dios, y eso incluye observar lo que decimos sobre los demás. Los cristianos no tienen nada que ver con el hábito destructivo de hablar mal de otros; este comportamiento simplemente no queda con lo que somos destinados a ser en Cristo. Ten en cuenta que Pablo no está diciendo que nunca debemos señalar o exponer los males de otra persona. Sin embargo, no debemos hacerlo con intención maliciosa o en un entorno público.

¿Qué significa hablar mal de alguien? El chisme y la difamación son las expresiones más comunes de platicas destructivas. La difamación simplemente significa decir palabras falsas que pretenden dañar la reputación de otra persona, y el chisme es compartir información desfavorable sobre otra persona. Ambos tipos de hablar hacen público lo que debe ser y permanecer privado. Las personas a menudo intentarán disfrazar el chisme y la difamación por una preocupación genuina, usando frases como «No quiero hablar mal, pero....» o «Quizás no debería decir nada, pero. . . » Y el chisme más popular del circulo de oración: «Necesitamos orar por. . . porque escuche eso . . » Si andamos activamente buscando chismes y descuidadamente desparramando «las últimas noticias» sobre alguien, entonces somos culpables de hablar mal.

Jerry Bridges ha dicho,

Difamamos cuando atribuimos motivos equivocados a las personas, aunque no podamos ver sus corazones o conocer sus circunstancias particulares. Difamamos cuando decimos que otro creyente no está «comprometido» cuando él o ella no practica las mismas disciplinas espirituales que uno hace o nos se involucran en las mismas actividades cristianas que uno se involucra. Difamamos cuando mal representamos la posición de otros en cierto tema sin primero determinar cual es la posición de cuyo persona. Difamamos cuando exageramos el pecado de otros y hacemos que esa persona parezca ser más pecadora de lo que realmente lo es.[53]

Si vamos a dejar de seguir chismeando y proponernos a no difamar, debemos entonces ser conscientes de cuán dañino es este tipo de conversación sobre otras personas, cuán pecaminosos son a los ojos de Dios y cuán angustiosos son para el Espíritu Santo (Efesios 4: 30–31). Una forma de dejar de hablar mal de los demás es PENSAR antes de hablar, haciéndose preguntas: ¿Es verdad lo que voy a decir? ¿Es útil? ¿Es inspirador? ¿Es necesario? ¿Es simpático?

---

### 25 DE AGOSTO

*Busqué entre ellos un hombre que levantara una muralla y que se pusiera en la brecha delante de mí, a favor de la tierra, para que yo no la destruyera; pero no lo hallé.*
*Ezequiel 22:30*

## ¿QUÉ PUEDO HACER?

Edmund Burke dijo: «Todo lo que es necesario para el triunfo del mal es que los hombres buenos no hagan nada». Dios siempre está buscando a hombres y mujeres que pueda ser usados para su servicio, pero a veces nos ataca el sentido de insignificancia, pensando, *Soy solo una persona ¿Que puedo hacer?* Podemos subestimar fácilmente lo que una persona puede lograr, pero Dios nunca lo hace. Un hombre o una mujer piadosa, niño o niña, puede hacer una diferencia dramática en el mundo, si esa persona está dispuesta a salir con fe y humildad, permitiendo que Dios los use.

Ezequiel fue un profeta para aquellos que fueron tomados cautivos durante la invasión babilónica. A través de Ezequiel, Dios explicó por qué permitía que Jerusalén fuera destruida. Él dijo que la gente se había rebelado, que los líderes estaban abusando de su poder (Ezequiel 22:27), los sacerdotes fallaron en señalar el camino (versículo 26), y —el betún del pastel— los profetas estaban ocultando los pecados de Los sacerdotes (versículo 28). Dios buscó, mas no encontró a nadie que estuviera dispuesto a defender lo que era correcto y guiar a las personas a una vida de adoración a él que fuera pura y santa. Ezequiel relató la tragedia de que en una sociedad no había podido encontrar a nadie que se ponga firme y ser contado para Dios (versículo 30).

Podemos sentir que si defendemos a Dios, somos solo uno en un mar de personas que van en la corriente opuesta. Podemos quedarnos preguntando: «¿Cuál es el punto de enfrentarnos con una marea tan abrumadora?» Pero con Dios, incluso un individuo puede hacer una diferencia. Cuando todo lo demás falla y todos los demás siguen su propio camino, Dios aún busca a esa persona solitaria para que tome su lugar para Dios.

Si Dios buscara en todo el mundo hoy, ¿encontraría a alguien dispuesto a estar en la brecha? ¿Estás dispuesto a ponerte de pie e interceder por las personas necesitadas? ¿Estas dispuesto a defender la justicia? Puede que seas el único cristiano en tu familia, el único cristiano en tu lugar de trabajo, el único cristiano en tu escuela o el único cristiano en tu vecindario. Pero Dios puede tenerte allí por una razón, y puede estar preguntando: «¿Me defenderás donde te tengo?» Es posible que Dios te haya colocado exactamente donde estás para que puedas ser un aliento piadoso en la vida de las personas en tu mundo de influencia y ayudar a guiar a otros a una vida de adoración pura y santa para él.

Estar solo no es fácil, y ser el primero en levantarse puede ser intimidante. Pero tu postura puede ser lo que otros necesitan para ver su necesidad de Dios. No sabes si cuando te levantas, otros pueden inspirarse a estar contigo. Nadie puede predecir el impacto que una persona puede tener cuando decide defender a Dios. Pero nunca subestimes lo que Dios quiere hacer a través de tu vida si simplemente te paras en la brecha. Edward Everett Hale lo expresó bien: «Soy solo uno; Pero sigo siendo uno. No puedo hacerlo todo; pero aun así puedo hacer algo; y como no puedo hacerlo todo, no me negaré a hacer lo que puedo hacer».[54]

## 26 DE AGOSTO
*Te ruego por mi hijo Onésimo.*
*Filemón 1:10*

## LA NECESIDAD DEL PERDÓN

En algún momento, todos hemos sido heridos por alguien. Nos pisan los dedos de los pies, los sentimientos se lastiman y las relaciones sufren lesiones. Si el daño fue causado por palabras o acciones, el daño ocurre. Las lesiones emocionales toman tiempo para sanar, pero nunca sanarán completamente sin el perdón. C. S. Lewis dijo: «Todo el mundo dice que el perdón es una idea encantadora, hasta que tienen algo que perdonar».[55] Es cierto que el perdón nunca es fácil, pero es necesario. La breve carta de Pablo a Filemón nos recuerda nuestra necesidad de perdonar.

Onésimo era un esclavo, y Filemón era su amo. Onésimo le había hecho un mal a Filemón no solo huyendo, sino también aparentemente robándole a Filemón. Y mientras Onésimo huía y se escondía en Roma, se cruzó con el apóstol Pablo. Como resultado de su tiempo juntos, Onésimo se convirtió en un seguidor de Jesucristo. Ahora cristiano, Pablo animó a Onésimo a regresar con Filemón y pedirle perdón. Pero por si acaso Filemón dudaba en dejar pasar lo pasado, Paul envió a Onésimo de regreso a Filemón con una carta personal y un amigo personal llamado Tíquico (Colosenses 4:7–9) para ayudar a suavizar las cosas. Pablo hizo todo lo posible para alentar a Filemón a perdonar a Onésimo y recibirlo de vuelta, no solo como un esclavo fugitivo sino como un nuevo hermano en Cristo. ¿Y qué debería motivar a Filemón a perdonar? Debe perdonar por amor (Filemón 1: 9).

Tal vez alguien te haya hecho daño, y descubres que te está costando mucho dejar que lo pasado sea pasado. Recuerda, el perdón nunca es fácil, pero siempre es necesario. Nuestro Dios es un Dios de perdón (Daniel 9:9), y espera que su pueblo también sea perdonador (Mateo 6:14–15). Perdonar no significa que estemos negando que fuimos perjudicados, o que estamos excusando el mal cometido. Pero el perdón es la forma en que Dios quiere que lidiemos con ser perjudicados. Perdonar no significa que todas las consecuencias se alejen del mal cometido, tampoco. En el caso de Onésimo, él todavía tendría que hacer una restitución por lo que robo. Pero el perdón no busca castigar por encima del pago. Perdonar básicamente significa que una persona es perdonada sin ningún compromiso.

¿Cuál es nuestra motivación para perdonar a los demás? Perdonamos por amor. El amor exige que perdonemos a los demás ya que «[el amor] no lleva un registro de las ofensas recibidas». (1 Corintios 13:5 NTV). El amor de Dios hacia nosotros es una demostración de perdón y sirve como modelo de perdón para que sigamos, «perdonándonos unos a otros, así como Dios en Cristo te perdonó». (Efesios 4:32) El amor también continúa perdonando, lo que significa que no hay límite en el número de veces que debemos perdonar a alguien. (Mateo 18: 21–22)

El perdón es una elección que hacemos para amar a alguien como Dios nos ha amado. El perdón cree: «Soy perdonado, así que debería perdonar». Cuando nos han ofendido, ser implacable es fácil. Pero por amor, debemos dejar a un lado ese mal y elegir abrazar el perdón. Perdonar a alguien nunca es fácil, pero es necesario. (Marcos 11:26)

### 27 DE AGOSTO
*Daniel propuso en su corazón no contaminarse*
*con la porción de la comida del rey.*
*Daniel 1:8*

## CONTRA LA CORRIENTE

La vida está llena de opciones y ser cristiano a veces significa optar por ir contra la corriente. Si bien no puedes controlar todo lo que te sucede, puedes elegir cómo reaccionar a lo que te sucede. Hacer lo correcto en los ojos del Señor no es siempre la elección más fácil, pero siempre es la elección correcta.

Daniel fue un hombre piadoso que fue enviado a vivir en la impía Babilonia. Fue uno de los jóvenes que fueron tomados cautivos de Jerusalén y seleccionados para servir en el tribunal superior del rey Nabucodonosor. Una vez en Babilonia, Daniel y tres de sus amigos, Ananías, Misael y Azarías, se inscribieron en un programa de capacitación de tres años en el que fueron presionados para que se ajustaran al estilo de vida babilónico. Se suponía que debían comer como babilonios, vestirse como babilonios y pensar como babilonios. Incluso sus nombres fueron cambiados en un intento de despojarlos de su identidad. Pero nada podría despojarlos de su compromiso con Dios.

Daniel y sus tres amigos pusieron línea sobre la arena y tomaron la decisión de que iban a defender a Dios. Se propusieron en sus corazones no comer la comida que les proporcionaba la administración del rey. Daniel y estos jóvenes se negaron a comer alimentos que seguramente serían ritualmente impuros (no preparados según la Ley judía), así como moralmente impuros (ofrecidos a los ídolos paganos). Esta fue una elección valiente que podría haber tenido consecuencias devastadoras, pero Dios eligió honrarlos porque lo honraron a él.

Daniel y estos jóvenes rehusaron seguir la corriente. Rehusaron hacer algo solo porque todos los demás lo estaban haciendo. El mundo nunca dejará de intentar adaptarnos a su forma de pensar y vivir. Por lo tanto, debemos tener fe y obediencia para vencer las tentaciones y presiones del mundo. Para tomar una posición por Dios mañana, debemos estar comprometidos con él hoy. Debemos estar firmes *con* Dios para tomar una posición *para* Dios.

Nuestras vidas son la suma de todas nuestras elecciones y a veces, tomar la decisión de ir contra la corriente significa que obtendremos algunas astillas en el camino. Pero elegir permanecer fiel a Dios es el único camino a seguir. Daniel fue un hombre que tuvo valor de sus convicciones. Vivió en una de las culturas más sin Dios del mundo antiguo, sin embargo, se mantuvo fiel a Dios. Dios está buscando personas como Daniel y sus amigos, seguidores de Cristo que respalden sus piadosas convicciones y que tomen decisiones divinas que glorifiquen a Dios, incluso ante el peligro. «Por lo tanto, observen, permanezcan firmes en la fe, sean valientes, sean fuertes» (1 Corintios 16:13).

---

### 28 DE AGOSTO
*¿No son todos espíritus ministradores, enviados para servicio a favor de los que serán herederos de la salvación?*
*Hebreo 1:14*

## ÁNGELES ENTRE NOSOTROS

No estamos solos en el universo. No estoy hablando de extrañas formas de vida extraterrestre en un planeta distante; Me refiero al hecho de que los ángeles están entre nosotros. Desde el Génesis hasta el Apocalipsis, la Biblia hace más de 250 referencias a la existencia de los ángeles y su relación con Dios y la humanidad. Los ángeles residen en un reino invisible y sobrenatural. Ver o interactuar con ellos está más allá de nuestra habilidad natural, pero a veces Dios nos abre la cortina y nos da un vistazo a las idas y venidas invisibles de estos agentes secretos de Dios. Esto puede hacer que te preguntes qué es exactamente lo que hacen estos ángeles.

A pesar de todas las representaciones artísticas, los ángeles no pasan sus días flotando en las nubes tocando arpas. Más bien, están activamente involucrados en la adoración y obra de Dios. Son siervos de Dios, enviados por Dios para hacer la obra de Dios. Y uno de los trabajos especiales que tienen los ángeles es ser enviados para ministrar y cuidar al pueblo de Dios.

Una manera en que los ángeles ministran es *proteger* al pueblo de Dios. Quizás ningún aspecto del ministerio de los ángeles al hombre sea más mencionado que la idea de tener un ángel guardián. Si bien ningún versículo bíblico dice específicamente que una persona tiene un ángel guardián, la Biblia enseña que los ángeles sí nos guardan y nos protegen (Salmo 91:11). Los ángeles también *proveen* para el pueblo de Dios. Dios ha usado a los ángeles para satisfacer las necesidades físicas de otros, como llevar comida a Agar (Génesis 21:17–20), Elías (1 Reyes 19:6) y Cristo después de su tentación (Mateo 4:11). Dios ha usado a los ángeles para *guiar* al pueblo de Dios hacia la voluntad de Dios. Los ángeles ayudaron a revelar la ley a Moisés (Hechos 7:52–53) y hablaron a Juan sobre los eventos futuros que se encuentran en el libro de Apocalipsis. Los ángeles le dieron instrucciones a José sobre el nacimiento de Jesús (Mateo 1–2), las mujeres en la tumba, Felipe (Hechos 8:26) y Cornelio (Hechos 10:1–8).

De vez en cuando, escuchamos historias extraordinarias sobre liberaciones angélicas de quienes se encontraron en situaciones imposibles. Y, por muy cierto que puedan ser algunas de estas historias, sirven para resaltar el hecho de que la asistencia angelical no es parte de la experiencia cristiana cotidiana normal. Tan interesante como los ángeles deben considerar, debemos recordar que Jesús es más grande que los ángeles en todos los sentidos. Él es la comunicación de Dios para nosotros, él es el Creador y el sustentador de todas las cosas, él es el reflejo de la gloria de Dios, él es el que pagó la pena por nuestros pecados, y él es nuestro representante ante Dios (Hebreos 1:3-4).

Los ángeles tienen un pie en el cielo y otro pie en este mundo. Aunque generalmente no somos conscientes de su presencia, tampoco podemos predecir si aparecerán, los ángeles están entre nosotros, y la buena y perfecta voluntad de Dios es usar estas criaturas poderosas para proteger, proporcionar, guiar y ayudar a los herederos de salvación de Dios. Es posible que nunca hayas visto o escuchado a un ángel, pero un día lo harás, mientras adoramos y alabamos al Salvador cantando: «Digno es el Cordero que fue sacrificado para recibir poder y riquezas y sabiduría, y fortaleza y honor y gloria y bendición!» (Apocalipsis 5:11–12).

## 29 DE AGOSTO

*Nuestro Dios, a quien servimos, puede librarnos del horno de fuego ardiente; Y si no, has de saber, oh rey, que no serviremos a tus dioses ni tampoco adoraremos la estatua que has levantado.*
*Daniel 3:17-18*

## NUESTRO DIOS ES CAPAZ

Dios es soberano. Básicamente, esto significa que Dios puede hacer lo que quiera, cuando quiera, y como quiera. Dios está en completo control, y reina sobre todo y sobre todos. Él es todo poderoso, omnisciente, y existe en todas partes. Nada está más allá de su conocimiento y nada está fuera de su capacidad de control. Sabiendo esto, también debemos tener en cuenta que solo Dios ejerce siempre su poder y autoridad de acuerdo con su carácter santo. Dios hace lo que hace porque quiere hacer todo de acuerdo con su *buena* voluntad. Dios nunca se complace en querer o hacer algo que sea malo o contrario a su bondad. Ahora, la prueba real de nuestra comprensión de la soberanía de Dios reside en nuestra disposición a confiar en Dios, sin importar el resultado.

Sadrac, Mesac y Abed-Nego (anteriormente llamados Ananías, Misael y Azarías) estaban a punto de que su comprensión de la soberanía de Dios fuera puesta a prueba. Un día, el rey Nabucodonosor de Babilonia levantó una estatua dorada de sí mismo y ordenó a todos en su reino que se inclinaran ante la estatua en adoración. El castigo por desobedecer la orden del rey era la muerte. No hace falta decir que todos en la tierra cayeron ante la imagen en la adoración. Todos, es decir, excepto Sadrac, Mesac y Abed-Nego. Nabucodonosor los llevó de inmediato a su presencia y les dio una última oportunidad para inclinarse o morir. Todavía se negaron a inclinarse ante su imagen, y le dijeron al rey que su Dios podía librarlos de la muerte. Pero incluso si Dios eligiera no perdonarlos, nunca darían su adoración a nadie más que a Dios.

Estos tres jóvenes entendieron que Dios estaba en completo control sobre sus vidas. Dios era soberano sobre su situación. Sabían que solo porque Dios podía salvarlos no significaba que Dios los salvaría. Sabían que Dios podría decir *no* a su petición de liberación, pero eso no cambiaría o afectaría negativamente su voluntad de defender a Dios e incluso morir si fuera necesario. Comprendieron que algunas oraciones se contestan con un sí, y otras se contestan con un no. Sabían que algunas personas mueren jóvenes, y otras viven vidas largas, que algunas personas son liberadas del sufrimiento y otras no. También sabían que independientemente de lo que sucedería, Dios estaba en control. Realmente entendieron la soberanía de Dios, lo que les permitió dejar el resultado en sus manos.

Todos los días nos enfrentamos a la prueba de si vamos a confiar en Dios o no. Por supuesto, la prueba no es una cuestión de vida o muerte todos los días, pero Dios quiere que confiemos en él, sin importar el resultado. ¿Estamos dispuestos a servir a Dios, incluso si no somos liberados? ¿Seguiremos confiando en él, incluso si no somos sanados? ¿Es Dios soberano? ¡Sí! Siempre lo ha sido y siempre lo será. ¿Dios siempre nos libra de nuestras dificultades? No. Pero Dios siempre es capaz.

### 30 DE AGOSTO
*Antes bien, exhortaos los unos a los otros cada día, entre tanto que se dice: «Hoy», para que ninguno de vosotros se endurezca por el engaño del pecado.*
*Hebreos 3:13*

## EL ARTE DE EXHORTAR
Todos nos necesitamos unos a los otros. Ningún cristiano es una isla para sí mismo. Ir a la iglesia, mezclarse y salir prácticamente desapercibido es fácil. Puedes planear llegar a la iglesia justo cuando la música de adoración comienza a sonar y te vas tan pronto como se dice el último amen, sin involucrarte en ninguna relación significativa con otros cristianos.

Ahora, de lo que estoy hablando es más allá de simplemente quedarte después del servicio para socializar. Esto es más que agarrar una dona y un café y participar en charlas ligeras en lo que los niños corren como si fuera la primera vez que se les permite jugar con otros niños en semanas. Por muy bueno y agradable que sea todo esto, Dios realmente quiere que invirtamos en las vidas de aquellos con quienes vamos a la iglesia.

El escritor de Hebreos (autoría desconocida) ha estado advirtiendo sobre los peligros de alejarse de Dios. Este capítulo nos recuerda cómo Dios liberó a los israelitas de la esclavitud de Egipto y los llevó al borde de la Tierra Prometida. Pero debido a que la gente retrocedió en incredulidad en lugar de avanzar por fe, se perdió la bendición de experimentar el descanso de Dios. Por eso, murieron en el desierto. Después de advertir a los lectores que corrían el peligro de abandonar su fe como los israelitas de primera generación que fueron liberados de Egipto, el autor de Hebreos comenzó a explicar cómo evitar cometer un error similar.

Una forma de protegerse contra el alejarse de Dios o endurecer su corazón hacia las cosas de Dios es trabajar juntos como una comunidad real de creyentes e invertir regularmente en las vidas de los demás. imagínate la experiencia diferente que hubieran tenido en los israelitas si, en lugar de quejarse en el desierto, se hubieran animado uno a otro hacia la línea final de la fe. Nunca subestimes la importancia y la influencia que tienen una exhortación o un aliento en la fe de una persona.

Parte de la responsabilidad que tenemos como comunidad de fe es exhortarnos los unos a los otros, teniendo una determinación diaria y obstinada de alentar a otros creyentes en su fe, así como la voluntad de permitir que otros creyentes nos alienten en nuestra fe. Debemos exhortar y animarnos mutuamente a medida que avanzamos hacia la línea de meta. Cuando hacemos esto, nos ayudamos mutuamente a resistir el pecado, a perseverar en los tiempos difíciles, a continuar con las buenas obras y a permanecer esperanzados, fieles y felices en todas las cosas mientras mantenemos nuestros ojos en Jesús. Es necesario un estímulo constante porque nuestra fe siempre está bajo ataque.

Nos necesitamos mutuamente, como Moisés necesitó a Aarón y Hur para ayudarlo a sostener sus brazos, nos necesitamos mutuamente como David necesitó a Natán para reprenderlo, y nos necesitamos mutuamente, ya que el paralítico necesitaba que sus amigos lo llevaran a Jesús para ser sanado. Si vamos a ser todo lo que Dios quiere que seamos, entonces necesitaremos la ayuda del otro para llegar a donde vamos. La verdadera exhortación no es más que el arte de acompañar a alguien y ayudarlo en el camino.

### 31 DE AGOSTO

*He aquí, yo veo a cuatro hombres sueltos que se pasean en medio del fuego y no sufren ningún daño. Y el aspecto del cuarto es semejante a un hijo de los dioses.*
*Daniel 3:25*

## A PRUEBA DE FUEGO

En un minuto, todo puede ir bien, y al siguiente minuto tu vida está en crisis. Las pruebas vienen en diferentes formas, tamaños, y con diferentes grados de intensidad. Ya sea que las pruebas sean físicas, emocionales o relacionales, nadie es inmune. Con la prueba viene la pregunta, ¿qué me quiere mostrar Dios en esta situación?

La trompeta sonó, y la música comenzó a tocar. La hora señalada había llegado. El decreto real ordenó a todos los habitantes de la tierra que cayeran y adoraran la estatua dorada de noventa pies del rey Nabucodonosor, y quien se negara sería arrojado a un horno de fuego. Sadrac, Mesac y Abed-Nego eran jóvenes judíos que servían fielmente al rey pero adoraban a Dios exclusivamente. Se negaron a inclinarse y adorar a cualquier ídolo y valientemente estaban dispuestos a morir por su fe. Indignado por su desafío, el rey ordenó que el horno se calentara siete veces más que lo normal. El horno estaba tan caliente que el fuego ardiente consumió a los hombres que arrojaron a Sadrac, Mesac y Abed-Nego al horno. Por un momento, estos jóvenes fueron bendecidos al obtener el favor del rey, y al siguiente estaban en el extremo receptor de su ira cuando fueron arrojados al fuego. Pero mientras el rey observaba, no veía a tres, sino a cuatro, hombres en el horno, y todos estaban desatados y caminando.

A veces, Dios elige intervenir y evitar que las personas pasen por una prueba, y en otras ocasiones, Dios permite la prueba. Pero incluso si Dios no te libra del calor de una prueba, él siempre estará contigo a través de esa prueba. Dios está allí para proporcionar una comunión personal e íntima que a menudo se puede experimentar solo en las pruebas ardientes de la vida. Dios le dijo a Josué: «Sé fuerte y valiente; no temas ni desmayes, porque el Señor tu Dios está contigo dondequiera que vayas». (Josué 1: 9)

Un punto a tener en cuenta es el hecho de que Sadrac, Mesac y Abed-Nego estaban atados cuando fueron arrojados al fuego, pero lo único que se quemo fue sus limitaciones. Nada más fue consumido. No solo experimentaron una relación íntima con Dios en el fuego, sino que también encontraron libertad de la esclavitud en el fuego.

Cuando pases por una prueba, no te sorprendas si Dios usa el calor de tu prueba para quemar cualquier cosa que pueda mantenerte en cautiverio o alejarte de una relación más íntima con Dios. El enemigo quiere atarnos en el pecado, pero Dios quiere liberarnos del pecado. Jesús dijo: «Por tanto, si el Hijo te hace libre, serás verdaderamente libre». (Juan 8:36)

Cuando consideramos las pruebas que Dios nos permite atravesar, debemos recordar algunas cosas, según Andrew Murray:

Primero, me trajo aquí, es por Su voluntad que estoy en este lugar estrecho: en ese hecho descansaré. Luego, él me mantendrá aquí en su amor y me dará la gracia de comportarme como su hijo. Luego, él hará de la prueba una bendición, enseñándome las lecciones que quiere que aprenda, y trabajando en mí la gracia que quiere otorgarme. Por último, en su buen momento, me sacará de nuevo: cómo y cuándo [solo] él lo sabe.[56]

Cada prueba es por elección de Dios, bajo su cargo, parte de su preparación y por su período de tiempo designado. Recuerda estas verdades, y ayudarás a proteger tu fe a prueba de fuego.

## 1 DE SEPTIEMBRE
*« Por tanto, queda un reposo para el pueblo de Dios, »*
*Hebreos 4:9*

# ENTRANDO AL REPOSO DE DIOS

San Agustín oró: «Señor... Nos hiciste para ti mismo, y nuestros corazones están inquietos hasta que descansen en ti».[57] El día de reposo era apartado para el pueblo judío, un día en el que debían adorar al Señor y descansar de su trabajo. Pero el día de reposo fue más que la bendición de un día libre; Este día también señalaba algo aún mayor que estaba por venir. El «reposo» que señalaba el sábado, era un descanso encontrado en una relación con Dios, en el cual, su pueblo se da cuenta de que no debe trabajar para obtener la aprobación de Dios, sino que debe encontrar descanso en Cristo.

En Hebreos, se nos recuerda cómo los israelitas, que murieron en el desierto, no entraron en el descanso que Dios les había proporcionado en la Tierra Prometida. No entraron a ese descanso porque no creyeron en la promesa de Dios y su incredulidad les impidió disfrutar del descanso de Dios (Hebreos 3:19). No creyeron que Dios haría lo que les había prometido y tu no puedes entrar en el reposo de Dios si no crees en él o no confías en las promesas y provisiones que él ha hecho para ese reposo.

Cuando Dios completó su obra de creación, reposó. Dios no reposó porque estaba cansado o necesitaba un descanso; reposó porque su obra había terminado. De la misma manera, uno no tiene que trabajar para obtener la salvación, porque la obra de salvación la terminó en Cristo. Entrar en el reposo de Dios, significa estar en paz con Dios. Entrar al reposo de Dios, significa ser libre del pecado, porque el pecado ha sido perdonado. El reposo de Dios es perfecto, pacífico, dulce y satisfactorio, Dios le ofrece ese descanso a cada uno a través de una relación con Cristo.

Ahora, el punto central del reposo de Dios es para que nos agarremos firmemente de nuestra fe en Cristo. Hebreos 4:14 nos dice: «Por lo tanto, ya que tenemos un gran sumo sacerdote que entró en el cielo, Jesús, el hijo de Dios, aferrémonos a lo que creemos» (NTV). Este es el punto entero del libro de Hebreos. En Cristo, Dios ha hecho un nuevo pacto con el hombre, un pacto mayor, que proclama la superioridad de Jesucristo a todo lo que ha sucedido antes. Una vez que entramos al reposo de una relación con Cristo, nos espera un reposo más que Dios nos prometió.

Al tener paz con Dios por medio de la relación con Jesucristo, podemos ahora anhelar nuestro futuro y reposo final que Dios ofrece, que es nuestro reposo celestial. Este reposo que nos espera, es aún mayor que lo que ahora poseemos en Cristo, porque ese reposo nos proporcionará una libertad de todo sufrimiento y dolor, de todo pecado y de satanás. La tentación será vencida y nada podrá contaminarnos. Moraremos en la presencia inmediata de Dios, donde ya no veremos en parte, sino contemplaremos plenamente cuando veamos a Dios cara a cara. La gloria de Dios será nuestro deleite y en él experimentamos gozo eterno sin fin. Nuestra adoración y reposo de hoy es solo una probada del reposo y adoración venidera. No permitas que la incredulidad te detenga de entrar al reposo prometido de Dios; solo cree y recibirás.

## 2 DE SEPTIEMBRE
*<< Pero Daniel mismo era superior a estos sátrapas y gobernadores porque había en él un espíritu superior. >>*
*Daniel 6:3*

## UNA VIDA DEVOTA

Nuestra devoción a Dios es una expresión de nuestro amor por Dios. Cuanto aun más amas algo, más devoto te volverás a lo que amas. Pero la devoción no viene fácil. La devoción requiere valor y compromiso, paciencia y perseverancia. La devoción también significa elegir hacer lo correcto, incluso cuando lo correcto es inconveniente. Nadie lo sabía mejor que Daniel, y por Daniel tenemos un vistazo de cómo se ve una vida devota y también aprendemos como podemos vivir una vida devota para Dios.

Daniel tenía una historia probada de compromiso y consagración a Dios, que comenzó en su adolescencia, cuando fue llevado cautivo a Babilonia. Ahora, más de setenta años después, hay un nuevo alguacil en la ciudad; bueno, en realidad un nuevo rey en el trono y Daniel demostraría que su devoción a Dios no se había debilitado con el tiempo. En todo caso, Daniel era más devoto de Dios ahora en sus noventa años, de lo que había sido en su adolescencia. Cuando Darío asumió el cargo de rey después de la muerte de Baltasar (Daniel 5:30-31), nombró a Daniel en su gabinete y confió en su sabio y perspicaz abogado. Daniel era un hombre íntegro, sin mancha en su historial, sin esqueleto en su armario ni pecados secretos de los que sus enemigos pudieran acusarle. De hecho, la única «falla» que los enemigos de Daniel pudieron encontrar en él, fue que era demasiado devoto a Dios (Daniel 6:5). ¿Qué cosa tan asombrosa? Cuando otros miran nuestras vidas, no deberían encontrar fallas, ni mancha, ni pecados secretos. ¡Imagínate lo bien que nos sentiríamos, si la única acusación que alguien pudiera hacer en nuestra contra es que fuéramos demasiados devotos a Dios!

¿Cómo pudo Daniel vivir una vida tan devota? Dos características sobresalen de Daniel que mejor resaltan su devoción. Primero, fue fiel en sus acciones (Daniel 6:4) y, segundo, fue ferviente en sus oraciones (versículo 10). La fidelidad simplemente es hacer lo que Dios pone ante ti como obra. La fidelidad permanece allí hasta que se realiza esa obra, permitiendo que Dios trabaje constantemente en tu vida y a través de ella. La fidelidad es hacer lo correcto, no solo una vez, sino una y otra vez, año tras año, todo para la gloria de Dios.

El combustible para la fidelidad de una persona es el fervor en la oración. El fervor habla a nuestro nivel de intensidad, pasión y dedicación para llevar todo a Dios de manera persistente. Nada es demasiado grande para Dios y nada es demasiado pequeño para él. Pueden llegar tiempos donde estemos tentados a dejar que nuestra pasión en la oración se desvanezca, o podemos estar tentados a rendirnos y tirar la toalla de oración, pero la oración ferviente requiere un compromiso intenso para invertirle tiempo de rodillas ante Dios. La oración a medias no tiene lugar en la oración ferviente y no encontrará atajos espirituales. Si quieres vivir una vida dedicada a Dios, el inicio para comenzar es serle fiel en tus acciones y ferviente en tu vida de oración.

¿Pueden tus compañeros de trabajo, amigos, familiares e incluso tus enemigos, acusarte de ser demasiado devoto de Dios? ¿Está tu carácter por encima de la acusación? Recuerda, tu devoción a Dios es un reflejo de tu amor por él. Entonces, ¿qué tan devoto eres?

### 3 DE SEPTIEMBRE

*« Hace tanto que son creyentes que ya deberían estar enseñando a otros. En cambio, necesitan que alguien vuelva a enseñarles las cosas básicas de la palabra de Dios. »*
*Hebreos 5:12 (NTV)*

## DOLORES DE CRECIMIENTO

¿Alguna vez has probado comida para bebés ya como adulto? Tu sabes, las zanahorias trituradas, papilla aplastadas y puré de guisantes. Para un adulto, la comida para bebés no es muy apetecible, pero para un bebé sin dientes, esta comida no solo es deliciosa, sino también es la nutrición necesaria. Sin embargo, llegará el momento en que cada bebé pase de una dieta de alimentos blandos a una que incluya alimentos sólidos. ¿Qué pensarías si vieras a un adolescente en la cafetería de la escuela, aún tomando leche de un biberón, o a un albañil sacando papilla de «Gerber» de su lonchera?

De la misma manera, llegará el momento en que cada creyente necesite pasar de la comida espiritual para bebé, a comenzar a ingerir alimentos espirituales sólidos. De lo contrario, estás en peligro de seguir siendo un niño espiritual.

Cuando el autor del libro de Hebreos escribió esta carta, su audiencia estaba en malas condiciones. Luchaban con entender algunas enseñanzas espirituales que ya deberían haber aprendido, hace mucho tiempo atrás. Se estaban volviendo espiritualmente perezosos e indisciplinados, por lo tanto, lucharon con algunos de los principios elementales de la fe cristiana. Muchos de los creyentes tenían que haber crecido lo suficiente como para enseñarle a otros; sin embargo, necesitaban que se les enseñara de nuevo los conceptos básicos de la fe. En esencia, regresaron a los alimentos de bebé, cuando debían ya estar comiendo alimentos sólidos. Había llegado el momento de que crecieran y maduraran conforme su edad espiritual.

De la misma manera, ¿cómo podemos asegurarnos de no retroceder a lo espiritual preescolar, cuando deberíamos avanzar en la escuela de la vida? La respuesta es sencilla: debemos ser disciplinados y no volvernos perezosos cuando pasamos tiempo con Dios en la Biblia y en la oración. El defecto fatal para los destinatarios de esta carta, fue su entusiasmo deslucido por la verdad espiritual. La Biblia dice que estaban «tardos para oír» (Hebreos 5:11), lo que significa que permitieron que el desinterés se deslizara en su vida espiritual, cuyo resultado fue un retroceso. En lugar de poner excusas, debemos abrir nuestras Biblias, en lugar de elegir quedarnos en casa, debemos hacer un esfuerzo para conectarnos con la iglesia, ya sea asistiendo a un estudio bíblico, a una reunión de oración o a una reunión de grupos pequeños. Haz pasos a favor de tu fe, no la obstaculices.

Luego, comparte con otros (versículo 12). No todos son llamados a ser maestros de la Biblia, pero todos somos llamados a ser partícipes de lo que Dios nos está enseñando. Ayudar a otros a crecer en su fe es una señal de que estamos creciendo en la nuestra. También es importante asegurar alimentarte de una dieta espiritual bien equilibrada (versículos 13-14). Si eres un nuevo creyente, entonces la leche espiritual es buena. Aprender los fundamentos de lo que Jesús ha hecho es importante. Pero si ya has aprendido esas verdades, entonces tal vez haya llegado el momento de que busques algo espiritual para masticar y comenzar a aprender lo que Jesús está haciendo hoy.

Por último, debemos aplicar las verdades que estamos aprendiendo al ponerlas en acción diariamente. Entonces no solo creceremos espiritualmente, sino que también obtendremos discernimiento espiritual. El discernimiento espiritual es la habilidad de distinguir lo que es bueno y lo que es malo (versículo 14).

El autor de Hebreos nos ruega que avancemos hacia la madurez (Hebreos 6:1). Continuar con la madurez, es la respuesta de Dios para el problema de permanecer como un niño espiritual. Que Dios nos ayude a crecer en Cristo.

---

**4 DE SEPTIEMBRE**

*<< Sabe, pues, y entiende que desde la salida de la orden para restaurar y edificar a Jerusalén hasta el Mesías Príncipe, habrá siete semanas y sesenta y dos semanas. >>*
*Daniel 9:25*

## LA PROFECÍA Y EL PUEBLO DE DIOS

¿Por qué es tan importante profetizar? Con frecuencia se pide a los cristianos que expliquen e incluso defiendan por qué creen que la Biblia es verdadera y la profecía es una de las evidencias más sólidas de que la Biblia es la divinidad.

Palabra de Dios inspirada. Una de las profecías más poderosas de todas las Escrituras se encuentra en el libro de Daniel. Algunos han llamado a esta profecía la «columna vertebral de la profecía». Otros han llegado a declarar que la clave para entender toda la interpretación profética se encuentra dentro de esta profecía. En cualquier caso, una cosa es verdad: ¡esta profecía es importante! Esta profecía señala el día exacto en la historia en que el Mesías se presentaría al mundo y lo hace cientos de años antes.

Daniel estaba leyendo al profeta Jeremías cuando fue conmovido a orar por su pueblo. Daniel le pidió a Dios que los perdonara de sus pecados, que los limpiara de su injusticia y que trajera la restauración a Jerusalén. Mientras Daniel oraba, el ángel Gabriel apareció y le contó sobre los planes futuros de Dios para los judíos. Gabriel le dijo a Daniel que el plan de Dios se llevaría a cabo dentro de un período de tiempo de setenta semanas (Daniel 9:24), lo que significaba que habría setenta períodos de tiempo de siete años, o 490 años. Después de los 490 años, los propósitos de Dios para Israel serían completos. Al final de las sesenta y nueve semanas, o 483 años (versículo 25), el pecado de Israel se pagaría porque Jesucristo pagaría la pena por el pecado.

Esta profecía es tan sorprendente porque los detalles revelan el día exacto en que Jesús entraría en Jerusalén, declarándose a sí mismo, como el Mesías. La profecía dice que el Mesías vendría sesenta y nueve semanas, o 173,880 días (según el calendario judío), después de que se dio la orden de restaurar y reconstruir a Jerusalén. Ese comando se extinguió cuando Artajerjes le dijo a Nehemías que fuera a reconstruir a Jerusalén en 445 AC (Nehemías 2; Esdras 7:12-13). Esto comenzó el reloj en las 69 semanas. Exactamente 173,880 días después de ese decreto, el domingo de Ramos, entró Jesús a la ciudad de Jerusalén sobre un asno, declarando al mundo que él era el Mesías (Mateo 21:4-9). ¡Asombroso! El tiempo de Dios es perfecto. Nunca llega tarde, siempre llega exactamente a tiempo. Y en caso de que estés contando y preguntándote qué pasa con la última semana en la profecía de Daniel, eso está reservado para el libro de Apocalipsis y los tiempos finales.

Estas profecías (y las muchas otras que se encuentran en la Biblia) deberían convencernos de la confiabilidad y autoridad de la Biblia. La Biblia es siempre precisa y totalmente confiable. Saber que se puede confiar en la Biblia debe fortalecer tu fe y ayudarte a guiar a otros a la fe. Saber que se puede confiar en la Biblia, debería darnos valor para declarar la verdad acerca de Dios y la verdad sobre la necesidad de la humanidad de tener una relación personal con Dios a través de Jesucristo. La profecía no solo es asombrosamente fascinante, sino también impactante, al grado que cambia la vida. La profecía nos ayuda a ver el presente a la luz de la fidelidad del pasado de Dios en su Palabra, y nos da esperanza en el futuro; sabiendo que lo que Dios ha dicho sobre lo que está por venir seguramente sucederá.

## 5 DE SEPTIEMBRE
*<< A él asimismo dio Abraham los diezmos de todo. >>*
*Hebreos 7:2*

# EL PLAN DEL DIEZ PORCIENTO

John Piper ha dicho que «cada decisión de gasto es una decisión espiritual». Financieramente, los tiempos pueden ser difíciles para ti. Es posible que te sientas económicamente atado y sientas que estas raspando el fondo del barril de dinero para sobrevivir. Y, al mirar tu cuenta bancaria, sientas que lo último que puedes hacer es diezmar a tu iglesia. Así que, llegas a la iglesia con las manos vacías. Antes de que el pastor se levante para dar el sermón, escuchas el anuncio: «Y ahora recibiremos los diezmos y las ofrendas de esta mañana», y cuando pasa la canasta de ofrendas frente a ti, te quedas cuestionando que seria lo correcto hacer en cuanto a diezmar. Incluso, puede que te quedes preguntando ¿qué es un diezmo y si el diezmo es algo que realmente debes hacer?

Todos hemos escuchado la palabra diezmo, pero ¿qué significa diezmar? Un diezmo es una décima y diezmar significa dar una décima parte de lo que ganamos a Dios. La primera vez que vemos a alguien que da un diezmo, o una décima, es en Génesis 14:20, cuando Abraham le da un diezmo a Melquisedec. Hebreos 7 nos da una breve descripción del sacerdocio de Melquisedec; vemos que Melquisedec se parece a Jesucristo, porque es un rey de justicia y un rey que no tiene principio ni fin (versículos 1-3). Abraham reconoció a Melquisedec como un sacerdote merecedor, fiel de Dios y, por lo tanto, le dio un diezmo del mejor botín que obtuvo de una reciente victoria militar. Dio libremente y dio generosamente. Él no le dio a Dios sus sobras, pero le dio a Dios lo mejor de lo que tenía y le dio a Dios primero.

Dios nos ha dado instrucciones sobre cómo debemos devolverle a él (Levítico 27:30; Deuteronomio 14:22-23). La Biblia enseña claramente que debemos dar a Dios un diezmo, o el diez por ciento, de lo que ganamos (Malaquías 3:8-12). Esto no es porque Dios necesita nuestro dinero. El diezmo no fue creado para el beneficio de Dios, sino que fue creado para nuestro beneficio. El diezmo fue creado para enseñarnos cómo mantener a Dios primero en nuestras vidas. El diezmo demuestra que estamos agradecidos a Dios por todo lo que él ha hecho y por todas las formas que él nos ha brindado hasta este momento en nuestras vidas.

El diezmo muestra que confiamos en Dios para proveer a nuestro futuro conforme le damos a él en el presente. Y el diezmo demuestra que estamos comprometidos a unirnos en la obra que Dios está haciendo en el mundo de hoy.

Toma en cuenta otras cosas también en cuanto al diezmo. Primero, no esperes en diezmar hasta que hayas pagado todas tus deudas. El pueblo de Dios es llamado a dar lo primero y lo mejor de lo que tienen (Proverbios 3:9-10), así que escribe tu cheque a Dios antes de usar tu ingreso para cualquier otra cosa. No te preocupes; Dios cuidará de ti. Él ha prometido (Malaquías 3:10).

Luego, da a tu iglesia local antes de donar a cualquier otra organización o ministerio. La iglesia local es el principal medio de Dios para realizar su obra en el mundo de hoy, y este es el lugar donde te alimentas espiritualmente. Por lo tanto, hay que dar allí primero.

Por último, dar de buena gana y dar generosamente. Si no puedes dar con la actitud correcta, sigue orando y espera hasta que puedas dar gozosamente (2 Corintios 9:6-7). Recuerda, a Dios le interesa más la condición y actitud de tu corazón, que la cantidad que vas a dar. Pero, ciertamente, la mejor manera de comenzar es con un plan del diez por ciento.

---

**6 DE SEPTIEMBRE**

*<< Los que conducen a muchos a la justicia, brillarán como estrellas para siempre. >>*
*Daniel 12:3 (NTV)*

## ESTRELLAS BRILLANTES

El apóstol Pablo fue sin duda uno de los más grandes evangelistas en la Biblia. Y aunque no todos tienen el don de la evangelización como él, se espera que todos participemos en la evangelización. La parte más difícil del evangelismo personal, para la mayoría de las personas, es simplemente comenzar. Llega el momento cuando decides involucrar a una persona en una conversación sobre Jesús, comienzas a notar que el corazón late rápidamente, las palmas te sudan y sientes como si hubieras llegado al borde de la cima de una montaña sin arnés de seguridad. Compartir tu fe con los demás, por más intimidante que sea, es un acto de obediencia y una disciplina espiritual que debemos practicar. Aunque, ciertamente, es más fácil para algunas personas y más difícil para otras, todos somos llamados a establecer relaciones y compartir a Jesús con otras personas cuando sea posible.

El evangelismo nunca es fácil, pero será especialmente difícil en el período de tiempo conocido como la Tribulación, ese período de siete años, anterior al regreso de Cristo a la tierra, cuando el Anticristo se convertirá en el líder mundial y, literalmente, todo el infierno se desatará sobre la tierra. Daniel está mirando hacia el futuro, escribiendo sobre los eventos que se llevarán a cabo durante ese tiempo, que seguramente será el período más oscuro y difícil en toda la historia humana. Sin embargo, durante ese tiempo, Dios tendrá a personas que, a través de sus acciones sabias, brillarán como las estrellas en el cielo mientras dirigen a otros hacia Dios y los alientan a caminar en el camino de la justicia que lleva a la vida eterna. Daniel nos recuerda la importancia del evangelismo en un mundo que rechaza a Dios. No importa cuán oscuros sean o serán los días, debemos recordar que, a menudo, cuando las cosas son más oscuras, la luz de Dios brilla más.

Ahora, el evangelismo no lleva un cartel que diga «¡Arrepiéntete o muere!» O «¡Gira o quema!» El evangelismo tampoco es repartir billetes falsos de $100 con el evangelio impreso en la parte posterior, o pararse en una esquina gritando a la gente a través de un megáfono. Primero, el evangelismo es una forma de vivir. Segundo, es una decisión de compartir a Cristo con los demás. ¿Puedes usar tratados, repartir folletos, llevar un letrero o pararte en la esquina compartiendo el evangelio con los que pasan? Sí, por supuesto que puedes. Incluso puede tener algún éxito con este enfoque. Pero cuando miramos la Biblia, vemos que los más grandes evangelistas son aquellos que *vivieron* una vida de evangelismo, aquellos individuos que guiaron a otros hacia Dios por sus palabras y también por sus acciones.

Entrar en discusiones, usar trucos o simplificar demasiado el evangelio, solo frustra a las personas que necesitan desesperadamente la verdad. Si alguna fórmula o táctica te ayuda a romper el hielo en una conversación, entonces, por supuesto, úsalo. Pero sé flexible y permite que el Espíritu Santo te guíe desde allí. Busca construir un puente, y no quemarlo, con las personas con las que hablas. La mejor manera de hacerlo es hacerles algunas preguntas sobre ellos mismos y sobre lo que creen.

Ser parte de la obra que Dios está haciendo en el corazón de alguien es un privilegio. Y al compartir a Cristo con los demás, nosotros también somos como estrellas brillantes para Dios.

## 7 DE SEPTIEMBRE
*<< Está establecido para los hombres que mueran
una sola vez, y después de esto el juicio. >>
Hebreos 9:27*

# CUENTA REGRESIVA AL DÍA DE JUICIO

Por favor, no permitas que la siguiente oración rompa tu burbuja o arruine tu día. Todos tenemos una cita con la muerte. Cada día que pasa nos acerca un paso más hacia esa cita inevitable, escrita en la agenda divina de Dios. ¿Pero qué ocurre después de eso? ¿Qué sucede después de que respiramos nuestro último aliento, después de que nuestros corazones bombean su última medida de sangre, después de que nuestros espíritus abandonan nuestros cuerpos como un vapor? Después de dejar este mundo físico, entraremos en un nuevo mundo espiritual, donde hay una segunda cita ineludible escrita en la agenda de Dios. Cada persona tiene que presentarse ante el tribunal de Dios. Ahora, eso puede parecer inquietante e intimidante, pero debes saber algunas cosas antes de tu cita en el día del juicio.

Nuestro Dios es un Dios de misericordia y gracia, pero también es un Dios de juicio. Después de que muramos, no se nos dará una segunda oportunidad. A nadie le tocará regresar y comenzar de nuevo. Las decisiones que tomemos en este lado de la eternidad, determinarán el juicio que Dios haga sobre nuestro destino eterno. Dios ha establecido una ley santa, o un estándar de perfección. Romper la ley de Dios es pecar contra Dios y pecar contra Dios significa que debes enfrentar el juicio. El problema es que todos hemos violado la ley de Dios. Por lo tanto, todos debemos comparecer ante Dios para ser juzgados (Romanos 14:10).

No en vano, todos hemos violado la ley de Dios. Una simple mirada al mundo de hoy, proporciona evidencia suficiente de que la humanidad tiene algunos problemas importantes. Este problema del pecado es una epidemia mundial, pasada, presente y futura que incluye a cada persona que ha vivido y vivirá (Romanos 3:23). La única manera de escapar del juicio de Dios, es confiar en la provisión que él hizo, una provisión que se encuentra en Jesús. Como escribió John Piper, La fe en Cristo como nuestra justicia, será nuestra única esperanza de aceptación con Dios (Romanos 1:16-17; 3:20-26). Esta es la esencia y el corazón del evangelio. Cristo vivió por nosotros, Cristo murió por nosotros, Cristo resucitó por nosotros, Cristo reina por nosotros, Cristo intercede por nosotros, Cristo vendrá por nosotros y Cristo, nuestro abogado, será nuestro juez final. La fe en Él es clave para la seguridad y la vida.

Si quieres escapar del juicio de Dios, debes poner tu confianza en Jesús, porque sin Jesús, no tendríamos ninguna esperanza en ese día del juicio. Como escribió un comentarista, «Rechazar la cruz como instrumento de salvación, es elegirla como instrumento de juicio».[59]

La Palabra de Dios enseña claramente que todas las personas, sean salvas o no, se presentarán ante Dios un día para ser juzgadas. Como nadie tiene garantizado el mañana, la mejor manera de estar preparado para el juicio es vivir para Dios hoy. Para algunos, eso significa recibir a Jesús hoy, pidiéndole que perdone sus pecados y darle el control de sus vidas. Para otros, prepararse para el juicio significa volver a tus prioridades. Si has dejado que otras cosas tengan más importancia en tu vida, entonces hoy es el día para hacer de Jesús tu primacía. Finalmente, para otros, prepararse para el juicio significa renovar su compromiso de vivir una vida piadosa y de servir fielmente a Dios con el tiempo que les queda.

El tiempo no espera a nadie. El reloj no se detiene y todos nos estamos acercando a esa cita inevitable con Dios. La pregunta es, ¿estás listo?

### 8 DE SEPTIEMBRE
*«Ve, toma por mujer a una prostituta y ten hijos de prostitución con ella, porque la tierra se prostituye apartándose de Jehová.»*
Oseas 1:2

## LA ESPOSA PRÓDIGA

Las historias de amor tradicionales a menudo suenan así: el chico conoce a la chica, el chico se enamora de la chica, el chico y la chica se casan, el chico y la chica viven felices para siempre. Eso suena como una hermosa historia, ¿verdad? Desafortunadamente, esta no es la historia de Oseas y su esposa Gomer (y sí, Gomer era una mujer). Su historia fue algo así: el chico conoce a la chica, el chico se enamora de la chica, la chica resulta ser prostituta, el chico aún se casa con la chica, la chica deja al chico por otros chicos, el chico aún ama a la chica, el chico compra a la chica de un mercado de esclavos, chico y chica, un poco peor para el desgaste, ahora viven felices para siempre. Pero espera, eso no es todo. Esta historia es más que un comercial de una novela. Un mensaje importante de Dios está justo debajo de la superficie.

Oseas fue un profeta durante los años del reino dividido de la historia de Israel. Fue el último profeta antes de que el reino del norte fuera conquistado por Asiria, alrededor del 722 AC, y Dios tenía una misión clara y exigente para este profeta. La misión de Dios para Oseas, si él decidiera aceptarlo, fue así: «Oseas, quiero que te cases con una mujer que te va a ser infiel, pero debes permanecer fiel a ella. La amarás, pero será una vergüenza para ti. Sin embargo, tu matrimonio es simbólico y voy a utilizar tu historia para enseñarle una lección a mi gente. En este matrimonio me representarás y también a Dios, Gomer representará a mi pueblo, Israel. Ella huirá y será infiel, al igual que mi pueblo ha huido de mí y me ha sido infiel. Pero debes permanecer fiel a ella porque yo sigo fiel a Israel».

Casi puedes oír la respuesta de Oseas. *¿Es en serio? ¡Dios, Esa es una petición monstruosa!*

Pero Oseas obedeció a Dios, aunque fue difícil hacerlo.

La lección para nosotros es cuando uno, como cristiano, nos apartamos de Dios, perseguimos principios y prácticas que son indignos e impropios de Dios, cometemos el mismo tipo de «prostitución» como la que cometió Israel contra el Señor. Cuando pecamos le damos la espalda a Dios, estamos siendo infieles a Dios y Dios tiene el derecho de dejarnos seguir nuestro propio camino. Pero él no nos soltará. Él nos persigue. Y él es fiel, aun cuando no lo somos.

Puede que le hayas cerrado la puerta a Dios, pero él aún está tocando la puerta. Es posible que hayas huido de Dios, pero ninguna montaña le impedirá escalar para rescatar a una oveja perdida y extraviada. Ningún lugar al que puedas ir es demasiado lejos para que Dios no te alcance. Ningún pecado es demasiado severo que Dios no te puede perdonar. Dios no solo quiere mostrarte las profundidades de su amor, sino que también quiere demostrar el tipo de amor que quiere que le mostremos a los demás.

La historia de Oseas y Gomer definitivamente no es una típica historia de amor, sino una historia asombrosa y verdadera, una ilustración viviente del amor de Dios hacia su pueblo. Él no nos ha amado porque éramos puros y santos. Más bien, nos amó sabiendo que éramos todo lo contrario y, sin embargo, nos llevó a una relación de alianza con Él mismo. Lo hizo no porque fuésemos buenos, sino para hacernos buenos. También lo hizo no porque fuéramos fieles, sino para enseñarnos cómo ser fieles.

## 9 DE SEPTIEMBRE
*<< Por la fe comprendemos que el universo fue hecho por la palabra de Dios, de modo que lo que se ve fue hecho de lo que no se veía. >>*
*Hebreos 11:3*

# EL CONCEPTO DE LA CREACIÓN

Imagina un hermoso día de verano. El sol está brillando y calentando suavemente la tierra. La brisa ligera aporta frescura y frescor al aire. El cielo azul revela la gran extensión del espacio durante el día y las estrellas parpadeantes apuntan a galaxias distantes durante la noche. La gravedad te mantiene de pie sobre la hierba verde, con los pies firmemente plantados, a pesar de la asombrosa velocidad a la que ambos giramos y viajamos a través del espacio. Un delicado equilibrio de ciclos ambientales, trabaja en conjunto para garantizar que la vida funcione de manera continua, armoniosa y eficiente.

Eres una persona, en un planeta, en un sistema solar, fuera de una galaxia, de un universo. Todos estos combinados conforman un cosmos completo, todos formados y perfectamente enmarcados de la palabra hablada de Dios. De la nada surgió todo, de lo inmaterial vino lo material; el vacío produjo plenitud cuando Dios, en Su diversidad, creatividad y autoridad, produjo la creación. ¡Por fe, entendemos que esto es verdad!

La ciencia y la filosofía solo ofrecen teorías sin justificación por su explicación de los orígenes cosmológicos; por lo tanto, la especulación del hombre debe sucumbir a la revelación divina. Los hechos deben ser aceptados por la fe, solo porque nadie estuvo presente para testificar el evento de la creación, con excepción de Dios mismo. Por lo tanto, confiamos en la revelación divina de la Santa Palabra de Dios, Su Palabra que se ha encontrado probada y verdadera y, por lo tanto, nos permite tener fe en el relato de la creación. Ninguna suma de investigación científica y ninguna cantidad de pontificar filosóficamente, podrán llegar a una causa confirmada de la creación, aparte del hecho de que Dios creó los cielos y la tierra. Como ha dicho John MacArthur,

El cristiano insiste en que toda verdad es la verdad de Dios. Parte de esto - el mundo natural, se puede descubrir con nuestros ojos, oídos, tacto e intelecto. Más allá de eso, sin embargo, no lo es. Es aprehendido solo por la fe, por lo que el cristiano no debe pedir disculpas. El intento mismo de explicar el universo, o nuestro propio ser y naturaleza, aparte de Dios, es un esfuerzo tonto. Estas cosas las entendemos solo por la fe en la Palabra revelada de las Escrituras.

De principio a fin, la fe es el fundamento de la Biblia, porque sin la fe es imposible agradar a Dios (Hebreos 11:6), por gracia somos salvos por medio de la fe (Efesios 2:8), vivimos por fe (Gálatas 2:20), somos por fe (2 Corintios 1:24), y andamos por fe (2 Corintios 5:7).

El comprender que Dios es el Creador de todas las cosas, es fundamental para conocer a Dios, conocerte a ti mismo y conocer nuestra relación con los demás. La creación grita creador y el diseño exige diseñador. El orden no viene del caos y la fe entiende que detrás de todo lo visible está el Dios invisible.

## 10 DE SEPTIEMBRE

*<< Entonces el Señor me dijo: «Ve y ama otra vez a tu esposa, aun cuando ella comete adulterio con un amante. Esto ilustrará que el Señor aún ama a Israel, aunque se haya vuelto a otros dioses y le encante adorarlos». >>*
*Oseas 3:1 (NTV)*

## CONSEJERÍA MATRIMONIAL

Un matrimonio fuerte es el resultado de la inversión y un matrimonio débil es el resultado de la negligencia. El matrimonio es una bendición maravillosa, pero todo matrimonio pasará por momentos difíciles. Dificultades, disputas, desilusiones, amarguras, frustraciones, estrés financiero, falta de intimidad y resentimiento pueden hacer que cualquier matrimonio se convierta en una relación en espiral. Si no eres cuidadoso y piadoso, tu matrimonio se deteriorará, porque las relaciones ganan fuerza o pierden velocidad. Si tu matrimonio ha caído en tiempos difíciles, hay esperanza. Si tu cónyuge parece distante y desinteresado, puedes recuperar la intimidad. Si estás a un paso de la separación, puedes reconciliarte. O si las cosas parecen un poco fuera de equilibrio, puedes recuperar la estabilidad.

Oseas no solo nos dio un ejemplo del amor de Dios a un pueblo que se había rebelado contra ese amor, sino que también nos muestra cómo se ve el perdón y el amor incondicional en una relación cercana como el matrimonio. Oseas se casó con una esposa adúltera llamada Gomer que practicaba la infidelidad como estilo de vida.

Finalmente, ella dejó al profeta y sus tres hijos para vivir con otros hombres. Oseas pudo haberse divorciado de su esposa, pero a pesar de su dolor y su dolor de corazón personal, él continuó amándola.

De la misma manera, Dios ha llamado a su pueblo a un compromiso de por vida y a una relación con él, una especie de matrimonio. Como creyentes, debemos ser totalmente fieles a Dios y no vacilar en nuestra lealtad a él. Y aunque Dios usó el matrimonio de Oseas como una representación de su amor por su pueblo, podemos ver cierta ayuda matrimonial positiva y práctica en la forma en que Oseas amaba a su esposa.

Hacer lo que es fácil en el momento, puede que no siempre sea lo mejor para tu matrimonio a largo plazo. Oseas pudo haber elegido la salida fácil y darse por vencido cuando su esposa lo dejó, pero no lo hizo. Él eligió seguir amándola, incluso cuando ella no lo amaba a cambio. El tipo de amor mostrado por Oseas hacia su esposa, es el mismo tipo de amor que Dios muestra hacia su pueblo. El suyo es un amor perdonador, un amor desinteresado y un amor constante. Es un amor incondicional e inquebrantable. «Para bien o para mal» no son solo palabras que decimos para describir el sentimentalismo romántico; deben ser una característica definitoria que se encuentra en el núcleo del amor bíblico y matrimonial.

Sencillamente, debes amar a tu cónyuge de la manera en que Dios te ha amado. Eso significa que cuando pecas, Dios te muestra perdón, por lo que debes extender el perdón a tu cónyuge. Cuando eres infiel, Dios en su amor permanece siempre fiel hacia ti, por lo que debes mostrar un amor que sea fiel, incluso cuando tu cónyuge pueda ser infiel a ti en promesa, palabra o acción. Debes tener un amor que elija ir con tu cónyuge y no esperar a que tu cónyuge acuda a ti. Tu amor debe buscar la reconciliación, incluso cuando no tiene la culpa, así como Dios en su amor por ti envió la reconciliación al mandar a su Hijo.

El amor incondicional que debes mostrarle a tu cónyuge, no te mantiene libre de heridas o dificultades y las acciones amorosas son distintas de los sentimientos amorosos. Pero elegir amar siempre fortalecerá un matrimonio.

## 11 DE SEPTIEMBRE

*<< Despojémonos de todo peso y del pecado que nos asedia,
y corramos con paciencia la carrera que tenemos por delante, >>
Hebreos 12:1*

# LA CARRERA ASOMBROSA

Nadie corre en una maratón con ropa pesada o pesas adicionales, ningún cristiano puede correr la carrera de la fe con éxito si él o ella permiten que las pesas espirituales disminuyan su velocidad. Imagínate lo extraño que sería si estuvieras en la línea de salida de un maratón, vestido con pantalones cortos de nylon, una camiseta sin mangas, con tenis para correr, y a tu lado, un tipo vestido de jeans, abrigo de invierno y botas de trabajo. Qué extraños nos debemos de ver, ante Dios, cuando nos ve tratando de correr la carrera de fe cargada de obstáculos y detenida por el pecado. Tómate un momento para considerar si algo está obstaculizando tu fe. ¿Hay algún pecado que te esté frenando a medida que intentas correr la carrera que Dios ha puesto delante de ti?

La Biblia usa muchas metáforas diferentes para describir nuestra vida en Cristo. El apóstol Pablo dice que somos esclavos (Romanos 6:22), soldados (2 Timoteo 2:3), y agricultores (2 Timoteo 2:6), en el versículo de hoy, el autor de Hebreos, dice que somos corredores en una carrera de larga distancia. En otras palabras, la vida de fe es una maratón y cada maratón requiere que corramos con disciplina y diligencia si queremos cruzar la línea de meta. Ya que Dios nos salva, Dios también nos inicia en esta carrera y Dios establece nuestro curso. Todos estamos aquí por una razón: vivir una vida que glorifica a Dios y cumple su voluntad. Esto requiere no solo fe en Dios, sino también perseverancia y resistencia.

Para correr bien nuestra carrera, debemos seguir algunos consejos prácticos para asegurarnos de que terminemos fuertes.

Primero, correr la carrera de la fe requiere que nos liberemos de cualquier peso adicional. Ahora, un peso no es necesariamente pecado. Más específicamente, un peso es algo que no te ayuda a avanzar. Para el cristiano, un peso puede ser una actitud o una acción, materialismo o ambición, o puede ser un pasatiempo o incluso ciertas amistades. Tu peso puede ser mirar demasiada televisión o pasar todo tu tiempo libre disfrutando de una actividad recreativa. Cualquier cosa que no te ayude a avanzar en tu fe tiene el potencial de agobiarte.

Además de los impedimentos que te pesan, el pecado tiene el potencial de detenerte e incluso descalificarte de la carrera (1 Corintios 9:27). Ciertamente, todo pecado detiene, pero en el versículo de hoy, es una indicación de un pecado que fácilmente nos atrapa. Basado en el capítulo anterior de Hebreos, si hay un pecado por encima de todos los demás que nos impida en nuestra fe, ese pecado es la incredulidad. La incredulidad es cuando dudas de Dios, desconfías de Dios o te desvías de su camino, plan y propósito para tu vida. Toda desobediencia proviene de la incredulidad.

Si te has cansado de correr la carrera de la fe, quizás corres con un peso que te frena. Si es así, despídete de esos obstáculos que te pesan y que consumen toda tu energía espiritual. Tal vez el pecado te haya hecho tropezar y otros corredores te están rebasando. Vuelve a la carrera, desechando el pecado que te ha atrapado y regresa a esta asombrosa carrera de fe.

---

**12 DE SEPTIEMBRE**

*<< Porque misericordia quiero y no sacrificios,*
*conocimiento de Dios más que holocaustos. >>*
*Oseas 6:6*

## ¿QUE TAN BIEN CONOCES A DIOS?

Vivimos en una era que ha sido etiquetada como «la era de la información» en la que, en minutos y con frecuencia, incluso segundos, puede recibir la información a su alcance. Sin embargo, a pesar de la velocidad rápida y la amplia variedad de información que está disponible, muchas personas todavía no están informadas acerca de Dios. No saben quién es Él, cómo es, por qué fueron creados o qué espera de ellos. Este problema no es nuevo. El apóstol Pablo habló de personas que "siempre estaban aprendiendo y nunca podían llegar al conocimiento de la verdad" (2 Timoteo 3:7). Además, en el libro de Oseas, vemos a los hijos de Israel luchando para saber cómo realmente conocer a Dios. Como cristianos, podemos pasar toda una vida creyendo que conocemos a Dios. Después de todo, vamos a la iglesia, leemos libros cristianos, escuchamos música cristiana y tenemos experiencias emocionales con Dios. ¿Pero realmente conocemos a Dios?

Los hijos de Israel pensaron que conocían a Dios, pero permitieron que el ritual de rutina ocupara el lugar de una relación real con Dios. El significado del versículo de hoy en Oseas, un versículo que

Jesús mismo citó (Mateo 9:13), no es que Dios rechazara el sistema de sacrificios o las ofrendas quemadas que habían sido parte integral de su religión. Dios quería más de su pueblo que meramente observancias formales o actividad religiosa sin vida; Quería que su adoración y su servicio salieran de un amor genuino por él y de un amor sincero por los demás. Las personas se enfocaron en la ceremonia, cuando Dios buscaba la comunión, se enfocaban en la tradición, cuando Dios quería una transformación interna, y se enfocaban en una religiosidad institucionalizada, cuando Dios quería una relación íntima.

Debido a que el sacrificio era una parte importante y esencial de la adoración del Antiguo Testamento, esta instrucción de Dios debe de haber sonado extravagante para la gente. Esto equivale a que Dios le diga a los cristianos de hoy: «Deseo misericordia, no ir a la iglesia y el conocimiento de Dios más que servir en el ministerio». ¡Ahora eso suena drástico! Esta declaración nos suena tan radical porque ir a la iglesia y servir a Dios son partes importantes, esenciales de nuestra adoración. Pero el énfasis para los hijos de Israel y para los cristianos de hoy es el mismo. Ir a la iglesia y servir a Dios es importante, pero si simplemente estamos en actividades religiosas, mientras que carecemos de un verdadero amor, devoción o conocimiento de quién es Dios, entonces nuestra actividad religiosa no tiene sentido y realmente no conocemos a Dios. La apariencia externa no necesariamente indica un compromiso interno con Dios.

¿Dios quiere nuestro servicio y sacrificio? ¡Sí! Pero también requiere que esto no se pueda hacer por un sentido legalista del deber. Nuestro servicio debe provenir de la compasión, la bondad y la consideración por los demás; nuestro sacrificio debe provenir de una relación personal e íntima con Dios, que proviene de una devoción a su Palabra.

Dios dijo: «Porque el Señor no ve como el hombre ve; porque el hombre mira la apariencia exterior, pero el Señor mira el corazón» (1 Samuel 16:7). Dios debe tener nuestros corazones si nuestro servicio es incondicionales para cualquier cosa. La actividad religiosa aparte de una relación personal con Dios no vale nada. Si desea ofrecer el sacrificio de servicio a Dios, debe comenzar por conocerlo personalmente.

**13 DE SEPTIEMBRE**
*<< Porque el Señor al que ama, disciplina. >>*
*Hebreos 12:6*

## CORRECCIÓN AMOROSA

Dios nos ama incluso en momentos en que podemos sentir que Él no lo hace. Una situación en que nos sentimos tentados a pensar que Dios no nos ama, es durante la dificultad asociada con su corrección amorosa. La disciplina piadosa nunca se siente amorosa al pasar por ella, pero dado que Dios realmente nos ama, a veces la mejor manera de lograr el cambio necesario en nuestras vidas es a través de la disciplina. A pesar de que el motivo de Dios para su corrección es el amor y su deseo es lograr la santificación en nuestras vidas a través de la disciplina, no siempre recibimos disciplina con eso en mente. La mayoría de nosotros seríamos rápidos en admitir que queremos que Dios bendiga nuestras vidas, que trabaje en nosotros y por medio de nosotros. Sin embargo, cuando ese proceso implica corrección y disciplina, nuestro entusiasmo comienza a disminuir.

La corrección es evidencia de que Dios nos considera parte de su familia y es un signo de su amor por nosotros. Satanás, por otro lado, quiere que creamos que la corrección, la disciplina o el castigo es una señal de que Dios no nos ama. Esto no es nada más que una mentira y un intento del enemigo para apartar nuestros corazones de Dios. Satanás quiere que creamos que Dios nos está castigando, pero Dios no castiga a sus hijos, los disciplina. El castigo está asociado con la pena y Jesús pagó nuestro castigo por el pecado, en la cruz. Cuando nos alejamos, Dios usa la corrección para volver a encaminarnos. Cuando pecamos, Dios usa la disciplina para llevarnos al arrepentimiento y para restaurar la comunión. Dios usa la disciplina para madurarnos. La disciplina y la corrección de Dios a menudo se experimentan a través de dificultades y circunstancias difíciles cuando Él las usa para desarrollar nuestra fe, profundizar nuestra devoción y cultivar nuestro carácter. La disciplina «da el fruto pacífico de la justicia a aquellos que han sido entrenados por ella» (Hebreos 12:11).

¿Esto significa que todas las dificultades y pruebas son la disciplina de Dios en nuestras vidas? ¡Claro que no! Toda dificultad no es disciplina. Todas las catástrofes no son la corrección de Dios. No todas las dificultades o pruebas que enfrentamos son resultado del pecado o por el descarrío en nuestras vidas. Debemos evitar la condena categórica de que una persona que experimenta dificultades en su vida debe hacerlo a causa del pecado. El pecado y la dificultad van de la mano a veces, pero la dificultad también se presenta en ocasiones debido a la justicia en nuestras vidas. Podemos estar seguros de que, sin importar lo que estemos experimentando, Dios intenta usar esa experiencia para enseñarnos, conformarnos y madurarnos en la fe.

No nos gusta soportar las dificultades, aunque sabemos que Dios tiene una buena razón para permitirlas. En lugar de desanimarnos, hay que reconocer que nuestro Dios es un Dios amoroso, que está cuidando nuestros intereses mejores. Mejor deja de luchar contra el proceso o la corrección, coopere con Dios, permita que él trabaje en y a través de sus circunstancias para cumplir su voluntad. Olvida pedirle a Dios que elimine la dificultad, recuerde que el buen resultado que proviene de la disciplina supera con creces la dificultad que debemos experimentar en el camino.

---
**14 DE SEPTIEMBRE**
---

*<< Olvidó, pues, Israel a su Hacedor. >>*
*Oseas 8:14*

## OLVIDANDO A DIOS

¿Alguna vez has tenido problemas para recordar dónde dejaste algo? O, ¿alguna vez has visto acercarse una cara conocida, pero no recuerdas su nombre o cómo conoces a esa persona? Tener esos momentos ocasionales en la vida cuando tu memoria se queda completamente en blanco es algo natural.

Pero ¿qué hay de las cosas concernientes a Dios? ¿Alguna vez has tenido problemas para recordar las bendiciones de Dios en tu vida? Por mucho que no nos gustaría admitirlo, el hecho es que todos tenemos una tendencia a olvidar la bondad de Dios en nuestras vidas. A menudo, las presiones o los desafíos que enfrentamos pueden hacernos olvidar cómo Dios nos ha provisto en el pasado, cómo nos ha llevado a donde estamos hoy y cómo nos ha prometido siempre estar presente en nuestro futuro. Dar por sentado la bondad de Dios, puede ser perjudicial para nuestra fe, pero podemos tomar medidas para evitar que eso suceda.

Israel se había olvidado de Dios. No olvidaron su existencia, pero sí habían olvidado mantenerlo en el centro de sus vidas. Esto los llevó a adorar a Dios en sus propios términos y no en los términos de Dios, que no es adoración en absoluto. Israel había optado por olvidar a Dios al no confiar más en sus caminos y en su lugar comenzaron a confiar en sus propias habilidades. Poco a poco descuidaron su relación con Dios, al no recordar la realidad de la bondad y la gracia de Dios en sus vidas. No pudieron recordar la abundante protección y amplia provisión de Dios en tiempos pasados, lo que hizo que servirle fielmente en el presente fuera casi imposible. Al confiar en su propia fuerza y tener fe en su propia suficiencia, olvidaron que todas las bendiciones que habían experimentado vinieron como resultado de la bondad y la gracia de Dios. En suma, su olvido debilitó su fe.

Al olvidar a Dios y dar por sentado su bondad, podemos comenzar a sembrar semillas de incredulidad en nuestros propios corazones, lo que nos puede llevar a la desobediencia en nuestras vidas. Tomemos, por ejemplo, cuando los hijos de Israel fueron sacados de Egipto. Tan pronto como Dios los llevó milagrosamente a través del Mar Rojo, se olvidaron al instante, como si sus recuerdos se hubieran quedado completamente en blanco. Parece que no podían recordar todos los milagros que Dios acababa de hacer por ellos, así que empezaron a quejarse, lo que los llevó a la duda y luego a la desobediencia. El olvido debilitó su fe.

Podemos hacer lo mismo hoy. Cuando el Señor trabaja de maneras obvias, confiar en él en ese momento es fácil. Pero, a medida que pasa el tiempo, nos desviamos hacia la confianza en uno mismo y nos alejamos de la dependencia de Dios. Si queremos asegurarnos de no dar por sentado a Dios y comenzar a olvidar la bondad de Dios, debemos ejercitar nuestros recuerdos.

Una de las maneras más fáciles de mantener tu memoria aguda con respecto a la bondad de Dios, es registrar y revisar lo que Dios ha hecho en tu vida. Hacer un diario es la forma más fácil de lograrlo y es tan simple como escribir la forma en cómo Dios ha contestado las oraciones, cómo te ha guiado a través de la dificultad, las lecciones que te ha enseñado, cómo ha provisto y de qué te ha liberado. Luego, de vez en cuando, revisa lo que has escrito. De esa manera, cuando llegue tu próxima prueba podrás decir: «Dios me ha ayudado a superar esto antes. Él me llevará de nuevo.» Esto te ayudará a evitar el olvido de Dios.

## 15 DE SEPTIEMBRE

<< *Tengan cuidado de que no brote ninguna raíz venenosa de amargura, la cual los trastorne a ustedes.* >>
*Hebreos 12:15 (NTV)*

## ARRANCAR DE RAÍZ LA AMARGURA

En cada vida debe caer un poco de lluvia. Pero está en ti decidir si un poco de lluvia arruinará tu día o no. En cada vida vendrá un poco de dolor. Y depende de ti si dejaras que ese dolor se convierta en amargura y arruine tu paz con los demás o no. Si alguna vez has sido herido u ofendido por alguien, entonces has estado tentado a cultivar la amargura en lo profundo de tu corazón. La amargura siempre comienza siendo pequeña, como una semilla, pero puede convertirse rápidamente en una situación problemática que interrumpe las relaciones y disminuye la alegría a medida que se arraiga, creciendo como una mala hierba.

El autor de Hebreos nos recuerda que, aunque podamos tener paz con Dios, no siempre podemos estar en paz con quienes nos rodean. Debemos hacer todos los esfuerzos para buscar la paz con todas las personas (Hebreos 12:14). La ira no resuelta y la falta de perdón, casualmente se convertirán en amargura y pueden llevar a la esclavitud espiritual. Por lo tanto, debemos extraer la amargura de las raíces, antes de que empiece a crecer. El autor de Hebreos utilizó esta imagen del mundo de la agricultura, comparó a una persona que ha abusado de la gracia de Dios con una raíz amarga. Tal persona causa problemas entre el pueblo de Dios al perturbar la paz y envenenar las relaciones. Son como una hierba que, cuando se deja desatendida, ahoga lentamente toda la vida circundante.

La amargura puede afectarte a ti y a quienes te rodean de manera física, mental, espiritual y emocionalmente. La amargura crece justo debajo de la superficie y, a menudo, comienza con pensamientos como: *nunca olvidaré lo que me hicieron y no merecen otra oportunidad.* Como ha señalado Warren Wiersbe.

Si alguien nos lastima, ya sea deliberadamente o no, y no lo perdonamos, entonces comenzamos a desarrollar amargura interna, que endurece el corazón. Deberíamos ser bondadosos y amables, en cambio, somos duros y amargados. En realidad, no estamos lastimando a la persona que nos lastimó; Sólo nos estamos lastimando a nosotros mismos. La amargura en el corazón nos hace tratar a los demás como satanás nos trata, cuando debemos tratar a los demás como Dios nos ha tratado. En su gran bondad, Dios nos ha perdonado y debemos perdonar a los demás. No perdonamos por *nuestro* bien... o incluso por el bien de *ellos*, sino por el bien de *Jesús*. Aprender a perdonar y olvidar es uno de los secretos de una vida cristiana feliz.[61]

Aprender a perdonar y olvidar también es necesario para superar la amargura. Cuando estemos dispuestos a amar, estaremos dispuestos a perdonar.

Si estás luchando contra la amargura, ora diariamente para que Dios te perdone por albergar sentimientos de amargura hacia otra persona, pídele a Dios que elimine esos sentimientos y los reemplace con compasión. Perdona a la otra persona por el mal o el daño que te causaron, incluso si nunca vienen y te piden perdón. Si realmente has dejado de amargarte, comenzarás a ver que las emociones ásperas, que has tenido hacia alguien, serán reemplazadas por la compasión, podrás aceptar a esa persona, incluso si nunca cambia. No permitas que la amargura crezca en el fondo de tu corazón. Tan pronto como veas brotar la amargura, responde desterrando la amargura, extendiendo el perdón y la gracia.

---

**16 DE SEPTIEMBRE**

*<< ¡Pónganse a labrar el barbecho!*
*¡Ya es tiempo de buscar al Señor! >>*
*Oseas 10:12 (NVI)*

## CAMPOS DE HIERBAS

¿Te sientes un poco estancado y necesitas una revitalización espiritual? ¿Estás listo para que Dios haga una nueva obra en tu vida? Entonces quizás haya llegado el momento de romper el terreno de barbecho en tu vida. De seguro te preguntaras «¿Qué demonios es el terreno en barbecho?, ¿Y por qué lo estoy rompiendo?» Tradicionalmente, se permitía que las tierras de cultivo permanecieran en barbecho o sin cultivar, durante un período de tiempo para permitir que el suelo reponga nutrientes importantes y así el suelo sea más fructífero para futuros cultivos. Pero durante este período de descanso, la tierra pronto se llenaría de espinas y maleza. El agricultor entonces necesitaba romper cuidadosamente el terreno en barbecho, para despejar el campo de malezas y prepararse a plantar una nueva cosecha. La expresión *rompe tu tierra en barbecho* significa, entonces, romper con los malos hábitos, limpiar tu corazón de malas hierbas destructivas y prepararte para una nueva cosecha en tu vida.

El profeta de Dios Oseas predicó este principio a la gente de Israel. Ellos habían sembrado semillas de maldad y habían confiado en su propia fuerza en lugar de la fuerza de Dios. Habían decidido hacer las cosas a su manera y no a la manera de Dios. Ellos habían estado plantando semillas de maldad y ahora estaban levantando una cosecha podrida y comiendo el asqueroso «fruto de mentira» (Oseas 10:13). Oseas ahora le suplicó a Israel que hiciera las cosas a la manera de Dios y que comenzara por romper la tierra endurecida por el pecado de sus corazones, buscando al Señor de nuevo (versículo 12). Dios prometió que si la gente sembraba semillas de justicia, obtendrían misericordia y Dios los colmaría de bendiciones.

Dios nos está diciendo lo que le dijo a su pueblo hace unos miles de años atrás: ahora es el momento de buscar del Señor, y hoy es el día para romper el terreno de barbecho en tu vida. El proceso comienza al arrancar las malas hierbas de pecado que se encuentran en tu corazón y en tu mente, plantando la justicia para levantar una cosecha de perdón y bendición. Pero para cosechar las bendiciones de Dios, debemos estar dispuestos a trabajar el arado. Si queremos tener una cosecha abundante, debemos trabajar y cultivar el suelo. Labrar y romper el suelo siempre es un trabajo duro. Recoger las malas hierbas nunca es fácil, pero siempre es necesario si queremos tener una cosecha con la máxima fructificación.

Tal vez hay malezas de egoísmo que están asfixiando una cosecha de bondad, o la planta silvestre del miedo que obstaculiza el fruto de la fidelidad en tu vida. Puede ser que la incredulidad está creciendo, que has abandonado la lectura de la Biblia, o que la falta de amor este brotando. Si es así, rompa el terreno de barbecho y comienza el proceso de plantar una nueva cosecha. No permitas que tu vida como cristiano sea en barbecho; que te agrade ser complaciente, más preocupado por la comodidad que por la conformidad, o más centrado en el egocentrismo que en el autoexamen.

Si quieres que Dios haga una nueva obra en tu vida, entonces haz el trabajo duro de arar y preparar el suelo de tu corazón y mente. Y prepárate para cosechar la bendición de la justicia en tu vida.

## 17 DE SEPTIEMBRE

<< *Acordaos de los presos, como si estuvierais presos juntamente con ellos; y de los maltratados, como si vosotros estuvierais en su mismo cuerpo.* >>
Hebreos 13:3

# LA IGLESIA PERSEGUIDA

En muchos países del mundo actual, los cristianos se enfrentan a amenazas de muerte, violencia, encarcelamiento e incluso a torturas debido a su fe. Probablemente, la mayoría de nosotros nunca sabremos lo que es ser golpeado por nuestra fe, sufrir encarcelamiento por creer en Jesús o ser forzado a soportar torturas por decir el nombre de Jesús. Aunque no experimentemos personalmente este tipo de maltrato, todos somos llamados a compartir los sufrimientos de otros cristianos, de cualquier parte del mundo, que están siendo perseguidos por su fe en Jesucristo.

Es muy fácil olvidarse de lo que otros podrían estar pasando, las dificultades a las que se enfrentan, el dolor que pueden sentir o la opresión que pueden estar experimentando, si disfrutas de las bendiciones de la libertad religiosa. Es muy fácil preocuparnos por nuestros propios conjuntos de circunstancias y no tomamos el tiempo para considerar las circunstancias de los demás, de cómo podemos apoyar a los cristianos que están soportando situaciones horribles. En Hebreos se nos dice que debemos *recordar* a aquellos que son perseguidos y encarcelados por su fe en Jesús, porque son parte de nuestra familia de fe. Pero ¿realmente qué podemos *hacer*? ¿Cómo podemos *prácticamente* ayudar a alguien que está sufriendo por Jesús? Aquí hay una manera simple de recordar y ayudar a aquellos que están siendo perseguidos: *aprender, orar, dar e ir.*

Primero, debemos tomarnos el tiempo para *aprender* un poco sobre lo que otros cristianos están experimentando en todo el mundo. Los recursos en línea están disponibles, los libros que podemos leer son abundantes y podemos hablar con los misioneros cristianos para que podamos estar mejor informados y por lo tanto, mejor equipados para ayudar.

Luego, ¡*orar*! ¡Ora globalmente, ora bíblicamente, y ora prácticamente! Ora globalmente por todos aquellos que están siendo perseguidos. Ora bíblicamente conforme a las Escrituras. Por ejemplo, ora así como en Efesios, para que los creyentes perseguidos y encarcelados se llenen de la sabiduría que solo Dios da (Efesios 1:8), para que el Espíritu Santo los fortalezca en cualquier situación que se encuentren

(Efesios 3:16), que conozcan la profundidad del amor de Dios por ellos (Efesios 3:19), que conozcan cómo compartir las buenas nuevas del evangelio de Jesucristo (Efesios 6:19) y que tengan el denuedo necesario para que puedan andar, hablar y vivir una vida para Jesús (Efesios 6:20). Del libro de Filipenses, ora para que su encarcelamiento resulte en el avance del reino de Dios (Filipenses 1:12) y para que el Señor sea exaltado, ya sea en sus vidas o en el caso de su muerte (Filipenses 1:20). Solo piensa cuánto desearías que alguien orara por ti, si fueras perseguido.

A continuación, *da*. Otra forma de mostrar apoyo es dando ayuda financiera. Pablo agradeció a los filipenses por compartir con él su aflicción, al dar dinero para que su ministerio continuara (Filipenses 4: 14-16). Al apoyarlo financieramente, también alentaron a Pablo espiritualmente.

Por último, *ve*. Dios puede abrir una puerta para que vayas y visites a alguien que está en problemas. Hay demasiado aliento cuando se encuentra en la presencia física de otro creyente. Pablo escribió sobre Onesíforo, quien lo refrescó al pasar tiempo con él mientras estaba encadenado para Cristo en una prisión romana (2 Timoteo 1:16).

Como nos recuerda el versículo de hoy, «Acuérdense de aquellos que están en prisión, como si ustedes mismos estuvieran allí. Acuérdense también de los que son maltratados, como si ustedes mismos sintieran en carne propia el dolor de ellos.» (Hebreos 13:3 NTV).

---

**18 DE SEPTIEMBRE**
*<< Los amaré de pura gracia. >>*
*Oseas 14:4*

## LA NATURALEZA DEL AMOR DE DIOS

El amor de Dios es incondicional, incuestionable, sin mitigaciones y sin reservas. El dinero no te compra el amor de Dios, el trabajo no te gana el amor de Dios y la habilidad no puede hacerte ganar el amor de Dios. No hay sustituto para el amor de Dios, no hay pérdida del amor de Dios y no hay límite para el amor de Dios. A veces encontramos dificultades para recibir fácilmente el amor de Dios, totalmente inmerecido y sin restricciones, por lo que tratamos de ganarlo.

En el libro de Oseas, Dios le recordó a su pueblo que los amaba de pura gracia. Estaba dispuesto a colmar su amor sobre su pueblo sin necesidad de recompensa. No lo dijo porque algo en ellos fuera digno de ser amado. Al contrario, Dios los amó a pesar de que habían actuado sin amor hacia Dios. Dios dijo: «los amaré de pura gracia» no porque hayan demostrado fidelidad. Al contrario, Dios los amó a pesar de que habían sido infieles y sin amor hacia Él en repetidas ocasiones. Dios dijo: «los amaré de pura gracia» no porque su pueblo demostró obediencia inquebrantable. Al contrario, Dios los amó a pesar de que le habían dado la espalda y volvieron a vivir sin Él. Dios dijo: «los amaré de pura gracia» no porque se hayan arrepentido. Al contrario, Dios los amó mucho antes de que tomaran la decisión de arrepentirse y volverse a Él.

Debido al amor de Dios, Él ofreció perdón y restauración a su pueblo y debido a su amor, eligió ofrecer gracia en lugar del juicio merecido.

La verdad más grande en todas las Escrituras es que Dios es amor. El amor es la expresión suprema de la naturaleza, el carácter de Dios y es la expresión más alta de su bondad. Todos los otros atributos de Dios fluyen de Su amor. El amor de Dios es la razón por la que existimos y respiramos, el amor de Dios es la razón por la que dio a su hijo único para salvarnos. El amor de Dios por nosotros es inmerecido. Él nos ama a pesar de nuestra desobediencia, nuestro pecado y nuestro egoísmo. Dios no nos ama por lo que somos, sino por quién es él. Dios ama porque Él es amor y nos lo ha mostrado a través de Jesucristo que «los amaré de pura gracia».

¿Cuál debería ser nuestra respuesta al amor que Dios nos ofrece?

¡Recíbelo! Dios nos da su amor libremente, por lo que debemos recibirlo libre y gozosamente.

¡Compártelo! Comparta el amor de Dios con los demás, invitándolos a conocer personalmente y experimentar el amor de Dios por ellos mismos.

*¡Muéstralo!* Muestre el amor de Dios al amar a los demás de la manera en que Dios te ha amado a ti (Juan 13:34).

¡Vívelo! Dios nos dice que la mejor manera de vivir nuestro amor por él, es obedeciendo su Palabra (Juan 14:23).

Cuanto más recibimos, compartimos, mostramos y vivimos el amor de Dios, más reflejamos la naturaleza del amor de Dios.

## 19 DE SEPTIEMBRE
*« Jesucristo es el mismo ayer, hoy y por los siglos. »*
*Hebreos 13:8*

# UN DIOS QUE NO CAMBIA

En un mundo incierto, podemos estar seguros de una cosa: las cosas cambian. Incluso los estudios más superficiales de la historia del mundo, revelan la diversidad del cambio que ha abarcado siglos y ha impactado a las culturas. Incluso, en los últimos años, hemos visto cambios en tecnología, cultura, filosofía, política, moral y más. El cambio parece ocurrir tan rápido que mantenerse al día, con todo ese cambio, puede a menudo ser difícil. ¿Qué hay de tu propia vida? ¿Cómo ha cambiado tu vida en el último año o dos, o incluso cinco? Es muy probable que hayas experimentado muchos cambios en tu vida durante la última década, ya sea en las áreas de trabajo, familia, iglesia o en tu propio crecimiento personal o espiritual. Y mientras que algunos de esos cambios hayan sido buenos, otros quizás no fueron tan buenos. No obstante, el cambio es parte de la vida. Tanto como las personas cambian y tanto como cambian las circunstancias, una cosa es cierta: Dios *nunca* cambia.

Dios es indudablemente incuestionable; Él es completamente inmutable. Es imposible que su carácter, naturaleza o ser, sea alterada ni adaptada. Su poder no puede aumentar, ni tampoco puede disminuir. Él nunca crece en conocimiento, ni experimenta una disminución en la comprensión. Él es ilimitado, intemporal e ilimitado. Es inagotable, inquebrantable y firme. Él es, ha sido y siempre será completamente perfecto y perfectamente completo.

El Dios del Antiguo Testamento es el mismo Dios del Nuevo Testamento. Él es el Dios que se encuentra en el Huerto del Edén (Génesis 3), en el Jardín de Getsemaní (Mateo 26:36) y en el jardín de la gloria (Apocalipsis 22).

Él ha existido plenamente y sin fallas desde la eternidad pasada y continuará en la eternidad futura. Él es tanto el principio como el fin de todas las cosas (Apocalipsis 1:11). Él creó todas las cosas anteriormente (Colosenses 1:16), Él sostiene todas las cosas actualmente (Hebreos 1:3), y hará que todas las cosas sean nuevas de manera inminente (Apocalipsis 21:5).

Por la fe en Jesucristo, podemos tener una relación con la única cosa que no cambia en el universo: Dios. Él es el Dios inmutable que nunca retrocederá a sus promesas, que siempre honrará su Palabra, que nunca ajustará ni enmendará su plan de salvación, que siempre será amable, misericordioso, santo y amoroso. Él siempre hará lo que es correcto, bueno, puro y fiel a su Palabra. La naturaleza de Dios no cambia. Por lo tanto, sus planes son perfectos, sus promesas son permanentes y sus mandamientos son constantes.

A. W. Tozer dijo: «En Dios, ningún cambio es posible; en los hombres, el cambio es imposible de escapar».[62] El saber que Dios nunca cambiará, significa saber que, sin importar la dificultad, Dios es confiable. Significa que no importa la prueba, Dios es digno de confianza. Significa que no importa la inestabilidad, Dios permanece firme. Significa que una religión «nueva», nunca existirá para reemplazar el plan de salvación que Dios tiene para toda la humanidad a través de todas las generaciones.

¡Qué fuente abundante de consuelo e inagotable de gozo que se encuentra en la naturaleza y el carácter inmovible e inmutable de Dios! Y aunque Dios puede cambiar nuestras circunstancias, nuestras circunstancias nunca cambiarán a nuestro Dios.

---

**20 DE SEPTIEMBRE**

*<< Cuéntenselo a sus hijos >>*
*Joel 1:3 (NVI)*

## TRANSMITIR TU FE A TUS HIJOS

La fe siempre está a una generación de la extinción. No importa cuánto pueda amar alguien y servir a Dios, no puedes creer por otra persona. No importa cuánto ames a tus hijos, ellos deben desarrollar su propia fe y su propia relación personal con Dios. Con todos los grandes ministerios infantiles y programas juveniles en las iglesias de hoy, los padres pueden sentirse tentados a simplemente dejar el desarrollo espiritual de sus hijos a la iglesia. Pero Dios quiere que los padres tomen la iniciativa, alimentando a sus hijos espiritualmente, y los padres pueden ayudar a inculcar en sus hijos, la importancia de personalizar su fe en Dios de alguna manera práctica.

Dios habló a los padres y abuelos a través del profeta Joel, ya que los ancianos y líderes de Judá fueron instados a contarles a sus hijos todo lo que Dios había hecho entre ellos. En particular, debían compartir de manera permanente y perpetua, la reciente plaga de langostas que arrasó la tierra causando una destrucción generalizada. Esta plaga de langostas fue importante para recordar, no solo como un motivo de la disciplina de Dios para la desobediencia (Deuteronomio 28:38, 42), sino también como un anuncio de una devastación futura que sería mucho mayor que la plaga de langostas: una referencia al día venidero del Señor. El desafío de Joel de mantener esta historia viva por repetición a lo largo de las generaciones, revela la importancia del evento, así como la importancia de comunicar las obras de Dios a nuestros hijos, a los hijos de nuestros hijos y así sucesivamente al árbol familiar, para que ellos también puedan conocer a Dios personalmente, adorarlo con devoción y servirle fielmente.

Compartir las obras, maravillas y caminos de Dios con la próxima generación comienza en el hogar. Los padres deben encargarse de contarles a sus hijos las maravillosas obras de Dios todopoderoso. Los niños también no solo deben escuchar a Dios y acerca de Dios, sino que también deben ver una relación personal con Dios en la vida de sus padres. Nada ayudará a tus hijos a procesar y personalizar los asuntos de la fe, más que tú estés tratando de enseñarles, que ellos puedan observarte viviendo tu fe ante sus propios ojos.

Si encuentras dificultades para hablar con tus hijos sobre Dios y los problemas espirituales, tal vez algún consejo práctico te ayude a comenzar.

Primero, haz un tiempo regular para las devociones familiares, ya sea un tiempo semanal o algo que hagas diariamente. La lectura constante de la Biblia y la oración en familia es imprescindible. Además, aprovecha la hora de la comida para reforzar lo que les estás enseñando. Usa la hora de la comida como un momento natural para hablar sobre las «cosas de Dios». Hazlo de manera sencilla y busca formas naturales para guiar la conversación hacia temas espirituales.

A continuación, busque formas de hablar acerca de Dios en la rutina normal de la vida cotidiana de tus hijos. Conforme tratan con las presiones de los compañeros de escuela y las amistades, conforme enfrentan las competencias atléticas o académicas, conforme luchan con la tarea y las rivalidades entre hermanos, tus hijos fácilmente te darán oportunidades para enseñarles acerca de Dios.

Padres, tómense el tiempo para contarles a sus hijos acerca de Dios, aliéntenlos a pasar un tiempo planificado, con un propósito para con Dios y estarán bien encaminados para tener una fe personal en Dios.

## 21 DE SEPTIEMBRE
*« Les seré por un pequeño santuario en las tierras adonde lleguen. »*
*Hebreos 13:15*

# EL SACRIFICIO DE LA ADORACIÓN

Alabar a Dios es fácil cuando el sol brilla, las deudas se pagan, tu trabajo es seguro y tu salud es buena. Cuando llueve, el dinero escasea, estás desempleado o el médico te da malas noticias, alabar a Dios es un poco más difícil. En otras palabras, llegaran momentos en tu vida donde no tengas ganas de alabar a Dios debido a tus circunstancias. Sin embargo, si alabar a Dios siempre fuera fácil, entonces no se llamaría un sacrificio de alabanza. Si actualmente tiene problemas para alabar a Dios, tal vez una nueva mirada a cómo ofrecer el sacrificio de la alabanza te ayude.

La alabanza juega un papel importante en nuestro caminar con Dios. La Biblia nos dice que fuimos creados para alabar a Dios (Isaías 43:21). Por lo tanto, la alabanza y la adoración deben ser las principales prioridades en la vida de cada creyente. Si somos honestos con nosotros mismos, admitiríamos que tenemos momentos en los que sentimos ganas de alabar a Dios y otros en los que no lo hacemos. Quizás Job no sintió el deseo de alabar a Dios cuando perdió a su familia y sus posesiones en lo que a él le pareció un abrir y cerrar de ojos, pero el hecho es que aún pudo ofrecer alabanzas a Dios en medio de su dolor (Job 1:21). A Pablo y a Silas ciertamente no les gustaba ser golpeados y enviados a prisión por servir a Dios, pero aún podían alabar a Dios a medianoche mientras estaban encadenados en prisión (Hechos 16:25). ¿Cómo pudieron ellos, y otros en la Biblia, ofrecer alabanza y adoración a Dios mientras experimentaban circunstancias dolorosas?

No debemos confundir nuestra capacidad de alabar a Dios en circunstancias dolorosas o difíciles, con alabar a Dios por circunstancias dolorosas o difíciles. En la vida, todos experimentaremos dolor, tristeza, decepción, desánimo y muchas otras dificultades. Dios no espera que le demos halagos falsos cuando estamos sufriendo. Las cosas malas son cosas malas, y las cosas malas les pasan a las personas buenas. Pero aún podemos ofrecerle a Dios alabanza honesta y genuina.

¿Cómo sucedió esto? Cuando nos enfocamos en el hecho de que Dios siempre es bueno, podemos alabarle incluso cuando la vida no es tan buena. El Salmo 106:1 nos llama a «¡alabar al Señor! ¡Den gracias al Señor, porque él es bueno!» (Salmo 106:1). Nuestra alabanza solo puede ser inmutable y sin trabas en una vida constantemente cambiante y frecuentemente obstaculizada - si mantenemos nuestra alabanza siempre enfocada en la bondad de Dios y no en las circunstancias de la vida que cambian constantemente. Nuestro elogio no debe ser derivado de una situación, sino de sacrificio. Parte de ofrecer un sacrificio de alabanza, significa que podemos alabar a Dios incluso cuando nos sentimos heridos, indefensos e infelices. Esto demuestra que somos capaces de ver que Dios es más grande que nuestras circunstancias y que aún puede trabajar en malas circunstancias para bien.

Nuestra alabanza nunca será cohibida si Dios está siempre en el centro de nuestra alabanza; no buscando lo que Dios puede hacer *por* nosotros, sino alabando al que es Dios *para* nosotros. Nuestra alabanza es una expresión de nuestra fe y confianza en Dios; no importa cuán difíciles sean las circunstancias, aquellos que conocen y confían en Dios siempre tienen mucho que alabarle. Entonces, ofrezcamos a Dios el sacrificio de alabanza continua y con inmenso agradecimiento.

---

**22 DE SEPTIEMBRE**

*<< Proclamen un tiempo de ayuno; convoquen al pueblo a una reunión solemne. Reúnan a los líderes y a toda la gente del país en el templo del Señor su Dios y allí clamen a él. >>*
*Joel 1:14 (NTV)*

## HAMBRIENTOS POR UN CAMBIO

El ayuno y la oración son disciplinas espirituales importantes y poderosas. A través del ayuno y la oración, el Espíritu Santo puede transformar nuestras vidas, nuestras iglesias, nuestras comunidades, nuestra nación y nuestro mundo. Cuando el pueblo de Dios ayuna y ora con la motivación bíblica adecuada, Dios los escuchará, los sanará y los ayudará (2 Crónicas 7:14). El camino hacia el avivamiento personal y comunitario, se pavimenta a través del ayuno y la oración.

La nación de Israel había sufrido una terrible invasión, una que dejó todo completamente destruido. Las cosechas fueron devastadas, las casas fueron destrozadas, la tierra quedó en ruinas y el ejército que lanzó aquel frío ataque fue nada menos que un ejército de langostas. ¡Si, Chapulines! Tras un ataque tan abrumador, el profeta Joel animó al pueblo a que se reunieran en el santuario y buscar de Dios a través del ayuno y la oración. Muchas veces los tiempos de gran dificultad y pruebas, incitan a las personas a buscar de Dios. Joel sabía que, tanto el pueblo como la nación, necesitaban un avance espiritual y la única manera de que el proceso de restauración y avivamiento se extendiera por toda la nación, era si el pueblo de Dios se humillaba buscándolo a través del ayuno y la oración.

¿Tienes hambre de un cambio en tu propia vida? ¿Estás buscando un avance espiritual? El lugar para comenzar es con el ayuno y la oración. El ayuno y la oración es el camino a una vida transformada. El ayuno y la oración no son herramientas de manipulación utilizadas para cambiar la mente de Dios, acelerar su respuesta o influir en su voluntad. En cambio, el ayuno y la oración nos preparan individualmente para escuchar a Dios, mientras eliminamos las distracciones y concentramos nuestra atención totalmente en él. Todos tenemos áreas en nuestras vidas en las que podríamos usar un avance espiritual. Tal vez tienes un hábito que necesitas romper o un hábito que necesitas empezar. Quizás tienes una actitud que necesita cambiar o un pecado que se ha convertido en un obstáculo. Sea lo que sea y donde sea que se necesite el avance espiritual, no te sorprenda si encuentras un cambio a través del ayuno y la oración.

Tal vez recuerdes la historia en Marcos 9, donde los discípulos intentaron y no pudieron expulsar a un demonio. Expulsar a los demonios, era algo que Jesús les había dado previamente, el poder de hacer (Marcos 3:14-15), pero aquí carecían por completo de la capacidad para hacerlo. Cuando le preguntaron a Jesús por qué eran incapaces e ineficaces, Jesús respondió diciendo: «Este tipo solo puede salir con la oración y el ayuno» (Marcos 9:29). Los discípulos necesitaban un gran avance. Donde antes habían visto a Dios hacer cosas asombrosas en ellos, ahora se sentían impotentes. Jesús les dijo que la manera de ver un avance espiritual era a través del ayuno y la oración.

Cuando ayunes y ores, toma en cuenta que algunas personas ayunan el chocolate o la televisión, la naturaleza del ayuno bíblico es quedarse sin alimento, durante un período de tiempo, mientras buscas al Señor y confías en él para fortaleza. Además, el ayuno bíblico siempre incluye la oración seria. Si tienes un hambre real de cambio, si estás listo para un avance espiritual, si quieres ver a Dios hacer cosas asombrosas en tu vida y luego a través de ella, comienza por practicar la disciplina espiritual del ayuno y la oración.

## 23 DE SEPTIEMBRE

*<< Hermanos míos, gozaos profundamente cuando os halléis en diversas pruebas, sabiendo que la prueba de vuestra fe produce paciencia. >>*
*Santiago 1:2-3*

## UNA GUÍA PARA LAS PRUEBAS

Alguien notó una vez que, la vida cristiana, se vive saliendo de una prueba o entrando en otra. ¿Por qué es eso? En pocas palabras, Dios está en el negocio de la refinación.

El libro de Santiago se lee como un manual de instrucciones para tu fe. Fundamentalmente, la Biblia se puede dividir en dos categorías. La primera categoría trata sobre cómo *conocer* a Dios, que es el aspecto teológico y la segunda categoría trata sobre cómo *seguir* a Dios, que es el aspecto práctico. El libro de Santiago, trata en gran parte de las instrucciones sobre cómo *seguir* a Dios, ya que Santiago desafía a los creyentes a vivir su fe todos los días. Aunque Santiago no lo dice directamente, es un firme partidario de la idea de que las acciones hablan más que las palabras. Por lo tanto, los cristianos deben proclamar en voz alta su fe en Dios por la forma en que viven sus vidas.

Para el cristiano, la vida en el mundo real significa que las pruebas son inevitables, y Santiago señala dos cosas importantes y prácticas para recordar cuando pasamos por las pruebas. La primera es la *perspectiva* y la segunda es el *propósito*. La perspectiva determina el resultado y la actitud determina la acción. Si las pruebas van a producir el resultado adecuado en nuestras vidas, entonces debemos mirar las pruebas con la perspectiva adecuada, lo que significa que debemos tener una actitud de gozo. Santiago no está diciendo que las pruebas sean experiencias gozosas, ni siquiera que deberíamos disfrutar de las pruebas. Más bien, debemos tomar la decisión de *encontrar* el gozo en cada prueba. Santiago dice que debemos «contar todo el gozo». En otras palabras, debemos tomar una decisión cuidadosa y deliberada para evaluar nuestras pruebas a la luz de lo que Dios está haciendo, en y a través de ellos. Esto, a su vez, produce un gozo dentro de nosotros. El gozo no se encuentra en la prueba en sí; el gozo se encuentra en Dios, que está trabajando a través de la prueba.

Nuestro gozo se encuentra primero en Dios, a quien sabemos que está trabajando en la prueba.

Segundo, nuestro gozo se fortalece a medida que entendemos el propósito de Dios por medio de la prueba. Y sí, las pruebas tienen un propósito; No son aleatorios, ni son coincidencias. Dios no está tratando de sabotear o destruir nuestra fe; él está trabajando para fortalecer nuestra fe. Las pruebas están diseñadas para poner a prueba nuestra fe. La palabra prueba aquí conlleva la idea de confirmar nuestra fe o de atestiguar nuestra fe. La tentación es diferente a la prueba. Dios siempre nos prueba para sacar lo mejor; Satanás nos tienta a sacar lo peor. Las pruebas están diseñadas para sacar lo mejor de nuestra fe. Las pruebas nos hacen más valiosos, pero no nos hacen más preciosos a los ojos de Dios. Él nos ama igual. Su amor no aumenta ni disminuye; El suyo es siempre un amor supremo y total. El valor se encuentra en nuestra utilidad para servir a Dios. Nos hacemos más valiosos en nuestro servicio a Dios a medida que soportamos pacientemente las pruebas. A medida que soportamos las pruebas, Dios nos moldea y nos prepara para ser usados aún más por él.

¿Cuánto tiempo debemos soportar, y cuánto tiempo Dios nos mantendrá en la prueba? Tomemos una lección de un platero que sostiene la plata en la parte más caliente de la llama. Nunca lo deja pasar y nunca deja de mirar en lo que está trabajando, porque si el costoso metal se deja en el fuego un momento demasiado largo, se vuelve inútil. ¿Cómo sabe un orfebre cuándo se refina la plata y cuándo debe quitarla del calor? Sabe que la plata ya llegado a ser refinada cuando puede ver su propio reflejo en la plata. Dios quiere ver su reflejo en nosotros, y Él nos dejará en el calor de una prueba por el tiempo que sea necesario para reflejar su imagen con mayor claridad.

¿Serás un reflejo de Él hoy?

---

### 24 DE SEPTIEMBRE
*<< Yo os restituiré los años que comió la oruga. >>*
*Joel 2:25*

## DIOS RESTAURA

Cuando ignoramos a Dios, la vida tiene un modo de descifrarnos. Cuando fallamos espiritualmente, tenemos una tendencia a querer evitar a Dios. Cuando caemos en pecado, nuestros corazones se endurecen gradualmente a las cosas de Dios. Pero no importa cómo se haya desenredado tu vida, cuántas veces puedes haber fracasado o cuán lejos de la voluntad de Dios has vagado, Dios todavía puede traer restauración a tu vida. Aunque las consecuencias del pecado pueden continuar y los efectos de la desobediencia pueden persistir, Dios todavía restaura.

El pueblo de Dios había estado ignorando a Dios y evitando sus advertencias. Gradualmente habían permitido que el pecado se apoderara de ellos, ya que practicaban la idolatría de manera rutinaria. Sus corazones se estaban endureciendo por la repetida desobediencia, ahora estaban atrincherados en el descarrío y la vida se estaba desmoronando. A la luz del reciente juicio de Dios contra los israelitas, el profeta Joel instó a la gente a despertarse, arrepentirse y volver a Dios. Joel, les recordó la gracia de Dios y sus bendiciones prometidas si se apartaban de su pecado y regresaban a Él:

> Entonces el Señor *será* celoso por su tierra y tendrá compasión de su pueblo. El Señor *responderá*,. . . «Te *enviaré* grano, vino nuevo y aceite. . . . Pero *alejaré* de ti al ejército del norte y lo *llevaré* a una tierra árida y desolada. . . .» Él *hará* que la lluvia caiga para ti. . . . «Así que te *devolveré* los años que la langosta ha comido. . . . *Derramaré* mi espíritu. . . . *Mostraré* maravillas en los cielos y en la tierra» (Joel 2: 18-20, 23, 25, 28-30, énfasis agregado).

Pero la restauración de Dios solo puede venir después del arrepentimiento personal.

Quizás estás sintiendo como si el pecado hubiera estado devorando tu vida. Al igual que las langostas, puedes sentir que todo lo bueno en tu vida ha sido despojado y estás parado en un desierto estéril, preguntándote cómo llegaste allí y si alguna vez volverás a ver la fructificación en tu vida. Tú sabes que se ha perdido el tiempo y se han cometido errores. Pero Dios puede perdonarte y, aún mejor, Dios quiere perdonarte. Como escribió James Montgomery Boice,

> Las oportunidades quizás se perdieron, pero Dios puede dar oportunidades nuevas e incluso mejores. Es posible que los amigos se hayan alejado, pero Dios puede dar nuevos amigos e incluso restaurar a muchos de los anteriores. Dios puede romper el poder del pecado, restaurar la santidad y dar un gozo personal de una manera como nunca te lo hubieras imaginado.

Dios está buscando traer restauración a tu alma y Dios quiere sanar el quebrantamiento en tu vida. Pero la restauración de Dios solo puede venir después del arrepentimiento personal. Cuando confesamos nuestros pecados al Señor, él es pronto para perdonar nuestro pasado y llenar nuestro futuro con esperanza. Cuando nos apartamos de nuestro pecado y desobediencia, Dios está listo para sacar el bien de los años perdidos. Dios es más que capaz de restaurar nuestras almas y guiarnos a la tierra de bendición, solo debemos prestar atención a las llamadas de despertar de Dios y responder rápidamente. Nunca es demasiado tarde para que Dios traiga restauración a tu vida, pero primero debemos entender que la verdadera restauración comienza con el arrepentimiento personal.

## 25 DE SEPTIEMBRE
*<< Cada uno es tentado, cuando de su propia pasión es atraído y seducido. >>*
*Santiago 1:14*

## DAR SENTIDO A LA TENTACIÓN

La vida está llena de tentación y la presión para pecar es poderosa y persistente. La tentación ha existido desde el principio de la humanidad y continuará engañando mientras la gente nazca en este mundo. Sin embargo, por más común que sea la tentación, durante todo el tiempo que ha existido, muy pocas personas han aprendido a manejarla lo suficiente y con éxito. Para tratar con éxito la tentación, debemos entenderla con precisión.

Santiago comenzó su epístola discutiendo juicios, y con su enfoque característico de fuego rápido, se mueve rápidamente hacia el tema de la tentación. La separación de los dos es importante, porque las pruebas y la tentación son claramente diferentes. Cuando las pruebas están diseñadas para lograr el crecimiento y la bendición, la tentación, si no se trata adecuadamente, produce pecado. Donde las pruebas funcionan desde afuera hacia adentro, la tentación trabaja desde adentro hacia afuera. Donde las pruebas provienen de Dios, la tentación nunca viene de Dios: «Que nadie diga cuando es tentado, "soy tentado por Dios"; porque Dios no puede ser tentado por el mal, ni él mismo tienta a nadie» (Santiago 1:13).

¿De dónde viene la tentación, entonces? Santiago no pudo ser más claro sobre el tema: la fuente de la tentación no es Dios, ni siquiera el Diablo, sino el propio corazón pecaminoso del hombre. Si no fuera por nuestros propios deseos, la tentación del diablo o del mundo nunca sería una posibilidad. La tentación sucede cuando somos atraídos hacia algo que apela a un deseo, un querer o un antojo y en nuestra emoción no nos damos cuenta del peligro del gancho hábilmente camuflado que está listo para atraparnos.

La tentación es un hecho. Nadie es exento; Todos deben enfrentar la tentación. La pregunta es, ¿estamos preparados para cuando la tentación tienta? Cuando nos preparamos para resistir la tentación de la tentación, necesitamos saber que la tentación es más poderosa cuando se descuida nuestro tiempo personal con Dios. Cuando estamos en nuestro punto más débil, la tentación se siente más fuerte. Por lo contrario, la tentación es más débil cuando somos espiritualmente fuertes.

Si quieres mantenerte fuerte espiritualmente y evitar la tentación, entonces comienza a dedicar más tiempo a la oración. El tiempo constante y persistente con Dios ayuda a fortalecerte para enfrentarte a la tentación. Haz todo lo posible por evitar situaciones comprometedoras, pero si te encuentras en un lugar o con algunas personas en las que te sientes tentado de hacer algo que sabes que debes evitar, simplemente vete. Sólo aléjate de allí. Es mejor que te vayas a que estés allí con la esperanza que lo puedas superar.

Lo más importante es que permanezcas en la Biblia. El tiempo para estudiar, memorizar, reflexionar y leer la Biblia es la manera más importante de estar preparado para cuando la tentación te atraiga. La palabra de Dios guardará tu corazón, protegerá tu mente y te ayudará a proteger tus pensamientos. Si toda tentación comienza con un pensamiento, entonces mientras más pienses acerca de Dios y su Palabra, más podrás resistir la tentación.

---

**26 DE SEPTIEMBRE**

*<< Y todo aquel que invoque el nombre de Jehová, será salvo. >>*
*Joel 2:32*

## ¡CUÁN GRAN SALVACIÓN!

La salvación es grande porque Dios es grande. La salvación es una imagen de la majestad de la misericordia de Dios. La salvación retrata la grandeza de la gracia de Dios, contiene las bendiciones ilimitadas de Dios, es abrumadora en la opulencia y no tiene paralelo en el poder. La salvación es completa en su capacidad de salvar, eterna en su alcance para salvar y absoluta en su garantía de salvar. La amplitud de la salvación no se puede contener, su costo no se puede calcular y su disponibilidad no se puede restringir.

El apóstol Pedro predicó de Joel 2 en Pentecostés, justo después de que el Espíritu de Dios fue derramado sobre los primeros discípulos de la iglesia. Y ese día al final de su sermón, la salvación llegó a tres mil nuevos creyentes. ¡Qué gran salvación! Pedro y todos los que estaban allí ese día en Jerusalén fueron testigos del poder predictivo de Dios y del logro de la autoridad cuando Pedro declaró: «Esto es lo que habló el profeta Joel» (Hechos 2:16). Aquí, Dios comenzó a cumplir esta profecía al derramar su Espíritu Santo de una manera nueva, haciendo que su espíritu esté disponible para todos los que creen. ¡Qué gran salvación! Este ilimitado derramamiento del espíritu de Dios continúa hoy y continuará hasta la segunda venida de Cristo, ya que todos los que reciben la salvación también reciben el don del Espíritu Santo de Dios y están autorizados por el Espíritu de Dios para vivir, servir y adorar a Dios de acuerdo con su Palabra.

Cuán grande es la salvación que Dios pone a disposición de todos, disponible para todos y para todos los que quieran recibir la gracia de su salvación. Nadie es demasiado rico, demasiado pobre, demasiado inteligente o demasiado inculto para recibir esta gracia. Todos están invitados a recibir esta salvación.

Nunca es demasiado tarde para aceptar lo que Dios ha ofrecido, porque todo aquel que invoque el nombre del Señor será salvo de la muerte. Quienquiera que invoque el nombre del Señor, se librará de la pena del pecado. Quienquiera que invoque el nombre del Señor, será liberado de la ira de Dios. La salvación está disponible para todos y el requisito simple es que invoque el nombre del Señor. Cree y recibe, confía y ora, confiesa que Jesús es el Señor y recíbelo como Señor sobre tu vida. ¡Qué gran salvación!

La salvación es una de las mejores palabras jamás concebidas y podríamos exponer sus esplendores para siempre. Pero para entender verdaderamente la grandeza, primero debemos experimentar la salvación para nosotros mismos. La triple experiencia de la salvación se compone de justificación, santificación y glorificación. A través de la salvación, estamos en paz con Dios, ya que él nos ha declarado justos, perdonados del pecado y liberados de la pena del pecado. A través de la salvación, estamos siendo formados para reflejar la imagen de Dios. Él nos está santificando, nos está cambiando y nos está haciendo una nueva creación en Cristo. Y a través de la salvación, un día seremos glorificados, liberados para siempre de la influencia del pecado, y para siempre, finalmente transformados a su imagen. ¡Qué gran salvación!

## 27 DE SEPTIEMBRE

*<< No solo escuchen la palabra de Dios; tienen que ponerla en práctica. De lo contrario, solamente se engañan a sí mismos. >>*
*James 1:22 (NTV)*

## ¡SOLO HAZLO!

Todos sabemos que comer sano es bueno. El comer alimentos saludables ayuda a prevenir enfermedades, mejorar el sistema inmunológico, aumentar la energía y resistencia. Pero, aunque todos sepan los beneficios, no todos comen de manera saludable.

Todos sabemos que el ejercicio regular es bueno. El ejercicio ayuda a controlar el peso, a dormir mejor, disminuya el colesterol, aumente la fuerza muscular y conduce una buena salud mental. Pero, aunque todos sepan esto, no todos hacen ejercicio.

Todos sabemos que obedecer la Palabra de Dios es bueno: «Toda la Escritura es inspirada por Dios, y es provechosa para la doctrina, para la represión, para la corrección, para la instrucción en justicia» (2 Timoteo 3:16). La Palabra nos hace «sabios para la salvación» (2 Timoteo 3:15), es una espada para la defensa (Efesios 6:17), y « ¡bienaventurados los que escuchan la palabra de Dios y la guardan!» (Lucas 11:28). Pero, aunque todos sepan esto, no todos obedecen la Palabra de Dios.

Santiago no está tratando de *lastimar* al cuerpo de creyentes, pero si está tratando de *edificar* el cuerpo y animar a los creyentes a que se levanten y se ocupen de obedecer la Palabra de Dios. En la fe cristiana, la aplicación siempre se encuentra donde la llanta se une con el camino. Como dijo Jesús, la verdadera prueba de nuestro amor por Dios, está en nuestra voluntad de hacer lo que Dios nos dice que hagamos: «Si me amas, guarda mis mandamientos» (Juan 14:15). La obediencia se logra paso a paso, y como dijo Oswald Chambers, «un paso adelante en la obediencia vale años de estudio al respecto».

Santiago sabía la importancia de estudiar la Biblia, también es de igual importancia para vivir la Biblia el crecer en nuestro conocimiento y comprensión de la verdad. Después de la revelación viene la responsabilidad, después de los principios viene la práctica, después de la creencia viene el comportamiento y después del credo viene la conducta. El pensamiento correcto conduce a la vida correcta. Si la buena teología es el fundamento de la vida cristiana, entonces la vida piadosa surge naturalmente de ese fundamento sólido. Simplemente saber la verdad nunca es suficiente; En algún momento, debemos comenzar a vivir la verdad. Del mismo modo, no debemos simplemente abrazar la verdad; La verdad que creemos debe, en algún momento, abrazarnos. Simplemente saber qué hacer no es lo mismo que hacerlo.

Warren Wiersbe dijo: «Muchas personas tienen la idea equivocada de que escuchar un buen sermón o estudiar la Biblia es lo que los hace crecer y obtener la bendición de Dios. No es la audiencia, sino el hacer lo que trae la bendición. Demasiados cristianos marcan sus Biblias, ¡pero sus Biblias nunca los marca a ellos! Si crees que eres espiritual porque escuchas la Palabra, entonces solo te estás engañando a ti mismo».[64]

Martín Lutero, el padre de la Reforma protestante, dijo: «El mundo no necesita una definición de la religión, sino una manifestación».

La próxima vez que tengas la oportunidad de poner en práctica lo que has leído y aprendido de la Biblia, no pierdas tiempo; ¡solo hazlo!

---

**28 DE SEPTIEMBRE**

*<< Este mensaje fue dado a Amós, un pastor de ovejas de la ciudad de Tecoa, en Judá. >>*
*Amós 1:1 (NTV)*

## AMÓS – NO TAN FAMOSO

¿Alguna vez te has sentido como un pez pequeño en un estanque grande? Sentirse pequeño e insignificante en un mundo tan grande es fácil. Agrega a eso la rutina repetitiva de la vida cotidiana, que ocasionalmente puede hacer que una persona se pregunte; si lo que está haciendo realmente hace una diferencia en el gran esquema de las cosas, y este sentimiento crece. Si actualmente te sientes de esta manera o conoce a alguien que está así, entonces presta atención y anímate amigo mío, porque a Dios le gusta tomar a las personas comunes y usarlas para propósitos extraordinarios.

Amós era un Don nadie, pero Dios vio en él a alguien con quien podía hacer algo. Amós no era un líder religioso, no tenía una educación formal y no era un hombre adinerado. Vivía en las cuadras de Tekoa, cinco millas al sureste de Belén, donde, según su propio relato, dijo: «No soy un profeta profesional y nunca fui entrenado para serlo. Solo soy un pastor y cuido de sicómoros de higo. Pero el Señor me llamó lejos de mi rebaño y me dijo: «Ve y profetiza a mi pueblo en Israel» (Amós 7:14-15 NTV). Dios vio en este pequeño pez un gran potencial y decidió hacer lo inesperado con una persona poco probable. Dios convirtió a este sencillo pastor en su portavoz santificado.

¿Qué tipo de cualidades busca Dios en el hombre o la mujer que usa? ¿Está buscando a la persona con la lista más larga de credenciales después de su nombre? ¿Está buscando a los líderes nacidos naturalmente? ¿Está buscando una superestrella? Normalmente no. Es cierto que, a veces, Dios usará un gran nombre para realizar el trabajo, el bien educado para comunicar su mensaje o el refinado para cumplir sus planes, pero más a menudo, Dios elige el uso de lo ordinario. De hecho, esto sucede con tal regularidad que se podría decir que usar el ordinario es el método de elección de Dios. La Biblia incluso llega a decir: «Recuerden, queridos hermanos y hermanas, que pocos de ustedes fueron sabios a los ojos del mundo o poderosos o ricos cuando Dios te llamó» (1 Corintios 1:26 NTV).

¿Por qué Dios selecciona regularmente lo insignificante, a los ojos del mundo, para hacer algo significativo? La razón es para que «nadie pueda jactarse en presencia de Dios» (1 Corintios 1:29 NTV).

Dios confundirá a los sabios ungiendo a los necios. Dios avergonzará a los fuertes como Él enseñorea a los débiles. Dios pasará a aquellos que se apoyan en su propio entendimiento, confían en sus talentos, dependen de su propio conocimiento o confían en el nombre de su familia. En cambio, levantará a los débiles y cansados, a los pequeños y a los solitarios. Él les mostrará su grandeza, se harán fuertes en el Señor y en el poder de su fuerza.

La disponibilidad es más importante para Dios que la influencia, la debilidad va mucho más allá de la fortaleza en la economía de Dios. A menudo, la fidelidad para hacer lo que parece insignificante, muestra un significado inconmensurable a los ojos de Dios. La puerta de acceso a la utilidad, no es si puede o no, sino si estás disponible. Tu utilidad no está determinada por tu talento, sino por tu capacidad de ser enseñable. No se trata de que si estás «en ello», sino si estás dispuesto a hacerlo. Así es como un Amós no-tan-famoso se convirtió en el primero de los profetas en escribir los mensajes que recibió de Dios.

## 29 DE SEPTIEMBRE

*<< Pero si favorecen más a algunas
personas que a otras, cometen pecado. >>
Santiago 2:9 (NTV)*

# EL HÁBITO NO HACE AL MONJE

Todos tenemos algunos amigos favoritos con los que disfrutamos pasar el tiempo, amigos que nos atraen, amigos con los que podemos quitarnos los zapatos y dejarnos caer el pelo, amigos con los que compartimos una cierta química. Pero ¿tener algunos amigos favoritos es lo mismo que mostrar favoritismo? Santiago advierte a los cristianos que no muestren favoritismo o parcialidad, que llegan a declarar que la parcialidad es un pecado. ¿Es esta una condena en contra de tener amigos favoritos y elegir pasar más tiempo con ellos? De ningún modo. Santiago está hablando sobre cuándo permitimos que lo que vemos en lo exterior de una persona, afecte la forma en que la tratamos. Esta es la esencia del principio de parcialidad que Santiago está explicando, y es muy similar a lo que Dios le manifiesta a Samuel, en 1 Samuel 16, cuando dice: «No consideres su apariencia ni su altura. . . . La gente mira la apariencia externa, pero el Señor mira el corazón» (versículo 7 NVI). El favoritismo es cuando permitimos que la apariencia externa de una persona, afecte nuestras acciones hacia ella. Una persona puede ser de un color de piel diferente, tener perforaciones en el cuerpo o tatuajes, o usar lo que consideramos peinados extraños. Primero podemos ver la edad, la vestimenta o la nacionalidad de alguien y desarrollar un disgusto instantáneo por él o ella. En pocas palabras, cada vez que dejamos que algo que vemos en el exterior nos impida amar a alguien, estamos mostrando favoritismo.

Aquí hay una versión moderna de la ilustración de favoritismo de Santiago: el domingo por la mañana el servicio está a punto de comenzar, los terrenos están limpios, el escenario está preparado, los boletines están impresos y los ujieres están en su lugar y listos para recibir a las personas a medida que llegan. Hoy, eres un ujier, y te das cuenta de que hay dos nuevos visitantes. El primer visitante llega en un Mercedes nuevo y luce una camisa de seda de Tommy Bahama (después de todo, esto es California) y las costosas gafas de sol Ray Ban con adornos dorados. Tú (como el ujier) piensas, ¡Genial! Eres rápido para darle la bienvenida: « ¡Buenos días! Bienvenido a (inserte el nombre de su iglesia aquí)! Muy contento de que pudieras visitarnos hoy. Permíteme mostrarte un asiento. ¿Te gustaría sentarte al frente hoy? Aquí tienes. ¡Disfruta el servicio! ¡Si puedo ayudar de alguna manera, avíseme y no se olvide de pasar por nuestra mesa de visitantes para recibir un regalo gratis cuando salga!»

Cuando regresas a la puerta, el visitante número dos va llegando. Está montando una bicicleta vieja, sus pantalones jeans están un poco sucios, tiene la piel golpeada por el sol y, bueno, no huele a rosas. Piensas sarcásticamente, esto es genial, simplemente genial. Empiezas a hablar con él. «Hola. ¿Estás aquí para el servicio hoy? ¿Te gustaría sentarte en nuestro salón de compañerismo o afuera en nuestro patio esta mañana?» Después de que le muestres un asiento, decides que alguien debería vigilarlo.

Cada vez que hacemos un juicio basado en apariencias externas, hemos quebrantado la ley real de Dios, que dice: «Ama a tu prójimo como a ti mismo» (Santiago 2:8). Cuando miramos la vida de Jesús, ya sea que fueras rico o pobre, fueras un maestro o un recaudador de impuestos, esas cosas no le importaban. Él hablaría contigo si fueras un político o una prostituta. Comería contigo si fuera un líder o tuvieras lepra. Él no te admiraría si fueras el sumo sacerdote y no te menospreciaría si fueras una ramera. Él siempre mostró amor hacia todos.

Entonces, la próxima vez que sientas la tentación de tratar a alguien de manera un poco diferente, con base en lo que ves en el exterior, recuerde que el hábito no hace al monje - estás mostrando parcialidad.

---

**30 DE SEPTIEMBRE**

*<< Oigan esta palabra ustedes, vacas de Basán, que viven
en el monte de Samaria, que oprimen a los desvalidos
y maltratan a los necesitados, que dicen a
sus esposos: «¡Tráigannos de beber!» >>
Amós 4:1 (NVI)*

## LAS VERDADERAS ESPOSAS DE SAMARIA

En esta rencilla tan sarcástica, contra las mujeres ricas de su época, Amós dejó en claro que oprimir a los pobres para obtener lo que uno quiere es una desgracia. Amós llamó a las mujeres de la alta sociedad «las vacas de Basan». No es una imagen muy favorecedora, pero sería similar a llamar a alguien que era rico y poderoso hoy en día un «gato gordo». Una región ubicada al noreste del Mar de Galilea y bien conocida por las buenas praderas que producen ganado costoso. La gente pobre en el día de Amós a menudo era ignorada y descaradamente oprimida por los ricos, ya que muchas de las mujeres ricas empujaban a sus esposos a apoyar sus estilos de vida costosa. Su única preocupación era masticar el dinero de su propia riqueza. El maltrato a los pobres era un problema generalizado, no solo limitado a las amas de casa de Samaria.

Dios tiene mucho que decir en el libro de Amós sobre el cuidado de los pobres, y cuando Dios reveló a Amós que estaba a punto de juzgar a su pueblo, citó el trato de Israel a los pobres como una razón. En Amós 8:4, Dios dijo que Israel había «pisoteado» a los necesitados y robado a los pobres durante su tiempo de prosperidad. Los pobres fueron víctimas de la codicia y el maltrato, como nadie más los cuidaba, Dios se aseguraría de que no se les pasara por alto.

En el Nuevo Testamento, Dios continuó demostrando su preocupación y cuidado por el trato a los pobres, al afirmar en Santiago 5:4-5: «De hecho, el salario de los trabajadores que cortaron sus campos, que usted mantuvo por fraude, clama; y los gritos de los segadores han llegado a los oídos del Señor. . . . Has vivido en la tierra con placer y lujo; has engordado tus corazones». Mira, ganar dinero no está mal y ser rico no es un pecado. Pero a Dios le preocupa cómo ganamos dinero y cómo usamos el dinero. Dios nunca respalda el materialismo, Dios presta atención a la forma en que tratamos a los demás, especialmente a los pobres (Santiago 5:1-6). Vivir en un lujo sin restricciones es peligroso, especialmente cuando lo hacemos a costa de otros.

Es posible que no puedas mantenerte al nivel de los vecinos y su enorme casa, sus autos nuevos, su ropa cara, pero jugar al juego de «la persona con más juguetes gana» no es un enfoque bíblico para manejar tus riquezas. Y así como siempre puedes encontrar a alguien que tiene más que tú, encontrar personas que tengan menos que tú es aún más fácil. Lo que debería preguntarse no es cuánto más puede obtener, sino cuánto más generoso puede ser. ¿Estás buscando formas de ser una bendición para los demás?

A lo largo de la Biblia, Dios llama a su pueblo a tener una preocupación amorosa por los necesitados. Después de todo, la vida no se trata de ti. La vida es sobre amar a Dios y amar a otros. ¿Qué tan bien amas a los demás con lo que Dios te ha dado? ¿Cuál es tu nivel de amor hoy?

## 1 DE OCTUBRE
<< *Así también la fe, si no tiene obras, está completamente muerta.* >>
*Santiago 2:17*

# UNA FE QUE OBRA

En cada iglesia, algunos dirán que creen en Jesús, pero no viven para Jesús. Santiago diría que si eso te describe, necesitas despertarte y oler el café, porque no eres realmente un cristiano. Si tu vida no es un testimonio de la verdad bíblica, si no tiene obras que apoyen tu adoración, entonces tu fe no tiene sentido, ¡sorprendente! ¿De verdad, Santiago? ¿No te estás dejando llevar un poco?

Bien, considera el hecho de que incluso Jesús nos advirtió: «No todos los que me dicen: <Señor, Señor> entrarán en el reino de los cielos, sino el que hace la voluntad de mi Padre que está en los cielos» (Mateo 7:21) entrará. Santiago está desafiando a los individuos a pensar cómo se ve la fe real, al insistir en que la fe solo es genuina cuando la evidencia apoya esa fe.

Santiago no contradice la verdad que se encuentra en otras partes de la Biblia, la verdad proviene en gran parte del apóstol Pablo, que dice que somos salvos solo por gracia, solo a través de la fe, solo en Cristo. Santiago sabía que una persona, no podía hacer nada para agregar a lo que Jesucristo terminó en la cruz; simplemente estaba eligiendo enfatizar un aspecto diferente de la fe. Donde Pablo se enfocó en la raíz de la salvación, que es la fe en Cristo, Santiago se enfocó en el fruto de la salvación, que es la fe en acción. Donde Pablo se enfocó en lo que precede a la salvación, Santiago se enfocó en lo que sigue a la salvación. Los dos no son mutuamente excluyentes; son correspondientemente complementos. Tanto Pablo como Santiago estarían de acuerdo con la afirmación: «Aunque somos justificados solo por la fe, la fe que justifica nunca está sola».[65] Es cierto que somos salvos por gracia y no por obras (Efesios 2:8). Sin embargo, debemos recordar que decir simplemente «creo» no es suficiente si nos damos la vuelta y no hacemos nada más para apoyar esa creencia.

Santiago agregó un poco de énfasis al tema, al decir: «Crees que hay un solo Dios. Lo haces bien. ¡Hasta los demonios creen y tiemblan!» (Santiago 2:19). Sin duda, Santiago estaba esperando un poco de choque con esta declaración, ya que hacía referencia a una fe demoníaca y muerta. Es posible conocer todos los hechos acerca de Dios, pero aún no tener una verdadera fe en Dios. Los demonios realmente saben bastante bien sus hechos. Ellos saben que hay un solo

Dios. Después de todo, una vez vivieron en el cielo (Apocalipsis 12:9). Creen en la deidad de Jesús (Mateo 8:29). Y saben que el infierno es un lugar real (Lucas 8:31). Sin embargo, a pesar de lo que saben que es verdad, no viven como si fuera verdad. Por lo tanto, tienen una fe muerta, defectuosa.

Nuestras obras prueban nuestra salvación; No son el proceso de nuestra salvación. Por nuestras acciones, declaramos lo que creemos. La salvación no se encuentra en nuestras obras, pero nuestra salvación es lo que causa nuestras obras. La fe produce obras. Las obras revelan la fe. Una fe salvadora es siempre una fe activa. No es la fe y las obras lo que salva a una persona. Pero una fe que obra verdaderamente, refleja la salvación genuina.

## 2 DE OCTUBRE
*<< Prepárate para venir al encuentro de tu Dios. >>*
*Amós 4:12*

## PREPARACIÓN APROPIADA

Reunirse con Dios requiere propósito y preparación. Sin lugar a dudas, todas las personas deben estar preparadas para el día en que se presentarán ante la presencia de Dios y, solo aquellos que hayan depositado su fe en Jesucristo, estarán verdaderamente preparados para encontrarse con su Hacedor en ese día. Pero, ¿qué tan bien te preparas para reunirte con Dios en tus tiempos personales de adoración? ¿Te tomas tiempo para preparar tu corazón y tu mente, antes de tu tiempo devocional? ¿Te preparas para encontrarte con Dios, antes de adorar en la iglesia?

El profeta Amós vio que la gente se había alejado de Dios. Se habían vuelto egoístas, corruptos e idólatras. Sus vidas estaban contaminadas con formas externas de religión, que carecían de fundamento en la verdad, por lo que Amós desafió a la gente a dejar de perder el tiempo en la adoración vana y las actividades sin sentido, al prepararse para encontrarse con Dios. Necesitaban prepararse abandonando su amor por la riqueza y su falta de amor por los pobres. Necesitaban prepararse poniendo su corazón y su mente en Dios, no en una religión falsa. Y necesitaban prepararse confesando y arrepintiéndose del pecado.

Todos los días estamos expuestos a ideas, imágenes e ideologías, que pueden corromper nuestra sensibilidad espiritual. Por lo tanto, debemos tomar tiempo para prepararnos antes de encontrarnos con Dios. Aquí hay algunas sugerencias que pueden resultar útiles, mientras te preparas para encontrarte con Dios en tus momentos de adoración. Al igual que los hijos de Israel, es posible que tengamos que abandonar una búsqueda o pasión, que nos aleja de Dios o que nubla nuestra visión espiritual para prepararnos, para encontrarnos con Dios. Es posible que tengamos que estar más enfocados y resueltos a poner nuestros corazones y mentes en Dios y a obedecer su Palabra, en lugar de estar centrados en nosotros mismos. Por último, es posible que debamos confesar y arrepentirnos del pecado que nos ha impedido caminar con Dios.

También puedes hacer algunas cosas físicamente, cuando te preparas para pasar tiempo con Dios.

Primero, *descansa*. No estarás listo para escuchar a Dios, si no puedes permanecer despierto, por lo tanto, como práctica, descansa lo necesario antes de tu tiempo de devoción, antes de la iglesia, antes de los estudios bíblicos, antes de las reuniones de oración, etc.

A continuación, *relájate*. El Salmo 46:10 nos recuerda que «estemos quietos y sepamos que Él es Dios». Respire profundo, calme su corazón y concentra tu mente en Dios, antes de planear pasar tiempo con Él.

Además, *se listo*. Espera escuchar de Dios. El salmista oró: «Abre mis ojos para que pueda ver cosas maravillosas en tu ley» (Salmo 119:18). Estar listo, significa esperar que Dios hable. Estar listo, significa llegar temprano a la iglesia o al estudio Bíblico. Correr hacia la presencia de Dios, nunca te preparará adecuadamente para reunirte con Dios. Asegura darte suficiente tiempo para prepararte.

*Se reverente* Después de todo, te estás preparando para reunirte con el Dios del universo, así que no entres a su presencia con frialdad o sin entusiasmo.

Finalmente, antes de cada acto de adoración, *estar en oración*. Ora algo tan simple como: «Señor, vengo a adorarte en espíritu y en verdad. Háblame y ayúdame a someterme y entregarme a tu voluntad».

Tomarte el tiempo para prepararte antes de precipitarte ante la presencia de Dios, es tanto reverencial como beneficioso.

## 3 DE OCTUBRE
*<< Pero ningún hombre puede domar la lengua, que es un mal que no puede ser refrenado, llena de veneno mortal. >>*
*Santiago 3:8*

## DOMANDO LA LENGUA

¿Te gustan las adivinanzas? Vamos a ver que tan bien puedes con estas. ¿Qué vive en una jaula, está rodeado por una cerca dentada y está amurallado por todos lados? O, ¿qué tal este? ¿Qué es a menudo sostenido, pero nunca es tocado, siempre mojado pero nunca se oxida, a menudo muerde pero rara vez es mordido y, para usarlo bien, debe tener ingenio? Para la respuesta a cada uno de estas adivinanzas, simplemente abre la boca y saca la respuesta. Eso es correcto: ¡la lengua!

Dios, en su diversidad creativa, ha formado muchos tipos diferentes de lenguas en sus criaturas vivientes. Tome, por ejemplo, la lengua del oso hormiguero, que es una lengua de dos pies de largo que puede extenderse y retraerse hasta ciento cincuenta veces por minuto y puede atrapar hasta treinta mil hormigas en un solo día. Además, considera la lengua del pez arquero, que usa su lengua como una pistola de agua para disparar a su presa.

La Biblia también menciona los diferentes tipos de lenguas que se encuentran en nosotros: la lengua halagadora (Salmo 5:9); la lengua orgullosa (Salmo 12:3; 73:9); la lengua mentirosa (Salmo 109:2; Proverbios 6:17); la lengua engañosa (Salmo 120:2); la lengua pervertida (Proverbios 10:31; 17:20); la lengua calmante (Proverbios 15:4); la lengua sanadora (Proverbios 12:18); la lengua destructiva (Proverbios 17:4); la lengua malvada (Salmo 10:7); la lengua suave (Proverbios 25:15); y la lengua mordaz (Proverbios 25:23). ¿Qué lengua describe mejor la forma en que hablas?

Santiago enfatizó la importancia de; no solo observar lo que hacemos como cristianos, sino también lo que decimos como cristianos. Santiago creyó que si Jesús es el Señor de nuestras vidas, entonces, naturalmente, Jesús también debería ser el Señor sobre nuestro hablar. ¿Cuántas veces has dicho algo que desearías poder devolver? Es posible que hayas dicho una palabra desagradable o sin amor, o que hayas contado una broma que no era digna de un cristiano. La simple verdad, es que todos somos culpables de decir cosas que no deberíamos haber dicho. Todos hemos visto como una palabra descuidada causó conflicto, una palabra hiriente causó dolor de cabeza o palabras de queja causaron descontento. Todos estos son ejemplos de personas que usan sus lenguas para derribar, como el pez arquero, en lugar de edificar, como debería hacer un cristiano.

Entonces, ¿cómo puede una persona domar la lengua o controlar su conversación? Según Santiago, este control es imposible de ejercer por nuestra cuenta. Pero no te preocupes; Esta no es otra adivinanza. La respuesta se encuentra en la Palabra de Dios. En primer lugar, ningún hombre puede domar la lengua (Santiago 3:8), pero Dios puede (Marcos 10:27). Segundo, el verdadero problema con la lengua comienza en el corazón: «Porque de la abundancia del corazón habla la boca» (Mateo 12:34). Hablamos palabras que vienen de nuestros corazones. Por lo tanto, domar la lengua comienza domesticando nuestros corazones y llenándolos con la Palabra de Dios. Si nuestros corazones están abundantemente llenos de la Palabra de Dios, entonces nuestra boca hablará desde el desbordamiento y nuestras palabras serán palabras de edificación, exhortación y aliento. Hablaremos palabras amables, palabras tiernas, palabras amorosas y palabras de bendición. Por lo tanto, domar la lengua comienza por domar nuestros corazones.

La próxima vez que sientas el deseo de usar palabras que son más dolorosas que útiles, palabras que disparan en lugar de apoyar a otros, tómate un momento y pídele al Espíritu Santo que te ayude a domesticar tu lengua.

---

**4 DE OCTUBRE**

*<< Yo pongo plomada de albañil en medio de mi pueblo Israel. >>*
*Amós 7:8*

## PONIENDO UN «HASTA AQUÍ»

Cuando se construye un edificio, una habilidad importante es saber medir la rectitud. Sin una línea recta, un verdadero estándar para guiar el proceso de construcción y, sin saber qué nivel es, un edificio está en peligro de desmoronarse. Esta es la razón por la cual los constructores, a lo largo de los siglos, han usado líneas de plomada como un estándar de medición. Una plomada no es más que un trozo de cuerda con un peso unido a un extremo. La cuerda cuelga verticalmente para que la gravedad pueda tirar del peso hacia el suelo, produciendo una línea recta. Este dispositivo simple, aunque inteligente, revela lo que es recto y lo que está torcido.

¿Cómo podemos determinar qué es recto y qué es torcido en nuestras vidas espirituales? En una visión de Dios, el profeta Amós vio a Dios de pie, junto a una pared, con una línea vertical en su mano, revelando que la pared se construyó fiel a la línea vertical, asegurándose de que la pared estuviera recta. Esta fue la manera en que Dios le dijo a Amós que estaba a punto de revisar a Israel, para ver si la nación estaba vertical o recta ante Dios. La triste realidad era que el pueblo de Dios se había torcido debido a la corrupción. El pecado los había deformado y estaban en peligro de desmoronarse.

Permitir que las muchas presiones y prioridades de la vida nos debiliten y nos pongan fuera de forma, es fácil. Si abandonamos la piedad como nuestro objetivo principal, podemos fácilmente ser un poco torcidos por lo mundano. Afortunadamente, Dios nos ha dado un estándar mediante el cual podemos medir la rectitud espiritual, donde podemos vivir de acuerdo, rectos y erguidos ante los ojos de Dios.

¿Cuál es la plomada de Dios para su pueblo? Bueno, ciertamente, Él no quiere que nos comparemos con otros para determinar si estamos haciendo las cosas bien. Tampoco debemos mirar el mundo en que vivimos para medir qué tan bien estamos viviendo. Solo un estándar verdadero, solo una línea precisa de plomada existe: la Biblia. La Biblia es el estándar por el cual debemos medir nuestras vidas y determinar si nos hemos quedado fuera de la forma espiritual. Cuando Dios baja su línea de plomada en nuestras vidas y nos recuerda lo que dice su Palabra, revela cuando nuestras vidas no están alineadas con su voluntad y debemos alegrarnos de que Dios se haya tomado el tiempo para corregirnos. Dios no usa su plomada para destruirnos, sino para edificarnos.

Un muro fuera de plomo, requiere corrección física, y una vida fuera de plomo, requiere corrección espiritual; De lo contrario, la ruina es segura. ¿Cómo estamos a la altura de la línea de la Biblia en nuestras relaciones con los demás, los de nuestra familia, nuestro lugar de trabajo y nuestra comunidad, especialmente en nuestras iglesias? Al concentrarnos en la plomada de Dios, podemos ver dónde estamos fuera de alineación con la voluntad de Dios y podemos trabajar para aclarar las cosas.

## 5 DE OCTUBRE
*<< Por tanto, hermanos, tened paciencia hasta la venida del Señor. >>*
*Santiago 5:7*

# LA VIRTUD DE LA PACIENCIA

¡Se paciente! ¿Cómo puede ser tan difícil poner en práctica un comando tan simple? Después de todo, la vida está llena de situaciones frustrantes y agotadores eventos que drenan nuestra energía y prueban nuestra paciencia. Tómate un momento y ponte a prueba, para ver qué tan bien te va en la escala de paciencia. Por ejemplo, ¿cuánto tiempo esperas antes de tocar el claxon, cuando el carro frente de ti no se da cuenta que el semáforo ya está en verde? O, ¿cuánto tiempo pasa, antes de poner los ojos en blanco y suspirar, cuando la línea de pago que has elegido no se está moviendo? ¿Cuánto tiempo pasará, hasta que les digas a tus hijos que «jueguen afuera» cuando corren por la casa a modo de juego hiperactivo? ¿Qué pasa con Dios? ¿Alguna vez le has pedido a Dios que se apure? La verdad, es que todos podemos en algún momento ser impacientes. Pero, parte de la madurez espiritual está creciendo con nuestra capacidad de poner en práctica la paciencia.

Santiago sabía que la gente luchaba por ser paciente frente a las muchas dificultades de la vida, pero también sabía que los cristianos tienen el estrés y la tensión adicional de la persecución, como resultado de su fe en Cristo, todo lo cual hace que practicar la paciencia sea mucho más difícil.

Sin embargo, Santiago no está sin ánimo. Da tres ilustraciones de cómo podemos crecer en nuestra capacidad de poner la paciencia en práctica, incluso en tiempos difíciles. Primero, como un granjero, estamos llamados a esperar pacientemente la cosecha espiritual que Dios está preparando. Por supuesto, debemos trabajar el campo cultivando el suelo, sembrando las semillas y atendiendo los cultivos, pero Dios es el que trae la cosecha. Por lo tanto, debemos esperar que Dios produzca el producto a su debido tiempo. Al igual que los profetas de antes, estamos llamados a permanecer fieles para representar a Dios y proclamar su mensaje, incluso si eso significa soportar dificultades por nuestra fe. Y como Job, somos llamados a esperar que Dios cumpla sus planes y propósitos en y a través de nuestras vidas, incluso cuando eso incluye el sufrimiento, sabiendo que nuestro sufrimiento nunca es insignificante.

Todos necesitamos más paciencia unos con otros, más paciencia con nuestras familias, más paciencia con nuestros amigos y más paciencia en el trabajo. Paciencia significa poder aceptar lo que Dios nos da, o lo que Dios elija no darnos, aceptando pacientemente cualquiera de los resultados sin quejarse. Y sí, el mandato de ser paciente es más fácil decirlo que hacerlo. Sin embargo, a medida que practicamos la paciencia, también aumentamos nuestra capacidad de ser pacientes. La paciencia es un atributo que se desarrolla como un músculo: cuanto más lo ejercitamos, más crece. En otras palabras, al desarrollar más paciencia, ninguna ganancia viene sin un poco de dolor.

La paciencia es una virtud que somos llamados a tener, independientemente de las aflicciones o irritaciones que enfrentamos. Por lo tanto, debemos ser pacientes, sin importar la dificultad o el sufrimiento. Como creyentes, somos llamados a enfrentar las pruebas con paciencia hasta que Cristo regrese, recordando que Dios siempre está en control y que nunca desperdicia nuestro sufrimiento.

---

**6 DE OCTUBRE**

*<< Enviaré hambre a la tierra, no hambre de pan
ni sed de agua, sino de oír la palabra de Jehová. >>
Amós 8:11*

## JUEGOS DE HAMBRE

¡Gruñidos... retorcijones... más gruñidos! ¿Que es ese ruido? Si alguna vez has dejado de comer un alimento, entonces estás familiarizado con los sonidos de un estómago hambriento. No mucho después de que comienza el hambre, comienzas a preocuparte por completo con pensamientos de satisfacer tu creciente apetito. Toda criatura viviente necesita algún tipo de alimento para sobrevivir, pero el hombre, es la única criatura que tiene un apetito más grande que también debe ser alimentado. El hombre tiene un hambre espiritual, que solo se nutre alimentándose de la Palabra de Dios.

Cuando dejas de alimentarte de la comida espiritual, debes comenzar a sentir los gruñidos y retorcijones de tu espíritu y tus pensamientos deben comenzar a estar completamente preocupados por cómo satisfacer los dolores del hambre espiritual.

La nación de Israel estaba experimentando un tiempo de gran prosperidad. La economía era fuerte y el desempleo era bajo. Físicamente, estaban satisfechos, pero espiritualmente, estaban hambrientos. El pueblo de Dios había permitido que su orgullo, su preocupación por las posesiones y su interés en la idolatría fueran más importantes para ellos que adorar y servir a Dios. Y cuando el profeta Amós les advirtió de su necesidad de arrepentirse y volver a Dios, no escuchaban. Entonces, debido a que el pueblo de Dios no escucharía las advertencias de Amós y otros profetas, Dios prometió enviar una hambruna «de escuchar las palabras del Señor» (Amós 8:11). El pueblo de Dios no había querido escuchar el mensaje de Dios, así que Dios decidió silenciar a sus mensajeros. Solo entonces desarrollaría en la gente de Dios, un hambre por su Palabra.

Aunque muchas personas afirman ser cristianos, se está viendo el día de hoy, un alejamiento definitivo a la verdad bíblica. Muchos no permiten que la Palabra de Dios guíe sus vidas. Se están volviendo espiritualmente malnutridos al permitir que la psicología, la cultura popular y la filosofía influyan en sus decisiones, en lugar de que Dios hable a sus vidas. La gente está buscando acumular «cosas», en lugar de acumular riquezas en el cielo. Incluso, las personas que profesan ser cristianos, nacidos de nuevo, simplemente no pasan suficiente tiempo leyendo la Palabra de Dios, aplicando su Palabra a sus vidas diarias. Y si no estudias la Palabra, ciertamente no puedes vivir conforme la Palabra. La única esperanza es desarrollar un hambre genuina por las cosas de Dios.

Debemos preguntarnos, si estamos o no plenamente alimentándonos de la Palabra de Dios. Si queremos crecer espiritualmente fuertes, debemos alimentarnos de la única fuente de alimento espiritual que Dios ha provisto, que es su Palabra. Nunca encontraremos nuestro sustento espiritual en las confecciones de la carnalidad o en la comida chatarra de la falsa espiritualidad. Nada puede ser sustituido por la carne de la Palabra.

No te malpases una comida, no permitas que tu espíritu se encuentre en estado de hambruna. Tómate el tiempo para alimentarte diariamente de la Palabra de Dios.

---

**7 DE OCTUBRE**

*<< ¿Está alguno enfermo entre vosotros? Llame a los ancianos de la iglesia para que oren por él, ungiéndolo con aceite en el nombre del Señor. Y la oración de fe salvará al enfermo. >>*
*Santiago 5:14-15*

## LA RECETA PARA LA SANACIÓN

A nadie le gusta estar enfermo. De las enfermedades estacionales a las enfermedades graves, de pasar hambre por un resfriado a la alimentación de una fiebre, estar enfermo no es divertido. Si toma un medicamento para tratar sus síntomas, come una sopa de pollo con fideos para defenderte de los escalofríos o recibe quimioterapia para el cáncer. La verdad es que la enfermedad está en todas partes y afecta a todos. Al mirar el ministerio de Jesús, no puede pasar por alto el hecho de que Jesús sanó a muchas personas diferentes que sufrieron muchas enfermedades diferentes. Pero ¿qué pasa hoy? ¿Dios aún sana a las personas?

Cuando Santiago comienza a envolver su poderosa carta, pone su mirada en el sufrimiento y la enfermedad. Santiago declara audazmente que la sanidad se puede encontrar a través de la receta de la oración. Pero, ¿nos está dando Santiago una fórmula universal para la sanidad? ¿Es la curación tan simple como ungir a alguien con aceite, orando por ellos y luego, por la fe, reciben sanidad? Si eso es cierto, entonces ¿qué pasa con todas las personas que han orado por la sanación y que nunca han recibido esta sanación en la vida? ¿Contaminaron la «fórmula de Santiago»? ¿Les faltaba la fe para ser sanados? O, ¿tenían algunos pecados secretos en sus vidas que impidieron el proceso de curación? ¿Cómo explicamos que las personas buenas y piadosas a veces oran por sanidad y no son sanadas?

Tomemos por ejemplo a Joni Erikson Tada. Cuando era niña, se volvió cuadripléjica después de sumergirse en aguas poco profundas. Cuando la medicina falló, se convenció de que Dios la sanaría. Entonces, « reunió a un grupo de amigos y líderes de la iglesia y estableció un servicio de sanación privado. La semana antes del servicio, ella confesó públicamente su fe al decirle a la gente: «Mírame pronto, parado en tu puerta; Voy a ser sanada». En el día programado, el grupo leyó las Escrituras, la ungió con aceite y oró con ferviente fe. . . . Ella hizo todo bien y parecía haber cumplido con todas las condiciones, sin embargo, no fue sanada».[66] Ella siguió la «fórmula», así que ¿por qué no fue sanada? En la Biblia, muchos santos llenos de fe han orado y nunca han recibido sanidad. Incluso el apóstol Pablo, Timoteo y Trófimo lucharon con la enfermedad.

¿Cómo reconciliamos el hecho de que Dios sana a algunas personas y no a otras? Primero, debemos entender que la elección de sanar o no sanar, reside en la soberanía de Dios y no en los deseos del hombre. ¿Dios es capaz de sanar? ¡Sí! ¿Dios sana a la gente hoy? ¡Sí! ¿Dios sana a todos? ¡No! ¿Por qué no? En pocas palabras, si la voluntad de Dios es que una persona sea sanada, y la sanación glorificará a Dios, entonces Dios sanará a esa persona. Ahora, si te estás preguntando, Bueno, Dios dice que estamos sanados por sus heridas, ¿verdad? (Isaías 53:5) La respuesta es sí. Pero... esta sanidad está relacionada con nuestra salud espiritual y el perdón del pecado, no con nuestra salud física.

Entonces, ¿cuál es la receta de Dios para ser sanado? A pesar de que la sanidad reside en la soberanía de Dios, aún se nos dice que acudamos a él con nuestras peticiones. Podemos perder su toque sanador en nuestras vidas si no pedimos con fe. Pero no importa la respuesta de Dios a nuestra solicitud de sanidad, siempre debemos recordar que la respuesta depende de Dios. Tal vez esa sanidad suceda ahora o, tal vez tengamos que esperar hasta el cielo para la sanidad completa. Pero mientras tanto, recuerda que la gracia de Dios es suficiente para cualquier enfermedad y que tu fuerza se perfecciona en cualquier debilidad (2 Corintios 12:9).

## 8 DE OCTUBRE

*<< Aunque te remontaras como águila y entre las estrellas pusieras tu nido, de ahí te derribaré, dice Jehová. >>*
*Abdías 1:4*

# EL ENGAÑO DEL ORGULLO

Aunque Abdías es el libro más corto del Antiguo Testamento, el libro aborda uno de los problemas más grandes con los que se enfrenta la gente: la cuestión del orgullo. El orgullo fue el primer pecado y probablemente también será el último pecado. Desafortunadamente, el pecado del orgullo es a menudo minimizado y desechado como «no es un gran problema», que solo sirve para hacer del orgullo algo aún más grande. El alcance total de la naturaleza destructiva del orgullo, se evidencia en el hecho de que este fue el pecado de Satanás, el padre de todo pecado. Su orgullo le hizo decir: «Ascenderé por encima de las cimas de las nubes; Me haré como el Altísimo» (Isaías 14:14 NVI). Y, el orgullo, tienta a una persona a tomar el primer bocado del cebo hábilmente disfrazado, que la atrae a creer que es la persona más importante del mundo.

Abdías estaba escribiendo para advertir de la caída de Edom que venía debido a su orgullo. Los edomitas eran los descendientes de Esaú, el hermano de Jacob. Una intensa rivalidad de hermanos entre estos dos continuó con sus descendientes. Edom fue un gran reino donde la gente tallaba grandes ciudades de roca. La ciudad de Petra es una de las grandes ciudades de los edomitas y, debido a la naturaleza impenetrable de una ciudad como Petra, los edomitas se sentían seguros y protegidos. Se sentían fuertes y astutos. El resultado fue que confiaron en sus recursos, su razón, sus riquezas y sus relaciones, en lugar de confiar en su relación con Dios. Pensaron que eran intocables e indestructibles, pero estaban muy equivocados. Poco sabían ellos que estaban a punto de caer, de la grandeza a las manos de Dios, debido a sus prácticas de orgullo.

¿Qué hay de ti? ¿Estás tratando de llevar tu vida sin Dios? ¿Confías en tu riqueza, sabiduría y recursos para sobrevivir, en lugar de confiar en Dios para dirigir tu vida? Si dijiste que sí o, incluso a cualquiera de estos, estás en peligro de caer por orgullo, tal como lo hicieron los edomitas y el resultado será un enfrentamiento espiritual. La esencia del orgullo es vivir sin Dios, desechando tu necesidad de Dios, tomando la posición de autoridad en tu vida que está reservada para Dios y solo Dios. El orgullo engaña a las personas para que piensen que son algo diferente de lo que realmente son, las ciega de ver la realidad de la depravación del orgullo.

¿Cómo podemos evitar caer en la invitación del orgullo, para ser inflado con la auto-importancia?

La única contramedida para el orgullo es la de la humildad. La humildad comienza confesando que no tenemos recursos, razón, riquezas o relaciones adecuadas fuera de Dios para vivir una vida que honra a Dios. Humildad, también significa que debemos someternos a Dios y negarnos a tomar decisiones o medidas, antes de buscar el consejo de la Palabra de Dios. Luego, la humildad busca servir a los demás incluso antes de servirse a sí mismo.

El orgullo, es una herramienta que uno usa para exaltarse a sí mismo, pero, irónicamente, esa misma herramienta hará que una persona sea abatida. La Biblia nos dice: «Humíllense a los ojos del Señor, y él los levantará» (Santiago 4:10).

## 9 DE OCTUBRE
*<< Por su gran misericordia, nos ha hecho nacer de nuevo mediante la resurrección de Jesucristo, para que tengamos una esperanza viva y recibamos una herencia indestructible, incontaminada e inmarchitable. Tal herencia está reservada en el cielo para ustedes. >>*
*1 Pedro 1:3-4 (NVI)*

## LA ESPERANZA PARA HOY
¿Puede una persona sobrevivir en este mundo sin esperanza? El significado de la esperanza nunca se aprecia plenamente, hasta que toda la esperanza se ha ido. ¿Alguna vez has perdido la esperanza? Tal vez una

mala situación que esperabas mejorar y solo empeoró, o las buenas noticias que estaban esperando nunca llegaron, o la situación que pensó que cambiaría, simplemente siguió igual. Cuando las circunstancias son tales que aparentemente no hay posibilidad, ni cura, ni cambio, ni alegría, ni confianza, y no se puede encontrar ningún consuelo, se puede sentir que la vida es desesperada. Las oportunidades para perder la esperanza abundan, pero puede recibir un suministro infinito de esperanza celestial que lo mantendrá en movimiento, incluso cuando experimente lo peor que la vida tiene para ofrecer.

Ser cristiano en los primeros años, después del ministerio terrenal de Jesús, fue tumultuoso, por decir menos. La persecución estaba en aumento, mientras que las libertades cristianas estaban a la baja. El apóstol Pedro reconoció que los cristianos estaban sufriendo por varias pruebas (1 Pedro 1:6), y estaban en peligro de perder toda esperanza. Pedro sabía que la esperanza afecta dramáticamente el comportamiento de una persona, y cuando una persona tiene esperanza en Cristo, todo cambia. Por ejemplo, aferrarse a una esperanza celestial que promete la vida eterna y una herencia celestial, le da a la persona la capacidad de ver las tensiones y las últimas presiones actuales, permitiéndole responder con una actitud cristiana y una conducta fiel.

Si quiere apoderarse de la esperanza viva que Dios pone a tu disposición para que, sin importar el estrés o la presión, tenga suficiente esperanza en el día, entonces preste mucha atención. La esperanza para hoy comienza con la comprensión de que la verdad bíblica es una verdad absoluta. La esperanza bíblica no es cruzar los dedos, hacer ilusiones o soñar con los pies en el cielo. La esperanza bíblica tampoco es una creencia de «espero que así sea». Más bien, la esperanza bíblica es una convicción segura en Dios. Nuestra esperanza para hoy es confiable porque la Biblia es confiable. Nuestra esperanza para hoy es una esperanza viva porque la Biblia está viva y activa. Nuestra esperanza para hoy es una certeza incondicional porque la resurrección de Jesucristo es una certeza incondicional. Jesús vive y, por lo tanto, nuestra esperanza vive. La vida sin Cristo no tiene esperanza, mientras que la vida en Cristo proporciona una esperanza infinita.

Esta vida nunca estará libre de la presión, la persecución, del sufrimiento o la tristeza, pero cuando un cristiano está lleno de esperanza, nunca será superado por las dificultades de la vida. Esperanza para hoy, significa que estamos dispuestos a soportar las penurias hoy, por la paz prometida del mañana y estamos dispuestos a vivir en sacrificio hoy, por la bendita herencia del mañana. Esperanza para hoy, significa que «para mí, el vivir es Cristo, y morir es ganancia» (Filipenses 1:21).

La esperanza ilumina el camino. La esperanza mira hacia adelante. La esperanza levanta nuestros espíritus. La esperanza proporciona fuerza. La esperanza produce paciencia. La esperanza nos hace avanzar. La esperanza permanece con nosotros. Cuando todo lo demás falla, la esperanza nunca lo hace, porque Cristo nunca falla. Pon tu esperanza completamente en Dios, Él siempre te dará suficiente esperanza para hoy.

## 10 DE OCTUBRE

*<< Entonces Jonás se levantó y se fue en dirección contraria para huir del Señor. Descendió al puerto de Jope donde encontró un barco que partía para Tarsis. Compró un boleto, subió a bordo y se embarcó rumbo a Tarsis con la esperanza de escapar del Señor. >>*
*Jonás 1:3 (NTV)*

## AUNQUE CORRAS, NO TE PODRÁS ESCONDER

¿Qué tan rápido crees que necesitas correr para escaparte de Dios? ¿Qué tan lejos crees que tengas que ir para que Dios no te encuentre? ¿Estas preguntas suenan ridículas, verdad? Puedes elegir correr de Dios, pero ciertamente no podrás esconderte de Dios. No podrás ir a ningún lado para escaparte de la presencia de Dios y, no puedes mantener ningún pensamiento en secreto de Dios, porque Dios está siempre presente y todo lo sabe. Pero ¿crees que esto evita que las personas intenten huir de Dios? De ningún modo.

Por más ridículo que parezca, uno de los profetas de Dios pensó que podría vencerlo. Pensó que podía viajar lo suficientemente lejos de Dios, que Dios o no lo pudiera encontrar o que simplemente no le importara lo suficiente como para ir tras él. El nombre de ese profeta era Jonás. Un día, Dios le habló a Jonás y lo llamó a ir a predicar a las personas que viven en la ciudad de Nínive, la capital del brutal imperio asirio, la ciudad más grande del mundo en ese momento. Pero, cuando Dios le dijo a Jonás que se levantara e hiciera esta misión de misericordia a Nínive, Jonás se levantó y se dirigió a la dirección completamente opuesta. Nínive estaba al este de Israel y Jonás decidió ir al oeste hacia España. ¿Qué es lo que haría que un siervo de Dios fuera contra Dios? La renuencia de Jonás fue el resultado del miedo, el orgullo nacional y la desobediencia.

La idea de tratar de escaparte de Dios, nunca es una buena idea y esa mala idea, te llevará a una serie de otras malas decisiones, tal como lo hizo Jonás. La primera de las malas decisiones de Jonás fue ir a Jope, un paso que lo alejó de Dios y lo llevaría a tomar más decisiones malas. Esta es la naturaleza del pecado; el pecado siempre lleva a la persona más y más abajo, más y más lejos de la comunión con Dios. Luego, Jonás encontró a un bote que iba en dirección opuesta a donde Dios le había dicho que fuera. Cuando te diriges en dirección opuesta a la voluntad de Dios, puedes estar seguro de que el enemigo tendrá un barco listo y esperando para alejarte de Dios. Como señaló F. B. Meyer, «Debido a que la nave en ese momento levantaba ancla y las velas estaban llenas de una brisa favorecedora, Jonás podría haber argumentado que su resolución era correcta. Ya sea que lo haya hecho o no, muchas veces en nuestras vidas estamos dispuestos a argumentar que las circunstancias favorables indican el curso correcto.»[67] No debemos permitir que la oportunidad de las circunstancias supere al llamado específico de Dios en nuestras vidas.

Finalmente, Jonás pagó la tarifa para subir a bordo del barco y navegar lejos de la voluntad de Dios. El pecado siempre tiene un precio alto e inevitablemente, pagaremos la tarifa por el pecado siempre que elijamos navegar lejos de la voluntad de Dios.

Esta porción de la vida de Jonás ilustra la tontería de desobedecer a Dios, sin importar la razón. El mandato de Dios no cambia solo porque huimos de Dios. Nuestro correr solo nos va a costar más, hasta que obedezcamos. Ya sea que tengamos ganas de huir de Dios y de su voluntad, como hizo Jonás, o de poner nuestras propias necesidades antes que la voluntad de Dios, esto sigue siendo desobediencia y estamos huyendo de Dios.

Si crees que Dios te está llamando a una tarea específica, entonces levántate y ve en la dirección que Él te está llamando a ir. No huyas de Dios, porque no importa a dónde vayas, no puedes esconderte de él.

---

**11 DE OCTUBRE**

*<< Pero ustedes son linaje escogido, real sacerdocio, nación santa, pueblo que pertenece a Dios, para que proclamen las obras maravillosas de aquel que los llamó de las tinieblas a su luz admirable. >>*
*1 Pedro 2:9 (NVI)*

## LLAMADO A SER MINISTRO

Si fueras sacerdote o pastor, ¿vivirías tu vida de manera diferente a como lo vives hoy? ¿Desearías deshacerte de cualquier cosa en tu hogar que no parezca apropiada para la vida sacerdotal? ¿Dejarías de hacer algo a propósito?

¿Qué actividad de un pastor no sería apropiada que fuera encontrado haciendo? Quizás su programa de televisión favorito sea un poco arriesgado, o tomar un par de copas con amigos no es el mejor ejemplo. ¿Comenzarías a hacer algo porque la actividad parece correcta como ministro, como ayudar a los pobres o visitar a los enfermos? Las probabilidades son que, si fueras parte del sacerdocio, comenzarías a ver tu vida de una manera un poco diferente porque, después de todo, los ministros deben vivir una vida más pura y santa que el creyente promedio, ¿verdad?

Bueno, no es para reventar tu burbuja religiosa ni nada, pero si eres cristiano, entonces eres sacerdote. En este punto, podrías estar pensando, Yo, ¿un sacerdote? ¡Tienes que estar bromeando! Nunca he asistido a un seminario. No he sido ordenado y no me pagan por trabajar en una iglesia. Es verdad, pero el hecho es que todo cristiano es parte de un santo sacerdocio, elegido por Dios, que pertenece a Dios, apartado por Dios y llamado a servir a Dios como un ministro consagrado para proclamar el amor de Dios a aquellos que estén a nuestro alrededor. Te guste o no, ordenado o no, estás en el ministerio. Es posible que, no seas parte de los aspectos más públicos del ministerio que involucran la predicación desde un púlpito o la realización corporativa de los sacramentos sagrados, pero aún así, eres llamado a ser parte del sacerdocio de Jesucristo.

A lo largo del Antiguo Testamento, los sacerdotes eran considerados un grupo espiritual separado. Aparentemente una parte por encima del resto, fueron encargados de hacer el trabajo espiritual diario del ministerio, ya que ofrecían sacrificios a Dios y servían como mediadores entre Dios y el hombre. Pero la posición del Nuevo Testamento de cada creyente es la de un sacerdote real. Todo el pueblo de Dios tiene acceso a Dios. Todo el pueblo de Dios puede entrar en su presencia y ser escuchado por Dios personalmente. Tenemos este maravilloso privilegio no porque hemos estado en el seminario, no porque seamos súper espirituales, sino porque pertenecemos a Cristo, nuestro Gran Sumo Sacerdote.

El ministerio no es responsabilidad exclusiva de los «profesionales» de la iglesia; El ministerio es el llamado y la responsabilidad de cada creyente. Mírate a ti mismo como Dios te ve: parte del sacerdocio de los creyentes. Esto significa que todos somos iguales ante Dios, todos tenemos igual acceso a Dios, todos estamos igualmente llamados a vivir una vida digna del sacerdocio de los creyentes, y todos estamos igualmente llamados a servir a Dios por completo. El ministerio puede no ser tu vocación, pero Dios ha designado a cada creyente para el sacerdocio, por lo que hace del ministerio su obligación.

¡Bienvenido al ministerio! Ahora que eres parte del sacerdocio, ¿deberías vivir tu vida de manera diferente hoy?

---

**12 DE OCTUBRE**

*<< Entonces Jonás oró al Señor su Dios desde el vientre del pez. >>*
*Jonás 2:1 (NVI)*

## NO CUALQUIER CUENTO DE PEZ

La historia de Jonás y la ballena es muy fascinante y hace que algunas personas pregunten: «¿Realmente crees en la historia de Jonás? Quiero decir, realmente, ¿un hombre tragado por una ballena gigante? ¡Algo me huele un poco raro!» Si eres cristiano, probablemente te encuentres cara a cara con la persona dudosa e incrédula que ha cuestionado la verdad de una historia como esta. A los escépticos les encanta atacar el milagro de Jonás y la ballena (o pez grande, como es posible que conozcan la historia). Pero si una persona no está dispuesta a aceptar este milagro, lo más probable es que no esté dispuesta a aceptar ningún milagro en la Biblia.

El problema con la historia de Jonás, no es realmente el milagro de un hombre siendo tragado por una ballena y viviendo para contar la mejor historia de peces de todos los tiempos. No, el problema es con Dios. Al final, para el escéptico es: o Dios puede hacer milagros o no puede. El tema es un tema de fe. El único punto que tomaremos sobre la capacidad de Dios para realizar este milagro, o cualquier otro milagro, es el siguiente: si Dios puede crear el universo, ciertamente, Dios puede controlar todo dentro del universo, incluyendo una ballena. Pero tan asombrosos como son los milagros y tan asombroso como el milagro de Jonás que sobrevive después de ser tragado por una ballena, así es de asombroso que los milagros son solo herramientas usadas por Dios para cumplir sus propósitos. Entonces, ¿cuál es el propósito detrás de esta historia de pez?

Dios tenía un plan para alcanzar a la gente de Nínive con un mensaje de misericordia y Jonás debía ser parte de ese plan. Pero Jonás se negó y trató de huir de Dios (mala idea, por cierto). Cuando Jonás trató de huir de Dios, sus planes para escapar salieron terriblemente mal.

Mientras intentaba alejarse de la voluntad de Dios, Jonás fue arrojado por la borda. Dios, en su poder y providencia, atrajo inolvidablemente la atención de Jonás mientras Jonás flotaba en un mar de desobediencia. Dios trajo un pez gigante para tragar a Jonás y cambió el método de transporte de Jonás de un barco a un pez. Uno lo alejó de Dios y el otro lo devolvió a Dios.

El vientre de una ballena ciertamente no es un gran lugar para pasar un fin de semana de tres días, pero el tiempo brinda a la persona una gran oportunidad para que solo reflexione sobre las decisiones y opciones que se han tomado. Durante la estadía de Jonás en la sauna del estómago del pez, cambió de parecer y finalmente se dirigió a Dios en oración. Jonás podría haber orado en el muelle, en la orilla o incluso en el barco, pero esta experiencia era necesaria para llevar a Jonás a un lugar de entrega total. Dios pudo haber permitido justamente que Jonás muriera y luego elegir a alguien más para hacer el trabajo, pero en su soberanía misericordiosa, eligió salvar la vida de Jonás y otorgarle una segunda oportunidad.

A veces en la vida, podemos desviarnos, desviarnos del camino que Dios ha establecido para nosotros, y Dios puede llevarnos a sentir como si estuviéramos en el vientre de un gran problema. ¿Qué debemos hacer? Acudir a Dios.

Jonás estaba equivocado, por lo que Dios lo aisló dentro del estómago de un pez maloliente y no terminó sus «vacaciones» hasta que el profeta estuvo dispuesto a regresar a la obediencia. Si bien, Dios a menudo es misericordioso con su pueblo, nunca podemos usar esto como una excusa para permanecer en el lugar de la desobediencia. No esperes estar en el vientre de un problema para elegir la obediencia. Elige seguir la voluntad de Dios hoy y ahórrate tu propia historia de peces.

### 13 DE OCTUBRE
*<< Para esto fuisteis llamados, porque también Cristo padeció por nosotros, dejándonos ejemplo para que sigáis sus pisadas. >>*
*1 Pedro 2:21*

## SIGUE AL LÍDER
Cuenta la historia, que durante la Revolución Americana, un hombre vestido de civil pasó junto a un grupo de soldados que estaban preparando una pequeña barrera defensiva. Su comandante gritaba

instrucciones pero no intentaba ayudar. Cuando el jinete le preguntó por qué no estaba ayudando a los hombres, respondió con gran autoestima: «¡Señor, soy un Cabo!»

Entonces, el extraño se disculpó, desmontó y procedió a ayudar a los soldados exhaustos. Cuando terminó el trabajo, se dirigió al cabo y le dijo: «Sr. Cabo, la próxima vez que tenga un trabajo como este y no haya suficientes hombres para hacerlo, solo diríjase a su comandante en jefe y vendré a ayudarlo de nuevo.»

Ese hombre no fue otro que el presidente George Washington.

El mundo siempre ha necesitado modelos positivos, personas con integridad y líderes que lideren con el ejemplo. Todo lo que Jesús hizo en la tierra es un ejemplo perfecto que debemos seguir. La forma en que Jesús entrenó a sus discípulos no fue solamente académica; No requería leer libros y escribir documentos. Más bien, su enseñanza incluía seguirlo y ver cómo ministraba a las personas y cómo respondía a diferentes situaciones de la vida. Cuando Jesús llamó por primera vez a los discípulos, el mensaje fue sencillo: «¡Sígueme!» Pedro nos recuerda ahora, años después de la muerte y resurrección de Jesús, que el mensaje no ha cambiado y que la mejor manera de vivir una vida piadosa es seguir los pasos de Jesús.

Jesús nos dejó un ejemplo a seguir pero, si somos honestos, admitiríamos que seguir los pasos de Jesús no es fácil y que sería absolutamente imposible si no fuera por la ayuda del Espíritu Santo. Muchas personas dicen que quieren seguir a Jesús, ¡y eso es genial! Pero, ¿qué significa realmente seguir los pasos de Jesús? Seguir a Jesús es más que aceptar un sistema de creencias religiosas; esta es una forma de vida. Seguir los pasos de Jesús significa que le estamos poniendo pies a nuestra fe. Seguirlo, implica que estamos avanzando, que estamos actuando y que lo que era importante para Jesús también es importante para nosotros.

¿Qué pasaría si los creyentes, que estaban realmente interesados en seguir los pasos de Jesús, buscaran formas de ejemplificar a Jesús en las rutinas cotidianas de sus vidas? ¿Cómo querría Jesús que caminara a través del sufrimiento? ¿Cómo querría Jesús que yo mostrara sumisión? ¿Cómo querría Jesús que yo demostrara paciencia? ¿Cómo querría Jesús que yo viva misericordia? ¿Cómo querría Jesús que yo exhibiera mansedumbre? ¿Cómo querría Jesús que revelara la gracia? ¿Cómo querría Jesús que encarnara la piedad? ¿Cómo querría Jesús que sufriera las dificultades? ¿Cómo querría Jesús que yo demostrara compasión (y así sucesivamente)?

Si vamos a seguir los pasos de nuestro Señor y Salvador, entonces debemos dedicarnos a glorificar a Dios en todo lo que hacemos, porque Jesús se dedicó a glorificar a Dios en todo lo que hizo. Si vamos a seguir los pasos de Jesús, debemos estar decididos a pasar tiempo de calidad en oración con Dios, porque eso es lo que hizo Jesús. Si vamos a seguir los pasos de Jesús, debemos estar comprometidos con la Palabra de Dios porque Jesús fue la Palabra hecha carne.

Si alguna vez tiene dudas sobre lo que debe hacer, mire a Jesús y siga su ejemplo.

---

**14 DE OCTUBRE**

*<< Entonces la gente de Nínive creyó el mensaje de Dios y desde el más importante hasta el menos importante declararon ayuno y se vistieron de tela áspera en señal de remordimiento. >>*
*Jonás 3:5 (NTV)*

## DESESPERADO POR EL PERDÓN

Este es uno de los capítulos más increíbles de la Biblia, el libro nos dice mucho sobre el poder del arrepentimiento y la naturaleza de Dios. En este caso, Dios estaba a punto de destruir a una nación malvada, que eran enemigos de los israelitas, pero Dios cambió de opinión cuando vio los corazones arrepentidos de su gente. Cuando pecas y te quedas por abajo de la norma de Dios, ¿estás desesperado por recuperar la intimidad con Dios a través de la oración y el arrepentimiento? Los ninivitas estaban tan convencidos de su pecado que no solo ayunaron, sino que también hicieron que sus animales ayunaran. Y no solo se pusieron cilicio, sino que también hicieron que sus animales usaran cilicio. Estaban desesperados por el perdón de Dios. ¿Qué tan desesperado estás tú por el perdón de Dios?

Cuando Jonás fue a Nínive, pronunció un mensaje de juicio, un mensaje de fatalidad y tristeza en el que declaró: « ¡en Cuarenta días a partir de ahora, Nínive será destruido!» (Jonás 3:4 NTV). No se dio ninguna promesa de perdón, ninguna referencia al amor de Dios y ninguna mención de la misericordia. Básicamente, Jonás estaba diciendo: « ¡Todos vais a morir!» más sin embargo la gente escuchó. Su corazón fue abierto y se arrepintieron. Y «cuando Dios vio lo que habían hecho, y cómo habían puesto fin a sus malos caminos, cambió de opinión y no llevó a cabo la destrucción que había amenazado» (versículo 10 NTV).

El avivamiento generalizado estalló en una de las ciudades más malvadas del mundo antiguo, porque la gente de esa ciudad estaba abrumada por su pecado y vieron su necesidad de Dios, buscaron desesperadamente el perdón de Dios y se comprometieron a cambiar su comportamiento. ¿Estás tan desesperado por el perdón de Dios? O, ¿te has vuelto insensible a tu pecado? ¿Estás dando la gracia de Dios por sentado? O, ¿estás persiguiendo urgentemente el perdón de Dios?

Sentirte mal por tu pecado y confesar tus pecados a Dios, pero aún elegir no cambiar nada es posible. El arrepentimiento, significa que debes asumir la responsabilidad por tu pecado y comprometerte a cambiar tu acción o actitud pecaminosa. El arrepentimiento no es sentir pena por tus acciones; el arrepentimiento significa que entiendes que tu pecado aflige a Dios y que te comprometes a cambiar tu comportamiento para agradar a Dios. Esto es lo que hicieron los ninivitas (versículo 8), y también lo que debemos hacer si estamos desesperados por el perdón de Dios.

El arrepentimiento real solo se puede encontrar en una relación cercana y personal con Dios, ser real con Dios al confesar nuestros pecados y cambiar nuestro comportamiento es crucial. Ningún pecado es tan grande como para estar más allá del alcance de la gracia de Dios. La pregunta es, ¿has venido al lugar donde estás desesperado por el perdón de Dios? ¿Estás lo suficientemente desesperado como para que Dios sea más importante para ti que tu pecado? ¿Estás tan desesperado que estás dispuesto a entregar todo a Dios y alejarte de ese pecado de una vez por todas?

El perdón es un milagro de la gracia y Dios está esperando ansiosamente a todos los que están desesperados por recibir su perdón. Como el salmista David declaró: «¡Oh, qué alegría para aquellos cuya desobediencia es perdonada, cuyo pecado está fuera de la vista!» (Salmo 32: 1 NTV).

---

### 15 DE OCTUBRE

*<< Estén siempre preparados para responder a todo*
*el que les pida razón de la esperanza que hay en ustedes. >>*
*1 Peter 3:15 (NVI)*

## PARA TODOS UNA RESPUESTA

¿Alguna vez te has sentido abrumado y mal preparado al defender tu fe en Jesucristo? Después de todo, debe enfrentarse con innumerables filosofías, numerosos sistemas religiosos y diversos puntos de vista, tratar de mantener un registro de toda la información diferente puede ser desafiante y confuso para la mayoría de los cristianos. Inevitablemente, todos los cristianos se encontrarán en una situación en la que se verán obligados a defender su fe y, el apóstol Pedro, nos desafía a estar siempre preparados para compartir con cualquiera y con todos los que puedan preguntarnos; por qué creemos lo que creemos.

Los cristianos necesitan estar listos para dar una respuesta a los demás en cuanto a: por qué tienen esperanza en Cristo. Pero, con estilos de vida ocupados y demandas interminables en su tiempo, muchos cristianos nunca se han tomado el tiempo de pensar realmente en sus creencias y, por lo tanto, se sienten incómodos y desprevenidos cuando se les pide que defiendan su fe. Pero, no es necesario tener un doctorado en teología o haber estudiado apologética para estar debidamente preparado para dar una respuesta a quienes la solicitan.

Para comunicar adecuadamente su fe en Dios a los demás, primero debe tener una comunión personal con Dios. El primer paso para estar preparado para compartir su fe, es tener una base sólida. Tu relación personal con Jesús debe ser una prioridad, lo que significa que debes dedicarte a pasar tiempo en oración, leer y estudiar tu Biblia, y tener tiempo en comunión con otros creyentes.

En segundo lugar, conocer lo básico. Esto no significa que tenga que ser un experto, pero cada cristiano debe conocer algunos conceptos básicos como estos: Jesucristo es el único camino a la salvación (Juan 14:6), somos salvos por gracia y no por obras (Efesios 2:8-9), Jesucristo es el Hijo de Dios (Juan 11:25), Jesucristo vino en la carne (Mateo 1:23), Jesús se levantó de la tumba (Mateo 28:6) ), la doctrina de la Trinidad (1 Juan 5:7), la Biblia es la Palabra inspirada e infalible de Dios (2 Timoteo 3:16), y se nos da el Espíritu Santo en el momento de la salvación (Efesios 1:13).

Tercero, asegúrese de pasar más tiempo estudiando su Biblia que estudiando filosofías falsas. La mejor defensa de tu fe, es conocer tu fe por dentro y por fuera, lo que significa conocer tu Biblia.

Cuarto, ore por sabiduría y pídale al Espíritu de Dios que le dé las palabras correctas (Santiago 1:5).

Por último, ser capaz de explicar el mensaje del evangelio con claridad. El objetivo de defender la fe, es que puedas tener la oportunidad de guiar a alguien a Cristo. Entonces, prepárate para sellar el trato con el mensaje de salvación.

Defender tu fe no siempre es fácil, generalmente significa que serás burlado, ridiculizado y etiquetado como de mentalidad estrecha o quizás dogmática (o mucho peor). Pero nada de esto debería desanimarte a responder con amor.

Algunos dicen que a la gente no le importa cuánto sabes hasta que saben cuánto te importa. Entonces, prepárese para dar a todos una respuesta de lo que cree, pero, sobre todo, esté preparado para dar esa respuesta con amabilidad y respeto, incluso si no recibe el mismo tratamiento.

## 16 DE OCTUBRE
*<< Pero Jehová le respondió: « ¿Haces bien en enojarte tanto?» >>*
*Jonás 4:4*

## CONTROL DE LA IRA

A veces, la cosa más pequeña puede dar a una persona un ataque de ira. ¿Tienes un fusible corto? ¿Encuentra dificultades para evitar que los sentimientos de ira estallen como el géiser Old Faithful de Yellowstone? La ira es una emoción común que puede tener graves consecuencias. Todos manejamos la ira de manera diferente, pero no importa cómo expresemos nuestra ira hacia el exterior, la ira seguramente tendrá su efecto interiormente. La ira afecta nuestras almas y sabotea nuestra salud. La ira tensa nuestras relaciones, especialmente nuestra relación con Dios. Y aunque todos deben lidiar con la ira, no todos tratan la ira correctamente.

Jonás fue un profeta que luchó contra Dios por sus voluntades. Jonás, repetidamente quería hacer las cosas a su manera, mientras que Dios quería que él hiciera las cosas a la manera Dios. Cuando Jonás se resistió y huyó de Él, Dios hizo a Jonás cebo para peces y lo hizo tragar por un gran pez. Esto le dio a Jonás unos días para reconsiderar y arrepentirse de su obstinada voluntad. Una vez que Jonás accedió a hacer las cosas a la manera de Dios, fue redirigido y reasignado por Dios. Sin embargo, a pesar del desvío, el plan de Dios siguió siendo el mismo, que consistía en usar a Jonás como su portavoz para ofrecer misericordia a los ninivitas. Jonás obedeció, pero se enojó con Dios por mostrar misericordia a los enemigos de los judíos. Cuando la gente de Nínive se arrepintió y Dios cambió su deseo de destruirlos, Jonás se enojó con Dios por ser amable y compasivo, lo cual es irónico, ya que Jonás recientemente disfrutó de los beneficios de la gracia y la misericordia de Dios. ¿Por qué estaba tan enojado Jonás? Muy simple, Jonás no consiguió lo que quería, así que se enojó.

Si fuéramos honestos con nosotros mismos, veríamos que nuestra propia ira a menudo se remonta a la misma razón. Nos enojamos cuando no nos salimos con la nuestra. Otras variaciones de la misma idea son: nos enojamos cuando no somos tratados como queremos, cuando no obtenemos lo que queremos cuando lo queremos, cuando las cosas básicamente no salen de la manera que preferimos o cuando no recibimos lo que creemos que merecemos. Nuestro orgullo sale herido y nos enojamos. Lo que sucede a continuación es un patrón muy predecible para que la ira siga.

La ira de Jonás le hizo perder la perspectiva (Jonás 4:3), volverse irracional (versículo 3), hacer acusaciones, incluso contra Dios (versículo 2), tratar de justificar sus propias acciones (versículo 2) y hasta aislarse a sí mismo (verso 5). Todas estas son señales de advertencia de que nosotros o cualquier persona a quien amamos, están siendo llevados por la ira. La ira comienza a nublar nuestro juicio e influye negativamente en nuestro pensamiento, por lo que debemos estar atentos a las señales de advertencia.

Entonces, ¿cómo podemos manejar la ira de una manera saludable y no perjudicial para los demás o para nosotros mismos?

Primero, tenga en cuenta que no toda la ira es un pecado, y cuando somos justificados para tener una ira justa, todavía debemos tener cuidado de no permitir que esa ira nos guíe hacia acciones pecaminosas.

A continuación, tenga en cuenta lo que lo hace enojar y esté atento a esas señales de enojo. Cuando aumenten las frustraciones y la ira comience a burbujear, confiéselo a Dios (1 Juan 1:9), cámbielo por alternativas piadosas (Efesios 4:32; Colosenses 3:12), confíelo a Dios y permítale que Él Trabaje las cosas para tu bien inmejorable. Luego, continúa así, con la frecuencia que necesites, hasta que comiences a manejar adecuadamente tu ira.

## 17 DE OCTUBRE
*« El agua del diluvio simboliza el bautismo que ahora los salva a ustedes; no por quitarles la suciedad del cuerpo, sino porque responden a Dios con una conciencia limpia y es eficaz por la resurrección de Jesucristo. »*
*1 Pedro 3:21 (NTV)*

## ¿POR QUÉ EL BAUTIZO?
¿Cómo podemos entender y explicar esta misteriosa ordenanza del bautismo y el papel que desempeña el acto en la vida de un creyente hoy? Como ha dicho Max Lucado,

La mente humana que explica el bautismo, es como una armónica que interpreta a Beethoven: la música es demasiado majestuosa para el instrumento. Ningún erudito o santo puede apreciar plenamente lo que significa este momento en el cielo. Cualquier palabra sobre el bautismo, incluidos estos, debe considerarse como un esfuerzo humano para comprender un evento sagrado. Nuestro peligro es balancearse en uno de los dos extremos: hacemos que el bautismo sea demasiado importante o demasiado poco importante. . . . Uno puede ver el bautismo como la esencia del evangelio o como irrelevante para el evangelio. Ambos lados son igualmente peligrosos.[68]

El bautismo en la iglesia primitiva, era a menudo el primer acto de obediencia para un nuevo creyente en Cristo. Los nuevos creyentes sintieron la urgencia de cumplir esta ordenanza con prisa. El bautismo era más que simplemente pasar por los movimientos espirituales, y más que una tradición vacía. El bautismo fue un primer paso importante que significó la nueva vida de un creyente en Cristo.

El propósito detrás del bautismo es triple.

Primero, el bautismo es una expresión pública y externa que revela un compromiso personal e interno con Cristo. La expresión, debe ser la evidencia de un cambio interno que ha ocurrido en la vida de la persona, cuando, a través de la fe, él o ella confían en Jesucristo para la salvación.

Segundo, el bautismo es la identificación del creyente con el Padre, el Hijo y el Espíritu Santo (Mateo 28:19). El bautismo también identifica a un creyente con el mensaje del evangelio, con otros creyentes, con la muerte, sepultura y resurrección de Cristo (Colosenses 2:11-12; Romanos 6:4).

Tercero, el bautismo es una ilustración que representa una profunda verdad espiritual, lo que significa la muerte de un creyente a su vida anterior y su resurrección como una nueva creación en Cristo (Romanos 6:1-8; Colosenses 2:12). En otras palabras, el bautismo es una expresión de nuestra fe, una identificación de nuestra fe y una ilustración de nuestra fe.

Debemos ser bautizados porque Jesús nos ordenó que lo hagamos (Mateo 28:19), y Jesús demostró cómo hacerlo (Mateo 3:13). El bautismo en agua no es un acto de salvación, sino que es un subproducto de nuestra salvación. El bautismo es un signo de nuestra santificación, una indicación de nuestra limpieza del pecado y un símbolo de nuestro compromiso con la gran comisión de Cristo a la iglesia. El bautismo es un acto de obediencia y, como un acto de obediencia, el acto debe ser precedido por nuestro arrepentimiento y seguido por nuestra sumisión a Dios.

El bautismo es muy parecido a una ceremonia de matrimonio; Ambas son declaraciones públicas de amor. En un bautismo, estamos públicamente declarando nuestro amor y compromiso con Jesús, y en una ceremonia de matrimonio, estamos declarando nuestro amor y compromiso con otra persona. Entonces, ¿por qué bautizar? El bautismo, es la forma en que mostramos que hemos muerto a nuestra antigua forma de vida a través de la muerte de Jesús y que vivimos una vida nueva a través de la resurrección de Jesús. Venimos, de las aguas del bautismo, limpios de nuestro pecado, de la misma manera en que el agua nos limpia de la suciedad.

## 18 DE OCTUBRE
*<< Escuchen lo que dice el Señor. >>*
*Miqueas 6:1 (NTV)*

## ¿ESTAS ESCUCHANDO LO QUE DICE DIOS?

Algunas personas han dicho que Dios nos ha dado dos oídos y una boca para que podamos escuchar el doble de lo que hablamos. Dios nos ha dado el privilegio de la oración, donde podemos hablarle y derramar nuestros corazones a Él. Pero nosotros podemos estar tan ansiosos por nuestro deseo de hablar con Dios, que no nos tomamos el tiempo necesario para detenernos y escucharlo. Y la realidad es que no podemos escuchar a Dios si siempre estamos hablando. Aprender a escuchar a Dios es un aspecto emocionante de nuestro viaje con Dios, que puede llevarnos a un camino de gran gozo y satisfacción en nuestros paseos con Él. Dios tiene mucho que decirnos a cada uno de nosotros, acerca de la vida y la piedad, pero ¿estamos escuchando?

Dios definitivamente quiere que lo escuchemos, sin embargo, al igual que la nación de Israel, podemos ignorar su voz y desviarnos del rumbo si no estamos listos y dispuestos a prestar atención a lo que Él tiene que decir. Miqueas llamó a la gente a escuchar al Señor. Dios tuvo una queja que presentar contra su pueblo, porque no habían escuchado ni respondido a la Palabra de Dios. La disputa de Dios con Israel tomó la forma de un procedimiento legal, como si Dios hubiera llevado a Israel a los tribunales. Si el pueblo de Dios solo lo hubiera escuchado a Él en primer lugar, no estarían sufriendo este regaño de parte de Dios. Pero la misericordia de Dios es grande y, aunque la gente no había hecho un gran trabajo de escuchar a Dios en el pasado, todavía tenían esperanza, si estaban dispuestas a escucharlo ahora.

Una persona puede dudar fácilmente si está escuchando de Dios. ¿Quién no amaría escuchar de Dios tan fácilmente como recibir un correo electrónico personal del cielo, cada vez que Dios tiene algo que decirnos? O tal vez podríamos tener un tono de llamada especial que sonara cada vez que Dios quiera hablarnos directamente. Escuchar a Dios no es tan fácil, pero podemos aprender a escucharlo.

La mejor manera de comenzar a aprender a escuchar a Dios, es pasar un tiempo en la Biblia. Esta es la forma principal en que Dios se comunica a su pueblo hoy. Entonces, si quieres escuchar a Dios, tómate el tiempo para escuchar lo que Él nos está diciendo en su Palabra.

Luego, escuchar a Dios implica examinar sus circunstancias. A menudo, Dios te guiará a través de ciertas circunstancias para hablar directamente en tu vida. También, a veces, Dios usará a otras personas para hablar en tu vida. Tal vez se te dirá una palabra de aliento, una palabra de exhortación, o incluso una palabra de reproche. No rechace el consejo piadoso de aquellos que conoce y confíe en la fe. Toma un momento y escucha a los demás mientras hablan en tu vida. Dios también puede hablarte a través de la voz apacible y pequeña de su Espíritu Santo. Aquí, Dios puede darte paz con respecto a una decisión, o hacerte sentir incómodo con respecto a la dirección que planeas seguir.

Dios habla de diferentes maneras, en diferentes momentos, por diferentes razones. Así que esté atento, sea reflexivo, ore, sea expectante y sea paciente. Escuchar de Dios no es tanto una cuestión de si Él está hablando; Escuchar de Dios es más una cuestión de si estás escuchando.

---

**19 DE OCTUBRE**

*<< Pongan todas sus preocupaciones y ansiedades en las manos de Dios, porque Él cuida de ustedes. >>*
*1 Pedro 5:7 (NTV)*

## PORQUE ÉL CUIDA DE TI

La vida en el tercer planeta que gira alrededor del sol tiene su parte de preocupaciones y preocupaciones. Con cada viaje que hacemos alrededor de la luminaria gigante, parecen surgir más y más razones para que nos sintamos aprensivos, ansiosos, temerosos, inquieto y preocupado. Desde nuestras finanzas hasta nuestro estado físico, desde nuestras apariencias personales hasta nuestras relaciones personales, desde nuestro trabajo hasta nuestro bienestar, corremos el riesgo de estar innecesariamente sobrecargados con una gran cantidad de ansiedades. La pregunta ya no es: «¿Qué me preocupa?». Más bien, la pregunta se ha convertido en: «¿Qué hago cuando la preocupación comienza a estallar?»

Pedro nos dice que si queremos vivir una vida cristiana despreocupada (fíjate, no descuidada), entonces debemos prestar todos nuestros cuidados a Dios; y sí, todo significa ¡todo! Cada cuidado pasado, presente y futuro, cada cuidado «grande» y cada cuidado «pequeño» deben ser entregados a Dios. No podemos aferrarnos a un poco de cuidado aquí, o esconder un poco de preocupación allí. Dios está interesado en todas nuestras preocupaciones, sin importar el tamaño ni la forma. Dios nos está pidiendo que los entreguemos todos, total y completamente, en sus manos capaces. La razón por la que Dios quiere aliviarnos de nuestras cargas, es porque Él nos cuida. Pedro sabe que necesitamos desesperadamente recordar esta verdad, porque cuando no recordamos que Dios se preocupa por nosotros, nuestras preocupaciones pueden comenzar a abrumarnos.

La preocupación se centra en el corto plazo, lo que nos lleva a olvidar que nuestros problemas no durarán para siempre. Cuando nos preocupamos, a menudo hacemos que nuestros problemas duren más de lo necesario. Al preocuparnos, estamos optando por mantener nuestras preocupaciones, en lugar de entregarlas a Dios. ¡Nuestra preocupación a menudo nos ciega al hecho de que Dios se preocupa por nosotros! La tentación cuando nos preocupamos, es pensar que Dios no se preocupa por nosotros y no se preocupa por nuestras situaciones. Pero nada podría estar más lejos de la verdad. La verdad es que Dios nos cuida más de lo que sabemos.

Si hoy necesita un pequeño recordatorio de algunas de las formas en que Dios ha demostrado su profundo cuidado por usted, entonces recuerde esto: Él lo creó (Salmo 139:13), Él murió por usted (Romanos 5:8), y Él te ha perdonado (Efesios 4:32). Él te ha dado su Espíritu (2 Corintios 5:5), su Palabra (2 Timoteo 3:16) y su justicia (Filipenses 3:9). Él te conoce por tu nombre (Juan 10:3), e incluso conoce la cantidad de cabellos en tu cabeza (Mateo 10:30). Si Dios se preocupa por el gorrión más pequeño, entonces puede estar seguro de que se preocupa más por nosotros, a quienes ha creado a su propia imagen (Mateo 6:26; Génesis 1:27).

¡Le importas a Dios! Le interesan todos los aspectos de su vida, ya sea que algo parezca extraordinariamente pequeño o universalmente gigantesco. Recuerda, a Dios le importas, y quiere ayudarte. Recuerda que poner tus preocupaciones sobre Dios no significa que puedas ser irresponsable. Haz lo que puedas y confía en Dios para que se encargue del resto.

---

**20 DE OCTUBRE**

*<< Hombre, Él te ha declarado lo que es bueno ¿y qué es lo que pide Jehová de ti, solamente hacer justicia, amar la misericordia y andar humildemente ante tu Dios? >>*
*Miqueas 6:8*

## TEORÍAS DE CALCOMANÍAS

Si manejas un auto lo suficiente, eventualmente conocerás la teología de las calcomanías. Es donde la gente usa calcomanías para transmitir sus creencias y opiniones religiosas. Con dichos ingenuos y frases cortas, la gente hace declaraciones como, «Mi karma pasó por encima de su dogma» o «Detén el lloriquear global». Los cristianos no son una excepción. Ellos, también han tomado su fe en el camino abierto con la teología de calcomanías vehiculares, proclamando audazmente: «¡Toque el claxon si amas a Jesús!»; «¡Dios es mi copiloto!»; «Dios permite giros en U»; o «¿Así de cercas sigues a Jesús?» Si eres un cristiano al que le gustan las frases cortas que capturan las verdades espirituales, entonces Miqueas tiene el versículo para ti y ofrece un resumen de lo que Dios quiere de nuestras vidas.

El pueblo de Israel se acercó al profeta Miqueas y le preguntó: «¿Qué quiere Dios de nosotros?». En otras palabras, le preguntaban a Dios, como la mayoría le preguntamos: «¡Muéstranos lo que quieres que hagamos!» O «¡Solo danos una señal!» Estaban buscando la dirección de Dios y sus requisitos para una vida piadosa. La respuesta del profeta fue un resumen simplificado de la ley de Dios, es decir, una pequeña teología de calcomanías vehiculares del Antiguo Testamento, mediante la entrega de tres verdades espirituales cortas para todos. Miqueas le dijo a la gente que lo que Dios quería de ellos era hacer justicia, amar la misericordia y caminar humildemente con Dios. Y aunque la teología de las calcomanías es a menudo un poco superficial, el consejo de Miqueas está lejos de ser un espiritismo superficial.

Estas tres verdades no están diseñadas para ser aplicadas como calcomanías vehiculares, donde se pegan y se olvidan. Estas verdades deben ser esenciales para vivir en armonía con Dios.

Hacerlo de manera *justa* simplemente significa hacer lo correcto. A menudo, hacer lo correcto significa que debemos estar dispuestos a hacer lo correcto conforme la Biblia, independientemente de las consecuencias. Debemos vivir responsablemente y actuar correctamente en todas nuestras relaciones, y debemos tratar a los demás como queremos ser tratados.

*Amar* la misericordia significa mostrar bondad, incluso cuando no ha sido ganado, ni recompensado. Amamos muchas cosas en el mundo, como tener razón, tener poder y tener éxito, pero realmente ¿amamos ser misericordiosos? ¿Amamos ser amables cuando alguien es cruel con nosotros?

*Andar humildemente con tu Dios,* significa vivir diariamente dependiendo de Dios, confiar en sus recursos y no en los recursos del hombre, y someternos a la voluntad de Dios sobre la voluntad propia.

Estas tres verdades representan más que una mera teología de calcomanías vehiculares. Representan cualidades que cada creyente necesita comprender y practicar. Por lo tanto, la próxima vez que te preguntes qué quiere Dios que hagas, solo recuerde que Él le ha mostrado lo que es bueno y lo que quiere de ti. Entonces, comienza aquí.

**21 DE OCTUBRE**
*<< Siempre les recordaré todas estas cosas. >>*
*2 Pedro 1:12 (NTV)*

## NOTITAS ESPIRITUALES

Los padres tienen un trabajo de tiempo completo, recordándoles a sus hijos que hagan cosas que ya les han enseñado a hacer, como, «Lávate las manos antes de comer», «Recoge la ropa del piso» y «Cepíllate los dientes». Algunos dicen que debido a que nuestras mentes han sido afectadas por el pecado, olvidamos las cosas que debemos recordar y recordamos las cosas que debemos olvidar. Por lo tanto, utilizamos listas de compras para recordarnos las cosas que necesitamos comprar, usamos calendarios para recordarnos las citas que debemos cumplir, e incluso hasta colocamos notas adhesivas en todo para recordarnos cosas que probablemente olvidaríamos. ¿Qué pasa con nuestras vidas espirituales? ¿Necesitamos recordatorios regulares de los problemas de nuestra fe?

C. S. Lewis dijo: «Debemos recordarnos continuamente lo que creemos».[69] El apóstol Pedro estaría completamente de acuerdo. La repetición es la clave para aprender y Pedro se comprometió a recordarles constantemente a los creyentes lo que era importante.

Pedro escribió esta epístola como un recordatorio eterno de las importantes verdades espirituales. Y a pesar de que su audiencia sabía y estaba fundamentada en muchas de las verdades sobre las que escribía, conocía que escucharlas de nuevo era importante para que se mantuvieran firmes en su fe, lo que es igual de cierto para nosotros hoy.

¿Por qué necesitamos que nos recuerden constantemente lo que creemos? Bueno, recordarnos la verdad espiritual nos da esperanza, nos protege del error, nos mantiene en la dirección correcta y nos ayuda a resistir el pecado. Y no debemos ignorar el hecho de que todos somos propensos a olvidar. Uno de los grandes enemigos de la mente cristiana es olvidar la verdad espiritual. Por lo tanto, debemos trabajar para contrarrestar nuestro olvido al escuchar semanalmente la predicación de la Palabra de Dios, al leer y releer toda la Biblia, al meditar en lo que leemos, al escuchar de la Biblia y al memorizar versículos de la Biblia por medio de la repetición para recordarlos. Parte del aprendizaje es aplicar lo que aprendemos y, aunque lo hayamos escuchado cientos de veces, hasta que apliquemos esa verdad a nuestra vida personal, es posible que tengamos que escuchar la misma verdad cien veces más. Lo que sabes no es lo importante; lo más importante es si estás usando lo que sabes.

El acto de recordar es la naturaleza del ministerio y también es una de las obras del Espíritu Santo (Juan 14:26). Cuanto más cerca está la Palabra de Dios de nuestros labios, más profundamente está la Palabra arraigada en nuestros corazones. A medida que vivimos nuestros días, no se debe hacer un trabajo mayor, que el de recordarnos la verdad espiritual. Las personas no necesitan nuestro consejo, tanto como necesitan escuchar el consejo de Dios. Tómate el tiempo para dejarte a ti mismo, o a alguien que conozcas, una notita adhesiva espiritual, como un recordatorio de las cosas que somos propensos a olvidar sobre Dios.

## 22 DE OCTUBRE
*<< Jehová será mi luz. >>*
*Miqueas 7:8*

## QUE SE HAGA LA LUZ

A la mayoría de las mujeres les gustan las velas y las utilizan para decoración, aromaterapia y relajación, mientras que la mayoría de los hombres ven las velas exclusivamente como una fuente de luz, reservada para cortes de energía y otras emergencias. De hecho, todo el negocio de las velas está orientado hacia las mujeres, con aromas de velas como Flores de Lilas (Lilac Blossom) y Brisa de Júpiter (Juniper Breeze). Si los fabricantes de velas quieren que los hombres compren velas para su propia relajación y aromaterapia, ¡ojo, necesitan crear aromas como costillas a la parrilla y pan recién horneado! Mientras que las velas se usan generalmente como accesorio o lujo, la luz es más que una simple conveniencia; La luz es una necesidad.

La Biblia a menudo usa la imagen de la luz cuando habla de Dios: «Dios es luz y en Él no hay ninguna oscuridad» (1 Juan 1:5). Jesús, hablando de su identidad y su relación con Dios el Padre, dijo que Él era la luz del mundo (Juan 8:12). Además, Juan explica cómo Jesús es una luz que brilla en la oscuridad (Juan 1:1-5). Cuando se usa para describir al Creador, la luz es a menudo una referencia a su gloria, su bondad y su justicia. Las Escrituras describen la experiencia de la luz de Dios como la bendición más grande que cualquier ser humano puede disfrutar. Miqueas sabía que la mayor bendición en su vida era el hecho de que Dios era su luz, una luz que le brindaba calidez y comodidad, una luz que promovía el crecimiento y la fructificación, una luz que iluminaba su camino y le daba dirección, una luz que disipaba las tinieblas y traía protección.

¿Has experimentado la bendición de tener a Dios como tu luz? Vivimos en un mundo espiritualmente oscuro y Dios es la única fuente de luz, en virtud de nuestra condición caída, estamos en un estado constante de oscuridad y, por lo tanto, estamos separados de la luz de Dios. Pero, en Cristo, estamos reconciliados con Dios y ahora podemos experimentar la comunión con la luz. La Biblia es clara en que aquellos que experimentan la luz de Dios, deben caminar en la luz como Dios está en la luz (1 Juan 1:7), caminando en la luz de la voluntad y la Palabra de Dios.

Debido a que Dios es luz, cuando se involucra en nuestras vidas, comienza a iluminar esas cosas en nuestros corazones que podemos haber ocultado en las oscuras sombras. Lo mejor y más liberador que podemos hacer, es permitir que Dios brille con la luz de su Palabra en los recovecos de nuestros corazones, para que él pueda purgarlos y purificarlos. Y mientras disfrutamos de la luz de la bondad y la gracia de Dios en nuestras propias vidas, no debemos guardar esa luz para nosotros mismos. En cambio, tenemos la responsabilidad de compartir la luz de Dios con un mundo que está atrapado en la oscuridad (ver Mateo 5: 14–16).

Deja que Dios sea la luz de tu vida. Reconoce que Él es una necesidad y no una amenidad. Dios no es un accesorio místico en nuestras vidas. Él no está allí como accesorio místico. Más bien, Él es tan indispensable, como lo es la luz para la vida.

## 23 DE OCTUBRE
*<< Habrá falsos maestros entre ustedes.*
*Ellos les enseñarán con astucia herejías destructivas. >>*
*2 Pedro 2:1 (NTV)*

## NO TOMEN DE ESA BEBIDA

Nadie esperaba que sucediera, especialmente con esta congregación modelo. Proporcionaron una piscina climatizada para niños de escasos recursos, caballos para que los niños de los barrios céntricos pobres de la ciudad monten; dieron becas para estudiantes meritorios y proporcionaron alojamiento para personas mayores. Incluso tenían un refugio para animales, un centro médico, un centro de atención ambulatoria y un programa de rehabilitación de drogas. Walter Mondale escribió que el pastor era «una inspiración para todos nosotros». El Secretario de Salud, Educación y Bienestar citó las contribuciones sobresalientes del pastor: «Sabía cómo inspirar esperanza». ¿Dónde están ahora? ¿Dónde está, esta congregación modelo, muerta? Un día, su pastor reunió a todos, les habló sobre la belleza y la certeza de la muerte, luego, procedió a darle a todos una bebida de «Kool-Aid» con cianuro, cuando todo terminó, más de 918 personas murieron, incluyendo el pastor, Jim Jones.[70]

Los falsos maestros siempre han estado tratando de hacer que las personas beban sus mentiras y se traguen su veneno. Han vinculado la verdad de Dios con adulteraciones de cianuro, escondiéndose detrás de la falsa religiosidad, en lugar de inspirar un cambio real. Ellos han estado dividiendo y debilitando a la iglesia de Cristo desde su inicio, al manipular y aplicar la maldad a la verdad para sus propias ventajas. Los falsos maestros saben la verdad, pero deliberadamente distorsionan la verdad para engañar a los demás, a menudo para beneficio personal, ambición egoísta o incluso para satisfacer a otros. Cualesquiera que sean sus motivaciones, los falsos maestros no son más que los camareros del infierno, que sirven cócteles mortales de medias verdades mezcladas con engaño y engaño, lo que lleva a la intoxicación espiritual. Los cristianos deben ser cautelosos y vigilantes, para que no beban la extraña bebida que los falsos maestros están sirviendo.

¿Cómo puedes detectar el engaño de los falsos maestros? Los falsos maestros enfatizan la experiencia sobre la verdad, dependen del carisma sobre la corrección, traen confusión y no claridad. Promueven la división en lugar de la unidad, elevan los deseos personales sobre las verdades morales, niegan la deidad de Jesús, usan la elocuencia para eludir el error, explotan a sus seguidores y están más interesados en convencer a otros de sus opiniones, en lugar de buscar la verdad.

Para ayudarlo a determinar si alguien está enseñando la verdad o promoviendo una realidad retorcida, considere algunas preguntas: ¿De dónde viene su mensaje? ¿Qué hay en el centro de su mensaje? ¿Qué promete su mensaje?

La fuente del mensaje cristiano es la Biblia, ¡y nada más! El centro del mensaje cristiano es la salvación a través de la fe en Jesucristo, la promesa es una nueva vida en Cristo ahora y una vida eterna en el cielo después.

La iglesia siempre estará sujeta a la herejía de los falsos maestros que hablan sin problemas. Los cristianos deben entender cómo operan y estar alertas a su presencia dentro del cuerpo de Cristo. Si bien, no debemos pelearnos por asuntos no esenciales, nunca debemos temer a los que pueden pervertir o destruir los fundamentos de la fe cristiana.

En el amor, ayudemos a los que están atados a falsas doctrinas y mantengamos firmemente enraizados en lo esencial de la fe cristiana.

## 24 DE OCTUBRE
*<< ¿Qué Dios hay como tú? >>*
*Miqueas 7:18 (NVI)*

## NADA SE COMPARA CON DIOS

¿Quién es como Dios? No podemos comprender completamente a un Dios incomprensible. Tomar lo que es invisible, inmaterial e inconmensurable es imposible. Como el diseñador magnífico de un universo asombroso, Él es sin restricciones en parámetros físicos. No existe un lugar donde Él no ha estado y no existe un lugar donde Él no puede ir. Él está al mismo tiempo fuera de nuestro tiempo y nuestro espacio continuo, pero puede entrar en cualquier momento. Es infinito pero íntimo, abstracto y auténtico. Es auto suficiente, auto sostenible y perpetuo en sí mismo.

« ¿Dónde está el dios *que puede compararse contigo?*»

El profeta Miqueas sabía que Dios es único y diferente a cualquier otra cosa en toda la existencia. Y aunque su pregunta es retórica, Miqueas intenta explicar por qué nuestro gran Dios no se compara con ningún otro. Miqueas menciona que Dios es insuperable en su juicio y en su liberación, sin paralelo en su guía y en su perdón, inigualable en su fidelidad y compasión, y sin rival en su misericordia. Lo que Miqueas entendió acerca de Dios le dio una mayor confianza en Dios y elevó su adoración a Dios.

«¿Dónde está el dios *que puede compararse contigo?*»

Nuestro Dios es todo esto y mucho más, y debemos trabajar para expandir nuestra visión de Dios para que podamos profundizar más en nuestra adoración a él. Considera que Dios siempre ha existido y siempre existirá. Toma en cuenta que Dios es omnisciente y todopoderoso. Él es inmutable, sin fin, y sin igual. No hay nadie como Dios en poder, en conocimiento o en sabiduría. Dios tiene autoridad sobre la muerte, y por su palabra las cosas llegan a existir. Nada es imposible para Dios, y nada puede impedir que sus planes y propósitos se lleven a cabo. Él mantiene unido el universo, él es la fuente de toda verdad, y su verdad es eterna.

« *¿Dónde está el dios que puede compararse contigo?*»

Por más excepcional que sea Dios, también es personal. Milagrosamente, se volvió personal para la humanidad al convertirse en hombre en la persona de Jesucristo. Él inexplicablemente se vuelve personal al depositar su Espíritu dentro de todos los que confían en Él para la salvación. Él repetidamente se vuelve personal a medida que continuamente transforma a su pueblo a su imagen. Prácticamente se vuelve personal, cuando habla a su pueblo a través de la Biblia y su Espíritu Santo. Él se vuelve generosamente personal mientras permite que su pueblo se asocie con Él para cumplir sus planes perfectos.

« ¿Dónde está el dios *que puede compararse contigo?*»

La respuesta es simple: ¡no hay ninguno! Nada se compara con nuestro gran Dios, y nada nunca lo hará.

Que la realidad de su majestad te lleve a profundizar en su adoración de aquel que no tiene igual.

---

**25 DE OCTUBRE**

*<< El Señor no tarda en cumplir su promesa, según entienden algunos la tardanza. Más bien, Él tiene paciencia con ustedes, porque no quiere que nadie perezca, sino que todos se arrepientan. >>*
*2 Pedro 3:9 (NVI)*

## LA PACIENCIA DE DIOS

Dios es paciente. Nosotros no lo somos. Queremos lo que queremos, justo cuando lo queremos. Dios, por otro lado, puede mantener la calma y no irritarse mientras espera. A menudo revelamos nuestra impaciencia cuando hacemos preguntas como: « ¿Cuánto más va a durar esto?» Dios no tiene prisa, porque Dios está en un horario totalmente diferente al de nosotros. El horario de Dios es muy diferente al nuestro porque, según el reloj de Dios, un día es como mil años y mil años son como un día (2 Pedro 3:8). Dios ha existido desde la eternidad pasada y continuará por la eternidad futura, lo que explica por qué su visión del tiempo es un poco diferente a la nuestra. El problema surge cuando las personas confunden la paciencia de Dios con su aprobación.

En la segunda epístola de Pedro, se refiere a los escépticos que cuestionaban las promesas de Dios. En particular, estos escépticos decían que dado que Jesús aún no había regresado, la promesa de su regreso debía ser una mentira. Pedro se apresuró a subrayar que la razón por la que Jesús no había regresado, era porque Dios es paciente con los pecadores. La paciencia es la habilidad de Dios, no solo para retrasar la ejecución de su ira por un período de tiempo, sino también para retrasar esa ira para mostrar gracia hacia los pecadores.

*Dios no es ciego*, incapaz de ver el mal que hacen los hombres; *Dios no es sordo*, incapaz de escuchar los gritos contra tal maldad; y *Dios no es débil*, incapaz de detener el mal. Lo que está sucediendo es que *Dios no está dispuesto* a que nadie perezca, por lo que pacientemente retiene su regreso para que muchos puedan ser salvos.

Dios es paciente porque no quiere que la gente se pierda por toda la eternidad. Por su paciencia, le está dando a la gente tiempo para dejar el pecado y confiar en Jesús. La paciencia de Dios hacia nosotros es increíble y debido a que Dios es paciente, innumerables personas han confiado en Jesús para su salvación, mientras esperamos el regreso de Cristo.

La paciencia de Dios se extiende más allá de la salvación y continúa beneficiando a las personas diariamente. ¿Cuántas veces has disfrutado de la paciencia de Dios? ¿Puedes contar cuántas veces Dios pudo haberte tratado con dureza debido a tu pecado, pero no lo hizo? Dios espera pacientemente que nos arrepintamos cuando estamos siendo tercos y desobedientes, algo por lo que debemos estar continuamente agradecidos.

Todos nos presentaremos ante Dios para rendir cuentas un día y no debemos abusar de la paciencia de Dios al esperarnos para arrepentirnos. Ya sea que nuestro arrepentimiento nos lleve a la salvación o el arrepentimiento nos lleve a la obediencia, no confundas la paciencia de Dios con su aprobación. ¿Hay algo en tu vida de lo que no te has arrepentido? Agradece que Dios, en su paciencia, esté dispuesto a esperarte para que pidas perdón y para que abandones tu pecado.

Se sabio. No pruebes los límites de la paciencia de Dios. No esperes su disciplina. En su lugar, haz lo correcto y dirige tu corazón hacia Dios hoy.

---

**26 DE OCTUBRE**
*<< Él echará a lo profundo del mar todos nuestros pecados. >>*
*Miqueas 7:19*

## EL MAR DEL OLVIDO

¡Todos cometemos errores! ¡Todos nos equivocamos! ¡Todos pecamos! Esto no debería sorprenderte, pero lo que te puede sorprender es que una vez que Dios te ha perdonado, nunca volverá a mencionar tus pecados. Él no te los echará en cara. No los sostendrá sobre tu cabeza y no los usará contra ti. Dios no quiere que vivas bajo la condena constante de tus fallas recientes y tus fracasos del pasado. Morar en los errores pasados y revolcarse en la autocompasión es muy fácil cuando le has fallado a otros y a Dios, pero tus pecados no tienen por qué perseguirte, porque Dios los ha perdonado permanentemente y los ha olvidado por completo (Efesios 1:7; Salmo 103:12).

Es increíble pensar que un Dios santo y justo perdonaría de buena gana y eliminaría todos los registros de nuestras transgresiones. Pero no importa lo difícil que sea créelo, sigue siendo cierto. Si has confesado tus pecados y le has dado la espalda a ellos, la Biblia claramente enseña que has sido perdonado (1 Juan 1:9). Pero algo en nosotros quiere seguir arrastrando nuestros pecados. Si Dios decide no recordar nuestros pecados (Isaías 43:25), ¿por qué lo hacemos? ¿Por qué permitimos que el Diablo saque nuestras manchas del pasado y nos las embarre en nuestras caras, cuando todo nuestro pecado ha sido cubierto completamente por la sangre de Cristo? No trates de desenterrar lo que Dios ha enterrado. No revivas lo que Dios ha elegido no recordar.

Muchas personas luchan con dejar los errores en el pasado y avanzar hacia la libertad del perdón. Aunque algunos de nuestros pecados pueden tener consecuencias persistentes, no tenemos que seguir castigándonos a nosotros mismos como parte del proceso de expiación.

Dios no solo perdona todos nuestros pecados, sino que también los envía a la parte más profunda del océano. Dios ha atado una piedra de molino alrededor de cada pecado, hundiéndolo en las profundidades más oscuras del fondo del océano, para que nunca vuelvan a ver la luz del día. Dios no volverá a sacar los pecados perdonados. Él no buscará usarlos como palanca contra nosotros. Permanecerán para siempre sumergidos en el mar de olvido de Dios. Solo debemos dejarlos allí y no intentar sacarlos de las profundidades del fondo marino.

Como cristiano, ya sea que te sientas perdonado o no, ¡lo eres! Deje sus fallas y fracasos donde Dios los ha enviado y adonde pertenecen: en el mar del olvido.

---

**27 DE OCTUBRE**
*<< Crezcan en la gracia y en el conocimiento*
*de nuestro Señor y Salvador Jesucristo. >>*
*2 Pedro 3:18 (NVI)*

## CRECIENDO EN LA GRACIA

A los niños pequeños les encanta medir su crecimiento. Las casas de todo el mundo tienen las marcas de lápiz incrementadas en las paredes y en los postes de las puertas, las que marcan el crecimiento de sus hijos. Sin embargo, el crecimiento es gradual y es algo que se nota con el tiempo, no de forma espontánea o instantánea. Nadie se despierta cinco pulgadas más alto de lo que fue cuando se acostó la noche anterior.

El crecimiento espiritual es muy parecido. El crecimiento espiritual no es espontáneo ni instantáneo, ocurre gradualmente, nadie se acuesta una noche y despierta por la mañana como un gigante espiritual. Pero el crecimiento medible y los cambios visibles, deben hacerse evidentes con el tiempo, lo que marca nuestro crecimiento en Cristo. Como creyentes, el desafío final de Pedro para nosotros es asegurarnos de que estemos creciendo en gracia.

La gracia es un favor inmerecido, una bondad inmerecida y una bendición no ganada. La gracia, es Dios quien nos la da, no sobre la base de lo que hemos hecho, sino a pesar de lo que hemos hecho: «Porque por gracia sois salvos por medio de la fe, y eso no de vosotros mismos; es el don de Dios» (Efesios 2:8). La actitud impulsiva de Pedro le brindó muchas oportunidades para recibir la gracia de la mano de Jesús y es, sin duda, la razón por la que sus palabras finales nos animan a crecer en la gracia.

El acto de crecer en gracia, comienza cuando recibimos la gracia de la salvación que Dios nos dio a través de Jesucristo. En ese momento se desarrolla como si Dios plantara una semilla de gracia dentro de nosotros; una semilla que debe ser cultivada para que crezca. El alimento para tal semilla está ligado directamente a la Palabra de Dios y al conocimiento de Dios. Pedro nos recuerda en 1 Pedro 2:2 que si queremos crecer, debemos tener un deseo de alimentarnos de la Palabra de Dios.

Crecer en la gracia, a menudo significa que las lecciones de gracia enseñadas en la Palabra de Dios, se aprenden a través de nuestras experiencias de vida. La mayor parte de lo que Pedro aprendió acerca de la gracia vino de sus errores. Después de que negó al Señor tres veces, Jesús se acercó a él y le extendió la gracia, restaurándolo al ministerio. El apóstol Pablo experimentó la gracia a través de la dificultad que soportó. Pablo tenía una espina en la carne, una especie de angustia o prueba, pero a pesar de sus repetidas oraciones y peticiones para que Dios elimine esa espina, Dios la vio como una oportunidad para que Pablo creciera en gracia (2 Corintios 12:9).

Crecer en gracia, está ligado a nuestro crecimiento en el conocimiento de Jesucristo, de su Palabra y de nuestras experiencias personales con la Palabra de Dios en nuestras vidas. Desde nuestra primera experiencia con la gracia hasta la última, cuanto más crecemos en nuestro conocimiento de Jesús, más entenderemos acerca de la gracia. Y cuanto más crezcamos en nuestro conocimiento de la gracia, más entenderemos acerca de Jesús.

## 28 DE OCTUBRE
*<< Bueno es el Señor >>*
*Nahúm 1:7 (NVI)*

# LA BONDAD DE DIOS

Dios no solo *hace* el bien, Dios *es* bueno. Es probable que todos lo hayamos dicho y lo decimos en serio. Pero, ¿realmente sabemos lo que significa el *bueno* en «Dios es bueno»? ¿Estamos hablando de lo mismo que cuando decimos: «Todo es bien», «buen trabajo» o incluso «¡buen perro!»? En general, cuando usamos la palabra bien para describir personas, lugares o cosas, usamos el bien para mostrar cierto grado de aprobación o apreciación. Pero cuando decimos que Dios es bueno, se expresa mucho más que solo aprecio y aprobación. ¿Cómo debemos comprender la bondad de Dios y cuál debe ser nuestra respuesta a su bondad?

Dios no solo hace que todas las cosas funcionen juntas para bien, como dice Romanos 8:28, sino que también es la norma para la bondad. De hecho, Jesús dijo: «Nadie es bueno, excepto solo Dios» (Lucas 18:19 NVI). La bondad de Dios está relacionada con la perfección de su ser y la bondad de sus acciones. La bondad de Dios está conectada a su rectitud moral y su compasión amorosa. Dios es siempre y absolutamente bueno, es independiente y fundamentalmente bueno, y es bueno en naturaleza y buen carácter. Todo don bueno viene de Dios (Santiago 1:17), lo que significa que toda bondad en el mundo tiene su origen en la bondad de Dios.

Todo lo que Dios hace es bueno. Sus obras, sus planes y sus propósitos son todos buenos. Él es bueno en su benevolencia y es bueno en su castigo. Él es bueno en su juicio y es bueno en su perdón. Él es bueno cuando nos libra del sufrimiento y es bueno cuando nos permite pasar por el sufrimiento. Nunca ha podido hacer nada que no sea bueno y nunca dejará de poder hacer el bien.

¿Cómo impacta la bondad de Dios en tu vida diaria? ¿Cómo te ayuda su bondad a vivir la vida cristiana? Si vamos a «ser» buenos y «hacer» el bien, esto solo puede lograrse con la ayuda de Dios. La Biblia es clara al decir que nadie es bueno y nadie puede hacer el bien sin Dios (Romanos 3: 10–12). Pero mientras más permitamos a Dios que tenga su camino en nuestras vidas y más de su bondad experimentaremos, más podremos reflejar su bondad a los demás. Solo cuando experimentamos a Dios y su bondad, podemos esperar ser buenos o hacer el bien.

Dios es bueno todo el tiempo, incluso cuando nuestras circunstancias pueden no sentirse bien o incluso ser buenas. Dios sigue siendo bueno. Todo lo que Dios hace es bueno, y todo lo que Dios está trabajando para lograr es bueno. Dios incluso tomará las cosas malas que nos suceden y aún las usará para su bien.

Tómate tiempo a lo largo de tu día hoy, para considerar algunas de las formas en que Dios ha sido bueno con usted, y agradézcale por el hecho de que no solo hace el bien, sino que también es bueno. ¡Dios es bueno!

## 29 DE OCTUBRE
*<< Si confesamos nuestros pecados a Dios, Él es fiel y justo para perdonarnos de nuestros pecados y limpiarnos de toda maldad. >>*
*1 Juan 1:9 (NTV)*

## QUE HACER CUANDO NOS EQUIVOCAMOS

A veces la vida va bien y de pronto decimos o hacemos alguna tontería. Independientemente de lo que hallamos dicho, o de cómo hallamos arruinado algo, una cosa es cierta: todos en algún momento hemos hecho cosas de las cuales nos arrepentimos. Por mucho que a nadie le guste admitir cuando hemos arruinado las cosas, admitir que «he pecado» es aún más difícil. Pero, si queremos estar bien con Dios y si queremos eliminar las barreras espirituales que se hayan desarrollado, lo primero que debemos hacer, después de nuestro error, es confesar nuestros pecados a Dios.

El apóstol Juan reconoció que, por mucho que todo cristiano desearía no pecar más después de confiar en Jesús para la salvación, el hecho es que todos seguimos pecando. Y en lugar de negar nuestros pecados o fingir que no existen, debemos ser prontos para confesarlos a Dios, sabiendo que Él está listo y dispuesto a perdonarnos y limpiarnos de toda maldad.

La confesión es más que una práctica saludable; La confesión es responsabilidad de todo cristiano. Cuanto más tiempo pasamos con Dios, más conscientes somos de nuestras faltas y fracasos, y más comprendemos la profundidad de nuestro propio pecado. Pero Dios nunca nos da convicción de pecado para alejarnos de su presencia. Más bien, su convicción, que viene del Espíritu Santo, tiene la intención de acercarnos más a Él y hacernos más como Él.

Cuando confesamos nuestros pecados a Dios, estamos diciendo: «Dios, estoy de acuerdo contigo. He pecado». La confesión no es informarle a Dios de algo que Él no vio en nosotros, ni supo de nosotros; confesar está de acuerdo con lo que Dios ya ve en nosotros y sabe acerca de nosotros. La confesión significa que estamos limpios con Dios: no más secretos ni más intentos de negar o encubrir nuestros pecados.

¿Cómo podemos asegurarnos de confesar nuestros pecados de manera correcta y completa?

Primero, la confesión debe involucrar un examen. Examina lo que Dios llama pecado y también examina tu propio corazón por el pecado.

A continuación, no postergue su confesión. No dejes para mañana lo que sabes que hay que confesar hoy.

Además, sé específico. Llámale a tu pecado como Dios le llama a ese pecado. Si el pecado es lujuria, llámalo lujuria. Si el pecado es amargura, llámalo amargura.

Luego, pídele perdón a Dios. Y una vez que le hayas pedido perdón, acepta su perdón. Avanza sabiendo que estás perdonado y limpiado, y no te aferres a tus pecados. Déjalos a Dios y camina en la libertad de su perdón.

Cuando pecamos, lo mejor que podemos hacer es confesar el pecado a Dios inmediatamente, para que podamos experimentar su perdón y limpieza en nuestras vidas. Por más difícil que sea admitir que «he pecado», la confesión es la manera más rápida de restablecer una relación correcta y una relación íntima con Dios. No dejes para mañana lo que hay que confesar a Dios hoy.

## 30 DE OCTUBRE
*<< El justo por su fe vivirá. >>*
*Habacuc 2:4*

## VIVIR POR FE

La vida cristiana es la experiencia más maravillosa y la más desafiante que alguien pueda desear vivir. En el núcleo del cristianismo hay una palabra: fe. Ninguna otra palabra puede resumir completamente el mensaje de la Biblia y el propósito de la vida cristiana. En los tiempos felices y difíciles, el desafío de Dios a su pueblo permanece constante: vivir por la fe.

El libro de Habacuc registra una conversación entre Dios y el profeta Habacuc sobre una situación que preocupó al profeta. Habacuc estaba molesto por la impiedad y la inmoralidad que se extendía por toda la tierra de Israel. Cuando Habacuc le preguntó a Dios cuánto duraría toda esta corrupción, recibió una respuesta que no le gustó. Dios respondió que no estaba ignorando la maldad de su pueblo; de hecho, tenía la intención de levantar a los babilonios para disciplinar la pesadez de su pueblo. Esto hizo que Habacuc se confundiera aún más y lo llevó a preguntarle a Dios por qué usaría a una nación tan infame y malvada para disciplinar a su pueblo elegido. La respuesta de Dios a la preocupación de Habacuc fue esencialmente: «Aunque no entiendas todos mis caminos y razones, Habacuc, lo que quiero que recuerdes es esto: el justo vivirá por su fe».

Este verso es tan importante para la vida cristiana que se repite tres veces en el Nuevo Testamento, una vez en Romanos (1:17), una vez en Gálatas (3:11) y una vez más en Hebreos (10:38), cada vez enfatizando un aspecto diferente de esta gran verdad.

Vivir por la fe, significa que vivimos día a día, confiando en Dios porque su carácter nunca cambia y su palabra nunca falla. Vivir por la fe, significa descansar en las promesas de Dios. Viviendo por la fe, como lo expresó un escritor,

> significa confianza, dependencia, aferrarse a Dios; significa vivir, moverse y tener el uno con Él; significa confiar en Él para la respiración que uno toma, para la dirección que uno toma, para las decisiones que uno toma, para las metas que se establecen y para el resultado de la vida de uno. . . . La fidelidad, significa poner la vida entera en las manos de Dios y confiar en su cumplimiento, a pesar de todas las circunstancias externas e internas; A pesar de todo pecado personal y culpa. La fidelidad es la vida por el poder de Dios y no por el poder propio. . .; y, por lo tanto, es verdaderamente vida, porque extrae su vitalidad del Dios vivo que es la fuente de la vida.[71]

Vivir por fe no significa que vivamos sirviendo, sacrificándonos o tratando de ser «espirituales». Vivir por fe no significa vivir por nuestras emociones, ni significa vivir por nuestro coeficiente intelectual. No, vivir por fe significa que no siempre sabremos lo que Dios está haciendo y no siempre entenderemos cómo está trabajando Dios, o incluso por qué Dios está haciendo lo que está haciendo. Lo que sí sabemos es que Dios está en control y debemos tener fe en Él y en sus caminos. Venimos a Dios por la fe, somos justificados por la fe y debemos vivir nuestras vidas por la fe.

Experimentaremos momentos en la vida cuando nosotros, como Habacuc, no entendemos todo lo que Dios está haciendo. Pero Dios no ha cambiado y su Palabra para nosotros hoy sigue siendo la misma: los justos vivirán por la fe.

## 31 DE OCTUBRE

*<< No te contamines al recurrir a los médiums o a los que consultan con los espíritus de los muertos. Yo soy el Señor tu Dios. >>*
*Levítico 19:31 (NTV)*

## PEDIR DULCES EN HALLOWEEN

Halloween (Víspera de Todos los Santos). El día festivo evoca imágenes de gatos negros, linternas, brujas, fantasmas y, por supuesto, ¡dulces! ¡No podemos olvidar todo el dulce! Halloween se ha convertido en un gran negocio, segundo en ventas, superado solamente por la navidad ¿Pero es Halloween una fiesta inofensiva o un día lleno de maldad y oscuridad? ¿Los cristianos están exagerando acerca de Halloween? ¿Y los festivales alternativos de Halloween como Festival de Otoño, realmente son diferentes?

Para muchos, Halloween significa nada más que ponerse un disfraz una vez al año y pedir dulces gratis. Para otros, Halloween es una excusa para disfrazarse e ir a una fiesta de disfraces. Otros ven el día festivo como una oportunidad para asustarse al entrar en una casa encantada. Sin embargo, al acercarse a este día de fiesta espeluznante, los orígenes de Halloween se remontan sin duda a los rituales y creencias paganas. Algunas de esas creencias y rituales se centraban en la preparación de la cosecha estacional, mientras que otras creencias y rituales abarcaban prácticas ocultas que involucraban el espiritismo, la adivinación y la superstición.

Halloween no se menciona en la Biblia, pero algunas de las prácticas asociadas con este día misterioso son, como la adivinación, la brujería y las sesiones de espiritismo. Cualquiera que sea la incertidumbre que puedan tener los cristianos sobre la posición actual que este día debería tener en sus vidas, una cosa está clara: los cristianos no deben participar en ninguna de las prácticas oscuras relacionadas con este día. Como dice la Biblia: «Una vez estuviste llenos de oscuridad, pero ahora tienes luz del Señor. ¡Así que vive como gente de luz!»

(Efesios 5:8 NTV), y «no te conviertas en socios de los que rechazan a Dios» (2 Corintios 6:14).

¿Qué más deben considerar los cristianos cuando se acerca Halloween?

Primero, los cristianos no deben responder de manera supersticiosa en cuanto a Halloween. Tenemos la verdad de la Palabra de Dios de nuestro lado. Los espíritus malignos no son más animados y amenazadores en Halloween que en cualquier otro día del año. De hecho, Satanás merodea todos los días, buscando a quién puede devorar (1 Pedro 5:8). Pero Dios ha triunfado sobre Satanás y todo el mal a través de Jesucristo (1 Juan 3:8).

Luego, los cristianos deben responder a Halloween con sabiduría. El truco más grande en Halloween probablemente venga en las situaciones sociales que promueven conductas pecaminosas como embriaguez, promiscuidad y otras conductas incorrectas. Use la sabiduría simplemente evitando esas situaciones difíciles o tentadoras.

Por último, los cristianos deben ver la oportunidad única que ofrece Halloween para compartir el evangelio, ya sea en conversaciones con quienes celebran Halloween o con personas que acuden a su puerta, o quizás tratando o participando en una alternativa centrada en Cristo.

Dios nunca dijo que el truco o trato es una abominación, o que todos los que piden dulces gratis se están contaminando a sí mismos. Pero descartar por completo este día como inocente e inofensivo es ingenuo. Cualquiera que sea su visión personal de Halloween, la celebración de la festividad es una cuestión de conciencia ante Dios. Si bien definitivamente es un día de fiesta único, como cualquier otro día, lo que hace de él es lo importante. Así que puedes buscar glorificar a Dios o puedes poner a Dios a un lado.

Pero si va a pedir dulces en este día o no, no te dejes engañar pensando en que el lado oscuro de este día no existe. Los cristianos deben estar separados del mundo y deben usar la sabiduría al acercarse a cualquier día que tenga un lado oscuro asociado.

## 1 DE NOVIEMBRE
<< *Así también la fe, si no tiene obras, está completamente muerta.* >>
*Habacuc 3:18 (NTV)*

## ELIJE ALABAR

¡Alaba a Dios y pasa la sal! Algunos días, esa es la suma total de nuestra alabanza a Dios. Si bien esto puede ser triste, la verdad es que simplemente no pasamos el tiempo suficiente para alabar a Dios. Algunos pueden sentir que la vida no da mucho y que no hay por qué alabar a Dios en el momento. Para otros, la vida puede parecer llena de trabajo con el adelante-adelante, lo que los deja sintiéndose apresurados y acosados la mayor parte del tiempo. Cualquiera de estas condiciones puede dejarnos con una vida de alabanza mediocre.

Claro, cuando una bendición «grande» aparece en nuestras vidas, somos rápidos para darle a Dios la palmadita proverbial en la espalda. Y, antes de comer del plato, nos sentimos obligados a detenernos y alabar a Dios en breve por su provisión. ¿Pero no merece Dios más alabanza que eso? No importa cuál sea tu condición de vida, el problema de « la falta de alabanza» es problema de prioridades y de perspectiva.

Habacuc había sido perturbado por los planes de Dios para Israel, lo cual es comprensible. Pocos hombres no pueden verse afectados por las noticias de una invasión por parte de un enemigo aterrador. Esta inminente invasión significó que Habacuc tenía que tomar una decisión: o podía dejar que el miedo y la frustración lo llevaran a quejarse de los planes y propósitos de Dios, o podía confiar en los planes y propósitos de Dios y comenzar a alabar a Dios. Dos cosas en particular ayudaron a Habacuc a elegir el camino correcto de alabanza sobre la falta de alabanza: la oración y la reflexión sobre el pasado.

Primero, Habacuc oró (Habacuc 3: 1). La oración es a menudo el mejor lugar para comenzar cuando necesitamos un ajuste de actitud. Dios quiere que busquemos Su rostro, oigamos su voz y captemos su visión; la oración nos ayuda a verificar nuestras perspectivas y alinear nuestra voluntad con su voluntad.

Luego, Habacuc consideró el pasado (versículos 3-16). Habacuc, poéticamente, reflexionó sobre algunas de las formas en que Dios había obrado en el pasado de Israel para cumplir sus planes y propósitos, lo que aumentó la confianza de Habacuc en Dios sobre sus circunstancias actuales. Reflexionar no solo sobre la fidelidad pasada de Dios en la Biblia, sino también sobre su fidelidad pasada en nuestras propias vidas, debe darnos actitudes de alabanza. Debido a que

Habacuc pudo mantener la perspectiva correcta, pudo alabar a Dios. Habacuc sabía que, incluso si todo a su alrededor se desmoronaba, todavía podría cantar alabanzas a Dios porque Dios era su fuerza (versículos 17–19).

La alabanza nos enseña a ser gozosos y agradecidos sin importar nuestras circunstancias. La alabanza nos prepara para el servicio de Dios y nos ayuda a ver más allá de nuestras circunstancias actuales para ver las posibilidades que tenemos por delante gracias a nuestra fe. La alabanza nos enseña a alejar nuestros ojos de las circunstancias y a enfocarnos en Dios, cuyos planes siempre son buenos para su pueblo, incluso si su voluntad nos permite atravesar tiempos difíciles. Al enfocarnos en nuestros problemas en lugar de alabar a Dios, nos volvemos egocéntricos y auto-absorbidos. La alabanza nos vuelve a enfocar y desvía nuestra atención de nuestros problemas y la devuelve a Dios, a donde pertenece nuestra alabanza y enfoque.

Dios nos da razones más que suficientes todos los días para alabarle. Si bien, no siempre podemos elegir lo que nos sucede, podemos elegir cómo vamos a responder a lo que nos sucede. No importa lo ocupado que esté hoy, no importa lo difícil que sea tu situación, elije la alabanza sobre la falta de alabanza. Nunca te arrepentirás de tu elección.

---

**2 DE NOVIEMBRE**

<< *Prepárate para venir al encuentro de tu Dios.* >>
*1 Juan 2:15*

## VIVIENDO EN UN MUNDO MATERIAL

Vivimos en un mundo material, y si no tenemos cuidado, podemos convertirnos en personas materiales. Nos vestimos para impresionar, conducimos con estilo, disfrutamos de la buena comida y apreciamos las mejores cosas de la vida, pero estos gustos pueden tener un alto precio. Seamos sinceros. Las cosas cuestan dinero y las cosas más bonitas cuestan incluso más dinero. Eso generalmente significa que; debemos gastar mucho más tiempo trabajando, para ganar el dinero que necesitamos, para poder comprar las cosas que queremos. Aunque perseguir las cosas más finas de la vida no es tan malo, a menudo nos preocupamos tanto por la búsqueda que podemos olvidar lo mejor de la vida: Dios.

Existe una tensión para todo cristiano; vivir *en* el mundo pero no amar al mundo. Juan advierte a los cristianos que no den por sentado su salvación amando al mundo o las cosas del mundo, porque el amor por el mundo significa que el amor de Dios no está en nosotros. Ahora, debemos entender con esto que, el mundo de ahí, no se refiere a la naturaleza. Por supuesto, los cristianos deberían apreciar más la creación de Dios, porque conocemos al Creador y Dios considera que su creación es «buena» (Génesis 1:10). Además, el mundo no se refiere a los seres humanos, porque las personas están creadas a imagen de Dios (Génesis 1:26) y son amadas por él (Juan 3:16). En cambio, a lo que se refiere Juan cuando dice que no debemos amar al mundo o las cosas del mundo, es al sistema mundial. El sistema mundial es una forma de pensar y vivir que abarca las actitudes y creencias del mundo sobre los estándares de Dios. Esta actitud hace que algunos quieran lo que no tienen y confíen en lo que tienen.

¿Te estás preguntando si lo mundano se ha convertido en una distracción en tu vida? ¿No estás seguro de si la búsqueda de cosas más finas se ha convertido en una preocupación? Si es así, considera lo siguiente: ¿Estás satisfecho con lo que tienes? O, ¿siempre estás buscando lo que sigue, lo más nuevo y lo último? ¿Eres dueño de algo de lo que te sería difícil soltarlo? ¿Qué te trae más gozo: tus cosas o Dios? Ten en cuenta que Juan no está diciendo que todo lo material es malo, no está diciendo que nunca podemos disfrutar de las cosas de este mundo. Ese no es el punto. Pero si algo en la vida de un cristiano disminuye su deleite en Dios o el deseo de hacer la voluntad de Dios, entonces él o ella están en peligro de amar al mundo más que a Dios.

Amar a Dios y vivir para el mundo se excluyen mutuamente. No podemos hacer ambas cosas. O amamos a Dios y vivimos para Dios, o amamos al mundo y vivimos para el mundo. El hecho de que vivamos en este mundo no significa que tengamos que vivir para este mundo.

Evita convertirte en una persona material, amando lo que Dios ama y buscando lo mejor: Dios.

## 3 DE NOVIEMBRE
*<< El Señor se deleitará en ti con alegría. Con su amor calmará todos tus temores. Se gozará por ti con cantos de alegría. >>*
*Sofonías 3:17 (NTV)*

## NUESTRO DIOS CANTANDO

Josías era rey en Judá, después de que los invasores asirios se llevaran el reino del norte de Israel. Durante la primera parte de su reinado en el reino de Judá, no aprendiendo de los errores de Israel, la gente descendió más profundamente en pecado y rebelión contra Dios. En el decimoctavo año del reinado de Josías, el Libro de la Ley fue encontrado y leído al pueblo. Esto hizo que Josías se humillara ante Dios (2 Reyes 22:19), y comenzó una reforma asombrosa en Judá, que comenzó renovando el pacto entre Dios y su pueblo (2 Reyes 23:3). Estos fueron los días de Sofonías, el profeta (Sofonías 1:1).

Sin embargo, a pesar de todo lo que hizo el rey Josías, sus esfuerzos fueron demasiado pequeños y demasiado tarde. Las reformas fueron buenas, pero no duraron mucho. El resultado fue que el reino de Judá cayó en manos de los babilonios. Pero, en medio de la derrota de Judá, el profeta Sofonías habló y ofreció una palabra de esperanza para bendecir a la gente durante esos días oscuros, una palabra de esperanza que continúa bendiciendo al pueblo de Dios hoy.

¿Qué podría ser tan alentador para el pueblo de Dios que sin importar las circunstancias, uno puede regocijarse? La palabra para el pueblo de Dios, pasado, presente y futuro, es esta: Dios se deleita en ti, Dios te ama y Dios se regocija sobre ti en la canción. Qué pensamiento: Dios se regocija con cada persona que encuentra su salvación en él. Dios entona alegremente canciones sobre su pueblo. Más anheladas son las canciones de Dios para su pueblo, que la canción más dulce de cualquier ruiseñor. Más maravillosas son sus canciones para escuchar, que las voces más angelicales. Qué bendito es el hijo de Dios al escuchar que nuestro gran Dios canta sobre su pueblo. ¡Qué palabra de aliento!

Cuando Dios hizo la creación, no cantó, sino que simplemente vio que era buena. Pero para los redimidos de Dios, Él siente tal alegría que elige expresarse en una canción de amor, una canción que canta para los suyos. Excepto, en el momento en que Jesús cantó un himno con sus discípulos en la Última Cena (Mateo 26:30), este es el único lugar en la Biblia donde leemos que Dios realmente canta. Dios se regocija sobre ti y sobre mí con el canto. ¡Qué sorprendente!

¿Cuál debería ser el efecto de una verdad tan sorprendente? Con su amor, Él calmará todos tus miedos. Podemos estar preocupados por el futuro, podemos tener miedo de nuestras circunstancias y podemos sentirnos tristes por nuestro pecado, pero el amor de Dios es más grande que cualquier temor. Porque estamos ahora y por siempre vestidos con la justicia de Cristo, Él se deleita en nosotros, nos ama y canta por nosotros.

Saber que nuestro Dios canta, por nosotros, debe disipar el miedo más profundo, expulsar la duda más oscura y descartar la inquietud más profunda de tu alma.

---

**4 DE NOVIEMBRE**

<< *Pero el que tiene bienes de este mundo y ve a su hermano tener necesidad y cierra contra él su corazón, ¿cómo mora el amor de Dios en él?* >>
*1 Juan 3:17*

## MANOS AYUDANDO

Al salir de la autopista llegas al semáforo y ves un rostro quemado del sol sosteniendo un letrero de cartón que dice: «¡Trabajo por comida» o «Sin hogar ¡favor de ayudar!» Al caminar por las calles de una gran ciudad, te topas con alguien sosteniendo un vaso de papel, pidiendo limosna. Normalmente, en estas situaciones te vienen pensamientos como, ¿Debo darles? O ¿cómo sé que no lo gastarán en drogas o alcohol? ¿Qué debe hacer un cristiano? ¿acaso debemos ayudar a todos los necesitados?

El apóstol Juan tenía mucho que decir sobre el tema del amor, y una cosa que enfatizó fue que el amor en acción era evidencia de fe genuina. Juan presentó el amor como la prueba de que hemos pasado de la muerte a la vida (1 Juan 3:14). Nuestro amor no se mide solo por el sacrificio supremo de entregar nuestras vidas por los demás (versículo 16), sino también por nuestra disposición a entregar nuestras cosas materiales por los demás. Juan dijo que una forma práctica en que un cristiano puede y debe demostrar su amor en acción, es mediante la bondad y la disposición de ayudar a un compañero cristiano que lo necesite (versículos 17–18). Si Dios espera que demos nuestras vidas el uno por el otro, seguramente él esperará que demos nuestras cosas el uno por el otro.

El énfasis de Juan aquí es innegable. El amor se demuestra a sí mismo a través de la acción y una acción que debemos practicar es darles la mano a los demás cristianos necesitados. Esto no significa que ignoremos al extraño en la esquina de la calle. El amor y la compasión, siempre deben estar en nuestras mentes cuando ayudamos a los que están afuera de la iglesia.

Pero, también debemos discernir cuando ayudamos a alguien de quien no sabemos nada. Quizás la mejor manera de ayudar a las personas que pasan por la calle, que piden dinero, trabajo o ayuda, es ofrecerles comprarles alimentos. Si realmente lo necesitan, aceptarán tu oferta y agradecerán la asistencia. Esto puede darte la oportunidad de compartir con ellos lo que más necesitan, y esa es, una relación con Jesús. Juan sabe que no podemos ayudar a todos los necesitados. Eso es poco realista. Sin embargo, cuando descubrimos que un creyente está en necesidad y tenemos la capacidad de ayudarlos, el amor exige que ayudemos. En otras palabras, el amor por Cristo exige que ayudemos a aquellos en Cristo que están en necesidad.

Ahora, si vamos a ayudar a nuestro hermano o hermana en necesidad, primero debemos tener los recursos necesarios para satisfacer su necesidad. Estos pueden ser recursos financieros, recursos materiales y posesiones, o la entrega de nuestro tiempo y talentos. Warren Wiersbe cuenta la historia de una joven madre que «admitió. . . que nunca parecía encontrar tiempo para sus propias devociones personales. Tenía varios niños pequeños que cuidar y las horas se desvanecían». Él escribe: «Imagina su sorpresa cuando dos de las señoras de la iglesia se aparecían en la puerta de su casa». Las mujeres venían a su casa todos los días para que ella pudiera pasar un momento tranquilo en su habitación, lo que ayudó a la joven madre ocupada a desarrollar su vida devocional.[72]

Juan dice que si tenemos los recursos, debemos estar dispuestos a actuar y ayudar.

No endurezca tu corazón a las necesidades de los demás. Se dispuesto a dar generosamente de tus recursos. ¿Conoces a alguien en tu iglesia que necesite ayuda? Ve a ver si puedes echarle la mano hoy.

**5 DE NOVIEMBRE**
<< *Así ha dicho el SEÑOR de los Ejércitos: Reflexionen acerca de sus caminos.* >>
Hageo 1:7

# PIÉNSALO

La santidad es trabajo duro. Charles Spurgeon escribió,
> Hay momentos en que la soledad es mejor que la sociedad y el silencio es más sabio que el hablar. Deberíamos ser mejores cristianos si estuviéramos más solos, esperando en Dios y reuniendo, a través de la meditación en su Palabra, la fuerza espiritual para el trabajo en su servicio. Debemos reflexionar sobre las cosas de Dios, porque así obtenemos el verdadero alimento de ellas. . . ¿Por qué algunos cristianos, aunque escuchan muchos sermones, hacen avances lentos en la vida divina? Porque descuidan sus armarios y no meditan cuidadosamente en la Palabra de Dios.[73]

La gente de Jerusalén en los días de Hageo tenía algunos asuntos pendientes con Dios. Después de regresar del cautiverio babilónico, habían terminado con entusiasmo una cimentación para el nuevo templo. Pero después de un par de años, el resto del proyecto de construcción quedó paralizado y, durante los siguientes dieciséis años no se hizo nada más. Uno pensaría que la gente no habría sido tan egoísta y desconsiderada. Después de todo, acababan de vivir en el exilio porque eran egoístas y desobedientes. Ahora estaban de regreso en su tierra y volvían a sus viejos trucos. Estaban viviendo como si toda la experiencia babilónica nunca hubiera sucedido. Entonces, el Señor envió al profeta Hageo a decirle a la gente que considerara sus maneras de vivir y que volvieran al trabajo.

Si no consideramos nuestros caminos a medida que andamos con Dios, esto significará que, o hacemos algo que no deberíamos hacer o dejamos de hacer algo que sabemos que deberíamos hacer. La santidad solo viene cuando nos entregamos a Dios y caminamos en sus caminos. ¿Tienes asuntos espirituales inconclusos con Dios? Quizás hayas retrocedido en tu caminar con Dios. Quizás necesites renovar algunas de tus prácticas espirituales, como ir a la iglesia y pasar un tiempo tranquilo con Dios todos los días, lo que incluye leer tu Biblia y orar. O tal vez necesitas tomarte un tiempo para ayunar. Quizás debes detenerte y «Reflexionar acerca de tus caminos».

Tu crecimiento espiritual no sucederá solo por sí mismo. Tómate un tiempo para considerar tus prioridades. A la luz de las prioridades de Dios para su pueblo, piensa en la dirección que está tomando tu vida actualmente. ¿Te has estado acercando a Dios últimamente, o has estado ignorando a Dios? Si descubres que lo has estado ignorando, debes volver a priorizar: no lo ignores más, no hagas más excusas, no pospongas más las cosas no terminadas que Dios está tratando de lograr en y a través de tu vida.

La santidad es un trabajo duro. ¿Estás dispuesto a dedicar tiempo y esfuerzo al pensar cuidadosamente en la dirección que estás tomando, en la forma en que estás creciendo y en el tiempo que pasas con Dios?

---

**6 DE NOVIEMBRE**

*<< En esto consiste el amor a Dios:*
*en que obedezcamos sus mandamientos. >>*
*1 Juan 5:3 (NTV)*

## PRUEBA DE VIDA

En la vida cristiana, la obediencia es la prueba de la vida espiritual. Desafortunadamente, la obediencia ha recibido una mala reputación en el mundo de hoy. Cuando se menciona una palabra como *obediencia*, inmediatamente evoca la imagen negativa de hacer algo que no quieres hacer. Pero para el cristiano, la obediencia no debe ser vista como una tarea, sino como un reflejo del amor y la devoción de Dios.

Hay tres razones por las que obedecemos, según Warren Wiersbe:

Podemos obedecer porque *tenemos* que hacerlo, porque *necesitamos* hacerlo o porque *queremos* hacerlo.

Un esclavo obedece porque *tiene* que hacerlo. Si no obedece será castigado. Un empleado obedece porque *necesita* hacerlo. Puede que no disfrute de su trabajo, ¡pero sí *disfruta* recibir su cheque de pago! Necesita obedecer porque tiene una familia para alimentar y vestir. Pero un cristiano debe obedecer a su Padre Celestial porque lo *desea*, porque la relación entre él y Dios es de amor.[74]

¿Por qué obedeces a Dios?

Juan nos dice que el amor por Dios es más que un sentimiento. El amor a Dios incluye la obediencia a Dios. Sin obediencia, decir que amas a Dios no es más que un engaño falso. Juan insiste en que para el hijo de Dios, los mandatos de Dios no son gravosos. De hecho, el hijo de Dios no solo *quiere* guardar los mandamientos de Dios, sino que también *disfruta* guardando los mandamientos de Dios. El amor por Dios dará como resultado el amor por los mandamientos de Dios. Dios no dice: «Guarda mis mandamientos, y tú me amarás». No, lo que dice es: «Si me amas, guarda mis mandamientos» (Juan 14:15). La obediencia no es el requisito para la salvación; Somos salvos por la gracia. Pero la obediencia es definitivamente un signo de nuestra salvación.

Nadie puede mantener todos los mandamientos de Dios a la perfección, pero nuestro objetivo debe ser mantener los mandamientos de Dios de la manera más perfecta posible con la ayuda del Espíritu Santo. La manera garantizada de saber que estás en el centro de la voluntad de Dios, es considerar si estás obedeciendo sus mandamientos. Y la única manera de experimentar todo lo que Dios tiene para ti, es caminar en completa y continua obediencia a Dios.

¿Considera que los mandamientos de Dios no son más que reglas duras y regulaciones aburridas? O, ¿disfrutas haciendo lo que Dios te dice que hagas? Si dices que amas a Dios, entonces no debes huir de los mandamientos de Dios, sino correr hacia ellos. Nuestro amor por Dios se expresa a través de nuestra obediencia.

El amor, se deleita en hacer la voluntad de Dios porque comprende el costo y el sacrificio del amor de Dios por nosotros. Jesús amó hacer la voluntad de Dios el Padre y vivió diariamente para hacer su voluntad, así debería hacerlo todo cristiano. La obediencia es la prueba de nuestra vida espiritual.

## 7 DE NOVIEMBRE
*«Yo estoy con vosotros, dice Jehová»*
*Hageo 1:13*

## DISFRUTANDO LA PRESENCIA DE DIOS

La compañía de un amigo cercano, a menudo, puede ser extremadamente alentadora. Su mera presencia puede ser suficiente para elevarte el ánimo, brindar la tranquilidad necesaria y hacer que se sienta amado y apreciado.

Al comprender la realidad de la presencia de Dios en su vida, experimentará aún más ánimo y consuelo, ya que la presencia de Dios le proporciona todo lo que necesita. ¿Estás disfrutando la presencia de Dios en tu vida? Si no, puedes empezar hoy.

El mensaje a Hageo fue breve pero extremadamente poderoso: «Estoy contigo». ¿Qué más necesitaba decir Dios? ¿Qué más podría ofrecer Dios? ¿Hay algo más precioso o más poderoso que la presencia de Dios? La declaración «Estoy contigo» es más que la realidad de que Dios está en todas partes; es una promesa personal de su presencia dada a su pueblo.

«Estoy *contigo*» (énfasis agregado). Dios pone su poder a disposición de su pueblo a través de la cercanía de su compañía. Cuando el pueblo de Dios llega a la conclusión de que; el Dios todopoderoso hace que su presencia particular esté disponible para Su pueblo de manera personal, esto debe producir un gozo profundo en el corazón de cada creyente. ¡Qué confianza y qué alegría!

Oswald Chambers dijo: «Tener la realidad de la presencia de Dios, no depende de que estemos en una circunstancia o lugar en particular, sino que solo depende de nuestra determinación de mantener continuamente al Señor ante nosotros. Nuestros problemas surgen cuando nos negamos a confiar en la realidad de su presencia».[75]

Olvidar que Dios está con nosotros, puede ser fácil simplemente porque no podemos ver a Dios. Entonces, ¿cómo podemos experimentar la presencia de Dios en nuestras vidas, de la teoría a la realidad?

Primero, nuestra fe es la seguridad de que la presencia de Dios está con nosotros. Los creyentes reciben la presencia de Dios tan pronto como depositan su fe en Jesús como su Señor y Salvador (Efesios 1:13). Su presencia es una certeza, pero experimentar y disfrutar la presencia de Dios requiere un cultivo que solo ocurre cuando se practica la comunión con Dios. La comunión con Dios se logra al pasar tiempo y escuchar lo que Dios tiene que decir, a través de la lectura de su Palabra y al comunicarse con Dios a través de la oración.

Una mayor comunión con Dios, se desarrolla al pasar tiempo con el pueblo de Dios. Y, a medida que aumenta nuestra comunión con Dios, disfrutamos y experimentamos la realidad de su presencia en nuestras vidas diarias.

No existen atajos para experimentar la comunión íntima de la presencia de Dios en tu vida. Pero caminar en la realidad y el poder de la presencia de Dios, trae placer más allá de cualquier otro.

¡Dios está contigo! Él va delante de ti, él camina detrás de ti, él está contigo, él nunca te dejará en paz y él nunca alejará su presencia de ti. Qué aliento tenemos al saber que Dios ha prometido estar con nosotros. Tómate un tiempo hoy para nutrir y disfrutar la promesa de su presencia en tu vida.

## 8 DE NOVIEMBRE
*<< Esta es la victoria que vence al mundo: nuestra fe. >>*
*1 Juan 5:4 (NVI)*

## FE VICTORIOSA

Como cristianos, a pesar de que estamos en camino al cielo, aún vivimos en un mundo real lleno de conflictos, caos y desafíos reales. Nuestro mundo tiene una buena cantidad de pruebas, tentaciones y traumas, todo lo cual apunta al hecho de que, vivir la vida cristiana no es fácil. Y aunque esta vida puede considerarse como una lucha, una batalla e incluso una guerra, debemos recordar que la victoria es nuestra en Jesús. Hemos vencido al mundo, porque Jesucristo ha vencido al mundo.

El apóstol Juan, estaba escribiendo a los cristianos del primer siglo, que estaban familiarizados con las crueldades de este mundo. Muchas comunidades cristianas experimentaron una severa persecución al negarse a adorar al emperador romano. Por lo tanto, fueron considerados súbditos desleales y disidentes radicales. Vivían en una cultura que abrazaba el mal y rechazaba el bien. La vida cristiana no fue fácil entonces y aún hoy no es fácil. A veces, las presiones de la vida son intensas y el panorama parece sombrío. Pero Juan declaró con confianza: «Porque todos los nacidos de Dios vencen al mundo. Esta es la victoria que ha vencido al mundo, incluso nuestra fe».

Ser un vencedor de este mundo no depende de lo que hagamos; nuestra victoria se basa únicamente en lo que Dios ya ha hecho. La batalla ha sido ganada. La guerra se acabó. Jesús ha hecho lo que nosotros no pudimos. Derrotó al pecado, a la muerte y al diablo. Debemos recordar que el mal nunca abrumará al cristiano porque, por la fe, hemos vencido el mal de este mundo. El enemigo de Dios quiere que pensemos que podemos ser vencidos y derrotados, cuando de hecho, nuestra fe en Dios lo hace imposible. La fe nos salva y la fe nos guarda. Por la fe caminamos y por la fe, somos capaces de superar este mundo.

Nuestra fe vence al mundo, ya que Dios nos da el poder de liberarnos del poder esclavizante del pecado. Nuestra fe rompe el tentador hechizo del encanto del mundo, ya que ahora podemos ver la verdad de que este mundo no tiene nada de valor eterno que ofrecernos. Nuestra fe nos ayuda a vencer «todo lo que está en el mundo: los deseos de la carne, los deseos de los ojos y el orgullo de la vida» (1 Juan 2:16), ya que nuestra fe nos guía a la obediencia, a la libertad y al gozo.

Como vencedores, debemos vivir con la esperanza de saber que nuestro futuro es seguro, sin importar cuán difícil sea esta vida presente. Como vencedores, aunque nuestras circunstancias puedan cambiar, nuestro futuro es seguro. Como vencedores, debemos vivir sabiendo que tenemos toda la ayuda necesaria que necesitamos para vivir victoriosamente sobre todo lo que hay en el mundo. Como vencedores, debemos vivir *de* la victoria, no *por* la victoria, porque la victoria ya es nuestra por la fe en Jesús.

---

**9 DE NOVIEMBRE**
*«Mira que he quitado de ti tu pecado*
*y te he hecho vestir de ropas de gala»*
*Zacarías 3:4*

# EL MEJOR LEVANTADOR DE MANCHAS

Después de pasar unas horas trabajando en su casa, sembrando flores, arrancando malezas, rastrillando hojas, cortando césped o haciendo alguna otra tarea doméstica igualmente sucia, nada se siente tan bien como una ducha caliente. Con un poco de jabón, champú y ganas (o una esponja de loofah si lo prefiere), la suciedad se elimina en cuestión de minutos, y ¡listo! Te sientes como nuevo. Ahora, eso es ¡refrescante! La salvación, por otro lado, no es una cuestión de limpieza. Lavar tus pecados no es tan fácil como tomar una ducha caliente y tallar bien la culpa. De hecho, nada de lo que puedas hacer lavará la suciedad del pecado.

La Biblia registra una visión que vio Zacarías, en la que Satanás acusó a Josué, un sumo sacerdote, mientras estaba de pie ante Dios. Como Josué probablemente estaba cumpliendo con su responsabilidad sacerdotal de representar a la gente ante Dios, Satanás estaba allí para acusarlo. Josué fue visto con ropas inmundas, lo que significa su pecado y el de la gente y, como Satanás estaba señalando lo inadecuado que era Josué para presentarse ante Dios, el Ángel del Señor reprendió a Satanás y le dijo a Josué: «Mira, he eliminado tu iniquidad de ti y te vestiré con ropas ricas». Esta es una imagen tan hermosa de la salvación, ya que Dios es el que quita las ropas sucias de Josué y las reemplaza por ropas limpias. Esta visión es una ilustración de cómo Dios nos limpia de nuestro pecado a través de Jesucristo.

Debemos darnos cuenta de un hecho importante sobre esta historia. Dios no le dice a Josué que se limpie a sí mismo y Dios no nos pide que vayamos a limpiarnos antes de venir a Él. La salvación no es una cuestión de hacerlo bien o de limpiarte, antes de que vengas a Dios. Si ese fuera el caso, ninguno de nosotros podría venir a Dios. Venimos a Dios como somos, sucios, apestosos y mugrientos debido a nuestro pecado y Dios nos limpia. Solo Dios puede hacer que un pecador sea aceptable. ¡Solo Dios puede lavar la mancha del pecado!

Debemos reconocer que somos pecadores, inmundos y deshechos ante Dios. Pero, por fe, aceptamos y permitimos que Jesús nos vista con ropas nuevas e inmaculadas. Ninguna cantidad de buenas obras puede deshacer nuestra impureza porque; «todos nos hemos vuelto como uno que es impuro y todos nuestros actos justos son como trapos inmundos» (Isaías 64:6 NVI). Debemos saber y nunca olvidar que somos hechos justos, limpios y rectos a los ojos de Dios, no por todo lo que hemos hecho, hacemos o haremos. Nuestra limpieza se basa total y completamente en lo que Dios ha hecho a través de Jesús y solo a través de Él podremos estar en la presencia de Dios, limpiados.

Satanás tratará de convencerte de que eres inútil y que debido a tu maldad, nunca serás lo suficientemente bueno como para estar delante de Dios. Con cada acusación, debemos recordar, «tenemos un abogado que defiende nuestro caso ante el Padre. Él es Jesucristo, el que es verdaderamente justo. Él mismo es el sacrificio que expía nuestros pecados» (1 Juan 2:1-2 NTV). Jesús es el mejor levantador de manchas. Él quita la mancha de nuestro pecado y listo ¡como nuevo! Estamos vestidos con el manto de su impecable perfección. Estamos absolutamente limpios ante Dios a causa de Jesucristo.

---

**10 DE NOVIEMBRE**

*<< Ésta es la confianza que tenemos en él,*
*que si pedimos alguna cosa conforme a su voluntad, él nos oye. >>*
*1 Juan 5:14*

## ORAR POR LAS REGLAS

Hay poder en la oración. Moisés intercedió y apartó la ira de Dios de la gente (Éxodo 32:7-14). Ezequías oró, y Dios extendió su vida por quince años (Isaías 38:1-5). Y Pedro fue liberado de la prisión debido a una reunión de oración (Hechos 12:1-16). Cuando una persona está orando conforme la voluntad de Dios, sus oraciones son imparables. Pero, ¿cómo debemos orar? ¿Por qué debemos orar? ¿Podemos estar seguros de que Dios siempre escucha nuestras oraciones? ¿Y podemos estar seguros de que Él responderá cuando oremos?

Esta promesa de 1 Juan incluye todo y abarca todo. La promesa es notablemente tranquilizadora y profundamente poderosa, pero conlleva una condición: nuestras oraciones deben ser de acuerdo con la voluntad de Dios. Algunos creen que agregar, «si el Señor quiere» al final de sus oraciones, muestra una falta de fe, pero nada podría estar más lejos de la verdad. Jesús mismo oró: «Padre, si es posible, pase de mí esta copa; sin embargo, no como yo quiero, sino como tú quieres» (Mateo 26:39). Entonces, ¿cómo podemos estar seguros de que estamos orando de acuerdo con la voluntad de Dios?

Primero, debemos orar conforme lo que la Biblia enseña. Dios nunca irá en contra de su Palabra, por lo que orar por cualquier cosa que contradiga lo que él ya nos ha revelado en la Biblia es una tontería. Santiago 4:3 nos dice: «Pides y no recibes, porque pides mal». Además, orar de acuerdo con la voluntad de Dios significa que debemos preguntar, creyendo: «Y cualquier cosa que pidas en oración, creyendo, recibirás» (Mateo 21:22). Jerry Bridges ha dicho,

> Cuando no tengo fe, estoy diciendo una de dos cosas: o Dios no puede contestar esta oración o Dios no contestará esta oración. Si digo que no puede, estoy cuestionando su soberanía y su poder. Si digo que no lo hará, estoy cuestionando su bondad. Orar con fe significa que creo que Dios puede y creo que Dios lo hará en la medida en que sea consistente con su gloria, porque Dios es bueno.[76]

Luego, orar conforme la voluntad de Dios significa que estamos orando desde un lugar de pureza en nuestras vidas personales. Si estamos orando a Dios desde un lugar de pecado, lo que significa que estamos viviendo en un estado de pecado habitual, entonces Dios no escuchará ni contestará nuestras oraciones hasta que tratemos con nuestro pecado. La única oración que Dios escuchará o responderá, cuando estemos en pecado, es una oración de confesión, arrepentimiento y perdón. Una vez que nuestros pecados han sido tratados adecuadamente, podemos reanudar nuestra vida regular de oración de nuevo.

Finalmente, orar conforme la voluntad de Dios significa que estamos orando desde un lugar cercano a Jesús. Jesús hizo esta promesa: «Si permaneces en mí, y mis palabras permanecen en ti, pedirás lo que deseas, y se hará por ti» (Juan 15:7). Debemos pasar tiempo con Jesús y vivir en obediencia si queremos ver el fruto de nuestra oración.

Si quieres experimentar el poder de la oración, entonces debes orar según las reglas. Cuando tenemos hambre de que se haga la voluntad de Dios y oramos en consecuencia, podemos orar con confianza para que Dios escuche nuestras oraciones y las conteste por nuestro bien y por su gloria.

## 11 DE NOVIEMBRE
*"No con ejército, ni con fuerza, sino con mi espíritu, ha dicho Jehová de los ejércitos.*
*Zacarías 4:6*

## NO POR FUERZA

Hacer el trabajo de Dios no es una cuestión de músculos grandes o cerebros grandes. No tienes que ser uno de esos grandes levantadores de pesas nórdicos, sin cuello, llamado Argón o Eggart para mover montañas para Dios y no necesitas un doctorado para compartir el evangelio. Pero vendrán tiempos cuando sigas a Dios y te encuentres en situaciones difíciles o incluso imposibles y, ninguna habilidad, fuerza o inteligencia te permitirán realizar la obra de Dios antes que a tu persona. Sin embargo, cuando te conviertes en un cristiano, Dios te da un recurso que puede permitirte realizar su obra a su manera: por medio de su Espíritu Santo. Tu éxito en el servicio a Dios depende en gran medida de tu entrega al Espíritu de Dios.

Zorobabel, el gobernador de Jerusalén, se enfrentó con lo que parecía una tarea imposible. Después de llevar al primer grupo del pueblo de Dios a Jerusalén de su cautiverio, su misión era reconstruir el templo de Dios, que en ese momento no era más que un monte de escombros. Cuando comenzó el trabajo, la gente se encontró con una oposición persistente desde el exterior y un desaliento creciente desde el interior, lo que dejó a Zorobabel frustrado y enfrentando el fracaso.

Dios decidió enviar al profeta Zacarías para fortalecer la fe de Zorobabel y alentar a los judíos que estaban trabajando en el proyecto de reconstrucción. El mensaje de aliento a Zorobabel y al equipo de construcción del templo fue que el éxito no vendría como resultado de su propia determinación o debido a su propia habilidad, fuerza o inteligencia, sino «por "su Espíritu", dijo el Señor» (Zacarías 4: 6).

La obra de Dios debe hacerse a la manera de Dios. ¿Estás enfrentando dificultades mientras intentas realizar la obra de Dios? ¿Has llegado a lo que parece una situación imposible mientras sirves a

Dios? ¿Te ha golpeado el desaliento como una tonelada de ladrillos? Tienes que saber que la solución a tu situación difícil no se encuentra subiendo las mangas e intentando simplemente hacer el trabajo. La solución no se encuentra reuniendo al equipo más capacitado o aventándole dinero al proyecto. La solución se encuentra al confiar en el Espíritu de Dios.

La obra de Dios es una obra espiritual, por lo tanto, solo los recursos espirituales lograrán que la obra de Dios se realice de manera correcta. La obra de Dios no puede realizarse por la fuerza o habilidad del hombre. Su obra debe hacerse espiritualmente, lo que significa que el Espíritu Santo guíe y de poder a los demás. Lo que puede parecer imposible para el hombre no solo es posible para Dios, sino que también es fácil para Dios.

El Espíritu de Dios es capaz de lograr lo que el hombre no puede. Donde el hombre es incapaz, Dios es completamente capaz. Dios tiene la intención de que logremos grandes cosas para Él hoy, pero debemos ser totalmente entregados, llenos y ungidos por su Espíritu Santo para que esas cosas se hagan realidad. No busques la fortaleza del hombre para realizar la obra de Dios, porque Dios nos recuerda que «no por fuerza. . . pero por su Espíritu», Él cumplirá su obra.

---

**12 DE NOVIEMBRE**

*<< Me alegré muchísimo al encontrarme con algunos de tus hijos que están practicando la verdad, según el mandamiento que nos dio el Padre. >>*
*2 Juan 1:4 (NVI)*

## CAMINAR EN VERDAD

La mejor evidencia de que una persona sabe la verdad es que también siempre camina en la verdad. La verdad no es solo algo comprendido intelectualmente; La verdad es algo para vivir en la vida cotidiana. Así como Jesús fue la personificación de la verdad, sus hijos deben ser una representación viva de la verdad. Conocer la verdad es bueno, pero caminar en la verdad es aún mejor. Nada glorifica a Dios más que cuando sus hijos caminan según la verdad.

El apóstol Juan se llenó de gozo ante el hecho de que los hijos de esta «dama elegida» (2 Juan 1:2) estaban caminando en la verdad. Nada trae mayor gozo al corazón de un padre que saber que sus hijos están caminando en la verdad, y nada trae mayor gozo a nuestro Padre Celestial, que ver a sus hijos caminando de acuerdo con la verdad.

¿Cómo podemos asegurarnos de que estamos «caminando en la verdad»?

Caminar en la verdad comienza por conocer, creer y aceptar la verdad, aceptando que Jesús mismo es «la verdad» (Juan 14:6), que la Palabra de Dios es «verdad» (Juan 17:17), y que el Espíritu Santo, dado a cada creyente, es el «Espíritu de verdad» (Juan 15:26). Caminar en la verdad, significa tomar la decisión deliberada y disciplinada para que la búsqueda de Dios se convierta en el hábito de la vida de uno. Caminar en la verdad, significa tener nuestros pensamientos, palabras y acciones gobernados por la verdad de la Palabra de Dios. Caminar en la verdad, significa conocer la verdad, creer la verdad y obedecer la verdad.

Vivir la verdad nunca ha sido popular. El camino de la verdad siempre ha sido y siempre será el camino más difícil para caminar, porque aquellos que no viven de acuerdo con la verdad, siempre están «sorprendidos cuando ya no te sumerges en el torrente de cosas salvajes y destructivas que ellos hacen» (1 Pedro 4:4 NTV). Hay mucha presión para vivir como vive el mundo. Los estudiantes cristianos enfrentan la presión en la escuela comprometiéndose a la verdad e ir con la multitud, los cristianos en el lugar de trabajo sienten la presión de comprometer sus convicciones, sobre la verdad para mantener sus trabajos seguros. Pero sin importar las presiones que enfrentemos, debemos caminar en la verdad. No debemos simplemente llenar nuestras cabezas con verdades teológicas; Debemos vivir la teología bíblica en la escuela, en el trabajo, en nuestras familias, con nuestros amigos y en nuestros vecindarios. Debemos determinar caminar en la verdad de la Palabra de Dios, porque la manera en que vivimos o bien apunta a las personas hacia Jesucristo o lejos de él.

Nuestra comprensión de la verdad, se demuestra por nuestro caminar en la verdad. A medida que aplicamos la verdad de la Palabra de Dios a nuestras experiencias de la vida cotidiana y permitimos que esa verdad de la Palabra de Dios dé forma a nuestras actitudes y acciones, le daremos gozo a nuestro Padre celestial cuando vea a sus hijos caminando en la verdad.

## 13 DE NOVIEMBRE

*<< No menosprecien estos modestos comienzos,*
*pues el Señor se alegrará cuando vea que el trabajo se inicia. >>*
*Zacarías 4:10 (NTV)*

## EMPEZANDO EN PEQUEÑO

Para llegar a la cima, debemos estar dispuestos a comenzar desde abajo. Debemos demostrarnos a nosotros mismos, pagar nuestras cuotas y demostrar que somos confiables. Y eso significa que tenemos que estar dispuestos a comenzar poco a poco, si queremos que Dios nos use a lo grande. Por eso, al servir a Dios, no debemos menospreciar los días de pequeños comienzos. El único problema es que los días de pequeños comienzos son difíciles de agradar. Después de todo, los pequeños comienzos vienen con mucho trabajo duro, poco ánimo y muchos obstáculos. Puede que hoy estés mirando tu vida y preguntándote por qué no sucede nada. Estás ansioso de ser usado por Dios y tienes grandes planes con respecto a todo lo que quieres hacer para impactar al mundo para Cristo. Pero Dios puede estar diciendo: «Aún no estás listo. Necesito prepararte primero». Entonces, ¿qué deberías hacer a continuación?

Cuando Zorobabel comenzó a trabajar en el templo, se encontró con dificultades y decepciones que hicieron que el proyecto de construcción se detuviera. Entonces, Dios decidió enviar algo de aliento a Zorobabel a través del profeta Zacarías, para recordarle que el trabajo debe continuar y que no debía darse por vencido a pesar de que el trabajo fue duro y pudo haber estado avanzando a paso de caracol. Y como Jerusalén no era como solía ser, algunos de los judíos pensaban: ¿para qué molestarse? ¿Cuál es el punto? Pero Dios aún tenía un plan grandioso y glorioso, y la manera de llegar allí significaba comenzar poco a poco.

Puede que estés destinado a hacer grandes cosas para Dios, pero en el camino, seguramente te enfrentarás a un arduo trabajo, poco ánimo y muchos obstáculos. No desprecie los primeros días de un nuevo trabajo, porque cada gran trabajo comenzó como un pequeño trabajo. Cuando Dios nos guía a comenzar algún servicio de manera pequeña, no debemos menospreciar los humildes comienzos. Lo que puede parecer una pequeña cosa para ti, solo puedes verlo de esa manera porque no miras el panorama general de Dios. Cada viaje comienza con un primer paso y nunca debemos pensar en esos primeros pasos por dados, independientemente que aparenten ser pasos pequeños.

Todo lo que estás aprendiendo hoy, es preparación para algo que harás mañana. No permitas que los pequeños comienzos te impidan pensar en grande, pero recuerde que avanzar es un proceso de un paso a la vez. Es posible que tengas que ver a líderes antes de que Dios te llame a guiar a otros, que tengas que pasar años estudiando, antes de que Dios te permita enseñar, que se te requiera barrer pisos, antes de que Dios te dé otro cargo y que tengas que aprender un nuevo idioma, antes de que Dios te envíe al campo misionero.

¿Qué te ha llamado Dios a hacer? ¿Estás en el día de pequeños comienzos, incluso ahora? No tengas tanta prisa en ser usado de una manera tan grande, que se no veas las pequeñas lecciones que Dios te quiere enseñar ahora. Fielmente, haz las cosas pequeñas que Dios te ha dado y veras que después Dios traerá grandes cosas.

---

**14 DE NOVIEMBRE**
*<< Diotrefes —a quien le encanta ser el líder >>*
*3 Juan 1:9 (NTV)*

## ¿QUE HAY PARA MÍ?

La iglesia no está exenta de la mentalidad de *echarle ganas*, con personas que son impulsadas a tener éxito, que quieren salir adelante, que buscan ser reconocidas y que les gusta llamar la atención. Ahora, la ambición puede ser una buena cualidad en una persona, pero si se deja sin restricciones, puede ser muy peligrosa. La paradoja de la ambición, es que muy poca ambición puede producir pereza y demasiada ambición puede producir orgullo. ¿Deberían los cristianos, por lo tanto, renunciar a la actitud de *A darle con todo*? ¡De ningún modo! Solo necesitamos ser claros acerca de la gloria que estamos buscando.

El apóstol Juan escribió una carta (bueno, más como una postal) a uno de sus amigos cercanos llamado Gayo. Gayo era un buen hombre con una buena reputación. Amó la Palabra de Dios y amó al pueblo de Dios. Pero Gayo tenía un problema y ese problema se llamaba Diótrefes. Diótrefes era un miembro ambicioso y hambriento de poder, de la iglesia, que no solo quería servir en la iglesia, sino que quería dirigir la iglesia. La verdad, es que siempre han estado en la iglesia personas que aman estar a cargo, que son orgullosas, egocéntricas, que buscan lugares de poder y posiciones de prestigio. Desafortunadamente, el orgullo es completamente incompatible con vivir una vida piadosa. El orgullo, por naturaleza, impulsa a una persona a buscar su propia gloria y no la de Dios. Cuando nuestro deseo es nuestro propio avance, no podemos también buscar la gloria de Dios. No podemos servir a dos señores. O buscamos glorificar a Dios, o buscamos gratificarnos a nosotros mismos.

El espíritu de un Diótrefes puede verse en la iglesia de muchas maneras diferentes. Puede haber una persona que siempre quiera dominar las discusiones, una persona que siempre sienta la necesidad de ofrecer su opinión, todo el tiempo sobre todo, o una persona puede intentar usurpar la autoridad de alguien. O la persona puede ser un miembro de la junta, un pastor, un maestro, un músico o un líder de un grupo pequeño en la iglesia. Quienquiera que esté actuando como Diótrefes, sería prudente recordarle esta advertencia del Antiguo Testamento: «¿Estás buscando grandes cosas para ti? ¡No lo hagas!» (Jeremías 45:5 NTV).

Si tu enfoque hacia el ministerio es: «¿Qué hay para mí?» Y si quieres ser famoso, en lugar de hacer famoso a Jesús, entonces aún no estás listo para servir en la iglesia. Tómate un momento para asegurarte de que tus motivaciones sean correctas ante Dios.

El liderazgo no solo es importante en la iglesia, sino que también es necesario. Pero el tipo de líderes a quienes Dios quiere ministrar en la iglesia es; a un líder servidor, no líderes egoístas. Cuánto preferiría Diótrefes ser recordado de esta manera: «Diótrefes, que ama glorificar a Dios...»!

---

**15 DE NOVIEMBRE**

*«Mira que tu rey vendrá a ti, justo y salvador,*
*pero humilde, cabalgando sobre un asno»*
*Zacarías 9:9*

## UN DÍA COMO NINGUNO

El día comenzó como cualquier otro día para esta antigua ciudad. Cuando el sol comenzó a elevarse sobre la Puerta del Este, la gente abrió paso lentamente hacia las calles empedradas. Los vendedores comenzaron a instalar sus puestos y descargar sus carretas de mercancías, ya que las calles estaban llenas de montones de higos y dátiles secos, cajas de aceitunas, sacos de lentejas y coloridos tapices tejidos a mano. A media mañana, el ajetreo y el bullicio de la vida en Jerusalén estaba en pleno apogeo, el fuerte olor a pescado proveniente de la Entrada del Pescado se mezcló con el dulce aroma de pan de molde recién horneado, mientras los comerciantes y consumidores comenzaban a intercambiar productos. Sin embargo, a pesar de todas las apariencias externas, este no fue un día cualquiera. De hecho, el día se convertiría en un día diferente a cualquier otro.

Uno de los aspectos extraordinarios de este día en particular, fue que este día había sido mencionado varios cientos de años antes por el profeta Zacarías. Este antiguo profeta de Dios habló de un gran y glorioso día, cuando llegaría el Mesías y el Rey de Jerusalén. Zacarías declaró que, cuando el gran Rey de Dios venga a su pueblo, la gente debería darle la bienvenida y regocijarse porque este Rey no vendría a conquistar a la gente, sino a mostrar compasión por la gente. Una manera en que este Rey único demostraría su misión de misericordia, era al venir montando en un burro.

Los reyes montaban a caballo cuando querían la guerra y montaban en burros cuando querían la paz. Casi quinientos años después de la profecía de Zacarías, Jesús entró a Jerusalén en un burro. Algunos lo recibieron gritando: «¡Bendito el que viene en el nombre del Señor!», Y otros se regocijaron gritando «¡Hosanna en lo más alto!» (Mateo 21:9). Algunas personas tomaron sus túnicas y las pusieron en el camino, mientras que otras cortaron ramas de palmeras y las colocaron delante de Jesús, mientras cabalgaba en la ciudad.

Un viejo dicho dice que los dos días más importantes de tu vida son; el día en que naciste y el día en que descubriste por qué naciste. Para Jesús, este día fue su proclamación pública del por qué nació. Él vino a este mundo a morir para que otros puedan vivir. Vino a traer paz entre Dios y el hombre. Y entró en la antigua ciudad de Jerusalén en este día cualquiera, que no fue un día profético común, para poder cumplir esa misión.

Desafortunadamente, muchas personas malinterpretaron la llegada de Jesús ese día, pensando que vino por razones terrenales, haciendo que se perdieran por completo el verdadero propósito de su misión. Muchas personas hoy, todavía malinterpretan la llegada de Jesús, le dan la bienvenida y se regocijan con expectativas erróneas. Quieren un rey que resuelva todos sus problemas terrenales, cuando Jesús vino como el único Rey que podría resolver todos nuestros problemas espirituales.

La profecía de Zacarías pretendía ayudar a las personas de todas las generaciones a reconocer y regocijarse por quién es su gran Rey y el por qué vino. ¿Has recibido a Jesús como el Rey de tu vida? No dejes que hoy sea un día como cualquier otro día. No dejes que el sol salga y se ponga, mientras no lograste detenerte y regocijarte sabiendo que Jesús vino a ser el Rey espiritual de tu vida.

Y si Él no está actualmente gobernando y reinando como Rey sobre tu vida, entonces comienza ahora aceptándolo como tu Rey, haciendo de hoy un día diferente a cualquier otro.

---

**16 DE NOVIEMBRE**
*<< Ustedes, en cambio, queridos hermanos… edificándose sobre la base de su santísima fe >>*
*Judas 1:20 (NVI)*

## EDIFICADORES DE FE

La fe es el fundamento sobre el que se construyen nuestras vidas espirituales. Cuanto más fuerte sea nuestra fe, más fuertes resultarán ser nuestras vidas espirituales. Pero, construir una fe fuerte no sucede por accidente y no ocurre sin usar un poco de grasa espiritual. Debes ser proactivo, si quieres ver un crecimiento espiritual constante en tu vida. No existe un enfoque pasivo para construir tu fe. No importa cuánto tiempo haya sido cristiana una persona, el trabajo de construirse uno mismo nunca se termina. Y si fuéramos completamente honestos con nosotros mismos, reconoceríamos que podríamos usar un poco de ayuda en el área de fortalecer nuestra fe, más veces de las que nos gustaría admitir.

Judas, el hermanastro de Jesús, era un defensor de la fe y, como tal, alentó a todos los cristianos a que la mejor manera de luchar por la fe o defenderla (Judas 1:3) era ser fuerte en la propia fe personal. Hablando en términos prácticos, Judas trataba con personas impías, que se habían abierto camino en la iglesia y estaban difundiendo algunas doctrinas dañinas, en un intento por socavar la fe de la mayor cantidad posible de cristianos. Entonces, Judas llamó a los cristianos a luchar por la fe, construyéndose cuidadosamente en su preciosa fe. Básicamente, a veces la mejor ofensiva es una buena defensa.

La construcción de la fe de una persona, es el resultado directo del tiempo dedicado a la Palabra de Dios. La edificación de la fe de uno, no puede suceder aparte de la fuente de la fe de uno, porque «la fe viene por escuchar, y el escuchar, por la palabra de Dios» (Romanos 10:17). Ser un estudiante de la Palabra, es la mejor manera de fortalecer tu fe.

También, según Judas, orar en el espíritu (ver la segunda mitad del versículo 20) es otro aspecto importante para fortalecernos en la fe. Orar en el Espíritu puede sonar extraño al principio, pero como el Espíritu busca señalar a las personas hacia Jesús; orar en el Espíritu, simplemente significa ser guiado por el Espíritu para orar por aquellas cosas que son consistentes con la vida, el ministerio y las enseñanzas de Jesús. Como Jesús y la Palabra son uno (Juan 1:1), la mejor manera de orar en el Espíritu, es orar de acuerdo con la Palabra de Dios.

Finalmente, la edificación implica permanecer en el amor de Dios (versículo 21). Las palabras de Jesús deben venir a la mente aquí: «Si me amas, guarda mis mandamientos» (Juan 14:15). Mantenernos en el amor de Dios, significa que estamos practicando a propósito la obediencia bíblica, mientras esperamos con paciencia y expectación el regreso de Jesús.

La responsabilidad de edificar nuestra fe recae sobre tus propios hombros. Depende de ti, donde pondrás el esfuerzo necesario para hacerte fuerte en la fe. Tómate el tiempo para estudiar la Biblia con propósito y pasión, ore, sea guiado por el Espíritu de Dios y no por tus propios deseos; haz que la obediencia práctica, sea parte de tu lista de tareas diarias. Entonces verás cómo tu fe se fortalece día a día.

---

**17 DE NOVIEMBRE**
*« ¡Ay del pastor inútil que abandona el ganado!»*
*Zacarías 11:17*

## O TE SUMAS O TE BAJAS

Las ovejas necesitan un pastor. Aunque las ovejas son lindas y adorables, las ovejas también son de las criaturas más poco inteligentes del reino animal. Para darle una idea de sus deficiencias intelectuales, las ovejas pueden vagar en círculos durante días buscando comida, mientras que el pasto comestible está a la vista. Agrega a eso, el hecho de que las ovejas se asustan fácilmente, son propensas a vagar y están totalmente indefensas, entonces tienes un animal con bastante necesidad.

Dios llama ovejas a su pueblo. Si bien no es la más agradable de las representaciones, la comparación está, al igual, en lo correcto. Como ovejas, nos preocupamos fácilmente, somos propensos a vagar y somos vulnerables a los ataques. Por lo tanto, necesitamos bastante ayuda. Dios ha designado pastores para ayudar a sus ovejas, pastores que amarán y cuidarán del pueblo de Dios y que, de ser necesario, darán su vida para proteger a las ovejas (Juan 10:11).

Pero Israel tenía un problema. Estaban plagados de pastores inútiles que no cuidaban los mejores intereses de las ovejas. Más bien, estaban más preocupados por ellos mismos y por lo que podían obtener de su posición. Los líderes religiosos, a quienes Dios confió el bienestar de la gente, deberían cuidar a la gente, guiarlos a campos de fidelidad y obediencia. Pero se habían vuelto perezosos y codiciosos, preocupándose más por su propia gloria y ganancia que por la salud espiritual y la riqueza de su rebaño. Se habían convertido en pastores inútiles que hacían más mal que bien. Zacarías imaginó el día en que un Buen Pastor reemplazaría a los malos que plagaron a Israel. Sin embargo, este Buen Pastor inicialmente sería rechazado y sus ovejas serían dispersadas (Zacarías 13:7), las cuales posteriormente serían reunidas por Jesús, el Buen Pastor (Juan 10).

Al igual que Israel, la iglesia también ha tenido problemas con pastores inútiles, «pastores» que se preocupan más por ellos mismos que por las ovejas, «pastores» que no son más que asalariados. Jesús dijo: «Pero un asalariado, aquel que no es pastor,... Ve venir al lobo, deja las ovejas y huye.... El asalariado huye porque es un asalariado y no le importan las ovejas» (Juan 10:12-13). A los asalariados les interesa más lo que puedan hacer las ovejas por ellos, que lo que pueden ellos hacer por las ovejas. Están en el negocio por el dinero, el poder, el prestigio y los beneficios, pero no por las ovejas. Les gusta estar a cargo, pero no quieren la responsabilidad espiritual que viene con estar a cargo.

Todos - no solo los líderes y los pastores-, tenemos que cuidar de nuestras vidas y de nuestras motivaciones del por qué hacemos lo que hacemos. Necesitamos practicar lo que predicamos y preocuparnos más por los demás que por nosotros mismos. Debemos comprometernos a cuidar con sacrificio a los encargados de nuestra supervisión, ya sea en el hogar o en la iglesia; un compromiso que llega hasta el punto de entregar voluntariamente nuestras vidas por otra persona.

Si esto no ha sido tu enfoque, si no ha sido un líder amoroso, entonces tiene dos opciones: o te sumas o te restas. O acércate a la norma que Jesús estableció como el Buen Pastor o renuncia y deja que alguien más dirija.

## 18 DE NOVIEMBRE
*<< La revelación de Jesucristo, que Dios le dio para manifestar a sus siervos las cosas que deben suceder pronto. >>*
*Apocalipsis 1:1*

# LA REVELACIÓN DE JESÚS

Para muchos, el último libro de la Biblia se lee como una extraña novela de misterio, llena de figuras sombrías, eventos catastróficos y un misterioso simbolismo. Agrégale a eso las gloriosas imágenes del cielo y las imágenes horrorosas de un infierno en la tierra, y ahí tienes un libro que asusta a algunos, confunde a otros y deja a muchos rascándose la cabeza, preguntándose qué hacer con todo lo que leen. Pero este libro del apocalipsis, o de la revelación, es una exposición magnífica de Jesucristo y de los eventos que culminan e incluyen su gloriosa aparición en la Segunda Venida. Este libro no tiene la intención de desconcertar a los creyentes, sino de traer bendiciones a todos los creyentes que leen y prestan atención a su contenido (Apocalipsis 1:3).

El libro de Apocalipsis es un libro abierto que revela los planes y propósitos de Dios para su pueblo. Escrito por el apóstol Juan, al estar encarcelado en la isla de Patmos, la «Prisión de Alcatraz» de su época; Juan cuenta las «cosas que deben suceder en breve», eventos que explican el futuro del mundo, la victoria de la iglesia, la gloria y majestad de Dios; las batallas políticas, sociales y religiosas contra el Anticristo, el juicio del pecado y el cumplimiento de las promesas y profecías dadas desde el Antiguo Testamento, que culminan con la creación de un nuevo cielo y una Nueva tierra. ¿Qué más se puede decir, cautivante? Sin embargo, Juan no escribió este libro para sorprendernos o entretenernos; Escribió este libro para alentarnos.

Entonces, ¿qué haces con un libro como este? Antes de mirar el libro de Apocalipsis y pensar que no tiene nada que ver con tu vida actual, porque se trata de eventos futuros, eventos que se producen principalmente después de que la iglesia es retirada de esta tierra, piénsalo de nuevo. Todo lo contrario. Este libro está lleno de bendiciones y lleno de verdad necesaria para tu vida actual. Una de las principales razones por las que a Juan se le dio este mensaje, para compartir con las iglesias de su época, fue para brindar consuelo y ánimo a los cristianos que estaban experimentando una persecución implacable y rigurosa. Y ese consuelo y aliento continúa bendiciendo al pueblo de Dios hoy.

Además, a medida que leas y estudies este asombroso libro, notarás que el tema que prevalece es la victoria final de Jesús y la victoria posterior de su pueblo. No falta la figura central del libro, Jesucristo. Y, este libro, nos enseñará a adorarlo aún más cuando seamos testigos del desarrollo de sus maravillosos planes y propósitos.

La revelación bíblica siempre trae bendiciones. En cualquier parte que estés leyendo de la Biblia, siempre serás bendecido cuando Dios nos revele su corazón. Y, la promesa de la venida de Jesucristo debe ser para todos los cristianos, en todo momento, una motivación para la obediencia y la consagración. Cuando a veces el libro de Apocalipsis pueda parecerte tan misterioso, solo recuerda que este libro es simplemente una descripción de nuestro gran Señor y Salvador, Jesucristo.

## 19 DE NOVIEMBRE
*<< El Señor será rey sobre toda la tierra. En aquel día habrá un solo Señor y únicamente su nombre será adorado. >>*
*Zacarías 14:9 (NVT)*

## ¡QUÉ DÍA SERÁ!

Se acerca el día en que Jesús gobernará y reinará en esta tierra como Rey. En ese día, todos los errores se corregirán y el bien finalmente triunfará sobre el mal. Toda la creación ha estado ansiosamente anhelando ese día, desde su impresionante creación. En ese día, Dios tomará su derecho supremo de gobernar esta tierra. Sin embargo, a medida que se acerca ese día, el Anticristo y su ejército de mercenarios se acercarán a Jerusalén, preparados y listos para atacar, preparados para derribar y destruir la Ciudad Santa de Dios. Jerusalén parecerá estar condenada, toda esperanza parecerá estar perdida y Satanás estará a punto de cumplir su gran plan de aniquilar al resto del pueblo elegido de Dios, de una vez por todas. Pero, en ese momento, la ayuda vendrá del cielo, cuando el Rey de reyes descienda del cielo, liderando un ejército de santos y ángeles. Los pies de Jesús tocarán la tierra en el mismo lugar que cuando ascendieron. En el momento en que ponga el pie sobre el Monte de los Olivos, inmediatamente la montaña se dividirá en dos. Esto pondrá en marcha una serie de sucesos catastróficos, que incluyen cambios en la geografía y la topografía, a medida que la Tierra recibe a su tan esperado Rey. ¡Qué día será!

A medida que la Santa Ciudad de Dios está asegurada, sus enemigos destrozados y salvaguardados por su pueblo, el Señor comenzará a gobernar con una vara de hierro de Jerusalén, durante mil años. Zacarías describe este glorioso período de tiempo cuando Jesús regresa a la tierra y reina en el trono en Israel. En ese día, Jesús establecerá su reino en la tierra y restablecerá la Fiesta de los Tabernáculos, ya que todas las personas que sobrevivan a la Tribulación, recibirán una orden de venir a Jerusalén cada año para celebrar esta fiesta. Cualquier nación que se niegue a venir y adorar experimentará sequía y plaga.

Proféticamente, Zacarías describió lo que sucederá en ese día, cuando Jesús regrese, pero considera algo más que se relaciona contigo prácticamente. Dios, el Creador y el Rey, tienen un plan y un propósito para tu vida, que solo se puede descubrir cuando te sometes y entregas tu vida a su autoridad, cuando lo adoras por completo. Negarse a someterse a Él y a adorarlo como Señor de señores y Rey de reyes, solo te conducirá a una sequía espiritual en tu vida.

Debemos vivir con la expectativa de que venga su reino, debemos vivir para que se haga su voluntad en la tierra. Pero eso comienza sometiendo y entregando nuestros corazones a Él hoy, no mañana o al día siguiente, ¡hoy! Permite que Dios gobierne y reine sobre todos los aspectos de tu vida. Permite que los planes de Dios se conviertan en tus planes. Muchas personas se llaman a sí mismas cristianas, pero no están dispuestas a someterse del *todo* a Jesús. Antes de que Jesús venga a gobernar la tierra, Él quiere gobernar en los corazones.

¿Estás buscando que venga su reino? ¿Estás esperando ansiosamente que se haga su voluntad en la tierra? Entonces permítele que tome el lugar que le corresponde en el trono de tu corazón hoy. Permita que Dios gobierne y reine en tu vida completamente, para que puedas mirar hacia adelante y decir: «¡Qué día será!»

---

**20 DE NOVIEMBRE**

<< *Pero tengo una contra ti: que has dejado tu primer amor.* >>
*Apocalipsis 2:4*

## REAVIVANDO EL ROMANCE

¡Enamorarte es un sentimiento maravilloso! Los colores parecen un poco más brillantes, el cielo se ve un poco más azul y las flores huelen un poco más dulce. Incluso la comida sabe un poco mejor. Pasas tus días buscando formas de expresar tus sentimientos: un pequeño regalo aquí, una nota sincera allá. Tu amor no es contenible. Una energía y emoción llenan el aire, a medida que tus pensamientos se desvían constantemente hacia tu nuevo amor.

¿Recuerdas cómo te sentiste cuando te enamoraste de Jesús por primera vez? ¿Recuerda la energía y la emoción que sentiste cuando tus pensamientos se desviaron constantemente hacia tu nuevo amor? Todo parecía más brillante, más azul y mejor. Pero a veces, ese amor se desvanece a medida que las deudas se acumulan, la enfermedad golpea y el negocio de la vida te deja arrastrar, lo que hace que tus pensamientos comiencen a desvanecerse. Y, antes de que te des cuenta, estás dando por asegurado a Dios.

En la superficie, todo parecía ir bien para la iglesia de Éfeso. Estaban ocupados sirviendo a Dios, enfrentándose brillantemente contra herejías impías y soportando audazmente la persecución por su creencia en Jesús. Pero tenían un problema, uno grande. Aunque estaban ocupados obrando para Jesús, ya no amaban a Jesús como lo habían hecho antes. Ellos estaban tomando a Dios como por sentado.

Este romance que tenemos con Dios es más que emoción; este romance implica hacer continuamente esas cosas que mantendrán vivo nuestro amor. Es posible estar tan ocupado sirviendo a Dios, que en realidad nos olvidamos de dedicar tiempo para cultivar nuestra relación de amor con Dios y, antes de que nos demos cuenta, estamos en peligro de perder nuestro amor por Dios. Debemos tener cuidado de no permitir que nuestra relación con Dios se convierta simplemente en rutina.

La buena noticia es que Dios tiene algunos consejos que nos ayudarán a reavivar el romance con él (ver Apocalipsis 1:5).

Primero, recuerda. Recuerde ese momento en que las cosas estaban frescas y llenas del deseo de estar en la presencia de Dios. Recuerda el momento en que tu amor por Dios fue todo lo que pudiste pensar y te abrumó su amor por ti. Recuerda cuando estabas dispuesto a ir a cualquier parte y hacer cualquier cosa por tu amor.

A continuación, arrepiéntete. Deja de ir en la dirección equivocada en la que estas en este momento, da la vuelta y empieza a ir en la dirección correcta. Deja de permitir que las cosas interfieran con tu amor por Dios, alejándote de Él por un amor mediocre.

Por último, vuelve. Vuelve a hacer esas cosas que hiciste al principio de tu relación con Dios, cuando tu amor estaba vivo y activo.

Si tu amor por Dios no es más fuerte hoy, de lo que lo fue al comienzo de su relación, entonces comience hoy a dar los pasos necesarios para regresar a Él. Nunca es demasiado tarde para volver a tu primer amor y reavivar el romance.

### 21 DE NOVIEMBRE
*<< Den gracias al Señor, porque él es bueno;*
*su gran amor perdura para siempre. >>*
*Salmos 107:1 (NVI)*

## CULTIVANDO EL AGRADECIMIENTO

Dar gracias no debe ser una tradición anual. Dar gracias debería ser más que algo que hacemos, justo antes de llenarnos de pavo y guarniciones. ¿Por qué, entonces, no estamos más agradecidos? La verdad es que simplemente no nos tomamos el tiempo para detenernos y pensar. Las preocupaciones y elecciones de esta vida ahogan al árbol de gratitud, haciendo que el fruto de agradecimiento nunca florezca. La acción de dar gracias es realmente el producto de un cultivo cuidadoso. El fruto del agradecimiento nace de una determinación deliberada de pensar en Dios, de considerar todo lo que poseemos en Él y de hacerlo continuamente, no esporádicamente. Al dar gracias, estamos declarando que las circunstancias no afectan nuestro agradecimiento. Más bien, la acción de dar gracias madura como resultado de una relación saludable con Dios.

Como señala Warren Wiersbe,

Algunas personas son agradecidas por naturaleza, pero otros no, y son estas últimas las que especialmente necesitan el poder de Dios para expresar acción de dar gracias. Debemos recordar que todo lo bueno viene de Dios (Santiago 1:17) y que Él es (como dicen los teólogos) «la Fuente, el Apoyo y el Fin de todas las cosas». El aliento en nuestras bocas es el regalo gratuito de Dios. . . .

El agradecimiento es lo opuesto al egoísmo. La persona egoísta dice: «¡merezco lo que viene a mí! Otras personas deberían hacerme feliz». Pero el cristiano maduro se da cuenta de que la vida es un don de Dios y que las bendiciones de la vida provienen solo de su mano generosa.[77]

No importa dónde miremos, podemos ver que Dios es bueno y que la acción de dar gracias debe ser el reconocimiento de su bondad. Si hoy estás teniendo problemas para encontrar algo por lo que debes estar agradecido, entonces considera agradecer a Dios por lo siguiente:

Dios ha triunfado sobre el pecado y la muerte a través de su Hijo, Jesucristo; Dios hace que todas las cosas trabajen juntas para el bien de aquellos que son suyos; Dios usa las pruebas para hacernos más como Él; Dios es fiel, incluso cuando somos infieles; La Palabra de Dios es verdadera, podemos confiar en las promesas de Dios; el mal no durará para siempre; El cielo es real; cuando somos débiles, Dios es fuerte; La gracia de Dios es suficiente, nada puede separarnos del amor de Dios en Cristo Jesús; nuestra salvación descansa sobre Dios y no sobre nosotros; con Dios todo es posible; Dios nunca nos dejará ni nos abandonará; Dios nos ha dado su Espíritu para ayudarnos; y Dios terminará la obra que comenzó en nosotros. Dios puede hacer más de lo que podemos imaginar.

Si la acción de dar gracias se ha convertido en un día que celebras, en lugar de una actitud que se está cultivando, entonces considere esto: la acción de dar gracias nos ayuda a vencer el mal (Efesios 5:3), es un acto de obediencia (Salmo 50:14), es una expresión de la adoración (Hebreos 13:15), es un aspecto de la voluntad de Dios para tu vida (1 Tesalonicenses 5:18), y cultivar una actitud de acción de dar gracias es un ejemplo para otras personas (1 Crónicas 16:8).

Cuanto más tiempo pases pensando en Dios y en su bondad, más cultivarás el agradecimiento en tu vida.

---

**22 DE NOVIEMBRE**

*«Mira que delante de ti he dejado abierta*
*una puerta que nadie puede cerrar».*
*Apocalipsis 3:8 (NVI)*

## ENTENDIENDO LAS PUERTAS ABIERTAS DE DIOS

Los cristianos a veces hablan en un lenguaje extraño llamado «cristianes», usando frases como «Lavado en la sangre», «¡Es cosa de Dios!» y «Dios ha abierto una puerta», todo lo cual puede hacer que la gente se aleje de las conversaciones rascándose la cabeza y sentirse un poco confundido. Sin embargo, la mayoría de estas frases desconcertantes no son más que variaciones de los versículos encontrados en la Biblia, que se han convertido en vocabulario cristiano común. Tomemos, por ejemplo, «una puerta abierta», que se puede encontrar aquí en Apocalipsis 3. Pero, ¿qué es una puerta abierta en el sentido espiritual y cómo puede una persona reconocerla?

Sencillamente, una puerta abierta es una oportunidad dada por Dios para el ministerio. La idea de una puerta abierta se usa varias veces en el Nuevo Testamento. Pablo habló de una puerta abierta, cuando llegó a la ciudad de Troas para predicar el evangelio (2 Corintios 2:12), también oró para que Dios abriera una puerta y poder ministrar el mensaje de Cristo mientras estaba encadenado (Colosenses 4:3). Aquí en el libro de Apocalipsis, Dios también está abriendo una puerta o una oportunidad para que la iglesia en Filadelfia ministre sobre Cristo.

De vez en cuando, Dios abre las puertas de oportunidad para su pueblo y estas oportunidades pueden presentarse en una variedad de formas y tamaños. Algunas cosas permanecen constantes, independientemente de la forma o el tamaño de la puerta abierta.

Para empezar, las puertas abiertas de oportunidad vienen de Dios y están para la gloria de Dios. Cuando Dios abre una puerta, nadie puede cerrar esa puerta. La pregunta que queda es si alguien caminará a través de ella. Dios abre puertas de oportunidad para que podamos usar nuestro tiempo, tesoros y talentos en compartir la Palabra de Dios y declarar el evangelio de Jesucristo. Además, cuando Dios abre una puerta de oportunidad, debemos aprovechar al máximo cualquier oportunidad que él nos dé.

Pero, a veces, Dios cierra una puerta porque tiene algo mejor planeado. Pablo quería ir a Asia para predicar el evangelio, pero Dios cerró esa puerta a los planes de Pablo (Hechos 16: 6). Por más importante que sea pasar por esas puertas que Dios abre, es igualmente importante que no intentemos abrir, a la fuerza, las puertas cerradas de Dios. Ni tratar de entrar como ladrón por la ventana abierta. Necesitamos entender que Dios puede estar usando una puerta cerrada para corregirnos, redirigirnos, evitar errores o prepararnos. Puede que el momento no sea el correcto, que el lugar no sea el correcto o que no seamos adecuados para la obra, por lo que debemos asegurarnos de dejar de lado nuestra propia agenda y confiar en Dios cuando nos enfrentamos a una puerta cerrada.

El cristiano sabio vigilará y esperará pacientemente las puertas abiertas de Dios, luego aprovechará cualquier oportunidad que Dios le brinde. Entonces, prepárate para ministrar por él y hablar la Palabra de Dios, que da vida, a aquellos que necesitan escuchar cuando esas puertas se abren.

## 23 DE NOVIEMBRE
*<< Carga de la palabra de Jehová. >>*
*Malaquías 1:1*

# LA CARGA DEL PASTOR

El llamado de Dios a predicar o enseñar comienza con una carga por su Palabra. Los pastores viven bajo una carga, dada por Dios, por la Palabra de Dios. Los pastores deben ser capaces de comunicar la Palabra de Dios a jóvenes y viejos, a los sabios e imprudentes, al lector ávido y al lector de tiras cómicas. Debe tener una palabra para los felices y los tristes, para los sanos y los enfermos, para aquellos que están listos para vivir para Dios y para los que ni siquiera conocen su necesidad de Dios. Necesita animar y desafiar, debe pedir compromiso y cambio, debe instruir e inspirar y debe hacer todo esto en menos de cuarenta y cinco minutos, semana tras semana. ¿Por qué alguien se sometería voluntariamente a tal escrutinio, tanta presión y tanta responsabilidad? Lo hacen, porque parte del llamado de Dios a ser un pastor, incluye darles «la carga de la palabra del Señor».

«Malaquías» significa mensajero, y este mensajero fue llamado a dar el mensaje de Dios al pueblo de Dios cuando más lo necesitaban. Lo hizo porque Dios le dio una carga por la palabra. Malaquías ocupa un lugar único en la Biblia, porque él fue quien entregó el mensaje final de Dios a su pueblo, hasta antes del tiempo de Jesús. Cuatrocientos años de silencio siguieron al mensaje de Malaquías, hasta que el siguiente mensajero de Dios, Juan el Bautista, llegó a la escena.

Malaquías estuvo en Jerusalén durante los años transcurridos entre, el regreso de Nehemías para servir al rey Artajerjes (Nehemías 13:6) y el momento en que regresó a Jerusalén. Malaquías estaba particularmente preocupado por la corrupción de los sacerdotes, que abusaban de su poder y posición mientras servían al Señor. Durante este período de tiempo, vio que los abusos de los sacerdotes tenían un efecto de goteo, que causó que el pueblo de Dios se mostrara apático hacia las cosas de Dios. Entonces, Malaquías habló como cada «mensajero» de Dios debería hablar y eso fue con una carga dada por Dios para declarar la palabra de Dios al pueblo de Dios, para que Dios pudiera obrar en sus vidas.

Dios aún usa mensajeros para entregar su mensaje a su pueblo, y cada persona llamada a entregar ese mensaje, primero debe tener una carga por la Palabra del Señor. Como dijo el apóstol Pablo: « ¡Ay de mí si no predico el evangelio!» (1 Corintios 9:16). Nadie debería entrar en el ministerio pastoral, si cree que pueden hacer otra cosa; solo aquellos que no pueden hacer nada más, son los que tienen un genuino llamado a ser el mensajero de Dios.

Ser responsable de hablar la Palabra de Dios es una carga pesada. Preparar un mensaje es una carga, no solo por el tiempo y la energía, sino también por la experiencia personal que conlleva la declaración de la Palabra de Dios. Ningún predicador puede realmente preparar un mensaje, a menos que primero haya experimentado ese mensaje. Además, dar el mensaje de Dios también es una carga. No es fácil pararse ante el pueblo de Dios declarando que Dios le ha dado un mensaje para hablar. Pero sobre todo, ser un ministro es una carga, porque los mensajeros de Dios deben rendir cuentas a Dios por todo lo que han dicho. Aunque estas son cargas, en el sentido de que son pesadas, Dios ayudará a aquellos a quienes llamó a cargar el peso con gozo.

El deseo de entrar al ministerio, de tiempo completo, debe ser solo un deseo dado por Dios. El ministerio a tiempo completo, debe de ser confirmado por la Palabra de Dios e incluir una carga por la Palabra de Dios. Esta carga lo motivará a buscar ganar a los perdidos, animar a los santos e inspirar a los creyentes, para que reciban y apliquen el mensaje que Dios habla a través de su mensajero designado.

---

**24 DE NOVIEMBRE**

*«Pero ya que eres tibio, ni frío ni caliente, ¡te escupiré de mi boca!»*
*Apocalipsis 3:16 (NTV)*

## ¿YA ENFERMASTE A DIOS?

¿Crees que Jesús mira tu vida y lo enfermas? Eso puede sonar un poco duro, pero decir que crees en Jesús y vivir como si no necesitaras a Jesús, puede que hagas que Jesús se enferme de ti. Ese es el trasfondo de esta fuerte advertencia dada a la iglesia en Laodicea y aún es advertencia necesaria para los cristianos de hoy.

Laodicea era una ciudad increíble, con una economía rica. Eran famosos por su comercio de lana negra y eran conocidos por su crema terapéutica para los ojos. Estaban tan bien económicamente que, después de que un terremoto arrasara la ciudad alrededor del año 60 DC, pudieron reconstruir completamente su propia ciudad sin ayuda externa. No necesitaban la ayuda de nadie y no necesitaban el dinero de nadie. Eran totalmente autosuficientes. Bueno, tenían una excepción a esta autosuficiencia: necesitaban agua. Debido a que Laodicea no tenía una fuente de agua propia, los habitantes se vieron obligados a construir un acueducto para llevar agua a su ciudad, agua que llegó tibia y se sabía que causaba vómitos debido a un alto contenido de minerales. Al igual que la naturaleza tibia de su agua, la iglesia en Laodicea se estaba volviendo tibia espiritualmente, y esto estaba revolviendo el estómago de Jesús.

Jesús no soporta una fe tibia y, desafortunadamente, muchos en la iglesia de hoy corren el peligro de ser escupidos de la boca de Jesús por tener una fe a medias. No hay nada malo con tener riqueza, pero confiar en la riqueza en realidad te dejará en bancarrota espiritual. Una persona tibia, es alguien que dice ser cristiano, pero que no vive como debe vivir un cristiano. Quizás muchos probablemente considerarían a la mayoría de las personas tibias como «personas agradables», pero el hecho de ser una buena persona no complace a Dios. Una persona tibia va regularmente a la iglesia, pero hace lo menos posible cuando sirve, da y ama a los demás. Una persona tibia no quiere ofender a las personas al hablar de Jesús, por lo que rara vez lo hacen, porque se preocupan más por el «que dirán» que por lo que Jesús pensará sobre ellos. Una persona tibia no le ve nada de malo en decir una mentira blanca ocasional o salir y beber demasiado. Las personas tibias dicen «Amo al Señor», pero viven como si amaran al mundo.

Las acciones siempre revelan la condición espiritual de una persona y, al seguir a Jesús, no debes dejar espacio para la indiferencia o para jugar a ambos lados de la cerca moral. Entonces, si te estás volviendo indiferente a las cosas de Dios, entonces escucha la fuerte advertencia de Jesús y determina ser útil, vivir con pasión, sobresalir y vivir una vida ardiente para Dios, en lugar de enfermarlo con una fe a medias.

---

### 25 DE NOVIEMBRE
*«Yo siempre los he amado», dice el Señor.*
*Sin embargo, ustedes responden: « ¿De veras? ¿Cómo nos has amado?».*
*Malaquías 1:2 (NTV)*

## ¡ERES AMADO!

Probablemente lo hayas escuchado antes. De hecho, probablemente lo hayas escuchado un millón de veces: ¡Dios te ama! Sin embargo, tan a menudo como lo has escuchado, la pregunta sigue siendo: ¿Crees que Dios te ama personalmente? Quizás necesites un poco de ayuda hoy para creer y recibir la verdad de que Dios te ama *a ti*. ¿Te sorprendería saber que no serías la primera persona en preguntarte sobre esto? La gente elegida por Dios, tenía sus dudas sobre el amor de Dios por ellos, y cuando Dios les dijo: «Te amo», respondieron diciendo: «¿Ah, sí? ¡Bien, demuéstralo!»

¿Cómo podría el pueblo de Dios ser tan ciego? ¿No era obvio el amor de Dios por ellos? Todo lo que tenían que hacer era mirar el pasado y recordar todo lo que Dios había hecho por ellos. Pero aún dudaban, aún carecían de confianza en el amor de Dios por ellos. Entonces, Dios les recordó cómo los eligió para ser una nación santa, apartada *por* Dios y apartada *para* Dios. La elección de Dios no se basó en quiénes eran o lo que hicieron; Dios los amó y los eligió debido a su decisión auto determinada de hacerlo. A lo largo del Antiguo Testamento, vemos que Dios demuestra repetidamente el amor por su pueblo innumerables veces y de innumerables maneras, simplemente porque su voluntad era amarlo.

Han pasado miles de años desde que Dios le habló esas palabras a su pueblo y, aún hoy, Dios le está diciendo a su pueblo: «¡Te amo!» ¿Estás teniendo problemas para aceptar el amor de Dios? ¿Los sentimientos de indignidad interfieren con la realidad del amor de Dios por *ti*? ¿Las experiencias en tu vida han hecho que sea difícil disfrutar de la autenticidad del amor de Dios por ti? Cuando Dios dice: «Te amo», ¿acaso tú respondes «Pruébalo»?

¿Cómo ha demostrado Dios su amor por ti? Él ha demostrado su amor con el dolor abrasador de una espalda rallada y la picadura de los nervios expuestos; con la visión distorsionada de los ojos que se cerraron y la incapacidad de moverse cuando las manos y los pies quedaron atrapados en astas de vigas de madera; con cada jadeo breve y agonizante para el aire, ya que sufría de la fuerza robada y moría por la vida agotada. ¿Dios te ama? Solo mira hacia atrás todo lo que Dios ha hecho por ti en la cruz, y verás un amor incondicional que es obvio e irrefutable. Dios te eligió. Dios se preocupa por ti. Dios murió por ti. Así que sí, ¡Dios te ama! No puedes hacer nada para que Dios te ame más, y no puedes hacer nada para hacer que Dios te ame menos.

A veces, las dificultades de la vida nos hacen dudar del amor de Dios por nosotros. ¡Pero no dejes que la duda y la incredulidad te impidan creer y recibir el hecho de que Dios te ama! Recuerda, Dios

---

**26 DE NOVIEMBRE**

*<< Vi un trono establecido en el cielo, y en el trono, uno sentado. >>*
*Apocalipsis 4:2*

## MENTE CELESTIAL

¿Cómo se puede comenzar a describir aquello que es indescriptible? ¿Cómo responde uno a la gloria inexpresable? ¿Y cómo puede una persona percibir con precisión lo imperceptible? Aparte de Dios, esto es imposible. No hay duda de que es por eso que Dios nos ayuda a entender un poco más sobre cómo será el cielo, ya que se nos ofrece una visión divina de algunos acontecimientos celestiales. La visión no solo es tan maravillosa, asombrosa y más de lo que la mente puede procesar, sino que también es una visión que puede ayudarnos a vivir para Dios hoy.

Juan recibió un pase detrás del escenario en la sala del trono de Dios, donde recibió permiso para tomar una foto de lo que vio. La foto mostraba a Dios en un esplendor radiante, brillante y colorido, rodeado por veinticuatro ancianos que arrojaban coronas a sus pies, mientras el sonido de los rayos y truenos resonaban en el cielo, mientras cuatro criaturas vivas, llenas de ojos, nunca dejaban de proclamar: «¡Santo, santo, Señor Dios Todopoderoso!» ¡Que foto!

David Wilkerson ha dicho: «Esta sala del trono es la sede de todo poder y dominio. Es el lugar donde Dios gobierna sobre todos los principados y poderes, y reina sobre los asuntos de los hombres. Aquí en la sala del trono, Él supervisa cada movimiento de Satanás y examina cada pensamiento del hombre.»[78] En la sala del trono, Dios acepta la alabanza, la honra y la gloria que Él merece como servicio de adoración celestial, como ningún otro en el mundo que se esté llevando a cabo. En la sala del trono, Dios supervisa la creación desde su sede celestial mientras envía ángeles, dispensa bendiciones y distribuye fuerza. La sala del trono es el centro de toda actividad celestial y el centro de adoración del universo.

Esta foto de la gloria, no se da solo para que tengamos una mejor comprensión del estado de adoración en el cielo; se nos da esta foto de la gloria para que hoy seamos mejores adoradores de Dios. En pocas palabras, fuimos creados para adorar a Dios y pasaremos la eternidad adorando a Dios, por eso es importante trabajar para llegar a ser mejores adoradores de Dios cada día. Pasaremos la eternidad alabando a Dios en el cielo, pero hoy se nos exhorta a adorar a Dios en todo lo que hacemos (1 Corintios 10:31), y deberíamos buscar constantemente oportunidades para darle alabanza, honor y la gloria que Él merece en el aquí y ahora.

Mantener esta foto de la gloria permanentemente a la vista en nuestras mentes, nos ayudará a ser personas elogiosas, sin importar con lo que trataremos en esta tierra, nos ayudará a prepararnos para la alabanza en la que participaremos en la eternidad. Nunca debemos olvidar que Dios está en el trono, que nada sucede sin su conciencia, que nada lo sorprende y que nada está más allá de su control: ¡absolutamente nada!

Este vistazo de Dios, sentado en su trono en el cielo, siempre debe servir como un recordatorio de la soberanía de Dios, su grandeza y su autoridad. Dios está en control y un día estaremos en su presencia, cantando como los ángeles, «¡Santo, santo, santo, Señor Dios Todopoderoso!»

Entonces, mantén una mente celestial para que puedas lograr todo el bien terrenal que Dios tiene para ti.

---

**27 DE NOVIEMBRE**

*<< Porque el Señor y Dios de Israel, el Señor de los ejércitos, claramente ha dicho que aborrece el divorcio. >>*
*Malaquías 2:16*

## INFELIZMENTE PARA SIEMPRE

El divorcio sucede. Por supuesto, el divorcio no debería suceder, pero igual y sucede. El divorcio nunca es fácil, a veces desordenado, a menudo complicado y, en cada ocasión, el divorcio es emocional. Vivir en una sociedad donde la mitad de los matrimonios terminan en divorcio, todos en algún momento seremos afectados por ello. La forma en que experimentamos el divorcio puede que sea a través de un amigo cercano, un miembro de la familia, un vecino o incluso tú mismo, que han pasado por la angustia del divorcio. Con un impacto tan amplio, es importante saber lo que Dios tiene que decir sobre el divorcio.

En primer lugar, Dios dice que odia el divorcio. Malaquías advirtió a la gente de su época que «presten atención a su espíritu»

(Malaquías 2:16) y que no tengan una actitud casual hacia el divorcio. Él desafió el enfoque del divorcio de la gente, al indicar que si estaban considerando el divorcio, que eso se debía a un problema del corazón. Jesús dio un paso más en esta idea cuando dijo: «Moisés, debido a la dureza de sus corazones, le permitió divorciarse de sus esposas, pero desde el principio no fue así» (Mateo 19:8). Dios fue quien creó el matrimonio y su plan desde el principio fue bendecir al hombre con el pacto de compañía. Entonces, al romper ese compromiso, rompemos nuestro acuerdo de alianza con Dios y nuestro cónyuge. El divorcio nunca estuvo en el plan de Dios para el matrimonio y aunque Dios hace algunas concesiones para el divorcio, el divorcio nunca es lo mejor que Dios quiere. Él nunca ordena el divorcio y Él nunca quiere que el divorcio sea nuestra primera opción.

Por mucho que Dios odie el divorcio, Él sigue amando a los divorciados. Dios no odia a la persona que ha elegido divorciarse, y no odia a la persona que es víctima de divorcio. Recuerda, Jesús fue y ofreció ayuda a una mujer que se había divorciado cinco veces. Jesús le ofreció perdón, esperanza, sanidad y una nueva vida (Juan 4). Jesús está ahí para todos los que han pasado por el divorcio, ofreciéndoles perdón, esperanza, sanidad y nueva vida.

¿Dónde deja todo esto a la persona hoy en día? Si estás soltero, reconoce que el matrimonio no debe ser tomado a la ligera. No tengas prisa por casarte con la primera persona compatible que esté lista y esperando para casarse. Tómalo con calma, mantente puro y mantén a Dios en medio de tu relación.

Si está casado, pero tiene problemas matrimoniales, ¡recuerde que Dios quiere que tu matrimonio funcione! Él quiere que te mantengas casado, así que comprométete a mantener tus ojos en Dios. Él puede ayudar, las heridas pueden curarse, el perdón está disponible y la reconstrucción puede ocurrir. Dale a tu matrimonio todo lo que tienes y dale a Dios la oportunidad de obrar.

Si estás felizmente casado, sigue así. Deja que tu matrimonio sea un ejemplo para los demás, no juzgues a la persona divorciada y continúa cultivando tu relación con tu cónyuge y con Dios.

Y, finalmente, si has pasado por un divorcio, procura el fin de las hostilidades con tu ex y se abierto a la posibilidad de que Dios incluso pueda restaurar tu relación. De cualquier manera, recuerda que Dios no te ama menos porque te has divorciado. Él no ha marcado tu frente con la letra *D* para que todos la vean. Él quiere bendecir tu vida y todavía quiere usarte tremendamente. El divorcio no significa que estés destinado a vivir infelizmente para siempre. La recuperación puede no ser un camino fácil, pero la sanidad es posible.

---

### 28 DE NOVIEMBRE

*<< Además logró que a todos... se les pusiera una marca en la mano derecha o en la frente, de modo que nadie pudiera comprar ni vender, a menos que llevara la marca. >>*
*Apocalipsis 13:16-17 (NVI)*

## LA VIDA EN LOS TIEMPOS POSTREROS

El rastreo de teléfonos celulares, las huellas digitales y los chips RFID (Identificación por radiofrecuencia) pueden parecer el «sábelo-todo» de la alta tecnología que se ve en las películas de espías. Pero, ¿podría toda esta tecnología estar allanando el camino para un gobierno de un solo mundo y algo conocido como la marca de la Bestia? ¿Te suena un poco como teoría de conspiración? Bueno, la Biblia habla de un tiempo venidero en el que el mundo estará en caos y crisis, surgirá un gobierno, economía y religión de un solo mundo. Satanás estará detrás de todo esto, alejando a muchas personas de Dios.

Dios definitivamente quiere que tengamos conciencia de eventos del futuro. La Biblia está llena de información sobre lo que está por venir. Un acontecimiento que genera mucha especulación, es la misteriosa marca de la Bestia. Esta marca identificará a los seguidores del Anticristo y los inducirá a un falso sistema de adoración que sellará su destino eterno. Nadie podrá comprar, ni vender sin esta marca y los que se nieguen a tomar la marca serán ejecutados. John MacArthur dice: «La presión para rendirse a la adoración del Anticristo, será mucho peor que cualquier otra experiencia en la historia humana. La vida será prácticamente imposible de vivir, por lo que la gente se verá obligada a inclinarse ante el rey demoniaco, no solo por el engaño religioso, sino también por la necesidad económica.»[79] Durante este tiempo problemático, Satanás le dará un gran poder al Anticristo y al Falso Profeta, convenciendo al mundo que los adoren en lugar de adorar a Dios.

Nadie sabe con certeza cuándo sucederá todo esto, pero cuando miras la condición del mundo actual y examinas los «signos de los tiempos», una cosa es cierta: estamos cerca. Es importante tomar en cuenta, como dijo un comentarista, que «Juan estaba escribiendo a los creyentes, para ayudarlos a mantener una visión realista del bien y el mal en medio de una persecución intensa. Hoy, mientras vemos los informes televisados de muertes y desastres en todo el mundo, experimentando dolor y sufrimiento en nuestras propias familias. . . nosotros también necesitamos mantener una perspectiva divina».[80] Dios ha puesto un límite al mal y a lo que Satanás puede hacer, más sin embargo, debemos mantenernos enfocados en Dios, si queremos vivir la vida a la que Él nos ha llamado, en este oscuro mundo que oscurece cada día más.

Dios nos habla de estos y otros eventos futuros, no solo para recordarnos que Dios conoce el futuro y que nada sucede sin su permiso, sino también para que su pueblo vea cuán importante es vivir hoy para Él. No seas aquella persona que mira hacia atrás con el deseo de haber prestado más atención en la iglesia. No seas aquella persona que después desee que hubieran adorado a Dios antes. La vida en los tiempos postreros se puede evitar al vivir para Dios hoy.

## 29 DE NOVIEMBRE
*<< ¿Robará el hombre a Dios? >>*
*Malaquías 3:8*

## ROBARLE A DIOS

La Biblia es clara en que todos somos administradores, supervisores, sobre lo que Dios nos ha dado. Cuando se haya producido un cambio espiritual real en la vida de una persona, se producirá un cambio notable en las perspectivas, las prioridades y en el manejo de las posesiones. Ya no se trata de ganar dinero, ahorrar para la jubilación y esforzarse por vivir la buena vida. La vida se convierte en cómo usar lo que Dios nos ha dado para su gloria y parte de esa mayordomía consiste en devolverle a Dios. Cuando no le devolvemos a Dios lo que Él ya nos ha dado, en realidad estamos robándole a Dios.

En los días de Malaquías, la gente no le estaba devolviendo a Dios. En particular, rehusaron darle a Dios diezmos y ofrendas. Al elegir quedarse con lo que tenían para sí mismos, en lugar de devolvérselo a Dios, Dios dijo que en realidad le estaban robando. Y no solo estaban robándole a Dios, también estaban robándole a los sacerdotes y a los pobres. Dios no necesitaba el dinero de la gente, Dios quería que la gente cambiara sus perspectivas, prioridades y la forma en que manejaban sus posesiones. Al aferrarse a lo que Dios les había dado, la gente estaba obstaculizando el trabajo del ministerio y perjudicando a las personas que se beneficiarían de su donación. Dios continúa declarando a su pueblo que hay consecuencias por la desobediencia, y que hay bendiciones por la obediencia (Malaquías 3:10).

Por más importante que sea dar diezmos y ofrendas de manera consistente y generosa, retenerlos no son las únicas formas en que podemos robarle a Dios. ¿Cómo sabes si estás robándole a Dios? ¿Estás deteniéndote con tu tiempo y tus dones espirituales? Mira, Dios nos ha dado a cada uno de nosotros más que posesiones materiales para ser administradores y para devolverle. También nos ha dado a cada uno de nosotros tiempo y dones espirituales, que también espera que le devolvamos a Él de manera constante y generosa.

Le robamos a Dios, cuando tratamos de guardar nuestro tiempo para nosotros mismos, tiempo que se debe dar a Dios en oración, tiempo que se debe dar a Dios en la adoración personal y tiempo que se debe dar a Dios al servir y ayudar a los demás. Dios quiere nuestro tiempo. Además, le robamos a Dios al no descubrir nuestros dones espirituales, dones que pretenden bendecir al cuerpo de Cristo, dones que Dios ha elegido especialmente para que los usemos, dones que producen bendiciones espirituales en las vidas de otros y producen gozo en la vida de la persona que los usa. Al aferrarnos a lo que Dios nos ha dado, podemos obstaculizar la obra del ministerio y retener aquello que beneficiaría y bendeciría a otros.

Así como Malaquías trató de volver a despertar a la gente a sus responsabilidades en el área de dar, la Palabra de Dios debería despertarnos y hacer que nuestros corazones reexaminen nuestras vidas, para ver si estamos robándole a Dios cuando deberíamos estar dándole a Él.

--- 30 DE NOVIEMBRE ---

*<< Y vi los muertos, grandes y pequeños, de pie ante Dios.*
*Los libros fueron abiertos, y otro libro fue abierto, el cual es*
*el libro de la vida. Y fueron juzgados los muertos por las cosas que*
*estaban escritas en los libros, según sus obras. >>*
*Apocalipsis 20:12*

## DÍA DE JUICIO

Se avecina el día de juicio, y algunas personas creen que sus buenas obras actuarán como una especie de tarjeta para salir del infierno. Un día, cada persona se presentará ante Dios y dará cuenta de la forma en que ha vivido su vida. Para los cristianos, el día del juicio tiene lugar en el tribunal de Cristo (Romanos 14:10), donde Dios repasará sus vidas y examinará cómo han servido a Dios con su tiempo y talento. El resultado será una ceremonia de premios celestiales en la que cada creyente recibirá recompensas en función de su servicio.

Para los no cristianos, el día del juicio será en el Gran Trono Blanco de Dios (Apocalipsis 20), donde Dios examinará sus vidas y revelará por qué no irán al cielo.

Para que nuestros nombres estén escritos en el Libro de la Vida, debemos deshacernos de la idea de que nuestros nombres están escritos en el Libro de Dios en función de si fuimos «suficientemente buenos» o hicimos suficientes obras buenas para entrar. Permítanos ser claros: nadie es lo suficientemente bueno y, ¡nunca nadie tendrá su nombre en la lista de invitados por sus obras!

El apóstol Pablo nos recuerda que somos justificados por la fe en Cristo y no por nuestras obras (Efesios 2:8-10; Gálatas 2:16). Los no creyentes nunca pueden *ser* «suficientemente buenos» o *hacer* el bien suficiente como para llegar al cielo. El estándar de Dios para la admisión en el cielo es la perfección completa y la única persona perfecta, que ha vivido y vivirá, es Jesús. Eso significa que nuestras obras simplemente no nos llevarán al cielo. El nombre de un creyente está escrito en el Libro de la Vida basándose únicamente en su fe en Jesucristo y no en sus obras.

El propósito de Juan al describir el juicio del Gran Trono Blanco es claro. Con absoluta simplicidad y honestidad directa, expone las consecuencias eternas de rechazar la gracia salvadora de Dios, que se encuentra en Jesús. Aquellos que rechazan la gracia y la misericordia de Dios en esta vida, inevitablemente enfrentarán el juicio de Dios en la vida venidera. Eso significa que no hay tiempo que perder, porque nadie sabe cuánto tiempo les queda en esta tierra. El mañana no se promete a nadie, así que deshazte de la idea incorrecta de que si eres «lo suficientemente bueno», entonces Dios te dejará entrar al cielo. Así no es como funciona el cielo. La fe y solo la fe, es tu boleto al cielo.

¿Estás listo para encontrarte con Dios? Si eres creyente debes preguntarte: ¿estoy viviendo la clase de vida que está aprovechando cada oportunidad para servir a Dios, sabiendo que debo rendir cuentas de mi vida? Y, si no eres creyente, pregúntate esto: ¿estoy preparado para estar ante Dios por mis propios méritos?

¿Por qué pararte ante Dios después y hacerlo tu juez, cuando puedes estar ante Dios ahora, haciéndolo tu Salvador? La única tarjeta para salir del infierno, es la que la gracia de Dios dio a aquellos que depositan su fe en Jesús.

**1 DE DICIEMBRE**
*<<Todo tiene su tiempo. >>*
*Eclesiastés 3:1*

# ES LA ÉPOCA NAVIDEÑA

La Navidad es ciertamente una época maravillosa del año, llena de imágenes, sonidos y olores que inundan nuestros sentidos, cautivan nuestras mentes y generan recuerdos apreciados. Ahora que ya paso el día de «Acción de Gracias» y las súper ventas de «Black Friday», ahora sigue la temporada para hornear galletas, sacar las adorables decoraciones navideñas, usar ese repugnante suéter de reno, beber el ponche caliente, ir a fiestas navideñas y como olvidar ... desenredar cientos de pies de luces navideñas enredadas. Es la temporada en la que las fragancias de los cafés de temporada bailan en el aire como hadas de la ciruela azucarada, cuando las luces coloridas iluminan los barrios como pistas de aterrizaje en un aeropuerto, cuando se escuchan alegres canciones de navidades blancas y maravillas de invierno tocando en el fondo por todas partes y, cuando la gente reemplaza felizmente el tradicional «adiós» con un alegre «Feliz Navidad».

La temporada navideña es definitivamente la época más maravillosa del año, pero no por ninguna de las razones anteriores, a pesar de que todos esos detalles añaden nostalgia a la experiencia de la temporada. La verdadera razón por la que esta época del año es tan especial, es porque el mundo celebra el nacimiento de su Salvador. En esta época del año, celebramos la realidad del plan redentor de Dios, en el que el tan esperado Mesías de Dios entró al mundo, con un esplendor incomparable y una humildad notable. En esta época del año, la bondad del gran amor de Dios por la humanidad ha sido tan claramente revelada.

La Navidad es el tiempo cuando las familias se juntan y el nombre de Cristo se hace eco en el aire. Es la temporada en la que todos parecen un poco más amables, un poco más generosos e incluso un poco más comprensivos. Es la temporada cuando, los que no adoran a Jesús en cualquier otro momento del año, se ven obligados a adorarlo. Es la temporada en la que debemos celebrar, con gran gozo y emoción, la verdadera razón de la temporada. Si bien es posible que tengamos que dedicar un poco más de trabajo, esta es la temporada para mantener a Cristo en todas nuestras celebraciones, la caza de compras y las reuniones familiares. La realidad es que, con las interminables distracciones que solo aumentan durante esta época del año, debemos recordar en todo lo que hacemos por la temporada, en primer lugar, por qué celebramos.

A medida que avanza la temporada navideña y estás repleto de betún y masa de galletas, cuando te preparas para hablar con ese extraño pariente que solo ves una vez al año, y mientras esperas en líneas que parecen no terminar nunca, recuerda: Esta es la temporada para celebrar el nacimiento de Jesús. Entonces, y solo entonces, este será verdaderamente el momento más maravilloso del año para ti y tu familia.

---

**2 DE DICIEMBRE**
*<< ¿Por qué estoy desanimado? ¿Por qué está tan triste mi corazón?*
*¡Pondré mi esperanza en Dios! >>*
*Salmos 42:5 (NTV)*

## ESPERANZA PARA FELICES FIESTAS

Al celebrar la próxima temporada de navidad, debemos recordar que no todos esperan estas fechas. Para algunos, la Navidad les recuerda cosas que deberían ser, pero no lo son. Mientras que la Navidad es una época de amor, algunas personas se sienten muy desamparadas. Muchas personas pasan las vacaciones rodeadas de familias grandes y maravillosas, pero algunas experimentan hostilidad cuando la familia se reúne, mientras que otras no tienen familia con quien pasar las vacaciones. Ya sea que alguien se sienta preocupado por los recuerdos dolorosos o por recordar a los seres queridos que han fallecido, el dolor de la soledad afecta especialmente durante las temporadas navideñas.

La Biblia habla de cómo el rey David se sentía deprimido y cómo se negó a dejar que esos sentimientos lo superaran. No se permitiría hundirse en el profundo abismo de la desesperación. Más bien, mientras describía vívidamente sus sentimientos, también describió su decisión de no ser gobernado por sus emociones. David eligió recordar a Dios y considerar su gracia, y él comenzó a alabar a Dios por su bondad.

Si el sentimentalismo que rodea la Navidad intensifica tu dolor, entonces considera esto: la Navidad se trata de brindar esperanza a quienes están sufriendo. Si sientes que se avecina el dolor de la soledad, reconoce que Dios se preocupa por ti y recuerda que Él sabe de primera mano sobre la soledad. Jesús experimentó la mayor soledad imaginable cuando fue abandonado por Dios Padre en la cruz (Mateo

27:46). Pero Jesús fue abandonado para que podamos ser perdonados. Estaba dispuesto a separarse de Dios temporalmente, para que nunca tuviéramos que vivir un segundo sin Dios, porque Dios ha prometido: «Nunca te dejaré ni te desampararé» (Hebreos 13:5). Para la persona sin trabajo, para la madre soltera que lucha, para los enfermos, tristes y desanimados, puedes tener esperanza. ¡El nacimiento de Cristo es la máxima expresión de esperanza de Dios!

Pero, ¿cómo puedes prácticamente llevar esta esperanza en esta temporada? Al hacer lo mismo que hizo el rey David: decidir no dejar que tus emociones te dominen. El dolor de esta temporada y la soledad son oportunidades para acercarte más a Dios. En el corazón del dolor y la soledad, se encuentra la falta de dependencia de la suficiencia de Dios para satisfacer todas las necesidades. Por lo tanto, Dios usualmente usará tiempos de profundo duelo y soledad, para enseñarles a las personas que Dios es todo lo que realmente necesitamos. Debemos aprender a apoyarnos más en Él y dejar de lado esas emociones paralizantes, dejar de buscar a otros para llenar el vacío y concentrarnos en la paz y la felicidad que solo Dios puede proporcionar. Este es el mensaje de Navidad: Dios se ha acercado. Y como resultado, nunca tenemos que caminar solos.

Si te sientes solo en esta temporada festiva, tómate el tiempo para «acercarte a Dios y Él se acercará a ti» (Santiago 4:8). Permite que su bondad y gracia te den esperanza para los días de festejos.

## 3 DE DICIEMBRE
*«Una virgen concebirá y dará a luz un hijo, y le pondrás por nombre Emanuel, que significa: "Dios está con nosotros."»*
*Mateo 1:23*

## DESENVOLVER SU PRESENCIA

¿Qué es lo que más quieres esta navidad? Me atrevería a suponer que tu respuesta no sería otro pastel de frutas, una membresía para el gimnasio «Quita Kilos» o un par de calcetines navideños. Después de todo, ¿qué dices cuando te regalan uno de ¿esos regalos «especiales» en navidad? «Gracias…no se hubieran molestado» O, «¡No deberías haberlo hecho! ¡No, en verdad! ¡No deberías haberlo hecho!»

Sin embargo, si responde a los regalos inusuales y no deseados que puede recibir esta Navidad, Dios nos ha dado a todos un regalo que fue diseñado específicamente para brindarnos consuelo y alegría no solo en esta Navidad, sino los 365 días de cada año.

No importa qué regalos recibas esta Navidad, la novedad eventualmente desaparece, los regalos se rompen y, antes de que te des cuenta, los regalos están acumulando polvo en un armario. El regalo de la presencia de Dios es el único regalo que continúa trayendo gozo a los corazones de todos los que han recibido a Jesús. Jesús tiene muchos nombres en la Biblia: el Alfa y la Omega (Revelación 1:8), Rey de reyes y Señor de señores (Apocalipsis 19:16), y Mesías (Juan 1:41). Uno de los nombres más preciosos de todos para Jesús es Emmanuel, Dios con nosotros. En el centro del mensaje de Navidad, hay un Dios de amor que desea estar con nosotros. Y en esa primera Navidad, Dios le dio a la humanidad el regalo de su presencia en la persona de Jesucristo.

*Dios con nosotros,* es un pensamiento asombroso que se encuentra en el centro de la Navidad y la fe cristiana. Debido a que Dios está con nosotros como cristianos, Dios nos ha dado la capacidad de vivir como Él nos ha llamado a vivir. Como Dios está con nosotros, nunca caminaremos solos, no importa cuán solos nos sintamos. *Dios con nosotros,* significa que Dios nos ha dado la capacidad de lograr grandes cosas para su gloria, porque todas las cosas son posibles para Dios (Lucas 1:37). *Dios con nosotros* nos recuerda que, en medio de un mundo caído que está lleno de relaciones rotas y vidas rotas, Dios permanece cerca.

Experimentar la realidad de la presencia de Dios en nuestras vidas, no es una cuestión de recibir el regalo perfecto, ni es cuestión de recibir su presencia al estar en el lugar correcto, en el momento adecuado. Más bien, experimentar su presencia es un asunto que vive en la conciencia de su presencia continua entre nosotros.

Entonces, cuando llegue la mañana de Navidad para desenvolver sus regalos, toma en cuenta que el mejor regalo vino envuelto en pañales y el regalo de la presencia de Dios, es un regalo que se puede disfrutar durante todo el año.

**4 DE DICIEMBRE**
*« Herodes buscará al niño para matarlo.»*
*Mateo 2:13*

## TRATANDO CON UN «GRINCH»

Ya sean amigos de la familia, compañeros de trabajo o conocidos, todos debemos tratar con personas difíciles y en las vacaciones no son una excepción. Esos «Grinches» malhumorados ponen un freno al espíritu navideño y hacen de la temporada navideña una tarea, más que un gozo.

Uno de los peores asesinatos en toda la historia de la Navidad, tenía que ser del Rey Herodes el Grande. Orgulloso y adicto al poder, este «rey de los judíos», como se le conocía, odiaba cualquier cosa que amenazara su autoridad. Su paranoia lo llevó a matar a cualquiera que sospechara que se oponía a él, que incluía suegros, hijos e incluso su esposa. Entonces, cuando los hombres sabios del este llegaron a Jerusalén, informando sobre el nacimiento de un Rey de los judíos recién nacido, y que habían recorrido un largo camino para adorarlo, puedes imaginar el miedo y la furia que esto provocó en la mente de este rey psicótico. Cuando los sabios se fueron a Belén, llegaron a un acuerdo con el rey Herodes para que regresaran a Jerusalén y le dijeran al rey dónde podía encontrar a Jesús. Pero, habiendo sido advertido por Dios en un sueño que Herodes tenía la intención de matar a Jesús en lugar de adorarlo, los hombres sabios se fueron a casa de una manera diferente. Luego de que Herodes se enteró de la fuga secreta de los sabios, el rey decidió responder con rabia violenta y vengativa, matando a todos los bebés en Belén menores de dos años.

Al igual que Herodes, muchas personas no se ven afectadas y sin cambios en Navidad. En lugar de adorar a Dios porque la salvación ha llegado a través del nacimiento de Jesús, algunos responden con hostilidad hacia Dios y hostilidad hacia cualquiera que muestre el más mínimo indicio de espíritu navideño. ¿Cómo podemos evitar que nos volvamos como «Grinch», y cómo debemos responder a aquellos que carecen de amabilidad en esta temporada?

Primero, no dejes que la falta de gozo de alguien te robe tu gozo. Mantener una perspectiva adecuada te ayudará a mantener tu gozo. Entonces, cuando personas difíciles amenacen con robar tu gozo, recuerda la maravilla que es la historia de Navidad y ten en cuenta el pronunciamiento del ángel: «Te traigo buenas noticias de gran alegría que serán para todas las personas» (Lucas 2:10).

A continuación, ten un poco de compasión. Nunca sabes qué dificultades, heridas y penurias enfrentan los demás, quizás Dios te haya colocado en sus vidas para ayudarles a conocer a Dios personalmente y ayudarlos a sanar. Se dispuesto a mostrarles algo de bondad amorosa; tus actos de bondad, a menudo pueden ser un mejor testigo que tus palabras.

Finalmente, comprométete a orar por estas personas con regularidad y, cuando Dios te dé la oportunidad de hablarles, ora para que Dios te dé sabiduría al elegir las palabras correctas.

No podemos controlar a las personas difíciles y no podemos cambiarlas. Pero con la ayuda de Dios, podemos amarlos mejor, entenderlos más y encontrar una manera positiva de tratarlos, especialmente durante la temporada navideña.

## 5 DE DICIEMBRE
*<< ¿Qué puedo ofrecerle al Señor*
*por todo lo que ha hecho a mi favor? >>*
*Salmos 116:12 (NTV)*

## ¿QUÉ LE REGALAS A DIOS CUANDO LO TIENE TODO?

Siempre hay una persona en tu lista de Navidad que cada año te es imposible saber que regalarles. Deseas que esta persona te dé pistas, haciéndote saber lo que le gustaría este año, pero esto rara vez sucede. Caminas por los centros comerciales sin cesar con la esperanza de encontrar ese regalo perfecto, pero no hayas nada que él o ella no tengan o no necesiten.

De la misma manera, ¿qué puede uno darle a Dios, que ha creado todo, que nos ha dado todas las cosas que pertenecen a la vida y la piedad en Cristo (2 Pedro 1:3), y que continua haciéndolo, con mucha abundancia sobre todo lo que podríamos preguntar o pensar (Efesios 3:20)?

Bueno, por supuesto, no puedes comprar nada para Dios, porque no necesita nada, lo que ciertamente hace que encontrar el regalo perfecto para darle sea un poco más difícil. Pero podemos dar regalos preciosos y personales a Dios, regalos que Él desea, regalos que le importan, regalos que lo honran por todo lo que ha hecho y continúa haciendo por nosotros.

Uno de los muchos regalos preciosos que podemos darle a Dios es nuestra obediencia (Juan 14:15). Al darle a Dios nuestra obediencia, estamos demostrando nuestra sumisión a su soberanía. Podemos darle a Dios nuestro amor (Mateo 22:37), que revela la prioridad de su posición en nuestras vidas. Podemos darle a Dios el regalo de nuestra alabanza (Salmo 108:1), que es una expresión de nuestro aprecio por Dios. Podemos darle gloria a Dios (Salmo 29:2), que es nuestra forma de mostrar el hecho de que Dios es la fuente de todo lo bueno. Podemos dar a Dios nuestro servicio (Hebreos 12:28), que es una aceptación y reconocimiento de nuestro propósito en el cuerpo de Cristo. Podemos darle a Dios nuestro agradecimiento (1 Tesalonicenses 5:18), que es una prueba de nuestra gratitud a Dios por quién es Él y por lo que ha hecho por nosotros. Podemos dar lo mejor a Dios (Colosenses 3:23), con lo que honramos a Dios porque somos un reflejo de Jesús para el mundo que nos rodea. Podemos darle a Dios nuestros cuerpos (Romanos 12:1-2), lo que significa que debemos ser sacrificios vivos, entregándonos libremente a Aquel que se entregó libremente por nosotros.

Aunque Dios no necesita nada de nosotros, tenemos muchos dones que podemos darle y que le gustaría recibir de nosotros, regalos que reflejan nuestro agradecimiento y honran su gracia.

Entonces, si te estás preguntando qué regalarle a Dios este año, comienza por entregarte totalmente y completamente a Él. Ese es el mejor regalo que puedes darle a Dios, que lo tiene todo.

## 6 DE DICIEMBRE

*<< Hubo en los días de Herodes, rey de Judea, un sacerdote llamado Zacarías, del grupo de Abías; su mujer era de las hijas de Aarón y se llamaba Elisabet. >>*
**Lucas 1:5**

## ROMPIENDO EL SILENCIO

¿Hace tiempo que no escuchas a Dios? ¿Sientes que has sido fiel en seguir a Dios día tras día este año, pero francamente sientes que últimamente Dios ha estado ausente? A medida que se acerca la Navidad y otro año comienza a finalizar, muchas personas tienden a ser un poco más reflexivas sobre sus vidas y sus relaciones con Dios. Quizás, al recordar el año transcurrido, te estás diciendo a ti mismo: «No soy perfecto y he cometido muchos errores, pero he estado viviendo correctamente ante Dios y sirviéndole fielmente. Sin embargo, aun así, Dios todavía parece callado».

El pueblo de Dios no había tenido noticias de Él en cuatrocientos años. ¿Te puedes imaginar, después de una historia de Dios guiando y dando discurso a su pueblo, que en una generación tras otra no supieron nada de Él? Ningún profeta hablaba, ningún ángel los había visitado y ningún momento de Dios en el Monte Sinaí había sucedido, es decir, hasta que Dios rompió esos años de silencio con una visita angelical al sacerdote Zacarías.

Zacarías y su esposa Elisabet eran justos, obedientes y sin culpa ante Dios (versículo 6), pero carecían de la única cosa que más deseaban: un hijo. Durante años, habían estado orando para que Dios le diera esa preciosa adición a su familia, pero año tras año, Dios estaba en silencio. Y ahora sentían como si su oración permaneciera sin respuesta para siempre, ya que habían no tenían la edad para tener hijos. Sabían poco sobre lo que Dios estaba trabajando detrás del escenario y estaban a punto de romper su silencio con una bendición milagrosa.

Zacarías significa «Dios recuerda» y el nombre de su esposa Elisabet significa «su juramento». Juntos significan «Dios recuerda su juramento». Dios hizo una promesa en el Salmo 89: «Por nada romperé mi pacto; no retiraré ni una sola palabra que he dicho. Le hice un juramento a David y por mi santidad no puedo mentir: su dinastía seguirá por siempre; su reino perdurará como el sol. (Versículos 34–36 NTV). Dios hizo un juramento a David de que uno de sus descendientes tendría un reinado eterno, y Jesús es ese descendiente. El hijo de Zacarías, Juan el Bautista, sería el precursor de Jesús y rompería el silencio de Dios hacia el pueblo de Israel al preparar el camino y señalarle a Jesús.

Zacarías eligió permanecer fiel a Dios en su servicio como sacerdote y fue fiel en sus oraciones por un niño, incluso cuando Dios estaba en silencio. Zacarías pudo haber dejado de orar fácilmente, volverse amargado y dejar de servir al Dios que no estaba proveyendo al niño que, tanto él como su esposa, deseaban desesperadamente.

A medida que se acerca la Navidad, no renuncies a Dios solo porque puedes estar pasando por un período de silencio. Más bien, sigue siendo un sirviente fiel, obediente y sin culpa, porque Dios a menudo rompe el silencio con su pueblo mientras están ocupados en sus asuntos.

**7 DE DICIEMBRE**
*<< Concentren su atención en las cosas de arriba,*
*no en las de la tierra. >>*
*Colosenses 3:2 (NVI)*

# EL PELIGRO DE LA NAVIDAD

¡La Navidad puede ser peligrosa! *Espere.* . . ¿Navidad? ¿Peligroso? Exactamente. Si no tenemos cuidado, la Navidad puede ser precisamente eso: peligrosa. Uno de los aspectos más preocupantes de la temporada navideña, es la comercialización persistente y el materialismo generalizado que se han convertido en una parte «normal» de estas santas temporadas. Experimentas la presión de tener tu casa con la apariencia perfecta de revistas, finamente decorada en el interior e iluminada en el exterior. Te sientes presionado para comprarles a tus hijos los últimos y mejores regalos que la temporada ofrece, y a medida que aumentan las presiones, la cuenta bancaria disminuye, lo que se suma al peligro. Si bien no hay absolutamente nada de malo en regalar, recibir, decorar y celebrar, debemos tener cuidado de evitar algunos de los peligros que pueden surgir con la Navidad.

Primero, mantén tu mente puesta en las cosas ¡eternas! Si desea ir por esta temporada navideña con el corazón recto, debes comenzar por mantener la cabeza recta. La razón por la que damos regalos, es porque Dios nos dio el regalo de su hijo. Es posible que tengamos que hacer un pequeño esfuerzo adicional, para mantenernos enfocados en el significado eterno de la Navidad, mientras estamos en medio de toda la locura terrenal, pero, y esto es muy importante, no debemos permitir que nada impida una mentalidad celestial en esta temporada de fiestas.

A continuación, mientras participas en el intercambio de regalos, mantenlo ¡sencillo! La tentación aquí es gastar más dinero del que tienes. Pero, realmente si no tienes el dinero en efectivo, no deberías comprar el regalo. Se creativo. Siempre puedes ahorrar algo de dinero haciendo u horneando algunos de tus regalos. La mayoría de las personas aprecian el detalle, el tiempo y el esfuerzo que implica un regalo, más que el costo del regalo, sin mencionar que algunos de esos regalos horneados tienen un sabor delicioso.

Además, practica el agradecimiento. Es posible que no tengas todo lo que deseas en la vida, pero lo más probable es que tengas más de lo necesario, así que agradécele a Dios por lo que te ha dado. Eso, por supuesto, significa ir más allá de la bendición física de las comodidades acogedoras y las posesiones personales, es extenderte a las riquezas espirituales que cada creyente disfruta en Jesucristo. Practicar el agradecimiento, es simplemente una manera excelente de mantener la perspectiva correcta.

Finalmente, debido a que la Navidad se trata de Jesús, encuentra maneras de llevar más a Jesús a tus celebraciones navideñas. Quizás esto signifique dar tarjetas o regalos que promuevan o elogien a Jesús, en lugar de tarjetas de felicitación o regalos inofensivos que no tienen nada que ver con el significado real de la Navidad. Quizás puedas leer diferentes partes de la historia navideña durante la temporada, o tal vez puedas dar un tratado del Evangelio cuando compres o entregues tus regalos. El hecho es que, cuanto más busques llevar a Jesús en tus hábitos navideños, más te centraras en las cosas celestiales.

Si quieres evitar los peligros de la temporada navideña, mantén la mentalidad correcta, poniendo tu mente en las cosas de arriba y evitando la preocupación por el lado mundano de la Navidad.

## 8 DE DICIEMBRE

*«Yo soy la luz del mundo; el que me sigue no andará en tinieblas, sino que tendrá la luz de la vida».*
*Juan 8:12*

## LUCES DE NAVIDAD

Las luces de Navidad son una gran parte de la temporada navideña. Mientras se acerca el mes de diciembre, puedes estar seguro de ver tiras de luces brillantes por todos lados. Cubren árboles de Navidad y cuelgan de las casas, están situados en arbustos y, si los observas detenidamente, ¡incluso puedes encontrarlos cubriendo algún automóvil! Desde los troncos de los árboles hasta los techos, las luces de Navidad hacen más que llenar el cielo nocturno con un brillo centelleante; también recorren un largo camino preparando nuestros corazones para el día de Navidad, ya que nos recuerdan que la luz del mundo ha llegado para que nunca tengamos que caminar en la oscuridad.

Israel había estado viviendo en un perpetuo estado de oscuridad durante muchos siglos. Se habían rebelado contra Dios y se negaron a caminar conforme su Palabra. Entonces, en la plenitud del tiempo, Jesús nació como una luz enviada para iluminar este mundo oscuro. El nacimiento de Jesús cumplió lo que el profeta Isaías habló cuando dijo: «Las personas que caminaron en tinieblas han visto una gran luz» (Isaías 9: 2). Entonces, un día, siglos después, mientras estaba en la ciudad de Jerusalén, Jesús declaró a la gente de Israel que Él era la luz del mundo. Él prometió que si alguien estaba dispuesto a seguirlo, tendrían la luz de la vida y nunca más caminarían en la oscuridad.

Diciembre es el mes más oscuro del año. Te levantas en la oscuridad, desayunas en la oscuridad y luego, cuando llegas a casa del trabajo o la escuela, el cielo vuelve a oscurecer. La forma más sencilla de eliminar la oscuridad es encender la luz. La luz y la oscuridad no pueden ocupar el mismo espacio al mismo tiempo y la luz siempre domina la oscuridad (1 Juan 1:5). Cuando confiamos en Jesús como nuestro Salvador y nos proponemos seguirlo, la oscuridad en nuestras vidas desaparece. Dios perdona nuestros pecados y nos ilumina el camino para que caminemos en santidad. Jesús vino como la luz. Él vino a disipar la oscuridad. Y sin Jesús, una persona camina en la oscuridad. Desafortunadamente, no todos quieren caminar en la luz. Algunos prefieren quedarse en la oscuridad, porque aman el pecado más que al Salvador (Juan 3: 19-21).

Si estás luchando contra el pecado, si estás tropezando en la oscuridad, o si te estás alejando de Jesucristo, enciende la luz y regresa a Jesús hoy. Jesús es siempre la respuesta. Él vino a iluminar el camino, para que nadie se tropiece en la oscuridad.

Viviendo en este mundo oscuro, debemos continuar caminando cerca de Jesús, que es la luz de la vida. Cuanto más nos acercamos a Él, más brilla su luz brillante en nuestras vidas.

Entonces, la próxima vez que veas algunas luces navideñas envueltas alrededor de un árbol o decorando una casa del vecindario, permite que esas luces sirvan como un recordatorio de que Jesús es la luz del mundo, y de que Él vino para que nunca caminemos en la oscuridad.

### 9 DE DICIEMBRE
*<< Pero Cristo nos ha rescatado de la maldición dictada en la ley. Cuando fue colgado en la cruz... Pues está escrito: «Maldito todo el que es colgado en un madero» >>*
*Gálatas 3:13 (NTV)*

## EL VERDADERO ÁRBOL DE NAVIDAD
Para muchos, la Navidad no comienza oficialmente hasta que se elige un árbol de Navidad. La tradición anual de salir con gorros, guantes

y bufandas, para elegir el árbol de Navidad perfecto, es a menudo una actividad familiar favorita que crea muchos recuerdos especiales. Y al seleccionar un árbol de Navidad, todos tienen sus preferencias personales. El árbol perfecto debe tener el aspecto, la sensación y el olor correcto, debe tener una forma perfecta y debe ser el árbol más hermoso que haya. Una vez en casa, el árbol de Navidad ocupa un lugar central y está decorado con luces y adornos como parte de la celebración navideña.

Pero hay otro árbol, un árbol que no asociamos a menudo con la Navidad, un árbol que es más que un mero elemento central de nuestra celebración. Sin embargo, este árbol es fundamental para la historia de la Navidad.

Para Dios, la Navidad no podía comenzar hasta que Él primero eligió un árbol. Este árbol tenía que ser perfecto y perfectamente formado, no porque las ramas estuvieran decoradas con adornos o envueltas en luces, sino porque sobre este árbol, la Luz del Mundo colgaría. A diferencia de los árboles de Navidad que adornan nuestras casas, este árbol no sería hermoso a la vista, aunque su significado es hermoso para todos los que reflexionan sobre su propósito. Este árbol no tendría regalos cuidadosamente colocados debajo. En cambio, debajo de este árbol, los hombres perversos desgarrarían la vestidura del Salvador. Debajo de este árbol, los líderes religiosos se burlarían y ridiculizarían al Dios que decían conocer. Debajo de este árbol, la madre del Salvador miraba y lloraba mientras su hijo sufría. Y debajo de este árbol, la sangre de Jesús formaría un charco. Jesús podría haber bajado del árbol donde colgaba, pero si lo hiciera, el hombre se habría perdido por la eternidad.

Cuando pensamos en Navidad, solemos pensar en el nacimiento, no en la muerte. Pero Jesús nació para morir. No podemos escapar a la realidad de que el Salvador nacido en un pesebre crecería para ser el Mesías que moriría en la cruz. La Navidad se trata de Dios viniendo a este mundo para salvar a la humanidad del pecado y la muerte, así que lógicamente, la Navidad también debe reconocer el sacrificio de la muerte de Jesús. A la mayoría de las personas les gusta la idea de que un bebé venga al mundo, porque hay algo lindo, inocente y puro en un recién nacido. Pero el mundo no necesitaba un niño; El mundo necesitaba a Cristo.

La Navidad es verdaderamente un momento de gozo en el que debemos celebrar y regocijarnos porque Dios estuvo dispuesto a venir y salvarnos de nuestros pecados. Mientras te preparas para traer un árbol de Navidad a tu hogar, toma en cuenta el verdadero árbol de Navidad que finalmente se convirtió en la cruz de Cristo.

### 10 DE DICIEMBRE
*<< María respondió: «Oh, cuánto alaba mi alma al Señor. ¡Cuánto mi espíritu se alegra en Dios mi Salvador! Pues se fijó en su humilde sierva». >>*
*Lucas 1:46-48 (NTV)*

## CÁNTICO DE MARÍA

Durante diciembre, la música navideña llena el aire con canciones como «Feliz Navidad», «Noche de Paz» Y «Blanca Navidad». La Navidad no sería la misma sin nuestras canciones favoritas. Mientras escuchamos los villancicos y los coros festivos, nuestras mentes pueden comenzar a concentrarse en las cosas de arriba y ayudarnos a alinear nuestros corazones adoptando el verdadero espíritu de la temporada.

Después de que María recibió la noticia de que ella sería la vasija elegida por Dios para llevar y criar al único hijo de Dios, fue a visitar a su pariente Elisabet. Sin duda, aun recuperándose de ver a un ángel y procesando la asombrosa noticia de que ella daría a luz al hijo de Dios, María pasó tiempo hablando con su familia y contemplando todo lo que le contó el ángel del Señor. Poco después de llegar a la casa de Elisabet, María cantó su propia canción navideña de alabanza a Dios, una canción tan magnífica que las letras se conservan para siempre en las páginas de las Escrituras y sirven como un maravilloso estímulo para nuestra fe.

Con la prosa poética, la canción de María no solo reveló su comprensión del plan de Dios para su vida, sino que también expresa su humildad por haber sido elegida por Dios. Ella se siente realizada por la presencia de Dios en su vida y esto revela que María no desconocía las Escrituras. La canción de María está repleta de referencias del Antiguo Testamento, cuidadosamente estructuradas y bellamente poéticas. En su canción, María se regocija aunque se muestra a sí misma como una simple sirvienta. ¡Imagina que te seleccionen para este tremendo trabajo y María se sintió como indigna y no apta para ello! Ella fue bendecida por ser la elegida, pero esto también fue una bendición desafiante.

A veces, una canción es el camino más rápido hacia la presencia de Dios y vivir con un sentido de la realidad de la presencia de

Dios en nuestras vidas, a menudo, se logra simplemente adorándolo a través de una canción. La temporada navideña ofrece una oportunidad única para disfrutar de la presencia de Dios, mientras las canciones navideñas inundan la radio. Disfruta de esta oportunidad, para reflexionar sobre los muchos dones con los que Dios te ha bendecido gentilmente y adórelo a través de las canciones que escuchas y cantas.

Lee la canción de alabanza de María para ti mismo en Lucas 1, reflexiona y regocíjate por la bendición de la bondad de Dios. Canten canciones de alabanza y adoren al rey. Con cada coro navideño que cantes, recuerda la bondad que Dios te ha mostrado.

## 11 DE DICIEMBRE
*<< Como tú me enviaste al mundo,*
*así yo los he enviado al mundo. >>*
*Juan 17:18*

## TU MISIÓN NAVIDEÑA

La Navidad debería recordarnos que estás en una misión. Para Jesús, la Navidad es el comienzo de la historia de su misión terrenal. Jesús vino al mundo para buscar y salvar a los perdidos y, toda su vida vivió claramente en cumplimiento de esa misión. Cuando Jesús vino a la tierra, vino a ofrecerle a la humanidad una nueva relación con Dios, una relación personal con Dios, lo que significaba que Jesús siempre estaba al acecho, en movimiento y en el trabajo, al cumplir la misión que Dios le había dado. Al igual que Jesús, se nos ha dado una misión similar de parte de Dios.

Dios quiere que estés atento, en movimiento y en el trabajo, acercándote a las personas que Él ha puesto a tu alrededor con la verdad acerca de Jesús. Y como la Navidad es parte de la historia de Dios, este es un momento especialmente bueno para estar atentos a las oportunidades de vivir su misión. Dios te ha llamado a vivir y trabajar lado a lado con personas que necesitan conocer a Jesús. El problema, es que podemos encontrar todo tipo de excusas para explicar, el por qué no debemos cumplir con la misión que Dios nos ha dado. Nos decimos a nosotros mismos: «No sé lo suficiente sobre la Biblia» o « ¿Qué pensarán ellos de mí?» O « ¡Podría perder mi trabajo!» Podemos explicar la misión, creyendo que alguien más alcanzará a esas personas, cuando, de hecho, Dios te ha colocado estratégicamente en tu familia, en tu vecindario y en tu trabajo, de modo que tú puedas ser el que los alcance.

Si necesitas un poco de ayuda para comenzar, aquí hay algunas sugerencias para que te muevas en la dirección correcta. Ora por los nombres de quienes te rodean y necesitan conocer a Jesús. La oración es siempre el mejor lugar para comenzar. Considera dar regalos ocasionales centrados en Cristo a tus amigos o familiares que no han sido salvos.

Esta es una manera fácil de hacer llegar el mensaje y esos regalos abren la puerta para conversaciones de seguimiento. Invita a alguien a asistir a uno de los servicios o eventos navideños de tu iglesia, luego sácalo a cenar y después a hablar casualmente sobre la experiencia. Finalmente, siempre puedes hacer un acto de bondad: barrer la banqueta, entregar una comida, ayudar a una familia necesitada en tu vecindario o incluso coordinar un proyecto de servicio familiar o de vecindario para una buena causa.

Nada de esto está destinado para sentir culpa por la Navidad, más bien sirve como un recordatorio de que, como creyentes, todos estamos en una misión, y no hay mejor momento que la Navidad para hablar sobre Cristo. Las puertas se abren y los corazones son más receptivos al mensaje. Entonces, ¡adelante, porque Dios te ha enviado!

---

**12 DE DICIEMBRE**

*<< El generoso prosperará,*
*y el que reanima a otros será reanimado. >>*
*Proverbios 11:25 (NTV)*

## UN EJEMPLO DE GENEROSIDAD

Cualquiera que sea tu convicción sobre Santa Claus, se encuentra un ejemplo de generosidad en el corazón del verdadero San Nicolás. Nicolás era un cristiano que vivía en el siglo IV, nacido en lo que hoy es Turquía (no en el Polo Norte). A pesar de que tuvo una vida difícil, que incluía ser huérfano a una edad temprana, crecería hasta convertirse en un fuerte defensor de la fe cristiana y fue considerado un alborotador abierto por el emperador romano Diocleciano, quien quería que dejara de predicar el cristianismo. Como resultado de su evangelismo, pasó muchos años en prisión y finalmente fue liberado cuando Constantino asumió el cargo de emperador romano. (Sí, eso es correcto: Santa Claus tenía antecedentes penales.)

Aunque se creía que Nicolás había realizado varios milagros en su vida (ninguno de los cuales incluía hacer volar a los renos), era mejor conocido por su generosidad. Como lo indican las tradiciones, era tan desinteresado que ayudó a un vecino pobre a pagar las bodas de sus tres hijas. En un intento de permanecer anónimo y consciente de las palabras de Jesús, «Pero cuando haces un acto de caridad, no dejes que tu mano izquierda sepa lo que está haciendo tu mano derecha, que tu acción de caridad pueda ser secreta; y tu Padre que ve en secreto, Él mismo te recompensará abiertamente» (Mateo 6: 3–4), Nicolás entró a la casa de su vecino por la noche y dejó caer una bolsa de monedas de oro a través de una ventana abierta, cuando cada una de las hijas del vecino cumplían años. Finalmente, el padre descubrió que los regalos venían de Nicolás y compartió su historia.

Haz lo que quieras con Santa Claus, pero el verdadero San Nicolás, fue un creyente que dedicó su vida a servir a Dios y él es un ejemplo de generosidad que todos podemos seguir.

Nada ni nadie deben ocupar el lugar de Jesús, especialmente en temporada de Navidad, pero ciertamente podemos aprender lecciones valiosas de cristianos como Nicolás. La Biblia es clara en cuanto a que Dios ama a una persona cuando da generosamente y con alegría (2 Corintios 9:7), especialmente cuando se hace todo lo posible para dar sin llamar la atención.

El secreto del éxito no se encuentra en recolectar más, sino en dar más. La Navidad es un momento en el que nos recuerda cuánto nos ha dado Dios, debe motivarnos y movernos a ser dadivoso – abundantemente generosos. Tómate un tiempo en esta temporada y considera cómo puedes mostrar un poco de generosidad adicional a alguien.

---

**13 DE DICIEMBRE**

*<< Había en Jerusalén un hombre llamado Simeón. Este hombre, justo y piadoso, esperaba la consolación de Israel; y el Espíritu Santo estaba sobre Él. >>*
*Lucas 2:25*

## SIMEÓN

La espera es parte de la vida y, durante las vacaciones, cuando las líneas son más largas y el tráfico es más pesado, no se puede ir a ninguna parte ni hacer nada sin esperar. La espera también es parte de tu vida cristiana. No puedes ir a ningún lado, ni hacer nada por Dios, sin primero esperar la respuesta y dirección de Dios. Escondido en un rincón de la historia de la Navidad, existe un ejemplo de un hombre que esperó pacientemente y con gozo a Dios.

Simeón, era un anciano al que el Espíritu Santo le había prometido que no moriría hasta que hubiera visto al Mesías prometido, al que se hace referencia en el versículo de hoy, como «la consolación de Israel». Pero con esa promesa llegó un largo período de espera. No sabemos exactamente cómo o cuándo se le reveló el Espíritu Santo a Simeón, pero lo que sí sabemos es que él creyó esta promesa, creyendo todo el tiempo, esperó con gran anticipación ese día. Es conmovedor imaginarse a este hombre judío de cabello blanco y caprichoso, esperar fielmente a Dios con un destello en sus ojos y un ánimo en su paso, porque sabía que antes de morir, vería el cumplimiento de la gran promesa de Dios.

El momento increíble de Simeón finalmente llegó, ocho días después del nacimiento de Jesús, cuando José y María llevaron a Jesús al templo. Este día fue uno de dedicación para la familia y, para Simeón, un día de celebración. Nada en especial de Simeón lo capacitó para tomar a Jesús en sus brazos y bendecirlo (Lucas 2:28). No tenía credenciales sacerdotales especiales, ni autoridad especial. Él simplemente era un hombre «justo y devoto» que caminaba con Dios (versículo 25).

Simeón era un hombre que sabía cómo esperar a Dios. Esperó ansiosamente, observó con anticipación y vivió con alegría. ¿Cómo estás tú esperando en Dios? Ya sea que estés esperando que Dios responda a sus oraciones o que dirija sus pasos, o si estás esperando la segunda venida de Cristo, debes esperar con ansiedad, observando con anticipación y viviendo con alegría. Esperar con ansiedad, significa que crees que la respuesta está a la vuelta de la esquina y que debe llegar en cualquier momento. Tu corazón está lleno de esperanza y vives cada día esperando ansiosamente la respuesta de Dios. Estás mirando hacia adelante y avanzando. ¡No te rindas! ¡No dejes de creer! Mantente enfocado en lo que Dios tiene para ti, recordando que el poder de Dios no tiene límites. Simeón vivió para una cosa, él esperó una cosa, oró por una cosa y se preocupó por una cosa. Y cuando finalmente vio a Dios, básicamente dijo: «Ahora puedo morir» (versículo 29).

Si estás esperando que Dios te responda a una oración, para saber qué dirección tomar, recuerde a Simeón, cuyo nombre significa «Dios escucha». Él es un ejemplo de cómo Dios honra a quienes lo observan y lo esperan pacientemente.

---

**14 DE DICIEMBRE**

*<< Porque la profecía no ha tenido su origen en la voluntad humana, sino que los profetas hablaron de parte de Dios, impulsados por el Espíritu Santo. >>*
*2 Peter 1:21 (NVI)*

## LAS DOCE PROFECÍAS DE NAVIDAD

La historia de Navidad es la mejor historia jamás contada y, aún mejor, es el hecho de que la historia está repleta de profecías cumplidas. La mayoría de las personas que desean leer sobre el nacimiento de Jesús, recurren al Nuevo Testamento para una descripción más detallada de la historia de la Navidad, pero no debemos pasar por alto el hecho de que gran parte del Nuevo Testamento es el cumplimiento de las profecías del Antiguo Testamento, que fueron escritas cientos de años antes.

Dios había estado planeando este evento por mucho tiempo. Nos dio señales, o profecías, que se encuentran en el camino para que pudiéramos saber que Él es Dios. Las profecías, como las doce que se enumeran a continuación, nos brindan nuestro primer adelanto del plan de Dios para la Navidad.

1. Jesús vendría de la línea de Abraham. Esta profecía se encuentra en Génesis 12:3 y se cumplió en Mateo 1:1.
2. Jesús el Mesías nacería de la semilla de la mujer. Esta profecía se encuentra en Génesis 3:14–15 y se cumplió en Mateo 1:18.
3. Jesús sería un descendiente de Isaac y Jacob. Esta profecía se encuentra en Génesis 17:19 y Números 24:17 y se cumplió en Mateo 1:2.
4. La madre de Jesús sería virgen. Esta profecía se encuentra en Isaías 7:14 y se cumplió en Mateo 1:18–23.
5. Jesús nacería en la ciudad de Belén. Esta profecía se encuentra en Miqueas 5:2 y se cumplió en Lucas 2:1–7.
6. Jesús sería llamado a salir de Egipto como niño. Esta profecía se encuentra en Oseas 11:1 y se cumplió en Mateo 2:13-15.
7. Jesús sería un miembro de la tribu de Judá. Esta profecía se encuentra en Génesis 49:10 y se cumplió en Lucas 3:33.

8. Jesús sería el Hijo de Dios. Esta profecía se encuentra en el Salmo 2:7 y se cumplió en Mateo 1:20.
9. Jesús sería de la casa de David. Esta profecía se encuentra en Jeremías 23:1–5 y se cumplió en Lucas 3:23, 31.
10. Jesús sería presentado con regalos en su nacimiento. Esta profecía se encuentra en el Salmo 72:10 y se cumplió en Mateo 2:11.
11. Jesús sería Dios con nosotros. Esta profecía se encuentra en Isaías 7:14 y se cumplió en Mateo 1:23.
12. Como resultado del nacimiento de Jesús, los niños serían asesinados. Esta profecía se encuentra en Jeremías 31:15 y Herodes la cumplió en Mateo 2:16.

La tentación con una lista como esta, es hojear o incluso omitir la lista en total. Sin embargo, no hojees ni omitas esta lista, porque ignorar la profecía, especialmente la profecía sobre Jesús, es perder una oportunidad de ver el amor, la misericordia y la fidelidad de Dios en acción. Dios nos ha dado profecías como estas, para que podamos ver que sus planes y propósitos se hacen realidad, para que podamos saber que su Palabra es confiable, y para que podamos saber que Él está en control completo. Dios usa la profecía bíblica para probar su credibilidad y convencernos de su autoridad en el universo. La profecía bíblica proporciona evidencia irrefutable de la existencia de Dios, prueba que Dios tiene un propósito para la humanidad y, más específicamente, prueba que Él tiene un propósito para tu vida.

El uso de la profecía de Dios en la historia de la Navidad debería, por lo tanto, motivarnos a conocerlo más personalmente, confiar más en Él y seguirlo más plenamente.

## 15 DE DICIEMBRE

*<< Una vez terminada la celebración, emprendieron el regreso a Nazaret, pero Jesús se quedó en Jerusalén. Al principio, sus padres no se dieron cuenta. >>*
*Lucas 2:43 (NTV)*

## MANTENER A CRISTO EN TU NAVIDAD

Con solo diez días para el día de la Navidad, la mayoría de nosotros estamos sintiendo la presión del ajetreo y el bullicio de las fiestas. Todavía quedan algunos regalos de último momento para comprar y aquellos pequeños regalos que horneaste o compraste para tus amigos y vecinos están empaquetados, listos para dejarlos. El pavo o el jamón aún no se han ordenado y un montón de tarjetas de Navidad están en el mostrador de la cocina, esperando ser atendidas y enviadas para tener alguna esperanza de llegar antes del día de Navidad. Independientemente de lo que quede en tu lista de tareas antes de Navidad, asegúrate de no permitir que la conmoción de la Navidad evite que fijes tus ojos en Jesús.

Una vez, cuando Jesús tenía doce años, se alejó de sus padres. María y José habían viajado de Nazaret a Jerusalén para celebrar la Pascua como una familia, pero cuando terminó la fiesta y la familia se dirigía a casa, se dieron cuenta de que Jesús no estaba en ningún lugar. Pasó un día entero antes de que se dieran cuenta de que Jesús se había ido. Esto no fue porque a los padres de Jesús no les importaba; El hecho fue que simplemente lo perdieron de vista.

Antes de que seas pronto para condenar a los padres de Jesús, ¿has perdido de vista a Jesús en esta época navideña? Oh, todavía amas a Jesús y tu fe no vacila (o algo drástico como eso), pero con el ajetreo de la Navidad, ¿Acaso te has permitido simplemente perder de vista a Jesús? Esto puede suceder muy lentamente y ligeramente, a medida que las pequeñas cosas comienzan a tomar el control y con el tiempo acortado, lo primero que se sufre es tu camino espiritual. El tiempo en la Palabra de Dios queda atrás en tu vida sobrecargada, la oración se convierte en un lujo que no puedes permitirte y, antes de que te des cuenta, has perdido a Jesús en la multitud.

Si necesita un poco de ayuda para mantener a Cristo en tu agenda de Navidad, entonces tal vez te sirvan algunas sugerencias de temporada.

En primer lugar, no escatimes en su tiempo de meditación con Dios. Si necesita levantarse un poco más temprano o quedarte despierto un poco más tarde, entonces hágalo, porque gran parte de su capacidad para sobrevivir la temporada, se encuentra en su tiempo constante con Dios.

Además, mantén la adoración como parte de tu celebración navideña. Ve a ese concierto extra festivo en la iglesia o al servicio adicional a la luz de las velas y refréscate a través de la expresión de su adoración. En tu hogar, puedes colocar una escena del nacimiento para tener un recordatorio visual, de la razón por la que estás corriendo como loco. Es posible que desees planificar un proyecto de servicio familiar para el mes de diciembre, tal vez servir en un banco de alimentos, visitar un asilo de ancianos local o enviar un regalo especial a un misionero.

Y trata de tomarte el tiempo para leer la historia de Navidad en Lucas 1–2, antes de que comience en la mañana de la Navidad la tormenta de desenvolvimiento de regalos.

Sea como sea que celebres y cualesquiera que sean tus tradiciones navideñas, lo importante es que no pierdas de vista el hecho de que la Navidad no existiría ¡sin Cristo!

### 16 DE DICIEMBRE
*« ¡Gloria a Dios en las alturas y en la tierra paz…!»*
*Lucas 2:14*

## EN LA TIERRA PAZ

Cuando los ángeles declararon el día de Navidad, « ¡Gloria a Dios en lo más alto y en la paz de la tierra. . .!» ¿Estaba bromeando? Realmente, ¿puede haber paz en una tierra que está llena de luchas? Agrégale a eso, el hecho de que Jesús dejó en claro que no vino a traer paz a la tierra. Él dijo: « ¿Creen ustedes que vine a traer paz a la tierra? ¡Les digo que no, sino división!» (Lucas 12:51 NVI). Entonces, ¿el ángel entendió mal el mensaje? ¿Se equivocó en su declaración de Navidad? De ningún modo. La respuesta está en el tipo de paz que se estaba prometiendo.

Como Rick Warren señaló,

Nunca habrá paz en el mundo, hasta que haya paz en las naciones. Nunca habrá paz en las naciones, hasta que haya paz en las comunidades. Nunca habrá paz en las comunidades, hasta que haya paz en las familias. Nunca habrá paz en las familias, hasta que haya paz en las personas. Nunca habrá paz en las personas, hasta que invitemos al Príncipe de la Paz a reinar en nuestros corazones. Jesús es el príncipe de la paz. [81]

Jesús no vino a *traer paz*; ¡Él vino a *ser* nuestra paz! Leemos en Colosenses 1:19-20, «Porque agradó al Padre que en Él habitase toda la plenitud, y por Él reconciliar todas las cosas con Él mismo, por Él, ya sea en la tierra o en el cielo, habiendo hecho la paz a través de la sangre de su cruz». Y, nuevamente en Efesios leemos: «Porque Él mismo es nuestra paz» (2:14).

Aunque la paz entre los hombres es una buena y divina ambición, la paz nunca sucederá a menos de que el hombre primero experimente la paz personal con Dios, la paz que el ángel prometió el primer día de

Navidad. Esta paz prometida viene solo cuando una persona acepta que Jesucristo es el único camino a la paz con Dios. Esta paz prometida fue entregada esa noche de Navidad y está disponible para que todos los hombres la reciban, cuando reciban la salvación ofrecida a través de Jesucristo.

Pero otro aspecto de la paz prometida, ofrecida a la humanidad en esa primera Navidad, no puede pasarse por alto. Además de la paz con Dios, cuando una persona cree en Jesús, también puede tener una paz que supera las circunstancias. Independientemente de lo que esté sucediendo en el mundo que te rodea, puedes experimentar la paz personal y práctica de Dios en tu corazón gracias al Espíritu Santo. Jesús dijo: «La paz os dejo, mi paz os doy; No os la doy como el mundo la da. No se turbe vuestro corazón, ni tenga miedo» (Juan 14:27). Jesús provee un descanso interior para el alma del hombre a través del Espíritu Santo.

Recuerda las palabras de la hueste celestial en el nacimiento de Jesús esta Navidad, reflexiona sobre cómo Dios ha hecho posible que la paz con Él sea posible para ti y disfruta de la paz que Él da gratuitamente a los suyos.

## 17 DE DICIEMBRE
*<< Cuando José se despertó, hizo lo que el ángel del Señor le había mandado y recibió a María por esposa. >>*
*Mateo 1:24 (NVI)*

## EL HÉROE OLVIDADO DE NAVIDAD

A veces la Biblia nos puede dejar con más preguntas que respuestas. En la historia de Navidad, nos presentan una persona importante que es a la vez intrigante y un poco desapercibido. José, el padre terrenal de Jesús, recibió el privilegio único de criar al joven Mesías como su propio hijo. Pero se dice muy poco de la persona con tan importante papel en la vida de Jesús, lo que nos deja con más preguntas que respuestas. Después de todo, ¿cómo se sintió al criar a Dios? ¿Qué puedes enseñarle al que lo sabe todo? ¿Alguna vez castigó a Jesús por error por algo que sus hermanos hicieron? ¿Y José alguna vez le dio a Jesús un paseo en caballito? ¡Las mentes inquisitivas quieren saber! No sabemos mucho acerca de José, lo que nos deja a la especulación y a la imaginación, pero lo que si sabemos acerca de José, nos sirve como inspiración y ejemplo para todos.

José fue un hombre de integridad a quien se le confió una gran responsabilidad. Intenta imaginar por un momento a Dios decidiendo a quién elegirá para criar a su hijo. Dios eligió a José para ser el padre terrenal de Jesús, así como eligió a María para ser la madre de Jesús. La Biblia nos dice que José era un hombre justo (Mateo 1:19), y podemos ver una ilustración de eso cuando María le dijo a José que estaba embarazada. José tenía todo el derecho de estar enojado porque sabía que ese niño no era suyo. Y con la aparente infidelidad de María, José no solo tenía el derecho de divorciarse de María, sino que, según la ley judía, podría haber exigido que la mataran a pedradas. En cambio, él eligió mostrar su bondad, amor y misericordia. José podría haberse alejado si hubiera querido, pero se mantuvo junto a María, aunque hacerlo significaba pasar por la vida como un hombre casado con una mujer inmoral.

José también fue un hombre fiel que vivió sus creencias. En más de una ocasión, cuando el ángel vino a José con la voluntad de Dios para él y su familia, José respondió en obediencia. Fue obediente en tomar a María como su esposa (Mateo 1:20, 24), fue obediente en huir a Egipto cuando se le advirtió de la ira de Herodes (Mateo 2:13-14), y fue obediente en regresar a Israel cuando el peligro había pasado (Mateo 2:20-21). No permitió que las incertidumbres y las incógnitas de la vida le impidieran vivir el presente obedeciendo a Dios. Él no tenía todas las respuestas de la vida, a pesar de que estaba criando al que sí las tenía, pero sabía que si Dios le decía, él lo iba a hacer.

¿Qué pasa con nosotros? Nuestras vidas también están llenas de incógnitas e incertidumbres, tal como lo fue la vida de José y tenemos las mismas decisiones que tomar: ¿obedeceremos o desobedeceremos? ¿Seremos fieles o infieles? ¿Seremos amorosos o no? Aunque no sabemos mucho acerca de este hombre, sí sabemos que es un maravilloso ejemplo bíblico de integridad, fidelidad y obediencia.

La próxima vez que consideres la historia de la Navidad, no pases por alto a este hombre piadoso. Recuerda el hecho de que Dios sigue buscando a personas que respondan cuando Dios les llame, tal como lo hizo José.

## 18 DE DICIEMBRE

*<< ¡He aquí la sirvienta del Señor! Que sea para mí de acuerdo a su palabra. >>*
*Lucas 1:38*

## ¿Y MARÍA QUE?

Toda la esperanza de vivir una vida normal pronto terminaría para María, ya que esta joven adolescente estaba a punto de recibir una visita del ángel Gabriel con un mensaje de Dios que le cambiaría la vida. ¡Después de recuperarse de la conmoción de un visitante angelical, María escuchó la noticia de que había obtenido el favor de Dios y que estaba siendo elegida para dar a luz al hijo de Dios! ¿Qué? María debió haber pensado algo como esto: ¿Seguramente tenía que haber una reina en algún lugar más adecuado para dar a luz al Rey del universo? ¿No había una mujer de mejor pedigrí o posición social más alta que pudiera ser elegida para esta tarea? Por muy normales que hayan sido estos pensamientos escépticos, no vemos ningún indicio de vacilación en María. Ella indica que no está tratando de rechazar esta impresionante responsabilidad, y no ofreció excusas de por qué no era la mejor opción. No, María respondió valientemente y con modestia: «hágase conmigo conforme a tu palabra».

La noticia de su embarazo sorprendería y avergonzaría a su familia, especialmente a su futuro marido, que habría tenido todo el derecho de cancelar la boda debido a la infidelidad. Después de todo, ¿quién iba a creer que una virgen estaba embarazada del Espíritu Santo de Dios y que el bebé era el hijo de Dios (Lucas 1:35)? María se enfrentaba a una vida llena de insultos hirientes (Juan 8:41), miradas groseras y constante indiferencia. Pero aunque María no era dominada por su devoción a Dios y, naturalmente, se habría visto inundada de oleadas de temor y fe, esta era la carga que valientemente aceptó soportar.

Al considerar a María, muchas personas toman uno de los dos extremos: o ignoran a María y el importante papel que desempeñó en la creación del Mesías, o hacen resaltar demasiado a María, exaltándola de manera superior. ¿Cómo debemos tratar a María? María es digna de respeto y adoración, no solo por el papel que hizo en la historia de la Navidad, sino también por el ejemplo que es para cada cristiano. María fácilmente entregó su voluntad a la voluntad de Dios. Se consideraba una sirvienta de Dios y, como sirvienta, vivía en sumisión a Dios. Con razón Dios la eligió. ¡Qué ejemplo para seguir!

¿Y tu vida? ¿Está sometida a Dios como la de María? ¿Te consideras un siervo de Dios, dispuesto a hacer lo que la Palabra de Dios dice que hagas? Si deseas experimentar la bendición del poder continuo de Dios en tu vida, debes estar dispuesto a vivir rendido y sometido a su voluntad. María no fue perfecta ni sin pecado, pero fue fiel a seguir a Dios, independientemente de la vergüenza y el sufrimiento que enfrentaría, es un gran ejemplo para todos nosotros en esta Navidad.

### 19 DE DICIEMBRE

*<< El ángel Gabriel fue enviado por Dios
a una ciudad de Galilea llamada Nazaret. >>
Lucas 1:26*

## GABRIEL, EL MENSAJERO DE DIOS

El ángel Gabriel mora en la presencia de Dios (Lucas 1:19) y siempre está listo para hacer la voluntad de Dios en cualquier momento. Cuando llegó a la plenitud del tiempo, Dios lo llamó y le dio la misión más importante de su existencia. Como Gabriel probablemente se arrodilló ante el trono de Dios, recibió los detalles de esta misión sensible y espléndida. Seguramente, Gabriel no comprendió completamente la totalidad de lo que su mensaje significaría para el universo. ¿Cómo lo iba a saber? ¿Cómo podría un ángel comprender plenamente el alcance de lo que Dios estaba planeando (1 Pedro 1:12)? A pesar de la comprensión limitada de Gabriel, lo único que sabía – usando las palabras de Tennyson, era que «no razonar el por qué, sino hacer o morir». Gabriel recibió un mensaje y nada iba a impedir que le diera ese mensaje.

El mensaje de Navidad entregado por Gabriel fue muy importante, porque está contenido en este mensaje la realidad de que nada es imposible para Dios (Lucas 1:37). Cuando María recibió el mensaje de Gabriel, necesitaba estar segura de que Dios podía hacer más de lo que creía posible. La mayoría de nosotros, sin duda, podemos relacionarnos con la necesidad de un recordatorio ocasional de que nada es imposible para Dios, cuando enfrentamos situaciones «imposibles».

Este mensaje de Navidad fue tan importante porque la realidad de que el hombre podía ser salvado del pecado y reconciliado con Dios se revela en el mensaje. El Dios sobrenatural iba a entrar en el mundo natural y hacer lo impensable: convertirse en hombre para poder salvar a la humanidad.

Este mensaje de Navidad contenía de manera importante la realidad del amor de Dios, ya que ninguna otra representación podría demostrar completamente el amor de Dios.

En este mensaje de Navidad se muestra, en la realidad, la historia de que Dios está a la altura de su Palabra y que Él cumplirá todas las promesas que aún deben cumplirse.

El ángel Gabriel fue fiel en entregar el glorioso mensaje de Dios a un mundo desprevenido, un mensaje que está lleno de gozo y esperanza, amor y redención, un mensaje que el mundo desprevenido de hoy todavía necesita escuchar. Como Romanos 10:14 nos recuerda: «¿Cómo, entonces, pueden invocar a aquel en quien no han creído? ¿Y cómo pueden creer en el que no han oído? ¿Y cómo pueden escuchar sin que alguien les predique?» (NVI).

Dios nos ha dado a todos la responsabilidad de entregar su mensaje de Navidad al mundo. ¿Estás dispuesto a ser el mensajero de Dios para los que te rodean? ¿Por qué no empezar hoy?

---

**20 DE DICIEMBRE**

*<< Había pastores en la misma región, que velaban*
*y guardaban las vigilias de la noche sobre su rebaño. >>*
*Lucas 2:8*

## EL GOZO DEL PASTOR

Dios definitivamente tomó algunas decisiones inusuales alrededor del nacimiento de Jesús. Una de esas opciones fue invitar a los pastores a ser los primeros en adorar al Rey recién nacido. Los pastores eran marginados sociales y forasteros religiosos. Eran desfavorecidos, sin educación y poco sofisticados. Eran personajes ásperos y duros que vivían al borde de la sociedad, y debido a la labor de cuidar a las ovejas, eran ceremonialmente impuros, lo que significaba que no se les permitía ser parte activa de la adoración. Como resultado, la mayoría de las personas los evitó a toda costa. Entonces, para el pastor promedio, la vida se vivía en el exterior mirando hacia adentro.

Por muy irregular que parezca que Dios elija invitar a los pastores a ser parte de este gran y glorioso día, este fue el tipo de elección que marcaría la vida y el ministerio de Jesús. Jesús viviría una vida que invitaría a los marginados. Tocó a los intocables. Comió con el inmundo. Pasó tiempo con los no deseados. Dios eligió a los pastores para ser parte de este glorioso día, porque para Jesús, somos las ovejas de su pasto y Él vino a ser nuestro Buen Pastor (Juan 10).

Como nuestro Pastor, nos conoce y nosotros lo conocemos. Como nuestro Pastor, nos defiende con su vara y nos corrige con su cayado. Como nuestro Pastor, está dispuesto a dejar a las otras ovejas cuando nos alejamos. Y como nuestro Pastor, dio libremente su vida por nosotros. La decisión de Dios de incluir a los pastores en ese día especial, fue representativa de la identificación de Jesús con ellos.

Los pastores no tenían nada que ofrecerle a Jesús. No eran teólogos que podían entender las implicaciones de la profecía cumplida. No eran como los Magos que llegarían después, trayendo regalos caros para el infante Rey. Eran personas sencillas que vivían vidas sencillas y todo lo que tenían para ofrecer eran ellos mismos. Después de todo, ¿no es ese el punto del evangelio? Todos están invitados a venir a Jesús en el nuevo orden social de Dios, lo último será primero, los pobres serán ricos, los más pequeños serán los más grandes y los humildes serán exaltados.

Seamos como los pastores, que respondieron de inmediato a la invitación de venir y adorar a Dios. Seamos como los pastores, que dejaron que la presencia de Dios los cambiara para siempre y les llenara de alegría. Seamos como los pastores, que se fueron alabando a Dios y proclamando todo lo que habían visto y oído. Seamos como los pastores, que se llenaron de gozo inmenso al adorar el nacimiento de su salvador esa noche de Navidad.

## 21 DE DICIEMBRE
*« ¿Dónde está el rey de los judíos que ha nacido?,*
*pues su estrella hemos visto en el oriente y venimos a adorarlo».*
*Mateo 2:2*

## LOS SABIOS

Para los hombres sabios, el viaje para ver al recién nacido Rey de los judíos iba a ser un camino largo y difícil. Dedicarían innumerables días calurosos y polvorientos, montados en la espalda de los camellos, días difíciles que darían paso a las noches duras que pasaban tratando de dormir en los fríos suelos del desierto, de los campamentos en mal estado. Día tras día, noche tras noche, semana tras semana, se trazó su trayectoria y se trazó su curso, no por mapa y brújula, sino por una estrella divinamente colocada (Mateo 2:9) que iluminaría y guiaría el camino hacia aquel bebé, que un día se llamaría por sí mismo la Luz del Mundo (Juan 8:12).

Pero antes de abandonar su probable hogar en Babilonia, estos sabios del este tenían que tomar una decisión. ¿Qué regalos traerían para un niño rey? ¿Ropa cara? ¿Finas mantas de lino? ¿Qué tal un sonajero tallado a mano? No. Estos hombres sabios decidieron que los mejores regalos para llevar serían oro, incienso y mirra.

Si estás pensando que esos regalos no suenan exactamente como si fueran seguros para niños, tienes razón. Sin embargo, son muy propios y proféticos. Primero, el oro es el metal de los reyes y cuando los sabios presentaron el oro a Jesús, esta fue una confesión de su reinado. Entonces, su regalo de incienso también fue significativo y simbólico, porque el incienso se usaba comúnmente en la adoración dentro del templo. Por lo tanto, este regalo indicaría el hecho de que Jesucristo es el gran Sumo Sacerdote. Por último, su regalo de mirra representaría la muerte de Jesús, ya que la mirra se usaba más comúnmente como parte del proceso de entierro. Cuando Jesús estaba siendo envuelto para el entierro, se usó una gran mezcla de especias y mirra para preparar su cuerpo para el entierro (Juan 19:39).

Estos hombres, realmente eran hombres sabios, porque cuando buscaban a Jesús, hacían lo que fuera necesario. Viajaron tan lejos como necesitaban viajar, hicieron su investigación y examinaron las Escrituras. Estaban dispuestos a seguir la guía de Dios e ir a donde Él los guiaba. Y, en el centro de su sabiduría, estaba su deseo de adorar. Su búsqueda fue seria y cuidadosa, pero sobre todo, su adoración fue genuina.

Los hombres sabios no son solo complementos de las escenas de pesebre (aunque técnicamente no llegaron hasta uno o dos años después); nos recuerdan que si no hemos encontrado a Jesús, deberíamos estar dispuestos a hacer lo que sea necesario para encontrarlo. Si tomas en serio tu búsqueda de Jesús, Dios iluminará y guiará el camino a través de las páginas de las Escrituras hasta que lo encuentres.

Si ya ha encontrado a Cristo, ofrécele tu oro permitiéndole que gobierne como Rey en todos los aspectos de tu vida. Ofrécele el incienso de tu adoración, porque Él es nuestro Sumo Sacerdote, el que se sacrificó en el altar de Dios para que podamos ser perdonados. Y finalmente, ofrécele a Jesús tu mirra y muere voluntariamente a tus pecados, porque Cristo murió voluntariamente para pagar por ellos.

**22 DE DICIEMBRE**

*«Dará a luz un hijo, y le pondrás por nombre Jesús, porque Él salvará a su pueblo de sus pecados.»*
*Mateo 1:21*

## ¿QUÉ HAY EN UN NOMBRE?

En la Biblia, a menudo vemos un gran valor en el nombre de una persona. Los nombres a menudo eran proféticos y, en ocasiones, describían el carácter y la naturaleza de la persona que tenía ese nombre. En varias ocasiones, Dios le asignó un nuevo nombre a uno de los elegidos y al cambiarle el nombre, Dios esencialmente les estaba dando una nueva vida o una nueva misión. Saraí se convirtió en Sara, Abram se convirtió en Abraham, Jacob se convirtió en Israel, Simón se convirtió en Pedro y Saúl se convirtió en Pablo. Y desde que el ángel del Señor declaró a María que su hijo se llamaría Jesús, su vida y su misión se declararon al mundo.

Hay algo sobre el nombre de Jesús. Su nombre es dulce para los salvados y antagónico para los no salvos. El nombre de Jesús es a la vez unificador y divisivo. Para algunos, su nombre es una hermosa palabra de alabanza y para otros, solo un rudo insulto. Puedes hablar de Dios y de la religión por muchas horas, pero cuando mencionas el nombre de Jesús, las conversaciones tienden a ponerse feas o a terminar bruscamente. ¿Por qué un nombre es tan polarizante entre las personas?

La división existe porque el nombre de Jesús significa «Salvador», y le fue dado porque «Él salvaría a su pueblo de sus pecados». La razón por la que el nombre de Jesús es la causa de tanta división y controversia, es porque «no hay otro nombre bajo el cielo, dado a los hombres, en que podamos ser salvos» (Hechos 4:12). Y la triste verdad es que las personas no quieren admitir que son pecadores. No quieren admitir que necesitan un Salvador y no quieren admitir que Jesús es el único camino al cielo. Debido a que Jesús fue enviado a ser nuestro Salvador, necesitamos ser salvados. Jesús nos salva de la culpa del pecado, al perdonarnos y lavar nuestro pecado con su sangre expiatoria. Él nos salva del poder del pecado al santificarnos a través de su Espíritu Santo. Él nos salvó de la pena del pecado, cuando tomó nuestro castigo sobre sí mismo en la cruz. Y Él nos salvará de la presencia del pecado cuando venga a sacarnos de este mundo para morar con Él en el cielo.

Este es el mensaje de su nombre y el mensaje de Navidad, que Jesús vino a salvarnos de nuestros pecados y, un día cada rodilla se doblará y toda lengua confesará que Jesucristo es el Señor (Filipenses

2:10-11). Un día, Jesús traerá un final para todo pecado y marcará el comienzo de un nuevo cielo y de una nueva tierra para siempre.

Esta Navidad, recuerda que el nombre de Jesús es el más hermoso de todos los nombres y su nombre siempre será un recordatorio de su vida y su misión. ¿Que hay en un nombre? En el caso de Jesús, su nombre es salvación.

## 23 DE DICIEMBRE
*<< No había lugar para ellos en la posada. >>*
*Lucas 2:7*

## ¿HAS HECHO LUGAR PARA DIOS?

La temporada navideña es una época ocupada. Todo el mundo sabe que durante este tiempo especial del año, un factor frenético se agrega a la vida. Todas las tensiones y estrés normales de la rutina diaria permanecen durante la temporada de vacaciones, solo que ahora se le agregan los quehaceres y las responsabilidades que vienen con las festividades de la temporada. Sin embargo, la mayoría de nosotros encontramos una manera de hacer tiempo para todo. Hacemos tiempo para que familiares y amigos nos visiten, hacemos tiempo para adornar nuestras casas con luces y decoraciones, hacemos tiempo para las fiestas y los regalos, e incluso hacemos tiempo al reorganizar los muebles para que tengamos espacio en nuestras casas y poder colocar el pino. Pero, con todas las maneras en que haces espacio para el gozo de la temporada, ¿has hecho espacio para Jesús?

La primera navidad también fue muy ocupada. Las órdenes vinieron de Roma; que César Augusto quería que todos en todo el mundo romano fueran contados. Esto significó, que todos se vieron obligados a dejar de hacer lo que estaban haciendo y regresar a sus lugares de origen para registrarse. Un censo como este era importante para los gobiernos, porque las cifras les ayudaron a planificar los impuestos, prepararse para campañas militares, redactar proyectos laborales y mucho más. Dios usó este censo para trasladar a María y José a Belén, para que sus planes y propósitos pudieran cumplirse en torno al nacimiento de su hijo.

Después del largo viaje de Nazaret a Belén, José y María embarazada y en espera ya de su parto, finalmente llegaron a Belén. Se acercaron a una posada local para tomar una habitación, pero la posada estaba a reventar debido a la afluencia de personas que viajaban por el censo. Ensimismado, los rechazó y con indiferencia les señaló un establo cercano frío, oscuro y maloliente, donde podían pasar la noche. El posadero estaba demasiado ocupado y no tenía ningún deseo de dejar espacio para Jesús.

Actualmente hay demasiadas personas actuando como el posadero de Jesús. Están demasiado ocupados para detenerse y ver lo que está frente a ellos. Simplemente no están dispuestos a hacer ningún esfuerzo o alojamiento para Jesús en sus vidas. Oh, Jesús puede decorar un manto, puede llenar un pesebre, o su nombre puede cubrir una barandilla en tu hogar, pero no le has hecho espacio en tu corazón para una relación con Él.

Si Jesús solo es un adorno que sale una vez al año y luego se empaca para guardarse hasta el año que viene, tómate el tiempo de hoy para conocerlo. Y si, simplemente has permitido que las situaciones en tu vida te llenen demasiado de «cosas», entonces detente, vuelve a enfocarte y deja espacio para Jesús.

## 24 DE DICIEMBRE

*<, Mientras estaban allí,
llegó el momento para que naciera el bebé. >>*
*Lucas 2:6 (NTV)*

## NOCHE POCO SILENCIOSA

Una noche antes de Navidad y todo el cielo estaba lleno, porque el Rey de la gloria pronto estaría descendiendo. Todos los ángeles se reunieron, alrededor del trono del cielo, para ver lo que pronto se convertiría en el mayor misterio del mundo. A medida que se acercaba la noche, la tierra no sabía que el Dios Creador pronto estaría allí. Cansados y agotados de la difícil situación de su largo viaje, María y José encontraron refugio y se prepararon para una noche poco silenciosa.

Con gritos de dolor y lágrimas de gozo, la noche sería larga para la madre de este niño. Los animales estaban por todas partes y había un escalofrío en el aire en el momento en que el hijo de Dios entraría al mundo sin fanfarria. La madre y el padre lo envolverían en un trapo cualquiera y lo colocarían, de entre todas las cosas, en un bebedero. Mientras los pastores se dirigían hacia allí, solo imagina que los padres de Jesús oraban en una plegaria de acción de gracias. Al mismo tiempo que los pastores gritaban su adoración y los ángeles cantaban con todas sus fuerzas, la gloria de Dios brilló en esa noche poco silenciosa.

¿Qué planes tienes para Nochebuena? Para algunos, ese día significa desafiar la locura de las compras para obtener los regalos de último minuto, las baterías y los ingredientes olvidados para el día de Navidad. Para muchos padres, esa noche será una noche larga llena de frustraciones causadas por la simple frase de «requiere ser armado». Esa es una noche de envolver regalos, comer galletas para Santa y la emoción infantil a medida que se acerca la gloria de la mañana. Pero cualesquiera que sean tus planes para Nochebuena, no debes perder de vista el mensaje de esta noche poco silenciosa en Belén.

A pesar de que el evento no parecía nada llamativo, su nacimiento era de mucha celebración, porque este evento cambiaría el curso de la historia humana. Lo que Dios hizo en esa noche está más allá de la comprensión, que solo puede ser comprendido y experimentado en el corazón del hombre por el poder del Espíritu de Dios y por el don de su gracia. A pesar del entorno oscuro y sombrío, esa noche en un pesebre frío y húmedo, la gloria de Dios brilló por todas partes, iluminó la oscuridad y reveló la gloria de las buenas nuevas que nacieron ese día en la ciudad de David con el Salvador, que es Cristo el Señor.

Procura en medio de tus eventos de Nochebuena, tomarte el tiempo para considerar la soberanía de Dios, medita en esta magnífica escena del pesebre, reflexiona sobre el significado de los ángeles que se regocijan y detente para recordar al Salvador que fue por voluntad propia, envuelto en pañales. Reflexiona sobre su misión de paz y duerma glorificando a Dios por lo que Él estuvo dispuesto a hacer por la humanidad. . . todo lo cual comenzó en aquella noche poco silenciosa.

---

**25 DE DICIEMBRE**
<< *Toda buena dádiva y todo don perfecto desciende de lo alto, del Padre de las luces, en el cual no hay cambio ni sombra de variación.* >>
Santiago 1:17

## REGALO DE NAVIDAD

Finalmente llegó el día de Navidad. Los niños se están despertando antes del amanecer, llenos de emoción, mientras los padres, aún medio dormidos, se están llenando de café. La escena pacífica de los regalos colocados perfectamente debajo de un árbol de Navidad, decorado con encanto, está a punto de dar paso a un tornado de entusiasmo que atravesará las salas de cada hogar, sin dejar nada más que los restos de papel para envolver y restos de cinta forrando el piso. Si tuvieras que entrevistar a los padres sobre lo que vieron en la mañana de Navidad, la historia podría sonar algo como esto: «En un minuto todo estaba bien, de repente, la casa comenzó a temblar mientras que el papel brillante, medias rojas y cajas de cartón, empezaron a formar una nube de regalos relucientes. Todo terminó tan repentinamente como comenzó; ¡Nunca supimos qué nos golpeó!»

No permitas que la Navidad vaya y venga en un torbellino, sin tomar tiempo para reflexionar y considerar el regalo inspirador que Dios nos ha dado a cada uno de nosotros.

El mayor de los regalos que se ha dado es la persona de Jesucristo. Jesús es el regalo de Dios para este mundo y, envueltos en este regalo único de Dios, hay muchos otros regalos. Todos los días, de Navidad, deberíamos tomarnos el tiempo para, al menos, reflexionar sobre algunas de estas maravillosas bendiciones que vienen, envueltas en el mejor regalo de Navidad del mundo.

Considera que en Jesús, se nos ha dado el regalo de la salvación (Mateo 1:21). La Navidad, después de todo, es el plan redentor de Dios que se hizo realidad. En Jesús, se nos ha dado el regalo de la Palabra de Dios (Juan 1:1, 14). Jesús es la Palabra de Dios que se hizo realidad y un ejemplo de cómo se ve la vida cuando una persona vive en perfecta armonía con la Palabra de Dios. En Jesús está el regalo de la esperanza (1 Pedro 1:3). Debido a la vida, muerte y resurrección de Jesús, tenemos una esperanza viva que ofrece seguridad a nuestras almas y se enfoca en la eternidad. En Jesús, tenemos el regalo de la paz (Juan 14:27), la paz que calma nuestras emociones y calma nuestras ansiedades (Filipenses 4:7). En Jesús, tenemos el regalo de la vida eterna (1 Juan 5:11), una vida eterna y gloriosa en la presencia de Dios. En Jesús, tenemos el regalo de acceso (Hebreos 4:14-16). Gracias a Jesús, ahora podemos venir directamente a Dios personalmente en oración, ya que Jesús es nuestro Sumo Sacerdote.

La Navidad está aquí porque Cristo vino y damos regalos porque Dios nos dio el regalo de su hijo. Entonces, mientras disfrutas de todos los regalos que te han dado familiares y amigos, ¿por qué no tomarte el tiempo para disfrutar de todos los regalos que hemos recibido en Jesús?

## 26 DE DICIEMBRE
*<< Así que tengan cuidado de su manera de vivir.*
*No vivan como necios, sino como sabios, >>*
*Efesios 5:15 (NVI)*

## ¿Y AHORA, QUÉ SIGUE?

La fiesta ha terminado y pronto comenzará la limpieza. Las luces se quitarán, el árbol se lo llevaran a la banqueta y las tiendas descontarán las sobras de las felices fiestas. Los padres buscarán recibos para dárselos a sus hijos, quienes ansiosamente esperan ir a la tienda para devolver la ropa que se les regaló con tanto amor y cuidado. Después, el sentimiento extraño que se siente al envolver al niño Jesús y colocarlo en su caja, para no volver a verlo hasta el próximo año. Como que se siente raro meter a Jesús en una caja. Los regalos de diciembre se convertirán en las facturas de enero, y cuando menos lo piensas, la vida vuelve a su normalidad. Como consecuencia de la Navidad y al acercarse un nuevo año, podrías preguntarte: ¿Y ahora qué sigue?

Como creyentes, debemos vivir sabiamente. Debemos llevar nuestras vidas conforme a la voluntad de Dios, demostrando que le pertenecemos a Dios. Por lo tanto, ya que le pertenecemos a Dios, debemos asegurarnos que nuestras decisiones lo glorifiquen a diario. ¿Hay manera de asegurarnos que vamos en la dirección correcta? Una de las maneras en que podemos asegurarnos de seguir en el camino con Dios, es mediante un examen sencillo. ¡No te asustes! Este examen consiste más bien de respuestas de falso o verdad y te ayudará a definir como llevar mejor tu vida de fe:

1. *La prueba del mundo.* ¿Esto es mundano? ¿Si lo hago, me hará mundano? (Juan 15:19, 1 Juan 2: 15-17)
2. *La prueba de calidad.* ¿Me es bueno esto en lo físico, en lo emocional y en lo espiritual? (Romanos 12: 9b)
3. *La prueba del templo.* ¿Puedo hacer esto al recordar que mi cuerpo es el templo de Dios y que no debo estropearlo, ni abusar de él? (1 Corintios 6:19)
4. *La prueba de la gloria.* ¿Glorificará a mi Señor o, por otro lado, posiblemente traerá vergüenza a su nombre? (1 Corintios 6:20, 10:32)
5. *La prueba de la bendición.* ¿Puedo honestamente pedir la bendición de Dios en esto y estar seguro de que no me arrepentiré de haberlo hecho? (Proverbios 10:22, Romanos 15:29)

6. *La prueba de reputación.* ¿Esto posiblemente dañe mi testimonio ante el Señor? (Filipenses 2:15)
7. *La prueba de consideración.* ¿Estoy siendo considerado con los demás y el efecto que esto podría tener en ellos? (Romanos 14:7, 21)
8. *La prueba de apariencia.* ¿Se verá mal? ¿Tiene la apariencia de ser malo o sospechoso? (1 Tesalonicenses 5:22)
9. *La prueba de peso.* ¿Esto podría detenerme o desviarme en mi carrera cristiana? (Hebreos 12:1, 1 Corintios 9:24)
10. *La prueba de la venida de Cristo.* ¿Me avergonzaría que me encontraran Cristo haciendo esto cuando regrese? (1 Juan 2:28)
11. *La prueba del acompañamiento.* ¿Puedo invitar a Cristo a que me acompañe y participe en esto conmigo? (Mateo 28: 20b, Colosenses 3:17)
12. *La prueba de la paz.* Después de haber orado al respecto, ¿tengo la paz perfecta para hacerlo? (Colosenses 3:15a, Filipenses 4:6-7) [82]

Una vez que termina la última fiesta de la temporada, que todas las decoraciones por fin se guardaron y te quedas pensando qué seguirá en tu vida - mantén este examen cercas y examina las elecciones de tu vida e inspecciona tus decisiones, para así mantenerte en la dirección correcta. El examen es excelente para cuando te preguntes: ¿Y ahora, qué sigue?

## 27 DE DICIEMBRE
*<< Jesús les dijo: «Síganme.»>>*
*Marcos 1:17*

## SIGUIENDO A JESÚS

Jesús quiere que lo sigamos dondequiera que nos guíe. Seguir a Jesús no siempre es fácil y, si somos honesto, puede que no siempre queramos ir a donde Él nos guíe. Pero un seguidor verdadero si irá. Seguir a Jesús, significa que una persona está dispuesta a entregar todo en su vida por Jesús. Jesús debe ser el primero en su vida, no el segundo, no el tercero. ¿Hay algo que te impide seguir a Jesús al 100 por ciento?

Mientras Jesús caminaba por el mar de Galilea, gritó: «Sígueme» a unos pocos discípulos. ¿Quién podría haber anticipado que esa palabra sencilla cambiaría para siempre el curso de sus vidas? Nota que ninguno de estos hombres dudó en abandonar lo que estaban haciendo para seguir a Jesús. No solo dejaron caer lo que estaban haciendo, sino que abandonaron por completo todo lo familiar para seguir a Jesús en lo desconocido. Como dijo R. Kent Hughes, «En general, poco sabían, solo sobre la cubierta de su bote, las corrientes del lago y el puñado de personas en el mercado. Su conversación consistía en pláticas comerciales, chismes locales, asuntos familiares y política de Galilea».[83] Ahora hablarían de asuntos espirituales, reinos celestiales y estándares religiosos. Renunciarían a su cómoda rutina de vida para pasar todos los días con Jesús, siempre estarían en movimiento, viviendo mano a mano, sin lugar para recostar sus cabezas.

Pero también verían grandes cosas mientras observaban a Jesús hacer milagros, sanar multitudes y predicar a miles. Verían cómo Jesús se oponía al sistema religioso, luchaba contra las tradiciones de los hombres y silenciaba a todos los argumentos. Serían testigos de cómo se salvaban los peores pecadores y al más sagrado de los líderes religiosos que rechazaban a Dios. Aprenderían de su enseñanza, serían bendecidos por su oración y recibirían su poder. Reirían juntos, llorarían juntos y enfrentarían la vida juntos, todo porque estaban dispuestos a dejar sus redes y seguir a Jesús.

Seguir a Jesús hoy en día ¿es diferente? Jesús aún nos invita a seguirlo. Cambiando nuestras conversaciones de lo ordinario a lo extraordinario para siempre. Ya no hablamos simplemente de asuntos mundanos, sino que hablamos de asuntos espirituales. Aún vemos a Jesús haciendo milagros, sanando individuos y hablando a miles. Jesús aún desafía los sistemas religiosos, lucha contra las tradiciones de los hombres y puede silenciar a todos los argumentos. Los pecadores todavía se están salvando y los líderes religiosos sagrados todavía están rechazando a Dios. Todavía estamos aprendiendo de su enseñanza, siendo bendecidos por sus oraciones y su poder que nos ha dado. Reímos juntos, lloramos juntos y enfrentamos la vida juntos.

Seguir a Jesús aún requiere fe, obediencia, sumisión, entrega, sacrificio, confianza y perseverancia, pero si estás dispuesto a dejar tus «redes» atrás y seguir a Jesús dondequiera que Él te guíe, nunca lamentarás tu decisión.

## 28 DE DICIEMBRE
*«Así que ahora les doy un nuevo mandamiento: ámense unos a otros.»*
*Juan 13:34 (NTV)*

# EL AMOR ES VERBO

¿Cuál es el atributo más grande en la Biblia? ¡Amor! El amor es mayor que todos los dones espirituales, y el amor es tan importante que Pablo dice que no somos nada y que nuestras obras no son nada sin amor (1 Corintios 13:1-2). De las tres grandes virtudes, la fe, la esperanza y el amor, el amor ocupa el primer lugar en la lista (1 Corintios 13:13). Toma en cuenta que hablar sobre el amor es fácil, pero el duro trabajo de vivir el amor es mucho más difícil. El amor, como Dios quiso, es más que un sentimiento. El amor implica compromiso, sacrificio y servicio. En otras palabras, el amor es un verbo.

La vida cristiana tiene que ver con el amor: cómo Dios nos ama y cómo debemos amar a los demás. El amor comienza por aceptar el amor de Cristo por nosotros y continúa mientras nos comprometemos a expresar ese tipo de amor en nuestras vidas y en nuestras relaciones. El amor exige que disminuyamos la velocidad, nos detengamos y hagamos tiempo para los demás. El amor requiere que miremos a las personas como Dios les mira. El amor comienza con nuestras actitudes y se forma a través de nuestras acciones. El amor busca entender a las personas y responderles de la misma manera. El amor aguanta la provocación sin indignación. El amor no es teórico; el amor es tangible. El amor no lleva máscaras; El amor es totalmente transparente. El amor no tiene motivos anteriores; el único deseo del amor es glorificar a Dios. Cuando se le presenta la oportunidad de hacer el mal, el amor elige lo que es bueno. El amor ve lo que hay que hacer y lo hace. El amor escucha a la gente y encuentra maneras de ayudar. El amor es lo que más se necesita en el mundo, en la iglesia y en el hogar. El amor es elección; el amor es un acto de nuestra voluntad. Y el amor es un verbo.

Nuestra capacidad de amar como Jesús, está ligada a nuestra capacidad de permanecer en Jesús. Alimentarse de la Palabra de Dios, alimenta el amor. El amor se nutre en compañerismo con otros creyentes. El amor mantiene nuestros oídos sintonizados con la voz de Aquel que es amor (1 Juan 4:8). Tratar más de amar no produce amor; el amor es el resultado natural de una vida que está sometida al Espíritu Santo. Como, aparte de Dios, no podemos amar de la forma en que Él quiere que amemos, debemos otorgarle a Dios la libertad de expresar su amor a través de nosotros. Con Dios como el proveedor de nuestra capacidad de amar, nunca podemos decir que hemos amado lo suficiente, que hemos agotado el suministro de amor o que hemos pagado nuestra deuda para amar a otros.

La mejor imagen del amor es Jesús. Su naturaleza, su carácter y su vida fueron ejemplos del amor en acción. Si buscamos amar como Jesús amó, entonces el amor siempre será un verbo.

---

**29 DE DICIEMBRE**
*<< Lleva a cabo todo el ministerio que Dios te dio. >>*
*2 Timoteo 4:5 (NTV)*

## CUMPLE CON TU PROPÓSITO

El ministerio no es solo para pastores, el ministerio es para todos. Dios tiene un plan para tu vida, un trabajo que debes realizar y una posición única que solo tú puedes lograr en el cuerpo de Cristo, en algún ministerio al que todos estamos llamados a llevar a cabo, independientemente de nuestros dones. Por ejemplo, todos estamos llamados a compartir el Evangelio, a hacer discípulos, a amar y servir a los demás, etc. Pero también, Dios ha elegido dones, ministerios y actividades específicos para que usted los lleve a cabo. Si ha sido salvo, entonces necesita saber que ha sido llamado a servir en el ministerio. Ahora, antes de comenzar a hacer planes para dejar su trabajo, debe saber que el ministerio es simplemente servir a Dios. Aunque la palabra ministerio puede referirse a una elección de carrera profesional de tiempo completo, en general, ministerio significa servir como Dios ha llamado y ha dado a cada persona para servir. Lo que Dios te ha llamado a *ti* a hacer es único y diferente de lo que Él ha llamado a alguien más para que haga. Pero todos estamos llamados a servir y Dios quiere que cada uno de nosotros seamos fieles para completar el ministerio que nos ha dado.

Cuando el apóstol Pablo estaba llegando al final de su ministerio, se tomó un momento para recordarle a su joven protegido, Timoteo, que la fidelidad era la clave para cumplir el ministerio que Dios le había dado. Pablo le dijo a Timoteo que sí, que habría oposición, que sí, que habría sufrimiento, y que sí, que habría pruebas y tentaciones, pero que debe soportar estas cosas para cumplir su ministerio. Dios nunca dijo que el ministerio sería fácil, pero sí dijo que era esencial que sirviéramos (1 Pedro 4:10).

El cumplimiento de tu ministerio comienza por descubrir tu don. Dios nos ha dado a cada uno de nosotros un don espiritual que debemos usar para servirle. Tu don te ayudará a determinar en qué y en dónde servir a Dios. Una vez que descubras en *qué* y en *dónde*, ¡ponte a trabajar! Comience a servir en su comunidad local tan pronto como sea posible, recuerde que no estamos sirviendo para que tengamos algo de qué jactarnos o para ganarnos el favor de Dios. Servimos para la gloria de Dios.

Qué maravilloso es que Dios tenga un ministerio específico para cada uno de nosotros, un trabajo especial que debemos hacer (Efesios 2:10). Trabaja para cumplir tu ministerio con integridad, diligencia, excelencia y perseverancia.

Entonces, descubre cuál es tu papel en el ministerio y luego sé fiel a ese ministerio por el tiempo que vives.

---

**30 DE DICIEMBRE**

*<< Pues Dios conoció a los suyos de antemano y los eligió para que llegaran a ser como su Hijo, a fin de que su Hijo fuera el hijo mayor de muchos hermanos. >>*
*Romanos 8:29 (NTV)*

## SER MÁS COMO JESÚS

Dios quiere que seas como Jesús. Es cierto que Dios te ama tal como eres y nada de lo que puedas hacer, puede hacer que Dios te ame más o menos de lo que ya lo hace, pero debido al amor de Dios por ti, Él quiere que seas menos tú y que *Jesús* sea *más* en tu vida. Llegará un día en que seremos hechos perfectos y completos como Jesús (1 Juan 3:2). Pero mientras llega ese día, debemos vivir y crecer más y más como Jesús, aquí y ahora, lo que significa que debemos reflejar su carácter y ejemplificar su conducta en todo lo que decimos y hacemos, en cada situación y en cada entorno. ¿Suena difícil? Bueno, difícil sí, pero no imposible, porque Dios no solo está de nuestro lado, sino que está dentro de nosotros.

Para nosotros, hablar de Jesús no es suficiente, alabar a Jesús no es suficiente y, para nosotros, incluso decir que amamos a Jesús no es suficiente. Necesitamos estar viviendo como Jesús. Demasiados cristianos dicen las cosas correctas, pero viven de la manera incorrecta. Demasiados cristianos levantan el nombre de Jesús con sus voces, pero arrastran su nombre a través del piso con sus vidas. Demasiados cristianos cantan coros de aleluya, pero viven con cosas escondidas.

¿Qué significa ser más como Jesús? Para empezar, Dios quiere que te deshagas de tus malos hábitos (Colosenses 3:5-7). Dios quiere que pospongas tu vieja forma de pensar y actuar, que comiences a pensar y actuar como fuiste creado para pensar y actuar (Colosenses 3:10). Vivir como Jesús, significa que podrás mirar hacia atrás durante semanas, meses y años y ver que no eres la misma persona que una vez fuiste. Vivir como Jesús, es poder decir que la semejanza a Cristo está aumentando en tu vida.

Ser más como Jesús es la meta de nuestro crecimiento espiritual, que se logra viviendo cada día con esa meta en mente. En la práctica, algunas de las maneras en que puedes mantener ese objetivo en mente, es asegurándote de leer tu Biblia, hacer lo que Dios dice, morir a ti mismo, poner a los demás primero, andar en el amor, mostrar amabilidad, estar agradecido, mantenerte comprometido, usar sabiduría, y orar sin cesar. Ciertamente, la semejanza a Cristo implica más que estas diez prácticas, pero este es realmente un buen lugar para comenzar, cuando buscamos llegar a ser como Jesús.

Si todos deseáramos una cosa al despedirnos de este año y al entrar al próximo, sería el poder ser más como Jesús. Quizás, este último año no te fue muy bien en cuanto a crecer en semejanza a Cristo. Por muy desafortunado que sea, la buena noticia es que el pasado es el pasado, y hoy puedes despedirte de ese pasado, saludando a un nuevo año. Termina este año comprometiéndote a ser más como Jesús en el año venidero.

## 31 DE DICIEMBRE
*«Sí, vengo pronto».*
*Apocalipsis 22:20 (NVI)*

# LAS FAMOSAS ÚLTIMAS PALABRAS

Las palabras finales de una persona, pueden decir mucho sobre lo que es importante para él o ella. Por ejemplo, Napoleón gritó: «¡Josefina!» Antes de dar su último respiro. Las últimas palabras de PT Barnum fueron: «¿Cómo fueron los recibos hoy en el Madison Square Garden?» Y las últimas palabras del ex presidente Grover Cleveland fueron: «Me he esforzado tanto por hacer lo correcto». Pocas palabras habladas han tenido un impacto de mayor alcance sobre el mundo que las de Jesús y, cuando la Biblia llega a su fin en el libro de Apocalipsis, tenemos las últimas palabras de Jesús en el Nuevo Testamento: «Sí, vengo pronto».

El regreso de Jesucristo es una parte importante del plan redentor de Dios, que fue profetizado por los profetas, afirmado por los ángeles y enseñado por Jesús. De hecho, el Antiguo Testamento habla más de la segunda venida de Cristo que de la primera y, en el Nuevo Testamento, Jesús menciona su regreso más que su muerte. Uno de cada treinta versos en la Biblia hace referencia al tiempo del regreso de Cristo. ¿Cuáles son algunas cosas que debemos saber sobre el regreso de Cristo?

Su regreso será literal (Hechos 1:10-11), su regreso será dramático (Mateo 24:27), su regreso será inesperado (Mateo 24:36), su regreso será visto por todos (Apocalipsis 1:7), y su regreso sellará el destino de Satanás (Apocalipsis 20:2, 10). ¿Por qué es tan importante el regreso de Cristo? Porque su regreso es la culminación del plan de Dios para la humanidad. El orden se restaurará, todas las cosas se harán nuevas y Dios reinará supremo.

Aunque no sabemos el día ni la hora de su venida, debemos vivir a la luz de su regreso. ¿Y si supieras que Jesús volvería dentro de una semana? ¿Vivirías de otra manera? ¿Cambiarían tus prioridades de alguna manera? ¿Por qué no tomar un tiempo hoy, para considerar cómo podrías comenzar el nuevo año viviendo a la luz de su pronto regreso? La Biblia nos anima a que la mejor manera de vivir, esperando el regreso de Cristo, es estar atentos (Mateo 24:42), esperar (2 Pedro 3:13), estar listos (Mateo 24:44) y vivir justamente (2 Pedro 3:14). En otras palabras, esperar el día en que Jesús regrese, tiene la intención de animarnos a vivir vidas piadosas ahora.

El regreso de Jesús, debe ser un recordatorio constante que alimenta nuestra fe, mantiene viva nuestra esperanza y nos alienta a hacer su voluntad. La Biblia enseña su regreso, Jesús declaró su regreso y debemos vivir a la luz de estas palabras finales de Jesús. ¡Él viene pronto! Si la realidad, del pronto regreso de Cristo, no ha impactado radicalmente la forma en que vives tu vida cotidiana, entonces tal vez te haya preocupado más por lo que está por venir, en lugar de *quién* está por venir. Porque Jesús puede venir cualquier día, vivamos para Dios todos los días.

## EL AÑO BISIESTO
*«Sí, vengo pronto».*
*Apocalipsis 21:1*

# TODAS LAS COSAS NUEVAS

Se avecina un día en el que las heridas serán historia, cuando los dolores se calmarán para siempre, cuando la muerte desaparecerá en la oscuridad, cuando las lágrimas ya no gotearán en una cara preocupada, y cuando la mortalidad dará paso a la inmortalidad. Se avecina un día en el que no habrá más dolor físico o emocional, ni más quebrantamientos en el mundo, no habrá más cuerpos quebrantados, corazones quebrantados, relaciones rotas y vidas quebrantadas. Se acerca un día en que Dios hará todas las cosas nuevas.

En los primeros dos capítulos de la Biblia, vemos cómo Dios creó el primer cielo y la primera tierra, preparados para el primer hombre y la primera mujer. Dios preparó un lugar perfecto y hermoso para que ellos vivieran, llamado el Huerto del Edén, donde incluso se podía encontrar a Dios caminando en el día fresco. Desafortunadamente, el primer pecado se cometió en este mismo lugar, trayendo la muerte al mundo y, por lo tanto, destrozando la creación de Dios. Lo que siguió a esta caída del hombre fue la preparación, la recepción y la continua proclamación de la obra redentora de Dios a través de Jesucristo. Todo esto nos lleva a los dos últimos capítulos de la Biblia, donde las intenciones originales de Dios para la creación se realizan de manera completa y definitiva.

Para entender correctamente la Biblia y vivir nuestras vidas que glorifiquen a Dios, nunca debemos perder de vista el panorama general de Dios. «En el principio» (Génesis 1:1) nos da el contexto para la creación. «Porque tanto amó Dios al mundo» (Juan 3:16) nos da el plan redentor para la creación de Dios, y «He aquí que hago nuevas todas las cosas» (Apocalipsis 21: 5) proporciona la culminación de la creación.

Una de las mejores maneras de vivir una vida que honra a Dios y trabaja para lograr todo lo que Él ha planeado para tu vida, es vivir a la luz del cielo. Si no está esperando la vida en la eternidad, entonces está reduciendo su capacidad de ser efectivo para Dios hoy. La Biblia nos dice que debemos mirar hacia adelante y vivir para el cielo porque «hay mucho más en la vida para nosotros. ¡Somos ciudadanos del cielo alto! Estamos esperando la llegada del Salvador, el Maestro, Jesucristo» (Filipenses 3:20). Este recordatorio celestial nos mantiene motivados para compartir la esperanza del cielo con otros y mantiene nuestros ojos fuera de las dificultades que se encuentran aquí en la tierra, mientras esperamos pacientemente el nuevo cielo y la nueva tierra.

Se acerca un día en el que el cuerpo y el alma serán como Dios siempre había querido. Se acerca un día en que el pecado ya no te atará. Se avecina un día en el que la creación será como lo pretendió el Creador y viviremos en la luz más brillante que podamos imaginar, a medida que vivimos en la luz de la gloria de Dios, mientras nos regocijamos en su santidad para siempre, cuando lo veamos cara a cara. ¡Se acerca un día en que Dios hará todas las cosas nuevas!

# APÉNDICE
## Dones Espirituales

**Romanos 12**
- Profecía: Hablar por Dios y dar Su Mensaje.
- Ministerio/servir: ver las tareas que deben hacerse y utilizar los recursos necesarios para lograrlos.
- Enseñar: la capacidad de tomar la Palabra de Dios y transmitirla al pueblo de Dios de manera que se pueda entender y aplicar claramente.
- Exhortar/alentar: acompañar para consolar y desafiar a las personas para que vivan las vidas que Dios les ha llamado a vivir.
- Dar: la capacidad de dar financieramente a la labor del ministerio con un actitud de alegría y generosidad.
- Liderazgo: la capacidad de motivar y trabajar a través de otros para lograr metas dadas por Dios
- Misericordia: compasión por aquellos que están en necesidad o sufriendo, y la habilidad para darles consuelo.

**Efesios 4**
- Evangelismo: la capacidad y el deseo de comunicar el mensaje del Evangelio.
- Pastor: la capacidad de cuidar las necesidades espirituales del pueblo de Dios

**1 Corintios 12**
- Palabra de sabiduría: la capacidad de aplicar verdades bíblicas, a menudo en una situación específica.
- Palabra de conocimiento: la capacidad de recibir datos dados por Dios acerca de una situación.
- Fe: capacidad excepcional para creer y confiar en el poder de Dios para trabajar.
- Sanación: el don en el que Dios puede sanar a los enfermos (mental, físicamente, y emocionalmente) a través de ti.
- Milagros: Dios obrando a través de ti para lograr algo sobrenatural.
- Discernimiento: la capacidad de hacer una distinción sobre si alguien o algo está hablando verdad o falsedad y si es de Dios.
- Lenguas: la capacidad de hablar en un idioma previamente desconocido para el propósito de la edificación.
- Interpretación: la capacidad de interpretar lenguas.
- Apóstol: una persona que es enviada como mensajero del Evangelio a nuevas áreas.
- Ayuda: apoyar a otros y liberarlos para otro ministerio.
- Administración: la capacidad de planificar, guiar y organizar para cumplir tareas.

# NOTAS FINALES

1. Alan Richardson, Genesis 1–11 (London: SCM Press, 1979), 128.
2. Charles R. Swindoll, The Grace Awakening (Nashville: Thomas Nelson), 152–153.
3. John Foxe, Foxe's Book of Martyrs (Lawrence, KS: Digireads.com Publishing, 2011), Google e-book, 119.
4. Philip Graham Ryken and R. Kent Hughes, Exodus: Saved for God's Glory (Wheaton: Crossway Books, 2005), 666.
5. C. S. Lewis, The Complete C. S. Lewis Signature Classics (New York: HarperCollins, 2002), 220.
6. Arthur W. Pink, Exposition of the Gospel of John (Grand Rapids, MI: zondervan, 1968), 78.
7. Ver Apocalipsis 19:1–9.
8. Karl Barth, quoted in Alfred P. Gibbs, Worship: The Christian's Highest Occupation (Kansas City, KS: Walterick Publishers, 1950), 63–64.
9. Robert Murray M'Cheyne, The Works of Rev. Robert Murray M'Cheyne: Complete in One Volume (New York: Robert Carter & Brothers, 1874), 138.
10. Norman Geisler and Ron Brooks, When Skeptics Ask (Grand Rapids, MI: Baker Books, 1990), 23.
11. Geisler and Brooks, 23.

12. H. A. Ironside, John: An Ironside Expository Commentary (Grand Rapids, MI: Kregel, 2006), 498.

13. Keith Krell, "A Saved Soul, A Wasted Life (Judges 13:1–16:31)," Bible.org, last modified June 15, 2010, https://bible.org/seriespage/saved-soul-wasted-life-judges-131-1631.

14. Dr. Frank Minirth, What They Didn't Teach You in Seminary (Nashville, TN: Thomas Nelson, 1993), 165.

15. See Soren Kierkegaard, Concluding Unscientific Postscript, trans. and ed. Alastair Hannay (New York: Cambridge University Press, 2009).

16. J. I. Packer, Knowing God (Downers Grove, IL: InterVarsity, 1973), 80.

17. Charles Spurgeon, Faith's Checkbook (Mobile Reference, 2010), "June" http://books.google.com/books?id=-8T6AdzaOENIC&printsec=frontcover&source=gbs_ge_summary_r&cad=0#v=onepage&q&f=false.

18. Charles G. Trumbull, as quoted by Donald Grey Barnhouse, Epistle to the Romans, part 1 of the printed radio messages (Philadelphia, PA: The Bible Study Hour, 1953), 1982.

19. Note on Romans 10:1, The Word in Life Study Bible, New King James Version (Nashville, TN: 1996), CD-ROM.

20. R. H. Mounce, Romans: An Exegetical and Theological Exposition of Holy Scripture, The New American Commentary, vol. 27 (Nashville, TN: Broadman & Holman, 1995), 266.

21. Oswald Chambers, The Oswald Chambers Devotional Reader: 52 Weekly Themes, ed. Harry Verploegh (Nashville, TN: Thomas Nelson, 1990), 65.

22. Quoted in Roy B. Zuck, The Speaker's Quote Book: Over 5,000 Quotations and Illustrations for All Occasions, Revised and Expanded (Grand Rapids, MI: 2009), 268.

23. G. Campbell Morgan, quoted in James Stuart Bell, The One Year Men of the Bible: 365 Meditations on Men of Character (Carol Stream, IL: Tyndale House Publishers), 16.

24. Charles Haddon Spurgeon, Sermons Preached and Revised by the Rev. C. H. Spurgeon, sixth series (New York: Sheldon and Company, 1860), 25.

25. Henry M. Morris, "The Resurrection of Christ—The Best-Proved Fact in History," Institute for Creation Research, accessed January 23, 2014, http://www.icr.org/ChristResurrection/.

26. Bits & Pieces, May 28, 1992, 15.

27. Charles R. Swindoll, Job: A Man of Heroic Endurance (Nashville, TN: Thomas Nelson, 2004), 24.

28. Henry Morris, "The Meek of the Earth," Institute for Creation Research, accessed February 26, 2014, http://www.icr.org/article/2586/.

29. Tony Evans, Returning to Your First Love: Putting God Back in First Place (Chicago: Moody, 1995), 167.

30. George Müller, quoted in Ron Rhodes, 1001 Unforgettable Quotes About God, Faith, and the Bible (Eugene, OR: Harvest House Publishers, 2011), 83.

31. D. L. Moody, Twelve Penny Addresses (London: Morgan and Scott, 1884), 12.

32. Walter Trobish, I Loved a Girl (New York: HarperCollins, 1989), 4.

33. A. W. Tozer, Whatever Happened to Worship? (Camp Hill, PA: Christian Publications, 1985), 36.

34. Oswald Chambers, quoted in The Westminster Collection of Christian Quotations, Martin H. Manser, ed. (Louisville, KY: Westminster John Knox Press, 2001), 322.

35. C. H. Spurgeon, Morning by Morning: Daily Readings for the Family or the Closet, s. v. "Jan. 7" (New York: Sheldon and Company, 1866), 7.

36. Jeremiah Burroughs, Rare Jewel of Christian Contentment (Mulberry, IN: Sovereign Grace Publishers, 2001), 23.

37. Martyn Lloyd-Jones, quoted in R. Kent Hughes, Ephesians: The Mystery of the Body of Christ, ESV ed. (Wheaton, IL: Crossway, 1990), 171.

38. Donald Barnhouse, quoted in Sermon Central sermon by Zak Saenz, Digital Edition.

39. Bernard Ramm, quoted in John MacArthur, Jesus Silences His Critics (Chicago: Moody, 1987), 94.

40. Charles Wesley, "Hark! The Herald Angels Sing".

41. H. A. Ironside, Luke (Grand Rapids, MI: Kregel, 2007), 89.
42. Dr. Martin Luther King, Jr., quoted in Kevin J. Navarro, The Complete Worship Service: Creating a Taste of Heaven on Earth (Grand Rapids, MI: Baker, 2005), 60.
43. Blaise Pascal, Pensées, trans. A. J. Krailsheimer (London: Penguin, 1995).
44. The Word in Life Study Bible (Nashville: Thomas Nelson, 1996), digital edition.
45. John Stott, A walking embodiment of the simple beauty of Jesus, digital edition.
46. Oswald Chambers, My Utmost for His Highest for the Graduate, James Reimann, ed. (Uhrichsville, OH: Barbour, 2006), 126.
47. D. Martyn Lloyd-Jones, The Christian Soldier: An Exposition of Ephesians 6:10–20 (Grand Rapids, MI: Baker, 1998), 342.
48. Oswald Chambers, quoted in Mary Ann Bridgwater, Prayers for the Faithful: Fervent Daily Prayer and Meditations for Christians Serving Around the World (Nashville: B&H Publishing Group, 2008), 178.
49. The Word in Life Study Bible, digital edition.
50. Max Lucado, Max on Life: Answers and Insights to Your Most Important Questions (Nashville: Thomas Nelson 2011), 31.
51. The Word in Life Study Bible, digital edition.
52. D. Martyn Lloyd-Jones, Preaching and Preachers (Grand Rapids, MI: zondervan, 2012), 100–101.
53. Jerry Bridges, Respectable Sins: Confronting the Sins We Tolerate (Colorado Springs, CO: NavPress, 2001), 161.
54. Edward Everett Hale, quoted in Jeanie A. B. Greenough, A Year of Beautiful Thoughts (Philadelphia: George W. Jacobs & Co., 1902), 172.
55. C. S. Lewis, The Complete C. S. Lewis Signature Classics (San Francisco: HarperCollins, 2002), 66.
56. Andrew Murray, quoted in V. Raymond Edman, They Found the Secret: Twenty Lives That Reveal a Touch of Eternity (Grand Rapids, MI: zondervan, 1984), 117–118.

57. Saint Augustine, Confessions, 2nd ed., F. J. Shreed, trans. (Indianápolis, IN: Hackett Publishing, 2007), 3.

58. John Piper, "There Is No Partiality With God, Part 2," DesiringGod.org, January 31, 1999, http://www.desiringgod.org/sermons/there-is-no-partiality-with-god-part-2.

59. Philip Hughes, A Commentary on the Epistle to the Hebrews (Grand Rapids, MI: Eerdmans, 1977) 388.

60. John MacArthur, The MacArthur New Testament Commentary: Hebrews (Chicago: Moody Press, 1983), 294.

61. Warren W. Wiersbe, Be Rich (Ephesians): Gaining the Things That Money Can't Buy (Colorado Springs, CO: David C. Cook, 2010), 129.

62. A. W. Tozer, The Knowledge of the Holy (New York: HarperCollins, 1961), 50.

63. James Montgomery Boice, The Minor Prophets: An Expositional Commentary (Grand Rapids, MI: Baker Books, 2002), 142.

64. Warren W. Wiersbe, The Bible Exposition Commentary, vol. 2 (Wheaton, IL: Victor Books, 1989), 347.

65. J. I. Packer, Concise Theology: A Guide to Historic Christian Beliefs (Wheaton, IL: Tyndale, 1993), 160.

66. Bruce Barron, The Health and Wealth Gospel (Downers Grove, IL: InterVarsity, 1987), 176.

67. F. B. Meyer, Our Daily Homily, s. v. "Jonah 1:3," PreceptAustin.org, accessed April 1, 2014, http://preceptaustin.org/jonah_commentaries.htm#1:3.

68. Max Lucado, "Baptism: The Demonstration of Devotion," MaxLucado.com, accessed April 1, 2014. http://maxlucado.com/read/topical/baptism-the-demonstration-of-devotion/.

69. C. S. Lewis, The Business of Heaven: Daily Readings from C. S. Lewis (Boston: Houghton Mifflin Harcourt, 1984), 77.

70. David Walls, Max E. Anders, Holman New Testament Commentary 1&2 Peter, 1,2,&3 John, Jude, (Nashville: B&H Publishing, 1999), 123.

71. Elizabeth Rice Achtemeier, Nahum–Malachi (Atlanta: John Knox Press, 1986), 46.

72. Warren W. Wiersbe, The Bible Exposition Commentary, vol. 2, 512.

73. Charles H. Spurgeon, Morning and Evening, s. v. "Morning, October 12" (Peabody, MA: 2010).

74. Warren W. Wiersbe, The Bible Exposition Commentary, vol. 2, 483.

75. Oswald Chambers, "Dependent on God's Presence" in My Utmost for His Highest, ed. James Reimann (Grand Rapids, MI: Discovery House, 2006), 20.

76. Jerry Bridges, "Praying in Faith" Decision magazine, March 28, 2013, http://billygraham.org/decision-magazine/march-2013/praying-in-faith/.

77. Warren W. Wiersbe, Be Complete: Become the Whole Person God Intends You to Be (Colorado Springs, CO: David C. Cook, 2008), 52–53.

78. David Wilkerson, "The Path to the Throne," WorldChallenge.com, August 2, 2004, http://sermons.worldchallenge.org/en/node/1112.

79. John MacArthur, The MacArthur New Testament Commentary: Revelation 12–22, (Nashville: Thomas Nelson, 2000), 63.

80. The Word in Life Study Bible, digital edition.

81. Rick Warren, The Purpose of Christmas DVD Study Guide (Grand Rapids, MI: zondervan, 2008), 37.

82. Eugene A. Wood, "Training Manual for Local Church Visitation" (master's thesis, Dallas Theological Seminary, 1980), Bible.org, https://bible.org/illustration/romans-14.

83. R. Kent Hughes, Mark: Jesus, Servant and Savior, vol. 1 (Wheaton, IL: Crossway, 1989), 37.

Made in United States
Orlando, FL
14 October 2024